JÜRGEN HESSE, HANS CHRISTIAN SCHRADER

Das Hesse/Schrader-Bewerbungshandbuch

Alles, was Sie für ein erfolgreiches Berufsleben wissen müssen

- die perfekten Bewerbungsunterlagen
- das überzeugende Vorstellungsgespräch
- neue Bewerbungsstrategien: Internet, Telefon, Stellengesuch, Networking
- die wichtigsten Einstellungstests
- die geschickte Gehaltsverhandlung
- die ersten 100 Tage im neuen Job

Eichborn.

Die Autoren
Jürgen Hesse, Jg. 1951, Diplompsychologe im Büro für Berufsstrategie, Geschäftsführer der Telefonseelsorge Berlin e.V.
Hans Christian Schrader, Jg. 1952, Diplompsychologe am Krankenhaus Am Urban (Abt. Psychotherapie/Psychosomatik) in Berlin.

Diverse gemeinsame Veröffentlichungen von Hesse/Schrader, u.a. *Die perfekte Bewerbungsmappe; Optimale Bewerbungsunterlagen; Arbeitszeugnisse; Die überzeugende schriftliche Bewerbung; Das erfolgreiche Vorstellungsgespräch; Erfolgsstrategien für Bewerber über 48; Telefonieren – der direkte Weg zum neuen Job; Networking als Bewerbungs- und Karrierestrategie; Mehr Geld durch erfolgreiche Gehaltsverhandlungen; Marketing in eigener Sache; Testtraining 2000plus* (alle im Eichborn Verlag).

Anschrift der Autoren
Büro für Berufsstrategie
Hesse/Schrader
Oranienburger Str. 4-5
10178 Berlin
Tel. (030) 28 85 57-0
Fax (030) 28 85 57-36
info@berufsstrategie.de

Sonderausgabe für Amazon.de GmbH, München

Umschlaggestaltung: Christina Hucke
Lektorat: Ulrike Streubel
Satz: Offizin Götz Gorissen, Berlin
Druck und Bindung: Fuldaer Verlagsagentur, Fulda
ISBN 3-8218-3828-0

Verlagsverzeichnis schickt gern:
Eichborn Verlag, Kaiserstraße 66, D-60329 Frankfurt am Main
www.eichborn.de

Übersicht über die Hauptkapitel

Inhalt

Fast Reader

Für eilige Leser

Die perfekte Bewerbung – alles Wissenswerte dazu finden Sie in diesem Buch. Wir geben Ihnen detaillierte Erläuterungen mit Beispielen und vielen Anregungen auf der Basis einer Reihe von sehr erfolgreichen Büchern, die wir bereits zu den angesprochenen Themen veröffentlicht haben. Sie erfahren,

- wie Sie sich optimal auf Ihr Bewerbungsvorhaben vorbereiten
- worauf es bei den schriftlichen Unterlagen ankommt
- wie Sie Marketing in eigener Sache betreiben
- welche alternativen Bewerbungsformen existieren
- wie Sie im Vorstellungsgespräch eine gute Figur machen
- was beim Einsteig in den Beruf zu beachten ist.

Im einzelnen werden folgende Themen behandelt:

---

* Wenn wir im folgenden überwiegend die männliche Form (Mitarbeiter, Kollege, Vorgesetzter etc.) verwenden, soll das keine Diskriminierung der Leserinnen darstellen, sondern geschieht allein deshalb, um den Sprachfluß nicht zu stören.

Auftakt

Stimmen und Stimmungen

»In einem halben Jahr habe ich hoffentlich meinen Realschulabschluß in der Tasche. Was danach kommt? Keine Ahnung. Ich würde gerne Industriekauffrau werden und habe mir schon die Finger wundgeschrieben – 74 Bewerbungen sind's bis jetzt. Drei sind noch offen, sonst alles Absagen. Es ist ganz schön frustrierend, wenn man immer wieder abgelehnt wird. Da braucht man schon ein gutes Selbstbewußtsein. Sonst glaubt man am Ende noch, daß man zu gar nichts taugt.«

Regina, 16, Schülerin

***

»Ich bin überzeugt, daß die Chance, einen Arbeitsplatz zu finden, sehr viel mit der eigenen Ausstrahlung zu tun hat. Als ich vor Jahren arbeitslos war, sank mein Selbstbewußtsein immer tiefer in den Keller. Und es lief mit den Bewerbungen auch immer schlechter. Das Gegenüber im Vorstellungsgespräch merkt das auch, ob man wirklich von einer Stelle begeistert ist oder ob man nur so tut, weil man dringend einen Job braucht, um endlich nicht mehr arbeitslos zu sein. Ich habe zum Glück über eine Bekannte einen schönen Arbeitsplatz gefunden. Vor einem halben Jahr habe ich mich noch einmal spaßeshalber woanders beworben, um zu sehen, wie meine Chancen sind. Von drei Bewerbungen habe ich zwei Einladungen zum Vorstellungsgespräch bekommen. Bei einer Firma hätte ich sofort anfangen können.«

Angestellte, 37

***

»Ob mir das Arbeitsamt helfen kann? Da bin ich skeptisch. Die haben ja auch keine Angebote. Und wenn sie eins haben, dann sieht es so aus, daß da schon 25 Bewerber vor einem sind, und die sind dann zum Teil jünger als ich. Einer kriegt die Stelle, und 24 Leute gucken in die Röhre... Meine Chancen sind schlecht, obwohl ich ja ein Schnäppchen für den Arbeitgeber wäre. Er würde für mich im ersten Jahr 50 oder sogar 75 Prozent des Lohns vom Arbeitsamt bekommen. Aber was nützt das, wenn er keine Arbeit hat oder sich nicht traut?«

Bewerber, Anfang 50, langzeitarbeitslos

»Als ich mich vor einem Jahr um eine Ausbildung als Bankkaufmann beworben hatte, war mir klar, daß es wichtig ist, sehr viel Eigeninitiative zu bringen. Ich habe mir die Mühe gemacht, persönlich bei mehreren Banken vorbeizugehen, um mich zu erkundigen, ob sie Azubis einstellen und bis wann man sich beworben haben muß. Die meisten Erfahrungen waren positiv. Die Bank, bei der ich dann angefangen habe, hat mir hinterher ausdrücklich bestätigt, daß mein persönlicher Besuch sehr gut ankam. So habe man gleich den Eindruck gehabt, daß ich sehr motiviert sei. Klar, es gab auch Banken, die haben gesagt, daß niemand Zeit hätte und daß ich meine Unterlagen schicken soll. Aber mir war das einen Versuch wert. Natürlich muß man noch den Einstellungstest packen. Aber ich hatte von Anfang an bei dem Ausbildungsleiter einen Stein im Brett. Und das hat mir geholfen.«

Bankazubi, 20

***

»Ich bin Abteilungsleiter in einem Industrieunternehmen und hatte mich um eine höhere Position beworben, also zum Hauptabteilungsleiter. Ich hatte gute Karten. Meine schriftlichen Unterlagen sind sehr gut angekommen. Dann folgte die Einladung zum Vorstellungsgespräch. Ich habe mir davor wenig Gedanken darüber gemacht, welche Fragen man mir stellt, sondern ganz auf meine Spontaneität vertraut. Im nachhinein betrachtet war das ein Fehler. Denn manche Frage machten mich wirklich sprachlos, so daß meine Antworten nicht gerade überzeugend ausfielen. Das muß ich leider zugeben. Zum Beispiel wurde ich nach meinem größten Fehler und meinem Lebensmotto gefragt oder was mir bei meinem jetzigen Chef nicht so gut gefällt. Ich habe zum Teil nur geantwortet, daß mir da jetzt auf die Schnelle gar nichts einfällt – das war natürlich nicht die adäquate Antwort aus dem Munde einer Führungskraft. Aus diesem Vorfall habe ich gelernt, und beim nächsten Vorstellungsgespräch werde ich vorher alle möglichen Fragen durchgehen und mir vor allem gute Antworten überlegen.«

Abteilungsleiter, 35

***

»Ich weiß noch, wie ich mich über mein Diplom gefreut habe und vor allem darüber, daß es nun endlich vorbei ist mit den Hausarbeiten, Prüfungen, Klausuren, Tests. Aber da habe ich mich zu früh gefreut. Denn nachdem ich mich als Trainee bei der Personalberatungsfirma beworben hatte, bekam ich eine Einladung zu einem Assessment Center. Die nannten das zwar Beurteilungsseminar, aber es war dasselbe in Grün. Wir waren 14 Bewerberinnen und Bewerber und wurden 2 Tage lang getestet... Ich habe es tatsächlich gepackt. Aber ich bin nicht mehr so naiv zu glauben, daß es das jetzt war mit den Prüfungen. Schließlich müssen in diesem Unternehmen alle, die in höhere Positionen wollen, durch weitere entsprechende ACs. Ohne die hat man keine Chance auf die große Karriere. Und die möchte ich machen.«

Hochschulabsolventin, 28

In der Tat, Prüfungssituationen werden uns wohl das ganze Leben begleiten. So schön und befriedigend es ist, eine Prüfung bewältigt zu haben, Sie können sicher sein: Die nächste wartet schon auf Sie. Wenn Sie vorhaben, sich zu bewerben, dann stecken Sie ja schon mittendrin in einer solchen Prüfungssituation. Und darauf können Sie sich vorbereiten wie auf andere Prüfungen auch.

Überblick

Vorab kurz einige Hinweise zum Aufbau dieses Handbuches, das in acht Hauptkapitel untergliedert ist:

- Bestandsaufnahme, weil die richtige Vorbereitung die Weichen erfolgreich stellt
- Berufserfolgsstrategien, damit Sie wissen, wie Sie dem Erfolg auf die Sprünge helfen können
- Bewerbungswege, weil viele Wege nach Rom führen und Sie alle kennen sollten
- Arbeitszeugnisse, damit da nichts Falsches zwischen den Zeilen über Sie steht
- Schriftliche Bewerbung – Ihr optimaler Verkaufsprospekt
- Einstellungstests und Assessment Center: Wir schauen hinter die Kulisssen
- Vorstellungsgespräch – alle Fragen und Ihre Antwortstrategien und vieles mehr
- Arbeitseinstieg: So klappt es von Anfang an

Für den schnellen Überblick ist diesen Kapiteln eine kurze, wegweisende Einleitung vorangestellt. In den Zusammenfassungen am Ende jedes Kapitels finden Sie die wichtigsten Informationen kurz und knapp auf den Punkt gebracht. Zwischendurch werden Sie auf besondere Hinweise für spezielle Zielgruppen wie angehende Azubis, ältere Bewerber, Frauen und Führungskräfte stoßen – auf einen Blick an den gepunkteten Umrandungen erkennbar.

Zum Abschluß haben wir die 50 wichtigsten Merksätze zum Thema für Sie zusammengefaßt.

Arbeitssuche: Sprüche und Fakten

Es gibt schätzungsweise vier Millionen Arbeitslose in der Bundesrepublik. Jeder dritte Arbeitsplatz, so schätzen Experten, ist gefährdet. Eine Garantie auf einen lebenslangen Arbeitsplatz ist längst Schnee von gestern. Es kann heutzutage jeden treffen: den ungelernten LKW-Fahrer wie den Spitzenmanager, junge wie ältere Arbeitnehmer, ob lange Jahre in einer Firma beschäftigt oder noch ganz neu im Unternehmen. Kurz: Es gibt keine Sicherheit.

Da ist es verständlich, daß vielen die Angst im Nacken sitzt, den Job zu verlieren. Die Furcht vor der Arbeitslosigkeit ist eine der größten – wie sich in Umfragen immer wieder bestätigt. Vor allem die Angst davor, keinen neuen Job zu finden, dann abzurutschen und womöglich auf Arbeitslosenhilfe oder Sozialhilfe angewiesen zu sein.

Es wird immer neue Arbeitsplätze geben

Diese Ängste haben durchaus ihre Berechtigung. Und wir raten bestimmt nicht dazu, leichtfertig damit umzugehen, als ob sich alles von selbst löst. Andererseits muß man sich klar vor Augen führen: Der Arbeitsmarkt ist wie nie in Bewegung. Unternehmen kommen und gehen, demzufolge entfallen Arbeitsplätze, aber es entstehen eben immer wieder auch neue. Zeiten, in denen man sein Leben lang ein und denselben Arbeitsplatz eingenommen hat, sind längst vorbei. Immer mehr setzen sich befristete Arbeitsverträge durch. Knapp vier Millionen aller abhängig Beschäftigten haben einen befristeten Arbeitsplatz. Für viele heißt das: Sie müssen immer wieder was Neues suchen. Und es gibt sie, die Arbeitsplätze. Jedes Jahr scheiden etwa 3 Prozent aller Arbeitnehmer aus dem Arbeitsleben aus. Mitarbeiter werden befördert, anderen wird gekündigt, wieder andere kündigen selber, machen sich selbständig oder legen eine Pause ein (Mutterschutz, Sabbatjahr etc.). Das bedeutet für Sie, daß doch immer wieder Stellen frei werden. Diese gilt es nur zu finden. Fazit: Wenn Sie Ihre Suchstrategien verbessern, erhöhen Sie Ihre Chancen auch um ein Vielfaches.

Das soll nicht heißen, daß es ganz einfach ist, wenn man nur will. Wir warnen ausdrücklich vor solchen Sprüchen, die ja immer wieder ins Feld geführt werden und Ihnen bestimmt nicht unbekannt sind.

»Wer arbeiten will, der kriegt auch Arbeit.«

- *Wahr ist,* daß es viel mit der inneren Einstellung zu tun hat, ob Sie bei der Arbeitssuche erfolgreich sind. Denn Motivation und Engagement schlagen sich auch in der Art und Weise nieder, wie Sie die Suche angehen, und natürlich auch, wie Sie sich einem potentiellen Arbeitgeber präsentieren.
- *Unwahr ist,* daß es nur auf »das Wollen« ankommt. Auch das berühmte Quentchen Glück muß mithelfen, daß es mit dem Job etwas wird.

»Leistung zahlt sich aus« oder: *»Karriere kommt von Können«*

- *Wahr ist,* daß Leistung und Können gute Karrierebeschleuniger sind. Natürlich wünscht sich jeder Arbeitgeber Mitarbeiter, die fähig sind und etwas leisten. Nicht umsonst wird mit Hilfe von Einstellungstests zu prüfen versucht, wie leistungsfähig und kompetent die Kandidaten sind.
- *Unwahr ist,* daß allein Leistung und Können zählen. Wir wissen, daß etwa in Vorstellungsgesprächen die Persönlichkeit und damit der Faktor Sympathie ganz entscheidend ist. Da kann ein Bewerber noch soviel geleistet haben und zukünftig wollen, wenn dem Personalchef dessen Nase nicht gefällt, wird er kaum die Chance erhalten, seine Leistungsfähigkeit in dem neuen Unternehmen unter Beweis zu stellen.

»Spätestens mit 48 ist alles gelaufen.«

- *Wahr ist,* daß es für ältere Bewerber, noch dazu, wenn sie bereits arbeitslos sind, sehr schwer ist, auf dem Arbeitsmarkt wieder Fuß zu fassen. In einer Gesellschaft, die die Jugend zum Maß aller Dinge erhebt, wird man als nicht mehr junger Mensch viel zu schnell abgeschrieben.
- *Unwahr ist,* daß man gar keine Chancen hat. Gerade als älterer Bewerber gilt es jedoch, alternative Wege bei der Jobsuche zu gehen. Viel Eigeninitiative, die Bereitschaft zu Flexibilität und Mobilität sind wesentliche Voraussetzungen für den Bewerbungserfolg. Und natürlich vor allem: Selbstvertrauen.

»In bestimmten Branchen, z.B. der Werbung, wird man nur eine Chance bekommen, wenn man sich eine geniale Bewerbungsidee einfallen läßt.«

- *Wahr ist,* daß Sie keine Bewerbung schreiben sollten, wie hundert andere sie auch abschicken. Das gilt übrigens nicht nur für die Werbebranche. Schließlich wollen Sie auf sich aufmerksam machen, sich positiv von der Konkurrenz abheben.
- *Unwahr ist,* daß die Bewerbung immer ein echter Kreativitätsknaller sein muß – etwa die ins Nutella-Glas gestopfte Bewerbung für die Firma Ferrero oder ein Paar knallrote Schwimmflügel mit dem Hinweis: »Mit mir gehen Sie nicht baden.« Bewerbungen dieser Art sind wirklich Geschmackssache und bestimmt kein Garant für den Erfolg einer Bewerbung.

Sie sehen – ein Funken Wahrheit steckt in jedem Bewerbungsmärchen. Aber sehr oft ist es eben wirklich nur ein Fünkchen.

Die Wahrscheinlichkeit, an den Arbeitsplatz Ihrer Wahl zu kommen, erhöht sich in dem Maße, wie Sie Ihre Bewerbungsstrategie verbessern.

Wissen, wie der Arbeitsmarkt funktioniert

Wenn Sie verstehen, wie der Arbeitsmarkt funktioniert, werden Sie zu der absolut sicheren Gewißheit gelangen: Ich finde einen mir genehmen, angemessenen Arbeitsplatz. Wie schnell Ihnen das gelingt, hängt wesentlich davon ab, welche Suchmethoden Sie einsetzen.

Wer weiß, wo er suchen muß, wer die notwendigen Qualifikationen mitbringt und wer in der Bewerbungsphase überzeugt, hat gute Aussichten auf einen dieser Jobs. Sie sollten allerdings realistisch sein. Unter Umständen müssen Sie sich – zumindest vorübergehend – für eine Beschäftigung entscheiden, die nicht ganz Ihren Wunschvorstellungen entspricht. Für den Einstieg reicht es heute in vielen Bereichen nicht mehr aus, hochqualifiziert und absolut motiviert zu sein. So gibt es zum Beispiel wesentlich mehr Mediziner mit ausgezeichnetem Examen als freie Arbeitsplätze in Krankenhäusern. Es wäre töricht, in dieser Situation zu behaupten: »Du mußt es nur wollen, dann wirst Du Dein Berufsziel auch erreichen.«

Sie sollten sich also auch darüber im klaren sein, daß neue Arbeitsplätze Verschlechterungen mit sich bringen können. Stellen Sie sich darauf ein, daß Sie Ihre Wunschposition eventuell nur über Umwege erreichen. Trotzdem gilt der Grundsatz: Es gibt immer freie Arbeitsplätze.

Da freie Arbeitsplätze oft nicht auf normalem Wege zu finden sind, müssen Sie Kreativität entwickeln. Genau bei diesem Prozeß wollen wir Ihnen mit diesem Buch helfen.

Es mag ganz einfach klingen, und Sie können vielleicht sogar mit Recht behaupten, Sie wüßten dies alles schon. Und doch ergeben sich offensichtlich bei der Umsetzung dieser einzelnen Schritte für viele Arbeitssuchende eine Reihe von Problemen.

Zunächst müssen Sie sich selbst besser kennenlernen und überlegen, wo Sie Ihre Fähigkeiten und Kenntnisse einsetzen wollen. Sprechen Sie anschließend mit Leuten, die in den von Ihnen bevorzugten Tätigkeitsfeldern arbeiten, und bringen Sie in Erfahrung, ob diese mit ihrer Arbeit zufrieden sind und wie sie die Arbeitsstelle gefunden haben. Wählen Sie dann alle Arbeitgeber aus, für die *Sie gerne* arbeiten möchten, und nicht nur die, von denen Sie wissen, daß es dort freie Stellen gibt.

Natürlich müssen Sie sich gründlich über diese Unternehmen informieren, bevor Sie Kontakt aufnehmen. Erkundigen Sie sich, wer in diesen Firmen über Neueinstellungen entscheidet. Nutzen Sie wenn irgend möglich Ihre persönlichen Kontakte, um die Personalverantwortlichen zu treffen. Zeigen Sie den Entscheidungsträgern, wie Sie zum Unternehmenserfolg beitragen können.

Sie dürfen sich bei Ihrer Bewerbung nicht allein darauf beschränken, Ihre Bewerbungsunterlagen zu verschicken. Wer Bewerbungsschreiben als einzige Methode einsetzt und dann keine schnellen Erfolge sieht, läuft Gefahr, mutlos zu werden. Wer verschiedene Methoden variiert – Stellenanzeigen auswerten, eigenes Stellengesuch aufgeben, gezielte Kontakte bei Fachmessen und anderen Gelegenheiten knüpfen usw. usw. –, verbessert aktiv seine Chancen. Wichtig ist vor allem, daß Sie nicht die Geduld verlieren und optimistisch bleiben. Zugegeben: leicht gesagt und schwer durchzuhalten – aber haben Sie nicht schon ganz andere Krisen in Ihrem Leben erfolgreich überwunden? Na sehen Sie, es geht!

Vorbilder helfen

Wenn Sie eine neue Stelle suchen, bedeutet das harte Arbeit für Sie. Eine Möglichkeit, die Suche zu beschleunigen, ist mit Leuten zu sprechen, die erfolgreich bei der Arbeitssuche waren und eine Stelle fanden, mit der sie zufrieden sind. Vereinfacht ausgedrückt: Imitieren Sie diese Menschen. Übertragen Sie deren Erfolgsmethode auf Ihre spezifische Situation. In der Fachsprache der Unternehmen nennt man das *Benchmarking*. Letztendlich gilt dies für alle Bereiche, in denen Sie Erfolg haben wollen.

Vielleicht haben Sie auch falsche Vorstellungen darüber, was Sie in Ihrem Wunschberuf erwartet. Manche haben die Erwartung, den ganzen Tag Menschen helfen zu können, und entdecken zu spät, daß sie die meiste Zeit Akten bearbeiten müssen. Andere freuen sich darauf, großartige Grafiken am Computer zu erstellen, sitzen dann aber häufiger in Besprechungen als am Bildschirm. Auch in diesem Fall hilft es, mit Arbeitnehmern aus verschiedenen Branchen Kontakt aufzunehmen, um sich ein realistisches Bild zu machen.

Gehen Sie davon aus, daß Sie zukünftig mehrere Male in Ihrem Leben einen neuen Arbeitsplatz suchen müssen. Wenn Sie jetzt aus eigener Kraft einen Job finden, wissen Sie beim nächsten Mal besser, worauf es wirklich ankommt.

Am allerwichtigsten ist die richtige Einstellung zur Einstellung: zum Suchprozeß, zur Arbeit selbst und zum potentiellen Arbeitgeber.

Sehr wahrscheinlich arbeiten Sie zunächst einmal für die Sicherung Ihres Lebensunterhalts. Darüber hinaus erwarten Sie von Ihrer Arbeit für sich Zufriedenheit und Bestätigung. Da sich aber heute die Anforderungen in jedem Beruf sehr schnell verändern, sollten Sie Ihre berufliche Tätigkeit immer auch als Lernerfahrung betrachten. Sie werden ständig dazulernen müssen. Seien Sie darauf nicht nur (passiv) vorbereitet, sondern (aktiv) wißbegierig. Beweisen Sie jedem potentiellen Arbeitgeber, wie sehr Sie an neuen Aufgaben interessiert sind und wie schnell Sie lernen.

Befriedigende Arbeit

In früheren Zeiten gab es mehr Arbeitsplätze und -aufgaben, mit denen eine direkte Anerkennung und Bestätigung verbunden war. Im Zeitalter der Globalisierung und der voranschreitenden Entfremdung können Sie nur noch von wenigen Arbeitgebern direktes Lob und Wertschätzung erwarten. Gerade in größeren Unternehmen werden Sie vermutlich auf diese Art von »Belohnung« verzichten müssen. Daher ist es wichtig, sich eine Arbeit zu suchen, die Ihre Selbstachtung und Ihr Selbstwertgefühl durch inhaltliche Erfolge stärkt. Lassen Sie sich lieber nicht auf Arbeiten ein, bei denen die einzige Anerkennung im Lob des Abteilungsleiters liegt. Bevor Sie Ihre Arbeitssuche beginnen, sollten Sie daher gut überlegen, welche Arten von Arbeit Ihnen durch das bloße Tun Spaß machen und Befriedigung geben würden.

Sie können sich sehr vorsichtig oder mit vollem Enthusiasmus auf den Arbeitsmarkt begeben. Wenn Sie widerwillig an die Suche herangehen, gleich eine Lebensstellung erwarten und auf jeden Fall Überraschungen vermeiden wollen, dann erweist sich Ihre Arbeitssuche garantiert als äußerst schwierig, und Sie werden sich mit den langweiligsten Aufgaben begnügen müssen.

Warten Sie nicht auf den »richtigen Zeitpunkt« für Ihren Karrierewechsel, denn den gibt es sowieso nicht. Die Lage wird immer schwierig sein; immer werden Sie Hindernisse überwinden müssen; immer erwartet Sie eine unkalkulierbare Herausforderung.

Falls Sie nicht Single sind, sollten Sie in jedem Fall gemeinsam mit Ihrer Familie oder Ihrem Partner überlegen, welche Auswirkungen ein Arbeitsplatz- oder gar Berufswechsel haben kann. Wie denkt Ihre Familie über Ihre Pläne? Werden Ihre gemeinsamen Ersparnisse aufgebraucht? Wird sich der Lebensstandard ändern? Sind alle Betroffenen zu diesem Opfer bereit?

Der Zeitpunkt der Kündigung

Wenn Sie nicht arbeitslos sind, müssen Sie entscheiden, ob Sie kündigen wollen, bevor Sie Ihre neue Karriere beginnen. Die meisten Bewerbungsratgeber beginnen mit einer Warnung an den Leser: Kündigen Sie Ihren Arbeitsplatz nicht, bevor Sie einen neuen Arbeitsvertrag unterschrieben in der Hand halten. Mag der momentane Frust bei Ihrem jetzigen Job auch noch so groß sein – handeln Sie nicht unüberlegt, lautet die Mahnung der Berater.

Wer erst nach seiner Kündigung auf Arbeitsplatzsuche geht, gerät unter Druck und ist vielen potentiellen Arbeitgebern suspekt. Noch schlimmer: Wer arbeitslos ist und sich aus dieser Situation heraus bewirbt, erfährt häufig ein gewisses Mißtrauen oder sogar eine Art Ablehnung.

Wir ersparen uns und Ihnen hier diese mahnenden Worte. Sie werden wissen, was Sie tun, und dies auch verantworten können. Trotzdem folgende Anmerkungen: Wenn sich ein Paar nach vielen gemeinsamen Jahren trennt, liegt häufig der Verdacht nahe, einer der Partner – insbesondere der, der die Trennung betreibt – habe einen neuen Partner für sich gefunden, den er/sie klar bevorzugt. In der Regel bestätigt sich das dann auch umgehend. In den Augen der

Mitwelt findet dieses Vorgehen selten besondere Zustimmung oder gar Sympathie. Man identifiziert sich eher mit dem/der Zurückgelassenen.

Anders sieht es aus, wenn sich ein Paar trennt und keine neue Außenbeziehung dafür verantwortlich ist, sondern lediglich die Entscheidung des einen Partners oder beider gemeinsam, nicht mehr miteinander leben zu können und zu wollen. Trennungsmotiv ist dann die Erkenntnis, daß es zusammen nicht mehr geht. Die Akzeptanz dieser Art von Trennung ist weitaus höher, ja, nötigt sogar Respekt ab. Als Außenstehender bewundert man den Mut der Beteiligten.

Bei der Trennung des Arbeitnehmers von seinem Arbeitgeber herrscht eine andere Moral: Wer hier seine »Außenbeziehung« legalisiert, ohne den beruflichen Status quo aufgekündigt zu haben, gilt als clever – ist kein »Bigamist«. Wer dagegen erst kündigt und dann auf Suche geht, gilt als dumm, wenn nicht sogar als verrückt, mindestens aber als unüberlegt Handelnder.

Argumentationshilfe

Die folgenden Sätze sind an die Adresse der Personalchefs gerichtet: Die Diskriminierung eines Bewerbers, der erst gekündigt und dann vielleicht ein oder zwei Monate pausiert hat, bevor er sich bewirbt, erscheint uns nicht gerechtfertigt. Eigentlich verdient dieser Bewerber eher Bewunderung für die korrekte Trennungsabwicklung von seinem vorherigen Arbeitgeber. Dieses Vorgehen spricht für Mut und Selbstbewußtsein, denn eine freiwillige (schöpferische) Pause kann der Arbeitsleistung gut bekommen – vorausgesetzt natürlich, man kann sich die Arbeitsunterbrechung (finanziell) leisten. Hier ist es an der Zeit, auf Arbeitgeberseite über eine Korrektur stereotyper Sichtweisen und Beurteilungen nachzudenken.

Diese Sätze sind auch als Argumentationshilfe gegenüber einem Personalchef geeignet, wenn Sie sich in eben dieser Situation befinden sollten, also vor einem neuen Bewerbungsvorhaben gekündigt haben.

Essentials

Die aktuellen Arbeitsmarktdaten sind nicht gerade ermutigend, aber Sie wissen so gut wie wir: Das Jammern über die miese Lage bringt gar nichts – höchstens das Gefühl, den Frust mal wieder etwas ablassen zu können. Dagegen ist auch gar nichts zu sagen, wenn man es dabei nicht beläßt, sondern überlegt, was zu tun ist. Dabei soll das Problem nicht heruntergespielt werden, denn so einfach ist die Situation mit Sicherheit nicht. Gleichwohl hat eine Bewerbung auch sehr viel mit der inneren Einstellung zu tun. Schließlich muß ich andere von mir und meiner Leistung überzeugen. Wie kann ich das, wenn ich selbst nicht richtig überzeugt bin?

Steiniger Weg

Vor Ihnen liegt also ein recht steiniger Weg. Stellen Sie sich darauf ein und entwickeln Sie die Vorstellung, daß das Ganze eine Art Reise ist. Und dazu bedarf es selbstverständlich einiger Planung und Vorbereitung, um das Projekt erfolgreich durchzuführen. Je besser Sie vorbereitet sind, desto weniger leicht bringen Sie auftretende Schwierigkeiten vom Weg ab.

Sie werden zunächst vor allem drei Dinge brauchen:

- Mut
- Engagement
- und sicherlich auch das berühmte Quentchen Glück.

Entscheidend für Ihren persönlichen Erfolg sind die folgenden Weichensteller, die Essentials eines jeden Bewerbungsvorhabens:

- *Persönlichkeit*
  (das bedeutet zunächst einmal Charakterstärke, Mut und Aufgeschlossenheit)
- *Leistungsmotivation*
  (der Wunsch, etwas leisten zu wollen, Zielstrebigkeit)
- *Kompetenz*
  (berufliche und persönliche, das Wissen um die Dinge, auf die es ankommt)
- *Ausdauer und Geduld*
  (der lange Atem)
- *Gelassenheit*
  (die Stärke, bei Rückschlägen nicht zu verzweifeln – Stichwort: Frustrationstoleranz)

Hinzu kommen fünf weitere wesentliche Faktoren.

- **Sie sollten Ihre wirklichen Fähigkeiten erkennen:** Sie müssen den Arbeitgeber von Ihrer Leistungsfähigkeit überzeugen. Mehr als alles andere interessiert ihn, welchen Gewinn es *ihm* bringen wird, wenn er Sie einstellt. Seien Sie also auf die Frage »Was können Sie für mich, für das Unternehmen tun?« vorbereitet. Ziehen Sie eine Bilanz Ihrer Fähigkeiten und Stärken und fragen Sie sich, welche Eigenschaften Sie wirklich für die angestrebte Stelle qualifizieren.

Wenn Sie mehrere Jahre erfolgreich in einem Unternehmen gearbeitet haben, sollte es einfach für Sie sein, Ihr Können in Worte – oder besser noch in Zahlen – zu fassen. Beeindruckender als Vokabeln wie »leistungsfähig«, »motiviert« und »belastbar«, die zwar großartig klingen, aber wenig aussagen, sind konkrete Ergebnisse. Ist es Ihnen beispielsweise gelungen, den Umsatz Ihrer Abteilung im Laufe von fünf Jahren um 30% zu steigern, wird das den Arbeitgeber, für den Sie in Zukunft arbeiten wollen, sehr interessieren.

Falls Sie keine Berufserfahrung mitbringen, weil Sie gerade erst Ihr Studium oder eine Ausbildung beendet haben, fällt es Ihnen womöglich schwerer, Erfolge anzuführen, die den Arbeitgeber neugierig auf Sie machen. Natürlich ist Ihr guter Abschluß eine großartige Leistung, die Sie nur durch Zielstrebigkeit und Leistungswillen erreicht haben. Der Personalchef will jedoch nicht nur wissen, was Sie *gelernt* haben, sondern vor allem, was Sie *können*.

Ihre Schlüsselqualifikationen

Sie sollten jetzt Antworten auf genau diese Frage finden, damit Sie im Gespräch mit dem Arbeitgeber nicht ins Stottern geraten. Wenn Sie Ihre Schlüsselqualifikationen, Ihre spezifischen Fähigkeiten nicht spontan benennen können – so geht es übrigens den meisten Leuten –, müssen Sie sich jetzt die Antworten erarbeiten. In diesem Buch finden Sie Übungen, die Ihnen dabei helfen.

- **Sie sollten Ihr Selbstvertrauen entwickeln:** Im Laufe des Bewerbungsprozesses sollten Sie in der Lage sein, dem Arbeitgeber selbstbewußt gegenüberzutreten, wobei diese Sicherheit durch das Bewußtsein der eigenen Fähigkeiten und Motivation viel eher und besser zustande kommt. Weder übersteigertes Selbstwertgefühl noch übertriebene Bescheidenheit sind auf dem Arbeitsmarkt gefragt.

Sie werden im Verlauf des Buches immer wieder darauf stoßen, daß nur derjenige erfolgreich ist, der weiß, was er will und was er kann. Wenn Sie mit Entscheidungsträgern sprechen, sollten Sie ihnen etwas zu bieten haben, denn kein Arbeitgeber hat Lust, seine Zeit zu vergeuden. Sie müssen ihm das Gefühl geben, daß er von einem Gespräch mit Ihnen profitiert. Stellen Sie dabei nicht Ihre Person, sondern Ihre Leistungen in den Vordergrund.

- **Sie sollten Ihr Bewußtsein bilden:** Entwickeln Sie Ehrgeiz, den Erfolg potentieller Arbeitgeber zu steigern. Verabschieden Sie sich vom reinen Anspruchsdenken (»Ich will mindestens 2000 € netto, ein 13. Monatsgehalt, abends pünktlich um 17 Uhr gehen, ein modernes Büro ...«). Fragen Sie nicht, was das Unternehmen für Sie tun kann, sondern was *Sie* für das Unternehmen tun können.

Denken Sie nicht (länger): »Arbeit ist das, was ich von neun bis um fünf mache, damit ich genug verdiene. Das Leben findet nach fünf und an den Wochenenden statt.« Die Vorstellung von Arbeit als Zwang und Freizeit als Vergnügen ist immer noch weit verbreitet und geht Hand in Hand mit dem naiven Wunsch, für wenig Arbeit möglichst viel Geld zu bekommen. Daß man mit dieser Einstellung im Berufsalltag weder glücklich noch erfolgreich wird, liegt auf der Hand. Wenn Sie sich jetzt also beruflich neu orientieren, sollten Sie dabei unbedingt Ihre Interessen berücksichtigen, denn sonst wird es Ihnen am nötigen Engagement, dem echten Enthusiasmus fehlen.

Mental vorbereitet

Und noch etwas ist sehr wichtig: Für Ihre eigene Person benötigen Sie jetzt eine Art Bewußtseinstraining und mentale Vorbereitung auf das von Ihnen angestrebte Berufsziel. Sie müssen Ihr Wissen um besondere Spezialkenntnisse erweitern, die Ihnen bei der Realisierung Ihres Vorhabens entscheidend helfen werden. Dazu ist eine intensive Auseinandersetzung mit Ihren Vorstellungen, inneren Werteinstellungen und realistischen wie unrealistischen Wünschen unbedingt notwendig. Allzu häufig werden gerade an diesem wichtigen Vorbereitungspunkt furchtbare, leichtfertige Fehler gemacht, die ein Bewerbungsvorhaben ungemein behindern, manchmal sogar verhindern.

Ermutigung

- **Sie sollten sich Unterstützer suchen:** Sie werden das Projekt Bewerbung kaum ohne Hilfe und Unterstützung durch andere meistern. Sie brauchen moralische Unterstützung. Vielleicht kennen Sie Ihre Stärken bereits und wissen, daß Sie leistungsfähig und qualifiziert sind. Es ist hilfreich, dies auch von anderen zu hören. Sie brauchen Freunde, die sagen: »Du kannst das!«, die Sie aber auch kritisch beobachten.

Intensivieren Sie Kontakte zu denjenigen in Ihrem Bekanntenkreis, die genau wie Sie gerade erfolgversprechend am eigenen beruflichen Ein- oder Aufstieg arbeiten, denn nur hier können Sie mit konstruktiver Hilfe rechnen. Wenn die meisten Ihrer Schul- oder Studienfreunde schon seit Jahren in ihren Wunschberufen arbeiten und Karriere machen, ist das wunderbar – vor allem für Ihre Freunde. Natürlich können diese Freunde Ihnen als Vorbilder dienen und Ihnen zeigen, was möglich ist und wie es geht.

Weil es den Erfolgsverwöhnten meist an Verständnis für Ihre derzeitige Situation fehlt, wird die entscheidende Motivation für Ihre Bewerbungsaktivitäten sehr wahrscheinlich nicht aus diesem Kreis kommen. Eher hören Sie da schon einmal ein mitleidiges »Mensch, daß du immer noch nicht das Richtige gefunden hast. Nun bewirb dich aber auch endlich mal.« Gut gemeint, aber letztlich entmutigen solche Sprüche nur, weil im Unterton mitschwingt, daß man Sie für einen Versager hält. Hier ist wirklich Selbstschutz in Form von kritischer Distanz angezeigt.

Und schließlich, last but not least:

- **Entscheidend ist die innere Einstellung:** Menschen sind aus verschiedenen Gründen unzufrieden mit ihrer beruflichen Situation. Sie hatten vielleicht nicht die Möglichkeit, den Beruf zu wählen, bei dem ihre Fähigkeiten und Interessen mit ihrem Karriereziel übereinstimmten; sie haben keine Aufstiegschancen, sind gelangweilt und unproduktiv; sie verdienen zu wenig; sie wollen einen anderen Karriereweg einschlagen; die Vorstellungen und Ziele des Arbeitgebers sind nicht mit den eigenen zu vereinbaren; sie klammern sich nur an ihre Beschäftigung, weil sie das Geld zum täglichen Leben brauchen.

Wunsch nach Veränderung

Deshalb wechseln jedes Jahr Millionen von Menschen ihren Arbeitsplatz. Sie sehen also, daß Ihr Wunsch nach Veränderung durchaus zu realisieren ist. Finden Sie heraus, was Sie wirklich wollen, sammeln Sie Ihre Kräfte und konzentrieren Sie sich auf die Strategie, die Sie an Ihr berufliches Ziel bringt.

Erfolg kommt selten von allein. Natürlich helfen auch Glück und Zufälle, aber durch gute, gezielte Vorbereitung können Sie Ihre Erfolgschancen entscheidend verbessern. Arbeitsplatzsuche ist fast eine Vollzeitbeschäftigung. Wenn Sie nicht täglich mehrere Stunden investieren, suchen Sie nicht richtig und machen sich selbst etwas vor.

Wenn Sie arbeitslos sind, sollten Sie deutlich zeigen, daß Sie bestrebt sind, Ihre Situation zu ändern. Denken Sie daran, daß es ganz besonders auch von Ihrer eigenen Einstellung abhängt, wie sich Ihre Mitmenschen Ihnen gegenüber verhalten. Für Schwarzseher bleibt die Arbeitsplatzsuche meist von vornherein erfolglos.

Es hängt also in einem hohen Maß von Ihrer inneren Einstellung ab, wie lange es dauert, bis Sie einen angemessenen Arbeitsplatz finden und welche berufliche Position Sie letztendlich erreichen werden.

Man hört gelegentlich von Bewerbern mit glänzenden Abschlüssen, die keine Arbeit finden und jahrelang arbeitslos sind. Das macht einem nicht gerade Mut für die eigene Bewerbung, und wenn irgend möglich, drückt man sich vor der Arbeitsplatzsuche oder einem selbst initiierten Wechsel. Viele allerdings arrangieren sich lieber und schlucken ihren Frust runter.

Wer einen Arbeitsplatz finden muß, entwickelt eine ungeahnte Phantasie, Dinge zu finden, die zunächst einmal wichtiger erscheinen als Bewerbungen. Schon lange nicht mehr ist die Wohnung so gründlich aufgeräumt worden wie in dem Moment, in dem man sich eigentlich um eine neue Stelle kümmern sollte. Oder man wartet darauf, daß man in bessere Stimmung für die Aufgabe kommt. Nicht selten hofft man insgeheim, den neuen Arbeitsplatz auf einem silbernen Tablett serviert zu bekommen.

Wir bewältigen schwierige Situationen, solange sie schnell vorübergehen. So ertragen wir zum Beispiel lästigen Besuch, wenn klar ist, daß er nach dem Wochenende wieder abreist. Aber wenn Probleme zu lange andauern, mögen wir das ganz und gar nicht. Genau in einer solchen Situation befinden sich jedoch viele, wenn sie arbeitslos sind. Eine kurze Arbeitslosigkeit ist oft kein Problem. Ernst wird es erst, wenn kein Ende abzusehen ist. Wenn sich Arbeitslosigkeit dann jedoch über längere Zeit hinzieht, drohen bisweilen sogar Depressionen und Schlimmeres.

Eine Frage der Sichtweise

Wer arbeitslos ist, den plagen häufig Selbstzweifel: »Was habe ich falsch gemacht?« »Warum bin ich in diese Lage geraten?« Dagegen hilft vor allem eins: Machen Sie sich bewußt, daß Sie jederzeit die Möglichkeit haben, Ihre Sichtweise – und damit auch die Situation – zu ändern. Nicht die Dinge als solche beunruhigen uns, sondern unsere Vorstellung, unsere Interpretation und unsere Sichtweise.

Schmieden Sie Zukunftspläne, nutzen Sie die Zeit zur Fortbildung, konzentrieren Sie sich auf erfreuliche Dinge (z.B. Hobbys). Vor allem aber isolieren Sie sich nicht, sondern pflegen Sie Kontakte.

Sie sind deprimiert, weil Sie in der Arbeitssuche keinen Sinn sehen. Sie halten die ganze Prozedur für Zeitvergeudung. Doch wer weiß: Vielleicht werden Sie eines Tages sogar sagen, diese Phase sei das Beste gewesen, was Ihnen passieren konnte, weil Sie gezwungen waren, sich sehr intensiv mit sich selbst, Ihren Fähigkeiten und Wünschen auseinanderzusetzen. Wer beruflich ständig sehr eingespannt ist, hat oft gar keine Zeit, darüber nachzudenken, ob das, was er tut, wirklich sinnvoll ist.

Erinnern Sie sich an schwierige Perioden in Ihrem Leben und überlegen Sie, was Sie aus diesen Situationen gelernt haben. Auf die Frage »Warum gerade ich?« sollten Sie möglichst verzichten. Bedenken Sie, daß auf eine schwierige Periode schließlich auch wieder bessere Zeiten folgen. Das hilft Ihnen, die Zeit der Arbeitssuche für sich persönlich richtig einzuordnen.

Arbeitssuche ist Arbeit

Um einen für Sie angemessenen Arbeitsplatz zu finden und zu erobern, sollten Sie sich zunächst klarmachen, daß Sie bereits eine elementare Arbeit haben: die Jobsuche. Betrachten Sie sich also bitte bloß nicht als jemand, der keine Arbeit hat. Sie haben in dieser Situation der Jobsuche wirklich mehr als genug zu tun.

Im Laufe eines Lebens kann Arbeit verschiedene Formen annehmen. Vielleicht waren Sie eine Zeitlang angestellt und später selbständig; nun sind Sie auf der Arbeitssuche. Dies ist eine Vollzeitbeschäftigung wie jede andere auch, nur bezahlt wird sie leider nicht.

Extratip für Bewerber über 48

Für diejenigen, die verstanden haben, worauf es bei der Arbeitsuche ankommt, spielt das Alter kaum eine Rolle. Was Sie brauchen, ist Selbstvertrauen, Energie und den Wunsch nach Erfolg. Alter allein ist kein Maßstab, und manche Menschen sind mit 25 schon alt.

Allerdings stimmt es leider auch, daß in den Hirnen vieler Personalent- →

scheider offenbar ein Virus wütet, der die Vorstellung vermittelt, Arbeitnehmer ab etwa 40 aufwärts gehören zu den Alten. Damit verbindet sich je nach Krankheitsausprägung die absurde Auffassung, daß so alte Mitarbeiter oder Bewerber nicht mehr wirklich leistungsfähig, nicht richtig motiviert und obendrein ständig krank seien. Diese Einstellung der Erwerbsgesellschaft ist sehr ansteckend (Vorsicht also!), und nicht selten sind sogar Bewerber und Arbeitnehmer in der beschriebenen Altersgruppe fast schon selber davon überzeugt, es fehle ihnen an Biß.

In unserem Buch *Erfolgsstrategien für Bewerber über 48* haben wir uns mit diesem Thema intensiv auseinandergesetzt und den Betroffenen Mittel und Wege aufgezeigt, um in der Bewerbungssituation mit derlei Vorurteilen besser klarzukommen.

Nicht immer ist Ihr Alter der wirkliche Grund für eine Ablehnung. Manchmal dient es Unternehmen auch als Vorwand, neu ausgebildete, vor allem billigere Arbeitskräfte einzustellen.

Wenn Sie älter sind und Arbeit suchen, müssen Sie unter Umständen Ihre Einstellung ändern. Heute gibt es auf dem Arbeitsmarkt mehr junge, hochqualifizierte Berufsanfänger als jemals zuvor. Mit dieser Gruppe auf ihrem Niveau zu konkurrieren wäre dumm und deprimierend.

Was haben Sie als 48jähriger zu bieten? Natürlich Erfahrung! Junge Leute hatten noch nicht mit den Schwierigkeiten zu kämpfen, die schon hinter Ihnen liegen. Suchen Sie sich deshalb einen Arbeitsplatz, bei dem es auf Ihre Erfahrung ankommt. In manchen Wirtschaftszweigen läßt sich ein Trend zurück zu älteren Arbeitnehmern beobachten, weil sie einfach erfahrener, zuverlässiger und nicht zuletzt auch fleißiger sind.

All dies spricht für Sie:

- Erfahrung
- Stabilität
- Fachkenntnisse
- Leistungen – beweisbare Ergebnisse
- sofortige Verfügbarkeit für kürzere oder längere Zeit
- Mobilität
- gute Zeugnisse

Ihr Lebenslauf sollte eine lange Liste von Errungenschaften enthalten. Präsentieren Sie sich als Lösung eines Problems und nicht einfach als jemand, der Arbeit sucht.

Thematisieren Sie in Vorstellungsgesprächen Ihr Alter nur, wenn Sie ausdrücklich danach gefragt werden. Weisen Sie statt dessen auf Ihre Leistungen hin.

→

Sagen Sie nicht, daß Sie finanziell abgesichert sind. Machen Sie deutlich, daß die Arbeit das Wichtigste für Sie ist. Seien Sie zunächst einmal offen für verschiedene Vorschläge; auswählen können Sie später immer noch.

Wenn Sie Ihre Erfahrung verkaufen wollen, müssen Sie alle Arbeitssuchtechniken überdurchschnittlich gut beherrschen:

- Suchen Sie Probleme. Bieten Sie kleineren Unternehmen, die sich in Schwierigkeiten befinden, Ihre Hilfe an. Sie können Probleme lösen und sind bezahlbar.
- Denken Sie nicht nur an unbegrenzte Arbeitsverhältnisse, sondern auch an kurzfristige Aufträge. Bei guter Leistung kann sich daraus etwas Beständiges entwickeln.
- Schlagen Sie ein leistungsbezogenes Gehalt vor. Ein solches Angebot wird ein Arbeitgeber kaum ablehnen, und Sie können zeigen, was in Ihnen steckt.
- Wenn Sie bei Ihrem alten Arbeitgeber Kenntnisse erworben haben, die auch für die Konkurrenz interessant sind, bieten Sie Ihr Wissen und Ihre Kontakte anderen Firmen an. Vielleicht bilden Sie ein Team mit anderen früheren Kollegen.
- Wenn Sie ein guter Verkäufer sind, können Sie Ihre Dienste in einer Region anbieten, die bisher vernachlässigt wurde.
- Schreiben Sie einen Bericht über einen Wirtschaftszweig, einen Absatzmarkt oder ein Produkt und machen Sie auf diese Weise auf Ihre Sachkenntnisse aufmerksam. Falls Ihre Untersuchung neue und wertvolle Informationen enthält, können Sie sie sogar verkaufen. Für eine gute Idee dürfen Sie auch einen Vorschuß verlangen.
- Wenn Sie etwas zu sagen haben und gut mit Sprache umgehen können, können Sie Zeitschriftenartikel oder ein Buch über ein Thema schreiben, das die Leute interessiert.
- Sie können als Teilzeitberater für mehrere Firmen gleichzeitig arbeiten. So bleiben Ihre Dienste bezahlbar, und Sie haben mehrere Einnahmequellen.
- Falls Sie über Spezialkenntnisse verfügen, die für Jugendliche interessant sind, sollten Sie Lehrer oder Trainer werden.
- Um in Übung zu bleiben, können Sie Kurse an einer Abendschule planen und durchführen. Wenn Sie Seminare anbieten, lernen Sie viele Leute kennen, vielleicht auch neue Kunden oder spätere Arbeitgeber.
- Denken Sie über Ihre Hobbys nach. Läßt sich damit Geld verdienen?
- Finden Sie heraus, welche Wirtschaftszweige wachsen. Bilden Sie sich weiter und steigen Sie dort ein.

→

- Bieten Sie jungen Unternehmern, die gerade eine Firma gegründet haben, Ihre Hilfe an. Ihre Erfahrungen sind wertvoll.
- Arbeiten Sie ehrenamtlich in Ihrer Gemeinde oder einer Wohlfahrtseinrichtung. Das bringt zwar zunächst kein Geld ein, aber Sie werden wichtige Kontakte knüpfen und ihre Leistungsfähigkeit demonstrieren.
- Schließen Sie sich zur Unternehmensgründung mit Leuten zusammen, deren Wesensart und Ausbildung sich gut mit Ihren Fähigkeiten kombinieren läßt.
- Ziehen Sie in eine andere Region, wenn es in Ihrer Stadt keine Arbeit gibt.
- Bleiben Sie in ständigem Kontakt mit Ihren Bekannten. Oft haben Freunde hilfreiche Ideen.
- Denken Sie nicht, Sie seien zu alt. Glauben Sie daran, daß Sie schließlich Erfolg haben werden. Irgendwo braucht irgend jemand ganz dringend Ihre Begabung. Also kommt es für Sie darauf an, diese Stelle zu finden.
- Stellen Sie sich darauf ein, daß Sie vielleicht weniger verdienen werden als bei Ihrem letzten Arbeitgeber. Wichtig ist, daß Ihnen die Arbeit Spaß macht. Orientieren Sie sich mit Ihren Gehaltsforderungen an der Konkurrenz, auch wenn das zunächst zu Einbußen führt.
- Hören Sie nicht auf irgendwelche klugen Ratschläge. Wenn Ihre Arbeitssuche zu lange dauert, sollten Sie sich an einen Karriereberater wenden und Ihre Freunde bitten, Kontakte für Sie herzustellen.
- Schreiben Sie Ihre Bewerbungsbriefe am frühen Morgen oder abends. Tagsüber sollten Sie so viele Leute treffen wie möglich. Letztlich beschaffen Ihnen nicht Bewerbungsunterlagen, sondern Menschen Arbeit.

Geben Sie nicht auf. Auch Ablehnungen gehören zum (Arbeits-)Leben. Bemühen Sie sich intensiv darum, neue Kontakte zu knüpfen. Verbessern Sie durch Training Ihr Auftreten in Vorstellungsgesprächen.

Wenn Ihre derzeitige Arbeit aus der Arbeitsplatzsuche besteht, sollten Sie, wie andere Arbeitnehmer auch, pünktlich beginnen und aufhören. Disziplin, vor allem Selbstdisziplin, ist jetzt mehr denn je vonnöten. Nur wer die Arbeitssuche als Vollzeitbeschäftigung betrachtet, kann mit relativ schnellem Erfolg rechnen. Die meisten Arbeitssuchenden verbringen bei unzureichender Vorbereitung viel zu wenig Zeit mit der Suche.

Auch wenn Sie es ungerecht finden sollten, daß Sie intensiv nach Arbeit suchen müssen, irgendwann werden Sie sich schließlich doch dazu aufraffen. Was können Sie also tun, um Ihre Situation zu ändern? Fangen Sie an, indem Sie sich bewußt machen, daß der Arbeitsmarkt immer in Bewegung ist. Unternehmen – und damit auch Arbeitsplätze – verschwinden, weil sie nicht mehr wettbewerbsfähig sind. Dafür werden anderswo mit Erfolg neue Firmen gegründet, in denen dann auch neue Mitarbeiter eingestellt werden müssen. Begreifen Sie, wie der Arbeitsmarkt funktioniert. Lernen Sie die Spielregeln, und Sie werden viel leichter und schneller Erfolg haben.

Bestandsaufnahme

Vor der eigentlichen Bewerbung ist es unbedingt Zeit für eine Bestandsaufnahme. Was sind Ihre Argumente? Womit wollen Sie überzeugen?

Das Marketing in eigener Sache kann nur gelingen, wenn Sie genau wissen, was Sie zu bieten haben. Entdecken Sie Ihre Einzigartigkeit und überzeugen Sie andere davon, insbesondere Ihren potentiellen Arbeitgeber.

Haben Sie einmal darüber nachgedacht, wieviel Zeit Sie an Ihrem Arbeitsplatz verbringen? Es sind im Laufe eines Arbeitslebens etwa 60 000 bis 80 000 Stunden, also fast ein Drittel Ihrer Lebenszeit.

Wissenschaftliche Untersuchungen ergaben, daß Menschen an einem ganz normalen Arbeitstag durchschnittlich lediglich neun Minuten mit ihrem Lebenspartner sprechen. Da Sie mit Sicherheit mehr als diese neun Minuten an Ihrem Arbeitsplatz mit Kommunikation verbringen, wird klar, daß der größte Teil Ihrer verbalen Interaktionen beruflicher Natur ist – mit Kollegen, Vorgesetzten, Kunden oder Lieferanten. Dennoch bringen die meisten Menschen bei der Wahl des Arbeitsplatzes nicht einmal einen Bruchteil der Sorgfalt und Mühe auf, die sie bei der Auswahl ihres Partners ganz selbstverständlich aufwenden. Begehen Sie nicht diesen Fehler. Denken Sie an eine ausreichende Vorbereitung. Denn sie ist der Schlüssel zum Erfolg und der wichtigste Wegweiser zu Ihrem Ziel. Wer bin ich? Was kann ich? Was will ich? Was ist möglich? – sind die entscheidenden Leitfragen, deren intensive Bearbeitung Ihnen helfen wird, den gewünschten Arbeitsplatz oder die angestrebte Position zu erobern.

Sie werden an dieser Stelle vielleicht einwenden, in wirtschaftlich schwierigen Zeiten seien die Auswahlmöglichkeiten begrenzt. Trotzdem sollten Sie wählerisch sein, denn für jeden einzelnen hängt von der Art der Arbeitsaufgaben und der Qualität der zwischenmenschlichen Beziehungen am Arbeitsplatz viel ab. Wenn es am Arbeitsplatz gravierende Probleme gibt, haben diese mit Sicherheit Auswirkungen auf Ihren privaten Bereich, Ihre Beziehung zum Lebenspartner und damit auf Ihre Zufriedenheit und Gesundheit insgesamt.

Das passende Unternehmen

Natürlich ist es außerordentlich wichtig, die Spielregeln des Bewerbungsrituals zu kennen und sie innovativ und individuell anzuwenden. Zunächst einmal müssen Sie aber herausfinden, welche Aufgaben und Unternehmen zu Ihnen passen.

Auch potentielle Arbeitgeber befinden sich in einer Bewerbungssituation und müssen sich um Sie als zukünftigen Mitarbeiter angemessen bemühen. Sollten Sie bei der ersten Kontaktaufnahme und im weiteren Verlauf des Bewerbungsverfahrens einen schlechten Eindruck von einem Unternehmen gewinnen, muß dies Ihre Auswahlentscheidung beeinflussen. Zu viel Enttäuschung und Leid könnte auf Sie zukommen, wenn Vorgesetzte oder Kollegen für Sie nicht die richtigen Partner wären oder die Arbeitsaufgaben Sie massiv unter- oder überfordern.

Die meisten Arbeitsplatzanbieter geben sich große Mühe, für ihr Unternehmen geeignete Mitarbeiter einzustellen. Viele Arbeitnehmer dagegen scheinen mehr Zeit und Geld für die Wahl eines günstigen Gebrauchtwagens zu investieren, als sich kritische Gedanken bei der Auswahl ihres Arbeitsplatzes und Arbeitgebers zu machen. Machen Sie es besser: Investieren Sie Ihre Lebensarbeitszeit sinnvoll und klug. Sie ist begrenzt.

Orientierungstest

Sind Sie sich sicher, was Sie arbeiten wollen oder ob der bereits ausgeübte Beruf der eigentlich richtige für Sie ist?

Wenn nicht, empfehlen wir Ihnen folgenden Neigungstest. Er wird Ihnen darüber Aufschluß geben, wo Ihre Stärken und wahren Talente schlummern, und kann Ihnen bei der Suche nach einem (neuen) Beruf behilflich sein.

Interessen-Intensitäts-Test

Dieser Test gibt Ihnen Informationen über das Ausprägungsprofil Ihrer persönlichen Berufsinteressen. Es werden Ihnen jeweils drei Aktivitäten bzw. Tätigkeiten vorgestellt (durchaus nicht immer eindeutig berufliche).

Entscheiden Sie bei jeder einzelnen, ob Sie persönlich diese Aktivität bzw. Tätigkeit

- eindeutig oder eher interessant finden ☺
- mehr oder weniger gleichgültig läßt 😐
- eindeutig oder relativ uninteressant finden ☹

Sie haben also bei jeder einzelnen Aktivität bzw. Tätigkeit die Wahl zwischen drei Bewertungen (bitte ankreuzen):

☺ 😐 ☹

1

a) nach eigenen Ideen selbst etwas handwerklich gestalten ☺ 😐 ☹
b) bei handwerklichen Arbeiten mit Hand anlegen, helfen ☺ 😐 ☹
c) nach konkreter Vorgabe/Anleitung etwas handwerklich ausführen ☺ 😐 ☹

2

a) Maschinen/technische Geräte reparieren ☺ 😐 ☹
b) Maschinen/technische Geräte bauen/konstruieren ☺ 😐 ☹
c) Maschinen/technische Geräte warten und pflegen ☺ 😐 ☹

3

a) Ferien auf dem Bauernhof verbringen ☺ 😐 ☹
b) bei der Ernte mithelfen ☺ 😐 ☹
c) Gemüse und Obst selbst anbauen ☺ 😐 ☹

4

a) gerne essen gehen ☺ 😐 ☹
b) neue Kochrezepte entwickeln ☺ 😐 ☹
c) nach Rezept selber kochen ☺ 😐 ☹

5

a) beim Kauf auf umweltfreundliche Produkte achten ☺ 😐 ☹
b) Interesse am Umweltschutz haben ☺ 😐 ☹
c) sich bei *Greenpeace* engagieren ☺ 😐 ☹

6

a) abgestürzte Computerprogramme wieder flottmachen ☺ 😐 ☹
b) neue Computerprogramme entwickeln ☺ 😐 ☹
c) Computerprogramme auswählen und anwenden ☺ 😐 ☹

7

a) neue, vereinfachte Antragsformulare entwickeln ☺ 😐 ☹
b) Antragsformulare erklären und ausgeben ☺ 😐 ☹
c) über Anträge von Bürgern entscheiden ☺ 😐 ☹

8

a) interessante Zeitungen aufheben ☺ 😐 ☹
b) Zeitungsausschnitte zu einem bestimmten Thema sammeln ☺ 😐 ☹
c) ein eigenes Themenarchiv mit Zeitungsausschnitten aufbauen ☺ 😐 ☹

9

a) auf eine gewisse Ordnung achten ☺ 😐 ☹
b) ein Büro organisieren/leiten ☺ 😐 ☹
c) zu Hause alle Unterlagen immer ordentlich abheften ☺ 😐 ☹

10

a) Fernsehkrimis anschauen ☺ 😐 ☹
b) als Kommissar arbeiten ☺ 😐 ☹
c) Einsätze der Kriminalpolizei leiten und koordinieren ☺ 😐 ☹

11
a) neue Verkäufer schulen ☺ 😐 ☹
b) Verkaufsangebote vergleichen ☺ 😐 ☹
c) im Verkauf tätig sein ☺ 😐 ☹

12
a) Stadtbesichtigungen leiten ☺ 😐 ☹
b) verschiedene Stadtbesichtigungsprogramme ausarbeiten ☺ 😐 ☹
c) an einer Stadtbesichtigung teilnehmen ☺ 😐 ☹

13
a) einen Werbefilm entwickeln ☺ 😐 ☹
b) bei TV-Werbung nicht umschalten ☺ 😐 ☹
c) sich für neue Werbespots interessieren ☺ 😐 ☹

14
a) sich über Vorteile des Internets informieren ☺ 😐 ☹
b) im Internet surfen ☺ 😐 ☹
c) ein Buch für Internet-User schreiben ☺ 😐 ☹

15
a) Aktien kaufen und verkaufen ☺ 😐 ☹
b) die Entwicklung von Aktienkursen verfolgen ☺ 😐 ☹
c) Prognosen für die Entwicklung des Aktienmarktes erstellen ☺ 😐 ☹

16
a) ein Zahlenwerk aufstellen ☺ 😐 ☹
b) komplexe Statistiken interpretieren ☺ 😐 ☹
c) nachrechnen/kontrollieren ☺ 😐 ☹

17
a) Patienten im Krankenhaus betreuen ☺ 😐 ☹
b) in der medizinischen Forschung arbeiten ☺ 😐 ☹
c) Zeitungsartikel über medizinische Entwicklungen lesen ☺ 😐 ☹

18
a) naturwissenschaftliche Experimente planen ☺ 😐 ☹
b) naturwissenschaftliche Artikel lesen ☺ 😐 ☹
c) naturwissenschaftliche Forschungsresultate diskutieren ☺ 😐 ☹

19
a) philosophische Bücher lesen ☺ 😐 ☹
b) in einer Gruppe über den Sinn des Lebens diskutieren ☺ 😐 ☹
c) ein neues Ethik-Denkmodell entwickeln ☺ 😐 ☹

20
a) sich mit Bauplänen, -modellen und -vorschriften beschäftigen ☺ 😐 ☹
b) interessante Bauwerke besichtigen ☺ 😐 ☹
c) eigene architektonische Ideen entwickeln ☺ 😐 ☹

21

a) in einer Arbeitsloseninitiative mitarbeiten	☺	😐	☹
b) eine Arbeitsloseninitiative finanziell unterstützen	☺	😐	☹
c) eine Arbeitsloseninitiave gründen	☺	😐	☹

22

a) als LehrerIn oder ErzieherIn arbeiten	☺	😐	☹
b) neue pädagogische Theorien entwickeln	☺	😐	☹
c) Erziehungstips austauschen	☺	😐	☹

23

a) Unterricht nehmen, etwas lernen	☺	😐	☹
b) Unterricht geben	☺	😐	☹
c) Unterrichtsmethoden entwickeln	☺	😐	☹

24

a) bei einer Bürgerinitiative mitarbeiten	☺	😐	☹
b) über politische Probleme diskutieren	☺	😐	☹
c) mit anderen eine Bürgerinitiative gründen	☺	😐	☹

25

a) als Psychotherapeut tätig sein	☺	😐	☹
b) die Zusammenhänge von Streß und körperl. Erkrankungen erforschen	☺	😐	☹
c) sich über die Ursachen von seelischen Problemen Gedanken machen	☺	😐	☹

26

a) Musikstücke komponieren	☺	😐	☹
b) Musik hören und genießen	☺	😐	☹
c) selbst Musik machen	☺	😐	☹

27

a) fotografieren	☺	😐	☹
b) neue Techniken der Porträtfotografie entwickeln	☺	😐	☹
c) eine Fotoausstellung besuchen	☺	😐	☹

28

a) Unterhaltungsliteratur oder Sachbücher lesen	☺	😐	☹
b) mit Freunden über Bücher diskutieren	☺	😐	☹
c) selbst schriftstellern/schreiben	☺	😐	☹

29

a) eine Fremdsprache lernen	☺	😐	☹
b) im Auslandsurlaub Basis-Sprachkenntnisse erwerben	☺	😐	☹
c) in einer Fremdsprache Nachhilfe geben	☺	😐	☹

30

a) intensiv Zeitungen und Zeitschriftenartikel lesen	☺	😐	☹
b) einen ausführlichen Leserbrief schreiben	☺	😐	☹
c) in der Redaktionskonferenz neue Themenvorschläge vorstellen	☺	😐	☹

Auswertung

Der Test hat folgenden Hintergrund: Sie standen jeweils vor der Aufgabe, eine Tätigkeit für sich zu bewerten nach den Kriterien

- für mich interessant
- teils – teils
- für mich uninteressant

Dabei wurden Ihnen Tätigkeiten vorgestellt, die

- ein eher rezeptives, d.h. passiv-konsumierendes, ein aufnehmendes, sich in einer Lernphase befindendes Verhalten darstellten.
- ein eher aktiv-engagiertes Tun, Machen oder Arrangieren, sehr am praktischen Umsetzen orientiertes Verhalten darstellten.
- ein eher kreativ-gestalterisches Machen, etwas aufgreifen, um es weiterzuentwickeln, teilweise schon sehr theoretisches Verhalten darstellten.

Mit einer Dreierskala waren die verschiedenen Tätigkeiten von Ihnen zu bewerten:

- zustimmend ☺
- teils-teils 😐
- ablehnend ☹

Im folgenden Auswertungsschema tragen Sie bitte für jede

- zustimmende Ankreuzung ☺ +1 ein
- Teils-teils-Ankreuzung 😐 0 ein
- ablehnende Ankreuzung ☹ –1 ein

und addieren bzw. subtrahieren Sie zunächst zeilenweise, dann später die Zeilenergebnisse eines Blockes untereinander.

Pro Zeile wären als Extremwerte –3 bis +3 möglich.

Pro Block, insgesamt gibt es 6 unterschiedliche, wäre also rechnerisch ein Ergebnis von –15 bis + 15 Punkten möglich.

Nun zum zweiten Teil der Auswertung: Je nachdem, ob Sie –1, 0 oder +1 hinter jedem Buchstaben in der Zeile stehen haben, bekommen Sie für die Spalten passiv, aktiv, kreativ ebenfalls einen Punktwert:

für –1 = 0
für 0 = 1
für +1 = 2

Pro passiv/aktiv/kreativ-Spalte und Block können Sie einen Punktwert zwischen 0 und +5 erhalten, wenn Sie das Spaltenergebnis addieren.

	eher passiv	eher aktiv	eher kreativ	
1	b	c	a	Bereich *Handwerk und Technik*
2	c	a	b	
3	a	b	c	
4	a	c	b	
5	b	a	c	
6	c	a	b	Bereich *Büro und Verwaltung*
7	b	c	a	
8	a	b	c	
9	a	c	b	
10	a	b	c	
11	b	c	a	Bereich *Handel und Wirtschaft*
12	c	a	b	
13	b	c	a	
14	a	b	c	
15	b	a	c	
16	c	a	b	Bereich *Wissenschaft und Forschung*
17	c	a	b	
18	b	c	a	
19	a	b	c	
20	b	a	c	
21	b	a	c	Bereich *Soziales und Erziehung*
22	c	a	b	
23	a	b	c	
24	b	a	c	
25	c	a	b	
26	b	c	a	Bereich *Kunst und Sprache*
27	c	a	b	
28	a	b	c	
29	b	a	c	
30	a	b	c	

Werten Sie auch das Gesamtergebnis der jeweiligen Spalten passiv/aktiv/kreativ über alle 6 Bereiche aus.

	Handwerk/ Technik	Büro/ Verwaltung	Handel/ Wirtschaft	Wissenschaft/ Forschung	Soziales/ Erziehung	Kunst/ Sprache
+15						
+14						
+13						
+12						
+11						
+10						
+ 9						
+ 8						
+ 7						
+ 6						
+ 5						
+ 4						
+ 3						
+ 2						
+ 1						
0						
−1						
−2						
−3						
−4						
- 5						
- 6						
- 7						
- 8						
- 9						
-10						
-11						
-12						
-13						
-14						
-15						

(Durch einfache Kästen kann man sein Ergebnis, von der Null-Ebene ausgehend, visualisieren.)

Interpretation

Sie erhalten mit diesem Test eine Aussage über zwei berufsrelevante Trends. Zum einen finden Sie Hinweise darüber, welchen Arbeitsbereich oder welches Berufsfeld Sie bevorzugen, zum anderen bekommen Sie Informationen, welche Handlungs- und Verantwortungsebene für Sie die angenehmste ist.

Pro *Arbeitsbereich/Berufsfeld* sind maximal –15 bis +15 Punkte zu erzielen.

Betrachtet man die Punkteverteilung, erhält man Auskunft über den Arbeitsbereich/das Berufsfeld, für das Sie ein stärkeres Interesse und eine deutlich höhere Affinität zeigen (höhere Pluswerte ab ...) oder natürlich auch (angezeigt durch Minuswerte ab ...) ein klares Desinteresse spüren.

Gleichzeitig finden Sie hilfreiche Hinweise auf die Handlungs- und Verantwortungsebene, auf der Sie sich die berufliche Tätigkeit am ehesten wünschen. Wichtiger in ihrer Aussage sind dabei die Ebenen *aktiv* und *kreativ*.

Auch ein Blick in voller Spaltenlänge über alle 6 Arbeitsbereiche/Berufsfelder hinweg kann einen wertvollen Hinweis ergeben auf eine bevorzugte berufliche Handlungs- und Verantwortungsebene, die man generell favorisiert.

Auswertung und Interpretation der Punktwerte

–15	bis –12	absolut und total uninteressant
–11	bis –8	immer noch sehr klar und deutlich uninteressant
– 7	bis –4	einfach uninteressant
– 3	bis + 3	im neutralen Bereich mit gewisser Minus- oder Plus-Tendenz
+ 4	bis + 7	schon recht interessant
+ 8	bis +11	sehr klar und deutlich interessant
+12	bis +15	absolut superinteressant

Ab 8 Punkten pro Bereich wird ein deutliches, starkes Interesse signalisiert.
Null und weniger Punkte zeigen eine deutliche Gleichgültigkeit bis Abneigung gegenüber diesem Arbeitsbereich an.
6 bis 7 Punkte zeigen ein schwaches bis leichtes Interesse,
8 bis 10 ein deutliches Interesse,
und ab 11 bis 15 besteht ein starkes bis wirklich sehr starkes Interesse.
Der Ergebnisbereich unterhalb –3 ist weniger interessant.

Zweiter Interpretationsansatz

Für die *Handlungs- und Verantwortungsebene* (passiv/aktiv/kreativ) sind die Spaltenwerte zu berücksichtigen. Pro Arbeitsbereich sind 10 Punkte die maximale Ausprägung in jeder Spalte.

0–1	keine Ausprägung
2–3	sehr geringe
4–5	deutliche
6–7	starke
8–9	sehr starke
10	wirklich absolut starke Ausprägung

Interessant ist die Spalten-Interpretation in dem *Arbeitsbereich/Berufsfeld*, in dem die höchste und zweithöchste Punktzahl (zusammengefaßte Zeilenergebnisse) erreicht wurden.

Ebenfalls sehr interessant ist hier das Gesamtergebnis über alle sechs Spalten-Bereiche.

Bei maximal 60 Punkten ist eine schon deutliche Ausprägung ab 30 Punkten erreicht.
Ab 40 Punkten besteht eine starke Ausprägung,
ab 50 Punkten eine wirklich sehr starke Ausprägung.

0 – 10	keine Ausprägung
11 – 20	sehr geringe bis deutliche
21 – 30	deutliche bis sehr klare
31 – 40	sehr klare bis starke
41 – 50	starke bis sehr starke
51 – 60	sehr starke bis außergewöhnlich starke Ausprägung

Interessant ist der Vergleich der drei Handlungs- und Verantwortungsebenen nebeneinander ebenso wie der Vergleich der beiden hinsichtlich der Punktzahlen am stärksten entwickelten Arbeitsbereiche, in Relation zu den beiden am geringsten ausgeprägten.

Die Botschaft

Wenn Sie eine Stelle suchen, gilt vor allem: Machen Sie Schluß mit einer einseitigen Bittstellerhaltung, erarbeiten Sie sich ein neues (Selbst-)Bewußtsein als Basis Ihrer erfolgreichen Bewerbungsstrategie. Begeben Sie sich nicht – wie die meisten Bewerber – in die Rolle eines bemühten Antragstellers, der versucht, einen Arbeitgeber davon zu überzeugen, der beste Kandidat für eine bestimmte Position zu sein.

Nehmen Sie doch mal folgende Perspektive ein: Sie sind Unternehmer. Am Markt müssen Sie mit Ihrem Produkt Ihre potentiellen Kunden überzeugen. Um Ihr Produkt erfolgreich an den Käufer zu bringen, sollten Sie deshalb Marktforschung betreiben.

Nun ist Ihr Produkt kein Gegenstand, sondern eine Dienstleistung. Es handelt sich um Ihr Know-how, Ihr spezielles Fachwissen, Ihre Arbeitskraft. Warum soll ein Kunde (Arbeitgeber) ausgerechnet Ihr Produkt kaufen? Diese Frage stellt sich jeder Unternehmer angesichts der Vielzahl der Bewerber. Es geht um Produkt- und Käuferanalyse und die Marktchancen, die sich aus den Bedürfnissen der Käufer und den Möglichkeiten der Anbieter ableiten lassen.

Käufer finden

Auf welchem Gebiet liegen Ihre Fähigkeiten und Stärken, und wo sind die Arbeitsplatzanbieter, die genau diese Eigenschaften, Ihre Fähigkeiten und Stärken einkaufen möchten und Ihnen einen ordentlich bezahlten Arbeitsplatz anbieten können? Warum soll ein Kunde (Arbeitgeber) sich für Ihr Produkt (Ihr Know-how, Ihre Fähigkeiten) interessieren und bereit sein, 50 000 Euro plus Lohnnebenkosten pro Jahr zu bezahlen?

Was sind Ihre Argumente? Womit wollen Sie überzeugen? Wer diese Fragen nicht sorgfältig beantwortet, wer nicht sehr ausgiebig einzelne Verkaufsargumente sammelt, abwägt, formuliert und diese dann gezielt als Verkaufsbotschaft vermittelt, wird kaum einen interessanten Arbeitsplatz erobern (siehe auch Kapitel »Ihr Kommunikationsziel«, S. 56). Es geht hier also um eine Herausforderung besonderer Art, nämlich Marketing in eigener Sache.

Wenn dies alles für Sie nach absoluter Anpassung an den Markt klingt, werden Sie gleich erkennen, wie Sie durch intensive Vorbereitung Ihre Vorstellungen und Ihre Persönlichkeit in den Bewerbungsprozeß einbringen und auch durchsetzen können.

Selbstanalyse

Welche Fragen bringen Sie bei der Herausforderung, ein Marketing in eigener Sache zu entwickeln, voran? Was kann Ihnen helfen, die Essentials Ihrer persönlichen Botschaft zu formulieren?

Zunächst einmal sollten Sie eine Art Bestandsaufnahme vornehmen. Sie wird Ihnen helfen, sich selbst richtig einzuschätzen und Ihren individuellen Standort zu bestimmen. Es ist wichtig, daß Sie sich dafür Zeit nehmen und die angebotenen Übungen sorgfältig durchführen. Besser über sich Bescheid zu wissen und seine Stärken und Schwächen zu erkennen zahlt sich garantiert aus.

Sie werden sich sehr ausführlich mit folgenden Fragen auseinandersetzen:

- Was mache ich am liebsten?
- Wo möchte ich meine Fähigkeiten einsetzen?
- Wie finde ich die entsprechende Arbeit?

Die meisten Arbeitssuchenden würden die Fragen »Was« und »Wo« am liebsten überspringen und sich gleich den »Wie«-Fragen widmen: Wie findet man freie Stellen? Wie gestaltet man die Bewerbungsunterlagen? Wie verhält man sich im Vorstellungsgespräch? Und so gibt es dann auch eine Unmenge von Ratgebern, die sich lediglich mit den »Wie«-Fragen auseinandersetzen (wir hier auch, aber erst ab S. 110).

Überzeugung bewirkt Engagement

Wie das folgende Beispiel zeigt, ist dies ein großer Fehler. Angenommen, Sie werden gebeten, in Ihrem Büro nach einem Gegenstand zu suchen, den ein Ihnen eher unsympathischer Kollege verloren hat. Aus Höflichkeit spazieren Sie zwar kurz einmal durch den Raum und schauen sich um, aber im Grunde ist es Ihnen gleichgültig, ob das verlorengegangene Objekt wieder auftaucht oder nicht.

Ganz anders wird die Suche verlaufen, wenn es um Ihren eigenen wertvollen Füllfederhalter geht, den Sie tagelang vergeblich gesucht haben. Eine Kollegin erzählt Ihnen nun, sie habe diesen Füller noch vor ein paar Stunden irgendwo zwischen den Papieren gesehen. Mit diesem frischen Hinweis im Sinn, nehmen Sie jetzt praktisch die ganze Büro-Etage auseinander und kommen nicht eher zur Ruhe, bis das gute Stück gefunden ist.

Daraus ergibt sich: Die Entschlossenheit Ihrer Suche steht direkt proportional zu der Bedeutung, die Sie dem gesuchten Objekt – oder in unserem Fall dem gewünschten Arbeitsplatz – beimessen.

Das Erfolgsgeheimnis bei der Arbeitssuche

Nur wenn Sie absolut überzeugt von einem Beruf, einer Aufgabe sind, werden Sie diese mit allen Mitteln suchen. In diesem Moment ändert sich nicht nur Ihre Arbeitssuche, sondern auch Ihre gesamte Lebenseinstellung.

Blick in die Zukunft

Sie erhöhen Ihre Erfolgsaussichten bei der Arbeitssuche nicht etwa allein durch das Erlernen neuer Bewerbungstechniken oder durch bessere Antworten auf die Fragen des Arbeitgebers im Bewerbungsgespräch. Letztlich werden Sie Ihren Wunscharbeitsplatz bzw. -beruf nur bekommen, wenn Sie wirklich bereit sind, intensiv über Ihre Zukunft nachzudenken.

Also: Wenn Sie Ihren beruflichen Träumen nicht jetzt folgen, wann überhaupt? Genau jetzt ist der Punkt erreicht, sich noch einmal zu erinnern, was Sie ursprünglich mit Ihrem (Berufs-)Leben vorhatten.

Natürlich ist das mit harter Arbeit, Umstellung, Ungewißheit und Risiken verbunden. Aber bedenken Sie: »Wer nicht wagt, der nicht gewinnt.«

Es gibt viel zu viele Arbeitnehmer, die nur auf das freie Wochenende warten und sich in ihren derzeitigen Jobs zu Tode langweilen. Manche wissen durchaus, was sie lieber tun würden, können jedoch den Absprung nicht finden; andere haben sich nie die Mühe gemacht, darüber nachzudenken, wo Ihre persönlichen Interessen und Stärken liegen. Sie alle lassen sich eher von Umständen, Zufällen und Launen treiben.

Ihre Persönlichkeit

Persönliche Qualitäten

Von Ihren Charaktereigenschaften hängt es vor allem ab, wie engagiert Sie an Aufgaben herangehen. Sie müssen deshalb Ihre persönlichen Qualitäten, die für potentielle Arbeitgeber interessant sind, zunächst für sich herausfinden, um sie dann im Bewerbungsverfahren besonders herausstellen zu können.

Persönliche *Stärken* sind – im Gegensatz zu *Fähigkeiten* – Auslegungssache. Da es schwierig ist, sie in Worte zu fassen, sollten Sie genau überlegen, bevor Sie in Ihrem Lebenslauf oder im Vorstellungsgespräch auf persönliche Eigenschaften eingehen. Sprechen Sie aber unbedingt von Ihren Stärken – allerdings niemals in Form einer Liste wie »Ich betrachte mich als leistungsfähig, innovativ, engagiert...«, sondern immer nur in Verbindung mit konkreten Leistungen, beispielsweise: »In der Marketingabteilung war ich an der erfolgreichen Entwicklung innovativer Verpackungen maßgeblich beteiligt.«

Positive Eigenschaften allein machen Sie nicht gleich zur Führungskraft. Dennoch sind es meist diejenigen, die bereit sind, über sich und ihre Stärken zu sprechen, die uns und andere inspirieren. Eigenschaften übrigens, auf die es sich immer hinzuweisen lohnt, sind Mut, Kreativität, Ausdauer, Anpassungsfähigkeit, Motivationskraft und Durchsetzungsvermögen.

Die Art und Weise, wie Sie an Aufgaben herangehen, ist für Arbeitgeber ebenfalls stets interessant. Man kann in diesem Zusammenhang auch von Temperament oder Charakterzügen sprechen. Arbeitgeber suchen Bewerber, die voller Energie sind, auf Details achten, sich gut mit Kollegen verstehen, Entschlossenheit zeigen, gut unter Druck arbeiten können, sympathisch, intuitiv, beharrlich, dynamisch und verläßlich sind.

Entdecken Sie Ihre Einzigartigkeit

Es ist enorm wichtig, zu überlegen, was man richtig gut kann, welche die Interessen und Bedürfnisse des Arbeitgebers sind und wie beides zueinander paßt. Denn daran scheitert es leider oft bei Bewerbungen. Das Problem ist nicht die

Form – obwohl die häufig verbesserungswürdig ist –, sondern der Inhalt. Wer sich bewirbt, kennt sich häufig selbst nicht gut genug und weiß nicht oder viel zu wenig, was er anzubieten hat.

In Ihrer besonderen Mischung aus Fähigkeiten, Anlagen, Interessen, Neigungen, Energie, Hingabe, Inspiration, Bereitschaft und Zielstrebigkeit sind Sie einzigartig.

Vielleicht wissen Sie das bloß noch nicht. Leider sind sich die wenigsten darüber im klaren. Eher herrscht doch bei den meisten das Gefühl vor: »Das kann ich nicht. Andere sind besser als ich.« Viel zu viele werden von ihren Schwächen kontrolliert, statt stolz auf sich und ihre Fähigkeiten zu sein.

Einzigartigkeit hat viele Formen und braucht keine Bestätigung von außen. Sie müssen nur bereit sein, sich selbst intensiv zu erforschen und das Ergebnis halbwegs (besser: angemessen) selbstsicher und stolz zu präsentieren.

Keine falsche Bescheidenheit

Schämen Sie sich nicht dafür, daß Sie etwas können. Weg mit falscher, anerzogener Bescheidenheit und einer sie furchtbar behindernden Schüchternheit. Auch wenn Sie sich überhaupt nicht so fühlen: Tun Sie so, als ob Sie aus einer Position der Stärke heraus auftreten. Sie werden für viel stärker und fähiger gehalten, als Sie es sich je erträumt haben. Lernen Sie so, über das Bild hinauszuwachsen, das Sie von sich selbst haben, und nähern Sie sich den Eigenschaften, die Sie für andere wichtig, ja sogar wertvoll machen. Diese Selbstanalyse ist zwar ein schwieriger Teil Ihrer Arbeitssuche, aber durchaus zu bewältigen und bringt Sie wirklich voran!

Was für ein Mensch bin ich?

Nennen Sie zum Einstieg in diesen Fragenkomplex jetzt innerhalb einer Minute ganz spontan drei Adjektive, die wichtige Merkmale Ihrer Persönlichkeit charakterisieren.

Ich bin:

1. ....

2. ....

3. ....

Sind Sie mit Ihrer Wahl zufrieden? Beschreiben diese Adjektive wirklich zentrale Eigenschaften Ihrer Persönlichkeit? Können Sie diese spontane Auswahl einer anderen Person überzeugend vermitteln?

Um Ihnen den Einstieg in diese Thematik zu erleichtern, haben wir eine umfangreiche Liste von Persönlichkeitsmerkmalen zur Selbsteinschätzung zusammengestellt. Wenn Sie über die Frage »Was für ein Mensch bin ich?« früh genug nachdenken, festigen Sie Ihre psychische Ausgangsposition und damit Ihr Selbstbewußtsein in der konkreten Bewerbungssituation.

Denken Sie daran: Sie müssen bei dieser Selbstbeurteilungsliste nicht um jeden Preis »gut abschneiden« wollen, sich niemandem gegenüber rechtfertigen. Es geht allein um Ihre persönliche Einschätzung.

In einem zweiten Schritt können Sie später eine (oder besser mehrere) Person(en) Ihres Vertrauens bitten, die (zuvor kopierte) Adjektivliste ebenfalls auszufüllen. Auf diese Weise erhalten Sie wertvolle Hinweise darauf, wie andere Sie einschätzen. Der Vergleich beider Ergebnisse (Selbst- und Fremdbild) sollte Sie zum Nachdenken und Diskutieren anregen.

Die Wirkung auf andere

Vielleicht wirken Sie viel furchtloser, als Sie sich fühlen. Oder Sie halten sich nicht für besonders ordentlich, werden aber durchaus als gut organisiert wahrgenommen. Wenn Ihnen das übertrieben erscheint, warten Sie ab: Sie werden bestimmt ein paar kleine Überraschungen erleben. Für eine realistische Einschätzung bilden Sie hinterher einen Mittelwert. Nun aber erst einmal zu Ihrer Selbstbeurteilung.

Um die Ausprägung einzelner Persönlichkeitseigenschaften besser einschätzen zu können, gibt es für jedes Adjektiv eine Skala von +3 bis −3. Die Extrempole sind +3 (stark ausgeprägt) und −3 (kaum vorhanden).

Falls Sie zu den einzelnen Eigenschaften Fragen haben, nicht sicher sind, wie es gemeint ist oder was eigentlich unter einem Begriff zu verstehen ist, entscheiden Sie bitte nach Ihrem persönlichen Verständnis.

Wie schätzen Sie sich ein? Kreuzen Sie bei jeder der folgenden Eigenschaften an, wie ausgeprägt diese Ihrer Meinung nach bei Ihnen ist:

+3 = sehr stark ausgeprägt
+2 = deutlich ausgeprägt
+1 = ausgeprägt
0 = teils/teils
−1 = weniger ausgeprägt
−2 = schwach ausgeprägt
−3 = sehr schwach ausgeprägt.

sympathisch	+3	+2	+1	0	-1	-2	-3
vertrauenswürdig	+3	+2	+1	0	-1	-2	-3
vorsichtig	+3	+2	+1	0	-1	-2	-3
lernbereit	+3	+2	+1	0	-1	-2	-3
lernfähig	+3	+2	+1	0	-1	-2	-3
vertrauensvoll	+3	+2	+1	0	-1	-2	-3
leistungsorientiert	+3	+2	+1	0	-1	-2	-3
sorgfältig	+3	+2	+1	0	-1	-2	-3
aufgeschlossen	+3	+2	+1	0	-1	-2	-3
belastbar	+3	+2	+1	0	-1	-2	-3
ausdauernd	+3	+2	+1	0	-1	-2	-3
zufrieden	+3	+2	+1	0	-1	-2	-3
aggressiv	+3	+2	+1	0	-1	-2	-3
konformistisch	+3	+2	+1	0	-1	-2	-3
dominant	+3	+2	+1	0	-1	-2	-3
gerecht	+3	+2	+1	0	-1	-2	-3
verläßlich	+3	+2	+1	0	-1	-2	-3
wankelmütig	+3	+2	+1	0	-1	-2	-3
zielstrebig	+3	+2	+1	0	-1	-2	-3
geduldig	+3	+2	+1	0	-1	-2	-3
gehemmt	+3	+2	+1	0	-1	-2	-3
vital	+3	+2	+1	0	-1	-2	-3
zweifelnd	+3	+2	+1	0	-1	-2	-3
kompetent	+3	+2	+1	0	-1	-2	-3
flexibel	+3	+2	+1	0	-1	-2	-3
aktiv	+3	+2	+1	0	-1	-2	-3
wagemutig	+3	+2	+1	0	-1	-2	-3
gefühlsbetont	+3	+2	+1	0	-1	-2	-3
anspruchsvoll	+3	+2	+1	0	-1	-2	-3
passiv	+3	+2	+1	0	-1	-2	-3
liebenswert	+3	+2	+1	0	-1	-2	-3
gefühlsorientiert	+3	+2	+1	0	-1	-2	-3
impulsiv	+3	+2	+1	0	-1	-2	-3
durchsetzungsfähig	+3	+2	+1	0	-1	-2	-3
furchtsam	+3	+2	+1	0	-1	-2	-3
sachorientiert	+3	+2	+1	0	-1	-2	-3
fordernd	+3	+2	+1	0	-1	-2	-3
höflich	+3	+2	+1	0	-1	-2	-3
autoritär	+3	+2	+1	0	-1	-2	-3
pflichtbewußt	+3	+2	+1	0	-1	-2	-3
verantwortungsbewußt	+3	+2	+1	0	-1	-2	-3
zuverlässig	+3	+2	+1	0	-1	-2	-3
freundlich	+3	+2	+1	0	-1	-2	-3
glücklich	+3	+2	+1	0	-1	-2	-3
nervös	+3	+2	+1	0	-1	-2	-3
rechthaberisch	+3	+2	+1	0	-1	-2	-3
ordnungsliebend	+3	+2	+1	0	-1	-2	-3
ehrlich	+3	+2	+1	0	-1	-2	-3
loyal	+3	+2	+1	0	-1	-2	-3
schwermütig	+3	+2	+1	0	-1	-2	-3
begeisterungsfähig	+3	+2	+1	0	-1	-2	-3
intrigant	+3	+2	+1	0	-1	-2	-3
ordentlich	+3	+2	+1	0	-1	-2	-3
wählerisch	+3	+2	+1	0	-1	-2	-3
hartnäckig	+3	+2	+1	0	-1	-2	-3
entscheidungsfreudig	+3	+2	+1	0	-1	-2	-3
spontan	+3	+2	+1	0	-1	-2	-3
praktisch	+3	+2	+1	0	-1	-2	-3
beherrscht	+3	+2	+1	0	-1	-2	-3
risikobereit	+3	+2	+1	0	-1	-2	-3
selbstsicher	+3	+2	+1	0	-1	-2	-3
sensibel	+3	+2	+1	0	-1	-2	-3
selbständig	+3	+2	+1	0	-1	-2	-3
offen	+3	+2	+1	0	-1	-2	-3
willensstark	+3	+2	+1	0	-1	-2	-3
zurückgezogen	+3	+2	+1	0	-1	-2	-3
mißtrauisch	+3	+2	+1	0	-1	-2	-3
leidenschaftlich	+3	+2	+1	0	-1	-2	-3
unkompliziert	+3	+2	+1	0	-1	-2	-3
fortschrittlich	+3	+2	+1	0	-1	-2	-3
überzeugungsstark	+3	+2	+1	0	-1	-2	-3
zwanghaft	+3	+2	+1	0	-1	-2	-3
verständnisvoll	+3	+2	+1	0	-1	-2	-3
kontaktfähig	+3	+2	+1	0	-1	-2	-3
verläßlich	+3	+2	+1	0	-1	-2	-3
schlagfertig	+3	+2	+1	0	-1	-2	-3
gründlich	+3	+2	+1	0	-1	-2	-3
ausgeglichen	+3	+2	+1	0	-1	-2	-3
kreativ	+3	+2	+1	0	-1	-2	-3
erfinderisch	+3	+2	+1	0	-1	-2	-3
selbstbewußt	+3	+2	+1	0	-1	-2	-3
introvertiert	+3	+2	+1	0	-1	-2	-3
extrovertiert	+3	+2	+1	0	-1	-2	-3
anpassungsfähig	+3	+2	+1	0	-1	-2	-3
humorvoll	+3	+2	+1	0	-1	-2	-3
konservativ	+3	+2	+1	0	-1	-2	-3
präzise	+3	+2	+1	0	-1	-2	-3
besorgt	+3	+2	+1	0	-1	-2	-3
nachdenklich	+3	+2	+1	0	-1	-2	-3
kooperativ	+3	+2	+1	0	-1	-2	-3
unerschütterlich	+3	+2	+1	0	-1	-2	-3
problembewußt	+3	+2	+1	0	-1	-2	-3
beliebt	+3	+2	+1	0	-1	-2	-3
vernünftig	+3	+2	+1	0	-1	-2	-3
unerschütterlich	+3	+2	+1	0	-1	-2	-3
teamfähig	+3	+2	+1	0	-1	-2	-3
ausgeglichen	+3	+2	+1	0	-1	-2	-3
kommunikationsfähig	+3	+2	+1	0	-1	-2	-3
integrationsfähig	+3	+2	+1	0	-1	-2	-3
herzlich	+3	+2	+1	0	-1	-2	-3
ruhig	+3	+2	+1	0	-1	-2	-3
kompromißbereit	+3	+2	+1	0	-1	-2	-3

tolerant	+3 +2 +1 0 −1 −2 −3	______________	+3 +2 +1 0 −1 −2 −3
zuhörbereit	+3 +2 +1 0 −1 −2 −3		
selbstkritisch	+3 +2 +1 0 −1 −2 −3	______________	+3 +2 +1 0 −1 −2 −3
kränkbar	+3 +2 +1 0 −1 −2 −3		
hilfsbereit	+3 +2 +1 0 −1 −2 −3	______________	+3 +2 +1 0 −1 −2 −3
einfühlsam	+3 +2 +1 0 −1 −2 −3		
gelassen	+3 +2 +1 0 −1 −2 −3	______________	+3 +2 +1 0 −1 −2 −3
unparteiisch	+3 +2 +1 0 −1 −2 −3		
gütig	+3 +2 +1 0 −1 −2 −3	______________	+3 +2 +1 0 −1 −2 −3
unberechenbar	+3 +2 +1 0 −1 −2 −3		
präzise	+3 +2 +1 0 −1 −2 −3	______________	+3 +2 +1 0 −1 −2 −3

Ihnen ist sicherlich aufgefallen, daß positive und negative Eigenschaften aufgeführt sind. Sympathisch und aktiv möchte jeder sein, rechthaberisch und aggressiv sicherlich niemand. Bei anderen Adjektiven ist die Beurteilung schwieriger. Für einen Leuchtturmwärter ist »sehr stark zurückgezogen« sicherlich kein Berufshindernis, ein Reporter dagegen läge mit der gleichen Eigenschaft bei seiner Bewerbung ziemlich daneben.

Falls Sie in der Liste bestimmte Adjektive vermißt haben, schreiben Sie diese einfach in die dafür vorgesehenen freien Zeilen.

Schauen Sie sich alle Adjektive an, die eine deutlich herausgehoben Bewertung bekommen haben (bei dem einen ist es +3 bzw. −3, andere neigen dazu, die Ränder zu meiden und selten mehr als +2 bzw. −2 anzukreuzen). Auf wie viele Adjektive trifft eine deutlich herausgehobene Bewertung zu? Sind es 5 oder 15 oder vielleicht sogar 25? In jedem Fall ist es sehr wahrscheinlich, daß sie sowohl im Plus- als auch im Minusbereich anzutreffen sind.

Am besten, Sie bilden – indem Sie für jedes Adjektiv eine einzelne Karteikarte anlegen – Gruppen von Eigenschaften (Adjektiven), beispielsweise für fünf Adjektive mit +3-Markierung, für drei mit −3. Anschließend versuchen Sie, inhaltliche Zusammenhänge zwischen den einzelnen Adjektiven herzustellen. Finden Sie Überschriften, denen Sie dann die Karteikarten entsprechend zuordnen.

Angenommen, Sie haben sich für die folgenden »+3-Ankreuzungen« entschieden: sorgfältig, verläßlich, pflichtbewußt, verantwortungsbewußt, ordentlich – dann passen diese fünf Adjektive gut unter die Rubrik »preußische Tugenden«. Lauten Ihre »−3-Ankreuzungen« unordentlich, spontan, fortschrittlich, werden hiermit Ihre sogenannten preußischen Tugenden eher ergänzt und bestätigt. Auch wenn diese Tugenden auf Arbeitgeberseite weiterhin gern gesehen sind, gibt es für Sie sicherlich noch andere herausragende Beschreibungsmerkmale.

Neues Selbstbewußtsein

Ziel dieser Übung war es vor allem, ein besseres (weil präziseres) Selbstbild in der Vorbereitungsphase auf Ihre Bewerbungssituation zu entwickeln. Wer die Ergebnisse anschließend mit dem Partner, mit Freunden oder Bekannten durchspricht, entwickelt eine neue verbale Kompetenz und (im doppelten Sinn) neues Selbstbewußtsein, wenn es darum geht, sich in der Bewerbungssituation erfolgreich zu präsentieren.

In einem weiteren Schritt sollten Sie sich nun mit folgenden Fragen auseinandersetzen: Welche Eigenschaften sind wichtig für den Arbeitsplatz, um den ich mich bewerbe? Wonach werden mich Firmenchefs fragen und wie stellen diese sich den idealen Stelleninhaber vor? Gehen Sie die Liste jetzt nur unter diesem Aspekt ein zweites Mal durch und kreuzen Sie (mit einem farbigen Stift) die Eigenschaften an, die für den von Ihnen angestrebten Arbeitsplatz etwa aus Arbeitgebersicht besonders wichtig sind.

Ein Vergleich von Selbstbild, Fremdbeurteilung und Anforderungsprofil gibt weitere Aufschlüsse und Hinweise, auch im Hinblick auf die nötige Anpassungsleistung, die in jeder Bewerbungssituation erbracht werden muß.

Stärken und Schwächen

Wenn Sie sich jetzt Gedanken über Ihre Stärken und Schwächen machen, sind Sie vor möglichen »Fallgruben« in Vorstellungsgesprächen geschützt und auf unangenehme Fragen schon recht gut vorbereitet. Denken Sie ruhig über Ihre Schwächen nach, damit Sie erkennen, wo Sie noch an sich arbeiten müssen: Selbstkontrolle, Weiterbildung, Hilfe von außen zulassen können ... Aber verheddern Sie sich nicht. Viel wichtiger als Ihre Schwächen sind Ihre Stärken. Es kann allerdings nichts schaden, sich gelegentlich mit seinen Schwächen auseinanderzusetzen und sich vielleicht sogar mit ihnen zu versöhnen.

Schauen Sie sich das folgende Beispiel an, bevor Sie eine eigene Liste aufstellen:

Stärken:

1. Gutes Zahlenverständnis
2. Fähigkeit, mehrere Dinge parallel zu erledigen
3. Gut im Umgang mit Menschen
4. Kann anderen komplexe Zusammenhänge erklären
5. Lerne schnell

Schwächen:

1. Ungeduldig – alles muß schnell gehen
2. Manchmal zu bescheiden
3. Nehme die Karriere nicht wichtig genug
4. Angst, Risiken einzugehen

Würde dieser Bewerber in einem Vorstellungsgespräch nach seinen Schwächen gefragt, könnte er ohne allzuviel zögern Ungeduld und Bescheidenheit nennen, denn beide Eigenschaften lassen sich auch als Stärke auslegen. Ungeduld bedeutet unter anderem, daß er seine Arbeit schnell erledigt und Verspätungen haßt. Bescheidenheit kann als Hinweis darauf gewertet werden, daß er nicht den ganzen Tag durch die Abteilungen marschieren wird, um allen zu erzählen, was für ein toller Hecht er ist.

Im Bewerbungsgespräch sollte er aber unbedingt von seinen Stärken sprechen. Ein Mitarbeiter, der komplexe Dinge und Sachverhalte gut erklären kann, verschiedene Arbeitsabläufe geschickt miteinander verbindet und schnell lernt, wird immer gebraucht und ist beinahe überall einzusetzen.

Lassen Sie sich von Ihren Schwächen nicht entmutigen. Es gibt niemanden ohne Schwächen. Wer sich seine Unvollkommenheit eingesteht, ist auf dem richtigen Wege. Vielleicht werden Sie sogar feststellen können, daß die eine oder andere vermeintliche Schwäche häufig nichts anderes als eine übertriebene Stärke ist. Denken Sie über Ihre Schwächen nach und wandeln Sie sie nach Möglichkeit in Stärken um.

Schwächen	**Stärken**
Verlangt Perfektion	Strebt nach guter Leistung
Licht unter den Scheffel stellen	Bescheiden
Kommandiert herum	Führungsqualitäten
Impulsiv	Schnell
Ist ein Spieler	Geht Risiken ein
Geizig	Sparsam
Anmaßend	Beharrlich
Kompromisse eingehen	Gut im Verhandeln
Zwanghaftes Verhalten	Auf Details achten

Die folgende Selbstbeurteilungsskala wird Ihnen dabei helfen, Ihren persönlichen Standort detailliert zu bestimmen. Auf den nächsten Seiten finden Sie eine umfangreiche Liste von Kompetenzmerkmalen. Wie schätzen Sie sich selbst bezüglich der aufgeführten Fähigkeiten ein? Wie ist es etwa um Ihre Leistungsbereitschaft bestellt? Sie haben sicherlich eine Vorstellung davon, was allgemein unter diesem Begriff verstanden wird.

Und wieder: Wie stark, glauben Sie, ist Leistungsbereitschaft bei Ihnen ausgeprägt? Es geht allein um Ihre persönliche Einschätzung. Diese brauchen Sie mit niemandem zu diskutieren. Sie müssen sich also für Ihre Einschätzung nicht rechtfertigen.

Um die einzelnen Merkmale einschätzen zu können, gibt es wieder eine Skala von +3 bis −3. Die Extrempole sind +3 (= sehr stark ausgeprägt bzw. vorhanden) und −3 (sehr schwach ausgeprägt, kaum vorhanden), die Mitte liegt bei 0 (teils/teils, weder noch). Zur Übersicht:

+3 = sehr stark ausgeprägt
+2 = deutlich ausgeprägt
+1 = ausgeprägt
0 = teils/teils
−1 = weniger ausgeprägt
−2 = schwach ausgeprägt
−3 = sehr schwach ausgeprägt

Zunächst geht es wieder nur um Ihre Selbsteinschätzung. In einem zweiten Schritt bitten Sie andere Personen, Sie einzuschätzen.

Falls Sie zu den einzelnen Merkmalen, Fähigkeiten Fragen haben, nicht sicher sind, wie es gemeint ist oder was Sie sich unter diesem Begriff vorstellen sollen, entscheiden Sie einfach für sich, was Sie darunter verstehen.

Wie schätzen Sie sich ein? Bitte kreuzen Sie bei jeder Eigenschaft an, wie ausgeprägt diese Ihrer Meinung nach bei Ihnen ist:

Merkmalgruppe 1

Sensibilität	+3 +2 +1 0 −1 −2 −3
Zuhörfähigkeit	+3 +2 +1 0 −1 −2 −3
Kontaktfähigkeit	+3 +2 +1 0 −1 −2 −3
Aufgeschlossenheit	+3 +2 +1 0 −1 −2 −3
Teamorientierung	+3 +2 +1 0 −1 −2 −3
Kooperationsfähigkeit	+3 +2 +1 0 −1 −2 −3
Anpassungsfähigkeit	+3 +2 +1 0 −1 −2 −3
Kompromißbereitschaft	+3 +2 +1 0 −1 −2 −3
Diplomatie	+3 +2 +1 0 −1 −2 −3
Verhandlungsgeschick	+3 +2 +1 0 −1 −2 −3
Integrationsvermögen	+3 +2 +1 0 −1 −2 −3
Überzeugungspotential	+3 +2 +1 0 −1 −2 −3
Begeisterungsfähigkeit	+3 +2 +1 0 −1 −2 −3
Durchsetzungsfähigkeit	+3 +2 +1 0 −1 −2 −3
Motivationsfähigkeit	+3 +2 +1 0 −1 −2 −3
sprachliches Ausdrucksvermögen	+3 +2 +1 0 −1 −2 −3
schriftliches Ausdrucksvermögen	+3 +2 +1 0 −1 −2 −3
rhetorische Fähigkeiten	+3 +2 +1 0 −1 −2 −3
Teamfähigkeit	+3 +2 +1 0 −1 −2 −3
Anpassungsbereitschaft	+3 +2 +1 0 −1 −2 −3
soziale Kompetenz	+3 +2 +1 0 −1 −2 −3
Kommunikationsfähigkeit	+3 +2 +1 0 −1 −2 −3

Merkmalgruppe 2

Zielstrebigkeit	+3 +2 +1 0 −1 −2 −3
Selbstbewußtsein	+3 +2 +1 0 −1 −2 −3
Verantwortungsbewußtsein	+3 +2 +1 0 −1 −2 −3
Kritikfähigkeit	+3 +2 +1 0 −1 −2 −3
Selbstbeherrschung	+3 +2 +1 0 −1 −2 −3
Zuverlässigkeit	+3 +2 +1 0 −1 −2 −3
Toleranzfähigkeit	+3 +2 +1 0 −1 −2 −3
Unerschrockenheit	+3 +2 +1 0 −1 −2 −3
Bereitschaft zur Verantwortungsübernahme	+3 +2 +1 0 −1 −2 −3

Merkmalgruppe 3

Risikobereitschaft	+3 +2 +1 0 −1 −2 −3
Entscheidungsfähigkeit	+3 +2 +1 0 −1 −2 −3
Sicherheitsdenken	+3 +2 +1 0 −1 −2 −3
Delegationsbereitschaft	+3 +2 +1 0 −1 −2 −3
Delegationsfähigkeit	+3 +2 +1 0 −1 −2 −3
Belastbarkeit	+3 +2 +1 0 −1 −2 −3
Streßtoleranz	+3 +2 +1 0 −1 −2 −3
Lebensfreude	+3 +2 +1 0 −1 −2 −3
Flexibilität	+3 +2 +1 0 −1 −2 −3
Repräsentationsvermögen	+3 +2 +1 0 −1 −2 −3

Merkmalgruppe 4

Arbeitsmotivation/-wille	+3 +2 +1 0 −1 −2 −3
Tatkraft	+3 +2 +1 0 −1 −2 −3
Führungsmotivation/-wille/-fähigkeit	+3 +2 +1 0 −1 −2 −3
Eigeninitiative	+3 +2 +1 0 −1 −2 −3
Autonomie	+3 +2 +1 0 −1 −2 −3
Durchsetzungsvermögen	+3 +2 +1 0 −1 −2 −3
Selbstvertrauen	+3 +2 +1 0 −1 −2 −3
Ehrgeiz	+3 +2 +1 0 −1 −2 −3
Zielstrebigkeit	+3 +2 +1 0 −1 −2 −3
Durchhaltevermögen	+3 +2 +1 0 −1 −2 −3
Durchsetzungsvermögen	+3 +2 +1 0 −1 −2 −3
Frustrationstoleranz	+3 +2 +1 0 −1 −2 −3
Erfolgsorientierung	+3 +2 +1 0 −1 −2 −3
Tatkraft	+3 +2 +1 0 −1 −2 −3
Vitalität	+3 +2 +1 0 −1 −2 −3
Leistungsbereitschaft	+3 +2 +1 0 −1 −2 −3
Idealismus	+3 +2 +1 0 −1 −2 −3
Identifikationsbereitschaft mit Unternehmen/Instititution	+3 +2 +1 0 −1 −2 −3

Merkmalgruppe 5

Autonomie	+3 +2 +1 0 −1 −2 −3
Selbständigkeit	+3 +2 +1 0 −1 −2 −3
Verantwortungsbewußtsein	+3 +2 +1 0 −1 −2 −3
Unabhängigkeit	+3 +2 +1 0 −1 −2 −3
Zuverlässigkeit	+3 +2 +1 0 −1 −2 −3
Selbstdisziplin	+3 +2 +1 0 −1 −2 −3
Streßtoleranz	+3 +2 +1 0 −1 −2 −3
Ausdauer	+3 +2 +1 0 −1 −2 −3
Belastbarkeit	+3 +2 +1 0 −1 −2 −3
Geduld	+3 +2 +1 0 −1 −2 −3
Pflichtbewußtsein	+3 +2 +1 0 −1 −2 −3
Loyalität	+3 +2 +1 0 −1 −2 −3

Merkmalgruppe 6

analytisches Denken	+3 +2 +1 0 −1 −2 −3
konzeptionelles Planen	+3 +2 +1 0 −1 −2 −3
planvolles Vorgehen	+3 +2 +1 0 −1 −2 −3
kombinatorisches Denken	+3 +2 +1 0 −1 −2 −3
effiziente Arbeitsorganisation	+3 +2 +1 0 −1 −2 −3
Entscheidungsvermögen	+3 +2 +1 0 −1 −2 −3

Merkmalgruppe 7

Kosten/Nutzen-Bewußtsein	+3 +2 +1 0 −1 −2 −3
unternehmerisches Denken	+3 +2 +1 0 −1 −2 −3
systematische Arbeitsorganisation	+3 +2 +1 0 −1 −2 −3
Zieldefinitionsfähigkeit	+3 +2 +1 0 −1 −2 −3
Arbeitseffizienz	+3 +2 +1 0 −1 −2 −3
gesunder Materialismus	+3 +2 +1 0 −1 −2 −3
physische Fitneß	+3 +2 +1 0 −1 −2 −3
gesundheitliches Wohlbefinden	+3 +2 +1 0 −1 −2 −3
psychische Konstitution	+3 +2 +1 0 −1 −2 −3
Selbstkontrollfähigkeiten	+3 +2 +1 0 −1 −2 −3

Auswertung

Welche +3- oder ggf. +2-Ankreuzungen, welche −3 ggf. −2 haben Sie in den folgenden Merkmalgruppen (bitte eintragen):

In Merkmalgruppe 1: *Persönlichkeit/Kommunikationsfähigkeit/ soziale Kompetenz* ....
In Merkmalgruppe 2: *Selbständigkeit* ....
In Merkmalgruppe 3: *Entscheidungsverhalten* ....
In Merkmalgruppe 4: *Leistungsmotivation* ....

In Merkmalgruppe 5: *Selbstkontrollfähigkeit/ Aktivitätspotential* ....
In Merkmalgruppe 6: *Systematisch-zielorientiertes Denken und Handeln* ....
In Merkmalgruppe 7: *Wichtige globale Merkmale* ....

Nachdem Sie diese Liste bearbeitet haben: Gibt es Merkmale, die Sie vermißt haben und um die Sie die Liste erweitern möchten? Würden diese neuen, von Ihnen beigesteuerten Fähigkeiten eher die Bewertung +3 oder −3 bekommen?

Was fällt Ihnen zu einzelnen Merkmalen, was zu den Merkmalsgruppen insgesamt ein? Wo liegen Ihre Stärken, wo Ihre Schwächen? Welche Botschaft läßt sich aus Ihren positiven Fähigkeiten für Ihren Kunden, den potentiellen Arbeitgeber, formulieren? Mit welchen Defiziten müssen Sie sich ernsthaft auseinandersetzen, wenn Sie Ihre Dienstleistung erfolgreich vermarkten wollen? Welche Schwächen können Sie getrost vernachlässigen?

Im nächsten Schritt sollten Sie jetzt mit einem andersfarbigen Stift jeweils die Qualifikationsmerkmale markieren, von denen Sie glauben, daß sie von Arbeitgebern Ihres Wunschbereichs erwartet und für wichtig gehalten werden. Der Vergleich dieser beiden Profile (Selbstbild/imaginäres Idealbild; Markierungen durch eine Linie verbinden) wird Sie wiederum zum Nachdenken anregen.

Sie sollten auch Kopien der Listen erstellen. Bitten Sie dann ausgewählte Personen Ihrer Umgebung, Sie einzuschätzen. Der Vergleich beider Profile (Selbst- und Fremdbild) wird Ihnen weitere Denkanstöße geben.

Noch ein Hinweis: Sollten Sie die Extrempositionen (+3, −3) in Ihren Ankreuzungen vermieden haben (weniger als fünfmal), müssen Sie zwangsläufig die +2- bzw. −2-Ankreuzwerte verwenden.

Selbst- und Fremdbild

Der Vorteil der Bearbeitung dieser Qualifikations-Merkmalsliste besteht wie bei der ersten Adjektivliste in einem verbesserten Selbstbewußtsein über die eigenen Fähigkeiten. Nutzen Sie die Gelegenheit, an den im Selbst- oder Fremdbild sichtbar gewordenen Defiziten zu arbeiten.

Nach dieser Übung sind Sie sicher in der Lage, etwa fünf positive, aber auch möglicherweise drei bis fünf defizitäre Merkmale zu benennen, die Ihre Fähigkeiten, Ihr Können und Nichtkönnen zutreffend beschreiben.

Lernziel Selbstdarstellung

Nicht ohne Grund tun wir uns schwer, wenn wir uns selbst positiv darstellen sollen oder wenn wir gebeten werden, von unseren Qualitäten und herausragenden Leistungen zu sprechen. Das Erziehungsmotto »Eigenlob stinkt« beinhaltet eine uns mit teilweise brachialer elterlicher Gewalt antrainierte Bescheidenheit und stets auferlegte Zurückhaltung, was sich in der Bewerbungssituation häufig in Form von mangelndem Selbstwertgefühl zeigt.

Wir alle kennen das Phänomen: Für eine fremde Sache oder andere Personen können wir uns viel besser engagieren sowie deren Interessen deutlich erfolgreicher vertreten als unsere eigenen Belange. So versagen oft auch nachweislich erfolgreiche Top-Führungskräfte, wenn es darum geht, die eigenen Qualitäten und Leistungen in der Prüfungssituation Bewerbung auf den Punkt zu bringen und überzeugend darzustellen.

Und noch ein weiterer Gedanke: Sie werden uns zustimmen, daß die Formulierung einer Heiratsannonce oder das Antwortschreiben auf eine solche eine heikle Sache ist. Heikel nicht etwa im moralischen Sinne, sondern wirklich schwierig, weil dieses Unterfangen zeitaufwendig ist, wenn man/frau seiner eigenen Person gerecht werden und damit auch Erfolg haben will.

Nicht viel anders verhält es sich bei der Gestaltung des Bewerbungsanschreibens, insbesondere des Lebenslaufes. Dabei steht außer Zweifel, daß jeder Mensch im persönlichen wie im beruflichen Bereich Qualitäten besitzt. Die Frage ist nur, ob Sie diese wirklich kennen und in der schriftlichen Bewerbung angemessen darstellen können, so daß Ihr Gegenüber, der Leser Ihrer Bewerbungsunterlagen, Interesse an Ihrer Person bekommt, verbunden mit dem Wunsch, Sie persönlich kennenzulernen.

Neue Form der Selbstdarstellung

Sie kommen also höchstwahrscheinlich nicht darum herum, eine neue Form der Selbstdarstellung zu erlernen. Für die Bewerbungssituation oder den Arbeitsplatzwechsel gelten spezielle Spielregeln und Kommunikationsformen. Gerade in dieser Situation ist es jetzt besonders notwendig, sich selbst erfolgreich zu vermarkten.

Ein wichtiger Aspekt für Ihre weitere berufliche Zukunft ist also das Erlernen von speziellen Bewerbungstechniken und -strategien, um die eigenen Interessen und Ziele durchzusetzen. Gut verpackt ist jede Ware attraktiver für den potentiellen Käufer. Das gilt insbesondere für die Ware Arbeitskraft.

Prüfungssituation Bewerbung

Woher kommt eigentlich das Unbehagen, das sich meist schon bei der gedanklichen Vorstellung einer Bewerbungssituation spontan einstellt? Der Hauptgrund ist die Abneigung, sich einem Anpassungs- und Unterwerfungsritual zu unterziehen, das klar die Gefahr beinhaltet, als Person abgewiesen zu werden. Hinzu kommt das Bewußtsein, daß die klassischen Prüfungssituationen in Schule, Studium und Berufseinstieg zum Glück der Vergangenheit angehören und man sich einem derartigen Streß nicht mehr unterziehen möchte.

Angst vor Abweisung

Dabei ist jeder von uns täglich vielen Bewerbungssituationen ausgesetzt – immer wenn es darum geht, für ein eigenes Anliegen zu werben, sei es beruflich oder privat. Gemeinsamer psychologischer Hintergrund aller Bewerbungssituationen ist der Wunsch, willkommen geheißen und angenommen zu werden, verbunden mit der gleichzeitigen Angst vor Abweisung. Die Bewerbungsthematik begleitet uns lebenslang.

Es wird Sie erstaunen, aber bereits im embryonalen Stadium unserer Existenz befinden wir uns in einer ersten Bewerbungssituation. Schon hier geht es um die Frage: Werde ich von den Eltern angenommen? Entspreche ich den allgemeinen Wünschen – Junge oder Mädchen, angehende Eiskunstläuferin oder ein Doktor der Medizin in spe? Später dann wird die Frage lauten: Bin ich der ideale Kandidat für den neuen Aufgabenbereich?

Deutliche Bewerbungsherausforderungen begleiten uns durch die Kindheit. Die Art und Weise, wie wir vor der Autoritätsfigur Weihnachtsmann ein Gedicht aufsagen, scheint sich auf die Verteilung der Geschenke auszuwirken, und die ersten Tage in Kindergarten und Schule sind klassische Bewerbungssituationen für den Neuankömmling.

Bewerbungsalltag

Auch bei der Partnersuche und -auswahl geht es um nichts anderes als um ein typisches Bewerbungsritual (Kleidung, Auftreten, Wortwahl). Liebesbriefe sind durchaus vergleichbar mit dem Bewerbungsanschreiben für eine ausgeschriebene Position. Kontakt- und Heiratsanzeigen weisen so gesehen Parallelen zu Stellenanzeigen auf.

Das Alltagsleben steckt voller Bewerbungssituationen: Da bewirbt man sich um eine Wohnung und muß sich vor dem Vermieter mehr oder weniger entblößen. Und auch das Kreditgespräch am Bankschalter hat den Charakter einer Bewerbung. Selbst wer eine fremde Person auf der Straße nach der Uhrzeit oder einer bestimmten Adresse fragt, bekommt nur dann eine brauchbare Antwort, wenn er sein Anliegen entsprechend formuliert vorträgt.

Wer von anderen etwas haben will, setzt sich auch immer der Möglichkeit aus, abgewiesen zu werden. Das bewußte Reflektieren der Gefahr einer narzißtischen Kränkung hilft, das Unbehagen vor und bei einer Bewerbungssituation weitgehend in den Griff zu bekommen und sich auf die Chancen zu konzentrieren.

Auf die richtige Einstellung zur Einstellung kommt es an

Wer wirklich überzeugt ist, daß er etwas erreichen oder bekommen kann, hat sein Ziel schon halb erreicht. Jeder Bewerbung sollte eine mentale Einstimmung und Vorbereitung vorausgehen. Mit der richtigen Einstellung kann man sein Ziel besser erreichen. Nicht nur im Sport bedient man sich dieser Psychotechnik, auch in der Medizin gewinnt sie täglich an Bedeutung. So wird z.B. mentales Training in der Psychosomatik beim Zusammenspiel von Seele und Körper gezielt eingesetzt, um Gesundungsprozesse zu ermöglichen.

Die mentale Vorbereitung macht's

Die mentale Vorbereitung auf den Arbeitsplatzwechsel oder -einstieg und damit Ihre Einstellung zur Einstellung ist ungeheuer wichtig: Stellen Sie sich einen Bewerber vor, der sich nicht sicher ist, ob er die angebotene Position wirklich haben möchte. Im Vorstellungsgespräch plagen ihn darüber hinaus Zweifel, ob er der neuen Aufgabe überhaupt gewachsen ist. Die Wahrscheinlichkeit, daß man ausgerechnet diesem Bewerber den Arbeitsplatz anbietet, ist doch wohl sehr gering. Sein Mangel an Motivation und seine Mißerfolgserwartung werden dem Arbeitgeber im Vorstellungsgespräch nicht verborgen bleiben, so daß dieser sich dann für einen anderen Bewerber entscheidet.

Der Umkehrschluß, der Bewerber bekomme den Arbeitsplatz allein schon deshalb, wenn er nur fest genug daran glaubt, genau der Richtige zu sein, ist allerdings auch falsch. Womöglich erklärt der Bewerber seinem Gegenüber gleich zu Anfang des Vorstellungsgesprächs, es könne gar keinen Zweifel daran geben, daß allein er der geeignete Kandidat ist. Auch auf diesem Wege verbaut er sich vermutlich alle Chancen auf den potentiellen neuen Arbeitsplatz.

Und trotzdem: Sie als Bewerber müssen schon von sich, von Ihren Qualitäten und Qualifikationsmerkmalen überzeugt sein. Wer denn sonst, wenn nicht Sie selbst? Natürlich spielen auch Ihre Mitmenschen eine wichtige Rolle in diesem Prozeß. Glaubt man an Sie und an Ihre Fähigkeiten, oder wird Ihnen direkt, offen oder versteckt angedeutet, Sie seien ein Pechvogel? Eine Bewerbung ist somit immer auch ein gutes Stück Überzeugungsarbeit. Wer überzeugen will, braucht Überzeugungskraft. Diese muß erst einmal vorhanden sein.

Wer als Kind ständig gesagt bekam: »Laß das! Finger weg! Das kannst Du nicht! Du bist ein Dummkopf«, wird später auf seinem »Selbstvertrauens-(Bank)-Konto« ein Minus haben und sich schwertun, wenn er darauf zurückgreifen will oder es vielleicht nur kurzfristig überziehen möchte.

Anders liegt der Fall, wenn einem Kind im rechten Augenblick und Maß wiederholt signalisiert wurde: »Das wirst du schaffen, auch wenn es schwierig ist! Wir glauben an dich! Nur weiter so!« Hier kann man im Erwachsenenleben (und damit auch in beruflichen Angelegenheiten) auf ein gut gefülltes »Selbstvertrauens-(Bank-)Konto« zurückgreifen und dieses in Maßen getrost auch einmal überziehen.

Nutzen Sie die Vorbereitungsphase auf Ihre Bewerbung für eine konstruktive Auseinandersetzung mit sich selbst und den Ihnen nahestehenden Menschen. Nehmen Sie sich Zeit und haben Sie Geduld mit sich und Ihrer Umwelt. Eine intensive Auseinandersetzung mit Ihrer inneren Einstellung zu dem Projekt Arbeitsplatzwechsel/-einstieg wird Ihnen bei diesem wichtigen Vorhaben ein gutes Stück weiterhelfen.

All dies geschieht im Hinblick auf Ihr Ziel: Wie können Sie für Ihr zunächst schriftliches Bewerbungsvorhaben dem potentiellen neuen Arbeitgeber Ihre persönlichen und fachlichen Qualitäten so prägnant und so eindrucksvoll wie möglich in einer zusammenfassenden Botschaft vermitteln?

Ihr Kommunikationsziel

Noch befinden Sie sich in der Vorbereitungsphase. Ihr Ziel ist es, einen Arbeitsplatz zu erobern. Ihr aktives Vorgehen zeichnet sich durch besonders hohe Eigeninitiative aus. Schön und gut, aber was wollen Sie eigentlich von sich vermitteln, und wie setzen Sie dies erfolgreich um?

Sie wollen eine Idee oder eine Botschaft einer Person näherbringen. Sie möchten eine Entscheidung beeinflussen. Sie soll so fallen, wie Sie es sich wünschen. Wie gehen Sie vor? Aus der Welt der Werbung, die ständig mit der Aufgabe beschäftigt ist, Konsumenten ein neues Produkt schmackhaft zu machen, uns zum Kauf für ein bestimmtes Produkt zu animieren und zu verführen, kennen wir eine besondere Vorgehensweise. Leicht modifiziert kann sie jetzt auch gut behilflich sein, Ihr Bewerbungsvorhaben positiv zu unterstützen.

Drei aufeinander abgestimmte Schritte sind zu beachten:

1. Was wollen Sie Ihrem Gegenüber, etwa dem Arbeitsplatzanbieter oder Personalauswähler, vermitteln? Was ist Ihr Anliegen/Ihr Ziel? Dies ist der fast wichtigste und leider auch schwierigste Baustein, der wohl die längste Bearbeitungszeit in Anspruch nehmen wird.
2. Wie formulieren Sie aus den sorgfältigen Überlegungen zu Ihrem Kommunikationsziel verständliche, schnell begreifbare und überzeugende Botschaften? Hier kommt es besonders auf Ihre Fähigkeit an, etwas auf den Punkt zu bringen.
3. Wie untermauern Sie diese sorgfältig ausgewählten und präzise formulierten Botschaften, um deren Glaubwürdigkeit und Überzeugungskraft ebenso zu stärken wie deren Erinnerungsgehalt?

Wir stehen aber immer noch am Anfang des Dreisprungs *Kommunikationsziel definieren – Botschaften formulieren – Argumente zusammenstellen,* und es kommt zunächst darauf an, sich das persönliche Ziel vor Augen zu halten: Was will ich meinem Gesprächspartner von mir vermitteln?

Den meisten Bewerbern fällt jetzt spontan ein: Ich will diesen oder jenen Job! Ich bin der Größte, Erfahrenste ... Dieses Kommunikationsziel haben aber auch alle anderen (potentiellen) Mitbewerber, und allein die Tatsache, daß Sie einen neuen Job haben wollen, ist für die am Auswahlprozeß Beteiligten kein zwingender Grund, sich für Ihre Person zu entscheiden. Leider!

Im weiteren Verlauf der Überlegungen neigen viele Bewerber dazu, mehr oder weniger deutlich zu argumentieren, sie seien nun mal der/die Beste für bestimmte Aufgaben. Schön und gut, aber was glauben Sie, wie argumentieren Ihre Mitbewerber? Hier erkennen die meisten schnell, daß ihre Argumentation oder ihr Kommunikationsziel – ich bin der/die Beste, ich will, geben Sie mir die Chance – für sich allein noch ziemlich schwach ist.

Daraus folgt zwingend die Frage: Wie kann man es besser machen?

Zunächst geht es darum, ein Kommunikationsziel zu entwickeln.

Leichter gesagt als getan. Sie haben die schwierige Aufgabe, sich genau zu überlegen,

- was für ein Mensch Sie eigentlich sind
- was für besondere Fähigkeiten Sie haben und
- was Sie damit eigentlich anfangen wollen

Das entspricht den drei Essentials einer jeden Bewerbungssituation:

Persönlichkeit
Leistungsmotivation
Kompetenz

Wenn Sie sich lange genug mit diesen Fragen und Themen, kurzum mit Ihrem individuellen Angebot, auseinandergesetzt haben und zu wichtigen, zu wirklich substantiellen Ergebnissen gekommen sind, wird es Ihnen leichterfallen, ein Kommunikationsziel im Hinblick auf den von Ihnen angestrebten neuen Arbeitsplatz zu entwickeln.

Der erste Schritt bei diesem nicht geringen Problem: Was will ich dem potentiellen Arbeitgeber eigentlich vermitteln, und wird dies wirklich für eine positive Entscheidung im Rahmen des Prüfungs- und Auswahlprozesses ausschlaggebend sein?

An dieser Stelle machen die meisten Bewerber die entscheidenden Fehler, die ihre Bewerbungsaktivitäten scheitern lassen. Bei dieser für jeden Kandidaten eminent wichtigen Aufgabe sind fundamentale Versäumnisse und Mängel in der Vorbereitung leider an der Tagesordnung.

Nach reiflicher Überlegung sollte Ihr definiertes und niedergeschriebenes Kommunikationsziel beispielsweise so aussehen:

Mein Kommunikationsziel ist es...

... meinen Zuhörern oder Personalentscheidern zu vermitteln, daß ich ein Mensch bin, der über außergewöhnliche kommunikative Begabungen verfügt. Darunter ist zu verstehen: ich bin sehr gut in der Kontaktaufnahme zu anderen, kann mich schnell und gewandt ausdrücken und ohne große Hemmungen eigentlich mit jedem Menschen leicht ins Gespräch kommen. Andere vertrauen mir auffällig schnell. Ich wirke auf viele Personen ermutigend und bin bestimmt ein sehr guter und aufmerksamer Zuhörer. Trotz meiner Freude an Unterhaltungen und auch an gezielten Gesprächen bin ich jemand, der sehr diskret sein kann und bei dem ein Geheimnis absolut sicher aufgehoben ist.

Jetzt zu Ihrer zweiten Aufgabe. Sie entwickeln aus Ihren Zielvorstellungen klare und schnell zu verstehende Botschaften. In unserem Beispiel wären das folgende:

Meine drei wichtigsten Botschaften lauten...

1. *Ich bin ein kommunikativ begabter Mensch, der mit anderen mühelos jederzeit ins Gespräch kommen kann.*
2. *Ich gewinne schnell das Vertrauen anderer Menschen.*
3. *Ich bin ein guter und aufmerksamer Zuhörer.*

Der dritte Schritt in dieser Vorbereitung ist die wohlüberlegte Argumentation, denn es reicht nicht aus, nur Behauptungen aufzustellen. Daher ist es jetzt besonders wichtig, die Argumente zu finden, die Ihre Botschaften glaubwürdig untermauern helfen.

Mit welcher Anekdote oder durch welche Detailbeschreibungen kann ich meinem zuhörenden Gegenüber verdeutlichen, daß meine in den Botschaften enthaltenen Aussagen wirklich glaubwürdig sind?

Der richtige Erzählstoff

Welche Situationen oder Begebenheiten in Ihrem (Berufs-)Leben verdeutlichen, was Ihre Botschaften als Kurzformeln transportieren sollen? Wenn Sie hier den richtigen Erzählstoff beisammen haben, stehen Ihre Argumente und unterstreichen die Glaubwürdigkeit Ihrer überlegt ausgewählten Botschaften.

Kommunikationsziel, Botschaften und Argumentation ergeben in einem idealen Dreiklang die Grundlage, auf der sich ein Arbeitsplatzanbieter für Sie als den richtigen Kandidaten entscheiden kann. Machen Sie es ihm nicht schwer. Durch Ihre Darbietung verbessern Sie die Chancen, Ihr berufliches Vorhaben zu verwirklichen.

Fähigkeiten entdecken

Als menschliches Wesen verfügen Sie über eine Vielzahl angeborener und erworbener Fähigkeiten, um den Alltag zu meistern. Sie haben Tausende von Fertigkeiten entwickelt, die Ihnen in den unterschiedlichsten Lebenssituationen weiterhelfen. Darüber hinaus gibt es Aufgaben, die Sie gerne erledigen, Umgebungen, in denen Sie sich zu Hause fühlen, und Aktivitäten, die Ihr Wohlbefinden steigern. Persönliche Qualitäten – gleichgültig, ob es sich um Fähigkeiten oder Interessen handelt – sind Bausteine für Ihr Berufsziel.

Nehmen Sie die Herausforderung an, Ihre verborgenen Fähigkeiten ans Tageslicht zu befördern.

Nachdem Sie Ihre Persönlichkeit erforscht haben, geht es nun um Ihre Fähigkeiten. Schaffen Sie sich eine weitere Grundlage für Ihre Arbeitsplatzsuche, indem Sie Ihre funktionalen, auf verschiedene Gebiete übertragbaren Fähigkeiten ermitteln.

Nach Meinung des amerikanischen Berufsberaters R. N. Bolles lassen sich Fertigkeiten in die drei Gruppen aufgliedern: *Umgang mit Daten, Menschen, Werkzeugen.*[1]

- *Daten:* Vergleichen – Kopieren – Errechnen – Zusammenstellen – Analysieren – Koordinieren – Neuerungen einführen – Verbindungen herstellen…
- *Menschen:* Helfen – Anweisungen entgegennehmen – Dienen – Sprechen – Hinweise geben – Unterhalten – Überzeugen – Beaufsichtigen – Unterrichten – Verhandeln – Trainieren…
- *Werkzeuge:* Anfassen – Material zuführen/wegtragen – Bedienen – Einstellen – In Betrieb setzen – Feineinstellungen vornehmen – Aufstellen…

Innerhalb der drei Kategorien *Daten, Menschen, Werkzeuge* gibt es einfache und komplexere Fähigkeiten. Da in der Regel höhere Fähigkeiten voraussetzen, daß man über einfachere verfügt, können Sie es sich sparen, auf letztere gesondert hinzuweisen.

Je höher Ihre übertragbaren Fähigkeiten einzustufen sind, desto mehr Freiheiten werden Sie in Ihrem Beruf haben. Wenn Sie nur einfachere Fertigkeiten für sich beanspruchen, wird Ihr Arbeitgeber Ihnen ständig Vorschriften machen. Mit einem höheren Grad an Geschicklichkeit haben Sie mehr Raum für die Verwirklichung Ihrer eigenen Ideen.

Wenn Sie Ihre wirklichen Fähigkeiten ermitteln, stärkt das Ihr Selbstbewußtsein. Sie können dann direkt auf Arbeitgeber zugehen und ihnen erklären, was Sie konkret für diese tun können. Gelegentlich kommt es sogar vor, daß ein Arbeitgeber einen neuen Arbeitsplatz einrichtet, wenn er von der Persönlichkeit und Qualifikation eines Bewerbers überzeugt ist. Vielleicht hatte er schon seit längerem über Veränderungen in seinem Betrieb nachgedacht, diese Überlegungen aber bisher nicht in die Tat umgesetzt.

Lösungen anbieten

Welche Probleme, die in Unternehmen auftreten, könnten Sie mit Ihren Kenntnissen und Fähigkeiten lösen? Wären Sie in der Lage, Kunden zum Wiederkommen zu bewegen; die Qualität von Dienstleistungen oder Waren zu verbessern; dafür zu sorgen, daß Liefertermine eingehalten werden; Kosten zu senken oder neue Produkte zu erfinden? Was haben Sie darüber hinaus noch anzubieten?

Wie gehen Sie generell mit Problemen um? Warten Sie darauf, daß sich alles irgendwie ergibt, oder arbeiten Sie systematisch an einer Lösung?

Stellen Sie sich folgende Situation vor: Ihr(e) Partner(in) hat Sie verlassen. Nun möchten Sie nicht lange allein bleiben und gehen deshalb auf Kontaktsuche. Wie gehen Sie dabei vor? Hoffen Sie, daß Ihnen die oder der Richtige zufällig über den Weg laufen wird, oder wenden Sie sich an eine Partnervermittlung bzw. geben eine Kontaktanzeige auf?

Überlegen Sie in aller Ruhe, was Sie anderen – ebenfalls qualifizierten – Mitbewerbern auf dem Arbeitsmarkt voraushaben. In der Regel wird es eine Frage des Stils sein. Erledigen Sie die Ihnen übertragenen Aufgaben gründlicher, schneller ... oder was ist es sonst? Je besser Sie diese Fragen in einem Vorstellungsgespräch beantworten können, desto eher werden Sie eingestellt. Erwarten Sie nicht, daß der Arbeitgeber Ihre Fähigkeiten errät. Seien Sie darauf vorbereitet zu sagen: »Dies ist es, was mich auszeichnet.«

Sie müssen sich also unbedingt gründlich über die Unternehmen informieren, bei denen Sie sich bewerben wollen. Finden Sie heraus, welche Aufgaben und Projekte im Mittelpunkt stehen, welche Bedürfnisse, Probleme und Herausforderungen damit verbunden sind. Welche Ziele werden verfolgt? Welche Hindernisse sind zu überwinden? Überlegen Sie sich dann, wie Sie bei der Verwirklichung der Unternehmensziele mithelfen können. Schließlich wollen Sie im Vorstellungsgespräch vor allem zeigen, daß Sie etwas anzubieten haben, was gebraucht wird.

Weil gute Angestellte ebenso schwer zu finden sind wie gute Arbeitgeber, ist jeder Personalchef bestrebt, herausragende Bewerber an sein Unternehmen zu binden. Wichtig für Ihr (Selbst-)Bewußtsein: Mit Ihrer Initiative helfen Sie letztlich nicht nur sich selbst, sondern auch dem Unternehmer.

Präzise sein

Auch wenn es paradox klingt: Je weniger Sie versuchen, für alles offen zu sein, je präziser Sie Ihre Geschicklichkeit im Umgang mit Daten, Menschen und Werkzeugen beschreiben können, desto eher finden Sie einen Arbeitsplatz. Dies ist genau das Gegenteil von dem, was die meisten Bewerber am Anfang ihrer Suche glauben.

Theoretisch ist Ihnen klar, was Fähigkeiten sind. Jetzt kommt es darauf an, Ihre eigenen Stärken zu entdecken. Gehören Sie zu den wenigen glücklichen Bewerbern, die ihre Fähigkeiten in Worte fassen können, dann schreiben Sie sie jetzt einfach auf und setzen Ihre Lieblingsbeschäftigung ganz oben auf die Liste. Wenn Sie aber Ihre Begabungen noch nicht kennen, dann werden Ihnen die folgenden Übungen weiterhelfen. Hier geht es darum, berufliche oder private Erfolge zu benennen und zu schildern, wie sie erreicht wurden.

Man kann zunächst einmal zwischen Grundfähigkeiten und besonderen Fähigkeiten unterscheiden. Grundfähigkeiten (Lesen, Schreiben, Rechnen, usw.) sind die Basis unseres täglichen Lebens und werden im wesentlichen in der Schule erlernt. Wir betrachten diese Fähigkeiten häufig als Selbstverständlichkeit.

Durch besondere Fähigkeiten (Techniken) unterscheiden wir uns von unseren Mitmenschen. Besondere Fähigkeiten sind zunächst einmal nichts anderes als spezielle Anwendungen unserer Grundfähigkeiten, um damit ganz bestimmte Ergebnisse zu erzielen. Diese Techniken müssen nicht einmal sonderlich komplex sein, sie sind sogar meist einfach zu beschreiben. Es wird Sie überraschen, wie viele besondere Fähigkeiten Sie haben.

Haben Sie Spaß?

Aus besonderen Fähigkeiten ergeben sich Vorgänge, an die Sie sich voller Stolz erinnern, weil sie Ihnen Freude bereiteten. Hierbei spielt es keine Rolle, ob das Ergebnis auch andere überzeugen konnte. Normalerweise ergibt sich das eine aus dem anderen: Wenn Sie etwas gut können, wird es Ihnen auch Spaß machen. Spaß haben Sie an einer Sache, weil sie Ihnen leichtfällt. Fragen Sie sich daher zunächst einmal bei einer Sache oder Tätigkeit: »Macht mir das Spaß?« – und nicht: »Mache ich das gut?«

Sie müssen aufhören, ein schlechtes Gewissen zu haben, wenn Sie etwas gut können. Haben Sie keine Angst, Ihre Erfolgsgeschichten könnten als Prahlerei angesehen werden. Arbeitgeber wissen sehr wohl, daß Ihr Leistungspotential ohne Enthusiasmus niemals voll ausgeschöpft wird.

Was sind Ihre besten (und liebsten) Fähigkeiten? Wenn Sie diese Frage nicht beantworten können, hilft Ihnen vielleicht die folgende Liste von Verben, Ihre Begabungen zu beschreiben. Unterstreichen Sie zunächst die Wörter, die Ihre Stärken bezeichnen. Fügen Sie weitere Fähigkeiten hinzu, die Ihrer Meinung nach in der Liste fehlen. Überlegen Sie dann, in welchen Berufen diese Fähigkeiten gebraucht werden. Hüten Sie sich davor, aus Ihren Talenten gleich auf eine bestimmte Berufsrichtung zu schließen, denn diese können in vielen verschiedenen Berufen eingesetzt werden. Halten Sie sich zunächst noch alle Türen offen.

analysieren
anbieten
anbringen
anleiten
annähern
anpassen
anpreisen
anregen
anwerben
arrangieren
auflösen
aufnehmen
aufstellen
aufwerten
ausdehnen
ausdrücken
ausgraben
ausstellen
auswählen
bauen
beantworten
bedienen
beeinflussen
befragen
begreifen
behandeln
bekommen
beliefern
benutzen
beobachten
beraten
berichten
beschützen
bestellen
betreuen
bewerten
beziehen
darstellen
definieren
dekorieren
diagnostizieren
dienen
drucken
einführen
einordnen
einschätzen
einsetzen
einspringen
empfangen
empfehlen
entdecken
entscheiden
entwickeln
erfinden
erforschen
erhalten
erinnern
erklären
erstellen
erneuern
erreichen
erschaffen
erwerben
erzählen
fahren
festigen
feststellen
finanzieren
folgen
formen
formulieren
fotografieren
fühlen
führen
geben
gebrauchen
gestalten
gewinnen
großziehen
gründen
halten
heben
helfen
herausgeben
herausfinden
herausziehen
herstellen
hervorheben
identifizieren
illustrieren
improvisieren
informieren
inspizieren
integrieren
interviewen
kochen
komponieren
kommunizieren
kontrollieren
koordinieren
kritisieren
lehren
leiten
lernen
lesen
liefern
lösen
malen
manipulieren
meistern
motivieren
nachforschen
nähen
nehmen
organisieren
planen
programmieren
publizieren
rechnen
reden
rehabilitieren
reisen
reparieren
restaurieren
richten
riskieren
sammeln
schreiben
singen
sortieren
spielen
sprechen
steuern
systematisieren
tanzen
teilen
testen
trainieren
treffen
trennen
überblicken
übergeben
überprüfen
übersetzen
überwachen
überzeugen
umschreiben
unterhalten
unternehmen
unterrichten
unterstützen
verantworten
verarbeiten
verbalisieren
verbessern
verbinden
vereinen
vergrößern
verhandeln
verkaufen
verkleinern
versammeln
verschreiben
versöhnen
versorgen
verstärken
verstehen
vertreiben
vertreten
vervollständigen
verweisen
visualisieren
voraussagen
vorbereiten
vorführen
vorstellen
vorwegnehmen
wiederfinden
wiegen
zeichnen
zeigen
züchten
zuhören
zusammenbauen
zusammenfassen

Begabungen und Eigenschaften

Diese Fähigkeiten können sich auf Ihr Berufs- oder auf das Privatleben beziehen. Es handelt sich hierbei um Dinge, die Sie in der Schule oder beruflich gelernt haben oder die Sie sich selbst aneigneten. Es kommt nur darauf an, daß durch den Einsatz dieser Techniken meßbare Ergebnisse erzielt werden.

»Briefe auf dem Computer erstellen« ist eine besondere Fähigkeit, denn das Ergebnis (der Brief) ist sichtbar. Das gilt auch für »Brücken bauen«, »Verkaufskampagnen entwickeln«, »Pflanzen züchten« und »Spendengelder auftreiben«. Am einfachsten lernen Sie Ihre besonderen Fähigkeiten kennen, indem Sie zunächst Ihre Grundfähigkeiten ermitteln und diese anschließend genauer beschreiben. Beim Beispiel *Schreiben* kann das folgendermaßen aussehen:

Berichte schreiben *Briefe schreiben* *Geschichten schreiben*

Arbeitszeugnisse schreiben *Reiseberichte schreiben*

Um einen guten Überblick über Ihre besonderen Fähigkeiten zu bekommen, sollten Sie aus der Liste der Fähigkeiten die zehn auswählen, in denen Sie sich am sichersten fühlen. Gehen Sie dann folgendermaßen vor:

1. Finden Sie andere Ausdrücke, die mit der jeweiligen Fähigkeit vergleichbar sind, und schreiben Sie diese auf.
2. Notieren Sie wenigstens fünf mögliche oder bereits realisierte Einsatzmöglichkeiten für Ihre besonderen Fähigkeiten.
3. Beenden Sie die Übung nicht, bis Sie nicht wenigstens 50 Beispiele gefunden haben. Wählen Sie dann die 25 Fähigkeiten aus, mit denen Sie sich am ehesten identifizieren können, schreiben Sie alle auf eine Liste und entscheiden Sie für jede einzelne Fähigkeit, welche der folgenden Aussagen zutreffen:
   - Es würde mir Spaß machen, diese Fähigkeit einzusetzen.
   - Diese Fähigkeit ist eine meiner besonderen Stärken.
   - Ich verfüge über berufliche oder private Erfahrungen mit dieser Fähigkeit in einem bestimmten Bereich.
   - Dies ist etwas, was ich weiter ausbauen will und kann.

Beispiel:

Grundfähigkeit:
Andere führen

Andere Möglichkeiten, dies zu beschreiben:
Beaufsichtigen – steuern – Leute organisieren – andere anleiten – beraten

Wie ich diese Fähigkeiten am liebsten einsetzen würde:

- den Aufbau einer neuen Bibliothek *beaufsichtigen*
- die Aktivitäten zum Eintreiben von Geldern für eine Wahlkampagne *steuern*
- einen Fußballverein *organisieren*
- eine Kirchengruppe beim Sammeln von Geld für die neue Orgel *anleiten*
- junge Menschen bei der Berufswahl *beraten*

So weit, so gut. Sie haben nun einen Grundstock von Fähigkeiten, die Sie potentiellen Arbeitgebern anbieten können. Sie wissen nun besser, was Sie wirklich können. Darüber hinaus wird es Ihnen jetzt leichter fallen, Ihr Leistungsvermögen in Worte zu fassen. Es ist wichtig, daß Sie diese neuen Erkenntnisse jetzt aufschreiben.

Wenn Sie Außergewöhnliches leisten, nehmen Ihre Mitmenschen Notiz davon. Wer eine neue Stelle sucht, muß durch Leistung auffallen. Im folgenden geht es darum, Ihre Fähigkeiten aufzudecken und diese zunächst in Bewußtsein und dann in Handlungen umzusetzen.

Das wissen Sie: Ihre Leistungen sind der Schlüssel für die Erstellung Ihres Lebenslaufes sowie die Basis für das erfolgreiche Absolvieren von Vorstellungsgesprächen und damit für die Eroberung des gewünschten Arbeitsplatzes.

Ihre Erfolge

Wir kaufen etwas, wenn wir überzeugt sind, daß wir es brauchen, und dieses Marketingprinzip gilt auch für den Arbeitsmarkt. Ein Arbeitgeber wird sich nur für Sie interessieren, wenn er von Ihren früheren Erfolgen und jetzigen Plänen für die Zukunft beeindruckt ist und sich davon etwas verspricht.

Es geht um Ihre besonderen Erfolge, große und auch kleine, kurzum das, was Sie persönlich erreicht haben: die Verbesserung einer Situation, die Lösung eines Problems oder ein materieller oder geistiger Gewinn.

In der Liste Ihrer Leistungen sollten Sie Ihre gesamte schulische und berufliche Laufbahn berücksichtigen. Denken Sie an jedes Ereignis, das von anderen bewundert wurde oder auf das Sie stolz waren. Ihre Liste muß möglichst lang sein und sollte die entsprechenden Hinweise für die folgenden Aufgaben enthalten:

Überlegen Sie zunächst, welche Fähigkeiten Sie erfolgreich machten. Anschließend benutzen Sie diese Erfolge als Bausteine für Ihre Bewerbungsunterlagen. Am Ende müssen Sie sich noch überlegen, wie Sie Ihre Leistungen am geschicktesten im Vorstellungsgespräch verkaufen, aber dazu später mehr (s.S. 384).

Erinnern Sie sich an Ihren ersten Job. Vielleicht haben Sie in den Schulferien gearbeitet, um Ihr Taschengeld aufzubessern. Ziehen Sie für Ihre Liste jede Arbeit in Betracht, die Sie im Laufe Ihres Lebens ausgeübt haben.

Ihre Liste beruflicher Erfolge sollte Situationen wie die folgenden beinhalten:

- Sie lösten ein Problem oder bewährten sich in einer Ausnahmesituation.
- Sie haben etwas erschaffen oder gebaut.
- Sie entwickelten eine Idee.
- Sie zeigten Führungsqualitäten, als man Sie herausforderte.
- Sie hielten sich an spezielle Anweisungen und erreichten das Ziel.
- Sie erkannten ein besonderes Bedürfnis und befriedigten es.
- Sie haben aktiv zu einer Entscheidung oder einem Wechsel beigetragen.
- Sie steigerten den Gewinn oder reduzierten die Kosten.
- Sie halfen jemandem, sein Ziel zu erreichen.
- Sie sparten Zeit und Geld.

Im einzelnen:

1. Wo lag das Problem?
2. Wie lösten Sie es?
3. Welche Fähigkeiten setzten Sie ein?
4. Welchen Vorteil hatten Sie?
5. Wie profitierte Ihr Unternehmen?

Wodurch wurde der Erfolg erzielt?

- Einsatz
- Einsparungen
- Gewinne
- Umsatz
- Effektivität
- Neue Aufträge
- Bewältigung einer schwierigen Situation
- Kreativität
- Spitzenleistungen
- Erfindungen
- Entdeckungen
- Unterrichten
- Restrukturieren

Welche Leistungen führten Sie zum Erfolg?

- Leistungssteigerung
- Zeitersparnis
- Bessere Gestaltung von Produkten
- Verbesserung des Betriebsklimas
- Gesteigerte Zuverlässigkeit
- Abfallreduzierung
- Bessere Arbeitsbedingungen
- Neue Talente für das Unternehmen finden
- Erschließung neuer Märkte

Beim Auflisten Ihrer Leistungen sollten Sie versuchen, zunächst so weit wie möglich ins Detail zu gehen. Es gibt unzählige mögliche Themen. Beschreiben

Sie, wie Sie ein neues Produkt entwickelten, eine Filiale eröffneten, eine Abteilung leiteten, Ihre Kollegen motivierten oder EDV-Probleme lösten. Als Berufseinsteiger können Sie zum Beispiel darstellen, wie Sie Ihre Wohnung renovierten oder ein neues Auto kauften. Bei der Themenwahl sind Ihrer Phantasie keine Grenzen gesetzt.

Berücksichtigen Sie in Ihrer »Erfolgsgeschichte« unbedingt die folgenden Punkte:

- Das Ziel, das Sie erreichen wollten: »Ich brauchte ein anderes Auto.«
- Ein Hindernis, das sich Ihnen in den Weg stellte: »Als Student konnte ich mir keinen Neuwagen leisten.«
- Schilderung Ihres Vorgehens, Schritt für Schritt: »Ich bat einen Freund, der Automechaniker ist, mich beim Kauf zu beraten. Wir schauten in die Autobeilage der Zeitung und wählten verschiedene Angebote aus.«
- Beschreibung des Resultats: »Ich entschied mich letztlich für ein vier Jahre altes Modell, mit dem ich bis heute sehr zufrieden bin.«
- Eine meßbare Angabe zur Leistung: »Im Vergleich zu einem Neuwagen sparte ich 10 000 Euro.«

Beschreiben Sie den Vorgang so genau wie möglich, denn dann lassen sich aus Ihren Erfolgsberichten übertragbare Fähigkeiten ableiten. So zögert der Autokäufer in unserem Beispiel nicht, andere zu Rate zu ziehen, weil er sich davon ein besseres Ergebnis verspricht – eine Eigenschaft, die Arbeitgeber interessieren wird, denn es gibt zu viele Angestellte, die aus falschem Stolz oder aus Angst, Schwächen einzugestehen, sich lieber allein durchwursteln, als andere um Hilfe zu bitten. Wenn es Ihnen im Vorstellungsgespräch gelingt, Ihre Fähigkeiten glaubhaft darzustellen, kann das den Ausschlag dafür geben, daß man Ihnen den Job anbietet.

Hinter jeder Ihrer Leistungsbeschreibungen stehen genau die Fähigkeiten, die Sie ans Ziel brachten. Wenn Sie Ihre Erfolge schildern, zeigen Sie dem potentiellen Arbeitgeber, wie Sie mit Ihren Fähigkeiten an Aufgaben in seinem Betrieb herangehen würden. Sie vermitteln ihm einen Eindruck, was er von Ihnen erwarten kann, falls er Sie einstellt.

Leistungswille

Berücksichtigen Sie auch Fähigkeiten, die Sie bisher nicht als Gelderwerbsquellen angesehen haben. Vielleicht bauen Sie mit Vergnügen Dinge zusammen, haben Spaß am Schreiben oder malen gerne Bilder. Es reicht allerdings nicht, talentiert zu sein. Sie müssen den Wunsch und den Willen haben, Ihre Fähigkeiten auch einzusetzen. Das ist genau der Punkt, an dem viele Begabte scheitern. Zum Aufbau einer Karriere gehören Zielstrebigkeit und Disziplin unbedingt dazu. Es geht also immer auch um Ihren Leistungswillen.

Greifbare Ergebnisse

Wenn wir jetzt von Ergebnissen sprechen, müssen Sie Ihre Sichtweise ändern. Bisher ging es um die Erforschung der eigenen Persönlichkeit und darum, Eigenschaften in Worte zu fassen, die für den Außenstehenden sonst nicht erkennbar wären. Nun interessieren konkrete Ergebnisse.

In diesem Zusammenhang ist ein Ergebnis ein faßbares, meßbares Endprodukt oder eine Leistung, die Sie durch Ihre Beteiligung an einem bestimmten Vorgang zustande brachten. Ergebnisse sind sichtbar und können nicht ignoriert werden. Sie sind die Highlights Ihres Lebenslaufs. Wer von Erfolgen spricht, hinterläßt einen bleibenden Eindruck.

Vergleichen Sie die beiden folgenden Aussagen:

a) Zu meinen Aufgaben gehörten Kostenanalyse, Zeitplanerstellung für die Bauarbeiten, Finanzplanung, Entwurf des Bauplans und technische Aufsicht.
b) Ich habe am Ausbau des Dortmunder Westfalenstadions mitgewirkt.

Schließen Sie nun Ihre Augen. An welche Äußerung erinnern Sie sich?

Je greifbarer die Ergebnisse in Ihrem Lebenslauf sind, desto eher kann sich der Arbeitgeber ein Bild Ihrer Fähigkeiten machen. Es gibt unzählige Beispiele für positive Ergebnisse aus allen Bereichen Ihres Lebens, die Sie als Erfolge anführen können. Für viele Menschen sind die Aufgaben, die sie täglich bewältigen, schon so selbstverständlich, daß sie kaum erklären können, was sie mit ihrer Arbeit eigentlich bewirken. Sie suchen dann nach großartigen, rekordverdächtigen Ergebnissen, und wenn ihnen keine einfallen wollen, führen sie lieber gar nichts an.

Im folgenden bitten wir Sie, einige Ergebnisse aufzulisten, die Sie im Laufe Ihres Lebens erzielt haben – alles, was Ihnen einfällt, egal ob es Ihnen im ersten Augenblick wichtig oder unwichtig erscheint. Schreiben Sie zunächst wirklich *alles* auf, auswählen können Sie später immer noch.

Zielvorstellungen

Was wollen Sie wirklich? Wahrscheinlich glauben Sie spontan, diese Frage leichter beantworten zu können als die Frage nach den eigenen Fähigkeiten. Aber je länger Sie über die Frage nach Ihren persönlichen Zielen nachdenken, desto verschwommener und widersprüchlicher wird vermutlich das Bild, das Sie entwerfen. Aus diesem Grunde sollten Sie sich auch für diesen Aspekt genügend Zeit nehmen.

Wenn Sie gerade arbeitslos sind oder sich in einer finanziellen Notsituation befinden, mag Ihnen die Frage »Was will ich?« geradezu luxuriös erscheinen. In diesem Fall wird Ihre Antwort vermutlich kurz und bündig »Arbeit und damit Geld« lauten.

Was will ich?

Trotz eventueller Probleme und berechtigter Sorgen ist eine intensive Auseinandersetzung mit den persönlichen Zielvorstellungen immer sinnvoll. Die resignativ-depressive Haltung »In meiner Situation nehme ich jede akzeptable Arbeit an« verbessert die beruflichen Zukunftsaussichten nicht, so subjektiv verständlich sie auf den ersten Blick auch erscheinen mag.

Bei der Frage »Was will ich?« sind private und berufliche Ziele zu unterscheiden, mit all ihren Überschneidungsmöglichkeiten.

Zum weiteren, intensiven Einstieg in die Thematik empfehlen wir zunächst, sich mit den zehn Fragen zur Arbeitssuche zu befassen, die David Maister, ein amerikanischer Arbeitsforscher, aufgestellt hat:

1. Sie können nicht wissen, was Sie von Ihrem Berufsleben erwarten, wenn Ihnen nicht klar ist, was Sie von Ihrem Leben erwarten.
2. Suchen Sie sich keinen Arbeitsplatz, bevor Sie nicht wirklich darüber nachgedacht haben, was Erfolg für Sie bedeutet.
3. Bestimmen Sie zuerst, was Sie im Leben erreichen wollen, und machen Sie sich erst dann auf den Weg zu Ihren Zielen.
4. Man kann schnell einer (Selbst-)Täuschung anheimfallen, wenn es um die Frage geht: Was erwarte ich vom Leben?
5. Viele Leute um Sie herum sagen Ihnen, was Sie vom Leben erwarten sollten: Ihre Eltern, Lehrer, ältere Geschwister, Freunde. Sie müssen die Ratschläge anderer Menschen für sich nicht akzeptieren. Gehen Sie Ihren eigenen Weg.
6. Streichen Sie bei der Arbeitsplatzsuche das Wort »sollte« aus Ihrem Vokabular.
7. Die meisten Menschen sind permanent bemüht, andere Menschen zu beeindrucken. Finden Sie heraus, *wen* Sie beeindrucken wollen und *warum.*
8. Man kann nicht alle Menschen gleich beeindrucken. Manche sind durch Geld, Status, Intellekt, Charakter, Fertigkeiten usw. zu überzeugen. Weshalb wollen Sie bewundert werden und von wem? Wir wünschen uns alle Beachtung und Wertschätzung. Die Frage ist nur, in wessen Augen und auf welche Weise.
9. Keiner spricht gerne offen von seinen Wünschen, beispielsweise steinreich werden zu wollen, immer im Mittelpunkt des Interesses zu stehen, von allen bewundert zu werden oder Macht ausüben zu können. Überwinden Sie sich und gestehen Sie sich schonungslos ein, was Sie anderen nicht so gerne zugeben würden. Es hilft Ihnen, herauszufinden, worum es Ihnen wirklich geht.
10. Sorgen Sie sich nicht, ob Sie eine berufliche Aufgabe gut lösen können. Wenn es die richtige Herausforderung für Sie ist, wenn Sie Spaß und Erfüllung dabei haben, werden Sie diese Aufgabe schon gut bewältigen.

Setzen Sie sich unbedingt mit diesen Thesen auseinander. Es lohnt sich, länger darüber nachzudenken.

Auch die weiteren Fragen werden Ihnen bei der Zielfindung helfen:

Zur persönlichen Situation:

- Was haben Sie bisher in Ihrem Leben erreicht?
- Was haben Sie bisher trotz guter Vorsätze nicht erreicht, und warum nicht?
- Was mißfällt Ihnen an Ihrer jetzigen persönlichen Situation?
- Was möchten Sie an Ihrer jetzigen persönlichen Situation am schnellsten ändern, und was kann noch warten?
- Wie sieht Ihre Partner-/Familiensituation aus? Gibt es da größere Probleme?
- Wer fördert oder behindert Sie in Ihrer persönlichen Entwicklung?
- Welchen Einfluß auf Ihre persönlichen Zielvorstellungen und Entscheidungen haben Ihr(e) Partner(in), Ihre Kinder, Freunde und andere Bezugspersonen?
- Welche Ihrer persönlichen Eigenschaften und Fähigkeiten sind für Ihre Mitmenschen besonders wertvoll und wichtig?
- Welchen Einfluß hätte Ihre angestrebte Berufstätigkeit vermutlich auf Ihr Privatleben, und welchen Einfluß hat Ihr Privatleben umgekehrt auf Ihren Beruf?
- Welche persönlichen Gründe sprechen gegen einen Arbeitsplatz-, Branchen- oder Berufswechsel?
- Welche persönlichen Gründe sprechen gegen einen Ortswechsel?
- Fühlen Sie sich einer deutlichen Veränderung des Lebensumfeldes gewachsen?

Zur beruflichen Situation:

- Was haben Sie bisher beruflich erreicht?
- Was haben Sie bisher trotz aller Vorsätze beruflich nicht erreicht? Woran lag das?
- Wie entsteht bei Ihnen berufliche Zufriedenheit oder Unzufriedenheit?
- Was mißfällt Ihnen an Ihrer jetzigen beruflichen Situation?
- Was möchten Sie an Ihrer jetzigen beruflichen Situation am schnellsten ändern, und was kann noch warten?
- Welche Ihrer beruflichen Kenntnisse und Fähigkeiten sind für Ihren zukünftigen Arbeitgeber und Ihre Kollegen besonders wertvoll und wichtig?
- Fühlen Sie sich in beruflicher Hinsicht zur Zeit eher über- oder unterfordert?
- Welche Gründe gibt es dafür?
- Wie kommen Sie mit Ihren Vorgesetzten und Kollegen aus?
- Welche beruflichen Förderer und »Steine-in-den-Weg-Werfer« haben Sie?
- Wer könnte das in Zukunft sein?
- Welche Position streben Sie an? Wieviel wollen Sie verdienen?

- Welche Chancen für Entwicklung und Aufstieg haben Sie an Ihrem jetzigen Arbeitsplatz?
- Wie sind die generellen Zukunftsaussichten an Ihrem Arbeitsplatz (in Ihrer Branche, in ihrem Beruf)?
- Welche beruflichen Schwierigkeiten sehen Sie in der Zukunft für sich?
- Sind Sie mit den Leistungen (Bezahlung, Sozialleistungen, Extras) Ihres jetzigen Arbeitgebers zufrieden?
- Welchen Einfluß auf Ihre beruflichen Zielvorstellungen und Entscheidungen haben Ihr(e) Partner(in), Ihre Kinder, Freunde und andere Bezugspersonen?
- Welche Gründe sprechen für einen beruflich begründeten Ortswechsel?
- Sind Sie flexibel?
- Trauen Sie sich zu, eine völlig neue berufliche Aufgabe zu übernehmen?

Beantworten Sie die Fragen schriftlich und versuchen Sie, aus den Antworten zu jeder einzelnen Frage Schlüsselworte zu entwickeln, die Ihr Ziel kurz und prägnant beschreiben. Abstrahieren Sie dabei ruhig, verkürzen und vereinfachen Sie gegebenenfalls und bringen Sie die für Sie ganz persönlich wichtigen Dinge auf den Punkt.

Eine Rangfolge der Zielvorstellungen hilft Ihnen, Prioritäten zu erkennen und Schwerpunkte zu bilden. Eine solche persönliche und berufliche Situationsanalyse verschafft Ihnen Klarheit und hilft Ihnen beim Abwägen von Gründen für oder gegen einen Arbeitsplatz, der vielleicht völlig andere Aufgaben als die zur Zeit von Ihnen bewältigten beinhaltet. Wichtig dabei ist auch die neu gewonnene verbale Kompetenz in bezug auf Fragen »Was wollen Sie eigentlich?« und »Was ist wirklich wichtig für Sie?«

Ihr idealer Arbeitsplatz

Um Ihren idealen Arbeitsplatz finden zu können, müssen Sie Ihre Vorstellungen präzisieren. Es geht zunächst um die Arbeit an einem inneren Bild von Ihrem Traumjob. Um sich dabei Klarheit zu verschaffen, schlägt der bekannte amerikanische Bewerbungsspezialist Richard Nelson Bolles u.a. die folgenden Fragen zur Selbstanalyse vor[2]:

1. Welche Herausforderungen und Arbeitsaufgaben stellen Sie sich vor?
2. In welcher Umgebung und in welchem geistigen und emotionalen Klima würden Sie am liebsten arbeiten?
3. Was sind Ihre stärksten Fähigkeiten?
4. Mit welchen Menschen würden Sie bevorzugt zusammenarbeiten?
5. Auf welcher Wissensgrundlage würden Sie am liebsten tätig sein?
6. Mit welchen Dingen möchten Sie sich beschäftigen?
7. Welche kurz-, mittel- und langfristige Arbeitsmotivation und welche Ergebnisse sind Ihnen wichtig?

1. Welche Herausforderungen und Arbeitsaufgaben stellen Sie sich vor?

Mögliche Aufgabenfelder gibt es nicht nur in personen-, daten- und produktbezogenen Bereichen, sondern auch in den vier großen Kernbereichen Handwerk und Technik, Verkauf und Verwaltung, Natur- und Geisteswissenschaften sowie alles Künstlerische und Kreative. Beispiele:

Ich will mich engagieren für Aufgaben im Gesundheitswesen (z.B. Prävention, Pflege), in der Finanzwelt (z.B. Buchhaltung, Controlling, Steuerberatung), in der Verkaufswelt (z.B. Marketing, Logistik), in der Medien- und Kommunikationsbranche (z.B. Werbung, Journalismus), in der Technik (z.B. Handwerk, Ingenieurberufe), in der Nahrungs- und Genußmittelbranche (z.B. Agrarbereich, Hotel, Gastronomie). Ergänzen Sie die Bereiche.

2. In welcher Umgebung und in welchem geistigen und emotionalen Klima würden Sie am liebsten arbeiten?

Machen Sie sich zunächst Gedanken, wo Sie gerne leben wollen. Schreiben Sie Ihre bisherigen Wohnorte auf und überlegen Sie, was Ihnen dort gefiel und was Sie störte (z.B. »meiste Zeit des Jahres gutes Wetter« oder »unangenehme Nachbarn / Zeitgenossen«). Vielleicht erscheint Ihnen diese Übung unnötig, weil Sie Ihren Lieblingsort längst kennen. Im Idealfall ist es Ihr jetziger Wohnort. Trotzdem sollten Sie sich die Mühe machen, Vor- und Nachteile aufzulisten.

Für die Wahl des richtigen Arbeitsplatzes ist darüber hinaus dessen emotionales und geistiges Klima von großer Bedeutung. Notieren Sie, was für Sie im Leben wichtig ist, was für Werte und Ziele Sie haben und worin Sie den Sinn Ihres (Berufs-)Lebens sehen. Wählen Sie aus diesen Kriterien alle die Punkte aus, die Ihnen für Ihren nächsten Arbeitsplatz wichtig oder sogar unverzichtbar erscheinen.

3. Was sind Ihre stärksten Fähigkeiten?

Nach John L. Holland[3] lassen sich menschliche Fähigkeiten sechs Typen zuordnen:

1. Gruppe: Die eher realistisch Orientierten – Menschen, die gern mit Maschinen und Werkzeugen umgehen oder in der Natur (z.B. mit Tieren oder im Gartenbau) arbeiten.

2. Gruppe: Die eher konventionell Orientierten – Menschen, die gern mit Daten und Zahlen arbeiten, sehr auf Details achten und sich gern an die Anweisungen anderer halten.

3. Gruppe: Die eher unternehmerisch Orientierten – ziel- und erfolgsorientierte Menschen, die gern führen, managen und überzeugen.

4. Gruppe: Die eher sozial Orientierten – Menschen, denen es Freude macht, anderen zu helfen, zu heilen, zu trainieren und zu informieren.

5. Gruppe: Die eher künstlerisch Orientierten – kreative Menschen mit Intuition und innovativ-schöpferischer Begabung und Phantasie.

6. Gruppe: Die eher forschend Orientierten – Menschen, denen es Freude macht, zu beobachten und zu analysieren, Dinge zu erforschen und Probleme zu lösen.

Um herauszufinden, zu welcher Gruppe (bzw. zu welchen Gruppen) Sie gehören, empfiehlt Bolles die »Party-Übung«[4]: Stellen Sie sich eine Party vor, die in einem sechseckigen Raum stattfindet. In jeder Ecke steht eine der oben beschriebenen Gruppen. Zu welcher Gruppe würden Sie sich am ehesten hingezogen fühlen, und in welche Ecke begeben Sie sich als nächstes, falls die erste Gruppe die Party überraschend verläßt?

Mit der eben beschriebenen Party-Übung kommen Sie sehr schnell zu Ergebnissen. Sind Sie bereit, mehr Zeit zu investieren, dann ist die sogenannte »Gedächtnis-Netz-Übung« interessant für Sie[5]: Nehmen Sie hierfür ein Blatt Papier und unterteilen Sie es in fünf Spalten. In die linke Spalte schreiben Sie Ihre Lebensjahre, aufgeteilt in Perioden von fünf Jahren. In den anderen Spalten notieren Sie, wo Sie zu diesen Zeiten gelebt, gelernt oder gearbeitet haben, und welche Hobbys Sie hatten. Überlegen Sie sich zu den einzelnen Einträgen der Rubriken »Lernen«, »Arbeiten« und »Freizeit«, was Sie in diesen Bereichen jeweils erreicht haben. Über sieben dieser Erfolge schreiben Sie dann kurze Geschichten. Achten Sie darauf, daß diese Geschichten Aufgaben, Werkzeuge und vor allem auch Ergebnisse enthalten.

Unterstreichen Sie die benutzten Verben und ordnen Sie diese den Gruppen »Menschen«, »Zahlen und Daten« oder »Handwerk, Maschinen und Technik« zu. Welche Gruppe erhält von Ihnen die meisten Einträge?

4. Mit welchen Menschen würden Sie bevorzugt zusammenarbeiten?

Nun sollten Sie sich überlegen, mit wem und für wen Sie am liebsten arbeiten wollen. Wenn Sie zum Beispiel gern unterrichten, müssen Sie sich für bestimmte Alters- und Problemgruppen entscheiden.[6]

Am liebsten arbeite ich allein und nur für mich, ohne Vorgesetzte, nur für (m)einen Chef, gelegentlich mit anderen zusammen, in einem kleinem Team, mit vielen in einer großen Gruppe, ständig mit wechselnden, ganz unterschiedlichen Personen, nur mit besonderen Experten etc.

Ich möchte am liebsten für Frauen, Männer, Profis, Amateure, Kinder, Jüngere, Ältere, Intellektuelle, Angestellte, Arbeiter, Schüler, Studenten, Arbeitslose, Ausländer, Menschen aus der Unter- oder Oberschicht, Anhänger bestimmter Religionen etc. arbeiten.

Als direkte Kollegen bevorzuge ich Gleichaltrige, Jüngere, Ältere, Frauen, Männer, Menschen mit bestimmtem kulturellen, wirtschaftlichen, sozialen oder religiösen Hintergrund.

5. Auf welcher Wissensgrundlage würden Sie am liebsten tätig sein?

Wenn es um die Bereitstellung von Informationen und Wissen geht, können Sie einerseits auf Ihr durch Ausbildung und durch andere Erfahrungen erworbenes Wissen zurückgreifen. Andererseits können Sie sich natürlich auch die verschiedenen Medien zur Beschaffung von Wissen zunutze machen. Im Bereich der Medien müssen Sie sich entscheiden, ob Sie lieber mit Büchern oder mit Zeitschriften, mit Zeitungen, Bildern, Computern, Videobändern oder Statistiken arbeiten.

Welcher Ausbildungs- und Erfahrungshintergrund soll bei Ihnen besonders zum Einsatz kommen? Wo wurde das Wissen erworben?

1. in der Schule oder an der Universität,
2. in einer innerbetrieblichen Ausbildung oder durch Routine (z.B. Arbeiten mit dem Computer, Erstellen von Plänen),
3. in Seminaren oder Kursen (z.B. Zeichnen, schnelles Lesen),
4. durch persönliche Begegnungen (mit Freunden) oder durch Bücher (z.B. Nähen, Kenntnisse über Antiquitäten).

In welchen Berufsfeldern wollen Sie Ihr Wissen zum Einsatz bringen?[7]

1. beim Arbeiten mit Menschen, z.B. in der medizinischen Versorgung, in der Personalentwicklung, in Erziehung und Ausbildung, in Sport und Freizeit
2. beim Arbeiten mit Dingen, z.B. im Handwerk, in der Technik, in der Landwirtschaft, in der Buchhaltung, im Labor, in der Fabrikproduktion
3. in anderen Bereichen: in Kultur, Theater, Kunst, Musik, Sprachen, Religion.

Natürlich können Sie auch Felder auf Ihre Liste setzen, die Sie bisher noch nicht beherrschen, die Sie aber sehr interessieren. Dann müssen Sie sich allerdings überlegen, wie Sie die fehlenden Kenntnisse erwerben können.

6. Mit welchen Dingen möchten Sie sich beschäftigen?

Sie sollten nun aufschreiben, mit welchen Dingen Sie sich beschäftigen wollen. Wählen Sie aus der folgenden Liste Ihre bevorzugten Themen aus.[8] Zögern Sie nicht, diese Liste individuell für sich zu erweitern.

Dinge aus der Natur: Pflanzen, Bäume, Obst, Erde …
Tiere: Kleintiere, Nutztiere, exotische Tierarten …
Technische Geräte: Haushaltsgeräte, Fernseher, Radio, Hifi-Geräte …
Kraftfahrzeuge, Transportmittel: LKWs, Autos, Fahrräder, Züge, Flugzeuge, Boote …
Bürotechnik, Informationselektronik: Computer, Faxgerät, Kopierer, Telefon, Handy …
Bekleidung: Ober- und Unterbekleidung, Schuhe, Nähmaschinen …
Industriegüter: Maschinen, Werkzeuge, Kontrollinstrumente…
Nahrungsmittel: Fleisch, Milchprodukte, Brot …
Immobilien: Miet-/Familienhäuser, Eigentums- und Mietwohnungen, Wohnwagen …

Einrichtungsobjekte: Tapeten, Teppiche, Möbel, Geschirr, Badewannen...
Spielzeug: Gesellschafts- und Kartenspiele, Spielautomaten...
Medizin: Arzneimittel, Brillen, Zahnersatz, Hörgeräte...
Gartenzubehör: Schaufeln, Rasenmäher, Düngemittel...
Materialarten: Papier, Holz, Stahl, Plastik, Stoff, Pflanzen...

7. Welche kurz-, mittel- und langfristige Arbeitsmotivation und welche Ergebnisse sind Ihnen wichtig und warum?[9]

Nicht Versuche zählen in der Arbeitswelt, sondern Erfolge. Etwas mutig auszuprobieren ist sicher ehrenvoll, etwas zu erreichen und zu bewirken eindeutig besser. Die Voraussetzung dafür ist, daß Sie wissen, was Sie wollen, ein konkretes Ziel vor Augen haben und erfolgreich darauf hinarbeiten. Das erfordert eine gewisse Planung.

Welche Ergebnisse möchten Sie erzielen, auf welche Weise und warum? Versuchen Sie die Frage mit Hilfe der Motivationsliste zu beantworten!

Ich will vor allem:
1. etwas bewirken, maximalen Einfluß nehmen, etwas voranbringen, erreichen, gestalten, verantworten, bestimmen, entscheiden, organisieren, managen, etwas durchsetzen, initiieren
2. anderen helfen, andere unterstützen, erziehen, ermutigen, aufbauen, anderen etwas beibringen, erklären, zeigen, vermitteln, andere beraten, interessieren, aufmerksam machen, unterrichten
3. etwas herausfinden, weiterentwickeln, verbessern, entdecken, analysieren, erforschen, ausprobieren, zum Laufen bringen, erfinden, beweisen.

Drei Hauptrichtungen sind hier vertreten: Macher und Führer (1), Helfer und Lehrer (2), Forscher und Künstler (3).

Was treibt Sie an? Macht, Einfluß, Geld und Besitz, oder doch eher Zuwendung, Anerkennung, Ruhm und Ehre, oder sind es Neugier und Forscherdrang. Mit welchen der drei obengenannten Aussagen können Sie sich am ehesten identifizieren?

Hier noch weitere Möglichkeiten:

Mir geht es um die Verantwortung, mich reizt die Herausforderung, ich will etwas beweisen, ich will Anerkennung, etwas bestimmen, ich will mir auch etwas Ordentliches leisten können, mir kommt es vor allem auf das gute Miteinander an, die Wertschätzung dessen was ich tue, ein harmonisches Arbeitsklima, ich will etwas Neues kreieren, mir geht es nur um die Sache....

Denken Sie über Ihre Leitmotive nach. Es lohnt sich. Denn jeder von uns will oder muß genügend Geld für den Lebensunterhalt verdienen. Viele Menschen erwarten von ihrer Arbeit jedoch mehr als eine finanzielle Absicherung. Suchen Sie aus der folgenden Liste heraus, was Ihnen wichtig erscheint und ergänzen Sie:

Ich erstrebe Anerkennung, Bewunderung, Ruhm und Ehre, viele Kontakte zu anderen Menschen, anderen helfen zu können, Macht und Einfluss, materielle Unabhängigkeit, Sicherheit, geistige Anregungen, kreative Entfaltung, Befriedigung von Abenteuerlust und Nervenkitzel.

Wenn Sie nun alle Fragen für sich beantwortet haben, stehen Ihnen die Informationen über Ihren idealen Arbeitsplatz zur Verfügung. Nutzen Sie diese Kriterien für eine erfolgreiche Arbeitsuche! Und doch bleibt noch eine Frage offen: Was möchten Sie mit Ihrer Arbeit insgesamt bewirken? Was wollen Sie am Ende Ihres (Berufs-) Lebens erreicht haben? Nehmen Sie ein Blatt Papier und beantworten Sie – wenn möglich – auch diese Fragen.

Ihre Interessen als Leitfaden

Was sollte jetzt geschehen, wenn Sie sich das Ergebnis der Übung anschauen? Vielleicht haben Sie ein großes Aha-Erlebnis und rufen freudig: »Mein Gott, jetzt weiß ich, wo ich arbeiten sollte.«

Dem Pessimismus keine Chance geben

Wenn Sie zu diesen intuitiven Menschen gehören, haben Sie Glück. Gleichwohl sollten Sie folgendes beachten: Schließen Sie nicht voreilig Möglichkeiten aus, und reden Sie sich bloß nicht ein, daß Sie Ihren Traumjob niemals bekommen werden, weil andere besser sind als Sie. Bisher haben Sie ja noch gar nicht gesucht, deshalb ist dieser Pessimismus absolut unnötig.

Natürlich ist es schwierig, einen Arbeitsplatz zu finden, der genau Ihren Vorstellungen entspricht; aber Sie werden überrascht sein, wie nahe Sie diesem Ziel kommen können, wenn Sie Ihren Traum nicht von vornherein anzweifeln. Sie werden vermutlich unzufrieden bleiben, wenn Sie die Suche nur halbherzig angehen.

Hatten Sie sich Ihren letzten/derzeitigen Arbeitsplatz ausgesucht? Wahrscheinlicher ist, daß Sie Ihren Job durch Zufall fanden und er Ihnen in dem Augenblick ganz gelegen kam. Haben Sie jemals einen Gedanken daran verschwendet, was Sie an Ihrer Arbeit wirklich interessiert und begeistert oder was Ihnen in Ihrem Berufsleben fehlt? Falls Sie in Ihrer derzeitigen Position unglücklich sind, sollten Sie wissen, was Sie daran ändern wollen.

Vielleicht kennen Sie schon Ihre Wünsche. Stellen Sie sich folgende Frage: »Was würde ich lieber als alles andere tun?« »Wessen Position hätte ich am liebsten?« Möglicherweise finden Sie die Antwort sofort; unter Umständen ist es etwas, was Sie schon einmal getan haben.

Was motiviert Sie?

Falls Sie Ihren Traumberuf noch nicht kennen, sollten Sie überlegen, was Ihnen in der Vergangenheit Spaß gemacht hat (Hobbys, Freizeitbeschäftigungen, ehrenamtliche Arbeit usw.). Was gefiel Ihnen an diesen Aktivitäten? Was machen Sie immer noch gerne? Worin sind Sie gut? Wo wurden Sie gelobt? Was bereitet Ihnen Lust? Was motiviert Sie? An dieser Stelle sind Interessen nicht einfach mit Neugier gleichzusetzen. Interessant ist, was Sie anregt, Sie herausfordert. Wofür würden Sie »meilenweit laufen«? Um diese Art von Interesse geht es hier.

Wenn Ihnen keine Interessen einfallen wollen, hilft auch die Frage, worüber Sie sich den ganzen Tag unterhalten könnten, tagaus, tagein. Angenommen, Sie sind mit einem sogenannten Fachidioten auf einer einsamen Insel gestrandet – was würden Sie hoffen, worüber sich dieser Mensch mit Ihnen unterhalten kann?

Worüber würden Sie gerne mehr erfahren? Wollen Sie mehr Beweglichkeit und Selbstverwirklichung? Für die Zufriedenheit am Arbeitsplatz sind persönliche Interessen genauso wichtig wie die Berücksichtigung Ihrer Fähigkeiten. Interessen und Fähigkeiten sind überhaupt nicht voneinander zu trennen: Wir bringen die besten Leistungen bei der Erledigung von Aufgaben, die uns Spaß machen.

Der Arbeitgeber richtet sein Augenmerk eher auf den Nutzen und Gewinn, den er erwarten kann. Weniger auf Ihre Interessen. Trotzdem sollten Sie sich an dieser Stelle Gedanken darüber machen, was Sie im Leben am meisten interessiert, denn nur so lassen sich Privat- und Berufsleben in Einklang bringen. Gehen Sie an Ihre Arbeit mit dem Engagement heran, das Sie auch in Ihrer Freizeit bei Ihrer Lieblingsbeschäftigung entwickeln. Wenn Sie sich über Ihre Interessen, Fähigkeiten und Möglichkeiten im klaren sind, dann rückt ein mit Zufriedenheit verbundenes Berufsziel für Sie in greifbare Nähe.

Was alles möglich ist

Sie haben geklärt, wer Sie sind, was Sie können und sich wünschen. Nun fragt sich, was möglich, also machbar ist. Vom Tellerwäscher zum Millionär, vom Schauspieler zum Präsidenten – und umgekehrt: Nichts erscheint unmöglich. Aber Vorsicht, glauben Sie nicht leichtfertig schnell gemachten Versprechungen, egal von welcher Seite.

Andererseits erreichen Sie weniger als vielleicht möglich, wenn Sie gegen Ihre Wünsche und Vorstellungen vorschnell die Schere im Kopf ansetzen. Zuviel, aber auch zuwenig Phantasie kann schädlich sein. Sie müssen den schmalen Grat, auf dem Sie zwischen den Extremen wandeln, die für Sie persönlich richtige Balance, individuell herausfinden.

Schön wäre es, wenn wir Ihnen auch für den Aspekt »Was ist möglich?«

einen durch Fragen gesteuerten Leitfaden als Analysehilfe vorstellen könnten. Die Frage nach Ihren individuellen Möglichkeiten läßt sich nicht einfach pauschal abhandeln, trotzdem werden Ihnen die folgenden Überlegungen weiterhelfen.

In den vorangegangenen Abschnitten haben Sie einiges über persönliche Qualitäten, berufliche Fähigkeiten und über Lebensziele erfahren. Aus dieser Analyse von Ist-Zustand und Zielen ergeben sich die Fragen:

- In welches Aufgabengebiet passen genau Ihre Stärken wie der sprichwörtliche Schlüssel zum Schloß? Mit welchen Qualitäten und Fähigkeiten können Sie erfolgreich Probleme lösen oder Aufgaben konstruktiv bewältigen?
- Überhaupt: Welche speziellen Aufgabenstellungen ergeben sich aus Ihren persönlichen und beruflichen Fähigkeiten und Qualitäten?
- Fakt ist: Auf dem Arbeitsmarkt müssen Sie Ihre Fähigkeiten verkaufen. Wer auf dem Arbeitsmarkt könnte also an Ihren Fähigkeiten interessiert sein? Bei welchen Arbeitgebern ließe sich Ihre besondere Kompetenz auch optimal zur Geltung bringen?
- Welche Einsatzgebiete gibt es für Ihre Fähigkeiten, und wie sehen Ihre »Verkaufschancen« aus?

Kombination von Fähigkeiten und Qualitäten

In den Dingen, die Sie wirklich gerne und deshalb ja auch gut machen, werden Sie sich leichter weiterentwickeln und immer besser und erfolgreicher sein. Überlegen Sie auch, wie Sie Ihre unterschiedlichen Fähigkeiten und Qualitäten so kombinieren, daß diese Ihre Verkaufschancen auf dem Arbeitsmarkt erhöhen.

Auf welchem Gebiet und für welchen Arbeitgeber Sie arbeiten, sollten Sie weitestgehend selbst bestimmen. Plakativ verkürzt: Die Tatsache, daß Bäcker gesucht werden, weil keiner gerne früh aufsteht, ist noch lange kein Grund, daß Sie sich diesen Job aussuchen. Fragen Sie sich immer zuerst, für welche Problemlösungen auf dem Arbeitsmarkt Ihre speziellen Fähigkeiten am besten geeignet sind.

Wo finden Sie den für Sie und Ihre Fähigkeiten optimalen Einsatzort oder Arbeitsplatz?

Wichtig erscheint uns, auf folgendes noch einmal hinzuweisen: Jeder Mensch neigt dazu, in einer persönlichen und beruflichen Übergangs- oder Krisensituation seinen Handlungsspielraum und seine Gestaltungsmöglichkeiten zu unterschätzen. Zu allem Überfluß beschneidet uns die Schere im Kopf in solch einer Situation dann auch noch in unserer Aktivität. Schließlich geht es doch um nichts geringeres als die Verwirklichung der individuellen beruflichen Identität.

Die Erkenntnisse aus der ersten, zweiten und dritten Situationsanalyse (Was für ein Mensch bin ich? Was kann ich? Was will ich?) müssen mit der Realität (Was ist möglich?) in Einklang gebracht werden. Dabei sollte man aber nicht nur seinen eigenen Realitätssinn zum Maßstab nehmen, sondern auch andere Personen und deren Blick für die Möglichkeiten einbeziehen. Gespräche mit dem Lebenspartner, Freunden, Bekannten, Fachberatern (im Arbeitsamt oder in Personalberatungsunternehmen) und Berufskollegen können sehr hilfreich sein.

Natürlich gibt es individuelle Ausgangssituationen, in denen die Frage »Was ist möglich?« nur sehr schwer zu beantworten ist. Versuchen Sie, wenn irgend möglich, sich mit diesem Thema nicht allein herumzuquälen. Beteiligen Sie andere Personen an diesem Denkprozeß. Greifen Sie auf das Phantasiepotential Ihrer Mitmenschen zurück.

Zusammenfassung

Die Beantwortung der Fragen »Was für ein Mensch bin ich?«, »Was kann ich?«, »Was will ich?« und »Was ist möglich?« verhilft Ihnen zu einer guten Ausgangsposition für eine erfolgreiche Bewerbungsstrategie. Dazu müssen Sie Ihr Produkt, also Ihre Fähigkeiten und Eigenschaften, bestens kennen, den potentiellen Käufer = Arbeitgeber und dessen Kauf- bzw. Entscheidungsverhalten gut studiert haben und einen Kommunikationsweg finden, das Käuferverhalten in Ihrem Sinne positiv zu beeinflussen. Eine der wichtigsten Fragen ist: Was ist Ihre Botschaft?

Berufserfolgsstrategien

Beruflicher Erfolg, in diesem Falle für Sie als Bewerber, wird von zahlreichen Komponenten bestimmt. Es gibt verschiedene Ansätze, die Berufserfolg erklären und Hilfestellung geben. Wir möchten zunächst zwei präsentieren, die EKS-Methode nach Mewes und das 20er-Modell von Sternberg. Schließlich stellen wir Ihnen weitere Erfolgsinstrumentarien für die Stellensuche vor, wie professionelles Recherchieren, Networking und die Fähigkeit, Arbeitgeberträume wahr werden zu lassen.

Wir möchten Sie unterstützen, damit Ihre Bewerbungsaktivitäten erfolgreich sind. Nur – was ist eigentlich Erfolg?

Die Antwort ist leicht und schwer zugleich: Jeder weiß, wovon die Rede ist. Trotzdem ist es schwer, diesen Begriff zu definieren, denn Erfolg ist subjektiv. Während der eine es als Erfolg wertet, als Sozialarbeiter den Besuchern einer Altentagesstätte mit einer gut organisierten Weihnachtsfeier ein paar schöne Stunden zu bereiten, bedeutet Erfolg für den anderen, Teppichböden für fünf Millionen Mark verkauft zu haben.

Erfolg erarbeiten

Erfolg, da ist man sich wahrscheinlich einig, stellt sich nicht zufällig ein. Man muß selbst etwas dafür tun. Sonst ist es nur Glück oder Zufall. Wer Probleme und Hindernisse überwindet und ein gestecktes Ziel erreicht, der handelt erfolgreich. Um Erfolg muß man sich immer wieder neu bemühen, denn er dauert nicht ewig. Wer sich auf einmal Erreichtem ausruht, dem kann es leicht passieren, daß er sich nicht länger zu den Erfolgreichen zählen darf.

Sie sehen schon, so einfach die Beantwortung der Frage nach dem Erfolg erscheint, ist sie wahrlich nicht.

Es gibt verschiedene Erfolgsinstrumente. Die wichtigsten möchten wir Ihnen im folgenden vorstellen:[10]

Die Methode der Wahl

Außergewöhnliche Erfolge, so die Erklärung des Systemforschers Wolfgang Mewes, haben ihren Ursprung in der Konzentration der wirksamsten Kräfte, zum Beispiel in einer klaren, eindeutigen Spezialisierung, in der bewußten Ausrichtung auf ein ganz bestimmtes berufliches Ziel. Denn wer auf allen oder zumindest auf vielen beruflichen Gebieten besonders gut sein will, der kann meist nur Durchschnittliches erreichen.

Nur die ständige Veränderung ist sicher

Versuchen Sie erst gar nicht, es allen Menschen recht zu machen, sich selbst und gleichzeitig allen anderen. Setzen Sie Prioritäten, auch bei beruflichen Zielen. Das setzt jedoch eine gezielte Vorgehensweise voraus, eine gut geplante und konsequent umgesetzte Strategie. Für Wolfgang Mewes ist Erfolg einzig und allein eine Frage der richtigen Strategie. Da in unserer Leistungsgesellschaft die einzige verläßliche Konstante die Veränderung ist, gewinnt die richtige berufliche Strategie immer mehr an Bedeutung. Wer sich erfolgreich den Herausforderungen stellen will, muß strategisch vorgehen.

Wenn die Starken über die Schwächeren triumphieren, die Großen die Kleinen dominieren, die Schnellen die Langsameren überholen, dann kann sich beruflich nur derjenige mit der besseren Strategie durchsetzen.

Machen Sie sich folgendes bewußt: Auf dem heutigen Arbeitsmarkt sind Sie nicht mehr wirklich in der Position eines klassischen Arbeitnehmers, selbst wenn Sie mit der Lohnsteuerkarte in der Hand einen klassischen Arbeitgeber suchen. Abgesehen davon, daß ja eigentlich Sie Ihre Arbeitskraft geben und der klassische Unternehmer als sogenannter Arbeitgeber Ihre Arbeitsleistung entgegennimmt, damit also zum wirklichen »Arbeitnehmer« wird, ist dieses Denkmodell absolut überholt.

Unternehmerisch denken

Stellen Sie sich um. Verstehen Sie sich ab sofort als Unternehmer, als ein modernes Ein-Mann/Ein-Frau-Dienstleistungsunternehmen, und lernen Sie, konsequent unternehmerisch zu denken und zu handeln. Es geht bei der schwierigen Suche nach einem Arbeitsplatz um ein gezieltes Marketing Ihrer Dienstleistung. Da Ihre Kunden, die Käufer Ihrer Fähigkeiten, sich entsprechend den Marktgesetzen verhalten, sollten Sie sich darüber im klaren sein, daß gute Marketing- und Verkaufsstrategien über Ihren beruflichen Erfolg entscheiden.

Von dieser einfachen Erkenntnis geht Wolfgang Mewes aus. Das oberste Gebot seiner EKS-Strategie lautet:

»Volle Konzentration aller verfügbaren Kräfte auf die Lösung eines speziellen Problems.« Die Abkürzung EKS steht übrigens für »Engpaß-Konzentrierte-Strategie«.

Das EKS-System, das häufig auch Erfolgsstrategie genannt wird, besteht aus zwei leicht nachvollziehbaren Etappen.

Erste Etappe: Die vier Prinzipien der EKS-Strategie

Vier Prinzipien gelten als Erfolgsbasis:

1. Konzentration ist besser als Verzettelung.
2. Der wirkungsvollste Ansatzpunkt ist zu finden.
3. Das Erkennen eines Engpasses, einer Marktlücke ist wichtig.
4. Nutzenorientierung ist besser als Gewinnmaximierung.

1. Konzentration statt Verzettelung

Es leuchtet wohl jedem ein, daß kein Sportler gleichzeitig Spitzenleistungen in Tennis, Schwimmen, Ski- und Radfahren erbringen kann. Und genauso verhält es sich auch in beruflicher Hinsicht. Wer sich in seinen Vorhaben und Leistungen verzettelt, bleibt in seinen Ergebnissen meist durchschnittlich. Nicht kleckern, sondern klotzen lautet das Motto. Die wesentliche Voraussetzung dafür ist, daß Sie die volle Konzentration der Kraft auf das lenken, was Sie am besten können, und dabei auf etwas, was für Ihren Kunden, den potentiellen Arbeitgeber, von hohem Nutzen ist.

Wachsende Problemlösungskompetenz

Konzentrieren Sie sich auf das, was Sie gerne machen und gut beherrschen. Mit dem Lerngewinn und den Erfahrungen wächst auch Ihre Problemlösungskompetenz. Durch Ihr kontinuierliches Training werden Sie tatsächlich mit der Zeit ein echter Spezialist für ...

2. Auf den wirkungsvollsten Ansatzpunkt kommt es an

Eine Kettenreaktion ist schnell ausgelöst. Stellen Sie sich einen riesigen Stapel Dosen vor. Wer hier einfach von unten zugreift und eine herausziehen will, riskiert den kompletten Einsturz.

Die Sprengladung für einen hohen Industrieschornstein hingegen wird am untersten Ende angesetzt werden müssen, um das zu erreichen, was man bei den Dosen verhindern will. Auf den wirkungsvollsten Punkt kommt es also an, auf die volle Konzentration der Kräfte, und dann muß der so gefundene gordische Knoten nur noch durchschlagen werden.

Entscheidend ist also weniger *wie*, sondern *wo* man zuschlägt.

Sie erinnern sich an das höchst ungleiche Kämpferpaar David und Goliath. Wie hat der kleine David den um vieles stärkeren Goliath besiegt? Durch den Einsatz einer Steinschleuder konzentrierte David seine ganze Kraft und zielte auf die Stirn seines Gegners. Wenn man sich also strategisch richtig auf den wichtigsten bzw. wirkungsvollsten Ansatzpunkt konzentriert, lösen sich die Probleme fast wie von selbst im gewünschten Sinne.

3. Das Erkennen eines Engpasses, einer Marktlücke ist wichtig

Vielleicht liegt der wichtigste Schlüssel zum beruflichen Erfolg in der richtigen Idee bzw. Entscheidung oder Erkenntnis: Hier wird etwas dringend gebraucht, und genau das kann ich anbieten, genau auf diesem Sektor bin ich wirklich gut.

Der effektivste Ansatz

Es ist nicht ganz einfach, den richtigen, den effektivsten Ansatz für die Lösung eines Problems zu finden. In der heutigen Wirtschaft sind es die Marketingabteilungen, die sich speziell mit diesem Problem beschäftigen.

Es geht darum, Bedürfnisse der Konsumenten zu entdecken sowie auch neu zu wecken, um diese dann erfolgreich bedienen zu können. Das folgende Beispiel veranschaulicht, worauf es dabei ankommt: Das Wachsen und Gedeihen einer Pflanze hängt ganz wesentlich von vier Bedingungen ab: Wasser, Luft, Nährstoffe und Licht benötigt sie, um zu Wachstumserfolgen zu gelangen. Bei einem heißen Sommer ohne Regen erkennt jeder den wichtigsten Engpaß. Wer jetzt Wasser anbieten kann, wer dieses Mangelprodukt liefert, wird sich einer großen Nachfrage erfreuen.

Neben der Konzentration der eingesetzten Energie, angesetzt am wirkungsvollsten Punkt und zum günstigsten Moment, kommt es ebenso darauf an, ein Bedürfnis entdecken, für das Sie Erfüllung bieten, oder eine Engpaßsituation, die Sie beheben können. Wenn Sie also mit Ihren beruflichen Fähigkeiten auf einem speziellen Gebiet bei Ihrer Zielgruppe, den Arbeitsplatzanbietern, auf diese Situation stoßen, dann bekommen Sie den Job.

Anders ausgedrückt: Wenn Sie den richtigen Schlüssel für ein Problem Ihrer Zielgruppe haben, wird – je besser Ihr Schlüssel paßt und je brennender das Problem Ihrer Zielgruppe ist – Ihr beruflicher Marktwert steigen. Wer wichtige, essentielle Probleme seiner Zielgruppe zu lösen vermag, bekommt auch attraktive Jobangebote.

4. Nutzenorientierung ist besser als Gewinnmaximierung

Die Wahl des richtigen Ansatzpunktes, mit voller Konzentration und ganzer beruflicher Kraft, das Erkennen einer Marktlücke und das richtig ausgewählte Ziel entscheiden, wie groß Ihr beruflicher Erfolg ist.

Ständig müssen Sie in beruflicher Hinsicht Entscheidungen treffen, Wichtiges von weniger Wichtigem unterscheiden und Prioritäten setzen. Orientierung tut not, und dabei helfen Ihnen vor allem klar definierte berufliche Ziele. Je klarer man ein Ziel vor Augen hat, desto leichter fällt es wahrscheinlich, die notwendigen Entscheidungen zu treffen.

Nutzen steigern

Dabei sollte es Ihnen aber nicht um eine kurzfristige Erfolgs- bzw. Gewinnsteigerung gehen. Nicht der Job, der Ihnen das meiste Geld bringt, ist der richtige, sondern der, der Ihren Nutzen für den Arbeitsmarkt und damit auch für andere Arbeitsplatzanbieter steigert. Denn nur wer wichtige Probleme anderer besser lösen kann, macht sich auf Dauer beruflich unentbehrlich.

Zweite Etappe: Sieben Schritte zum Erfolg

In der zweiten Etappe lernen Sie die entscheidenden sieben Schritte kennen, Ihr berufliches Angebot an potentielle Arbeitsplatzanbieter so einzigartig und attraktiv zu gestalten, daß Ihre Bewerbung erfolgreich sein wird. Hier zunächst die Übersicht über die notwendigen Schritte:

1. Bestandsaufnahme Ihrer beruflichen Stärken
2. Auswahl eines erfolgversprechenden beruflichen Betätigungsfeldes
3. Festlegung auf die entsprechende Zielgruppe von Auftraggebern
4. Differenzierte Analyse der wichtigsten beruflichen Probleme dieser speziellen Zielgruppe
5. Anbieten beruflicher Neuerung oder Verbesserungen
6. Suche nach potenten beruflichen Unterstützern
7. Spezialisierung auf elementare berufliche Problemlösungen

1. Absolutes Muß
Die Bestandsaufnahme Ihrer beruflichen Stärken

Um beruflich erfolgreich sein zu können, müssen Sie zunächst Ihre persönlichen Fähigkeiten genau analysieren. Dabei interessieren vor allem Ihre beruflichen Stärken, aber auch Ihre charakterlichen Qualitäten und Merkmale, also insgesamt alles, was Sie von anderen positiv unterscheidet. Nicht nur Ihr Selbstbild und Selbstwertgefühl, sondern auch die Kompetenz, die Ihnen andere zuschreiben, sollten Sie dabei berücksichtigen. Wir haben Ihnen zu diesen Bereichen in den vorangegangenen Abschnitten (Wer bin ich – Was kann ich ...) bereits ausführliche Hilfe- und Fragestellungen gegeben. Jedoch ist dieses Thema für Ihre berufliche Entwicklung von so zentraler Bedeutung, daß wir es hier noch einmal komprimiert wiederholen. Die entscheidenden Fragen lauten also:

- Welches Know-how kann ich einem potentiellen Arbeitgeber anbieten?
- Was habe ich anderen Kandidaten voraus?
- Wie sieht mein persönliches Stärkenprofil aus, das mich vielleicht unverwechselbar macht, in jedem Fall aber positiv auszeichnet?

Auf Stärken konzentrieren

Begehen Sie nicht den Fehler, bei der Analyse Ihrer Fähigkeiten und Ihres Potentials an Ihren Schwachpunkten oder Unzulänglichkeiten hängenzubleiben oder sich darin gar depressiv zu verlieren. Denken Sie an das Kaninchen, das hypnotisiert in die Augen der Schlange starrt und wenige Augenblicke später tragisch endet. Auf Defiziten herumzureiten bringt Sie überhaupt nicht weiter, sondern nimmt Ihnen im Gegenteil jede Motivation. Wenn Sie an Ihren Schwächen herumfeilen, alles mögliche zu lernen und vor allem zu verbessern versuchen, ist das Resultat bestenfalls durchschnittlich, und Sie sind reichlich frustriert.

Da ist es viel klüger, sich auf das zu konzentrieren, was Sie bereits gut können und gerne machen, und zu versuchen, hierin noch besser zu werden. Statt sich auf vermeintliche oder reale Schwächen zu stürzen und sich diese qualvoll und lustlos vorzuknöpfen, sollten Sie Ihre Stärken weiter ausbauen.

Ausgangssituation und Ziel

Voraussetzung: Sie führen eine Bestandsaufnahme Ihrer Fähigkeiten durch und entwickeln aufgrund der »Ist«-Lage eine »Soll«-Zielvorstellung. Wo keine klare Ausgangssituation dokumentiert worden ist oder ein deutlich definiertes Ziel fehlt, können Fortschritte nur ungenau festgestellt werden. Bildhaft gesprochen: Was ist der Anfangskassenstand und wieviel Geld liegt einige Zeit später in der Kasse? An der Differenz können Sie deutlich ablesen, welche Einnahmen Sie in der Zwischenzeit erzielt haben.

Und noch etwas zum Thema Bestandsaufnahme und Analyse Ihrer Fähigkeiten: Je sicherer Sie Ihre persönlichen Stärken benennen können, desto besser wird es Ihnen auch gelingen, in einem späteren Schritt genau die Zielgruppe zu identifizieren, die Vorteile aus Ihren Qualitäten und Nutzen aus Ihrer Stärke ziehen kann.

Es ist wichtig, daß Ihre Zielgruppe Sie als kompetenten Problemlöser für ganz bestimmte elementare Probleme erkennen kann. Deshalb muß es Ihnen gelingen, mit einem unverwechselbaren Leistungsprofil Ihr besonderes Angebot nach außen klar und deutlich zu dokumentieren. Dies wird Sie von anderen Anbietern unterscheiden und Ihre Attraktivität für Ihre spezielle Zielgruppe steigern.

Beantworten Sie die folgenden Fragen, damit Sie besser Auskunft über sich selbst geben können:

- Welche persönlichen Eigenschaften, Merkmale kennzeichnen Sie?
  Es geht um Ihre Wesensart.
- Was sind Ihre Stärken?
  Es geht um Fähigkeiten und um beruflich nutzbares Potential.

- Welche speziellen Probleme haben Sie bereits wiederholt befriedigend gelöst?
  Es geht um Ihr besonderes Problemlösungs-Know-how.
- Was traut man Ihnen zu und was Sie sich selbst?
  Es geht um Ihr Selbstbild, aber auch um Ihr Image.
- Über welche besonderen Kontakte zu wichtigen Personen verfügen Sie?
  Es geht um Beziehungen und Verbindungen (Networking).
- Wie sehen Ihre Ziele, wie Ihre Träume aus?
  Es geht um Ihre Vorstellungen, Visionen, um Ihre Philosophie. Es geht um Ihre Persönlichkeit und Ihr Kommunikationsvermögen, Ihre Fähigkeiten und Problemlösungskompetenz, Leistungsmotivation und Zielvorstellungen.

Überlegen Sie, welche Kombination aus den eben erhaltenen Ergebnissen die größte Aussicht auf Erfolg hat.

2. Ausschau halten
Welches Betätigungsfeld ist für Sie erfolgversprechend?

Nach Analyse und Bestimmung Ihrer Fähigkeiten und der anschließenden Konzentration auf Ihr Potential muß es nun darum gehen, den effektivsten Einsatzort zu finden.

Mit einem Tresorschlüssel können Sie keine Haustür aufschließen, und mit herausragenden EDV-Spezialkenntnissen ist es widersinnig, als Bademeister oder als Bäcker zu arbeiten. Ihre Talente würden sich in diesen Bereichen kaum entfalten können und wahrscheinlich verkümmern. Berufliches Know-how und Aufgabenbereich müssen zueinander passen.

Wo sind Engpässe?

Sie brauchen zunächst eine grobe Orientierung, welches Aufgabengebiet Ihren speziellen Fähigkeiten entspricht. Welche besonderen Probleme können gerade Sie aufgrund Ihrer speziellen Fähigkeiten kompetent lösen? In welchen Bereichen gibt es Engpässe, die Sie mit Ihrer Kompetenz gezielt überwinden und beseitigen können?

Kompetenz und Aufgabenstellung, Problem und Problemlösungsstrategie müssen zueinander passen wie der berühmte Deckel auf den Topf oder wie der Schlüssel ins Schloß.

Außerordentlich wichtig ist es auch, ein Gespür für Kernprobleme zu entwickeln, damit deren Lösung für eine bestimmte Zielgruppe von hohem Nutzen ist. Es kommt darauf an, Käufer für Ihre speziellen Fähigkeiten (Ihre Arbeitsleistung) zu finden, die für Ihr Wissen oder Ihre Dienstleistung gerne bezahlen, weil es ihnen Gewinn bringt. Waren brauchen Käufer, jeder Käufer braucht ganz bestimmte Waren. Beides muß zusammenpassen – je besser, desto größer der Erfolg und der gegenseitige Nutzen.

Zur richtigen Zeit am richtigen Ort

Versuchen Sie nicht, den Eskimos in Alaska Tiefkühltruhen zu verkaufen. Liefern Sie diese Geräte lieber in die Sahara. Sie sollten schon etwas Besonderes anzubieten haben, und zwar im richtigen Moment, am richtigen Ort, mit einem klaren Nutzen für genau Ihre spezielle Zielgruppe.

Je leistungsfähiger Sie auf einem speziellen Sektor sind und je eher Sie wichtige Bedürfnisse befriedigen können, desto größer ist Ihr Wert für bestimmte Arbeitgeber und desto höher kann Ihr Verdienst ausfallen. Letztendlich geht es auch auf dem Arbeitsmarkt um Angebot und Nachfrage, um die Kosten-Nutzen-Relation.

Halten Sie also Ihre Ausgangsposition fest: Wo, wie und unter welchen Umständen können Sie Ihre Kompetenzen, Stärken und Vorzüge beruflich am besten einsetzen? Lassen Sie zunächst Ihrer Phantasie freien Lauf. Hier geht es erst einmal darum, alle möglichen Einsatzfelder für Ihre Fähigkeiten aufzuschreiben, die Ihnen spontan einfallen. Für den Anfang reicht eine grobe Orientierung. Wenn die Ideenfindung abgeschlossen ist, sollten Sie präziser werden. Je genauer Sie wissen, welche Aufgaben Sie in einem bestimmten Einsatzfeld übernehmen können und wollen, desto schneller werden Sie Erfolg haben.

Hierzu ein Beispiel: Wenn Sie als EDV-Fachmann Lösungen für eine spezielle Branche entwickeln – beispielsweise für Buchhandlungen – und ein Programm entwerfen, das Bestellungen und Lagerkontrolle vereinfacht, ist diese Spezialisierung erfolgversprechender, als wenn Sie sich ganz allgemein mit den EDV-Problemen des Einzelhandels auseinandersetzen. Unterschiedliche Branchen – wie Lebensmittel, Bekleidung oder Unterhaltungselektronik – verlangen nach speziellen Lösungen. Auch hier sollten Sie sich wieder auf das erste Prinzip (Konzentration der Einsatzkräfte) besinnen, um möglichst schnell erfolgreich zu sein.

3. Zur besseren Orientierung
Warum die Konzentration auf Zielgruppen wichtiger ist als auf Betätigungsfelder

Nach der Analyse Ihrer Stärken und der Entscheidung über Betätigungsfelder sollten Sie sich jetzt klarmachen, daß eine Konzentration Ihrer Fähigkeiten erfolgversprechender ist, wenn Sie sich auf eine Personenzielgruppe konzentrieren und nicht primär auf ein spezielles Betätigungsfeld. Wenn dies für Sie im ersten Augenblick verwirrend klingt, schauen Sie sich die folgenden Erläuterungen an.

Sie sind Unternehmer

Zunächst müssen Sie sich als Unternehmer verstehen. Auch wenn Sie als Arbeitnehmer mit Lohnsteuerkarte arbeiten – Sie sind auf dem Arbeitsmarkt ein freier Unternehmer, der Chef eines Dienstleistungsunternehmens. Sie müssen und wollen Ihr Know-how vermarkten. Ihr Kunde, der klassische Arbeitgeber, nimmt Ihre Dienstleistung in Anspruch und entlohnt Sie dafür.

Manche Berufe sind heute beinahe ausgestorben. Jäger, Melker, Scherenschleifer, Uhrmacher, Tankwarte oder Klavierstimmer werden heutzutage kaum noch gebraucht. Man kann sich also nur für eine gewisse Zeit auf ein bestimmtes Betätigungsfeld konzentrieren, denn die Bedürfnisse des Arbeitsmarkts ändern sich permanent. Früher weitverbreitete Dienstleistungsberufe, wie etwa der des Tankwarts, verloren manchmal schnell, in anderen Fällen nach und nach an Bedeutung. Die entsprechenden Dienstleistungen wurden nahezu unverkäuflich. Viele Arbeitnehmer wurden entlassen und blieben lange Zeit arbeitslos.

Ähnlich erging es Unternehmen, die einmal wichtige und erfolgreiche Produkte herstellten, ob es sich nun um Kutschen oder mechanische Uhren handelte. Ganze Industriezweige gingen unter und wurden abgelöst. Als Anbieter von Dienstleistungen oder Produkten muß man sich an den Bedürfnissen seiner Kunden und nicht ausschließlich an einem Betätigungsfeld orientieren.

Kenntnisse ausbauen

Aus Gesprächen mit den zukünftigen Nutzern Ihrer Dienstleistung lernen Sie, Ihr Arbeits- und Leistungsangebot den Bedürfnissen und Wünschen Ihrer Zielgruppe immer besser anzupassen und auf diese Weise Ihren Marktwert zu steigern. Bauen Sie Ihre Kenntnisse aus und sorgen Sie dafür, daß Ihre Arbeitsleistung einzigartig bleibt. Wer sich intensiv mit möglichen Betätigungsfeldern für sein Arbeitsangebot auseinandersetzt, wird auch zusätzliche Zielgruppen für sich entdecken. Finden Sie also heraus, welche Zielgruppen sich hinter dem von Ihnen ausgewählten Betätigungsfeld verbergen.

Angenommen, Sie sind ein Verkaufstalent und besitzen somit eine der wichtigsten Fähigkeiten in unserer Arbeitswelt. Neben der entscheidenden Frage, was Sie verkaufen wollen – Gummibärchen oder Kraftwerksturbinen, Konzertkarten oder Kooperationskonzepte für multinationale Konzerne –, sollten Sie sich über die potentiellen Auftraggeber Gedanken machen. Weil sich Gummibärchen-Großhändler von Unternehmensberatungen für Großkonzerne unterscheiden, müssen Sie Ihre Kontaktaufnahme an die einzelnen Zielgruppen anpassen. Natürlich gestaltet sich auch die langfristige Kommunikation in den jeweiligen Betätigungsfeldern grundlegend anders, was Konsequenzen für Sie als Anbieter einer Dienstleistung hat.

Die präzise Ausrichtung auf Ihre Zielgruppe, auf die Einkäufer Ihrer Dienstleistung, ist also einer der wichtigsten Schritte in Ihrem strategischem Vorgehen. Wenn Sie dann noch das dringendste Problem Ihrer Zielgruppe erkennen und lösen, wird Ihr beruflicher Erfolg nicht lange auf sich warten lassen.

4. Zur Analyse
Die wichtigsten Probleme Ihrer speziellen Zielgruppe

Sie wissen, worin Sie besonders gut sind. Sie kennen demnach das für Sie am meisten erfolgversprechende berufliche Betätigungsfeld und haben die interessanteste Zielgruppe identifiziert. Jetzt kommt es darauf an, die wichtigsten Aufgaben und Probleme dieser Zielgruppe so genau wie möglich zu studieren und zu analysieren, damit Sie die passenden Lösungen anbieten können. Je besser Ihnen dies gelingt, desto wertvoller werden Sie für Ihre Zielgruppe. Kurz gesagt: Es geht um die Feinabstimmung.

Hierbei hilft Ihnen ein vorübergehender Rollentausch: Wenn Sie sich in die Lage Ihrer Zielgruppe versetzen, sollte es Ihnen gelingen, deren Probleme besser zu erkennen und zu verstehen. Nun wird es Ihnen leichter fallen, überzeugende Problemlösungsvorschläge zu unterbreiten.

Was wäre als Unternehmer XY in der Branche Z vermutlich Ihr größtes Problem?

Nutzen optimieren

Mit regelmäßigen Bedarfs- und Problemanalysen Ihrer Zielgruppe und durch ständigen Dialog mit den Käufern Ihres Arbeitsangebotes sorgen Sie dafür, daß Sie den Anschluß nicht verpassen. Lassen Sie sich dabei immer von der Frage leiten, was Sie tun können, um den Nutzen Ihrer Dienstleistung für Ihre Zielgruppe zu optimieren. Letztlich hat die Verbesserung der beruflichen Situation Ihrer Zielgruppe positive Rückwirkung auf Sie. Dabei werden Sie früher oder später auch an die Grenzen Ihrer Leistungs- und Problemlösungsfähigkeiten stoßen. Sie müssen dies zum Anlaß nehmen, Ihr Leistungsangebot zu überdenken und womöglich zu erweitern.

5. Bloß keine Stagnation
Warum ein kontinuierlicher Verbesserungsprozeß für Ihre Zielgruppe und damit auch für Sie so wichtig ist

Sie kennen die wesentlichen beruflichen Probleme Ihrer Zielgruppe und wissen vor allem auch, welches Lösungs-Know-how Sie anzubieten haben. Nach dieser Feinabstimmung müssen Sie sich nun vor Augen führen, daß Sie mit Ihrem Angebot auf dem Arbeitsmarkt auf Dauer nur Erfolg haben werden, wenn Sie das einmal gewonnene Lösungs-Know-how kontinuierlich pflegen, vor allem aber ständig verbessern.

Lebenslanges Lernen und berufliche Fortbildung sind die Schlüsselwörter. Wichtig dabei ist ständiger Informationsaustausch mit Ihrer Zielgruppe, um keinen Veränderungsprozeß zu verpassen. Man hat schneller den Anschluß verloren, als einem lieb ist. Bleiben Sie also mit Ihrer Zielgruppe im Gespräch über die wichtigsten Herausforderungen und Ihre Lösungsvorschläge. Entwickeln Sie ein Informationsmanagement und interessieren Sie sich für die Fachbeiträge über die neuesten Entwicklungen in den relevanten Medien. So bleiben Sie am Ball.

Weiterentwicklung

Es geht um die permanente Verbesserung Ihrer Dienstleistung, den kontinuierlichen Ausbau Ihrer speziellen Lösungskompetenz. Sammeln Sie systematisch Ideen, Einfälle, Anregungen und Vorschläge, die zur Entwicklung neuer Vorgehensweisen oder anderer Lösungsansätze beitragen könnten. Häufig ist es wie bei einem Puzzle: Erst nach langem Ausprobieren, gelingt es, die Teile richtig zusammenzusetzen, und man erhält eine Vorstellung vom Gesamtbild und kann dann gezielter an die Lösung herangehen.

Wie lassen sich die Fragen Ihrer Zielgruppe beantworten? Was müßte verändert oder erfunden werden, um die dringendsten Probleme zu lösen? Analysieren Sie auch, was Ihnen persönlich noch fehlt, um noch bessere Ergebnisse erzielen zu können. Bei Ihren Überlegungen sollten Sie bedenken, daß Sie das Rad nicht neu erfinden müssen. Nicht jedes Problem ist wirklich absolut neu. Häufig gibt es bereits gute Lösungsansätze aus anderen Bereichen, die an die jeweilige Situation angepaßt werden können.

Werten Sie also vorliegende Erkenntnisse aus, suchen Sie Vorbilder und modifizieren Sie Lösungen so, daß Sie Ihrer Zielgruppe optimal helfen können. Nutzen Sie die Erkenntnisse anderer als Grundlage für Ihre eigene, ganz individuelle Lösungsstrategie.

So nähern Sie sich Stück für Stück, manchmal in ganz kleinen Schritten, dem großen Ziel. Gelegentlich werden Sie feststellen müssen, daß Sie nicht alles aus eigener Kraft lösen können. Sie brauchen also Unterstützung.

6. Gemeinsam statt einsam
Auf der Suche nach starken beruflichen Unterstützern

Sie haben analysiert, ausgewählt und entschieden. Bei allem Spezialwissen und fachlichem Können werden immer wieder Probleme auftreten, die Sie nicht allein bewältigen können, weil Ihnen dazu ganz einfach die Grundlagen fehlen. In diesen Fällen sollten Sie nicht zögern, die Hilfe anderer in Anspruch zu nehmen. Nur so wird es Ihnen schneller und leichter gelingen, bestimmte Aufgaben zu lösen und neue Ziele anzugehen. Durch Bündelung der Anstrengungen erreicht man häufig einen überzeugenderen und größeren Erfolg.

Verbündete suchen

Durch die richtige Auswahl Ihrer Kooperationspartner können Sie ungemein profitieren. Wenn Sie produktiver sein wollen, sollten Sie darauf achten, daß die Fähigkeiten Ihrer Partner die eigenen optimal ergänzen. Kooperation ist besser als Konkurrenz. Wenn Sie gemeinsam vermutlich mehr schaffen als jeder Einzelne für sich, wenn es ein gemeinsames, verbindendes Ziel gibt, dann können Sie sich verbünden. Der zu erwartende Vorteil ist so groß, daß Sie das Risiko möglicher Meinungsverschiedenheiten oder anderer schädlicher Auswirkungen eingehen sollten.

7. Auf Dauer vorteilhafter
Die Spezialisierung auf elementare Problemlösungsbedürfnisse Ihres Auftraggebers

Beständigkeit hat nur der Wandel. Theoretisch wissen wir das, aber nur selten richten wir uns auch danach. Dabei sollten wir gerade im Berufsleben diesen Wandel immer vor Augen haben. Wenn wir langfristig erfolgreich sein wollen, müssen wir uns an den Wünschen und Bedürfnissen einer besonderen Zielgruppe orientieren und dafür unsere Spezialkenntnisse ständig ausbauen und erweitern. Dabei sollten wir uns weniger auf variable als auf konstante Bedürfnisse konzentrieren.

Flexibilität

Als konstant und damit relativ stabil gelten Grundbedürfnisse wie Ernährung, Gesundheit, Kommunikation, Kleidung, Mobilität, Information und der ewige Wunsch nach Selbstverwirklichung. Viel weniger stabil sind die Dinge, die der Befriedigung dieser Bedürfnisse dienen, wie zum Beispiel bestimmte Lebensmittel. Gilt es eine Zeitlang als schick, mexikanisch zu essen, ist wenig später Sushi in aller Munde – die Geschmäcker ändern sich nun einmal. Aber auch das Know-how und die Konzepte von heute sind morgen vielleicht schon überholt. Es leuchtet ein, daß nur derjenige langfristig erfolgreich arbeiten kann, dem es gelingt, sich durch wohlüberlegte Spezialisierung auf ein konstantes elementares berufliches Bedürfnis einer besonderen Zielgruppe von Auftraggebern zu profilieren.

Vergessen Sie nie, daß erfolgreiche Konzepte Nachahmer finden. Daher müssen Sie Ihre Angebote ständig anpassen und verbessern, um konkurrenzfähig zu bleiben. Ganz wichtig dabei ist der ständige Austausch mit Ihrer Zielgruppe. Nur durch ein ausgefeiltes institutionalisiertes Informationsmanagement bleiben Sie ganz dicht an den wichtigen Bedürfnissen Ihrer Zielgruppe. Anders läßt sich dauerhafter beruflicher Erfolg gar nicht realisieren.

20 Stufen zur Erfolgsintelligenz

Was macht Erfolg aus? Wie wird und bleibt man erfolgreich? Diese Fragen haben auch den amerikanischen Psychologen Robert J. Sternberg beschäftigt. Er prägte den Begriff der Erfolgsintelligenz und liefert interessante Hinweise, wie Erfolg (wenn auch manchmal sehr amerikanisch) erarbeitet werden kann.

Sternberg unterscheidet zunächst zwischen

- analytischer,
- kreativer und
- praktischer Intelligenz.

Mit analytischer Intelligenz werden Probleme gelöst; kreative Intelligenz läßt gute Ideen entstehen, die sich jedoch ohne praktische Intelligenz gar nicht verwirklichen ließen. Niemand erreicht in allen drei Intelligenzformen Höchstwerte. Die Kunst liegt darin, Stärken zu betonen und damit Schwächen zu kompensieren.

Hier nun die wichtigsten Aspekte, die laut Sternberg zum Erfolg führen:[11]

- *Lernen Sie, sich selbst zu motivieren*
  Gemeint ist hier der Wille zum Erfolg. Grundsätzlich gibt es zwei Gruppen von Motivationen: die innere und die äußere. Zur äußeren gehören Faktoren wie Anerkennung oder materielle Anreize. Diese machen jedoch das notwendige Handeln von Umständen abhängig, auf die man keinen oder nur einen geringen Einfluß hat. Die Motivation aus sich selbst heraus (z.B. durch Freude an der Arbeit) hingegen ist vorteilhafter, da sie unabhängiger von externen Faktoren macht. Am erfolgsintelligentesten sind sicher die Menschen, die beide Arten der Motivation gut miteinander verbinden können.

- *Die Fähigkeit, Impulse kontrollieren zu können*
  Impulsive Reaktionen sind an sich nichts Ungewöhnliches und in einigen Situationen durchaus notwendig. Dennoch kann das sofortige Umsetzen von inneren Impulsen zu unüberlegtem Handeln führen und verhindern, daß eigentlich vorhandene Fähigkeiten genutzt werden können. Personen mit Erfolgsintelligenz handeln daher – wenn notwendig – rasch, ansonsten aber eher aus ihrer Erfahrung und nach einer Zeit des Abwägen.

- *Das Wissen um die Notwendigkeit von Durchhaltevermögen und Ausdauer*
  Ausdauer gehört zu den wichtigsten Faktoren der Erfolgsintelligenz. Wer zu schnell resigniert, wird seine Ziele niemals erreichen können. Wer hingegen – trotz offensichtlicher Aussichtslosigkeit – zu lange an einer Sache festhält, blockiert sich auf seinem Lebensweg unnötig selber. Erfolgsintelligent handeln also Menschen, die erkennen, wann Beharrlichkeit notwendig ist; dies muß sich nicht auf das Berufsleben beschränken, auch in anderen Situationen kann ein realistisches Maß an Beharrlichkeit von Vorteil sein und zum erhofften Ergebnis führen.

- *Lernen Sie, das Beste aus Ihren Fähigkeiten zu machen*
  Zunächst einmal ist es wichtig, seine Fähigkeiten überhaupt zu erkennen. Häufig geschieht dies durch die Erfahrungen, die im Berufsleben gesammelt werden. Personen mit Erfolgsintelligenz ziehen daraus ihre Schlüsse und wechseln, falls möglich, in einen Berufszweig, der ihren Fähigkeiten am besten entspricht.

- *Das Umsetzen von Ideen in Taten*
  Die besten Ideen führen letztendlich zu nichts, wenn sie nicht umgesetzt werden. Menschen können dann sogar von »ihren Gedanken begraben« werden (E.R. Guthrie).[12] Erfolgsintelligente Personen haben es gelernt, das Handeln ihrem Denken entsprechend umzusetzen. Interessanterweise ist diese Fähigkeit nicht immer von einem hohen IQ abhängig: Während Menschen mit einem höheren IQ in entspannten Situationen bessere Führungsstärken als Personen mit einem eher niedrigen IQ zeigen, ist dies bei Streß sehr häufig umgekehrt.

- *Ergebnisorientiertes Handeln*
  »Der Weg ist das Ziel.« Diese alte Weisheit trifft ausnahmsweise nicht zu, wenn es um Erfolgsintelligenz geht. In diesem Falle ist eher das Ergebnis von entscheidender Bedeutung; das Betrachten einer schönen Allee bringt einen noch nicht zum gewünschten Zielort. Menschen mit Erfolgsintelligenz interessieren sich zwar durchaus auch für Verlaufsprozesse, legen aber ihre eigentliche Konzentration auf das Produkt, das erzeugt werden soll. Sie handeln stark ergebnisorientiert.

- *Das Erledigen angefangener Arbeiten*
  Personen mit Erfolgsintelligenz sind keine Abbrecher. Dinge, die einmal begonnen worden sind, werden von ihnen meistens auch zu Ende geführt. Die Furcht vor dem Danach, die viele Menschen zaudern läßt, ist ihnen weitestgehend unbekannt. Sie finden für sich auch danach eine neue, lohnenswerte Aufgabe.

- *Selbst die Initiative ergreifen*
  Jede Initiative bedeutet eine Bindung an eine Situation und bedingt Konsequenzen. Die Hemmung, sich auf etwas einlassen zu können, ist einer der Hauptgründe, weswegen Menschen eine Scheu haben, die Initiative zu ergreifen. Die Angst vor Verbindlichkeit hindert viele daran, eine tiefere Beziehung zu einem anderen Menschen einzugehen. Erfolgsintelligente Personen besitzen die Fähigkeit, sich verantwortungsbewußt auf etwas einzulassen, und ängstigen sich somit auch im Gefühlsleben nicht vor positiven Konsequenzen.

- *Keine Angst vor Fehlschlägen*
  Alle Menschen machen Fehler, und niemand begeht sie absichtlich. Was Menschen jedoch unterscheidet, sind die Konsequenzen daraus. Viele Menschen entwickeln Versagensängste, die meist schon in der Kindheit entstehen und ein erfolgsorientiertes Handeln behindern. Einen Fehler zu begehen ist jedoch nicht dasselbe wie Versagen. Auch erfolgsintelligente Personen begehen natürlich Fehler. Sie machen jedoch den gleichen Fehler in der Regel nicht noch einmal. Aus Fehlern zu lernen und sie zu korrigieren ist ein wichtiger Aspekt der Erfolgsintelligenz.

- *Dinge nicht auf die lange Bank schieben*
  Viele Menschen behaupten, sie könnten unter Zeitdruck besser arbeiten. Diese Bewältigungsstrategie ist jedoch meist sehr problematisch; erwiesenermaßen würden fast alle Aufgaben qualitativ besser ausfallen, wenn man die entsprechende notwendige Zeit dafür verwendet. Daß sich ein Zaudern im Berufsleben negativ auswirkt, ist nur eine Konsequenz daraus. Personen mit Erfolgsintelligenz teilen sich daher ihre Zeit so ein, daß sie ihre Aufgaben gut erledigen können.

- *Akzeptieren Sie berechtigte Kritik*
  Menschen, die derart von sich überzeugt sind, daß sie sich für nahezu unfehlbar halten, suchen für jeden gemachten Fehler, mag er auch noch so klein sein, einen Schuldigen. Doch falsche Schuldzuweisungen können im Privat- wie im Berufsleben schwerwiegende negative Konsequenzen nach sich ziehen. Personen mit Erfolgsintelligenz übernehmen die Verantwortung für gemachte Fehler. Sie fordern keine Entschuldigungen und übertragen auch nicht ihre Schuld auf andere. Die Zugabe eines Irrtums läßt auf innere Größe rückschließen und bietet zudem die Chance, daraus zu lernen.

- *Bedauern Sie sich nicht ständig selbst*
  Es ist oftmals recht schwer, sich nicht selbst zu bedauern, wenn sich Lebenssituationen ergeben haben, mit denen man nur schwer zurechtkommt und die einen stark belasten. Permanentes Selbstmitleid jedoch ist kontraproduktiv und erzeugt genau das Gegenteil von dem, was eigentlich intuitiv erhofft wurde – Zuwendung. Statt dessen reagieren die Mitmenschen mit wachsender Ungeduld und wenden sich schließlich ab. »Personen mit Erfolgsintelligenz haben keine Zeit für Selbstmitleid«.[13] Sie setzen statt dessen alles daran, für sie ungünstige Situationen so schnell wie möglich wieder ins Lot zu bringen.

- *Bewahren Sie Ihre Unabhängigkeit*
  Selbständiges Handeln ist für die meisten Aufgaben im Leben eine unabdingbare Voraussetzung. Bleibt die Fähigkeit hierzu unterentwickelt, kann

der schulische und später der berufliche Erfolg stark gefährdet sein. Auch in der Teamarbeit wird in gewisser Weise ein selbständiges Arbeiten und Denken erwartet. Personen mit Erfolgsintelligenz bauen in erster Linie auf sich selbst; sie agieren souverän und übernehmen natürlich auch die Verantwortung für ihre Handlungen.

- *Lernen Sie, persönliche Schwierigkeiten zu überwinden*
  Wir alle haben irgendwann einmal feststellen müssen, daß das Leben nicht nur Sonnen-, sondern auch Schattenseiten hat. Die Krisen im Leben haben meist Auswirkungen auf alle Lebensbereiche und somit auch auf das Berufsleben. Erfolgsintelligente Menschen haben erkannt, daß es nicht der richtige Weg wäre, persönlichen Schwierigkeiten auszuweichen, und stellen sich auch unangenehmen Situationen; doch sie trennen ihr Berufs- und Privatleben so weit wie möglich.

- *Konzentrieren Sie sich auf die eigenen Ziele*
  Intelligenz ist keine Voraussetzung für Konzentrationsfähigkeit. Vielen Menschen gelingt es nie, sich längere Zeit auf eine einzige Sache zu konzentrieren. Gewiß ist Ablenkbarkeit ein Faktor, den niemand gänzlich ausschließen kann, doch können erfolgsintelligente Menschen sich ohne allzu große Probleme auf die wesentlichen Dinge konzentrieren, da sie die Rahmenbedingungen kennen, unter denen sie am effektivsten arbeiten können, und sich diese zu ihrem eigenen Vorteil auch schaffen.

- *Finden Sie das richtige Maß zwischen Überlastung und Unterforderung*
  Zuviel Ehrgeiz kann auch schädlich sein. Wer sich überschätzt und sich zuviel zumutet, erreicht die gesteckten Ziele trotz Engagement und harter Arbeit nur selten. Es besteht ständig die Gefahr, sich in zu vielen Einzelprojekten zu verlieren. Genauso schädlich kann jedoch Unterforderung sein, da persönliche Qualitäten nicht zum Einsatz kommen und so verkümmern können; darüber hinaus werden möglicherweise Chancen verpaßt. Menschen mit Erfolgsintelligenz wissen daher ihre Kapazitäten optimal einzusetzen und auch ihre Zeit zur Leistungssteigerung richtig einzuteilen.

- *Haben Sie Geduld beim Warten auf Belohnungen*
  Die Erfolgsleiter im Leben ist meist steil und hoch. Erfolg zu erlangen ist ein langwieriger Prozeß, der das berechtigte Anliegen nach entsprechender Anerkennung oft lange Zeit unberücksichtigt läßt. Dieser Wunsch bringt viele Menschen dazu, sich nur auf Aufgaben einzulassen, die in relativ kurzer Zeit zu realisieren sind; dabei bleiben größere, längerfristig konzipierte Projekte leider unverwirklicht. Personen mit Erfolgsintelligenz nehmen zwar die kleinen Entlohnungen des Lebens wahr, konzentrieren sich jedoch primär auf die Dinge – sei es nun beruflich oder privat –, die ihnen längerfristig die größten Erfolgserlebnisse bereiten.

- *Zwischen wichtigen und unwichtigen Dingen unterscheiden können*
  Sicher gibt es Situationen, in denen winzige Details immens bedeutsam sein können, wie etwa beim Bergsteigen, wo die kleinste Unaufmerksamkeit fatale Folgen haben kann. Meist jedoch ist es im Leben wichtiger, die Konzentration auf die Gesamtheit einer Sache zu lenken. Erfolgsintelligente Menschen besitzen die Fähigkeit, zwischen den wichtigen und unwichtigen Dingen im Leben zu differenzieren, und konzentrieren sich auf das, was sie tatsächlich ihren Zielen näher bringt.

- *Ein vernünftiges Maß an Selbstvertrauen und der Glaube an die eigenen Fähigkeiten*
  Das eigene Selbstwertgefühl wird im Alltag nicht selten durch harte Rückschläge auf die Probe gestellt. Selbstzweifel können die Folgen sein. Diese Zweifel sind durch das Fehlen von genügend Selbstvertrauen oft unverhältnismäßig groß. Zuviel Selbstvertrauen hingegen kann ebenso schädlich sein, denn es führt nicht selten zu Selbstüberschätzung und dann zwangsläufig zu Enttäuschungen. Erfolgsintelligente Menschen kennen ihre Qualitäten und glauben an ihre Fähigkeiten, ohne dabei das richtige Maß aus den Augen zu verlieren.

- *Eine ausgewogen analytische, kreative und praktische Denkweise*
  Verschiedene Situationen im Leben erfordern unterschiedliches Denken zum Bewältigen von Aufgaben: Manchmal ist analytisch geprägtes Denken von Vorteil, ein anderes Mal ist ein kreatives Herangehen notwendig, genauso wie eine praxisorientierte Handlungsweise bei einigen Aspekten das beste ist. Menschen mit Erfolgsintelligenz besitzen nicht nur analytische, kreative und praktische Denkfähigkeiten, sondern sie wissen darüber hinaus, in welcher Situation die richtige Art des Denkens und Handelns gefordert ist. Dadurch sind sie in der Lage, Anforderungen besser gerecht zu werden.

Sie werden jetzt vielleicht denken: Hört sich gut an. Aber wie soll ich das alles umsetzen? Dazu kann man nur sagen: Es wäre fast übermenschlich, alle Punkte immer und überall dem eigenen Denken und Handeln zugrunde zu legen. Schließlich ist man auch nur ein Mensch mit guten und schlechten Tagen. Versuchen Sie dennoch, an sich zu arbeiten und sich diese 20 Erfolgsaspekte immer wieder bewußt zu machen. Die Gefahr, daß sie im Alltagstrott untergehen, ist dann viel geringer. Sie wissen ja: Einsicht ist der erste Weg …

Recherche

Eine gut durchdachte Suchstrategie ist Basis Ihres Bewerbungserfolgs. Sie sollten sich darüber im klaren sein, daß Ihrer Bewerbung eine zielgerichtete Recherche vorangehen muß. Sie verlieren viel Zeit und Energie, wenn Sie nicht planvoll vorgehen. Zielgerichtete Recherche bedeutet, Informationen zu sammeln, um mosaikartig ein Bild zusammenzusetzen, das zeigt, wie der Arbeitsmarkt in einer bestimmten Branche aussieht. Wie die Vorbereitung dieser Recherche aussieht, wissen Sie bereits. Es sind Ihre Überlegungen und Antworten zu den Fragen »Wer bin ich?«, »Was kann ich?«, »Was will ich?« und »Was ist möglich?« Gerade die letzte Frage bedeutet, aktuelle Informationen über potentielle Arbeitsplatzmöglichkeiten zu sammeln. Dies kann natürlich nur in engem Zusammenhang mit der Beantwortung der ersten drei Fragen geschehen.

Besonders bei der Frage nach dem Machbaren sollten Sie auch Experten für sich arbeiten lassen. Nutzen Sie zum Beispiel Kontakte zu Firmen, Personalabteilungen, Interessenvertretungen, Bewerbungs- und Personalberatungsunternehmen bis hin zu Sondierungsgesprächen bei der entsprechenden Fachvermittlungsstelle des Arbeitsamtes.

Ansonsten können Sie auch direkt in die Betriebe gehen und dort mit Leuten reden. Den besten Einblick in ein Unternehmen bekommen Sie allerdings durch ein (meist unbezahltes) Praktikum. Bieten Sie Arbeitgebern für eine begrenzte Zeit kostenlos Ihre Dienste an. Natürlich werden manche das Angebot sofort ablehnen, andere aber könnten interessiert sein. Wer Ihnen ein Praktikum ermöglicht, geht kaum ein Risiko ein, weil er Sie jederzeit nach Hause schicken kann, wenn Sie sich als Last erweisen sollten.

Praktikum machen

Auf diese Weise lernen Sie das Unternehmen – und der Unternehmer Sie – genauer kennen. Falls Arbeit und Betriebsklima Ihnen zusagen, haben Sie gegen Ende Ihres Praktikums vielleicht das Glück, daß man Ihnen einen Arbeitsvertrag anbietet. Wahrscheinlicher ist allerdings, daß man sich mit einem netten Spruch wie »Herzlichen Dank, daß Sie uns geholfen haben« von Ihnen verabschieden wird. Seien Sie dann nicht allzu enttäuscht, denn in jedem Fall haben Sie vieles gelernt, was Sie in Zukunft in anderen Betrieben noch gebrauchen können. Und vielleicht wird in absehbarer Zeit doch jemand in diesem Unternehmen gebraucht, und man erinnert sich an Sie.

Übrigens: Informationen über den zukünftigen Arbeitgeber finden Sie in speziellen Nachschlagewerken (z.B. Hoppenstedt/Beratung in einer Bibliothek!), in der Fachliteratur und in Zeitschriften. Lassen Sie sich außerdem – evtl. unter dem Namen eines Freundes – Informationsmaterial zusenden, oder bitten Sie telefonisch um Auskünfte, bei größeren Unternehmen um Geschäftsberichte, Presseinformationen oder Organigramme (Darstellungen der Struktur einer Firma).

Sie müssen das nicht alles alleine machen. Nutzen Sie die Hilfe von Experten, nehmen Sie Beratungsangebote wahr. Auch an die Kammern von Industrie, Handel und Handwerk bis hin zu besonderen Interessenvertretungen ist zu denken.

Insider, die bereits in dem angestrebten Beruf oder in der Branche tätig sind, können Ihnen möglicherweise wertvolle Informationen für Ihr Bewerbungsvorhaben geben. Dabei spielt es keine Rolle, ob Sie es mit einem erfolgreichen oder unzufriedenen Informanten zu tun haben – Sie werden in beiden Fällen wissenswerte Anhaltspunkte bekommen und Ihre entsprechenden Schlüsse ziehen.

Ihre Gesprächspartner können Ihnen Wege aufzeigen, Kontakt zu potentiellen Arbeitgebern zu bekommen. Dazu gehören auch Hinweise auf spezielle Stellenangebote und -gesuche in Fachzeitschriften und in Tages- und Wochenzeitungen. Neben Branchenfernsprechbüchern sind besonders Nachschlagewerke in Bibliotheken als Wegweiser und Kontaktbereiter nützlich. Eine neuere Form der *recruiting strategy* sind Messen und Tagungen. Hier trifft man Arbeitgeber.

Networking

Knüpfen Sie Kontakte – dies gilt ganz besonders während einer Phase der Arbeitslosigkeit, in der ja viele Arbeitssuchende dazu neigen, sich ins stille Kämmerlein zurückzuziehen. Nutzen Sie jede Gelegenheit, neue Menschen kennenzulernen. Wenn Sie beispielsweise einen interessanten Vortrag besuchen, sind Sie am Ende der Veranstaltung unter denen, die mit dem Referenten sprechen und ihm kluge Fragen stellen – u.a. vielleicht auch, welche Berufsaussichten er für jemanden mit Ihren Kenntnissen sieht. Auf diese Weise erhalten Sie vielleicht hilfreiche Informationen. Sie können den Referenten auch fragen, ob Sie ihn für weitere Auskünfte anrufen dürfen.

Im Laufe der Zeit werden Sie so viele Informationen zusammentragen, daß Sie sich unmöglich alles merken können. Versäumen Sie es daher nicht, eine Kartei anzulegen. Schreiben Sie Namen, Adressen, Telefonnummern, Arbeitgeber und Bekannte Ihrer Kontaktpersonen auf Karteikarten. Sie sollten unbedingt regelmäßig durch diese Karten blättern und sie aktualisieren. Hoffentlich sind es viele Karteikarten. Wenn es ernst wird, werden Sie jede einzelne brauchen.

Wenn es Ihnen nicht gelingen will, Kontakte zu Arbeitgebern herzustellen, die Sie einstellen wollen und können, liegt das vermutlich daran, daß Sie Ihr Netzwerk nicht richtig nutzen. Sie starten vielleicht schüchterne Versuche, betreiben das Ganze aber letztlich nur halbherzig.

Ungeahnte Möglichkeiten

Wie gehen Sie also am besten vor? Sie treffen sich privat oder geschäftlich mit Leuten, in Gruppen oder zu zweit. Sie lernen andere kennen, und jeder erzählt von sich. Bei dieser Gelegenheit erhalten Sie Informationen über Berufe und Firmen und knüpfen persönliche Kontakte, die Sie schließlich an potentielle Arbeitgeber heranführen werden. Ihre Bekannten bilden ein unterstützendes Team. Durch dieses Netzwerk ergeben sich in kürzester Zeit ungeahnte Möglichkeiten.

Ein einzelnes Gespräch kann viel effektiver sein als eine Anzeige, die von Tausenden gelesen wird.

Briefkampagnen funktionieren nur, wenn sie mit persönlichen Kontakten verbunden werden. Bei der Suche nach einem Arbeitsplatz müssen Sie sehr viel Zeit investieren, sich mit Leuten zu treffen und sich auszutauschen, um auf diesem Wege von neuen Arbeitsmöglichkeiten zu hören. Durch Ihre Kontakte gelangen Sie in interessante Unternehmen und stoßen auf Angebote des verborgenen Arbeitsmarktes, also Stellen, die bisher nicht in der Zeitung standen oder Arbeitsvermittlern mitgeteilt wurden. Etwa gut 70% der zu besetzenden Arbeitsplätze werden dem freien Arbeitsmarkt nicht in Form von Stellenangeboten zugänglich gemacht.

Die persönliche Empfehlung

Sie setzt voraus, daß Sie Leute kennen, die Sie mögen, die sich für Sie einsetzen und die bereit sind, Sie zu fördern. Ohne entsprechende Position in einem Unternehmen ist das natürlich schwierig. Die Kontakte anderer, die sich für Sie einsetzen, sollten Sie weder über- noch unterschätzen.

Vielleicht verfügen Sie ja auch schon über besondere Beziehungen. Wenn nicht, sorgen Sie dafür, daß diese entstehen, zum Beispiel durch Verwandte, Bekannte, Freunde, Freunde der Freunde, Exkollegen, Ausbilder oder Vorgesetzte. Der Phantasie sind keine Grenzen gesetzt. Und wenn Sie keiner empfiehlt, empfehlen Sie sich selbst. Das (Berufs-)Leben schafft Kontakte, sei es zum Beispiel auf Fachmessen, Kongressen, Tagungen, bei Verkaufskontakten oder Forschungsvorhaben.

Aufbau eines Beziehungsnetzes

Sie müssen mit möglichst vielen Leuten reden, damit Sie die gewünschten Reaktionen im Zusammenhang mit Ihrem Bewerbungsvorhaben bekommen. Gibt es auf dem Arbeitsmarkt freie Stellen in den angestrebten Berufen? Befinden sich diese Arbeitsplätze in der Nähe Ihres derzeitigen Wohnortes oder werden Sie in eine andere Stadt ziehen müssen?

Kommunikation – der Stoff, aus dem Networking entsteht

Nur wer mit anderen Leuten spricht, findet heraus, welchen Wert seine Interessen, Kenntnisse und Erfahrungen für die geplante Karriere haben. Diese frühzeitige Einschätzung hilft Ihnen, Zeit und Mühen zu sparen, die Sie sonst für die Suche nach einem Job eingesetzt hätten, der für Sie vielleicht gar nicht in Frage kommt.

Vorteile von Netzwerken

- Sie treffen sich mit Leuten, für die Sie kein Unbekannter mehr sind, da man Sie weiterempfohlen hat. Solche Gespräche sind in jedem Fall besser und einfacher als »kalte Gespräche« (= ohne gemeinsame Bekannte).
- Sie bestimmen Ihre Strategie, Ihr eigenes Tempo. Sie mischen Informationsgespräche mit Ratschlägen und ersten Vorstellungsgesprächen. Auf diese Weise lernen Sie viel.
- Ihre Bekannten werden Ihnen zu Treffen mit Leuten verhelfen, die sie kennen. Es ist sehr viel effektiver, wenn ein Dritter den Personalchef anruft und Sie weiterempfiehlt: »... neulich lernte ich eine interessante Person kennen. Ich denke, ihr solltet euch einmal zusammensetzen ...« Ohne diese Unterstützung wäre Ihre erste Kontaktaufnahme weniger wirkungsvoll.
- Während Sie Ihr Netzwerk aufbauen, werden aus Bekannten manchmal Freunde. Ein gutes Netzwerk ist ein fortlaufender Prozeß. Sie werden ständig neue und interessante Leute kennenlernen und dadurch Ihren Horizont erweitern.

Wenn sich die Spreu vom Weizen trennt

Haben Sie Erfolg im Beruf, sind Sie schnell von »Freunden« umgeben, die Sie um Rat bitten und deren eigenes Vorwärtskommen von Ihrer Hilfe abhängt. Sollten Sie aus irgendwelchen Gründen Ihre Stelle verlieren, stehen diese Leute wahrscheinlich ganz weit oben auf Ihrer Netzwerkliste.

Spätestens jetzt werden Sie feststellen, daß es zwei Arten von Bekannten gibt. Da sind einmal die »Gut-Wetter-Freunde« die alles für Sie getan haben, als Sie noch in Amt und Würden waren, plötzlich aber nur noch sehr schwer zu erreichen sind. Diese Menschen schätzten Ihre Stellung, als Person waren Sie ihnen ziemlich gleichgültig.

Zum Glück gibt es aber auch Freunde, die sich wirklich engagieren und Bemühungen auf sich nehmen, um Ihnen zu helfen. An diese Leute werden Sie sich noch über lange Zeit erinnern, nachdem Sie sich an Ihrem neuen Arbeitsplatz eingelebt haben. Gehen Sie am besten von vornherein davon aus, daß Sie im Laufe Ihres Bewerbungsprozesses ein paar Namen aus Ihrer Netzwerkliste streichen werden können.

Warum Netzwerke so wichtig sind

Über beinahe jede freie Stelle sprechen die Verantwortlichen zunächst mit Freunden oder Geschäftspartnern, bevor die Position öffentlich ausgeschrieben wird, wenn man sie überhaupt auf dem Arbeitsmarkt anbietet. Wenn jemand befördert, entlassen oder versetzt wird, ist dies eine Zeitlang nur einem kleinen Kreis von Leuten bekannt. Das beginnt schon bei der Planung.

Zuerst redet man in der Abteilung über die anstehende Veränderung, dann werden die nächsthöheren Vorgesetzten informiert und um Zustimmung gebeten. Anschließend wird überlegt, welche der vorhandenen Mitarbeiter für eine Beförderung in Frage kommen. Erst nach all diesen Erwägungen schaltet sich die Personalabteilung ein, die sich dann früher oder später für oder gegen eine Stellenanzeige oder den Einsatz eines externen Personalberaters entscheidet.

Informationskreise finden

Diesen informellen Prozeß gibt es täglich überall auf der Welt. Neue Arbeitsplätze entstehen, ohne daß jemand in der Öffentlichkeit davon erfährt. Auf der Suche nach einem neuen Arbeitgeber muß es Ihnen daher gelingen, diese Informationskreise zu finden. Sie sollten also auf Ihre Kenntnisse und Leistungen möglichst frühzeitig aufmerksam machen, nämlich bevor in der Zeitung eine Annonce erscheint, auf die dann 500 andere Bewerber antworten.

Dieses Ziel erreichen Sie, indem Sie mit möglichst vielen Menschen Kontakte knüpfen, bis Sie letztendlich auf Leute treffen, die von interessanten freien Stellen gehört haben oder Ihnen sogar direkt weiterhelfen können. Sind Sie erst einmal Teil dieses Informationskreislaufs, haben Sie einen enormen Vorteil gegenüber anderen Kandidaten.

Ziel Ihrer Netzwerkstrategie muß es natürlich sein, auf Leute zu treffen, für die Sie gerne arbeiten würden. Aber auch die Menschen, die Ihnen auf dem Weg dorthin begegnen, sollten Teil Ihres Netzwerkes werden, denn Zufälle spielen eine wichtige Rolle beim Informationsfluß. Der entscheidende Hinweis auf einen Arbeitsplatz kann von jedem Ihrer Mitmenschen kommen.

So pflegen Sie Ihr Beziehungsnetz

Zeigen Sie Ihren Mitmenschen, daß sie Ihnen wichtig sind. Stellen Sie sicher, daß Menschen, deren Hilfe Sie eines Tages brauchen werden, nicht das Gefühl bekommen, als nützliche Ratgeber instrumentalisiert und ausgenutzt zu werden. Sie sollten sich also schon lange bevor Sie sich beruflich verändern wollen oder müssen Zeit für Ihre Mitmenschen nehmen. Mit Freunden, die in der Nähe wohnen, können Sie sich regelmäßig treffen. Bei Bekannten, die weiter entfernt wohnen, melden Sie sich in bestimmten Abständen.

Ausgewogenes Geben und Nehmen

Bitten Sie also nicht aus heiterem Himmel Leute um Hilfe bei Ihrer Arbeitssuche, für die Sie sich jahrelang nicht interessiert hatten. Es wird nicht funktionieren, sich nach zehn Jahren bei einem alten Klassenkameraden zu melden: »Hallo Klaus, wie geht es dir? Ich will mich jetzt in der Firma XY bewerben. Sag mal, ist dein Onkel dort eigentlich immer noch Prokurist? Ruf ihn doch bitte mal an und leg ein gutes Wort für mich ein.« Sie können sicher sein, daß Ihr Schulfreund mit seinem Onkel sprechen wird. Er wird ihm allerdings nach Ihrem merkwürdigen Anruf nichts Positives über Sie berichten können, denn die Botschaft, die hinter solch einer Aktion steckt, ist eindeutig: Der Klassenkamerad ist Ihnen absolut gleichgültig, aber nun »darf« er Ihnen einen Gefallen tun. Hüten Sie sich also davor, als jemand abgestempelt zu werden, der andere lediglich benutzt. Freundschaften funktionieren nur, wenn man sich gegenseitig hilft und ein relativ ausgewogenes Geben und Nehmen herrscht.

Hilfreich ist die Erstellung einer kontinuierlich erweiterten Liste von Personen, die Ihnen später in Ihrer Karriere oder bei der Arbeitssuche helfen können. Es ist wichtig, ständig neue Namen auf diese Liste zu setzen: Menschen, die auf dem Gebiet tätig sind, das Sie anstreben, und darüber hinaus Leute, deren Namen Ihnen von anderen genannt werden. Sprechen Sie ruhig auch bei privaten Einladungen über Ihre Pläne. Vielleicht treffen Sie auf jemanden, der eine Idee hat, wo jemand mit Ihren Fähigkeiten gebraucht wird.

Bemühen Sie sich um emotionale Unterstützung

Sorgen Sie für ein gutes Verhältnis zu Familienmitgliedern und Freunden, damit Sie mit Ihren emotionalen und sozialen Bedürfnissen gerade in einer schwierigen Bewerbungsphase nicht allein gelassen werden. Sie brauchen Menschen, die sich gerne mit Ihnen unterhalten oder auch einfach nur zuhören. Sie benötigen andere, die die Initiative ergreifen und Sie regelmäßig anrufen. Darüber hinaus sollte es jemanden in Ihrer Umgebung geben, der sich nicht scheut, auch einmal hart mit Ihnen ins Gericht zu gehen, wenn das nötig ist.

Einmal in der Woche sollten Sie sich mit mehreren Leuten zusammensetzen und über die Ereignisse der letzten Tage sprechen. Es sollte einen Freund geben, der Ihnen zuhört, wenn Sie deprimiert sind; einen anderen, der Sie motiviert, wenn Sie sich am liebsten verkriechen würden; einen weiteren, der weise genug ist, um Ihnen Ratschläge erteilen zu können; und einen vierten, der Sie antreibt, wenn Ihre Disziplin nachläßt. Im Idealfall kennen Sie darüber hinaus jemanden, der Sie lobt, wenn sich erste Erfolge abzeichnen.

Hilfe suchen

Es liegt eine sehr schwere Zeit vor Ihnen, wenn Sie ohne Unterstützung dastehen, mit niemanden reden können und das Gefühl haben, allein gelassen zu sein. Warten Sie nicht darauf, daß Ihre Familie oder Ihre Freunde merken, wie schlecht es Ihnen geht, und auf Sie zukommen, um Sie zu trösten. Wenden *Sie* sich an Ihre Freunde und bitten *Sie* sie um Hilfe und Unterstützung.

Kontakte zu Arbeitnehmern in Ihrem Wunscharbeitsfeld

Recherchieren Sie genau zu Arbeitsfeldern und Unternehmen, bevor Sie sich für einen Karrierewechsel entscheiden. Gespräche sind in diesem Bereich allerdings nur sinnvoll, wenn Sie direkt mit Leuten sprechen, die Ihren Wunschberuf bereits ausüben. Besorgen Sie sich also die Namen von möglichen Ansprechpartnern im Bekanntenkreis oder bei Beratungsstellen. Sobald Sie die Namen haben, rufen Sie die Leute an und bitten sie um ein kurzes Gespräch. Bereiten Sie eine Liste mit den wichtigsten Punkten vor. Wenn Ihnen nichts einfällt, versuchen Sie es mit folgenden Fragen:

- Wie fanden Sie den Einstieg in Ihr Berufsfeld, in diese spezielle Position?
- Was gefällt Ihnen an Ihrem Beruf am besten?
- Was stört Sie am meisten an Ihrer Arbeit?
- Mit wem, der ebenfalls in diesem Bereich arbeitet, sollte ich noch reden?

Kritisch prüfen

Sie sollten möglichst direkt und geradezu hautnah erfahren, wie Ihr Wunschberuf aussieht, und den entsprechende Berufsalltag kennenlernen. Dieser Vorgang läßt sich gut mit dem Kauf eines neuen Kleidungsstückes vergleichen. Wenn Ihnen ein im Schaufenster ausgestelltes Bekleidungsstück gefällt, gehen Sie in das Geschäft und probieren es an, bevor Sie es kaufen, denn was in stundenlanger Kleinarbeit mit Hunderten von Stecknadeln kunstvoll auf die Schaufensterpuppe drapiert wurde, mag an Ihnen wie ein Kartoffelsack hängen. Mit Berufen ist das nicht anders.

Beziehungen nutzen

Sie brauchen viele Menschen, die Ihnen helfen, eine neue Stelle zu finden. Sobald Sie genau wissen, welche Arbeit und welches Umfeld Sie suchen, sollten Sie ganz speziell ausgesuchte Leute um Unterstützung und um Hinweise bitten. Starten Sie diese Aktion aber wirklich erst dann, wenn Ihnen absolut klar ist, was Sie erreichen wollen. Wenden Sie sich nun an Freunde, Verwandte, Studien- und Arbeitskollegen.

Sprechen Sie immer dann mit Ihren Kontaktpersonen, wenn Sie in Ihrer Suche auf Hindernisse stoßen. Es gibt genügend Beispiele für mögliche Schwierigkeiten:

- Sie finden niemanden, der Ihren Wunschberuf bereits ausübt.
- Sie wissen nicht, wo Leute mit Ihren Fähigkeiten eingestellt werden.
- Sie interessieren sich für ein bestimmtes Unternehmen, Ihnen ist aber nicht bekannt, wer dort für die Personalauswahl zuständig ist.
- Sie haben herausgefunden, wer neue Mitarbeiter einstellt, sehen allerdings keine Möglichkeit, an die Person heranzutreten.

In diesen Situationen telefonieren Sie so lange mit Leuten, bis Sie jemanden gefunden haben, der Ihre speziellen Fragen beantworten kann. Hüten Sie sich aber davor, Ihre Freunde mit allgemeinen und ungenauen Fragen zu belästigen: »Monika, ich bin arbeitslos. Wenn du irgend etwas hörst, sag mir bitte Bescheid.« Irgend etwas? Finden Sie zunächst heraus, was Sie wollen, und erwarten Sie nicht, daß andere Ihnen diese Arbeit abnehmen.

Vitamin B

Der sicherste Weg zum Vorstellungsgespräch führt über Bekannte, die Ihren Wunscharbeitgeber kennen. Dieser gemeinsame Freund kann dann einen Gesprächstermin für Sie arrangieren. Jede Person, die Sie kennen, kommt als Kontakt in Frage. Jedes Familienmitglied, jeder Ihrer Freunde, jeder Händler oder Verkäufer, dem Sie begegnen. Jeder Handwerker, der in Ihrer Wohnung etwas repariert, jedes Mitglied Ihres Sportvereins, jeder Lehrer, der Sie einmal unterrichtet hat. Jede Person, der Sie vorgestellt werden, jeder, dem Sie während Ihrer Arbeitssuche begegnen.

An der Geschichte eines Bewerbers, der für ein bestimmtes Unternehmen arbeiten wollte, wird deutlich, wie wichtig Kontakte sein können. Besagter Bewerber besucht zunächst die Personalabteilung des Unternehmens und erfährt im Gespräch mit einem Angestellten, es gebe keine freien Stellen. An diesem Punkt gibt er sich zunächst geschlagen.

Einige Wochen später jedoch hört der Bewerber von der Strategie, Personalchefs über Kontaktpersonen zu erreichen. Er nutzt die Kontakte, die sich ihm bieten, bis es ihm gelingt, einen Termin beim Leiter des Unternehmens zu bekommen. Die beiden verstehen sich auf Anhieb, und schon während des Vorstellungsgesprächs wird der Arbeitsvertrag unterschrieben. Wie Sie an diesem Beispiel sehen, sind Kontakte der Schlüssel zur neuen Arbeitsstelle. Sie brauchen die Hilfe Ihrer Mitmenschen, wenn Sie Ihre gewünschte Arbeitsstelle finden wollen. Je mehr Menschen Sie kennen und treffen, desto eher werden Sie einen Job finden.

Nun zur Vorgehensweise. Fragen Sie jeden Ihrer Mithelfer: »Kennen Sie jemanden, der in der Firma XY arbeitet oder gearbeitet hat?« Wenn Sie auf jemanden treffen, der die Frage mit ja beantwortet, erkundigen Sie sich nach Namen und Telefonnummer der Person, die für XY arbeitet. Wenn Sie Glück haben, ist Ihre Kontaktperson bereit, diesen Menschen anzurufen und zu sagen, wer Sie sind.

Anschließend rufen Sie selbst die Person, die für das Unternehmen XY arbeitet, an und bitten um ein kurzes Gespräch. Nach Austausch der üblichen Höflichkeitsfloskeln kommen Sie dann auf Ihr Anliegen zu sprechen. Da Ihr Gesprächspartner die Organisation XY von innen kennt, wird er Ihre Frage genau beantworten können: »Wer stellt in der Firma XY das Personal für den Bereich ein, in dem ich arbeiten möchte?« Fragen Sie nicht nur nach Namen, Adresse, Telefonnummer des Verantwortlichen, sondern auch nach seinem genauen Aufgabenbereich, seinen Hobbys und seinem Befragungsstil.

Dankesbrief

Stellen Sie gegen Ende des Gespräches allgemeine Fragen zum Unternehmen. Am Schluß bedanken Sie sich bei Ihrer Kontaktperson und verabschieden sich.

Versäumen Sie auf gar keinen Fall, sich noch am selben Abend hinzusetzen und einen Dankesbrief zu schreiben.

Mögliche Referenzgeber kontakten

Überlegen Sie sich, wer positive Aussagen über Sie und Ihre Leistungen machen kann. Sie sollten diese Leute um Kooperation bitten. Besprechen Sie mit ihnen, welche Auskünfte man über Sie geben wird. Am besten beschränkt man sich in diesen Aussagen auf sachliche Hinweise zu Ihren Leistungen. Das letzte was Sie brauchen, sind langatmige, subjektive Rückblicke. Beachten Sie, daß Übertreibungen den Fragesteller veranlassen werden, weiter nachzuforschen.

Wenn Sie Glück haben, fragt Sie Ihr möglicher Referenzgeber: »Welche Auskunft soll ich geben?« Sollte diese Situation eintreten, ist es sinnvoll, die Anforderungen des angestrebten Arbeitsplatzes aufzulisten und zu überlegen, welche Ihrer bisherigen Leistungen einen Bezug dazu haben. Jeder, der Ihre Leistungen bestätigen kann, ist ein guter Auskunftgeber.

Natürlich setzen Sie nicht ausgerechnet Ihre ehemaligen Widersacher ganz oben auf die Liste der Leute, die Auskunft über Sie geben sollen. Trotzdem ist es ein beruhigendes Gefühl, zu wissen, daß selbst diese Personen nach einem klärenden Gespräch nicht mehr allzu negativ über Sie berichten werden.

Wenn Sie eine Führungsposition innehatten, sollten Sie als mögliche Kontaktpersonen auch Leute angeben können, die bereits für Sie gearbeitet haben. Diese früheren Mitarbeiter sind in der Lage, Ihre Qualitäten aus einer anderen Perspektive zu schildern.

Traumdeutung oder: Was Arbeitgeber sich wünschen

Worauf achten Arbeitgeber bei der Auswahl neuer Arbeitskräfte? Welche persönlichen und beruflichen Anforderungen stellen sie? Wovon träumen Arbeitgeber? Das sind wichtige Fragen bei der Vorbereitung auf Ihre Bewerbung.

Bedürfnisse der Arbeitgeber

Arbeitgebern reicht es nicht, daß Sie Fähigkeiten besitzen. Sie wollen wissen, wie Sie diese anwenden: ob Sie etwa Betriebsamkeit nur vortäuschen oder wirklich versuchen, Probleme zu lösen. Es ist erschreckend, wie wenige Bewerber sich bei einem Bewerbungsvorhaben Gedanken über die Bedürfnisse der Arbeitgeber machen. Arbeitgeber brauchen Angestellte, die Ergebnisse produzieren: Gewinne, Sicherheit, Kostensenkung, Organisation, neue Lösungen. Ein motivierter Bewerber geht auf die Bedürfnisse des Arbeitgebers ein. Wenn Sie nicht wissen, was in einem bestimmten Unternehmen oder Berufsfeld von Ihnen erwartet wird, werden Sie den Arbeitgeber nur schwerlich überzeugen können. Sie sollten ihm durch Zielstrebigkeit und Kenntnisse über sein Arbeitsfeld zeigen, was er in Zukunft von Ihnen erwarten kann.

Sagen Sie jetzt bitte nicht: »Wie soll ich als Arbeitnehmer denn wissen, was Arbeitgeber erwarten – das ist doch eine völlig andere Welt!« Wenn Sie es sich genau überlegen, werden Sie sehen, daß Sie selbst ständig »Arbeit geben«, also gleichsam Arbeitgeber sind.

Wenn Sie Ihr Gemüse im Supermarkt um die Ecke kaufen, sorgen Sie dafür, daß dort Arbeitsplätze erhalten bleiben oder auch neue entstehen. Was erwarten Sie als derjenige, der »Arbeit gibt«? Sie möchten, daß man freundlich zu Ihnen ist. Sie verlangen eine gute Leistung zu günstigen Preisen, Sie haben den Anspruch, rasch bedient zu werden. Falls eine oder mehrere dieser Bedingungen nicht erfüllt werden, überlegen Sie es sich, in Zukunft lieber drei Kilometer weiter zum nächsten Verbrauchermarkt zu fahren, weil man dort kundenfreundlicher ist.

Ein weiteres Beispiel: Sie ziehen in eine neue Wohnung und brauchen eine neue Einbauküche. Da Sie in einer Großstadt leben, stehen Ihnen einige Dutzend Möbelhäuser zur Auswahl. Sie haben sich schon bei verschiedenen Händlern umgeschaut, und auch in den Prospekten, die Ihnen mit der Wochenendausgabe Ihrer Tageszeitung ins Haus flattern, gibt es interessante Angebote. Im Möbelladen und auf dem Papier sehen die Küchen großartig aus. Wer garantiert Ihnen aber, daß die Möbel pünktlich geliefert, fachgerecht aufgebaut werden und von hoher Qualität sind? Weil Sie sich nicht allein auf Werbesprüche verlassen wollen, hören Sie sich im Bekanntenkreis um und entscheiden sich schließlich für den Lieferanten, der vor ein paar Monaten bei einer Freundin die neue Küche eingebaut hat. Als Sie vor ein paar Tagen bei ihr eingeladen waren, konnten Sie sich mit eigenen Augen davon überzeugen, wie gut die Monteure des Möbelhändlers arbeiten.

Ein letztes Beispiel: Sie entscheiden sich kurzfristig, nach Sydney zu reisen, und möchten nun den Flug buchen. Vor Ihnen liegt der Reiseteil Ihrer Zeitung mit den Angeboten und Telefonnummern verschiedener Reisebüros. Zunächst rufen Sie im Reisebüro A an. Die Dame am anderen Ende ist kurz angebunden: »Ich habe jetzt keine Zeit. Rufen Sie in einer Stunde wieder an.« Nächster Versuch im Reisebüro B. Dort nimmt man sich immerhin die Zeit, Sie über die aktuellen Trends zu informieren: »Nein, da muß ich gar nicht nachschauen. Im Moment fliegt kein Mensch nach Australien. Da wird schon etwas frei sein. Kommen Sie in den nächsten Tagen einfach mal vorbei.« Erst in Reisebüro C geht man auf Ihre Wünsche ein: »Nennen Sie mir doch bitte die Daten für Hin- und Rückflug, Herr Müller. Wissen Sie schon, mit welcher Gesellschaft Sie fliegen möchten, oder soll ich schauen, welche Linien günstige Tarife und Abflugzeiten bieten? Wenn Sie möchten, rufe ich Sie in fünf Minuten zurück, dann habe ich die nötigen Informationen. Falls Sie heute keine Zeit haben, in unser Büro zu kommen, können wir Ihnen auch gerne für ein paar Tage die Plätze freihalten.« Keine Frage, wo Sie am Ende Ihren Flug buchen!

Sympathie, Engagement, Kompetenz

An diesen Beispielen ist sehr gut zu erkennen, worauf »Arbeitgeber« Wert legen: Sie wollen sympathische Mitarbeiter, die sich für sie engagieren und kompetent sind. Gerne stellen sie Leute ein, die Ihnen von Vertrauenspersonen empfohlen wurden. Auf diese Weise glauben sie, das Risiko einer Fehlentscheidung so gering wie möglich zu halten.

Es gibt also durchaus eine Hierarchie der Methoden, mit denen Arbeitgeber vorzugsweise freie Stellen besetzen. Oben auf der Liste steht das beliebteste Verfahren, auf die letzte Möglichkeit wird nur ungern zurückgegriffen.

Hier die möglichen Gedanken eines Arbeitgebers:

- Ich möchte jemanden einstellen, dessen Arbeitsweise ich kenne (Beförderung eines Angestellten innerhalb des Betriebes; Festanstellung eines bisher freien Mitarbeiters).
- Ich möchte jemanden einstellen, der in mein Büro kommt und mir Arbeitsproben zeigt.
- Ich möchte jemanden einstellen, der mir von einem guten Freund empfohlen wird.
- Ich möchte jemanden für das Management einstellen, daher beauftrage ich einen Headhunter, um herausragende, nachweislich erfolgreiche Kandidaten zu finden, die zur Zeit für andere Unternehmen arbeiten.
- Ich möchte für eine einfache Position jemanden einstellen, der vorab von anderen für mich durchleuchtet worden ist (entweder von einer privaten Arbeitsvermittlung oder der eigenen Personalabteilung).
- Ich werde mir Bewerbungsunterlagen anschauen, die unaufgefordert eingegangen sind.
- Ich suche jemanden über eine Stellenanzeige in einer Zeitung.

Arbeitgeber stellen sich folgende Fragen:

1. Mobilisiert der Bewerber *Sympathiegefühle,* kann man sich mit ihm wohl fühlen, ihm vertrauen und paßt er zum Team, zum Unternehmen/zur Institution? Kurz gefragt: Stimmt die persönliche Chemie?
2. Was bewegt den Bewerber? Was sind seine Motive für Arbeitsplatz- und Aufgabenwahl und ist er *motiviert,* Außerordentliches zur Verwirklichung von Unternehmens- bzw. Institutionszielen beizutragen?
3. Verfügt er über die erforderlichen generellen wie fachlichen *Qualifikationsmerkmale* (Ausbildung/Berufserfahrung)?

Während *Sympathie* (wie auch Antipathie) bei einer ersten Begegnung sofort spontan emotional spürbar ist, werden die Schlüsselmerkmale *Leistungsmotivation* und *Kompetenz* attribuiert. Da es sich hier um Merkmale handelt, die sich nicht unmittelbar mitteilen, sind wiederum Zu- und Vertrauen mit im Spiel. Sie offenbaren sich nicht so schnell wie das zentrale, auf die Persönlichkeit bezogene und auch durch unbewußte Faktoren mitgesteuerte Sympathiegefühl. Aus Bewerbersicht muß es daher Ziel sein, die drei Grundzüge Persönlichkeit, Leistungsmotivation und Kompetenz während des gesamten Bewerbungsverfahrens als Signale so auszusenden, daß sie beim Arbeitgeber ankommen.

Sie erinnern sich an die intensive Auseinandersetzung mit den vier Fragen zu Ihrer Standortbestimmung: Wer bin ich? Was kann ich? Was will ich? Was ist möglich?

Ihre Antworten auf diese Fragen fließen jetzt direkt in die Bewerber-Prüfungsbereiche Persönlichkeit, Leistungsmotivation und Kompetenz ein. Nun kommt es auf die von Ihnen ausgewählten Schlüsselwörter an.

- Was für ein Mensch sind Sie? Wie präsentieren Sie sich?
- Wie bringen Sie Ihre Leistungsmotivation deutlich zum Ausdruck?
- Wie überzeugend vermitteln Sie Ihre Fachkompetenz?

Die Reihenfolge ist nicht zufällig gewählt. Am wichtigsten ist Ihre Person, Ihre Wesensart. Der zentrale Faktor Persönlichkeit spielt auch bei allen anderen Themen eine wichtige Rolle.

Bevor Sie sich mit Ihrer Kompetenz auseinandersetzen, sollten Sie über Ihre Leistungsmotivation nachdenken. Was bewegt Sie, und wie stark ist Ihre Antriebskraft? Wie sehen Ihre Ziele aus, und wie wollen Sie diese erreichen? Was haben Sie in der Vergangenheit geleistet, und welche Prognosen kann man daraus für die Zukunft ableiten?

Erst nach diesen beiden Aspekten folgt dann der Kompetenzfaktor. Adäquate Ausbildung und einschlägige Berufserfahrung als Komponenten der fachlichen Qualifikation werden im Grunde vorausgesetzt. Natürlich spielt Kompetenz in der Bewerbungssituation eine gewichtige Rolle, aber nicht die absolut entscheidende. Auch der kompetenteste Kandidat kann sehr wohl scheitern, wenn er nicht so sympathisch erscheint, daß man mit ihm zusammenarbeiten möchte.

Was haben Sie zu bieten?

Ein Arbeitgeber entscheidet spontan, ob Sie ihm sympathisch sind, offen für die Interessen und Bedürfnisse Ihrer Mitmenschen, oder ob Sie nur mit sich selbst beschäftigt sind. Er spürt, ob Sie Energie und Enthusiasmus ausstrahlen oder mürrisch sind und es bequem lieben, ob Sie unzufrieden oder ausgeglichen, extrovertiert oder introvertiert, kommunikativ oder einsilbig sind. Ein Arbeitgeber hat eine Antenne dafür, ob Sie etwas zu bieten haben oder nur fordern, ob Sie bereit sind, alles zu geben, oder gerade das Nötigste erledigen.

Lieber stellt ein Arbeitgeber jemanden mit geringerer Qualifikation, aber der richtigen Grundeinstellung zur Arbeit ein als den unsympathischen Hochqualifizierten, denn er weiß aus Erfahrung, daß er sehr bald das Bedürfnis verspüren würde, den Unmotivierten zu entlassen. Daher ist er vom ersten Moment an hypersensibel, was Ihre Einstellung zum Job angeht.

Zeigen Sie deutlich, was Sie für das Unternehmen tun können, und fragen Sie nicht als erstes, was der Arbeitgeber Ihnen zu bieten hat. Vermitteln Sie den Eindruck, daß Sie Probleme lösen können – und wollen.

Versuchen Sie sich vorzustellen, was Arbeitgeber hassen – Angestellte, die zu spät kommen, sich häufig frei nehmen, nur ihre eigenen Ziele verfolgen –, und verdeutlichen Sie Ihrem Gegenüber, daß Sie genau das Gegenteil sind. Zeigen Sie, wie Sie Effektivität und Produktivität des Unternehmens steigern wollen und auch können.

Für jeden Betrieb stehen zwei Dinge im Vordergrund: Probleme, die sich täglich stellen, und angestellte Mitarbeiter, die diese Schwierigkeiten beseitigen. Daher will der Unternehmer im Vorstellungsgespräch herausfinden, ob Sie zu Lösungen beitragen oder selbst zu einem Teil des Problems werden.

Unternehmer hängen einem Idealbild nach, von Mitarbeitern, die pünktlich morgens anfangen und bis Dienstschluß oder gar länger bleiben, auf die man sich verlassen kann, die die richtige Einstellung haben. Sie suchen und brauchen Angestellte mit Schwung, Energie und Enthusiasmus, nicht solche, die nur auf die nächste Gehaltsüberweisung warten, Mitarbeiter, die diszipliniert, organisiert und hochmotiviert sind, die ihre Zeit richtig einteilen, die gut mit Menschen umzugehen wissen, kooperativ sind und am Computer arbeiten können. Arbeitgeber erwarten von ihren Angestellten, daß sie gerne im Team arbeiten, sich neuen Situationen schnell anpassen, lernfähig sind, projekt- und zielorientiert planen, Probleme lösen und kreativ sind, dem Unternehmen Loyalität entgegenbringen, Gelegenheiten nutzen und Trends erkennen. Schließlich wollen Arbeitgeber Personal, das ihnen mehr einbringt, als es kostet.

Zeigen Sie, daß Sie diese Kriterien mühelos erfüllen. Vergessen Sie bei all dem nie: *Wir sind nicht auf der Welt, um so zu sein, wie andere uns haben wollen.*

Zusammenfassung

Erfolg fällt einem nicht zu. Man muß einiges dafür tun, indem man sich etwa spezialisiert auf Engpässe positiv reagiert und sich die Prinzipien des EKS-Systems zu eigen macht:

1. Konzentration ist besser als Verzettelung.
2. Der wirkungsvollste Ansatzpunkt ist zu finden.
3. Das Erkennen eines Engpasses, einer Marktnische.
4. Nutzenorientierung ist besser als Gewinnmaximierung.

Nach den Prinzipien der Erfolgsintelligenz kommt es vor allem darauf an, sich selbst zu motivieren und Impulse kontrollieren zu können. Die 20 goldenen Regeln auf einen Blick:

1. Lernen Sie, sich selbst zu motivieren
2. Die Fähigkeit, Impulse kontrollieren zu können
3. Das Wissen um die Notwendigkeit von Durchhaltevermögen und Ausdauer
4. Lernen Sie, das Beste aus Ihren Fähigkeiten zu machen
5. Das Umsetzen von Ideen in Taten
6. Ergebnisorientiertes Handeln
7. Das Erledigen angefangener Arbeiten
8. Selbst die Initiative ergreifen
9. Keine Angst vor Fehlschlägen
10. Dinge nicht auf die lange Bank schieben
11. Akzeptieren Sie berechtigte Kritik
12. Bedauern Sie sich nicht ständig selbst
13. Bewahren Sie Ihre Unabhängigkeit
14. Lernen Sie, persönliche Schwierigkeiten zu überwinden
15. Die Konzentration auf die eigenen Ziele
16. Finden Sie das richtige Maß zwischen Überbelastung und Unterforderung
17. Haben Sie Geduld beim Warten auf Belohnungen
18. Zwischen wichtigen und unwichtigen Dingen unterscheiden können
19. Ein vernünftiges Maß an Selbstvertrauen und der Glaube an die eigenen Fähigkeiten
20. Eine ausgewogen analytische, kreative und praktische Denkweise

Recherche als Erfolgsinstrument einzusetzen heißt, so viele Informationen wie möglich über den potentiellen Arbeitgeber zu sammeln, Netzwerke zu nutzen, sich in die Lage des Arbeitsplatzvergebers zu versetzen und zu fragen: Welche Bedürfnisse hat er, wie kann ich meine Fähigkeiten einsetzen? Mit anderen Worten: Wie paßt mein Schlüssel zu seinem Schloß? All das sind Vorgehensweisen, die Sie Ihrem Ziel näher bringen.

Bewerbungswege

Um mit einem Arbeitgeber in Kontakt zu treten, gibt es mehrere Möglichkeiten. Sie können Stellenangebote auswerten und darauf antworten, ein eigenes Stellengesuch schalten, das Telefon nutzen, mit Hilfe des Internets recherchieren und sich bewerben. Schließlich bietet sich die Initiativbewerbung an. Worauf es bei diesen verschiedenen Bewerbungswegen ankommt, lesen Sie im folgenden Kapitel.

Stellenangebote

Wenn Sie auf der Suche nach Stellenangeboten sind, sollten Sie zunächst in Erfahrung bringen, in welchen regionalen oder überregionalen Tages- und Wochenzeitungen Sie Stellenanzeigen aus Ihrem Berufsumfeld finden können. Vielleicht gibt es für Ihre Branche auch spezielle Fachzeitschriften, die Sie durchsehen sollten.

Wesentliche Quellen sind sicher die Wochenendausgaben der großen Zeitungen (zu letzteren gehören u.a. *FAZ, Frankfurter Rundschau, Süddeutsche Zeitung, Die Welt, Westdeutsche Allgemeine, Berliner Morgenpost, Berliner Zeitung, Thüringer Allgemeine* sowie die Wochenzeitung *Die Zeit*). Auf drei Varianten von Stellenanzeigen möchten wir Sie aufmerksam machen:

1. Anzeigen, die eine direkte Kontaktaufnahme mit dem potentiellen Arbeitgeber (z.B. auch über einen angegebenen Mitarbeiter) ermöglichen (ein vorheriges Telefongespräch muß sorgfältig geplant werden, s. S. 119).
2. Anzeigen, bei denen eine Personalberatungsfirma zwischengeschaltet ist, die im Auftrag des Arbeitgebers die Bewerberauswahl übernimmt.
3. Anzeigen, deren Auftraggeber inkognito bleibt und nur über Chiffrezuschrift an die Zeitung erreicht werden kann.

Überlegen Sie sich bei der Lektüre der Anzeigen: Kommt dieses Angebot für mich überhaupt in Frage? Erfülle ich die gestellten Anforderungen? An den genannten Mindestanforderungen führt meist kein Weg vorbei. Erfüllen Sie auch die Zusatzqualifikationen, heben Sie sich zweifellos schon von der Masse der Bewerber ab. Aber keine Sorge: Bewerben Sie sich auch, wenn Sie nur etwa 70% des Anspruchs erfüllen. Denn es kommt darauf an, wie Sie sich präsentieren.

Schauspielerische Qualitäten

Sollten Sie Differenzen feststellen zwischen dem, wie Sie sind, und dem, was Sie sein wollen/sollen, besteht kein Anlaß zu Depressionen, denn jetzt sind vielmehr Ihre schauspielerischen Qualitäten und Ihr Talent zur Selbstdarstellung gefordert. Die »Hochtalentierten«, »Glückspilze« und »Goldfische« sind vor allem Meister in der Inszenierung ihrer Person. Auch Sie können das erlernen.

Sie müssen dafür sorgen, daß Sie die wichtigen Merkmale ausstrahlen. Dies gilt für Ihre schriftliche Bewerbung genauso wie später für den ersten persönlichen Kontakt.

Stellengesuch

Haben Sie sich einmal Stellengesuche von anderen Bewerbern angesehen? Ja? Was ist Ihnen dabei aufgefallen? Vielleicht, daß die meisten Anzeigen sehr eintönig, geradezu langweilig sind. Dabei stellt das Stellengesuch eigentlich eine ausgezeichnete Möglichkeit dar, die von Arbeitgebern so sehr geschätzte Leistungsbereitschaft und Motivation zu unterstreichen. Wenn Sie in die Offensive gehen und selbst eine solche Anzeige in die Zeitung setzen, zeigen Sie eindrucksvoll, daß Sie über diese Eigenschaften in hohem Maß verfügen. Allerdings kommt es nicht nur darauf an, daß man ein Stellengesuch aufgibt, sondern vor allem natürlich, wie sich der Stellensuchende darin präsentiert. Sie sollten verhindern, daß Ihre Anzeige farblos und austauschbar ist. Sonst löst sie bei Personalentscheidern eher ein Achselzucken aus als den Wunsch, mit Ihnen Kontakt aufzunehmen. Ausgangspunkt und Basis der Gestaltung eines erfolgreichen Stellengesuchs sind kurze, prägnante Antworten auf die Ihnen schon bekannten Fragen: Was bin ich? Was kann ich? Was will ich?

Wenn Sie nicht ausgerechnet eine Position als graue Maus ins Auge gefaßt haben, sollte Ihr Stellengesuch zwei Bedingungen erfüllen:

1. Die Überschrift muß bereits beim Überfliegen der Zeitungsseite anziehen, »fesseln« und neugierig machen.
2. Der gesamte Text muß eine hohe Zahl von relevanten Informationen transportieren und damit den Leser für Sie erobern.

Schön und gut, werden Sie jetzt sagen, aber: Wie geht das?

Sechs Schritte zum wirkungsvollen Stellengesuch

Wie Sie ein Stellengesuch entwerfen, vermitteln wir Ihnen in sechs Schritten. Wer jetzt allerdings bereits Papier und Bleistift gezückt hat und auf die ersten Formulierungshilfen wartet, wird enttäuscht sein. Auch das Formulieren eines Stellengesuchs bedarf der ausführlichen Vorbereitung.

Schritt 1: Suchen Sie ein geeignetes Medium

Zunächst einmal gehen Sie auf die Suche nach einer geeigneten Zeitung oder einem geeigneten Magazin für Ihre Anzeige. Etwas typisiert gilt: Volks- und Betriebswirte, die sich überregional bewerben, wählen das *Handelsblatt*, Ingenieure die *VDI-Nachrichten*, Mediziner und Geisteswissenschaftler *Die Zeit*, Handwerker Fachzeitschriften der entsprechenden Innung oder Lokalzeitungen. Wer sich nur lokal umsehen möchte, ist (vor allem in den Wochenendausgaben) bei einer der großen regionalen Zeitungen gut aufgehoben: *Berliner Morgenpost, Kölner Stadtanzeiger, Stuttgarter Zeitung, Hannoversche Allgemeine, Mainzer Allgemeine Zeitung, Leipziger Volkszeitung, Westdeutsche Allgemeine* usw. Für den gesamten süddeutschen Raum ist besonders die *Süddeutsche Zeitung* interessant. Bundesweit sind *Frankfurter Allgemeine Zeitung, Frankfurter Rundschau* und *Die Welt* zu empfehlen.

Auf eine ganz bestimmte Branche festgelegte Bewerber inserieren am besten in einem speziellen Fachmagazin, da dort die Streuverluste geringer ausfallen und sie gezielt die in Frage kommenden Arbeitgeber ansprechen können. Für die Werbebranche beispielsweise gilt *Werben & Verkaufen* als Pflichtlektüre, für Juristen die *Neue Juristische Wochenschrift*. Wenn Sie nicht wissen, welches Fachorgan geeignet ist, erkundigen Sie sich bei einem Fachmann oder einer Fachfrau aus der Branche, bei der Industrie- und Handelskammer, bei Innungen oder Verbänden und Gewerkschaften. Mitglieder von Berufsverbänden erhalten oft Vergünstigungen, wenn sie in dem dazugehörigen Magazin inserieren.

Schritt 2: Nehmen Sie Stellengesuche und Stellenangebote im ausgewählten Medium gründlich unter die Lupe

Bevor Sie beginnen, den Text zu formulieren, schauen Sie sich doch einmal Stellenangebotsanzeigen an. Aus den darin sichtbar werdenden Anforderungsprofilen läßt sich viel lernen. Dann untersuchen Sie sorgfältigst das Umfeld für Ihr künftiges Stellengesuch. Dazu schauen Sie sich auch die Anzeigen anderer Jobsuchender an. Beurteilen Sie die einzelnen Stellengesuche nach folgenden Kriterien:

- Was gefällt Ihnen spontan an der Anzeige und was nicht?
- Wird klar gesagt, was der Inserierende zu bieten hat und was seine wichtigsten Qualifikationen sind?
- Geht aus dem Text eindeutig hervor, was gesucht wird?
- Werden Allgemeinplätze und Selbstverständlichkeiten vermieden?
- Ist die Anzeige insgesamt wirklich aussagekräftig?
- Würden Sie sich als Personalchef angesprochen fühlen?

Wenn Sie diese Fragen für jede der Anzeigen kurz beantworten, haben Sie schon eine Menge über Stellengesuche gelernt. Außerdem finden Sie auf diese Weise heraus, welche Fehler Sie bei Ihrer Anzeige vermeiden müssen, um sich positiv von Mitbewerbern abzuheben.

Schritt 3: Formulieren Sie einen Text mit dichtem Informationsgehalt

Auch jetzt sollten Sie noch nicht mit dem Texten loslegen. Beantworten Sie besser zunächst drei Fragen:

- Was ist Ihr Kommunikationsziel?
- Welche Botschaften wollen Sie »rüberbringen«?
- Mit welchen Argumenten können Sie überzeugen?

Natürlich gibt es ihn nicht, den Königsweg der Formulierung. Ihr Text muß angemessen sein (sowohl dem, was Sie anbieten, als auch dem, was Sie suchen), gleichzeitig »wahr« und hochinformativ. Ihr Stellengesuch wird man ähnlich wie ein Arbeitszeugnis lesen: sehr gründlich und zwischen den Zeilen.

Folgende Angaben dienen lediglich als Eckwerte und nicht als feste Vorgabe. Ihr Text sollte enthalten:

- Ihre wichtigsten fachlichen Qualifikationen
- Ihre beruflichen Erfolge
- eine präzise Angabe, was Sie suchen
- Ihr Alter und Geschlecht
- ggf. eine Angabe zu Ihrer Mobilität

Wenn Sie sich (noch) in ungekündigter Stellung befinden, erwähnen Sie das in jedem Fall. Sind Sie arbeitslos, ist das Stellengesuch nicht der Ort, wo Sie sich »outen«. Denn obwohl Arbeitslosigkeit kein Hinweis auf mangelnde Qualifikation oder fehlende Leistungsbereitschaft ist, wird sie immer noch von vielen Chefs so bewertet. Daher sollten Sie den Ausdruck *arbeitslos* in Ihrem Stellengesuch absolut vermeiden. Wenn man Sie bei der Kontaktaufnahme danach fragt, geben Sie an, daß Sie sich weiterbilden, freiberuflich tätig sind oder ähnliches. Ebenso empfehlen wir Ihnen, Angaben wie *suche dringend* oder *zum baldmöglichsten Termin* zu vermeiden. Sie wollen doch nicht von vornherein Probleme bei der Arbeitsplatzsuche signalisieren.

Keine Wiederholungen

Für alle Formulierungen gilt: Seien Sie immer klar und verständlich, und wiederholen Sie nicht im Text, was bereits in der Überschrift steht. Erwähnen Sie keine Selbstverständlichkeiten wie *zuverlässig* oder *korrekt.* Sprechen Sie nicht von *neuen Wirkungskreisen* oder von *interessanten Aufgaben.* Niemand weiß, was darunter zu verstehen ist.

Alle Aussagen müssen spezifisch und präzise sein. Nennen Sie Roß und Reiter! Machen Sie eine klare Angabe zu der Stellung, die Sie suchen. Wer nicht genau weiß, was er eigentlich sucht, wird von den meisten Personalentscheidern nicht ernst genommen. Überlassen Sie es den Lesern, Ihnen möglicherweise ein berufsfremdes Angebot zu machen! Beispiele:

CHEFSEKRETÄRIN
Assistentin des Geschäftsführers

49 J., Spanisch, Englisch, Französisch in Wort und Schrift, gute Kenntnisse in Portugiesisch und Italienisch, engagiert, hilfsbereit, langj. Berufserfahrung im In- und Ausland (auch Export und Messen), sucht verantwortungsvolle Position, gern auch als Alleinsekretärin.

Zuschriften erbeten unter…

Sie suchen eine erfahrene

Landschaftsplanerin

die vielseitig, praxisorientiert und trotzdem visionär ist? Dann rufen Sie mich, 34, an. Ich biete 7 Jahre Berufserfahrung in Landschafts-/Grünordnungsplanung, städtebaulicher Sanierung mit Vorliebe für Dorfentwicklung. EDV-/CAD-sicher.

Tel.: 06131/44 75 42

Software-Entwickler

39, ungekündigt, mit naturwissenschaftlichem Hintergrund, promoviert, sucht Position mit Personalverantwortung in innovativem Unternehmen, das die Unterstützung eines Spezialisten in Sachen 2D/3D-Algorithmen, C/C++, Java, Windows-NT und numerische Simulationen braucht.

Ein Anruf genügt:
☎ 09289/65 53

Diesen Inserenten ist es gelungen, klar und deutlich zu formulieren, wer sie sind, was sie können und wollen. Zwei Stellensuchende machen sogar das Angebot, sie telefonisch zu benachrichtigen. Das erleichtert natürlich die Kontaktaufnahme.

Aber jetzt zurück zu den Details eines überzeugenden Stellengesuchs: Vermeiden Sie Abkürzungen, mit Ausnahme der üblichen: *w.* für weiblich, *m.* für männlich (falls das Geschlecht nicht schon aus der Überschrift hervorgeht), *langj.* für langjährig, *J.* für Jahre bei der Altersangabe, *Dipl.* für Diplom. Andere Abkürzungen machen den Text schlecht lesbar und unverständlich.

Schritt 4: Formulieren Sie eine Überschrift

Die Überschrift fällt als erstes ins Auge und ist deshalb der prominenteste Ort Ihrer Anzeige. Denken Sie daher bei der Formulierung nicht so sehr daran, *was* Sie suchen, sondern welche Qualifikation Sie *anbieten.* Nur wenn die Überschrift das Interesse eines Personalchefs weckt, wird er oder sie den übrigen Text überhaupt lesen. Gehen Sie also mit Ihren neu gewonnenen Erkenntnissen aus Schritt 2 und 3 an die Formulierung einer persönlichen Werbebotschaft. Da Sie sich abheben wollen, müssen Sie wirklich spezifisch sein, zum Beispiel:

Volljuristin
Schwerpunkt Online-Recht

Verkaufsleiter/GVL

Arzthelferin mit
Zusatzausbildung zur Heilpraktikerin

Wie Sie sehen, muß es bereits in der Überschrift gelingen, sich von anderen Inserenten abzusetzen, damit man genau bei Ihrer Anzeige hängenbleibt. Aber bitte keine unseriösen Aufschneidereien, wie *Supermanager* oder *Vollprofi.* Solche und andere wichtigtuerischen Formulierungen rufen allenfalls ein nachsichtiges Lächeln hervor.

Stöbern Sie statt dessen in Ihrem reichlichen Erfahrungsschatz, und fördern Sie etwas zutage, was für Ihren potentiellen Arbeitgeber von Bedeutung ist. Wichtig: Die Überschrift muß grafisch vom Rest abgesetzt sein (Fettdruck/ größerer Schriftgrad).

Schritt 5: Versetzen Sie sich in die Lage eines Personalleiters, der sonntags morgens beim Frühstück die Stellengesuche überfliegt

Nehmen Sie nun noch einmal die Perspektive Ihrer Zielgruppe ein (Chef, Personalverantwortlicher, Abteilungsleiter). Dieser Personenkreis hat vor allem eins: wenig Zeit und wenig Geduld, sich mit nichtssagenden Stellengesuchen zu befassen. Daher sollten Sie bei der Formulierung von Überschrift und Text diese anspruchsvolle Zielgruppe genau im Auge behalten. Prüfen Sie immer wieder: Wird meine Wortwahl Personalentscheider dazu bringen, mit mir Kontakt aufzunehmen?

Schritt 6: Zum Schluß

Die meisten Stellengesuche werden unter Chiffre aufgesetzt, um Anonymität zu wahren (z.B. wegen noch bestehender Arbeitsverträge). Ob Sie nun

Ihre Adresse oder Chiffre angeben, in beiden Fällen empfiehlt es sich, zusätzlich Ihre Telefon- und Faxnummer anzubieten. Denken Sie daran: Sie müssen es der Personalleitung so leicht und angenehm wie möglich machen, sich mit Ihnen in Verbindung zu setzen. Wenn der Personalchef spontan entscheidet, daß sich eine Kontaktaufnahme lohnen könnte, wird er eher zum Telefon oder Fax greifen als die Sekretärin damit beauftragen, Ihnen in den nächsten Tagen unter Chiffre eine Nachricht zukommen zu lassen.

Was noch zu bedenken ist

Einige Rahmenbedingungen sollten Sie bei Aufgabe eines Stellengesuchs beachten: Größe, grafische Gestaltung und Kosten der Anzeige. Bei Fragen können Sie sich auch an die Anzeigenberater/innen der Zeitungen wenden.

- Größe: Ein zu kleines Stellengesuch signalisiert ebenso wie ein zu großes: Hier ist etwas nicht in Ordnung! Der Inserent unter- oder überschätzt sich! Wenn Sie sich ausführlich mit den Stellengesuchen der anderen Inserenten befaßt haben, können Sie inzwischen einschätzen, welche Größe für Sie in Frage kommt.
- Kosten: Eine Sachbearbeiterin, die mit einer achtel Seite für sich wirbt, investiert nicht nur viel Geld (ab 4000 € aufwärts), sondern würde auch Befremden auslösen. Dagegen dürfte ein Manager, der ein Jahresgehalt von 50 000 € und mehr anstrebt, mit einer einspaltigen 20-mm-Kleinanzeige (für weniger als 100 €) allenfalls einen Heiterkeitserfolg erzielen. Als Faustregel gilt: in einer überregionalen Zeitung bis zu 1% Ihres anvisierten Jahresgehalts, regional bis zu 0,5%.
- Und noch etwas: Haben Sie ein wenig Geduld. Bis zu drei Versuche sollten Sie sich schon selbst gönnen.

Zeit nehmen

Ein eigenes Stellengesuch läßt sich nicht in zwanzig Minuten texten. Planen Sie lieber einen ganzen Nachmittag dafür ein. Lassen Sie den Entwurf über Nacht liegen, und sehen Sie ihn am nächsten Morgen erneut an. Hält er Ihrem kritischen Blick stand? Dann legen Sie Ihre Anzeige noch einmal einer von Ihnen ausgewählten »Personalkommission« zur Beurteilung vor.

Wenn Ihnen diese Prozedur zu anstrengend ist, können Sie sich auch an einen professionellen Karriereberater oder vielleicht sogar an das Arbeitsamt wenden. Hier stehen Ihnen erfahrene Fachkräfte mit Rat und Tat zur Seite. In manchen Fällen übernimmt das Arbeitsamt sogar die Kosten für eine solche Anzeige.

Sobald Ihre Eigenanzeige erscheint, sollten Sie Ihre Unterlagen (Lebenslauf, Zeugniskopien etc.) bereithalten. So können Sie auf die eingehenden Angebote schnell reagieren.

Aber wie gesagt: Erwarten Sie nicht gleich zuviel. Machmal muß man einen zweiten oder dritten Anlauf unternehmen, bis man Reaktionen auf die Anzeige erhält.

Zum Schluß noch einige positive und negative Beispiel zur Veranschaulichung.

Wie Sie es besser *nicht* machen sollten:

1)

Industriekaufmann

28 J., Schwerp. Vertrieb, Bundeswehr abgeleistet, wg. Firmenkonkurs suche ich neue verantwortungsvolle Tätigkeit. Raum HH. Zuschr. u. CZ 56565

2)

Dipl.-Ing (FH)

Spezialist für Holztechnik

32 J., Schreinerlehre, Studium RO, aktuell in Fensterbauunternehmen tätig, sucht zum 1.10.99 oder früher neue, mich zufriedenstellende Herausforderung.

Raum/PLZ 65-73 000. Chiffre WB 567

3)

Hilfe,
ich suche eine neue Herausforderung

Handwerker für alle Fälle, 49 J., verh., FS Kl. 3, T: 0780/12345

4)

Die Chance

Wer gibt mir eine?

Allroundkraft, 45 J. alt, EDV- u. Wirtschaftsspezialist, ungek. Pos. Mit vielen Interessen. # ZT-G 8765

Zu 1: Zu viele Abkürzungen und auch inhaltlich wenig ansprechende Informationen.

Zu 2: An sich nicht schlecht, bis auf die Formulierung »... mich zufriedenstellen ...«

Zu 3: Ein Hilfeschrei gehört einfach nicht in ein Stellengesuch. Unseriös.

Zu 4: Zu unspezifisch und zu devot.

1)

GERNE AUCH AUF ZEIT

Projektmanager Geschäftsführung / Verlag

Dipl.-Kfm. (53), langjährige Führungserfahrung. Schwerpunkte: Controlling / Rechnungswesen, nachweislich erfolgreiches Finanzmanagement – auch in schwierigen Situationen. # 53-0812 X

2)

Engagierter Dipl.-Ing. (39 J.) Maschinenbau FH

12 J. Erfahrung, Entwicklung u. Konstruktion. Schwerpunkte: Prüf- u. Werkzeugmaschinen, CAD-Kenntnisse 3D-Euklid, 2D-HP-KJO, PC, Engl., Frz., in ungekündigter Position, sucht Leitungsposition in Automobilbranche ab 1.4.99, Raum NRW, # 67-8767, Berliner Nachrichten, Postf. 88, 12666 Berlin

Die folgenden Beispiele eignen sich deutlich besser:

3)

flexibel einsetzbare, erfahrene Bilanzbuchhalterin

(50 J.), gerne Urlaubsvertretung, Aufarbeitung, EU-Umstellung, sofort verfügbar, Fax 021-1234

4)

Ich kann nachweislich Biotechnik erfolgreich vermarkten

Vertriebs- und Marketing-Spezialistin, Dipl. Ing (38), sucht neue Aufgaben im Bereich Geschäftsführung, Niederlassungsleitung oder Profit-Center, vorzugsweise im Raum 85000.

Zuschriften unter 21ZS1234

5)

Meine Stärke: selbständige Korrespondenz. Kompetente, absolut zuverlässige

Chef-Sekretärin
Office Managerin

25 Jahre Berufserfahrung i.d. Baubranche, Alleinkraft, verantwortungsbewußt, flexibel, streßresistent, alle PC-Kenntnisse, frei ab 1.1., sucht vergleichbare Position im Raum PLZ 6500.

12-3467 NN Brieffach 3456

6)

Schlosser, 28 J., ungekündigt, selbständiges Arbeiten gewöhnt, Schweißer-Pässe, ERB, DB, E-H, Führerschein III, ortsunabhängig, sucht Arbeit in Großraum NRW.
Zuschriften unter 44 ZH 3242

7)

Gewissenhafter Rechtspfleger

mit 5 J. Berufserfahrung bei Gericht, jetzt 2 J. Bürovorsteher in Kanzlei, sucht ab 3. Quartal neue Position im Notariat / Grundstückswirtschaft. Angebote unter Postfach 23 53 12

8)

Selbständiger Kfz-Meister

Spezialist für ital. Rennmotorräder sucht neuen, selbständigen Aufgabenbereich

Raum NSH, Tel.: 0311–56 26 45

Zu Stellengesuch 1:

Alles Wissenswerte ist in dieser Anzeige zu finden – in Anbetracht der angestrebten Position hätte das Gesuch etwas größer ausfallen können bzw. sogar müssen. Sehr gut die Doppelüberschrift mit dem Hinweis auf eine zeitweise Beschäftigung. Damit erhöht der Stellensuchende seine Chancen, die – das haben wir bereits mehrfach erwähnt – als nicht mehr junger Bewerber deutlich reduziert sind.

Zu Stellengesuch 2:

Was für Nichteingeweihte nur wie Chinesisch klingt, sind für Branchenkenner wichtige Infos, die unbedingt in diese Anzeige gehören. So kann sich der Arbeitsplatzvergeber ein gutes Bild von den Qualifikationen des Inserenten machen. Wichtig der Hinweis »in ungekündigter Position«. Um größere Aufmerksamkeit zu erlangen, hätte sich ein anderer Rahmen oder ein unterlegtes Raster angeboten.

Zu Stellengesuch 3:

Ein kurzes, präzises Gesuch. Gut ist der Hinweis, daß auch eine befristete Anstellung, z.B. als Urlaubsvertretung, gewünscht ist. Gerade als ältere/r Arbeitssuchende/r bieten Übergangsjobs eine gute Gelegenheit zum Wiedereinstieg. Denn immer wieder mal wird aus einer zeitweisen Beschäftigung eine unbefristete. Die Angabe der Faxnummer ermöglicht die schnelle Kontaktaufnahme.

Zu Stellengesuch 4:

Eine Überschrift der anderen Art. Diese Inserentin setzt eine selbstbewußte Aussage über ihr Gesuch. Warum nicht? Ihre Qualifikationen/Erfahrungen hätte sie jedoch etwas ausführlicher beschreiben können; aufgrund der angestrebten Leistungsaufgabe wäre ein etwas größeres Gesuch durchaus angemessen. Der dicke Rahmen weckt Aufmerksamkeit.

Zu Stellengesuch 5:

Diese Inserentin stellt zunächst einmal ihre besondere Stärke dem eigentlichen Text voran. Damit sorgt sie für Aufmerksamkeit und hebt sich wohltuend von dem üblichen Aufbau anderer Gesuche ab. Alle wichtigen Informationen hat sie aufgeführt.

Zu Stellengesuch 6:

Eine schlichte Anzeige, die aber alles Wissenswerte enthält.

Zu Stellengesuch 7:

Keine aufsehenerregende, dafür aber doch sehr solide und seriös wirkende Anzeige. Die Überschrift macht deutlich, daß es sich hier ganz offensichtlich um einen zuverlässigen Arbeitnehmer handelt, der auch Führungsaufgaben übernehmen kann. Eventuell hätte die Anzeige etwas größer ausfallen können, zumal sie nicht in einer großen überregionalen Zeitung mit hohen Anzeigenpreisen erschienen ist, sondern in einer Lokalzeitung.

Zu Stellengesuch 8:

Kein Mann, der viele Worte macht. Gleichwohl sind die wesentlichen Informationen untergebracht. Sein Vorteil: Er ist für einen bestimmten Bereich Spezialist, kann neben der langen Berufserfahrung und den »üblichen Kenntnissen« noch zusätzliche Fähigkeiten mitbringen.

Telefon

In großen Unternehmen treffen regelmäßig Hunderte von Bewerbungsbriefen ein – dementsprechend gering sind die Chancen, daß man ausgerechnet Sie zu einem Vorstellungsgespräch einladen wird, wenn man es allein beim Verschicken der Unterlagen beläßt. Warum helfen Sie nicht telefonisch etwas nach?

Wenn Sie Ihren Wunscharbeitsplatz schnell erobern wollen, ist es hilfreich, das Medium Telefon einzusetzen. Briefaktionen ohne telefonische Unterstützung sind unproduktiv. Als selbstsicherer und motivierter Bewerber sollten Sie nichts dem Zufall überlassen und deshalb Techniken des erfolgreichen Telefonierens erlernen. Die richtige Taktik vorausgesetzt, können Sie beinahe jede Führungskraft telefonisch erreichen. Natürlich werden Ihnen diese Fähigkeiten nicht nur in der Bewerbungsphase, sondern während Ihrer gesamten Karriere weiterhelfen.

Viele Bewerber unterschätzen die Chancen, die der gezielte Einsatz des Mediums Telefon bei einem Bewerbungsvorhaben bringt: Lediglich 10 Prozent greifen während der Stellensuche zum Hörer. Die nicht telefonierende, schweigende Mehrheit pirscht sich dagegen nur schriftlich an die begehrten Arbeitsplätze heran. Das ist sicherlich ein strategischer Fehler. Wie man das Telefon am wirkungsvollsten für eigene Bewerbungszwecke nutzt, soll hier dargestellt werden. Diese Hinweise können jedoch die praktische Erfahrung am und mit dem Telefon – und damit meinen wir Übungen – nicht ersetzen.

Kommunikationsfähigkeit unter Beweis stellen

Obwohl Informationen eigentlich am schnellsten und leichtesten über das Telefon weiterzugeben sind, haben viele Bewerber erstaunliche Hemmungen, ihre potentiellen Arbeitgeber anzurufen. Viele fürchten, nicht die richtigen Worte zu finden oder einen schlechten Eindruck zu hinterlassen. Dabei liegen die Vorteile eines Telefonats klar auf der Hand: Durch einen Anruf kann man sich bereits in der allerersten Bewerbungsphase positiv von anderen Kandidaten abheben, bevor überhaupt die Bewerbungsunterlagen ausgewertet werden. Die meisten Unternehmen suchen kontaktfreudige und kommunikative Mitarbeiter. Ein gut vorbereitetes Telefongespräch ist die beste Möglichkeit, die eigene Kommunikationsfähigkeit (*soziale Kompetenz*) unter Beweis zu stellen. Hier können Sie als Kandidat Interesse wecken und einen ersten positiven Eindruck hinterlassen (»Na, der/die klang aber sympathisch!«).

Folgende Ausgangslagen eignen sich besonders für den Einsatz des Telefons im Bewerbungsvorhaben:

1. Informationen sammeln
2. Kontakt aufnehmen
3. Kontakt halten
4. Nachfassen
5. Speziell bei der Initiativbewerbung.

1. Informationen sammeln

Bevor Sie mit Ihrer Bewerbung beginnen, sollten Sie möglichst viele Informationen über das anvisierte Unternehmen einholen, denn schließlich wollen Sie sich als optimaler Problemlöser für genau dieses Unternehmen präsentieren. Beginnen Sie Ihre Recherche in der Telefonzentrale der Institution. Oft wird man Sie von dort in die Öffentlichkeitsabteilung weiterverbinden. Lassen Sie sich ein Profil, eine Pressemappe oder ähnliche Unterlagen zusenden. Bei großen Unternehmen gibt es außerdem Broschüren und Mitarbeiterzeitungen für einzelne Geschäftsbereiche. (Denken Sie in diesem Zusammenhang auch an die Internet-Recherchemöglichkeiten, siehe S. 144).

2. Kontakt aufnehmen

Bevor Sie Ihre Bewerbungsunterlagen einsenden, sollten Sie auf jeden Fall (natürlich gut vorbereitet – siehe unten) den als am wichtigsten erkannten Entscheidungsträger anrufen.

Nach einem Telefongespräch fällt der erste Satz im Anschreiben an Ihren Gesprächspartner leichter. Der kann dann ungefähr so lauten: »Vielen Dank für das informative Telefonat vom 1. August. Das Gespräch hat mich darin bestärkt, mich bei Ihnen um eine Stelle als Junior-Produktmanager zu bewerben ...«

Sollten Sie den Entscheidungsträger / Geschäftsführer / Personalchef nicht persönlich an die Strippe bekommen und (nur) mit seinem Referenten oder der Sekretärin telefoniert haben, empfiehlt es sich dennoch, im Einleitungssatz Ihres Bewerbungsanschreibens darauf hinzuweisen: »Nach einem Telefonat mit Ihrem Mitarbeiter, Herrn X / Ihrer Sekretärin, Frau Y...« Höchstwahrscheinlich wird sich der Adressat in einem solchen Fall bei Herrn X beziehungsweise Frau Y über den Anrufer erkundigen, um sich den persönlichen Eindruck schildern zu lassen.

Sympathie mobilisieren

Ziel dieser ersten telefonischen Kontaktaufnahme ist es, Interesse zu wecken und den Personalentscheider neugierig auf Ihre Bewerbungsunterlagen zu machen. Im besten Fall wirkt Ihr Telefongespräch wie ein gut gemachter Trailer im Kino oder im Fernsehen, der in kürzester Form Werbung für einen neuen Film macht. Vielleicht schaffen Sie es, bereits während dieses Telefonats persönliche Sympathie bei Ihrem Gesprächspartner zu mobilisieren. Das gelingt beispielsweise, wenn man überraschend auf Gemeinsamkeiten stößt (»Ach, Sie haben auch in München studiert« oder »Ich war auch ein Jahr in Spanien«). Übertreiben Sie aber nicht, indem Sie zu vertraulich werden.

3. Kontakt halten

Nutzen Sie das Telefon, um mit Ihrem Wunscharbeitgeber in Verbindung zu bleiben. Ein Jungmediziner, der im Anschluß an sein drittes Staatsexamen eine der begehrten Stellen als Arzt im Praktikum in der Chirurgie erhalten hat, berichtet: »Um als junger Arzt heute noch eine gute Stelle im Krankenhaus zu ergattern, muß man sich fast die Mentalität eines Versicherungsvertreters zulegen: Jeden dritten Tag anrufen und fragen, ob der Chef sich entschieden hat, wie lange es noch dauert und ob es etwas Neues gibt. Man darf sich auch als Arzt nicht zu schade dafür sein."

Vorbereitet sein

Bei solchen Aktionen sollte immer eine Kopie Ihrer Bewerbung griffbereit neben dem Telefon liegen, denn nach zwanzig Bewerbungen können Sie nicht mehr genau wissen, was Sie wem und wie geschrieben haben. Seien Sie außerdem darauf vorbereitet, über Ihre Gehaltsvorstellung zu sprechen. Am besten antworten Sie auf eine solche Frage nicht direkt, sondern machen deutlich, daß Sie inhaltlich motiviert sind und Geld zwar eine wichtige Rolle spielt, aber nicht die entscheidende. Bei weiteren Nachfragen benennen Sie besser eine Spanne, also z.B. 30–35000 €.

4. Nachfassen

Sollten Sie etwa nach ein bis zwei Wochen nach Absenden der Unterlagen noch nichts gehört haben, ist dies abermals Anlaß, zum Telefonhörer zu greifen. Dabei können ganz unerwartete Dinge passieren. Ein Diplomingenieur, Klient unseres Büros für Berufsstrategie in Berlin, erlebte folgendes: Er hatte seine Unterlagen an einen Handy-Entwickler geschickt und nach drei Wochen immer noch nichts gehört. Telefonisch erkundigte er sich höflich nach dem Stand der Dinge. Der Personalleiter packte die Gelegenheit beim Schopf: »Wie sieht es aus, Herr ..., können Sie morgen um 16 Uhr zum Vorstellungsgespräch kommen?« Der Kandidat ging zum vereinbarten Termin und wurde umgehend eingestellt.

Auch in anderen Phasen Ihrer Bewerbung sollten Sie zum Telefon greifen. Wenn Sie beispielsweise nach einem Vorstellungsgespräch eine Absage erhalten, dürfen Sie ruhig nach den Gründen fragen, aber auf keinen Fall beleidigt oder vorwurfsvoll. Schließlich wollen Sie ehrlich wissen, warum man sich nicht für Sie entschieden hat.

Fragen Sie ruhig nach einem persönlichen Tip für Ihre weiteren Bewerbungen. Erstens gibt jeder Mensch anderen gerne Ratschläge, und zweitens bringen Sie sich auf diese Weise noch einmal in Erinnerung und zeigen Einsatzbereitschaft und soziale Kompetenz auch in einer für Sie schwierigen Situation.

5. Speziell bei der Initiativbewerbung

Hier leistet das Telefon hervorragende Dienste. Etwa so:

Personalchef: »*Strey...*«
Bewerberin: »*Guten Tag, Herr Strey, mein Name ist Ulrike Savic, ich rufe Sie aus*

Bonn an. Ich bin Volljuristin, kenne mich gut aus im Bereich der kommunalen Müllentsorgung und habe bereits zwei Jahre bei der Stadtverwaltung in diesem Bereich gearbeitet. Haben Sie einen Augenblick Zeit, oder paßt es Ihnen besser, wenn ich Sie morgen früh gegen 10 Uhr noch einmal anrufe?«

Personalchef (etwas ungeduldig): »*Worum geht es denn?*«

Bewerberin: »*Herr Strey, es geht darum, daß ich mich bei Ihnen für den Projektbereich Chemie-Sondermüll bewerben möchte. Sehen Sie da eine Chance? Ich verfüge über Spezialwissen im Bereich Biochemie und ...*« (hier folgen weitere Werbeargumente in eigener Sache).

Wenn Sie sich telefonisch initiativ bewerben, sollten Sie als erstes fragen, ob Ihr Gesprächspartner in diesem Augenblick gerade Zeit für Sie hat:

»*Frau Gerald, da Ihr Unternehmen plant, die Ölpumpenserien auszubauen, würde ich mich gerne als Softwaretechniker bewerben. Haben Sie fünf Minuten Zeit für mich, oder paßt es Ihnen besser, wenn ich Sie morgen nachmittag, sagen wir gegen 15 Uhr, wieder anrufe?*«

Schlagen Sie unbedingt eine konkrete alternative Anrufzeit vor und verabreden Sie möglichst einen festen Termin: »*Gut, dann rufe ich Sie morgen um 15 Uhr noch einmal an. Ich freue mich, wenn Sie dann ein paar Minuten Zeit für mich haben.*«

Überraschungen inklusive

Auch Personalchefs greifen während der Bewerberauslese zum Telefon. Sie rufen ohne Vorwarnung bei den Kandidaten an und verschaffen sich auf diese Weise Zugang zu deren Privatsphäre. Wie reagiert der Bewerber auf diese unerwartete Situation? Mit wem lebt er zusammen? Wie ist sein privates Umfeld? Manche Personalleiter ziehen daraus Schlüsse und entscheiden so, bei wem es sich lohnt, ihn zum Vorstellungsgespräch einzuladen.

Die Person, die anruft, ist immer im Vorteil. Sie hat sich auf das Gespräch vorbereitet, während Sie wahrscheinlich nicht einmal Ihre Unterlagen vor sich liegen haben. Was können Sie also tun? Eine klassische Lösung ist: »*Guten Tag Herr Waldmann. Ich verabschiede gerade meinen Besuch. Kann ich Sie gleich zurückrufen?*« (Vergessen Sie nicht, nach der Durchwahlnummer zu fragen, bevor Sie auflegen.) Nun haben Sie ein paar Minuten Zeit, einen Blick in Ihre Notizen zu werfen und sich innerlich auf das Gespräch einzustellen.

Ein Vor-Vorstellungsgespräch am Telefon kann leicht als Prüfungssituation empfunden werden und entsprechende Ängste hervorrufen. Bleiben Sie deshalb unbedingt ruhig, atmen Sie tief durch, und sprechen Sie deutlich und flüssig, nicht zu langsam und nicht zu schnell. Geben Sie auf Nachfrage die wichtigsten Informationen weiter, die für den Arbeitgeber und den Auswahlprozeß relevant sind.

Gute Laune

Besonders auf die provozierende Frage des Personalchefs – ob sie nun ausgesprochen wird oder nicht – »Warum sollten wir ausgerechnet Sie einladen?« müssen Sie gut vorbereitet sein. Sie sollten aus dem Stegreif eine Werbebotschaft, also Verkaufsargumente in eigener Sache, überzeugend vortragen. Vermitteln Sie bei alledem gute Laune und Aktionspotential, selbst wenn gerade die Badewanne überläuft oder das Omelett in der Pfanne anbrät. Fassen Sie sich unbedingt kurz. Chefs haben wenig Zeit, sind jedoch jederzeit offen für ein interessantes Gespräch.

Auch am späten Abend und am Wochenende müssen Sie auf solche »Einbrecher«-Anrufe vorbereitet sein. Erklären Sie Ihren Familienmitgliedern oder Mitbewohnern, wie sie sich verhalten sollen, falls in Ihrer Abwesenheit ein Arbeitgeber für Sie anruft:

- freundlich-höfliches Reagieren,
- Namen von Anrufer und Firma aufschreiben, ebenso die Telefonnummer,
- einen Rückruf zu einer konkreten Zeit zusagen
- und am Schluß für den Anruf danken.

Veranstalten Sie ruhig eine kleine Schulung mit allen, die möglicherweise bei Ihnen ans Telefon gehen! Sprechen Sie außerdem eine freundlich-verbindliche, professionell klingende Ansage auf Ihren Anrufbeantworter und verabschieden Sie sich von akustischen Visitenkarten mit Jux und Dollerei.

Das 1 x 1 des erfolgreichen Telefonierens

Vielleicht denken Sie jetzt: »Telefonieren kann doch jeder!« Stimmt schon, aber Sie wollen bei der ersten Kontaktaufnahme ja nicht klingen wie jeder. Telefonieren Sie deshalb im Stehen. Das gibt Ihrer Stimme Kraft und vermittelt einen dynamischen Eindruck. Wenn Ihr Telefon es erlaubt (und sie gerade nichts notieren müssen), können Sie während des Gesprächs auf und ab gehen.

Beachten Sie die nur scheinbaren Nebensächlichkeiten

Ziehen Sie sich für ein wichtiges Telefonat an wie für ein Vorstellungsgespräch. Mit Jogginganzug und Pantoffeln, zusammengesunken auf Ihrem Sofa, werden Sie andere nicht überzeugen können. Schauen Sie in einen auf dem Schreibtisch aufgestellten Spiegel oder besser noch – weil Sie ja stehen – in Ihren Wandspiegel. Lächeln Sie sich selbst an. Nicht grinsen! Sie werden sehen, wie positiv das Ihre Ausstrahlung am Telefon beeinflußt. »Die Form des Munds hat Einfluß auf den Klang der Stimme«, so der Amerikaner George Walther, Autor des Buches *Phone Power* und Profi-Telefontrainer.

Alle diese Empfehlungen mögen Sie vielleicht im ersten Moment befremden, aber wenn Sie sich mit der Materie wirklich intensiv beschäftigen, merken Sie schnell, daß es sich hier um erprobte und hilfreiche Tips handelt.

Absolute Ruhe

Während des Telefongesprächs mit Ihrem potentiellen Arbeitgeber muß Ihre Umgebung absolut ruhig sein. Das bedeutet unter anderem, daß Sie besser nicht aus einer Telefonzelle oder unterwegs mit dem Handy anrufen. Sorgen Sie dafür, daß im Hintergrund niemand mit Geschirr klappert, Ihr Hund nicht bellt und die Katze nicht aufs Telefon springt. Vermeiden Sie außerdem Bürolärm, der den Eindruck erweckt, Sie telefonierten auf Kosten Ihres jetzigen Arbeitgebers, ein Fauxpas, den Sie nie wieder gutmachen können.

Ihre Türklingel sollten Sie möglichst abschalten oder wenigstens akustisch abschotten. Wenn Sie endlich »den Richtigen« am Telefon haben, wollen Sie nicht von Prospektverteilern, die an die Briefkästen im Hausflur wollen, oder der Nachbarin, die nach einer Tasse Mehl fragt, gestört werden.

Gedächtnisstütze

Da es natürlich nicht nur auf die Form, sondern auch auf den Inhalt Ihres Anrufs ankommt, sollten Sie vor dem Telefonieren ein Skript mit Ihren wichtigsten Punkten verfassen. Schreiben Sie als Gedächtnisstütze auf, was Sie sagen wollen. Ihr Gesprächspartner wird Sie sonst durch seine gehetzte Art leicht aus dem Konzept bringen. Auch wer lieber improvisiert, sollte sicherheitshalber ein Skript vor sich liegen haben. Notieren Sie ganz oben den Namen Ihres gewünschten Gesprächspartners, im Zweifelsfall erkundigen Sie sich vorher nach der korrekten Aussprache.

Sprechen Sie den Menschen am anderen Ende der Leitung mit Namen an: »Herr Kerscher, haben Sie einen Augenblick Zeit für mich, es dauert nicht länger als drei Minuten?« »Frau Thomma, ich habe im Internet gesehen, daß Sie ein neues Projekt im Bereich automatische Spracherkennung ins Leben gerufen haben.« »Frau Seibt, ich danke Ihnen herzlich für diese Informationen. Ich schicke Ihnen dann meine Unterlagen.«

Bitte übertreiben Sie nicht. Es stimmt zwar, daß jeder gerne seinen Namen hört, allerdings nicht ununterbrochen. Wenn Sie es für besonders geschickt halten, Ihren Gesprächspartner mit seinem Namen zu bombardieren, irren Sie gewaltig. Wer ständig mit Floskeln wie »Ja, Herr Meier«, »Nein, Herr Meier«, »Stimmt, Herr Meier«, Natürlich, Herr Meier«, »Gern, Herr Meier«, »Vielen Dank, Herr Meier« um sich wirft, raubt dem Menschen am anderen Ende der Leitung den letzten Nerv und klingt eher wie der Vertreter einer Drückerkolonne als jemand, den man einstellen möchte.

Natürlichkeit bewahren

Bevor Sie Namen zu häufig gebrauchen, ist es richtiger, dies auf die Begrüßung und den Schluß zu beschränken. Wichtig ist, daß Sie freundlich und natürlich klingen. Ihr Gegenüber soll nicht das Gefühl bekommen, Sie seien gerade von einem mißglückten Rhetorik-Wochenendseminar mit dem Thema »So überzeuge ich andere« zurückgekehrt.

Kommen Sie auf den Punkt

Unabhängig davon, in welcher Phase Ihrer Bewerbung Sie anrufen, müssen Sie stets den Eindruck vermitteln, daß Sie wirklich etwas zu sagen oder zu fragen haben. Personalchefs sprechen gern über ihr Unternehmen, vor allem über die Größe und die Zahl der Mitarbeiter. Zeigen Sie ihm durch Ihre Fragen, daß Sie sich für seine Arbeit und seinen Betrieb interessieren. Machen Sie auch deutlich, daß Sie die Stellenausschreibung sorgfältig gelesen haben.

Beispiele:

»Guten Tag, Frau Jansen. Gerade habe ich über Ihr Unternehmen in der FAZ *gelesen. Ich interessiere mich sehr für eine Tätigkeit im Bereich Kongreßmanagement und möchte Ihnen gerne meine Bewerbungsunterlagen zusenden. Dem Zeitungsbericht war zu entnehmen, daß Sie gute Erfahrungen mit der Beschäftigung von Geisteswissenschaftlern in Ihrem Unternehmen gemacht haben. Deshalb meine Frage: Ich bin promovierter Physiker, habe aber bereits einige Erfahrungen mit der Planung wissenschaftlicher Kongresse. Zum Beispiel habe ich letztes Jahr die Hauptversammlung der Internationalen Naturwissenschaftlervereinigung gestaltet. Sehen Sie da eine Chance für mich, oder sind Sie auf Geisteswissenschaftler festgelegt?«*

»Guten Tag, Herr Pinnow, ich habe gehört, daß Sie zur Zeit Programmierer suchen. Da ich Mathematik studiert habe, bin ich vor allem auf konzeptionelle Arbeit spezialisiert. Ich würde mich daher gern kurz mit dem zuständigen Projektleiter unterhalten. Es geht um die Frage, ob er jemanden zum Programmieren oder eher für die Konzeption benötigt. Können Sie mich weiterverbinden?«

Lassen Sie sich dabei nicht zu schnell abwimmeln. Sie können Ihre Unterlagen ja auch bei der Sekretärin abgeben. Auf diese Weise gelingt es vielleicht, sie zu Ihrer Verbündeten zu machen. Das wird sich schon bei Ihrem nächsten Anruf für Sie bezahlt machen. Außerdem ist Ihr Kurzbesuch ein weiteres Zeichen Ihrer Einsatzbereitschaft und Motivation. Wenn dann noch der Zufall mitspielt und der Chef gerade ins Vorzimmer kommt, kann sich durchaus ein kurzes erstes Vorstellungsgespräch entwickeln. Auch hierauf sollten Sie vorbereitet sein.

Stimmt Ihre Stimme?

Viele Leute sind unsicher, wie ihre Stimme am Telefon klingt. In solchen Fällen ist es hilfreich, Freunde oder Bekannte gezielt auf dieses Thema anzusprechen. Vielleicht können Sie ein Probetelefonat mit Ihrem besten Freund oder Ihrer besten Freundin einmal auf Tonband aufzeichnen. Überhaupt sind Rollenspiele am Telefon sehr zu empfehlen. Auch Atem-, Entspannungs- und Stimmübungen tun gute Dienste und verschaffen der Stimme mehr Präsenz. Die Persönlichkeitstrainerin Sabine Asgodom rät, das Telefonskript vorher zu singen (ja, Sie haben richtig gelesen: zu singen!) – nach einer bekannten oder erfundenen Melodie. Ihr Vortrag wird dadurch mehr Klang und Fülle bekommen. Schließlich wollen Sie am Telefon nicht nur mit Worten, sondern auch durch Ihre Persönlichkeit überzeugen.

Übung und Glück

Natürlich sollte der Tag, an dem Sie wichtige Telefongespräche führen, ein *lucky day* sein. Gut ausgeschlafen, gut gelaunt und voller Tatendrang greifen Sie zum Telefon. Telefonexperten raten Bewerbern: Erfolgreiches Telefonieren ist auch eine Frage des Biorhythmus. Ein Morgenmuffel kann nicht schon vormittags mit der Stimme kraftvolle Bilder malen, Ideen vermitteln und Power rüberbringen. Außerdem sollte man sich nicht vorher über irgend jemanden furchtbar geärgert haben. So etwas überträgt sich garantiert auf das Telefonat.

Apropos Frühaufsteher: Wenn Sie Sorge haben, mit Ihrem Anliegen nicht an der Sekretärin vorbeizukommen, versuchen Sie es doch einmal morgens zwischen 7 und 8.30 Uhr. Vielleicht haben Sie Glück, und der Chef ist schon im Büro. Als Morgenmuffel versuchen Sie es besser nach 17 Uhr, Freitag nachmittags oder in kleineren Unternehmen auch mal am Wochenende. Nicht selten sind Chefs auch noch um 18 oder 20 Uhr und Sonnabend vormittags im Büro und wie jeder Mensch neugierig, wenn das Telefon klingelt. Auch wenn Ihr Gegenüber sich nicht gleich zu erkennen gibt und sich nur mit »Hallo« meldet, gehen Sie ruhig davon aus, daß Sie einen Entscheidungsträger am anderen Ende der Leitung haben. Das ist Ihre Chance. Tragen Sie Ihr Anliegen vor.

Übung macht den Meister

Telefonieren ist in erster Linie Übungssache, doch leider haben die meisten Bewerber kaum Erfahrung, Gesprächstermine am Telefon zu vereinbaren. Daher ist es sinnvoll, als Vorübung zunächst Freunde anzurufen. Wer so anfängt, lernt schrittweise, seine Pläne in Worte zu fassen, und fühlt sich mit der Zeit wohler in seiner Haut. Beginnen Sie die Gespräche, indem Sie sich nach dem Befinden Ihrer Freunde erkundigen, und erzählen Sie dann, was es Neues bei Ihnen gibt.

Ihre Freunde haben Kontakte, die Sie mit Ihnen teilen können, und wissen unter Umständen von interessanten Arbeitsmöglichkeiten. Halten Sie Ihre Freunde also über Ihre Pläne auf dem laufenden. Gespräche mit guten Bekannten sind ein guter Einstieg in den verborgenen Arbeitsmarkt. Doch selbst wenn die Versuchung groß ist, alles am Telefon zu erledigen – mit Ihren Freunden sollten Sie sich regelmäßig treffen.

Zur Dynamik des Telefongesprächs

Ein Gespräch ist nur dann ein Austausch, wenn beide Seiten zuhören und wahrnehmen, was der andere zu sagen hat. Wenn Sie aufmerksam zuhören, werden Ihnen genügend Anhaltspunkte geliefert, die Ihnen schließlich zu einem Vorstellungsgespräch verhelfen.

Hierauf kommt es an:

- Sie sollten lernen, Nuancen und Pausen in den Antworten Ihres Gesprächspartners zu erkennen. Wenn Sie ein Gespür für seine Stimmung entwickeln, können Sie Ihre Strategie daran anpassen und so Ihr Ziel erreichen.
- Wenn Sie auf seine Kommentare nicht reagieren, wird er aufhören, Ihnen zuzuhören. Bekräftigen Sie deshalb während des Gesprächs manche seiner Bemerkungen.
- Ignorieren Sie niemals einen Einwand. Bestätigen Sie den Einspruch, indem Sie ihn wiederholen. Bieten Sie dann andere Lösungsvorschläge an.

Ein Beispiel:

Gesprächspartner: »*Wir haben schon jetzt zu viele Mitarbeiter.*«
Sie: »*Ich verstehe durchaus, daß Sie bereits zu viele Mitarbeiter haben. Gilt das aber auch für erstklassige Verkäufer?*«

»*Nun, gutes Verkaufspersonal haben wir nie genug.*«
»*Für meinen letzten Arbeitgeber steigerte ich den Umsatz in meiner Region im letzten Jahr um 20%. Wenn es Ihnen nächsten Dienstag paßt, können wir uns vielleicht einmal eine Viertelstunde lang unterhalten.*«

Soll ein Gespräch erfolgreich verlaufen, müssen Sie auf die Argumente des anderen eingehen. Durch interessiertes Nachfragen zeigen Sie, daß Sie zugehört haben.

Genau hinhören

Wenn Sie sich dann auf die Antworten Ihres Gesprächspartners konzentrieren, gewinnen Sie sehr schnell einen Eindruck von seiner Persönlichkeit, Stimmung, seinen Interessen und Vorbehalten. Nicht nur die Aussagen, auch Stimme, Betonung und Lautstärke verraten viel über Ihr Gegenüber.

Eine Verständigung funktioniert nur, wenn Sie den anderen zu Wort kommen lassen. Wenn Sie wissen wollen, ob Ihre Botschaft ihn wirklich erreicht, müssen Sie ihm ständig Raum für Reaktionen geben. Ansonsten riskieren Sie, daß man Ihre Informationen einfach nur zur Kenntnis nimmt, ohne daß es Ihnen gelingt, zu einem Vorstellungsgespräch eingeladen zu werden. Als guter Zuhörer erkennen Sie sehr schnell, mit wem Sie es am anderen Ende der Leitung zu tun haben, und können Ihre Strategie entsprechend ausrichten.

Das *Sag-es-Frag-es-Konzept* ist der sicherste Weg, um Ihre Ziele in Gesprächen zu erreichen. *Sag es – Frag es* ist wie ein Tennisspiel, bei dem der Ball im Spiel bleiben muß, bis Sie das Spiel gewonnen haben. Wenn Sie am Telefon (oder im Vorstellungsgespräch) also auf einen Ihrer Erfolge hinweisen, schließen Sie gleich eine Frage an: »Im letzten Jahr habe ich selbst ein Computerprogramm entwickelt, so daß mein Arbeitgeber eine sechsstellige Summe einsparen konnte. Sind solche Leistungen interessant für Sie?«

Aktionsfragen

In diesen Fragen nehmen Sie den Grundgedanken Ihres Gesprächspartners auf und weisen dadurch auf ein mögliches Bedürfnis hin.

Frage an Sie: *»Haben Sie schon einmal für ein Computerunternehmen gearbeitet?«*
Ihre Antwort: *»Suchen Sie jemanden mit Erfahrung im EDV-Bereich?«*

Einwände überwinden

Sie sollten sehr genau zuhören, wenn der andere etwas sagt. Im folgenden Beispiel ist die Zielperson zunächst sehr abweisend. Mit seinen Antworten muß der Bewerber daher erst einmal Verständnis für die Situation des anderen zeigen, bevor er die Einwände in Ziele umwandelt.

Der andere: *»Wir haben schon zu viele Angestellte.«*
Sie: *»Heißt das, Sie haben im Moment zu viele Mitarbeiter?«*

»Das ist richtig.«
»Haben Sie auch zu viele Programmierer mit Erfahrungen in PASCAL?«

»Nein, von denen haben wir nie genug. Kennen Sie da jemanden?«
»Das ist mein Spezialgebiet. Ich habe in den letzten drei Jahren in PASCAL programmiert. Wenn Sie sich nächste Woche 20 Minuten Zeit nehmen, könnte ich Ihnen mehr darüber erzählen.«

Offene und geschlossene Fragen

Mit offenen Fragen beleben Sie Gespräche. Daher sollten Sie diese Art von Fragen einsetzen, wenn Sie spüren, daß Ihre Zielperson zunächst einmal plaudern möchte, bevor es um konkrete Dinge geht. Menschen lieben es, nach ihrer Meinung gefragt zu werden, denn das stärkt ihr Selbstwertgefühl. Wenn Sie also Ihre Zielperson am Telefon fragen, ob sie Zeit für ein Gespräch über ihr Spezialgebiet hat, wird sie vermutlich zustimmen, denn dann kann sie mit ihren Kenntnissen glänzen.

Sie: »*Wie beurteilen Sie die heutige Situation in der Pharmaindustrie?*«

Wollen Sie sofort auf den Punkt kommen, stellen Sie eine geschlossene Frage, die das Gespräch in eine bestimmte Richtung lenken wird.

Sie: »*Haben Sie genug Vertreter für den norddeutschen Raum?*«

An den folgenden Beispielen sehen Sie, wie Sie zu Ihrer Zielperson vordringen. Sie sollten sich die einzelnen Schritte gründlich anschauen, damit Sie sich später in konkreten Bewerbungssituationen am Telefon wohl fühlen.

Ans Ziel gelangen

Wer mit einer Führungskraft eines größeren Unternehmens sprechen will, gelangt normalerweise in drei Schritten ans Ziel:

1. Schritt: Die Telefonzentrale
2. Schritt: Die Sekretärin
3. Schritt: Die Zielperson

Die Telefonzentrale

Normalerweise blocken Telefonistinnen in der Zentrale keine Gespräche ab, es sei denn, sie bekommen die strikte Anweisung. Daher werden Sie in neun von zehn Fällen direkt mit dem Sekretariat verbunden.

Bedenken Sie, daß Sie schon von der Telefonistin wichtige Informationen für Ihre Suche bekommen können. Sprechen Sie also in einem Ton, der Hilfsbereitschaft hervorruft. Vermeiden Sie es, autoritär oder fordernd zu klingen. Geben Sie der Dame das Gefühl, daß Sie Ihre Hilfe zu schätzen wissen, denn dann kann sie einiges für Sie tun.

Die Aufwärmphase Telefonzentrale / Empfangsdame

Diese Übung ist für die meisten Bewerber nützlich, aber unerläßlich für diejenigen, die am Telefon noch gehemmt sind. Bitten Sie einen Freund, mit Ihnen verschiedene Gesprächssituationen zu simulieren, die bei einem Anruf in einer Telefonzentrale eintreten können. Wenn Sie sich über den Ablauf geeinigt haben, sollten Sie ihn tatsächlich von Ihrem Apparat aus bei sich zu Hause anrufen. Schalten Sie Ihren Anrufbeantworter auf Aufnahme und hören Sie sich das Gespräch hinterher an.

Es folgen ein paar typische Fragen. Bitten Sie Ihren Freund, die Fragen so zu mischen, daß Sie sich rasch verschiedenen Gesprächssituationen anpassen müssen.

Mögliche Fragen aus der Telefonzentrale:
Telefonistin: *»Darf ich Sie um Ihren Namen bitten?«*
Antwort: *(Nennen Sie Ihren Namen)*
»Für welches Unternehmen arbeiten Sie?«
Wenn Sie noch in der Firma XY angestellt sind oder gerade erst ihren Arbeitsplatz verloren haben, können Sie sagen, Sie rufen »von« XY an. Das ist die Wahrheit.

»Darf ich Herrn Schmidt den Grund Ihres Anrufs mitteilen?«
Der Telefonistin können Sie antworten: *»Es handelt sich um eine private Angelegenheit«* oder *»Er weiß, worum es geht«*.

»Wen möchten Sie sprechen?«
»Herrn Schmidt«, falls Sie bereits überprüft haben, daß er noch der Marketingleiter des Unternehmens ist.

»Geht es um eine Bewerbung in unserem Hause?«
Ihre Antwort: *»Ich arbeite an einem Marketingprojekt und würde mit Herrn Schmidt gerne ein paar Dinge besprechen.«*
Was Sie sagen, ist absolut wahr; Sie erstellen einen Marketingplan – und Sie sind das Produkt.

Mögliche Fragen oder Äußerungen von Ihnen

1. *»Kann ich bitte Herrn Schmidt sprechen?«* (Seien Sie selbstbewußt; Sie müssen so klingen, als wüßten Sie genau, daß Sie mit Herrn Schmidt verbunden werden.)
2. *»Können Sie mir bitte sagen, wer Leiter der Verkaufsabteilung ist?«* (Wenn Sie nicht genau wissen, mit wem Sie am besten sprechen, hat die Dame in der Telefonzentrale die Antwort. In diesem Fall sollte der Klang Ihrer Stimme Hilfsbereitschaft hervorrufen.)
3. *»Wie schreibt man seinen (ihren) Namen?«* (Haben Sie Geduld. Die Telefonistin hat wahrscheinlich noch andere Anrufe entgegenzunehmen. Höflichkeit ist alles!)
4. *»Ich würde gerne sichergehen, daß ich Ihre genaue Anschrift habe.«*
5. *»Kann ich Herrn Schmidt noch unter dieser Adresse erreichen?«*
6. *»Ist Herr Schmidt noch Leiter der Marketingabteilung?«* (Bestätigung eines Eintrags in einem Firmenverzeichnis.)
7. *»Wer ist sein Nachfolger? Sind Sie bitte so nett und buchstabieren mir den Namen?«*
8. *»Wie erreiche ich Ihr Büro von ...? Ich komme mit dem Auto / Zug / ...«*
9. *»Wie sind Ihre Arbeitszeiten?«*
10. *»Kann ich bitte die Durchwahl von Herrn Schmidt haben? Ich möchte ihn heute am späten Nachmittag noch einmal anrufen.«*

Die Sekretärin

Die meisten Sekretärinnen von Führungskräften verstehen es ausgezeichnet, ihre Vorgesetzten von der unerwünschten Außenwelt abzuschirmen. Arbeitgeber erhalten täglich eine Vielzahl von Anrufen. Je bekannter sie sind, desto mehr Leute rufen sie an. Alle möchten ihre Aufmerksamkeit auf sich ziehen – Sie selbst eingeschlossen.

Sekretärinnen unterscheiden sich von den Mitarbeitern der Telefonzentrale. Besser als alle anderen im Unternehmen kennen sie die Umgebung ihres Chefs. Da Sekretärinnen entscheiden können, welche Telefongespräche durchgestellt werden, sind Sie auf ihre Mithilfe angewiesen, wenn Sie mit Herrn Schmidt reden wollen.

Nicht abblocken lassen

Wenn Ihre Zielperson zum mittleren Management gehört, werden Sie es nicht allzu schwer haben, an Ihr Ziel zu gelangen. Besonders vielbeschäftigte Führungskräfte geben ihren Mitarbeitern häufig Anweisungen, Telefongespräche vorzusortieren. Deshalb bereitet Sie die folgende Übung auf die schlimmste Situation vor: Ihr Anliegen stößt auf taube Ohren. Lernen Sie zu verhindern, daß man Sie abblockt.

Wer eine Sekretärin dazu bewegen will, seinen Anruf weiterzuleiten, braucht eine Brücke. Sehr wahrscheinlich kennt die Sekretärin von Herrn Schmidt die Person, die Sie ihr als Bezugsperson nennen. Sie wird ihren Vorgesetzten nicht verärgern wollen und Sie durchstellen: »Holger Bach ist am Apparat, Klaus Brinkmann hat ihm Ihre Telefonnummer gegeben.« Vermutlich redet Herr Schmidt mit Ihnen; nicht weil Sie Holger Bach sind, sondern aus Höflichkeit und Freundschaft zu Klaus Brinkmann.

Falls die Sekretärin Ihre Bezugsperson nicht kennt, hängt alles von Ihrem Geschick und Ihrer Stimme ab. Schauen Sie sich die beiden folgenden Beispiele an:

1. Beispiel:
Sie: *»Guten Morgen, ich möchte gerne Herrn Schmidt sprechen.«*
Die Sekretärin: *»Wie ist Ihr Name bitte?«*

»Holger Bach. Klaus Brinkmann schlug vor, daß ich Sie anrufe.«
»Kann ich Herrn Schmidt den Grund Ihres Anrufs nennen?«

»Es ist eine persönliche Angelegenheit.«
»Geht es um eine Bewerbung?«

»Ja, ich würde gerne für Ihr Unternehmen arbeiten, und Herr Brinkmann meinte, Herr Schmidt könnte an meinen Unterlagen interessiert sein.«
»Davon bin ich auch überzeugt. Schicken Sie uns doch bitte Ihre Unterlagen, damit ich sie an Herrn Schmidt weiterleiten kann. Er wird sich dann bei Ihnen melden.«

Hier hat der Bewerber die Kontrolle über das Gespräch verloren.

2. Beispiel:
Sie: »*Guten Morgen, Frau Lange, hier spricht Holger Bach. Ich möchte gern Robert Schmidt sprechen. Ich rufe ihn auf Empfehlung unseres gemeinsamen Freundes Klaus Brinkmann an. Es geht um ein Marketingprojekt, an dem ich arbeite.*«
Die Sekretärin: »*Nennen Sie mir bitte den Namen Ihres Unternehmens.*«

»*Ich arbeite für die Firma Bach.*«
»*Einen Moment bitte.*«

Es ist leicht zu erraten, nach welchem der beiden Gespräche Herr Bach mit Herrn Schmidt verbunden wurde. Wenn Sie mit Sekretärinnen sprechen, müssen Sie verschiedene Dinge beachten.

- Bitten Sie höflich, aber bestimmt darum, mit Ihrer Zielperson zu sprechen. Wenn Ihre Stimme so klingt, als erwarteten Sie gar nicht, weiterverbunden zu werden, ist der Mißerfolg vorprogrammiert.
- Gebrauchen Sie Namen. Nicht »Frau ...äh ...«, sondern »Frau Moran, ich möchte gern Robert Schmidt sprechen«, nicht Herrn Schmidt. Wenn Sie seinen Vornamen nennen, suggerieren Sie, daß Sie die Zielperson besser kennen. Bei Menschen in sehr hohen Positionen und bei viel älteren Zielpersonen sollten Sie Ausnahmen machen. Sagen Sie im Zweifelsfall lieber »Herr« oder »Frau«.
- Zeigen Sie ganz deutlich, daß Sie an einem Marketingprojekt arbeiten. Das ist die Wahrheit, denn schließlich vermarkten Sie sich selbst. Falls Frau Lange Genaueres über das Projekt erfahren will, können Sie andeuten, es handele sich um »medizinische Produkte« oder »Finanzierungspläne«. Wenn Sie ein Projekt erwähnen, lenken Sie sofort von der unausgesprochenen Frage ab: »Suchen Sie eine Arbeitsstelle?«
- In dem Augenblick, in dem Sie sagen, es handele sich um eine persönliche Angelegenheit, wird die Sekretärin daraus schließen, daß Sie sich bewerben wollen, es sei denn, Ihre Bezugsperson Klaus Brinkmann ist ein enger Freund von Schmidt. Natürlich können Sie sich weigern, Einzelheiten Ihres Projekts zu nennen, aber wenn Sie Pech haben, bittet Sie die Sekretärin dann, Ihr Anliegen in einem Brief an Herrn Schmidt vorzubringen. Ihr Erfolg wird in sehr hohem Maße von Ihrer Stimme und Überzeugungskraft abhängen. Man muß Ihnen anhören, daß Sie Herrn Schmidt etwas sehr Wichtiges mitzuteilen haben.
- Nennen Sie der Sekretärin einen Firmennamen. Wenn Sie angestellt sind, ist das ganz einfach, ansonsten gründen Sie eben schnell Ihr eigenes Unternehmen: »Ich bin Holger Bach, von der Firma Bach.« Halten Sie sich an die Tradition, daß jeder Anrufer irgendwoher anrufen muß. Beteiligen Sie sich an diesem Spiel.

- Wenn Sie einen Doktortitel haben, sagen Sie unbedingt: »Hier spricht Dr. Bach. Ich möchte gern Robert Schmidt sprechen.« Der »Dr.« läßt auf alles mögliche schließen, und die Chancen, daß Sie weiterverbunden werden, erhöhen sich enorm. Wenn Sie als »Dr. Bach« von einer »persönlichen Angelegenheit« sprechen, wird die Sekretärin nicht gleich denken, daß Sie Arbeit suchen.
- Wenn Sie aus weiter Entfernung anrufen, sollten Sie darauf hinweisen: »Guten Morgen, Frau Lange, hier spricht Holger Bach aus München. Ich möchte gern Robert Schmidt sprechen.« Ferngespräche werden in den meisten Büros bevorzugt behandelt. Falls Sie erst seit kurzem in der Stadt wohnen, in der Sie sich jetzt bewerben, können Sie folgende Einleitung wählen: »Guten Morgen, Frau Lange, ich komme gerade aus München und möchte gern Robert Schmidt sprechen.« Frau Lange wird Sie fragen, ob Herr Schmidt Sie kennt, und Sie können antworten: »Die Anregung zu dem Gespräch kommt von Klaus Brinkmann.« Mit diesen Worten vermitteln Sie den Eindruck, Sie seien nur für kurze Zeit erreichbar und müßten deshalb mit Herrn Schmidt sprechen, solange Sie noch in der Stadt sind.
- Wenn Sie auf eine Sekretärin stoßen, die sich weigert, Sie weiterzuverbinden, sollten Sie frühmorgens oder am späten Nachmittag anrufen – hier sind die Chancen besser, den Chef selbst ans Telefon zu bekommen. Außerdem bietet sich die Mittagszeit an, denn dann werden Sie vielleicht Frau Langes Vertretung antreffen. Wenn es gar nicht anders geht, bitten Sie noch einmal Ihre Kontaktperson Klaus Brinkmann um Hilfe. Er kann Robert Schmidt von Ihnen erzählen oder mit der Sekretärin reden.
- Sollten Brinkmann und Schmidt sich aus einen Verband oder einer Vereinigung kennen, sagen Sie einfach: »Guten Morgen, Frau Lange, hier spricht Holger Bach. Ich rufe auf Anregung von Klaus Brinkmann an. Es geht um eine Angelegenheit des Deutschen Managementverbandes.« Frau Lange wird dann sofort denken, der Anruf sei wichtig für ihren Chef, und wird Sie sicherlich weiterverbinden. Sie selbst müssen nicht gleich Mitglied im Deutschen Managementverband sein, wenn Sie auf diese Organisation zu sprechen kommen.

Falls Sie keinen gemeinsamen Bekannten als »Brücke« benutzen, sollten Sie eine andere Strategie wählen. In diesem Falle sagen Sie am besten so wenig wie möglich. Sie müssen sich anhören, als sprächen Sie täglich mit Robert Schmidt.

Ein Beispiel:
Sekretärin: *»Guten Morgen, Sie sprechen mit dem Büro von Herrn Schmidt. Mein Name ist Lange. Was kann ich für Sie tun?«*
Sie: *»Ich möchte bitte Robert Schmidt sprechen.«* (Nichts weiter; keine Erklärungen; Ihre Stimme muß so klingen, als wüßten Sie genau, daß das Gespräch durchgestellt wird.)

Seien Sie freundlich. Viele Anrufer haben es sehr eilig und geben sich keine Mühe, sympathisch zu erscheinen. Wenn Sie nett sind, werden Sekretärinnen Ihnen gerne weiterhelfen.

Fortsetzung des Beispiels: Frau Lange ist noch nicht überzeugt davon, daß Sie mit Ihrem Chef reden sollten.

Sekretärin: *»Darf ich bitte Ihren Namen erfahren?«*
Sie: »Holger Bach. Ist es richtig, daß Robert Schmidt Produktionsleiter in Ihrem Unternehmen ist?« (Zwar wissen Sie das schon genau, aber eine »Ja-Antwort« zu Beginn verbessert das Gesprächsklima.)

»Ja, das ist richtig. Nennen Sie mir doch bitte den Grund Ihres Anrufs.«
»Ich beschäftige mich mit ähnlichen Produktionsabläufen wie Robert Schmidt und möchte gerne kurz ein paar Dinge mit ihm bereden. Wann wäre denn eine gute Zeit, mit ihm zu sprechen?« (Sie vereinbaren einen Gesprächstermin, weil Sie sicher sind, mit Herrn Schmidt reden zu können.)

»Herr Schmidt kommt normalerweise gegen 7.30 Uhr ins Büro. Da es früh morgens noch relativ ruhig im Büro ist, wäre das eine gute Zeit für Ihren Anruf.«
»Vielen Dank, Frau Lange. Sie haben mir sehr geholfen, und ich freue mich auf das Gespräch mit Herrn Schmidt.«

Ihr Kunstgriff in diesem Telefongespräch ist, daß Sie mit Hilfe Frau Langes die günstigste Zeit für einen Anruf bei Ihrer Zielperson gefunden haben. Ihnen wurde geholfen, und die Sekretärin freut sich über ihre gute Tat.

Gelegentlich kann es allerdings auch passieren, daß man Ihr Gespräch nicht weiterleiten wird. Bei perfekt abgeschirmten Führungskräften ist es wenig sinnvoll, die Sekretärin pausenlos mit Anrufen zu nerven. Versuchen Sie, Schmidt auf anderem Wege zu erreichen. Finden Sie jemanden, der ihn kennt, oder treffen Sie ihn »zufällig« in seinem Tennisclub oder Lieblingsrestaurant. Sollten alle Versuche fehlschlagen, schicken Sie Schmidt einen Brief, in dem Sie ihm mitteilen, daß Sie ihn gerne treffen würden und ihn in den nächsten Tagen anrufen werden, um einen Termin zu vereinbaren.

Wenn Sie dann das nächste Mal mit der Sekretärin sprechen, können Sie sagen:

Sie: *»Holger Bach. Verbinden Sie mich bitte mit Robert Schmidt.«*
Sekretärin: *»Weiß Herr Schmidt, wer Sie sind?«*

»Er erwartet meinen Anruf.«
Jetzt wird die Sekretärin Sie entweder verbinden oder Ihnen eine weitere Frage stellen: *»Worum geht es?«*

»Es betrifft meinen Brief, den ich ihm am 3. April geschickt habe.«
»Einen Moment bitte.«

In dem Brief hatten Sie Schmidt erklärt, daß Sie über einen Stellenwechsel nachdenken und froh wären, wenn er Ihnen ein paar Ratschläge geben könnte. Da auf dem Umschlag »Persönlich« stand, hat Frau Lange den Brief vielleicht nicht gelesen.

Jetzt werden Sie vermutlich endlich mit Herrn Schmidt sprechen können, denn er weiß schon etwas über Sie. Natürlich wäre alles einfacher gewesen, wenn es gleich am Anfang einen gemeinsamen Bekannten als »Brücke« gegeben hätte.

Die meisten Sekretärinnen halten sich nur an ihre Anweisungen und werden Ihnen gerne weiterhelfen, wenn Sie ihnen das Gefühl geben, Herr Schmidt warte schon auf Ihren Anruf. Machen Sie sich bewußt, daß es zu den Aufgaben einer Sekretärin gehört, ihren überarbeiteten Chef vor Störungen zu schützen.

Fragen, die Sekretärinnen Ihnen stellen werden
Sekretärin: *»Nennen Sie mir bitte Ihren Namen.«*
Sie: *»Mein Name ist Holger Bach.«*

»Weiß Herr Schmidt, wer Sie sind?«
»Ich rufe Herrn Schmidt auf Empfehlung von Klaus Brinkmann an.« Oder: *»Klaus Brinkmann hat mich an Herrn Schmidt verwiesen.«* Oder: *»Herr Schmidt erwartet meinen Anruf.«* Oder: *»Klaus Brinkmann sagte mir, er habe mit Herrn Schmidt vereinbart, daß ich ihn anrufe.«* Überlegen Sie sich weitere Antworten.

»Für welches Unternehmen arbeiten Sie?«
»Ich arbeite für die Firma XY«. Oder: *»Ich gehöre zur Firma Bach.«*

»Kennt Herr Schmidt Ihr Unternehmen?«
»Ich denke schon.«

»Welches Anliegen haben Sie? Herr Schmidt ist sehr beschäftigt.«
»Ich arbeite an einem Marketingprojekt und benötige ein paar Hinweise von Herrn Schmidt.«

»Geben Sie mir bitte Ihre Telefonnummer. Wir werden Sie dann zurückrufen.«
»Ich bin den ganzen Tag unterwegs. Meine Nummer lautet ...., aber es ist richtiger, ich melde mich wieder bei Ihnen. Zu welcher Tageszeit erreiche ich Herrn Schmidt am besten?«

»Ich verstehe natürlich, daß es sich um eine persönliche Angelegenheit handelt, aber Herr Schmidt hat mich gebeten, ihn vorab über alle eingehenden Anrufe zu informieren.«

»Dafür habe ich Verständnis, ich brauche auch nur ein paar Minuten für mein Anliegen. Klaus Brinkmann glaubt, meine Vorschläge seien sehr interessant für Herrn Schmidt.«

»Möchten Sie mit der Personalabteilung verbunden werden?«
»Nein, vielen Dank. Ich hatte gehofft, mit Herrn Schmidt kurz über mein Projekt sprechen zu können.«

Üben Sie, schnell und intelligent auf diese Standardfragen und -einwände zu reagieren. Der Name des Spiels lautet *Mit Herrn Schmidt verbunden werden.* Achten Sie darauf, daß Sie mit Ihrer Stimme und Wortwahl überzeugen. Sie werden Herrn Schmidt erreichen. Wenn Sie unsicher sind und herumstammeln, wird eine erfahrene Sekretärin Ihr Gespräch jederzeit abblocken. Wer ängstlich ist, erscheint nicht wichtig genug, einen Arbeitgeber bei der Arbeit zu stören.

Die Zielperson

Endlich sind Sie mit Ihrer Zielperson verbunden. Jetzt möchten Sie zu einem Vorstellungsgespräch eingeladen werden. Was sagen Sie also am Telefon?

Vor Ihnen liegt Ihr Notizzettel. Sie haben sich vorher über das Unternehmen informiert oder wissen durch Freunde ein paar Dinge über Ihre Zielperson. Vielleicht wurde in letzter Zeit über die geschäftlichen Erfolge Ihres Gesprächspartners in den Medien berichtet. Bevor Sie ihn anrufen, haben Sie Ihre Hintergrundinformationen vorbereitet.

Ein Gespräch mit einer »Brücke«

Schauen Sie sich die Struktur dieses Gesprächs an:

1. Begrüßung
2. Sie stellen sich vor
3. Sie erwähnen den Namen Ihrer »Brücke«, entspannen das Gespräch
4. Sie nennen den Grund Ihres Anrufs
5. Sie stellen eine »Ja-Frage«
6. Sie sprechen von Ihren Leistungen und stellen eine Frage
7. Sie vereinbaren ein persönliches Treffen
8. Sie bestätigen den Termin und schließen mit einem positiven Aspekt

Werfen Sie jetzt einen Blick auf das Gespräch selbst:

Sie (Schritte 1 & 2):
»Guten Morgen, Herr Schmidt, mein Name ist Holger Bach.«
Herr Schmidt: *»Guten Morgen. Was kann ich für Sie tun?«*

Schritte 3 & 4:
»Als ich mich letzte Woche mit Klaus Brinkmann unterhielt, schlug er vor, ich solle Sie einmal anrufen. Ich bin gerade dabei, mich beruflich zu verändern, und würde Sie gerne um Rat bitten. Ich werde Sie nicht um eine Stelle bitten, hätte aber gerne ein paar Anregungen von Ihnen, da wir in der gleichen Branche arbeiten.«
»Ich bin mir nicht sicher, ob ich Ihnen da wirklich helfen kann.«

Schritt 5:
»Stimmt es, daß Ihr Unternehmen ein Problem mit dem Marketing von Verpackungen für Milchprodukte hatte?«
»Das ist sicherlich richtig.«

Schritte 6 & 7:
»Bei meinem letzten Arbeitgeber sind wir auf die gleichen Schwierigkeiten gestoßen, so daß wir alternative Verpackungen entwickelt haben. Interessieren Sie sich unter Umständen für die Ergebnisse?«
»Unbedingt.«

»Ich würde mich gerne in Ruhe mit Ihnen darüber unterhalten. Paßt es Ihnen nächsten Dienstag oder Mittwoch besser?«
»Lassen Sie mich sehen. Dienstag ist es schlecht. Wie wäre es mit Mittwoch?«

»Ja, Mittwoch wäre wunderbar. Ist Ihnen der Vor- oder Nachmittag lieber?«
»17 Uhr wäre eine gute Zeit. Dann hat sich hier die Hektik schon ein wenig gelegt, und wir können uns in Ruhe unterhalten.«

Schritt 8:
»Ich freue mich, Herr Schmidt. Mittwoch, 14. Mai um 17 Uhr in Ihrem Büro. Ich bin überzeugt, daß unsere Forschungsergebnisse interessant für Sie sein werden.«

In dem Beispiel hat sich folgendes ereignet:

Begrüßung und Vorstellung: Bach begrüßte Schmidt in einem freundlichen und optimistischen Ton. Schmidt konnte Bach beinahe lächeln sehen, als er sich vorstellte.

Es ist wichtig, daß Sie das Gespräch in einer Weise beginnen, die Ihre Zielperson neugierig macht, was Sie wohl zu sagen haben. Sie sollten eine natürliche Freundlichkeit ausstrahlen, die weder zu vertraulich noch gespreizt wirkt.

»Brücke«, Entspannung des Gesprächs: Bach erwähnte sofort den gemeinsamen Bekannten Klaus Brinkmann und entspannte die Atmosphäre durch die Bemerkung, es handele sich nicht um eine Bewerbung. Natürlich ist er interessiert, wenn man ihn auf eine mögliche Zusammenarbeit anspricht, aber zunächst will er niemanden durch übertriebene Erwartungen in Verlegenheit bringen. Durch

diesen Hinweis verhindert er, daß seine Zielperson ihn im Verlauf des Gesprächs ständig daran erinnern muß, er brauche keinen neuen Mitarbeiter.

Grund des Anrufs: Bach sagt nun, weshalb er Schmidt anruft. Er möchte Ratschläge zum angestrebten Stellenwechsel und will wissen, wie Schmidt seine Leistungen bewertet. Außerdem hofft Bach, daß Schmidt andere Leute kennt, die an seinen Kenntnissen interessiert sein könnten. Da sich Bach vorher über Schmidts Unternehmen informiert hat, kommt er auf ein aktuelles Problem der Firma zu sprechen.

Stellen Sie eine »Ja-Frage«: »Hat es in Ihrem Unternehmen Schwierigkeiten im Marketing von Verpackungen für Milchprodukte gegeben?« oder subtiler: »Ich glaube, auch in Ihrer Firma ist in letzter Zeit über neue Verpackungen für Milch nachgedacht worden?« oder allgemeiner: »Bei der Herstellung von Milchbehältern kommt es neuerdings in den meisten Unternehmen zu Problemen. Sind Sie auch davon betroffen?«

Wichtig ist, daß Sie eine »Ja-Antwort« bekommen. Sie brauchen gleich am Anfang des Gesprächs Zustimmung, denn dann wird es zum Schluß leichter, einen Termin zu vereinbaren.

Bei Telefongesprächen kommt es darauf an, das Gespräch von vornherein in eine positive Richtung zu lenken. Überlegen Sie sich also, was in dem Unternehmen gebraucht werden könnte, und machen Sie dann Lösungsvorschläge.

Ihre Leistungen/Frage: Beschreiben Sie Ihre größten beruflichen Erfolge in einer Weise, daß Ihr Gesprächspartner mehr hören will. Wichtig sind zum einen Ihre konkreten Ergebnisse und zum anderen deren direkter Bezug zu Ihrem Zielunternehmen. Wenn Schmidt glaubt, von Bach etwas lernen zu können, wird er ihn schon aus Egoismus einladen, um ihn auszuhorchen. Damit erreicht auch Bach sein Ziel: ein Treffen. Letztlich hoffen beide Seiten, von einem längeren Gespräch zu profitieren.

Die meisten Führungskräfte sind Profiteure. Sie verschenken nichts, haben aber ein sicheres Gespür für günstige Gelegenheiten. Stellen Sie sich also auf diese Erwartungshaltung ein: Schildern Sie Ihre Leistungen so, daß zu erkennen ist, welche Bereicherung Sie für das Unternehmen wären.

Terminvereinbarung: Sie sind überzeugt davon, daß man Sie einladen wird, überspringen also die Bitte um einen Termin und fragen gleich nach einem günstigen Datum. (Regel: Wenn Sie kein »Nein« wollen, dürfen Sie keine »Nein-Frage« stellen.) Wenn Sie keinen Zweifel aufkommen lassen, werden andere Ihnen eher folgen.

Bestätigung und positiver Abschluß: Sie wiederholen Datum und Uhrzeit und schließen das Gespräch mit einer optimistischen Perspektive, damit der andere es nicht sofort bedauert, einen Termin mit Ihnen vereinbart zu haben. »Herr Schmidt, ich freue mich auf unser Treffen, und ich bin überzeugt, daß unsere Forschungsergebnisse Sie interessieren werden.«

Ein Anruf ohne »Brücke«

Diese Strategie sollten Sie erst anwenden, nachdem Sie genügend Erfahrung in Telefongesprächen sammeln konnten, die durch Vermittlung von Bezugspersonen zustande kamen.

Sie werden viele Gemeinsamkeiten zwischen diesen Gesprächsvarianten feststellen. Der einzige Unterschied ist, daß Sie sich bei Anrufen ohne »Brücke« nicht auf einen Dritten berufen können. Deswegen sollten Sie sich vorher besonders gründlich über das Unternehmen und Ihre Zielperson informieren.

Hier ein Beispiel:

Sie (mit fragender Stimme zur Telefonistin):
»Können Sie mir bitte sagen, ob Robert Schmidt noch Direktor Ihres Unternehmens ist.«
Die andere Person: *»Ja, Herr Schmidt ist der Direktor.«*

»Das ist gut, denn ich möchte ihn gerne sprechen. Wenn Sie mir bitte auch den Namen seiner Sekretärin verraten.«
»Marie Weiß. Einen Moment bitte.«
»Büro von Herrn Schmidt, Sie sprechen mit Marie Weiß.«

Mit selbstsicherer, aber freundlicher Stimme:
»Frau Weiß, verbinden Sie mich bitte mit Robert Schmidt.«
»Herr Schmidt ist gerade in einer Besprechung. Wie ist Ihr Name bitte?«

»Holger Bach. Wir arbeiten an den gleichen Marketingprojekten, und ich möchte ihn über die neuesten Ergebnisse informieren.«
»Wie heißt Ihr Unternehmen?«

»Ich bin von der Firma Bach.«
»Einen Moment bitte.«

»Guten Tag. Robert Schmidt am Apparat.«
(Mit freundlicher Stimme):
»Herr Schmidt, mein Name ist Holger Bach. Ihr Unternehmen und die Firma XYZ, für die ich bisher gearbeitet habe, sind in der selben Branche tätig. Ich würde gerne Ihre Meinung zu einigen Punkten hören. Ich rufe Sie also nicht an, um mich bei Ihnen zu bewerben. Ich hörte kürzlich, daß Sie planen, eine Zweigstelle in Köln zu eröffnen. Ist das richtig?«
(Vorsichtig): *»Ja, das ist richtig. Was möchten Sie mit mir besprechen?«*
»Ich verkaufe medizinische Produkte und steigerte in meinen letzten Jahr bei der Firma

XYZ den Umsatz um 20%. Ich denke nun über einen Stellenwechsel nach und will mich mit Leuten treffen, die Interesse an dieser Art von Ergebnissen haben. Können wir uns im Laufe der nächsten Woche zu einem kurzen Gespräch zusammensetzen, vielleicht Mittwoch oder Donnerstag?«

»Ich würde Sie gerne kennenlernen, weiß allerdings wirklich nicht, ob ich Ihnen helfen kann. Ein paar Minuten Zeit habe ich sicherlich für Sie. Können Sie nächsten Mittwoch gegen 11.45 Uhr in meinem Büro sein?«

»Nächsten Mittwoch um 11.45 Uhr kann ich es gut einrichten.«
»Geben Sie mir für alle Fälle noch Ihre Telefonnummer, bevor Sie auflegen.«
»Meine Nummer ist 0221/1343421. Ich bin überzeugt, daß wir ein interessantes Gespräch führen werden. Auf Wiederhören.«

Ziel vor Augen

Das ist Telefonmarketing in eigener Sache. Sie wissen im voraus, was Sie erreichen wollen, und benutzen bewährte Verkaufs- und Marketingtechniken.

Nützliche Hinweise

Für jede Art von Telefongespräch, das Sie führen werden – sei es nun mit Telefonistinnen, Sekretärinnen oder Führungskräften –, sollten Sie Notizen vorbereiten. Orientieren Sie sich dabei an den vorangehenden Beispielen und beachten Sie die folgenden Punkte:

- Sie müssen sich am Telefon ungezwungen verhalten. Es hilft, wenn Sie sich Tonbandaufnahmen Ihrer Telefongespräche anhören.
- Fassen Sie sich kurz. Bilden Sie einfache Sätze. Geben Sie der anderen Person Gelegenheit zu antworten.
- Seien Sie präzise. Vermeiden Sie allzu leere Floskeln und kommen Sie schnell zur Sache.
- Schließen Sie an Ihre Äußerungen Fragen an, die nur mit ja beantwortet werden können. Gewöhnen Sie sich an die *Sag-es-Frag-es-Strategie*: Sie formulieren Ihre Aussagen in Form von Fragen. »Als ich für die Firma XY arbeitete, stiegen dort im letzten Jahr die Verkaufszahlen um 20%; interessieren Sie sich für solche Ergebnisse?« oder »Möchten Sie wissen, wie ich das erreicht habe?«
- Kalkulieren Sie bei der Vorbereitung Ihrer Notizen ein, daß Gespräche mitunter anders als geplant verlaufen. Üben Sie schon vor Beginn Ihrer Anrufe, auf schwierige Fragen schlagfertig zu antworten. Bereiten Sie einen ein- bis zweiminütigen Werbespot in eigener Sache vor, den Sie immer dann einsetzen können, wenn Sie nach Ihrem Lebenslauf gefragt werden. Wiederholen Sie diese kurze Geschichte so oft, bis Sie flüssig und natürlich erzählen können, wer Sie sind, was Sie machen und wo Sie gearbeitet haben. Nennen Sie ein oder zwei wichtige berufliche Erfolge und bitten Sie um einen Gesprächstermin.

- Überlegen Sie, was Ihnen bei Telefongesprächen die größten Schwierigkeiten bereitet. Arbeiten Sie an diesen Problemen.
- Bitten Sie einen Freund, mit Ihnen verschiedene Gesprächssituationen durchzuspielen. Nehmen Sie diese Dialoge mit einem Tonband auf.
- Achten Sie auf den Klang Ihrer Stimme, wenn Sie sich die Aufnahmen anhören: Klingen Sie fröhlich, freundlich, selbstbewußt, pessimistisch, aggressiv oder unsicher? Machen Sie sich auf eine Überraschung gefaßt. Sie werden sofort sagen: »Das bin nicht ich, das klingt ja unmöglich ...!«
- Beim Korrigieren Ihrer Schwächen darf die Natürlichkeit nicht auf der Stecke bleiben.
- Wer richtig telefoniert, wird wesentlich schneller zu Vorstellungsgesprächen eingeladen. Wenn Sie die Telefontechniken beherrschen und freundlich sind, ohne sich anzubiedern, werden Sie zum überzeugenden Gesprächspartner.

Vorbereitung auf Telefongespräche

- Sie informieren sich über Ihren Gesprächspartner.
- Sie schneiden Stellenanzeigen aus und kleben sie in ein Notizheft. Auf manche Annoncen antworten Sie schriftlich, anderen Unternehmen nähern Sie sich über Kontaktpersonen. Deshalb müssen Sie vorher Namen, Telefonnummer und Anschrift Ihrer Zielpersonen herausfinden.
- Sie haben verschiedene Notizzettel bereitliegen, so daß Sie für unterschiedliche Gesprächssituationen gerüstet sind.
- Ihr Lebenslauf liegt für den Fall vor Ihnen, daß man genaue Daten von Ihnen verlangt.
- Ihr Terminkalender ist zur Hand, damit Sie sofort Zeit, Ort und Datum aufschreiben können, wenn Sie Verabredungen treffen.
- Wenn Sie am Telefon ein Informationsgespräch vereinbaren wollen, sollte eine Liste mit Fragen vor Ihnen liegen, denn unter Umständen läßt sich Ihre Zielperson nicht auf ein Treffen ein, ist aber bereit, kurz am Telefon mit Ihnen zu sprechen.

Informationen über Ihre Zielperson

Erfahren Sie so viel wie möglich über Ihre Zielperson, bevor Sie sie anrufen. Am besten erkundigen Sie sich gleich bei der Kontaktperson, die das Treffen vorgeschlagen hat. Bemühen Sie sich um folgende Informationen über Ihre Zielperson:

Beruflicher Hintergrund

- Genauer Titel.
- Beschäftigungsfeld (z.B. Produktmanager, Verwaltungsleiter, Verkaufsleiter, Personalchef – was genau macht diese Person?)

- Aktivitätsstand (Ist er sehr beschäftigt? Wie schwer ist es, an ihn heranzukommen? Ist er entspannt und umgänglich?)
- Lebenslauf (Welche Universität besuchte er? Für welches Unternehmen hat er vorher gearbeitet? Gibt es Parallelen zwischen seinem und Ihrem Lebenslauf?)
- Vereine/Verbindungen (Welchen Organisationen gehört er an? Wo hält er sich häufig auf? Kennen Sie Leute, die auch dorthin gehen?
- Wie paßt diese Person in das Gesamtbild, das Sie vom Unternehmen haben?

Persönlicher Hintergrund

- Hilft Ihr Gesprächspartner gerne anderen Menschen?
- Ist sein Name in letzter Zeit in den Medien aufgetaucht? Wenn ja, ergibt sich aus diesen Meldungen ein interessantes Gesprächsthema?
- Seit wann lebt er in der Stadt? Je länger er dort wohnt, desto mehr Leute werden ihn kennen.

Mit Hilfe der obenstehenden Fragen machen Sie sich ein klares Bild, bevor Sie telefonieren. Zu viele Bewerber versuchen, Kontakte zu nutzen, ohne ein konkretes Ziel vor Augen zu haben. »Ruf Ralf an; er wird dir bestimmt helfen. Sag ihm, ich hätte dir den Tip gegeben. Hier ist seine Nummer ...« Die meisten Bewerber wählen dann unvorbereitet die Nummer – und vergeben unter Umständen eine riesige Chance.

Wenn man Ihnen den Rat gibt, mit einer bestimmten Person zu sprechen, sollten Sie die Gelegenheit nutzen und um nähere Informationen bitten. Wenn Sie alles notieren, was Sie über Ihre Zielperson erfahren, sind Sie für ein späteres Treffen gut vorbereitet.

Die Anrufe

- Seien Sie darauf vorbereitet, daß man Sie zurückweist. Niemand gewinnt jedes Spiel, aber je mehr Sie üben, desto eher haben Sie das Glück auf Ihrer Seite. Experten schätzen auf 10 bis 20 Versuche eine verfolgenswerte Perspektive und die Chance, eine Runde weiter zu kommen ...
- Versuchen Sie jeden Tag, am Telefon Verabredungen zu arrangieren. Aus jedem Kontakt können sich weitere Möglichkeiten ergeben.
- Notieren Sie Namen, Telefonnummer und Adresse Ihres Gesprächspartners und eventuelle Tips zur Anreise.
- Beenden Sie das Gespräch so schnell wie möglich, nachdem Sie Datum, Uhrzeit und Adresse bestätigt haben.

Das Telefon ist für Ihre Bewerbung ein zentral wichtiges Medium. Je besser Sie damit umgehen können, desto erfolgreicher wird Ihr Vorhaben sich realisieren.

Internet

Neue Arbeitsstellen stehen natürlich nicht nur in Zeitungen und (Fach-)Zeitschriften. Wer einen Internetanschluß hat oder ein Internetcafé in der Nähe, der kann sich auch im *World Wide Web* an die Stellenauswertung machen.

Bequeme Suche

Die Vorteile liegen auf der Hand: Das Netz bietet die Möglichkeit, bequem von zu Hause aus 24 Stunden täglich, 365 Tage im Jahr, nationale und internationale Stellenangebote in dem von Ihnen angestrebten Bereich abzurufen. Sie müssen also nicht mehr mühselig alle Anzeigen der Zeitungen durchforsten, um ein für Sie passendes Angebot zu finden. Statt dessen können Sie durch die vorherige Angabe der richtigen Suchbegriffe ganz gezielt selektieren. Oft besteht sogar die Möglichkeit, sich mit Hilfe aufrufbarer Bewerbungsunterlagen direkt übers Netz bei der entsprechenden Firma zu bewerben und den Weg über die herkömmliche Post zu sparen.

Das Internet erlaubt Ihnen, auch direkt, via E-Mail, mit Ihrem potentiellen zukünftigen Arbeitgeber in Kontakt zu treten. Auf diese Weise können Sie mehr Information über die ausgeschriebene Stelle erbitten oder sich auf diesem eher informellen Weg schon einmal vorstellen.

Es gibt sechs Situationen, in denen es sich für Sie lohnt, das Internet für Ihre Bewerbung gezielt zu nutzen:

1. Die wichtigste: die Suche nach Informationen über Arbeitgeber
2. Die Suche nach den Stellenangeboten der Zeitungen
3. Die Suche nach Stellenangeboten auf den Seiten der Firmen
4. Die Suche auf virtuellen Arbeitsmärkten
5. Die elektronische Kontaktaufnahme
6. Die eigene Homepage

Im folgenden beschreiben wir diese Situationen und geben genauere Informationen, wie das Internet Ihnen bei Ihrem Bewerbungsvorhaben weiterhelfen kann.

1. Die Suche nach Informationen über Arbeitgeber

Egal ob Sie dabei sind, Ihre Bewerbungsmappe zusammenzustellen oder ob Sie bereits einen Termin zum Vorstellungsgespräch in der Tasche haben: Ihre erste Pflicht als Bewerber ist es, sich so viel wie möglich an Informationen über den jeweiligen Arbeitgeber zu besorgen.

Da Sie sich – wie bereits empfohlen – gezielt als optimaler Problemlöser für das Unternehmen profilieren wollen, müssen Sie zunächst wissen, was das aktuelle Problem dieses Arbeitgebers ist. Wenn ein Betrieb zum Beispiel gerade neue Modelle der Gruppenarbeit in der Fertigung einführt, dann sollten Sie vor dem Zusammenstellen Ihrer Bewerbungsmappe noch einmal einen Blick auf Ihre Unterlagen zum Thema Arbeitswissenschaft werfen. Wenn Sie dagegen aus dem Netz erfahren, daß Ihr potentieller Arbeitgeber große Projekte mit skandinavischen Firmen abwickelt, stellen Sie Ihr fließendes Norwegisch bei einer Bewerbung besonders in den Vordergrund.

Um das Internet als Quelle für Informationen über Unternehmen zu nutzen, reicht es meist aus, den Firmennamen auf folgende Weise einzugeben: *www.(Firmenname).de* für deutsche Firmen, bei US-amerikanischen benutzen Sie *www.(Firmenname).com* (http:// am Anfang nicht vergessen!). Bei europäischen Unternehmen gelten die Endungen *.it* für Italien, *.uk* für Großbritannien, *.fr* für Frankreich, *.ch* für Schweiz und *.at* für Österreich.

Werden Sie auf diese Weise nicht fündig, so rufen Sie mit Hilfe des Buttons *Suchen* (*Search*) eine der Suchmaschinen auf. Die gängigsten davon heißen *Yahoo, Altavista, Excite, Lycos* und *Infoseek*. Obwohl diese Suchmaschinen grundsätzlich ähnliches zu Tage fördern, ist jede unterschiedlich organisiert und offeriert andere Wege zu den von Ihnen benötigten Informationen. *Excite* und *Yahoo* bieten zum Beispiel schon auf der Startseite Rubriken wie Business, Travel oder auch Job und Kariere an. Diese können Sie zu Beginn aktivieren und damit Ihre Suche weiter spezifizieren.

Suche optimieren

Allerdings sollten Sie auf jeden Fall erst einmal die Suchhilfe, eine Art Bedienungsanleitung der jeweiligen Suchmaschine, durchlesen. Meist befindet sich direkt neben dem Suchfeld ein *SeekHelp-* oder *Suchhilfe*-Button, mit dem Sie praktische Tips zur Vereinfachung Ihrer Suche aufrufen können. Das kostet Sie vielleicht anfänglich fünf Minuten Zeit, wird Ihnen aber letztlich viel Ärger und Mühe ersparen. Wer nicht lernt, so effizient wie möglich im Netz zu suchen, kann sich leicht in der Fülle der angebotenen Informationen verlieren und größere Überraschungen mit seiner nächsten Telefonrechnung erleben.

Nachdem Sie also Ihren Suchbegriff eingegeben haben, spuckt der Rechner eine ganze Reihe von Internet-Adressen aus, die in irgendeiner Form mit den Suchbegriffen zu tun haben. Diese Adressen sind zu den Seiten der Firmen »gelinkt«. Das bedeutet: Sie können durch Anklicken auf der Liste direkt zu den gesuchten Homepages gelangen. Dort finden Sie in der Regel bereits Informationen in Hülle und Fülle. Diese Informationen sind nicht linear aufgebaut wie in einer Broschüre. Ein Printmedium gibt durch seinen Aufbau vor, in welcher Reihenfolge die Informationen vom Leser aufzunehmen sind. Auf den Seiten des Internets dagegen kann der Leser nach eigenem Gusto hin und her springen. Er kann mit der Suchfunktion des jeweiligen Unternehmens (falls vorhanden) Informationen gezielt und schneller auffinden und Querverweise nutzen. Sind Begriffe farblich abgesetzt, gelangt der User durch Anklicken dieser Links automatisch auf andere Seiten des Internets, beispielsweise auf die von Kooperationspartnern und Zulieferern des Unternehmens.

Ein Defizit muß allerdings angemerkt werden: Obwohl das Internet prinzipiell die Möglichkeit einer ständigen Aktualisierung der präsentierten Informationen bietet, verfügen viele Unternehmen nicht über eine adäquate Internet-Betreuung. Das hängt möglicherweise damit zusammen, daß sich diese Art der Mitarbeiterrekrutierung noch nicht einschlägig durchgesetzt hat. So nutzen bislang zwar knapp 70 Prozent aller Großunternehmen das Internet zur Mitarbeitersuche, aber lediglich 40 Prozent der mittleren und 20 Prozent aller Kleinunternehmen.

2. Die Suche nach Stellenangeboten in Zeitungen

Auch auf den Web-Seiten einiger Zeitungen, etwa der *Frankfurter Allgemeinen* und der *Süddeutschen Zeitung*, von *Handelsblatt* und *Zeit*, finden sich Stellenangebote. Viele dieser Seiten machen von den technischen Möglichkeiten des Netzes Gebrauch und sind interaktiv gestaltet. Das bedeutet: Sie können sich von dort direkt auf die Seiten der inserierenden Firmen klicken. Im allgemeinen übernehmen die Zeitungen aber lediglich ihre bereits gedruckten Anzeigen ins Internet.

Für Sie als Bewerber ist die Suche auf den Internet-Seiten der Zeitungen vor allem dann von Vorteil, wenn Sie sich in internationalen Publikationen oder mehreren Zeitungen gleichzeitig umsehen wollen. Sie ersparen sich damit den Weg zum Bahnhofskiosk. Achten Sie in jedem Fall darauf, wie aktuell die Anzeigen sind! Obwohl das Internet in der Theorie ein hochaktuelles Medium ist, sind die elektronischen Anzeigen der Zeitungen nicht immer up to date.

Die Internet-Adressen der jeweiligen Printmedien finden Sie in den Zeitungen selbst, meistens im Impressum. Sie können natürlich auch nach den elektronischen Adressen via Suchmaschine fahnden. Wenn Sie dann auf der richtigen Homepage gelandet sind, klicken Sie sich von dort auf den Anzeigenmarkt weiter. Als *starting point* ist der Anzeigenmarkt der Wochenzeitung *Die Zeit www. jobs.zeit.de* zu empfehlen, da er übersichtlich organisiert ist und man von dort zu anderen Anzeigenmärkten gelangt, vorausgesetzt, daß diese funktional eingerichtet sind.

Ein weiterer Tip: Auch Fachzeitungen und -zeitschriften bieten Stelleninserate an. Wenn Sie sich also in der günstigen Situation befinden, schon genau zu wissen, welchen Bereich Sie anstreben, suchen Sie auch in kleineren, möglicherweise hochspeziellen Fachpublikationen.

3. Die Suche nach Stellenangeboten auf den Seiten der Firmen

Viele Firmen unterhalten eigene Stellenmärkte. Sie können sich folglich von der Homepage aus zu den Seiten klicken, auf denen die Firma bekanntgibt, welche Stellen zu besetzen sind. Dabei sollten Sie sich nicht überwältigen lassen von schönen Angeboten und großen Versprechungen, die Ihnen die Firmen dort machen. Schließlich geht es bei Stellenangeboten immer auch um ein bißchen Imagepflege und das Imponiergehabe: »Wir sind innovativ und so erfolgreich, daß wir auch mitten in der Rezession noch Leute einstellen«. Mit der Realität hat das oft nur am Rande zu tun.

Nicht zu schnell aufgeben

Wie bereits erwähnt, sind die Job-Seiten der Firmen in einigen Fällen mit einer Funktion verknüpft, über die sich ein Bewerbungsformular aufrufen läßt. Mit dem entsprechenden Button holen Sie sich das Formular auf den Bildschirm, das Sie wie einen standardisierten Bewerbungsvordruck ausfüllen und via E-Mail zurückschicken. Seien Sie allerdings gewarnt: Dieses automatisierte Auswahlverfahren kann recht brutal sein. So geben viele Firmen als Auswahlkriterium ein, daß Bewerber die Durchschnittsstudiendauer nicht überschreiten dürfen. Haben Sie also BWL oder Maschinenbau studiert und wegen verschiedener Praktika und Auslandsaufenthalte 14 anstatt nur 9 Semester gebraucht, interessiert das den Computer, der Ihre Bewerbung standardisiert auswertet, nicht die Bohne. Oft werden Sie postwendend informiert, daß man Sie nicht für qualifiziert genug hält. Sind Sie trotzdem an dem ausgeschriebenen Job interessiert, hilft nur eins: Nehmen Sie herkömmliche Mittel und Wege in Anspruch, und greifen Sie zum Telefon. Die Kontaktadressen und Telefonnummern Ihrer Ansprechpartner sind gewöhnlich auf den jeweiligen Internet-Seiten angegeben.

4. Die Suche auf virtuellen Arbeitsmärkten

Unter rund 100 Internet-Adressen veröffentlichen kommerzielle Anbieter Stellenangebote. Meist zahlen die Arbeitgeber einen gewissen Betrag, um ihr Angebot dort zu präsentieren. Als Bewerber können Sie in diesen virtuellen Arbeitsämtern ein für Sie passendes Angebot suchen. Wenn Sie in der ältesten Job-Datenbank der Bundesrepublik *www.jobs.adverts.de* die Begriffe »Marketing« und »Hamburg« eingeben, werden Ihnen aus knapp 4000 Angeboten die passenden Stellen ausgewählt. Auch hier gelangen Sie oft durch Anklicken bestimmter Felder direkt auf die Seiten der jeweiligen Firmen. Die Jobbörse »Karriere direkt« *www.karrieredirekt.de* wirbt mit 1000 Angeboten für Fach- und Führungskräfte.

Die Jobbörse der Berliner Agentur »Index« sortiert unter *www.index.de* etwa 1100 Angebote überwiegend im EDV-Bereich nach Datum und Postleitzahl. Die Anzeigen bleiben üblicherweise vier Wochen im Netz. Trotzdem auch hier immer auf die Aktualität der Anzeigen achten!

Viele dieser Jobbörsen bieten den Bewerbern gegen eine Gebühr an, ihre Lebensläufe aufzunehmen, so daß auch Arbeitgeber in Ruhe die Profile der einzelnen Bewerber studieren können.

5. Die elektronische Kontaktaufnahme

Sie können zu dem Unternehmen Ihrer Wahl auch elektronischen Kontakt aufnehmen. Über alle Internet-Seiten verstreut finden Sie Kontaktbuttons, mit denen Sie eine Mail-Maske aufrufen und an den von Ihnen ausgesuchten Ansprechpartner eine Art elektronische Postkarte abschicken können.

Auf eines müssen Sie sich jedoch gefaßt machen: Die Hemmschwelle vieler Mitarbeiter, gerade in traditionellen Unternehmen, gegenüber dem noch relativ neuen Medium ist hoch. Daher fragen viele Mitarbeiter ihre E-Mails nicht regelmäßig ab – selbst wenn die E-Mail-Adresse auf der Visitenkarte vermerkt ist. Allerdings ist es wahrscheinlich nur eine Frage der Zeit, bis sich hier etwas ändert und die neue Technik immer mehr akzeptiert wird. Lassen Sie sich deshalb nicht entmutigen, wenn auf Ihre E-Mail nicht sofort geantwortet wird!

Internet als Ergänzung

Sehen Sie das Internet einfach als eine weitere, aber eben nicht ausschließliche Möglichkeit der Kontaktaufnahme an. Falls Sie keine Antwort bekommen, greifen Sie auf die traditionellen Kommunikationsmittel mit Telefonhörer und Briefmarke zurück. Eine Ausnahme bildet – wenig überraschend – die Computer- und Multimediabranche. Dort wird heutzutage oft die gesamte Kommunikation übers Netz abgewickelt. Falls Sie also einen Job in der EDV-Branche anstreben, sollten Sie sich mit dem Medium schnellstens vertraut machen.

6. Die eigene Homepage

Sie können auch eine eigene Homepage ins Internet stellen, auf der Sie sich präsentieren. Auf dieser elektronischen Visitenkarte erfahren Arbeitgeber mehr über Sie, und Sie fallen angenehm aus dem Rahmen des Üblichen. Ein wesentlicher Aspekt, wenn man bedenkt, daß man sich mit einer Bewerbung oft gegenüber mehreren hundert Konkurrenten durchsetzen muß.

In Ihren schriftlichen Bewerbungsunterlagen weisen Sie am besten auf Ihre Seite im Internet hin. Die meisten Internetprovider bieten übrigens eigene Homepages als kostengünstigen Service für ihre Kunden an.

Allerdings sollten Sie bedenken: Bei einem kleinen, eher konservativen Unternehmen mag so eine Selbstpräsentation vielleicht zu protzig wirken. Wer sich aber im Computer- oder Multimediabereich bewirbt, von dem wird eine Website fast schon erwartet. Es ist an Ihnen, hier eine realistische Einschätzung zu finden.

Nur scheinbar mühelos

So praktisch und vielseitig einsetzbar das Internet auch ist, sollte man trotz allem auf einige Nachteile bei der Bewerbung im Netz der scheinbar unendlichen Möglichkeiten vorbereitet sein. Abgesehen von den aus unerfindlichen Gründen manchmal funktionsuntüchtigen Web-Seiten oder der Unmenschlichkeit der computergesteuerten Auswahlverfahren ist ein weiterer Nachteil die mangelnde Geschwindigkeit des Netzes in Stoßzeiten. Nach 18 und nach 21 Uhr kann die Suche langsam und sehr mühsam werden, auch wenn Sie das schnellste Modem der Welt haben. Wenn die Telekom nach Feierabend die Gebühren senkt und alle Bewerber gleichzeitig ans Netz wollen, sind die Leitungen und Server oft maßlos überlastet. Besser also, Sie versuchen es nach 23 Uhr oder am frühen Morgen. Langes Wachbleiben und frühes Aufstehen rentieren sich bestimmt, da Sie sonst schnell die Lust verlieren, wenn Sie allein 5 Minuten warten müssen, bis eine von Ihnen gewünschte Web-Seite sich vollständig auf dem Bildschirm aufgebaut hat.

Stolpersteine

Ein letzter Hinweis: In den Medien wird gern verbreitet, das Surfen im Netz sei kinderleicht. Wenn Sie allerdings versuchen, ein für Sie passendes Jobangebot zu finden, werden Sie schnell feststellen, daß es ganz so kinderleicht nun auch wieder nicht ist. Besonders anfänglich kann das riesige Überangebot an Information schnell lähmend wirken. Deshalb ist es ratsam, sich bei den ersten Surfversuchen im Netz ein bißchen Zeit zu nehmen. Lassen Sie sich nicht entmutigen, auch wenn Sie erst einmal wie wild durch die Gegend klicken, ohne direkt das Passende zu finden. Mit Praxis und etwas Erfahrung kann jeder schnell lernen, zu surfen wie ein Profi. Und wer weiß? Ihr Traumjob ist möglicherweise nur einen Mausklick weit entfernt...

Wir haben auch noch einen Buchtip für Sie. In unserem Ratgeber *Erfolgreiche Bewerbung und Stellensuche im Internet. Der neue Weg zum Job* (Eichborn Verlag, Frankfurt/M. 1999) beschreiben wir detailliert, wie Sie den Weg ins Netz problemlos schaffen und Ihren Traumjob finden.

Die wichtigsten Adressen für die nationale und internationale Stellensuche

- http://www.arbeitsamt.de
- http://www.karrieredirekt.de
- http://www.cesar.de
- http://www.jobs.adverts.de
- http://www.stellenmarkt.de
- http://www.stellenboerse.de
- http://www.careernet.de
- http://www.jobware.de/fa/fa.htm (neben Stellenangeboten ein Firmenalmanach mit Adressen und Informationen über die Unternehmen)
- http://www.adia.de(einer der größten deutschen Arbeitsvermittler veröffentlicht wöchentlich aktuelle Angebote aus allen Branchen)
- http://www.jobs.zeit.de (umfangreiche und übersichtliche Liste nationaler und internationaler Stellenanzeigen der *Zeit*)

Extratip für Frauen

Arbeitsangebote speziell für Frauen bietet der Stellenmarkt der Zeitschrift *Brigitte* (http://www.brigitte.de). Frauen können kostenlos ein eigenes Gesuch aufgeben.

Extratip für Führungskräfte

Den Stellenmarkt der Verlagsgruppe *Handelsblatt* erreichen Sie, wenn Sie http://www.karrieredirekt.de eingeben. Über 1000 Angebote sind hier im Schnitt zu finden. Auch eigene kostenlose Gesuche sind möglich.

Unter http://www.adamsons.com stoßen Sie auf einen internationalen Headhunter, der aber auch Führungspositionen in Deutschland vermittelt.

Für Spitzenverdiener (75000 € p.a. aufwärts) bietet sich folgende Adresse an: http://www.prb.com. Gesuche zum Nulltarif sind hier möglich.

Extratip für Studierende/Hochschulabsolventen/ Ausbildungsplatzsuchende

http://praktikum.wifo.uni-mannheim.de (Achtung, Adresse stimmt so – ohne www): Dies ist eine der größten Börsen für Studentenpraktika. Sie können zusätzlich eine Suchmaschine nutzen und haben die Möglichkeit, sich individuell zugeschnittene Angebote mailen zu lassen und ein kostenloses Gesuch zu schalten.

Eine bunte Palette an Praktika bietet http://www.unicum.de . Eigene Praktikumsgesuche sind aber leider nicht möglich.

http://www.wdr.de/jobs: Stellenmarkt des *Westdeutschen Rundfunks,* der auch Lehrstellen, Ferienjobs und Praktika im Angebot hat. Ein kostenloses Gesuch kann aufgegeben werden.

Die Praktikumsbörse der Zeitschrift *Wirtschaftswoche* http://www.wiwo.de/praktikum.htm bietet Praktika aus fast allen Branchen – auch im Ausland. Eine eigene Anzeige ist allerdings nicht möglich.

http://www.jobware.de/va/ca.htm: Praktika, Diplomarbeitsthemen, Werkstudenten-, Ferien- und Aushilfsjobs sind hier zu finden. Eigene Anzeigen von Bewerbern sind nicht möglich.

Angehende Studenten und Azubis können sich auch online über Fragen zur Studien- und Berufswahl unter folgenden Adressen informieren:

- http://www.studienwahl.de
- http://www.berufswahl.de
- http://www.bildungsserver.de

Initiativbewerbung

Wer sagt denn, daß man mit einer Bewerbung warten muß, bis man »offiziell« dazu aufgefordert wird? Verschicken Sie doch einmal eine Initiativbewerbung.

Bei der Initiativbewerbung, also der unaufgeforderten Bewerbung, gibt es die Möglichkeit, zwischen einer Kurz- und einer Langversion Ihres Angebots zu wählen. Die Langversion enthält alle für eine Bewerbung üblichen Bestandteile (s.S. 212). Unter einer Initiativ-Kurzbewerbung hingegen versteht man lediglich das Bewerbungsanschreiben mit allen wichtigen Fakten und Argumenten zu Ihrer Qualifikation und Bewerbungsmotivation, jedoch bis auf einen eventuell beigefügten ein- maximal zweiseitigen Lebenslauf mit Foto noch keine weiteren Unterlagen. Wenn Sie eine solche Kurzbewerbung verschicken, sollte unbedingt im Anschreiben die Formulierung enthalten sein, daß Sie auf Wunsch gerne die ausführlichen Bewerbungsunterlagen nachreichen.

Die Vorteile einer Initiativbewerbung liegen auf der Hand:

1. Pläne für Neueinstellungen existieren bereits in den Köpfen der Personalchefs/innen, bevor sie die Stellen auch tatsächlich ausschreiben.
2. Sie verschaffen sich eine Alleinstellung, d.h., es gibt (noch) keine oder nur wenig Konkurrenz.
3. Sie demonstrieren Engagement, Initiative und Motivation.
4. Sie müssen beim Formulieren des Anschreibens nicht die Anforderungen einer Stellenanzeige berücksichtigen, sondern können Ihre besonderen Qualitäten nach Ihrer Vorstellung ins rechte Licht rücken.
5. Selbst wenn gerade keine Stelle frei ist, behält man vielleicht Ihre Unterlagen da, bis eine Vakanz entsteht.

Viel Fingerspitzengefühl

Die Initiativbewerbung stellt einen besonderen Anspruch an Sie. Hier kommt es darauf an, daß Sie die Werbung in eigener Sache besonders gut beherrschen. Wenn Ihnen das gelingt, stehen die Chancen, auf diesem Weg zu einer Stelle zu kommen, gar nicht schlecht. Eine Initiativbewerbung erfordert sehr viel Fingerspitzengefühl und zeigt im Erfolgsfall Ihre Kompetenz auf verschiedenen berufsrelevanten Gebieten wie Leistungsmotivation, Persönlichkeit, Initiative etc. Das entscheidende Kommunikationsziel bei der unaufgeforderten Bewerbung ist die überzeugende Ansprache, warum man sich gerade für dieses spezielle Unternehmen interessiert und was man Besonderes anzubieten hat. Natürlich sind das Aspekte, die es bei jeder Bewerbung inhaltlich auszufüllen gilt, bei einer Initiativbewerbung ist dies jedoch eine ganz besondere Herausforderung, denn es kommt ja darauf an, einen vielleicht noch gar nicht erkannten Bedarf zu wecken.

Am Anfang steht die Vorauswahl von Branche und potentiellen Arbeitgebern (siehe auch Kapitel »Recherche«, S. 95) und die möglichst genaue Analyse, was wo gebraucht und gewünscht wird.

Die per Telefon (s. S. 119) und/oder schriftlich durchgeführte Initiativbewerbung ist um so erfolgversprechender, je mehr Sie von der Branche und den Bedürfnissen des speziellen Unternehmens wissen.

Denken Sie an gute Fernsehwerbefilme, die Sie neugierig gemacht oder sogar zum Ausprobieren verleitet haben, und werben Sie in der unaufgeforderten Bewerbung für sich: Sie sind der Produzent, das Produkt sind Ihre besonderen Fähigkeiten und Kenntnisse sowie Ihre Arbeitskraft.

Nur wirklich gut vorbereitet und besonders zielgerichtet treffen Sie mit diesem Schuß ins Schwarze. Sorgfältige Beobachtung des Marktes, fundierte Kenntnisse der Unternehmenssituation sowie möglichst die Hilfe einer Person aus dem Netzwerk, die einen Ansprechpartner nennen kann, tragen dazu bei, daß Ihr Bewerbungsangebot wirklich ankommt.

Standardschreiben vermeiden

Hundert und mehr Blindbewerbungen, wie sie oft von verzweifelten Arbeitssuchenden über Unternehmen ausgestreut werden, tragen nicht zu Unrecht die Vorsilbe »blind«. Mag sein, daß auch mal ein blindes Huhn ein Korn findet – die meisten dieser Aktionen jedoch sind im wahrsten Sinne des Wortes Blindgänger und erhöhen nicht nur unnötig die Ausgaben (Papier-, Mappen-, Portokosten), sondern auch die Frustrationsrate, weil so wenig positive Resonanz erfolgt. Kein Wunder, denn bei Bewerbungen werden Sie nur mit Qualität, nicht mit Quantität zum Ziel kommen. Es liegt oft weniger am Alter als an der fehlenden Mühe und Sorgfalt, die Bewerber für ihre Bewerbung aufwenden. Es ist Ihren Unterlagen anzumerken, ob Sie sich wirklich mit dem Unternehmen, bei dem Sie sich bewerben, auseinandergesetzt haben, oder ob Sie ein Standardschreiben verwenden, das Sie gleichmäßig über die Republik verteilen.

Bedürfnis wecken

Wenn es Ihnen hierbei nicht wirklich gelingt, auf Anhieb ein Interesse an Ihrem Angebot, Ihren Fähigkeiten und Ihrer Person zu wecken, stehen Ihre Chancen schlecht. Ihre Botschaft muß in der Lage sein, ein latentes Bedürfnis nach einem neuen Mitarbeiter schnell zu wecken. Hier ist eine optimale Strategie dramaturgisch-geschickter Präsentation Ihrer Fähigkeiten absolut gefragt. Denken Sie an die große Bedeutung des Einstiegs. Was für eine »normale« Bewerbung zutrifft, gilt hier in noch stärkerem Maße. Schließlich erwartet der/die Angeschriebene gar keine Bewerbung – deshalb müssen Sie mit einem interessanten Einstieg auf sich neugierig machen und zum Weiterlesen verleiten.

Experten gehen übrigens davon aus, daß etwa 15 bis 20 Prozent aller Arbeitsplätze über eine Initiativbewerbung erobert werden.

Zusammenfassung

Die vorgestellten Bewerbungswege haben alle eins gemeinsam: Sie eignen sich besonders, um Ihre Leistungsbereitschaft und Motivation zu unterstreichen – vorausgesetzt, Sie beachten die wichtigsten Regeln.

Für die Stellenanzeige gilt: Die Mindestanforderungen müssen erfüllt sein, besser noch, der Bewerber kann gewünschte Zusatzqualifikationen abdecken.

Beim Stellengesuch kommt es vor allem darauf an, daß der gesamte Text eine hohe Zahl von relevanten Informationen transportiert und die Anzeige den Leser neugierig macht.

Das Telefon eignet sich im Bewerbungsverfahren, um Informationen zu sammeln, Kontakt aufzunehmen, Kontakt zu halten, nachzufassen und die Initiativbewerbung einzuleiten.

Wichtig ist, daß Sie das Telefonat gut vorbereiten, um Ihre Ziele – nämlich Interesse zu wecken und auf sich oder die Unterlagen aufmerksam zu machen – zu erreichen. Wie das Telefon läßt sich auch das Internet mehrfach für die Bewerbung nutzen.

Betrachten Sie das Internet vor allem als zusätzliche Informationsquelle und als Ergänzung, weniger als Alternative zur schriftlichen Bewerbung auf Papier.

Mit der Initiativbewerbung verschaffen Sie sich einen Wettbewerbsvorteil, weil es keine oder nur eine verhältnismäßig kleine Zahl von Konkurrenten gibt. Hier ist es vor allem wichtig, daß Sie die Werbung in eigener Sache gut beherrschen. Es geht darum, deutlich zu machen, warum das Unternehmen gerade jemanden wie Sie brauchen könnte.

Arbeitszeugnisse

Arbeitszeugnisse dürfen in Bewerbungsunterlagen nicht fehlen. Arbeitgeber interessieren sich für jede Art von Beurteilung und versuchen sich gerne an einer Interpretation. Zwischen den Zeilen lesen heißt hier das Motto. Denn mittlerweile hat sich eine Geheimsprache entwickelt. Was zunächst ganz nett klingt, entpuppt sich bei näherer Betrachtung als mäßige oder gar schlechte Beurteilung. Lesen Sie jetzt, was hinter der Geheimsprache steckt und was in einem Arbeitszeugnis unbedingt stehen muß. Außerdem haben wir Satzbausteine zusammengestellt für den Fall, daß Sie selbst einen Zeugnisentwurf formulieren wollen oder müssen.

Zeugnisse begleiten uns durch unser Leben, sie stellen schicksalhaft Weichen, können Chance und Risiko sein. Immer wieder werden wir von anderen beurteilt, nicht selten leider falsch. Somit sind in der Arbeitswelt der Ungerechtigkeit oftmals Tor und Tür geöffnet.

Jedes Jahr kommt es vor deutschen Arbeitsgerichten zu etwa 15 000 Prozessen wegen Streitigkeiten zwischen Arbeitnehmer und Zeugnisempfänger auf der einen und Ex-Arbeitgeber und Zeugnisaussteller auf der anderen Seite.

Ein immer enger werdender Arbeitsmarkt erhöht die Bedeutung eines guten Zeugnisses für den geglückten Um- oder Aufstieg bei einem anderen, neuen Arbeitgeber.

Arbeitszeugnisse dürfen also in den Bewerbungsunterlagen auf keinen Fall fehlen. Kopien reichen aus, man akzeptiert sie durchaus unbeglaubigt.

Zeugnistypen

Zu unterscheiden sind verschiedene Typen von Arbeitszeugnissen nach dem Zeitpunkt bzw. Anlaß ihrer Erstellung sowie nach ihrem Inhalt:

Unter inhaltlichen Gesichtspunkten gibt es das einfache und das qualifizierte Arbeitszeugnis, unter zeitlichem Aspekt das vorläufige, endgültige und das Zwischenzeugnis. Im folgenden werden fünf verschiedene Zeugnistypen dargestellt:

- das einfache Zeugnis
- das qualifizierte Zeugnis
- das Zwischenzeugnis
- das Berufsausbildungszeugnis und
- das Praktikums-, Ferien-, Aushilfs- und Nebenjobzeugnis.

Das einfache Zeugnis

Das einfache Zeugnis enthält Angaben zu

- Person (Name etc. s.u.)
- Art der Beschäftigung
- Dauer des Beschäftigungsverhältnisses
- Beendigungsgründe und -modalitäten.

Das einfache Zeugnis ist typisch für weniger qualifizierte oder kurzfristig ausgeübte Tätigkeiten und enthält keinerlei bewertende Aussagen über Leistung und Führung des Mitarbeiters. Dennoch reicht die bloße Berufsbezeichnung nicht aus (z.B. Verkäuferin, kaufmännischer Angestellter etc.). Der konkrete Tätigkeitsbereich (z.B. Verkäuferin in der Herrenschuhabteilung, kaufmännischer Angestellter im Schreibwaren-Groß- und Einzelhandel mit dem Schwerpunktbereich Schulbedarfsartikel) muß aufgeführt werden.

Bei der Dauer des Beschäftigungsverhältnisses ist der rechtliche und nicht der tatsächliche Zeitraum zu berücksichtigen. Das bedeutet, ein Arbeitsvertragsverhältnis beginnt etwa am 1. Januar (auch wenn das ein Feiertag war) und endet zum Quartalsende am 31. Dezember, auch wenn die letzten 14 Tage für den Arbeitnehmer eventuell Urlaub gewesen sind.

Das qualifizierte Zeugnis

Dies ist der gängigste Zeugnistyp und eine deutlich erweiterte Version des oben beschriebenen einfachen Zeugnisses. Es enthält zusätzlich zu den Informationen über Art und Dauer des Beschäftigungsverhältnisses eine Beschreibung und Beurteilung der Leistung und Führung des Arbeitnehmers während der gesamten Dauer der Zugehörigkeit zum Unternehmen.

Erstaunlich, aber juristisch gesehen korrekt: Ein qualifiziertes Zeugnis sollte nur auf ausdrücklichen Wunsch des Arbeitnehmers erteilt werden. Ein nicht gewünschtes qualifiziertes Zeugnis darf der Arbeitnehmer zurückweisen. Er kann aber in diesem Falle zusätzlich ein einfaches Zeugnis verlangen. Einfache Zeugnisse machen Arbeitgeber heutzutage allerdings eher mißtrauisch, denn Standard bei den Bewerbungsunterlagen ist nun einmal das qualifizierte Zeugnis.

Dieser Zeugnistyp sollte der Gesamtpersönlichkeit des Arbeitnehmers Rechnung tragen und diese würdigen. Dabei geht es um die Beurteilung der Qualität der Fähigkeiten und erbrachten Leistungen des Arbeitnehmers, insbesondere seine Belastbarkeit, Initiative und Bereitschaft zum Engagement sowie das Verhalten gegenüber Vorgesetzten, Kollegen und Mitarbeitern (evtl. ergänzt um das Führungsverhalten).

Hierbei wird dem Arbeitgeber ein Beurteilungsspielraum zugestanden mit der gleichzeitigen Verpflichtung, zwei Geboten gerecht zu werden: der Zeugniswahrheit und dem Prinzip der wohlwollenden Beurteilung. Oberster und erster Grundsatz für die Zeugnisformulierung ist die Wahrheit der Beurteilung (Bundesarbeitsgericht, Urteil vom 23.6.1960, 5 AZR 560/58). Das bedeutet, daß nur Tatsachen, aber keine Behauptungen, Annahmen oder Verdachtsmomente angeführt werden dürfen. Zweitens ist der wohlwollende Maßstab eines verständnisvollen Arbeitgebers zugrunde zu legen, der dem Arbeitnehmer das berufliche Fortkommen nicht ungerechtfertigt erschweren darf (Bundesgerichtshof, Urteil vom 26. November 1963, VI ZR 221/62).

Hang zu Verklausulierungen

Die Forderung nach wohlwollender Beurteilung bei gleichzeitiger Wahrheitspflicht bedeutet unter Umständen einen gewissen Konflikt und hat in der heute gängigen Praxis dazu geführt, qualifizierte Zeugnisse in der Regel positiv zu formulieren, Negatives wegfallen zu lassen und massive Probleme eher zu verklausulieren.

Beim qualifizierten Zeugnis ist folgendes zu berücksichtigen und zu beachten:

- Es muß (wie Zeugnisse generell) auf Geschäftspapier mit vollständiger Adresse des Arbeitgebers geschrieben sein.
- Nicht fehlen darf die Überschrift (z.B. »Arbeitszeugnis«, »Vorläufiges Zeugnis«, »Zwischenzeugnis«, »Berufsausbildungszeugnis«, s.u.).
- Die persönlichen Daten des Beurteilten: Vor- und Zuname (heute eher unüblich: bei verheirateten oder geschiedenen Frauen der Geburtsname); Geburtsdatum (seltener: auch der Ort); selbstverständlich: akademische Grade bzw. Doktortitel; gegebenenfalls Adelsprädikate.
- Die genaue Beschäftigungsdauer (der Eintrittstermin wird in der Regel am Anfang des Zeugnisses erwähnt, der Austrittszeitpunkt wird immer häufiger aus den Formulierungen des Textendes ersichtlich, kann aber auch traditionell mit den Worten »war von … bis … tätig« am Zeugnisanfang stehen).
- Tätigkeitsbeschreibung (chronologische Reihenfolge bei verschiedenen Tätigkeiten und Positionen).
- Fertigkeiten, (Spezial-) Kenntnisse und Erfahrungen (bei evtl. unterschiedlichen Tätigkeits- und Einsatzbereichen) sowie die Beurteilung der Leistung des Arbeitnehmers (insbesondere Stärken und Erfolge).
- Evtl. Teilnahme an Fortbildungsmaßnahmen.
- Beurteilung der Führung und des Sozialverhaltens (Umgang mit Vorgesetzten, Kollegen und evtl. Dritten, aber auch Aspekte wie Loyalität und Vertrauenswürdigkeit).
- Evtl. Beurteilung der Mitarbeiter-Führungskompetenz.
- Gründe zur Auflösung des Arbeitsverhältnisses.
- Schlußformel (Bedauern über Ausscheiden, Dank für Geleistetes, gute Wünsche für die Zukunft).

- Ausstellungsort und -datum des Zeugnisses (in unmittelbarer zeitlicher Nähe zum Austrittsdatum) sowie Unterschrift (wichtig: Dienstgrad und/ oder Funktion des Ausstellers).

Das Zwischenzeugnis

Wenn auch der Anspruch auf ein Zwischenzeugnis gesetzlich nicht vergleichbar eindeutig geregelt ist wie beim Endzeugnis (insbesondere beim qualifizierten), so wird doch in der Praxis akzeptiert, daß der Arbeitnehmer bei berechtigtem Interesse ein Recht auf ein Zwischenzeugnis hat.

Obwohl das Arbeitsverhältnis weiter besteht, können Anlässe dafür sein:

- Kündigungsvorhaben des Arbeitnehmers bzw. sicher in Aussicht stehende Beendigung des Arbeitsverhältnisses (z.B. befristeter Arbeitsvertrag oder drohender Konkurs des Unternehmens).
- Spezielle Fortbildungs- und Aufstiegsvorhaben und -wünsche.
- Wechsel von Arbeitsplatz, Verantwortungsbereich und/oder Vorgesetztem.
- Wenn das normale Beschäftigungsverhältnis auf absehbare Zeit unterbrochen wird (z.B. Schwangerschaft, Wahl zum Betriebsrat, Einberufung Wehr-/Zivildienst, Übernahme eines politischen Mandats usw.).

Nicht selten trifft man bei Arbeitnehmern, die ein Zwischenzeugnis wünschen, auf das Motiv, lediglich den eigenen Marktwert zu testen, eine Gehaltserhöhung durchsetzen zu wollen oder in einer Art Drohgebärde den Arbeitgeber darauf aufmerksam zu machen, daß eine Aufkündigung der Mitarbeit potentiell anstehen könnte.

»Abkehrwille«

In allen einschlägigen Fachbüchern wird davor immer wieder gewarnt. Nicht nur die Arbeitsatmosphäre kann reichlich belastet werden. Darüber hinaus kann der Arbeitgeber – mit dem Recht auf seiner Seite – unter Umständen sogar in die Position geraten, dem Arbeitnehmer zu kündigen, weil er formaljuristisch gesehen mit der Bitte nach einem Zwischenzeugnis aus den zuletzt angeführten Motiven einen sogenannten Abkehrwillen dokumentiert.

Wer wirklich vorhat, seinen Arbeitsplatz zu wechseln, tut gut daran, es Vorgesetzte und Kollegen nicht vorzeitig merken, geschweige denn wissen zu lassen. Ein neuer Arbeitgeber weiß sehr wohl, daß ein Bewerber in ungekündigter Position in der Regel deshalb kein Zwischenzeugnis vorweisen kann.

Andererseits ist bei der passenden Gelegenheit (wie weiter vorne beschrieben) jedem Arbeitnehmer zu empfehlen, sich ein Zwischenzeugnis ausstellen zu lassen. Es wird in der Regel positiv ausfallen und einen guten Status quo schaffen, denn jeder Arbeitgeber will seinen Arbeitnehmer natürlich nicht demotivieren, sondern ihn durch ein freundlich-wohlwollendes, auch lobendes Zwischenzeugnis eher anspornen.

Sollte der Arbeitgeber später anläßlich der Auflösung des Arbeitsverhältnisses eine andere Beurteilung geben wollen, ist er mit einem lobenden Zwischenzeugnis relativ stark gebunden und kann nicht plötzlich in der Endbeurteilung einen ganz anderen Tenor wählen.

Das Berufsausbildungszeugnis

Alle Auszubildenden haben einen Anspruch auf ein Berufsausbildungszeugnis – auch dann, wenn sie die Abschlußprüfung nicht absolviert oder nicht bestanden haben. Dabei gibt es wieder einfache und qualifizierte Zeugnisse, aber auch die Möglichkeit eines Zwischenzeugnisses.

Inhaltlich geht es vor allem um die erworbenen Kenntnisse und Fähigkeiten, jedoch auch um die Beurteilung von Leistungs- und Verhaltensmerkmalen (z.B. Lernfähigkeit, Auffassungsgabe, Engagement, Arbeitsquantität und -qualität, Sozialverhalten, Teamfähigkeit). Die durchlaufenen Ausbildungsbereiche sollten ebenso Erwähnung finden wie Ort und Art der erfolgreich abgelegten Abschlußprüfungen.

Das Praktikums-, Ferien-, Aushilfs-, Nebenjobzeugnis

Ob eine oder acht Wochen – auch kurzfristige Tätigkeiten, egal aus welchem Anlaß, sind eine gute Möglichkeit, um mittels eines Zeugnisses zu dokumentieren, wie man sich in der Arbeitswelt behauptet hat. Gerade für Schüler oder Studenten ist diese Art Zeugnis ein erstes Dokument zur Bewährung in dem, was den Ernst des Lebens ausmacht. Zur Länge: Eine halbe Seite reicht aus. Zum Inhalt: grundsätzlich wie bei anderen qualifizierten Zeugnissen.

Gesetzliche Regelungen

Wer hat wann Anspruch auf ein Arbeitszeugnis?

Die gesetzlichen Grundlagen für den Anspruch auf ein Arbeitszeugnis ergeben sich aus verschiedenen Paragraphen des Bürgerlichen Gesetzbuches (BGB), des Handelsgesetzbuches (HGB), der Gewerbeordnung (GewO), des Berufsbildungsgesetzes (BBiG) sowie aus Tarifverträgen. Hier wird auch deutlich, daß jeder Arbeitnehmer, der unselbständig beschäftigt und damit wirtschaftlich von seinem Arbeitgeber abhängig ist, Anspruch auf ein Arbeitszeugnis hat.

Zeugnisentwurf auf Verlangen

Generell kann man sagen: Der Arbeitgeber ist gegenüber dem Arbeitnehmer gemäß § 630 BGB verpflichtet, nach Beendigung des Arbeitsverhältnisses ein Zeugnis auszustellen – allerdings nur dann, wenn der Arbeitnehmer dies ausdrücklich verlangt. Es handelt sich somit juristisch gesprochen um eine »Holschuld« und nicht um eine »Bringschuld«. Der Arbeitgeber hat dabei kein Recht, das Arbeitszeugnis zurückzuhalten (z.B. mit der Begründung, Arbeitsgeräte und -kleidung seien noch nicht zurückgegeben worden etc.).

Bei Leiharbeitern ist der »Verleiher« der eigentliche Arbeitgeber und nicht der »Entleiher«, d.h. der Betrieb, bei dem es zum eigentlichen Arbeitseinsatz kommt und der die Qualität der Arbeit eigentlich besser beurteilen könnte. Freie Mitarbeiter sowie Handelsvertreter haben einen eingeschränkten Anspruch auf ein Arbeitszeugnis, der sich aus ihrem besonderen Vertragsverhältnis ableitet.

Mitarbeiter im öffentlichen Dienst haben nach den Vorschriften des Bundesangestelltentarifvertrags (BAT) ebenfalls Anspruch auf ein Zeugnis. Bei Beamten heißt das Arbeitszeugnis Dienstzeugnis. Im Fall von Rechtsstreitigkeiten ist hier allerdings nicht das Arbeits-, sondern das Verwaltungsgericht (nach vorangegangenem Widerspruchsverfahren) zuständig.

Wer stellt das Arbeitszeugnis aus?

Der Arbeitgeber/Dienstherr ist verpflichtet, dem Arbeitnehmer auf begründeten Antrag hin ein Zeugnis auszustellen. Die Anlässe sind das Arbeitsende oder Gründe, wie beim Zwischenzeugnis beschrieben. In größeren Unternehmen ist die Personalabteilung dafür zuständig, in kleinen der Inhaber.

Entscheidender Punkt bei der Erstellung eines Arbeitszeugnisses ist neben den inhaltlichen Kriterien die Frage, wer das Zeugnis unterschreibt und damit als Aussteller und eventueller Ansprechpartner Verantwortung übernimmt.

Ein gleichberechtigter Mitarbeiter, ein Kollege oder die Schreibkraft aus dem Lohnbüro kommen als Unterzeichner nicht in Frage. Das Arbeitszeugnis muß immer von einem ranghöheren Mitarbeiter unterschrieben werden. Wichtig zu wissen, daß man als Arbeitnehmer keinen Anspruch darauf hat, daß der Chef persönlich unterschreibt (Ausnahme: Er ist der einzige Ranghöhere).

Im öffentlichen Dienst ist der Behördenleiter oder sein Stellvertreter, gegebenenfalls auch die Personalabteilung für die Ausstellung des Arbeitszeugnisses zuständig. Vorstellbar sind auch zwei Unterschriften unter Ihrem Arbeitszeugnis, wobei eine von Ihrem direkten Fachvorgesetzten sein darf.

Je ranghöher, desto besser

Da der geschulte Blick eines potentiellen neuen Arbeitgebers bei der Zeugnisanalyse garantiert zur Kenntnis nimmt, wer Ihr Zeugnis unterschrieben hat, sollten Sie unbedingt verlangen, daß nicht irgend jemand, sondern möglichst der Geschäftsführer, Direktor, Personalchef, Prokurist, Abteilungsleiter oder gegebenenfalls wenigstens ein Meister unterschreibt. Je ranghöher die Person, die unterzeichnet, desto mehr Wertschätzung und Glaubwürdigkeit wird durch das Zeugnis belegt. Damit dies auch für den Leser deutlich wird, sollte unter der maschinenschriftlichen Wiederholung des Namens des Unterzeichnenden auch dessen Titel und Funktion stehen. Auf keinen Fall ist eine Übertragung der Zeugnisausstellung an eine dritte Person zulässig, die gar nicht zum Unternehmen gehört (z.B. nach einer arbeitsrechtlichen Auseinandersetzung an den Anwalt).

Wann ist das Zeugnis fällig?

Unabhängig davon, ob es sich um eine ordentliche, fristgerechte oder eine außerordentliche und damit fristlose Kündigung handelt, und egal, ob sie von Arbeitgeber- oder Arbeitnehmerseite ausgeht: Mit der tatsächlichen Beendigung des Arbeitsverhältnisses hat der Arbeitnehmer ein Recht auf ein einfaches oder besser auf ein qualifiziertes Arbeitszeugnis. Bei längeren Kündigungsfristen – während der Arbeitnehmer noch weiterbeschäftigt, aber bereits auf Arbeitsplatzsuche ist – besteht der berechtigte Anspruch auf ein vorläufiges Arbeitszeugnis. Dieses bindet den Arbeitgeber weitestgehend bei der Formulierung des endgültigen Zeugnisses, es sei denn, in der Zwischenzeit sind nachweislich gravierende Dinge vorgefallen, die mit Recht Eingang in das endgültige Arbeitszeugnis finden müssen.

Wann verjährt der Zeugnisanspruch?

Eigentlich erst nach 30 Jahren, aber in der Arbeitswelt-/Alltagsrealität empfiehlt es sich, nicht so lange zu warten, sondern sein Zeugnis so rasch wie möglich zu erbitten und diesen Anspruch gegebenenfalls juristisch durchzusetzen. Wer hier nachlässig ist, geht bereits nach etwa drei Monaten ein unkalkulierbares Risiko ein.

Am besten bitten Sie also gleichzeitig mit der Kündigungserklärung um die schnelle Ausfertigung eines qualifizierten Zeugnisses. Sollten Sie damit keinen Erfolg haben, müssen Sie wohl oder übel ein vorläufiges Zeugnis akzeptieren, das aber in seiner hoffentlich positiven Beurteilung die letzten Arbeitswochen oder -monate, die oftmals nicht unproblematisch verlaufen (Stichwort Enttäuschungen), festschreibt.

Eckdaten eines qualifizierten Zeugnisses

Sinn und Zweck des qualifizierten Zeugnisses ist es, zu bescheinigen, in welcher Qualität der Arbeitnehmer die ihm gestellten Aufgaben bewältigt hat und wie sein Verhalten insgesamt aus Arbeitgebersicht beurteilt wird.

Zu den gängigen Zeugniskomponenten und -inhalten im einzelnen:

Überschrift

Zeugnis /Arbeitszeugnis / Dienstzeugnis / Zwischenzeugnis /Ausbildungszeugnis / Praktikumszeugnis

Einleitung

Angaben zu Person, Beruf und Beschäftigungsdauer

Positions-, Aufgaben- und Tätigkeitsbeschreibung

Tätigkeitsmerkmale / Kompetenzen / Verantwortung
Berufliche Entwicklung innerhalb des Unternehmens

Leistungsbeurteilung

- Arbeitsbereitschaft
- Arbeitsbefähigung (Belastbarkeit / Intellektuelle Fähigkeiten / Fachkenntnisse / Weiterbildung)
- Arbeitsweise
- Arbeitserfolg (Arbeitsmenge, -tempo, -qualität)
- Besondere Arbeitserfolge
- Fachwissen / Weiterbildungsmotivation
- gegebenenfalls Mitarbeiter-Führungskompetenz (Abteilungs-, Gruppenleistung / Mitarbeiterzufriedenheit)
- Zusammenfassende Beurteilung der Leistung (Zufriedenheitsaussage)
  (Nicht alle Leistungsbeurteilungsunterpunkte müssen im Zeugnis ausführlich und immer behandelt werden.)

Verhaltensbeurteilung

- Gegenüber Vorgesetzten / Kollegen / Dritten
- Weitere persönliche und soziale Verhaltensaspekte
- Zusammenfassende Verhaltensbeurteilung

Abschluß

- Gründe für die Beendigung des Arbeitsverhältnisses
  (Auf wessen Initiative?)

Dankes-Bedauern-Formel

evtl. Verständnis / Empfehlung / Wiedereinstellungsaussage

Zukunftswünsche

Ausstellungsort, -datum und Unterschrift(en)

Name des Ausstellers (auch maschinenschriftlich wiederholt), mit Hinweis auf dessen Position, Rechtsstellung (z.B. Prokura)

Diese Reihenfolge der Zeugniskomponenten ist eigentlich verbindlich, und eine Umstellung (z.B. die Verhaltens- vor der Leistungsbeurteilung) könnte bereits eine Negativbewertung signalisieren.

Wichtige formale Standards

- Zeugnis auf Firmenpapier, fehlerlos getippt – Datum des Zeugnisses sollte möglichst dicht am Austrittsdatum liegen, besser identisch mit diesem sein
- Mindestumfang eine Seite, besser eineinhalb bis zwei
- Unterschrift von einem deutlich ranghöheren Mitarbeiter bzw. einem Mitglied der Firmenleitung

Wie Sie bereits wissen, ist der Arbeitgeber arbeitsrechtlich gehalten, seinem Arbeitnehmer kein negatives Zeugnis auszustellen. Dies hat zur Folge, daß alle Formulierungen zwar positiv klingen, sich aber eine Art Geheimsprache entwickelt hat, die in chiffrierter Form signalisiert, was wirklich gut und was schlecht war. Dazu zwei Beispiele:

1. Herr/Frau XY hat die ihm/ihr übertragenen Arbeiten stets und ganz zu unserer vollsten Zufriedenheit erledigt.
2. Herr/Frau Z zeigte für seine/ihre Arbeit Verständnis und war mit Interesse bei der Sache. Dabei bemühte er/sie sich immer, allen Anforderungen gerecht zu werden.

Während die erste Formulierung für XY ein wirklich dickes Lob beinhaltet (sehr gute Leistungen), ist die zweite Beurteilung für Z eine Bankrottbescheinigung. Der Text sagt eigentlich: Hier handelt es sich um einen faulen, nichts leistenden Versager.

Die folgende Übersicht entschlüsselt die gängigsten Formulierungen in ihrem Benotungsgehalt:

Sehr gute Leistungen werden mit folgenden Formulierungen beschrieben:

... hat die ihm/ihr übertragenen Arbeiten stets zu unserer vollsten Zufriedenheit erledigt.

... waren wir mit seinen/ihren Leistungen in jeder Hinsicht außerordentlich zufrieden.

... haben seine/ihre Leistungen in jeder Hinsicht unsere volle/vollste Anerkennung gefunden.

Gute Leistungen werden mit folgenden Formulierungen beschrieben:

... hat die ihm/ihr übertragenen Arbeiten stets zu unserer vollen Zufriedenheit erledigt.

... haben ihre/seine Leistungen unsere volle Anerkennung gefunden.

... waren wir mit seinen/ihren Leistungen voll und ganz zufrieden.

Befriedigende Leistungen werden formuliert mit:
... hat die ihm übertragenen Arbeiten zu unserer vollen Zufriedenheit erledigt.
... waren wir mit seinen/ihren Leistungen voll/jederzeit zufrieden.
... hat unseren Erwartungen in jeder Hinsicht entsprochen.

Ausreichende Leistungen werden umschrieben mit:
... hat die ihm/ihr übertragenen Arbeiten zu unserer Zufriedenheit erledigt.
... waren wir mit seinen/ihren Leistungen zufrieden.

Mangelhafte Leistungen werden umschrieben mit:
... hat die ihm/ihr übertragen Arbeiten im großen und ganzen zu unserer Zufriedenheit erledigt.
... haben seine/ihre Leistungen weitestgehend unseren Erwartungen entsprochen.

Unzureichende Leistungen werden umschrieben mit:
... hat sich bemüht, die ihm/ihr übertragenen Aufgaben zu unserer Zufriedenheit zu erledigen.
... hat sich bemüht, unseren Erwartungen/Anforderungen zu entsprechen.

Geheimsprache Arbeitszeugnis

Inzwischen hat es sich herumgesprochen, daß Arbeitszeugnisse die Leistung des Arbeitnehmers in einer Art Geheimsprache zu beurteilen versuchen – was übrigens für vielfältige Verwirrung sorgt.

Jedoch kennt nicht jeder Chef (z.B. eines kleineren Unternehmens) die entsprechenden Formulierungen dieser Geheimsprache, und nicht jeder kann deshalb Zeugnistexte richtig interpretieren. Natürlich weiß dieser unbedarfte Chef nicht, wenn er selbst ein Zeugnis ausstellen muß, was er damit dem nächsten Arbeitgeber – vielleicht völlig unbeabsichtigt – über den Bewerber mitteilt.

Unscheinbar, aber bedeutend

Dabei kommt es besonders auf die »kleinen«, beinahe unscheinbaren Worte an: Die Beschreibung von Zufriedenheit im Arbeitszeugnis ohne weitere Zusätze attestiert lediglich ausreichende Leistungen. Im Zusammenhang mit dem Adjektiv »voll« oder besser noch »vollst« – einer sprachlichen Steigerung, die grammatikalisch bedenklich ist – werden qualifizierte, also bessere Leistungen attestiert. Wichtig: Damit es wirklich »gut« bzw. »sehr gut« bedeutet, bedarf es der Zusätze »stets«, »jederzeit« bzw. der Kombination »jederzeit und in jeder Hinsicht«.

Die Formulierung »... bescheinigen wir Herrn/Frau XYZ, daß wir mit seinen/ihren Leistungen zufrieden waren ...« oder »... hat Herr/Frau XYZ zufriedenstellend gearbeitet ...«, sind Urteile, die in ihrer Schlichtheit knapp die Untergrenze des Akzeptablen beschreiben, also vielleicht gerade noch ein knappes Ausreichend darstellen.

Heißt es aber: Herr/Frau XY »... erledigte die ihm/ihr übertragenen Arbeiten im großen und ganzen zu unserer Zufriedenheit ...«, oder »... wurde Herr/Frau XY den ihm/ihr übertragenen vielseitigen Aufgaben im wesentlichen gerecht ...«, oder »... entsprachen die Leistungen von Herrn/Frau XY weitestgehend unseren Erwartungen ...«, werden damit mangelhafte bis unzureichende Arbeitsleistungen attestiert.

Die entsprechenden Negativformulierungen stecken in den Zusätzen »im großen und ganzen«, »im wesentlichen«, »teilweise«, »in etwa«.

Noch Schlimmeres wird bescheinigt, wenn man zu Umschreibungen greift wie: »bemüht«, »bestrebt« oder »willens«. Auch die Formulierungen »... hatte Gelegenheit, die gestellten Aufgaben zu unserer Zufriedenheit zu erledigen ...« oder »... zeigte für seine/ihre Arbeit Verständnis ...« enthalten im Klartext eine krasse Abwertung der Arbeitsleistung und herbe Rügen.

Aussagen über Ihre Führung, wie z.B. vorbildliches Verhalten, aufgeschlossenes Wesen, Hilfsbereitschaft, sind mit entsprechendem zeitlichen Zusatz wie »jederzeit« oder »in jeder Hinsicht« positiv.

Wird aber formuliert: »... können wir Herrn/Frau XY bestätigen, daß ihr/sein Verhalten gegenüber Kollegen und Kunden einwandfrei war ...« oder »... bestätigen wir, daß das persönliche Verhalten von Herrn/Frau XY einwandfrei war ...« (alternativ: »... gab es zu Beanstandungen keinen Anlaß ...«), steckt hier der bös-kritische Hinweis auf Fehlverhalten in der Tatsache, daß im ersten Beispiel nichts über das Verhalten gegenüber dem Vorgesetzten gesagt wurde.

Gemeint ist: Achtung – hier gab/gibt es Probleme. Auch sind die beiden letzten Formulierungen so knapp (insbesondere der ausdrückliche Hinweis »müssen wir bestätigen«), daß diese die denkbar schlechteste Benotung bedeuten.

Selbst dabei kann es noch Steigerungsformen geben, z.B. durch den Hinweis »... war im wesentlichen ...« bzw. »... gab selten zu Beanstandungen Anlaß ...«

Arbeitgeber können ihre Unzufriedenheit auch in einer Art beredtem Schweigen und durch die Kunst der Weglassung zum Ausdruck bringen: »... Herr/Frau XY war fleißig und ehrlich ... Darüber hinaus verfügt Herr/Frau XY über ein bemerkenswertes Bildungsniveau, das ihn/sie stets zu einem interessanten Gesprächspartner machte. Seine/ihre Kolleginnen und Kollegen schätzten ihn/sie insbesondere wegen seiner/ihrer mannigfachen Fähigkeiten und seines/ihres humorvollen Wesens. Auch in schwierigen Situationen kam Herrn/Frau XY seine/ihre stets freundliche Gelassenheit zugute ...«

Diese vermeintlich wohlwollend-lobend klingenden Ausführungen eines Arbeitszeugnisses sind in Wahrheit ein Faustschlag ins Gesicht. Es fängt damit an, daß die – falls überhaupt aufgeführt – eigentlich nur in einer Einheit zu verwendende Beschreibung Ehrlichkeit, Pünktlichkeit und Fleiß hier eine böse Lücke aufweist und damit grobe Unpünktlichkeit und Unzuverlässigkeit signalisiert. In einer übergeordneten Position dürften diese Beschreibungskriterien übrigens überhaupt nicht auftauchen, weil sie schlicht beschreibungsunwürdig sind, es sei denn, man möchte jemandem schaden.

Der »interessante Gesprächspartner« bedeutet in der Interpretation Geschwätzigkeit, das humorvolle Wesen verweist auf einen unangenehmen Witzbold, und die bescheinigte »freundliche Gelassenheit in schwierigen Situationen« heißt soviel wie: Der Beurteilte leistete passiven Widerstand.

Folgendes wird auf Arbeitgeber- und Auswählerseite an Ihrem Arbeitszeugnis analysiert: Zunächst geht es um den formalen Rahmen, um Angaben über Art und Inhalt Ihrer Tätigkeit, Leistung und Führung, Einschätzung Ihres Arbeitserfolges, um eine Bewertung Ihres interpersonellen betrieblichen Verhaltens, Kündigungs- bzw. Ausscheidungsgrund sowie einen globalen Gesamteindruck, der sich aus verschiedenen Aspekten zusammensetzt.

Auf das Wie kommt es an

Die Interpretation Ihres Arbeitszeugnisses richtet sich danach, wie was gesagt oder auch nicht gesagt, also weggelassen wird. Da nach dem Gesetz Arbeitszeugnisse einerseits vom Arbeitgeber für den Arbeitnehmer wohlwollend zu formulieren sind, um sein weiteres berufliches Fortkommen nicht unnötig zu erschweren, andererseits aber auch die Aussagen der Wahrheit entsprechen müssen, hat sich eine bestimmte Zeugnis-Codesprache entwickelt, deren Inhalte nun wirklich ganz anders klingen, als sie gemeint sind.

Die nachfolgende Übersicht gibt einen weiteren kurzen Einblick in die Interpretation von Standardformulierungen und ihre wirklichen Bedeutungen:

»... erledigte alle Arbeiten mit großem Fleiß und Interesse ...«
= Eifer ja, aber kein Erfolg.
»... hat alle übertragenen Arbeiten ordnungsgemäß erledigt ...«
= ein Bürokrat ohne Eigeninitiative.
»... war tüchtig und wußte sich gut zu verkaufen ...«
= ein unangenehmer Mitarbeiter und Zeitgenosse.
»... war wegen seiner Pünktlichkeit stets ein gutes Vorbild ...«
= eine totale Niete.
»... lernten wir als umgänglichen Kollegen kennen ...«
= man sah ihn lieber von hinten als von vorn.
»... trug durch seine Geselligkeit zur Verbesserung des Betriebsklimas bei ...«
= Vorsicht, Alkoholiker!
»... bewies stets Einfühlungsvermögen für die Belange der Belegschaft ...«
= Vorsicht, sucht Sexualkontakte bei Mitarbeiterinnen!
»... bewies ein umfassendes Einfühlungsvermögen für die Belegschaft ...«
= ist homosexuell veranlagt.
»... galt im Kollegenkreis als toleranter Mitarbeiter ...«
= für seine Vorgesetzten ein harter Brocken.

Zu guter Letzt sind Abschlußformulierungen und sogar das Datum von Bedeutung. Ein Zeugnisdatum, das etwa sechs Monate nach dem realen Austrittsdatum liegt, muß als Zeichen dafür gewertet werden, daß es zwischen Arbeitnehmer und Arbeitgeber juristische Auseinandersetzungen, zumindest aber Schwierigkeiten gegeben hat, die zu einer Verzögerung und deshalb also zu diesem späten Ausstellungsdatum des Zeugnisses geführt haben.

Mögliche Mißverständnisse

Es muß abermals betont werden, daß nicht jeder Chef die Codierungs- und Dechiffrierungskunst beherrscht. Damit gibt es einen gewissen Spielraum für Mißverständnisse. Darüber hinaus kann der Arbeitnehmer in Absprache mit dem Arbeitgeber deutlichen Einfluß auf die Formulierungen des Zeugnisses nehmen. Manche Chefs versuchen aber auch, ihre überzähligen oder ungeliebten Mitarbeiter durch ein besonders gutes Zeugnis loszuwerden (wegzuloben). Papier ist geduldig.

Auf den Punkt gebracht umfassen die Zeugnis-Verschlüsselungstechniken folgende Methoden:

- Wichtige und notwendige Zeugnisinhalte fehlen bzw. werden bewußt weggelassen (Stichwort »beredtes Schweigen«).
- Selbstverständliches wird über Gebühr betont.
- Entwertungen werden durch die Reihenfolge signalisiert, indem Unwichtiges vor Wichtigem rangiert.
- Einschränkungen räumlicher oder zeitlicher Art bringen eine Geringschätzung zum Ausdruck.
- Mehrdeutigkeiten werden bewußt eingesetzt, um negative Vorkommnisse oder Eigenschaften anzudeuten.
- Die häufige Verwendung der Passivform soll auf mangelnde Aktivität und Eigeninitiative aufmerksam machen.
- Der Einsatz des Stilmittels der Verneinung bedeutet in der Regel das Gegenteil des Gesagten.
- Die lediglich kurze, knappe Würdigung oder Abhandlung einzelner inhaltlicher Punkte dokumentiert eine Geringschätzung.
- Fast karikierende Übertreibung und Ironie sind deutliche Warnsignale in Richtung massiv fehlender Wertschätzung bzw. Entwertung des gesamten Zeugnisses.

Checkliste

Abschließend eine Übersicht, worauf Sie bei Ihrem Zeugnis achten sollten:

1. Formales

- Ist Ihr Zeugnis auf Firmenpapier fehlerfrei getippt und enthält es formal richtig Ihre persönlichen und arbeitsbezogenen Daten? Ist das Zeugnis von einer bei Ihrem Arbeitgeber hierarchisch klar über Ihnen stehenden Person mit Vertretungsvollmacht unterschrieben worden und nicht später als wenige Wochen nach Ausscheiden aus dem Unternehmen datiert?
- Können Sie Merkwürdigkeiten in Richtung Kenn- bzw. Geheimzeichen entdecken (Punkte, Striche etc.)?

2. Tätigkeitsbeschreibung

- Ist Art und Inhalt Ihrer Tätigkeit ausführlich geschildert, so daß sich ein Dritter ein zutreffendes Bild von Ihren Arbeitsaufgaben machen kann?
- Stimmen Stellen- und Tätigkeitsbeschreibung inhaltlich überein?
- Sind besonders qualifizierende Tätigkeiten entsprechend detailliert dargestellt, werden Selbständigkeit und Eigenverantwortlichkeit angemessen betont?
- Ist Ihre Teilnahme an betrieblichen Fort- und Weiterbildungsveranstaltungen erwähnt worden?
- Wichtig: Wirkt die Aufgaben- und Tätigkeitsbeschreibung angemessen, entsprechend Ihrer Beschäftigungszeit, oder ist sie eher knapp und lieblos?
- Nicht akzeptabel: wenn Ihre Tätigkeitsbeschreibung Formulierungen enthält, die man abwertend interpretieren könnte, die mehrdeutig auszulegen sind und die eher Selbstverständlichkeiten oder Nebensächlichkeiten in den Vordergrund stellen und ausführlich beschreiben.

3. Leistungs- und Führungsbeurteilung

- Findet beides im Text Erwähnung, und wie wird beurteilt? Welche Leistungen, Verhaltensweisen oder Eigenschaften finden besondere lobende Erwähnung?
- Welcher Grad der Zufriedenheit mit Ihrer Arbeitsleistung wird formuliert?
- Achtung: Was wird weggelassen, welche Nebensächlichkeiten werden in den Vordergrund gerückt?
- Werden Kenntnisse und Können, Arbeitsweise und Arbeitsstil beschrieben und bewertet?
- Attestiert man Ihnen und Ihrer Arbeit auch entsprechenden Erfolg?
- Wie verhalten sich Einzelbeurteilungen zur Gesamtbewertung?
- Achtung: Gibt es Aussagen, die Einschränkungen, wie »im großen und ganzen«, »im allgemeinen«, »im wesentlichen«, enthalten?
- Werden berufsrelevante Eigenschaften stillschweigend übergangen bzw. nicht gelobt?

- Gibt es doppeldeutige Aussagen, die Ihr Verhalten zu Vorgesetzten, Kollegen, Untergebenen, Kunden, Kooperationspartnern beschreiben?
- Oder wird Ihr Verhalten bestimmten Personengruppen gegenüber besonders betont, während andere weggelassen werden?
- Stimmt die Abfolge: Vorgesetzte, Kollegen, sonstige Mitarbeiter oder Kunden?
- Attestiert man Ihnen Personalkompetenz, d.h. den richtigen Umgang mit Mitarbeitern, für die Sie verantwortlich sind?
- Was sagt Ihr Zeugnis über Ihre Fähigkeit aus, andere Menschen zu führen?
- Wie beurteilt man Ihre Verantwortungs- und Delegationsbereitschaft?
- Welche Aussagen gibt es über Ihre Fähigkeit, Ihre Mitarbeiter zu motivieren?
- Welche Formulierungen sind hinsichtlich Ihrer organisatorischen Fähigkeiten gewählt?

4. Auflösungsgrund

- Steht in Ihrem Zeugnis, daß Sie auf eigenen Wunsch gekündigt haben bzw. den Arbeitgeber verlassen?
- Bedauert das Unternehmen Ihr Ausscheiden?
- Dankt man Ihnen für die geleistete Arbeit?
- Spricht man Ihnen gute Wünsche für die Zukunft aus?

5. Gesamteindruck

- In welchem Tenor ist Ihr Zeugnis geschrieben (wohlwollend und warm, kühl, kurz, knapp, verkomplizierend, lange, schwer nachzuvollziehende Sätze, Floskeln bzw. allgemeine Redewendungen oder präzise, klare Informationen und Formulierungen)?
- Stimmen Orthographie und Interpunktion?
- Entdecken Sie Ausrufezeichen (dürften in Arbeitszeugnissen nicht vorkommen)?
- Bitten Sie rechtzeitig um Ihr Arbeitszeugnis und machen Sie, wann immer möglich, davon Gebrauch, wichtige Punkte Ihres Arbeitszeugnisses selbst vorzuschlagen. Lassen Sie Ihr Arbeitszeugnis auch von anderen gegenlesen und informieren Sie sich im Zweifelsfalle bei einem Profi, wie er Ihr Zeugnis ehrlich (ungeschminkt) einschätzt.
- Versuchen Sie bei Differenzen eine gütliche Einigung über den Inhalt des Zeugnisses herbeizuführen. Wenn nötig, können Sie Ihr Arbeitszeugnis vor dem Arbeitsgericht mit guter Aussicht auf Erfolg ganz entscheidend verbessern.
- Wichtigster Hinweis aber: Erbitten Sie bei einer günstigen Gelegenheit (wenn die Zeiten gut sind) ein Zwischenzeugnis. Dieses sicherlich positive Zwischenzeugnis kann dann zu einem späteren Zeitpunkt (z.B. ein halbes oder ein Jahr später) für Sie sehr wichtig sein, falls Sie (aus welchem Grund

auch immer) beim Verlassen der Firma ein ungerechtfertigt schlechtes Arbeitszeugnis bekommen.

Bei jedem Arbeitszeugnis stellt sich die Frage, ob es wirklich in dem Sinne geschrieben wurde, wie es der Leser jetzt liest und interpretiert und ob sowohl die Schreib- als auch die Lese- und Interpretationsart gerechtfertigt sind. Mit anderen Worten: Meint der Zeugnisschreiber, was er schreibt, und schreibt er, was er meint? Alles in allem eine wirklich diffizile Materie. Und schon unsere Schulzeugnisse sollten uns eigentlich gelehrt haben, daß Papier nicht nur geduldig ist, sondern auch jegliche Beurteilung relativ und subjektiv.

Gesamteindruck beachten

Deshalb kann vor einer Selbstüberschätzung im Erstellen und Interpretieren von Zeugnissen nur gewarnt werden. Es liegt nicht nur an der einzelnen Formulierung, die zu einem positiven oder negativen Arbeitszeugnis führt, sondern vielmehr am Gesamteindruck, der sich dem geschulten Leser vermittelt.

So wird es diesen zum Beispiel nicht sonderlich beeindrucken, zu lesen, welche positiven Leistungen ein Mitarbeiter erbracht hat, wenn am Ende des Zeugnisses sein selbstgewählter Fortgang nicht auch bedauert wird (sogenannte Widerspruchstechnik). Und auch die kurze Verweildauer (bis zu zwei Jahren) im Betrieb ist ein deutlicher Hinweis darauf, daß die »verantwortungsvolle Tätigkeit in höchst wichtigen Arbeitsbereichen« nicht viel mehr als warme Luft ist.

Fazit: Kein Superzeugnis, aber auch möglichst kein zweifelhaftes, sondern schlicht ein gutes sollten Sie als Arbeitnehmer anstreben und deshalb bei der Erstellung des Zeugnisses mithelfen.

Kommentierte Zeugnisbeispiele

Die nun folgenden Zeugnisse werden zum Teil in einer Vorher- und (verbesserten) Nachherversion präsentiert. Alle Arbeitszeugnisse sind ausführlich kommentiert, so daß Sie an praktischen Beispielen aus dem Berufsalltag nachvollziehen können, worauf es beim Text wirklich ankommt – sei es, daß Sie Ihr Arbeitszeugnis selbst abfassen müssen oder wollen, sei es, daß Sie ein vom Arbeitgeber ausgestelltes Zeugnis überprüfen wollen.

Eine wichtige Hilfe für die Formulierung von Arbeitszeugnissen wie auch für deren Überprüfung und »Übersetzung« bieten die im Anhang gelieferten Textbausteine.

Dabei beschränkt sich dieses Buch nur auf die Beurteilungsnoten »sehr gute« Beurteilung, »noch gute« Beurteilung und »knapp befriedigende« Beurteilung! Wir haben darauf verzichtet, das Geschäftspapier des Arbeitgebers zu imitieren. Ein Zeugnis muß aber immer auf ordentlichem Geschäftspapier geschrieben sein.

Zeugnis

Frau
Mechthild Meyer
Vedeller Bogen 35
20539 Hamburg

Frau Mechthild Meyer, geb. am 15.2.1978, war in der Zeit vom 1. April 1997 bis zum 31. März 2001 als Zahnarzthelferin in meiner Praxis beschäftigt.

Zu ihren Aufgaben zählten im wesentlichen:
- die Assistenz am Stuhl
- Erstellen und Abrechnen von HUK-Plänen
- der Empfang der Patienten
- die Abrechnung.

Frau Meyer war ehrlich und immer pünktlich. Ferner arbeitete sie stets sehr fleißig und zuverlässig.

Die Patienten schätzten ihre zuvorkommende und hilfsbereite Art.

Hamburg, 15. Juli 2001

Dr. Peter Walter

1. Version

Kommentar

Insgesamt viel zu kurz und nicht der Norm entsprechend. Formale Fehler: Die Anschrift wird heute nicht mehr angegeben, um nicht eventuellen Vorurteilen bezüglich der sozialen Abstufung bestimmter Wohnorte und -viertel Vorschub zu leisten. Das Datum ist auf den 31. März zu ändern, da es mit 15. Juli 2001 viel zu spät datiert ist (es sollte nicht später als maximal ein bis zwei Wochen ausgestellt sein). Der Name des Ausstellers sollte maschinenschriftlich wiederholt werden.

Der Aufgabenbereich muß detaillierter beschrieben werden, ebenso ist ggf. die Reihenfolge der Tätigkeiten zu verändern, denn auch die Rangfolge der einzelnen Aspekte in der Aufgabenbeschreibung erfordert Beachtung. Es ist grundsätzlich das Wichtigste und Bedeutendste innerhalb der Aufzählung am Anfang zu nennen, und weniger wichtige Aufgaben dürfen, wenn überhaupt, erst am Schluß aufgelistet sein.

Die Leistungsbeurteilung erscheint viel zu dürftig. Es gibt keine Aussagen über Motivation, Fachwissen oder Weiterbildung, und vor allem die zusammenfassende Leistungsbeurteilung fehlt.

Die Verhaltensbeurteilung ist vollkommen unzureichend. Sie enthält keine Äußerung über das Verhalten zum Chef und Kollegen. Einziges Plus: die Patienten werden benannt. Diese Personengruppe ist wichtig, jedoch ohne Vorgesetzte und Kollegen bleibt dies ohne Wirkung.

Der Abschluß fehlt, d.h. Gründe für das Ausscheiden. Diese sind zwar nicht zwingend notwendig. Es wäre aber besser, wenn sie genannt werden, damit es keinen Anlaß zu Spekulationen gibt. Eine Dankes-Bedauern-Formel kommt auch nicht vor.

Fazit

Einschätzung: Ein vollkommen unzureichendes und mangelhaftes Zeugnis, das dringend zu überarbeiten ist. In dieser Form wäre es ein gravierender zukünftiger Stolperstein.

Zeugnis

Frau Mechthild Meyer, geb. am 15.2.1978, war in der Zeit vom 1. April 1997 bis zum 31. März 2001 als Zahnarzthelferin in meiner Praxis beschäftigt.

Zu ihren Aufgaben gehörten folgende Tätigkeiten:
- die Betreuung und der Empfang der Patienten
- Führung des Patiententerminbuches
- die Assistenz am Behandlungsstuhl
- Erstellung und Abrechnung von Heil- und Kostenplänen
- die Quartalsabrechnung für die Krankenkassen
- die Erstellung von Privatliquidationen.

In den zwei Jahren ihrer Tätigkeit habe ich Frau Meyer als eine sehr ehrliche und stets pünktliche Mitarbeiterin kennen- und schätzen gelernt. Sie führte ihre Arbeiten immer mit großem Engagement, Fleiß und unbedingter Zuverlässigkeit aus. Ferner erledigte sie ihre Aufgaben auch sehr ordentlich, zügig und gewissenhaft und wußte ihr Fachwissen immer erfolgreich einzubringen.

Frau Meyers Leistungen waren stets sehr gut.

Sie war wegen ihres freundlichen und kollegialen Umgangs bei ihren Vorgesetzten und Kollegen gleichermaßen sehr beliebt. Gegenüber den Patienten war sie ebenfalls jederzeit hilfsbereit und zuvorkommend.

Frau Meyer hat das Beschäftigungsverhältnis fristgemäß auf eigenen Wunsch gelöst, um sich mit Ablauf des Erziehungsurlaubes ganz der Familie zu widmen. Ich bedaure ihr Ausscheiden aus unserem Praxisbetrieb sehr und wünsche Frau Meyer auf ihrem weiteren Berufs- und Lebensweg alles Gute, viel Glück und Erfolg.

Hamburg, 31. März 2001

Dr. Peter Waller

Dr. Peter Waller

2. Version

Kommentar

Nach der Überarbeitung ist das Zeugnis in dieser 2. Version jetzt der Norm entsprechend. Die formalen Fehler sind beseitigt, und die Länge ist nun angemessen.

Der Aufgabenbereich wurde detaillierter beschrieben.

Die Leistungsbeurteilung ist jetzt ausführlicher, alle notwendigen Bestandteile werden angesprochen (es fehlen nur Aussagen zur Weiterbildung, die es eventuell aber auch nicht gab).

Die zusammenfassende Leistungsbeurteilung folgt am Schluß. Sie ist deutlich abgehoben durch einen eigenen Absatz.

Die Verhaltensbeurteilung ist nun vollständig genannt und gut.

Der Abschluß und Gründe für das Ausscheiden werden genau beschrieben.

Eine gute Dankes-Bedauern-Formel sowie Zukunftswünsche sind jetzt enthalten.

Fazit

Einschätzung: Nach professioneller und positiver Überarbeitung ein gutes Zeugnis und für die weitere berufliche Laufbahn der Kandidatin sehr hilfreich.

Zeugnis

Hannover, 31.12.2001

Herr Peter Preussag, geb. am 26. September 1977, erlernte in unserem Hause vom 1.9.1993 bis zum 31.10.1996 den Beruf des Kfz-Elektrikers. Über diese Tätigkeit wurde ihm ein gesondertes Zeugnis ausgestellt.

Nach erfolgreichem Abschluß seiner Ausbildung wurde er ab dem 1.11.1996 in der Reparaturabteilung unseres Tochterunternehmens in Minden eingesetzt. Hier hatte er alle in der Autoelektrik anfallenden Arbeiten auszuführen. Es handelte sich vorwiegend um Personenkraftwagen der verschiedensten Fabrikate – besonders der Marken VW und BMW. Ab und zu waren auch Lastkraftwagen und landwirtschaftliche Nutzfahrzeuge zu reparieren.

Herr Preussag hat sich sehr schnell und selbständig in sein Aufgabengebiet eingearbeitet. Er war äußerst stark motiviert, arbeitete stets sehr effizient, routiniert und zielstrebig. Seine Aufgaben erledigte Herr Preussag immer zu unserer vollen Zufriedenheit.

Sein Verhalten gegenüber Vorgesetzten und Kollegen war einwandfrei.

Wegen erheblicher betriebsbedingter Einsparungen mußten wir das Arbeitsverhältnis zum 31.12.2001 leider auflösen.

Wir bedauern diese Entscheidung sehr und wünschen diesem vorbildlichen Mitarbeiter beruflich und persönlich alles Gute.

N. Heinrich GmbH & Co KG

Nadja Heinrich

Personalbüro

Kommentar

Ein recht kurzes, knappes Zeugnis, das aber alle wichtigen Komponenten enthält. Wegen relativ kurzer Betriebszugehörigkeit ist dies jedoch noch gerade so zu entschuldigen.

Die Bewertung fällt insgesamt ganz ordentlich aus: Note gut bis befriedigend.

Der Rang des Unterzeichners ist leider nicht klar definiert, und der Name ist nicht maschinenschriftlich wiederholt.

Der Kündigungsgrund ist klar und glaubhaft benannt.

Ausstellungs- und Ausscheidungsdatum stimmen überein. Das unterstreicht den positiven Eindruck.

Fazit

Einschätzung: Gutes, ordentliches Zeugnis ohne ganz großen Glanz. Die Benotung liegt zwischen gut und befriedigend. Die genannten formalen Kriterien wären noch zu berücksichtigen und zu verbessern.

→

Zeugnis

Duisburg, 10.3.2001

Hiermit bescheinigen wir, daß Herr Christian Cassube, geb. am 7. November 1948, am 1. April 1997 als Produktionsmitarbeiter in die Dienste unseres Unternehmens eintrat.

Herr Cassube arbeitete für unsere Abteilung Wohndachfenster. Hier oblag ihm die Aufgabe, Beschläge zu montieren, Überschläge zu fräsen und Dichtungen einzuziehen.

Herr Cassube arbeitete sich gut ein und erledigte zunächst alle Aufgaben zu unserer vollen Zufriedenheit. Er war fleißig und zuverlässig sowie im allgemeinen pünktlich.

Seit Oktober 1998 blieb Herr Cassube wiederholt seinem Arbeitsplatz aufgrund eines Alkoholproblems fern.

Zu unserem Bedauern mußte das Arbeitsverhältnis zum 28. 2.2001 aufgelöst werden.

STEINFURTH
BAUSTOFFE GMBH

Werner Mühsam

Werner Mühsam

Kommentar

Absolut mangelhaftes und inakzeptables Zeugnis. Die Geringschätzung beginnt bereits im ersten Satz durch die Formulierung »Hiermit bescheinigen wir, daß ...«. Auch bei der Tätigkeitsbeschreibung kommt durch die Passivformulierung »Hier oblag ihm die Aufgabe, ...« eine negative Bewertungstendenz zum Ausdruck.

Die Leistungsbeurteilung setzt diese Art der Beschreibung fort. Sie ist deutlich negativ. Obwohl dem Kandidaten für den Anfang eine noch relativ gute Leistung attestiert wird, ist sie im ganzen durch die Kürze und den Schluß »er war im allgemeinen pünktlich« wieder verschlechtert. Die Leistungen, so wird signalisiert, ließen mit der Zeit deutlich nach.

Die Äußerung über das Fernbleiben wegen eines Alkoholproblems ist nicht zulässig. Wenn dies wirklich stimmt, darf es nur wie folgt umschrieben werden: »Bei Herrn Cassube häuften sich die Fehltage, und es kam zu Konflikten mit dem Vorgesetzten.« Krankheiten dürfen in der Regel nicht im Zeugnis erwähnt werden. Wenn die Alkoholabhängigkeit allerdings so gravierend ist, daß es zu Fehlverhalten während der Arbeitszeit kommt, kann der Arbeitgeber dies durch verklausulierte Formulierungen in das Zeugnis bringen.

Die Abschlußformel beinhaltet zweifelsohne, daß dem Kandidaten gekündigt wurde. Dies wird noch dadurch unterstrichen, daß hier keinerlei Dank und keine Zukunftswünsche genannt werden.

Der Unterzeichner ist ohne Rang ausgewiesen. Das Ausstellungsdatum ist schon weit vom Austrittsdatum entfernt. Ein weiterer Stolperstein, der aber bei diesem insgesamt Negativ-Zeugnis kaum noch ins Gewicht fällt.

Fazit

Einschätzung: Absolut mangelhaftes Zeugnis, das die Kündigung wegen Alkoholismus deutlich ausdrückt. Selbst wenn dies den Tatsachen entspricht, muß es in einigen Formulierungen geändert werden und durch die Position des Unterzeichners ergänzt werden.

Zeugnis

Frau Dr. Ulrike Unger, geb. am 7.10.1955 in Adelebsen, war in der Zeit vom 1.2.1993 bis zum 31.3.1995 als Leiterin des Forschungsreferates der Universität Göttingen tätig. Seit 1.4.1995 wurde ihr zusätzlich die Leitung des Präsidialamtes übertragen.

Schwerpunkte im Ziel- und Aufgabenspektrum von Frau Dr. Unger waren:

- Unterstützung und Beratung des Präsidenten und des Vizepräsidenten bei ihren vielfältigen hochschulpolitischen, akademischen und repräsentativen Aktivitäten
- Geschäftsführung inneruniversitärer Kommissionen und Arbeitsgruppen sowie außeruniversitärer Institutionen
- Forschungsförderung, Programmabwicklung, Projektbetreuung
- Abwicklung der forschungsbezogenen Programme des Landes, des Bundes und der EU sowie öffentlicher wie privater Fördereinrichtungen, Betreuung einzelner Projekte
- Konzeptionelle Mitwirkung an der Universitätsplanung in Forschung und Lehre in Zusammenarbeit mit den zuständigen Universitätsgremien, Fachbereichen, Fächern und Abteilungen
- Sachbearbeitung von Forschungsangelegenheiten
- Mitwirkung bei der Einwerbung von Drittmitteln und Stiftungsprofessuren
- Kontaktpflege mit allen relevanten forschungsbezogenen Institutionen innerhalb und außerhalb der Universität.

Bereits nach kurzer Zeit hatte sich Frau Dr. Unger einen guten Überblick und einen ebenso großen Einblick in die Probleme der Universität angeeignet. Ihre Arbeitsweise ist von sehr hoher Effizienz gekennzeichnet. Stets zeigte sie eine gute Einsatzbereitschaft, wobei ihre optimistische Haltung auch in schwierigen Arbeitssituationen sehr motivierend wirkte. Sie bewies ein gutes analytisch-konzeptionelles und zugleich pragmatisches Denk- und Urteilsvermögen. Außerdem bearbeitete und löste Frau Dr. Unger alle Problemstellungen ihres Aufgabengebietes sehr selbständig, systematisch und sorgfältig. Ihre Arbeit erfüllte stets hohe Ansprüche.

Frau Dr. Unger hat in hohem Maße zu der äußerst erfolgreichen Drittmittel-Einwerbung der Universität beigetragen. Darüber hinaus hat sie mit beachtlichem Erfolg den internationalen Erfahrungsaustausch unserer Universität gefördert.

→

Frau Dr. Unger ist sehr weiterbildungsmotiviert und hat sich in eigener Initiative neben ihrem großen beruflichen Engagement mit enormem Einsatz und guten Ergebnissen in verschiedenen Kursen über Haushalt und Finanzen, Personalwesen, EDV einschließlich Internet und europäischer Forschungsförderung weitergebildet.

Wir waren mit den Leistungen von Frau Dr. Unger stets sehr zufrieden.

Frau Dr. Unger konnte fachlich und persönlich überzeugen und erwarb sich Anerkennung und Wertschätzung ihrer Vorgesetzten, Kollegen und Mitarbeiter.

Auf eigenen Wunsch beendete Frau Dr. Unger zum 1.7.2001 ihre Tätigkeit bei uns, um sich neuen beruflichen Aufgaben zu stellen. Wir danken ihr für die stets gute Zusammenarbeit und bedauern sehr, Frau Dr. Unger zu verlieren. Für ihren weiteren beruflichen Werdegang wünschen wir ihr alles Gute und weiterhin viel Erfolg.

Göttingen, 8.11.2001

Georg-August-Universität Göttingen

Prof. Dr. Rudolf Zinnow

Prof.Dr. Rudolf Zinnow

Kommentar

Ein im Ansatz wirklich ordentliches Zeugnis, das in einigen Punkten jedoch verbessert werden muß.

Als erstes fällt das sehr späte Ausstellungsdatum auf. Dies ist wenn möglich zu ändern, da ein Zeugnis nicht später als 10 Tage nach dem Ausscheiden des Arbeitnehmers ausgestellt werden sollte. Im universitären Bereich ist eine so späte Ausstellung jedoch leider oft üblich und deshalb nicht negativ zu bewerten.

Die Tätigkeitsbeschreibung ist zwar umfassend, könnte aber differenzierter ausfallen. Es wird nicht unterschieden, welche Aufgaben die Kandidatin als Leiterin des Forschungsreferates und später als Leiterin des Präsidialamtes durchgeführt hat.

Bis auf die Führungsleistung und -erfolge sind alle Zeugnisbestandteile enthalten. Da der Leser nichts über die Anzahl der Mitarbeiter erfährt, die der Kandidatin unterstellt sind, und wie sie diese geführt hat, ist dieser Aspekt noch zu ergänzen. Es handelt sich in diesem Punkt wahrscheinlich nicht um absichtliches »beredtes Schweigen«, wenn man sich die sonstige Beurteilung ansieht. Vielleicht wurde sie einfach vergessen.

Die Beurteilung ist in allen Aspekten der Leistung und des Verhaltens gut. Der Zeugnisabschluß enthält ebenfalls viel Lob. Leider fehlt die Position des Unterzeichners.

Fazit

Einschätzung: Ein im Ansatz wirklich gutes Zeugnis mit kleinen Mängeln, die aber leicht zu verbessern sind.

Zwischenzeugnis

Frau Antonia Arndt, geb. am 18.4.1967 in Peine, trat am 1. Juli 1987 als Stenotypistin in unser Unternehmen ein. Ab dem 1. August 1990 übernahm sie die Position einer Sekretärin in unserer Vertriebsleitung.

Frau Arndt bearbeitete zunächst in der Vertriebsabteilung die Kundenkorrespondenz, die sie nach Diktat, Stichworten oder auch teilweise selbständig erledigte. Außerdem führte sie unsere Beschaffungs- und Lagerkartei.

Da Frau Arndt auf Dauer eine abwechslungsreichere Tätigkeit anstrebte und sich persönlich fortbilden wollte, erwarb sie durch den Besuch von abends stattfindenden Fortbildungskursen an der Hofmeisterschule in Erlangen den Abschluß zur staatlich geprüften Sekretärin. Wir unterstützten diesen Wunsch und konnten sie innerbetrieblich versetzen. Seit dem 1.8.1990 ist sie als Sekretärin in der Vertriebsleitung tätig.

Ihr Aufgabengebiet umfaßt hier die allgemeinen Sekretariatsaufgaben:

- Schriftverkehr nach Diktat oder Stichworten in deutscher und englischer Sprache unter Anwendung des Textverarbeitungssystems WinWord 6.0
- Vorbereitung und Planung von Dienstreisen
- Abrechnung der Reisen mit dem EDV-Programm MS Excel 5.0
- Organisation von Besprechungen, Tagungen und Konferenzen
- Terminplanung und -koordinierung für den Vertriebsleiter
- telefonische Kundenbetreuung
- Führen eines Ablagesystems der Akten
- Pflege der Adreßdatenbank der Kunden
- Einarbeitung neuer Sekretariatsmitarbeiterinnen
- Postein- und -ausgang

→

Weiterhin führt Frau Arndt die Investitionsplanung und Personalstatistik. Sie ist auch für das gesamte Vertragswesen innerhalb der internen und externen Vertriebsorganisation zuständig. Zu ihren besonderen Arbeitserfolgen gehört die selbständige Sachbearbeitung der Preisdokumentation. Frau Arndt versteht es, Präsentationen kreativ zu gestalten und sie stets durch Statistiken und Grafiken transparent darzustellen.

Frau Arndt hat sich in ihr umfangreiches Arbeitsgebiet außerordentlich schnell und gewissenhaft eingearbeitet. Sie zeigt großes Engagement und ist immer bereit, auch zusätzlich anfallende Aufgaben zu übernehmen. Ihre Arbeitseinteilung ist so gut, daß sie auch in Streßsituationen immer den Überblick behält. Frau Arndt zeichnet sich jederzeit durch eine schnelle Auffassungsgabe und überdurchschnittliche Sorgfalt und Genauigkeit aus. Sie arbeitet außerdem sehr zielstrebig, umsichtig und stets termingerecht. Außerdem ist sie absolut vertrauenswürdig. Mittlerweile verfügt Frau Arndt über eine sehr breite und beachtliche Berufserfahrung, und sie beherrscht ihren Arbeitsbereich stets souverän.

Frau Arndt erfüllt ihre Aufgaben immer zu unserer vollsten Zufriedenheit und ist uns damit eine sehr wertvolle Mitarbeiterin.

Ihr Verhalten gegenüber Vorgesetzten und Kollegen ist stets vorbildlich. Unseren Geschäftspartnern und Kunden gegenüber tritt sie immer höflich, sicher und gewandt auf.

Dieses Zwischenzeugnis erstellen wir auf Wunsch von Frau Arndt, da ein Wechsel des Vorgesetzten stattgefunden hat.

Wir danken ihr für die bisherige erfolgreiche Mitarbeit und freuen uns auf eine weiterhin gute und vertrauensvolle Zusammenarbeit.

Erlangen, 15. Mai 2001

O. NEUMANN GMBH
Kosmetikgroßhandel

Dr. Erwin Förster

Dr. Erwin Förster
Geschäftsleitung

Kommentar

Hier nun ein Beispiel für ein angemessenes ausführliches Zwischenzeugnis bei einer 14jährigen Tätigkeit innerhalb des Unternehmens. Das Weiterbildungsinteresse der Kandidatin kommt gut zum Ausdruck. Passive Formulierungen werden kaum verwendet.

Die Tätigkeitsbeschreibung ist detailliert. In der Aufzählung werden die wichtigsten Aufgaben zuerst genannt. Die Beschreibung der Tätigkeiten endet im 5. Absatz mit der Nennung eines besonderen Arbeitserfolges, der eigentlich in die Leistungsbeurteilung gehört, wenn man sich streng an die Reihenfolge der einzelnen Bestandteile halten will. Da er aber eine zusätzliche Wertschätzung darstellt, kann er auch hier bleiben.

Die Leistungsbeurteilung ist ausführlich. Bei der Beschreibung wurde auf die adverbialen Bestimmungen der Zeit geachtet. Auch die Zeiten der Verben sind korrekt. Die zusammenfassende Leistungsbeurteilung entspricht der üblichen Formulierung und ist von der Note her eindeutig einzuschätzen.

Ebenso ist die Verhaltensbeurteilung sehr lobend und klar benotet. Der Ausstellungsgrund wird korrekt genannt, und ein Dank wird ausgesprochen. Das Datum enthält auch die Ortsangabe.

Fazit

Einschätzung: Ein gutes bis sehr gutes Zwischenzeugnis. Die Leistungen der Kandidatin kommen sehr glaubwürdig rüber.

Traineezeugnis

Frau Heike Henkel, geb. am 27.06.1965 in Duisburg, trat am 1.8.2000 in unser Unternehmen ein und absolvierte bis zum 31.3.2001 ein Traineeprogramm mit dem Schwerpunkt Marketing.

Ihre Arbeitsaufgaben umfaßten in erster Linie die Vorbereitung und Organisation eines Joint Venture mit einem lettländischen Partner zur flächendeckenden Versorgung von Lettland mit pharmazeutischen Produkten. Hierzu gehörten Beratungsleistungen auf den Gebieten Arbeitsgestaltung, Personalwesen, Preispolitik und Unternehmensplanung hinsichtlich der Markterweiterung. Für diese Tätigkeiten war Frau Henkel auch für drei Monate in Lettland vor Ort im Einsatz und konnte sicherlich etliche persönlich wichtige Erfahrungen in einem osteuropäischen Staat sammeln.

Bereits nach einer kurzen Einarbeitungszeit hat Frau Henkel sehr effektiv die Organisation und Planung des Joint Venture

→

angekurbelt und schließlich entscheidend zum erfolgreichen Start beigetragen. Wir können ihr bestätigen, daß sie ein beachtliches Maß an Eigeninitiative, Verantwortungsbewußtsein und Sorgfalt gezeigt hat. Darüber hinaus verfügt sie über gute Fachkenntnisse, die sie in ihrer Arbeit geschickt einzusetzen wußte. Besonders hervorheben möchten wir auch ihre erhebliche Zuverlässigkeit.

Frau Henkel erledigte ihre Aufgaben stets zu unserer vollen Zufriedenheit.

Wir wünschen ihr für ihre berufliche wie private Zukunft alles Gute.

Köln, 1.4.2001

Alpha Pharma AG

Dr. Winfried Böttcher

Dr. Winfried Böttcher
Marketingleiter

Kommentar

Dieses Zeugnis ist nicht sicher einzuschätzen, da einige Formulierungen Anlaß zu einer negativen Bewertung geben. Die zusammenfassende Leistungsbeurteilung entspricht zwar der Note »sehr gut«, aber das allein reicht noch nicht aus. Eine dringende Klärung und Überarbeitung ist daher notwendig.

Bei der Tätigkeitsbeschreibung ist der zweite Teil des letzten Satzes stilistisch nicht akzeptabel: »... konnte sicherlich etliche persönlich wichtige Erfahrungen sammeln« muß umformuliert werden.

Ebenso ist die Wahl des Verbs im ersten Satz des dritten Absatzes für die Sprache eines Zeugnisses unangebracht: Das Verb »ankurbeln« sollte durch »voranbringen« ersetzt werden. Der Satzanfang »Wir können ihr bestätigen, daß ...« kann auch eine negative Bedeutung assoziieren. Ferner ist es nicht sehr positiv, wenn der Kandidatin nur »gute Fachkenntnisse« zugesprochen werden, »fundierte oder profunde« wären besser. Auch die Beschreibung, daß sie diese geschickt einzusetzen wußte, ist nicht unbedingt positiv zu verstehen. In der gesamten Leistungsbeurteilung fehlen wichtige Begriffe wie »stets«, »immer« und »jederzeit«. Im Gegensatz dazu ist die zusammenfassende Leistungsbeurteilung wiederum sehr ordentlich ausgefallen. Trotzdem bleiben Zweifel, ob sie der Note »sehr gut« wirklich entspricht.

Ein Bedauern und eine Dankesformel werden am Schluß leider nicht genannt, während Zukunftswünsche ausgesprochen werden.

Fazit

Einschätzung: Ein dringend zu überarbeitendes Zeugnis, wobei geklärt werden muß, ob die gewählten Formulierungen aus der Feder eines ungeübten Zeugnisschreibers stammen oder ob sie absichtlich so gewählt wurden. Um aus diesem Zeugnis insgesamt ein wirklich gutes zu machen, ist eine Korrektur unabdingbar.

Ausbildungszeugnis

Göttingen, 14.10.2001

Fräulein Kriemhild Knapp, geb. am 4.4.1978 in Uslar, absolvierte in unserem Unternehmen in der Zeit vom 1.6.1999 bis zum 31.7.2001 eine Ausbildung zur Industriekauffrau.

Die Ausbildung erfolgte in den verschiedenen Abteilungen unserer Firma wie Zentrallager, Einkauf, Auftragsannahme, Versand, Disposition, Lohnbüro, Kundenbuchhaltung und EDV. Hierbei hatte Fräulein Knapp die Gelegenheit, die wesentlichen Tätigkeiten dieser Bereiche kennenzulernen, um sich ein grundlegendes kaufmännisches Wissen anzueignen. Ferner hat sie an Seminaren der Computerschule Success Software Training teilgenommen, an der u.a. grundsätzliche EDV-Kenntnisse vermittelt wurden.

Wir bestätigen Fräulein Knapp gern, daß sie die ihr übertragenen Aufgaben zu unserer Zufriedenheit ausgeführt hat.

Ihr Verhalten zu Mitarbeitern war vorbildlich.

Wir wünschen Fräulein Knapp für die Zukunft das Allerbeste.

Schlemeyer und Co.
Papiergroßhandlung

Herbert Klein — Norbert Müller
Herbert Klein — Norbert Müller

Kommentar

Ein kaum noch ausreichendes, eher schon mangelhaftes Ausbildungszeugnis, in dem die Position der Unterzeichnenden fehlt. Das Ausstellungsdatum ist 2 1/2 Monate später ausgestellt. Die Anrede Fräulein ist absolut unzeitgemäß.

Im 2. Absatz fällt die Formulierung auf: »Hierbei hatte Fräulein Knapp die Gelegenheit, die wesentlichen Tätigkeiten dieser Bereiche kennenzulernen, um sich ein grundlegendes kaufmännisches Wissen anzueignen«. Sie beinhaltet eindeutig eine negative Bewertung, zumal auch im folgenden – bis auf eine zusammenfassende Leistungsbeurteilung – keine weitere ausführliche Einschätzung zu den Leistungen der Kandidatin gegeben wird.

Die zusammenfassende Leistungsbeurteilung entspricht einer kaum noch ausreichenden Note. Ebenso ist der Abschluß sehr dürftig. Es wird kein Dank ausgesprochen, und die Zukunftswünsche sind nur knapp ausreichend.

Auch fehlt eine Bemerkung über den Ort und die Art der erfolgreich abgelegten Abschlußprüfung, wie es bei Ausbildungszeugnissen üblich ist.

Fazit

Einschätzung: Ein inakzeptables Zeugnis, das eine Bremse für jede weitere Bewerbung ist. Entweder muß eine vollständige Überarbeitung bei einem Konsens mit dem Arbeitgeber erfolgen oder eine Klage vor dem Arbeitsgericht durchgeführt werden. Note: mangelhaft.

Praktikumszeugnis

Erlangen, 31.10.2001

Frau Sabine Schütze, geboren am 12.3.1971, war vom 1. April 1997 bis zum 31.10.2001 in meiner Apotheke als Pharmazie-Praktikantin tätig.

Im Rahmen ihres Praktikums hatte Frau Schütze die Gelegenheit, die unterschiedlichsten Aufgabenbereiche in einer Apotheke kennenzulernen und sich an den einzelnen Arbeiten selbständig zu beteiligen. Zu ihren wichtigsten Aufgaben gehörten die Rezeptur, Defektur, der Handverkauf und die Laborarbeit. Ferner war sie mit der Beratung der Kunden betraut.

Mit Engagement und Interesse hat sich Frau Schütze in diese Aufgabenbereiche eingearbeitet. Sie hat sich vielfältige fachliche Kenntnisse erworben, besonders auf dem Gebiet der

→

anthroposophischen Medizin, und arbeitete effizient und zielstrebig. Die Qualität ihrer Arbeitsergebnisse war stets zufriedenstellend.

Die ihr übertragenen Arbeiten erledigte Frau Schütze zu unserer vollen Zufriedenheit.

Ihr Verhältnis Mitarbeitern und Vorgesetzten gegenüber war vorbildlich.

Frau Schütze wird den 2. Teil ihrer Ausbildung bei der Firma Weleda-Heilmittel absolvieren.

Wir wünschen ihr für ihre weitere Arbeit alles Gute.

Park-Apotheke

Walter Buschkrug

Walter Buschkrug
Inhaber

Kommentar

Obwohl formal alle Bestandteile eines Zeugnisses berücksichtigt sind, ist dies kein befriedigendes Zeugnis.

Die Formulierung der Tätigkeitsbereiche ist sehr kurz ausgefallen, und die Formulierung des Anfangssatzes ist etwas unglücklich: »... hatte Frau S. die Gelegenheit, die unterschiedlichsten Aufgabenbereiche ... kennenzulernen und sich an den einzelnen Arbeiten selbständig zu beteiligen« – zumal später keine Aussagen über eine selbständige Arbeitsweise getroffen werden.

Die Leistungsbeurteilung führt den Tenor der Tätigkeitsbeschreibung fort, da die Beschreibungen einer knapp befriedigenden Benotung entsprechen. Auch die zusammenfassende Leistungsbeurteilung ist nur ein knappes Befriedigend.

Ebenso dürftig ist der Abschluß: Es fehlt ein Dank, und die Zukunftswünsche sind nicht sehr vorteilhaft.

Die Daten der Zeugnisausstellung und Ende der Tätigkeit in der Firma stimmen überein.

Fazit

Einschätzung: Es ist zu klären, ob der Aussteller die Arbeit und Leistungen der Kandidatin wirklich nur knapp befriedigend einschätzt oder ob er unwissend diese Formulierungen gewählt hat. Wenn letzteres zutrifft, sollte dieses Zeugnis unbedingt überarbeitet und verbessert werden.

Zeugnisformulierungen und deren Bedeutung auf einen Blick

In dem nun folgenden Katalog von Beispielformulierungen für ein Arbeitszeugnis geht es uns darum, Ihnen übersichtlich zu zeigen, mit welchen Formulierungen welche Bewertung verbunden ist. Dazu haben wir eine Aufteilung in drei Zielgruppen vorgenommen:

1. Angestellte
2. außertarifliche und leitende Angestellte.

Die Beispielformulierungen sind nach dem folgenden Gliederungsschema geordnet, wie es heutzutage üblicherweise bei Arbeitszeugnissen verwendet wird, auch wenn nicht immer zu jedem Unterpunkt eine Aussage getroffen wird:

- Einleitung
- Positions-, Aufgaben- und Tätigkeitsbeschreibung
- Leistungsbeurteilung
  - Arbeitsbereitschaft und -befähigung
  - Arbeitsweise
  - Arbeitserfolg (Arbeitsmenge, -tempo und -qualität)
  - Besondere Arbeitserfolge
  - Gegebenenfalls Führungsleistung
  - Gegebenenfalls Fachwissen/Weiterbildungsmotivation
  - Zusammenfassende Beurteilung der Leistung
- Verhaltensbeurteilung
  - Verhalten gegenüber Vorgesetzten, Kollegen und Dritten
  - Weitere persönliche und soziale Verhaltensaspekte
- Abschluß
  - Kündigung durch den Arbeitnehmer mit Begründung
  - Kündigung durch den Arbeitnehmer ohne Begründung
  - Kündigung durch den Arbeitnehmer bei Nichteinhaltung der Kündigungsfrist
  - Beendigung des Arbeitsverhältnisses durch Aufhebungsvertrag oder Vergleich
  - Betriebsbedingte Kündigung durch den Arbeitgeber
  - Andere Formen der Kündigung durch den Arbeitgeber
  - Fristlose Kündigung durch den Arbeitgeber
  - Beendigung des Arbeitsverhältnisses durch Vertragsablauf
- Dankes-Bedauern-Formel
- Zukunftswünsche

Bei den großen Abschnitten Leistungs- und Verhaltensbeurteilung sowie bei der Dankes-Bedauern-Formel und bei den Zukunftswünschen wurde folgendes Benotungsschema zugrunde gelegt:

Sehr gute Beurteilung
Noch gute Beurteilung
Knapp befriedigende Beurteilung

Ein Exkurs behandelt das Zwischenzeugnis in allen wichtigen Aspekten für die oben aufgeführten drei Zielgruppen.

Mit diesem Formulierungskatalog für Zeugnisse können Sie ein vorliegendes Zeugnis besser einordnen und interpretieren. Er dient aber auch vor allem als Hilfe bei der Formulierung eines eigenen Zeugnisentwurfes, wobei betont werden muß, daß die einzelnen Textbausteine nicht schematisch aneinandergereiht werden dürfen, sondern im Rahmen einer Gesamtzeugniskonzeption moderat und stilistisch geglückt miteinander verbunden werden müssen, angereichert durch individuelle Erweiterungen/Ergänzungen.

Selbstverständlich sind die Formulierungsbeispiele unter einem Oberthema alternativ zu verstehen, d.h. es ist jeweils nur ein Beispielbaustein zu dem behandelten Thema für den Zeugnisentwurf auszuwählen. Falls passend, können jedoch Formulierungen aus den beiden Zielgruppen kombiniert werden.

Sehr gute und noch gute Beurteilungsbeispiele sind ausführlicher berücksichtigt als knapp befriedigende.

Damit wollen wir der Tatsache Rechnung tragen, daß auf dem Arbeitsmarkt vor allem gute Zeugnisse die Bewerbungschancen verbessern. Befriedigende oder gar schlechtere Benotungen verderben die Chancen. Allerdings haben sehr gute Zeugnisbeurteilungen häufig einen Beigeschmack des Übertriebenen, »Geschönten«. Es mag paradox klingen, aber so gesehen sind gute Zeugnisse – weil weniger verdächtig – besser als sehr gute.

Um auf diese Problematik deutlicher hinzuweisen, haben wir ab der Kategorie »gut« die Benotungsstufen pointierter formuliert (»noch gut«, »knapp befriedigend«).

Die für den Laien nicht immer einsichtige Zuordnung bestimmter Formulierungen zu einzelnen Benotungsstufen orientiert sich an der gängigen Praxis unter Berücksichtigung von Rechtsprechung und Fachliteratur sowie an zahlreichen in unserem *Büro für Berufsstrategie* analysierten Arbeitszeugnissen.

Bei etwa 80% aller Arbeitszeugnisse wird das Präteritum (Vergangenheitsform) verwendet, lediglich bei Zwischenzeugnissen und zur Beschreibung von zeitkonstanten Leistungs- und Verhaltensmerkmalen wird das Präsens (Gegenwartsform) eingesetzt.

Textbausteine für Angestellte

Einleitung

- Herr/Frau (Vorname, Name), geboren am ... in ..., war vom ... in unserer Abteilung (Bezeichnung) als (Berufsbezeichnung) tätig.
- Herr/Frau (Vorname, Name), geboren am ... in ..., trat am ... als (Berufsbezeichnung) in unser Unternehmen ein.
- XY, geboren am ..., wurde am ... als ... eingestellt.
- XY war vom ... bis zum ... bei uns im Rahmen eines befristeten Arbeitsverhältnisses als ... beschäftigt.

Positions-, Aufgaben- und Tätigkeitsbeschreibung

- XY arbeitete in der Abteilung ... vorwiegend in dem Bereich ... Zu seinen Aufgaben gehörte ...
- XY war in unserem Unternehmen im Bereich ... mit unterschiedlichen Aufgaben betraut. Dazu zählten: ... (Aufzählung nach Wichtigkeit).
- XYs Aufgabengebiet umfaßte in der Hauptsache: ... (Aufzählung).
- Nach erfolgreicher Einarbeitung übernahm XY das Verkaufsgebiet ... zur umsatzverantwortlichen Bearbeitung. Sein Aufgabengebiet umfaßte ... Außerdem wirkte er bei den Projekten ... mit.
- XY war zunächst in der Abteilung ... als ... tätig. Zu seinen Aufgaben gehörten ... (Aufzählung). Ab dem ... wurde XY aufgrund seiner guten Leistungen und einer erfolgreichen internen Bewerbung in der Abteilung ... als ... eingesetzt. Dort war XY in der Tarifgruppe ... mit der selbständigen Bearbeitung folgender Aufgaben betraut: ... (Aufzählung).
- XY war im Bereich ... für ... tätig. Er besaß Handlungsvollmacht nach § 54 HGB. Seine Aufgabenschwerpunkte lagen in der selbständigen Bearbeitung von ... (Aufzählung).

Leistungsbeurteilung

Übersicht zu den hier beurteilten Merkmalen:

- Arbeitsbereitschaft
- Arbeitsbefähigung
- Arbeitsweise
- Arbeitserfolg (Arbeitsmenge, -tempo und -qualität)
- Besondere Arbeitserfolge
- Fachwissen/Weiterbildungsmotivation
- Zusammenfassende Beurteilung der Leistung.

Arbeitsbereitschaft

Sehr gute Beurteilung der Arbeitsbereitschaft

- XY zeigte stets außerordentliche Initiative, großen Fleiß und Eifer.
- XY war stets hochmotiviert.

- XY hat sich mit großem Engagement und Erfolg in das neue Arbeitsgebiet eingearbeitet.
- Schon nach sehr kurzer Einarbeitungszeit arbeitete XY vollkommen selbständig.
- XY war stets ein engagiert arbeitender und fleißiger Mitarbeiter, der aufgrund seines hohen persönlichen Einsatzes einen bedeutenden Beitrag zum Aufbau unseres/des ... geleistet hat.

Noch gute Beurteilung der Arbeitsbereitschaft
- XY zeigte stets Initiative, Fleiß und Eifer.
- XY war stark motiviert und verfolgte beharrlich die gesetzten Ziele.
- XYs Arbeitsbereitschaft war stets gut.
- Schon nach einer kurzen Einarbeitungszeit arbeitete XY vollkommen selbständig.

Knapp befriedigende Beurteilung der Arbeitsbereitschaft
- XY zeigte Initiative, Fleiß und Eifer.
- XY war ein motivierter Mitarbeiter, der die ihm gesetzten Ziele verfolgte.
- XYs Arbeitsmotivation/-bereitschaft/Dienstauffassung war gut.

Arbeitsbefähigung
Sehr gute Beurteilung der Arbeitsbefähigung
- XY bewältigte neue Arbeitssituationen stets sehr gut und sicher.
- XY stellte an sich selbst sehr hohe fachliche Anforderungen, die er jederzeit voll erfüllte.
- XY war ein ausdauernder und außerordentlich belastbarer Mitarbeiter, der auch unter schwierigen Arbeitsbedingungen alle Aufgaben stets sehr gut bewältigte.
- XY verfügt über sehr große Berufserfahrung und beherrscht seinen Arbeitsbereich in jeder Weise umfassend, sicher und vollkommen.
- XY arbeitete stets sicher und selbständig.
- XY hat oft neue praktikable Ideen, die er erfolgreich in seine Arbeit integriert.
- XY verfügt über ein umfassendes und detailliertes Fachwissen.
- XY verfügt über/hat sehr gute, fundierte Kenntnisse, die er erfolgreich einsetzt.

Noch gute Beurteilung der Arbeitsbefähigung
- XY bewältigte neue Arbeitssituationen stets gut.
- XY stellte an sich selbst hohe Fachanforderungen, die er jederzeit voll erfüllte.
- XY war ein ausdauernder und belastbarer Mitarbeiter, der auch unter schwierigen Arbeitsbedingungen alle Aufgaben stets gut bewältigte.

- XY hat eine umfassende Berufserfahrung und beherrscht seinen Arbeitsbereich überdurchschnittlich.
- XY setzt seine guten und fundierten Fachkenntnisse sehr erfolgreich ein.
- Aufgrund der soliden Fachkenntnisse erzielte XY überdurchschnittliche Erfolge.

Knapp befriedigende Beurteilung der Arbeitsbefähigung
- XY bewältigte neue Arbeitssituationen erfolgreich.
- XY beherrscht sein Arbeitsgebiet umfassend.
- XY verfügt über gute Berufserfahrungen.
- XY verfügt über fundierte Fachkenntnisse auf seinem Gebiet.

Arbeitsweise

Sehr gute Beurteilung der Arbeitsweise
- XY erledigte seine Aufgaben stets selbständig mit äußerster Sorgfalt und größter Genauigkeit.
- XY arbeitete stets sehr zielstrebig, umsichtig und termingerecht.
- XYs Arbeitsweise ist geprägt durch hohe Zielorientierung und Systematik sowie ausgezeichnetes Verantwortungs- und Kostenbewußtsein.
- XY zeichnete sich bei der Erledigung aller Aufgaben durch Gewissenhaftigkeit, Genauigkeit und Umsicht aus. Auch in schwierigen Situationen kann man sich sehr gut auf ihn verlassen.
- XY war ein äußerst pflichtbewußter, zuverlässiger und verschwiegener Mitarbeiter, der stets sehr konzentriert und zielgerichtet arbeitete.

Noch gute Beurteilung der Arbeitsweise
- XY erledigte seine Aufgaben stets selbständig mit großer Sorgfalt und Genauigkeit.
- Wir lernten XY als einen engagierten, aufgeschlossenen Mitarbeiter kennen, der seine Tätigkeiten mit vollem Einsatz erfolgreich ausführte.
- XY ist ein engagierter und fleißiger Mitarbeiter, der sich schnell in seine neuen Arbeitsaufgaben einarbeitet und dem Betrieb auf seinem Gebiet wichtige Impulse gegeben hat.

Knapp befriedigende Beurteilung der Arbeitsweise
- XY erledigte seine Aufgaben stets sorgfältig und genau.
- XY arbeitete sicher und selbständig.

Arbeitserfolg (Arbeitsmenge, -tempo und -qualität)

Sehr gute Beurteilung des Arbeitserfolges
- XY beeindruckte uns stets durch eine sehr gute Arbeitsqualität, wobei er die selbst gesetzten und vereinbarten Ziele auch unter schwierigsten Bedingungen stets erreichte, meist sogar noch übertroffen hat.

- XY war immer ein zuverlässiger, leistungsfähiger Mitarbeiter, der seine umfangreichen Arbeitsaufgaben folgerichtig, zügig und stets sehr gut erledigte.
- XY findet stets hervorragende Problemlösungen, die er auch erfolgreich umsetzt.
- XYs Arbeitsqualität ist stets weit überdurchschnittlich.
- Engagement und Arbeitsergebnisse von XY sind stets außergewöhnlich.

Noch gute Beurteilung des Arbeitserfolges

- XY war ein zuverlässiger, leistungsfähiger Mitarbeiter, der seine umfangreichen Arbeitsaufgaben folgerichtig, zügig und sehr gut erledigte.
- Die von XY gefundenen Lösungen und Umsetzungen sind sehr gut.
- XY ist ein leistungsfähiger, zuverlässiger Mitarbeiter, der seine Aufgaben stets gut erledigt.
- XY zeigt stets eine überdurchschnittliche Arbeitsqualität.

Knapp befriedigende Beurteilung des Arbeitserfolges

- XYs Arbeitsqualität war gut, wobei er die vereinbarten Ziele erreichte.
- XY arbeitet sorgfältig und genau.
- Die Arbeitsqualität von XY ist überdurchschnittlich.

Besondere Arbeitserfolge

(In diesem Abschnitt bestehen individuelle inhaltliche Gestaltungsmöglichkeiten. Schwerpunktthemen können in den Bereichen Vertrieb, Marketing und Außendienstaktivitäten liegen, aber auch in der Reorganisation, der Projektarbeit sowie bei Verbesserungsvorschlägen. Weitere besondere Arbeitserfolge sind z. B. aus der Erweiterung von Kompetenzen oder der Beförderung abzuleiten.)

- XY erreichte trotz schwieriger Wirtschaftslage eine sehr hohe Umsatz- und Gewinnsteigerung. Damit gehörte er zu unseren besten Verkäufern.
- XY erledigte vertrauliche geschäftliche Sonderaufgaben selbständig und zügig stets zu unserer vollsten Zufriedenheit.
- Hervorzuheben sind XYs schnelle Auffassungsgabe, die sehr selbständige Arbeitsweise sowie ein überdurchschnittlicher Arbeitseinsatz, mit dem es XY gelang, schwierige Projektierungsaufgaben stets fristgerecht und erfolgreich zu beenden.

Fachwissen/Weiterbildungsmotivation

Sehr gute Beurteilung von Fachwissen/Weiterbildungsmotivation

- XY verfügt über eine sehr breite und beachtliche Berufserfahrung und beherrscht seinen Arbeitsbereich stets umfassend, souverän und vollkommen.
- XY ist sehr lernmotiviert und hat sich in eigener Initiative neben seinem Beruf mit hohem zeitlichen Engagement und sehr gutem Ergebnis bei … weitergebildet.
- XY besitzt ein umfassendes, detailliertes und aktuelles Fachwissen im Be-

reich ... und wendet die vorhandenen Methoden/Instrumente und Techniken jederzeit sehr wirksam in seiner Berufspraxis an.

Noch gute Beurteilung von Fachwissen/Weiterbildungsmotivation
- XY verfügt über eine breite Berufserfahrung und beherrscht seinen Arbeitsbereich umfassend und überdurchschnittlich.
- XY ist lernmotiviert und hat sich in eigener Initiative neben seinem Beruf mit hohem zeitlichen Engagement und gutem Ergebnis bei ... weitergebildet.

Knapp befriedigende Beurteilung von Fachwissen/Weiterbildungsmotivation
- XY beherrschte seinen Arbeitsbereich umfassend.
- XY war lernmotiviert und hat sich neben seinem Beruf bei ... weitergebildet.
- XY besitzt Fachwissen im Bereich ... und kann die vorhandenen Methoden/Instrumente und Techniken wirksam in seiner Berufspraxis anwenden.
- XY ist mit der modernen ... (z.B. Textverarbeitung) vertraut.

Zusammenfassende Beurteilung der Leistung (Zufriedenheitsaussage)
Sehr gute Gesamtbeurteilung der Leistungen
- XY erfüllte seine Aufgaben stets zu unserer vollsten Zufriedenheit und war uns damit ein sehr wertvoller Mitarbeiter.
- XYs Leistungen waren stets/immer/jederzeit sehr gut.
- Wir waren stets mit XYs Leistungen in jeder Hinsicht außerordentlich/höchst/äußerst/vorbehaltlos zufrieden. Er war ein sehr guter Mitarbeiter.
- Die ihm übertragenen Arbeiten erfüllte er stets zu unserer höchsten Zufriedenheit.
- XY hat als hochqualifizierte Fachkraft im Bereich ... stets zu unserer vollsten Zufriedenheit gearbeitet.
- Seine Leistungen haben uns jederzeit und in jeder Hinsicht voll befriedigt und unsere ganze Anerkennung gefunden.

Noch gute Gesamtbeurteilung der Leistungen
- XY erfüllte seine Aufgaben zu unserer vollen Zufriedenheit. Er war für uns ein wertvoller Mitarbeiter.
- XY arbeitete selbständig, zuverlässig und stets zu unserer vollen Zufriedenheit.
- XYs Leistungen haben stets unsere volle Anerkennung gefunden. Damit gehörte er zu unseren guten Mitarbeitern.
- XY hat als hochqualifizierte Fachkraft im Bereich ... stets zu unserer vollen Zufriedenheit gearbeitet.
- Seine Leistungen haben unsere volle Anerkennung gefunden. XY gehörte stets zu unseren guten ...

Knapp befriedigende Gesamtbeurteilung der Leistungen

- XYs Leistungen waren gut.
- Wir waren mit XYs Leistungen jederzeit zufrieden.

Verhaltensbeurteilung

Übersicht zu den hier beurteilten Merkmalen:

- Verhalten gegenüber Vorgesetzten, Kollegen und Dritten
- Weitere persönliche und soziale Verhaltensaspekte.

Verhalten gegenüber Vorgesetzten, Kollegen und Dritten

Sehr gute Beurteilung des Verhaltens

- XYs Verhalten gegenüber Vorgesetzten, Kollegen und Kunden (Klienten, Mandanten, Patienten etc.) war stets vorbildlich/einwandfrei. Er trug in starkem Maße zu einem harmonischen Betriebsklima bei.
- XYs Zusammenarbeit mit Vorgesetzten und Kollegen war stets sehr gut. Besonders hervorzuheben ist auch seine jederzeit sehr gute Zusammenarbeit mit unseren ..., auf deren Anliegen er flexibel einging.
- XY war wegen seiner freundlichen und zuvorkommenden Art stets sehr geschätzt und beliebt bei seinen Vorgesetzten, Kollegen und ...
- XY war wegen seiner stets verbindlichen, kooperativen und hilfsbereiten Art seinen Vorgesetzten eine äußerst wertvolle Unterstützung und bei den Kollegen immer/jederzeit sehr geschätzt. Auch sein Verhalten gegenüber ... (z.B. Klienten) war vorbildlich. Im Umgang mit anspruchsvollen und schwierigen ... bewies er jederzeit Gewandtheit und hervorragendes diplomatisches Geschick.
- XY ist ein verantwortungsbewußter und zuverlässiger Mitarbeiter, der zu seinen Vorgesetzten, Kollegen und ... stets ein sehr gutes Verhältnis hatte.

Noch gute Beurteilung des Verhaltens

- XYs Verhalten gegenüber Vorgesetzten, Kollegen und ... war einwandfrei/vorbildlich. Er trug wesentlich zu einem harmonischen Arbeitsklima bei.
- XYs Zusammenarbeit mit Vorgesetzten und Kollegen war stets gut. Besonders hervorzuheben ist auch seine jederzeit gute Zusammenarbeit mit unseren ... auf deren Anliegen er flexibel einging.
- Aufgrund seiner kooperativen Haltung war XY stets bei Vorgesetzten, Kollegen und ... anerkannt und beliebt.

Knapp befriedigende Beurteilung des Verhaltens

(Durch eine Umstellung der Reihenfolge in den Personengruppen Vorgesetzte, Kollegen usw. wird Kritik am Verhalten zum Ausdruck gebracht, ebenso auch durch die sogenannte Negationstechnik, wie z.B. mit der Formulierung »kein Anlaß zur Beanstandung/Klage/Tadel« etc.)

- XYs Verhalten gegenüber Kollegen, Vorgesetzten und ... war gut/vorbildlich/einwandfrei.
- XYs Zusammenarbeit mit Kollegen und Vorgesetzten ist als gut/verbindlich/korrekt zu bezeichnen.
- XYs Führung war jederzeit tadellos/ohne Beanstandung.

Weitere persönliche und soziale Verhaltensaspekte

Sehr gute Beurteilung des Verhaltens

- XY fügte sich stets vorbildlich in die unterschiedlichen Arbeitsteams ein und ist mit Mitarbeitern aller Hierarchieebenen jederzeit sehr gut zurechtgekommen.
- Mit XYs exzellenten Umgangsformen waren wir stets außerordentlich zufrieden.
- Besonders hervorzuheben ist sein außerordentliches pädagogisches Geschick. Unsere Auszubildenden haben jederzeit sehr gerne von ihm gelernt.

Noch gute Beurteilung des Verhaltens

- XY fügte sich vorbildlich in die unterschiedlichen Arbeitsteams ein und ist mit Mitarbeitern aller Hierarchieebenen jederzeit gut zurechtgekommen.
- Mit XYs guten Umgangsformen waren wir stets voll zufrieden.

Knapp befriedigende Beurteilung des Verhaltens

- XY fügte sich gut in die unterschiedlichen Arbeitsteams ein und ist mit Mitarbeitern aller Hierarchieebenen zurechtgekommen.
- Mit XYs Umgangsformen waren wir voll zufrieden.

Weiter geht es mit dem Zeugnisabschnitt Abschluß (s. S. 205).

Textbausteine für außertarifliche und leitende Angestellte

Einleitung

- Herr/Frau (Vorname, Name), geboren am ... in ..., war vom ... in unserer Abteilung (Bezeichnung) als (Berufsbezeichnung) tätig.
- Herr/Frau (Vorname, Name), geboren am ..., war in unserem Unternehmen als leitender Angestellter in der Position des ... vom ... bis zum ... tätig.
- Herr/Frau (Vorname, Name), geboren am ... in ..., trat am ... als (Berufsbezeichnung) in unser Unternehmen ein.
- XY, geboren am ... in ..., war vom ... bis zum ... im Rahmen eines außertariflichen Angestelltenverhältnisses in unserem Unternehmen als ... tätig. Am ... wurde ihm Einzelprokura/Gesamtprokura (evtl. Handlungsvollmacht, Generalvertretung etc.) erteilt.
- XY, geboren am ..., leitete vom ... bis zum ... als alleinvertretungsberechtigter Geschäftsführer unser Unternehmen.
- XY, geboren am ..., wurde am ... als ... eingestellt.

- XY war vom ... bis zum ... bei uns im Rahmen eines befristeten Arbeitsverhältnisses als ... beschäftigt.

Positions-, Aufgaben- und Tätigkeitsbeschreibung

- XYs außertarifliches Aufgabengebiet umfaßte die selbständige Erledigung von ...
- Hauptaufgaben in dieser mit großem Gestaltungsspielraum und Eigenverantwortung ausgestatteten Position waren: ...
- Der Wirkungs- und Verantwortungsbereich von XY umfaßte im wesentlichen die selbständige Erledigung folgender Schwerpunktaufgaben: ...
- XY leitete die Stabsabteilung ... Zu seinen Aufgaben gehörten insbesondere ... Daneben ergaben sich folgende zusätzliche Schwerpunktaufgaben: ...
- Schwerpunkte im Ziel- und Aufgabenspektrum von XY waren: ... Aufgrund seiner besonderen Leistung wurde XY ab dem ... als ... mit der verantwortlichen Leitung unserer ... -Abteilung betraut. Seine Aufgaben waren hier im wesentlichen: ...
- XY arbeitete in der Abteilung ... vorwiegend in dem Bereich ... Zu seinen Aufgaben gehörte ...
- XY war in unserem Unternehmen im Bereich ... mit unterschiedlichen Aufgaben betraut. Dazu zählten: ... (Aufzählung nach Wichtigkeit).
- Nach erfolgreicher Einarbeitung übernahm XY das Verkaufsgebiet ... zur umsatzverantwortlichen Bearbeitung. Sein Aufgabengebiet umfaßte ... Außerdem wirkte er bei den Projekten ... mit.
- XY war zunächst in der Abteilung ... als ... tätig. Zu seinen Aufgaben gehörten ... (Aufzählung). Ab dem ... wurde XY aufgrund seiner guten Leistungen und einer erfolgreichen internen Bewerbung in der Abteilung ... als ... eingesetzt. Dort war XY in der Tarifgruppe ... mit der selbständigen Bearbeitung folgender Aufgaben betraut: ... (Aufzählung).
- XY war im Bereich ... für ... tätig. Er besaß Handlungsvollmacht nach § 54 HGB. Seine Aufgabenschwerpunkte lagen in der selbständigen Bearbeitung von ... (Aufzählung).

Leistungsbeurteilung

Übersicht zu den hier beurteilten Merkmalen:

- Arbeitsbereitschaft
- Arbeitsbefähigung
- Arbeitsweise
- Arbeitserfolg
- Besondere Arbeitserfolge
- Fachwissen / Weiterbildungsmotivation
- Führungsleistung
- Zusammenfassende Beurteilung der Leistung (Zufriedenheit).

Arbeitsbereitschaft

Sehr gute Beurteilung der Arbeitsbereitschaft

- Wir schätzen XY als eine dynamische Fach- und Führungspersönlichkeit, die ihren Aufgabenbereich stets mit großem Engagement zielorientiert und ergebnisgerecht geleitet und durch vielfältige Initiativen weiterentwickelt hat.
- Stets zeigte XY eine herausragende Einsatzbereitschaft, wobei sein Enthusiasmus und seine optimistische Haltung auch in schwierigen Arbeitssituationen sehr motivierend auf Kollegen und Mitarbeiter wirkten.
- XY genießt unser Vertrauen aufgrund seines hohen (z.B. einfügen: juristischen) Könnens und seines ausgeprägten beruflichen Engagements.
- XY identifiziert sich sehr stark/absolut mit seinen Arbeitsaufgaben und den Unternehmenszielen.
- XYs Arbeitsstil ist durch ausgeprägte Eigeninitiative gekennzeichnet, und er war stets bereit und fähig, neue Vorhaben durch konstruktive Vorschläge entscheidend zu unterstützen und dadurch wesentlich voranzubringen.

Noch gute Beurteilung der Arbeitsbereitschaft

- XY ist eine dynamische Fach- und Führungspersönlichkeit, die ihren Aufgabenbereich stets mit großem Engagement zielorientiert geleitet und durch viele Initiativen weiterentwickelt hat.
- Stets zeigte XY eine gute Einsatzbereitschaft, wobei seine optimistische Haltung auch in schwierigen Arbeitssituationen sehr motivierend wirkte.
- XY führte alle Aufgaben sehr umsichtig aus, auf der Grundlage einer breiten Wissensbasis und stark motiviert.
- XYs Leistungen und seine Erfolge basieren auf seinem hohen persönlichen Engagement.

Knapp befriedigende Beurteilung der Arbeitsbereitschaft

- XY leitet seinen Aufgabenbereich mit Engagement.
- XY zeigte eine gute Arbeitsbereitschaft.

Arbeitsbefähigung

Sehr gute Beurteilung der Arbeitsbefähigung

- Die Fach- und Leistungskompetenz von XY war stets und in jeder Hinsicht sehr gut.
- XY agierte in neuen geschäftlichen Arbeits- und Belastungssituationen stets sicher, flexibel und sehr gut.
- XY bewies ein sehr gutes analytisch-konzeptionelles und zugleich pragmatisches Denk- und Urteilsvermögen.
- Die Anforderungen dieser vielseitigen und schwierigen Arbeitsaufgaben erfüllte XY in idealer Weise und war dadurch ein in jeder Hinsicht äußerst fähiger Mitarbeiter.

- XY erfüllte die Anforderungen dieses verantwortungsvollen Arbeitsplatzes stets in hervorragender Weise.
- XY ist ein besonders fähiger … (Berufsbezeichnung) mit exzellentem Fachwissen.
- Bereits nach kurzer Zeit arbeitete sich XY dank seiner ausgezeichneten Ausbildung erfolgreich in die schwierigen Aufgaben seines Arbeitsplatzes ein.

Noch gute Beurteilung der Arbeitsbefähigung
- Die Fach- und Leistungskompetenz von XY war stets und in jeder Hinsicht gut.
- XY agierte in neuen geschäftlichen Arbeits- und Belastungssituationen sicher, flexibel und gut.
- XY bewies ein gutes analytisch-konzeptionelles und zugleich pragmatisches Denk- und Urteilsvermögen.
- XY zeigte sich den Anforderungen und Belastungen seines Arbeitsbereiches stets gut gewachsen.
- XY besitzt eine große Berufs- und Leitungserfahrung.

Knapp befriedigende Beurteilung der Arbeitsbefähigung
- Die Fach- und Leistungskompetenz von XY war gut.
- XY zeigte sich den Anforderungen und Belastungen seiner Position gut gewachsen.

Arbeitsweise

Sehr gute Beurteilung der Arbeitsweise
- XY bearbeitete und löste alle Problemstellungen seines Aufgabengebietes stets sehr selbständig, systematisch und sorgfältig.
- XY arbeitet selbständig, zielstrebig und umsichtig und erzielt dabei stets optimale Lösungen.
- XY ist ein äußerst engagierter, zuverlässiger und aktiver Mitarbeiter, der sich durch Kreativität und Durchsetzungsvermögen auszeichnet.
- XY hat stets unser absolutes Vertrauen genossen und daher Zugang zu allen geschäftspolitischen Daten unseres Unternehmens.

Noch gute Beurteilung der Arbeitsweise
- XY bearbeitete und löste alle Problemstellungen seines Aufgabengebietes sehr selbständig, systematisch und sorgfältig.
- XY arbeitet sehr zielstrebig und umsichtig und erzielt dabei stets gute Ergebnisse.

Knapp befriedigende Beurteilung der Arbeitsweise
- XY bearbeitete und löste die Problemstellungen seines Aufgabengebietes selbständig, systematisch und sorgfältig.

Arbeitserfolg

Sehr gute Beurteilung des Arbeitserfolges

- XY arbeitete immer nach klarer, durchdachter eigener Planung und erzielte stets optimale Arbeitserfolge.
- XYs Arbeitsergebnisse erfüllten stets höchste Ansprüche. Sein Erfolg bewies sein unternehmerisches Format.
- XY hat die mit seiner Position verbundenen Gestaltungsmöglichkeiten zu unserer absolut vollsten Zufriedenheit kreativ und verantwortungsbewußt genutzt. Immer wieder verstand er es, in seinem Arbeitsgebiet wichtige Impulse zu geben und neue Wege zu beschreiten. Auf diese Weise erzielte er erhebliche wirtschaftliche Erfolge für unser Unternehmen.
- Die Arbeit von XY war stets von ausgezeichneter Qualität.
- XY erzielte auch bei besonderen und zusätzlichen Arbeitsaufgaben stets sehr gute Ergebnisse.
- XY zeigte bei seinen Arbeitsaufgaben sehr hohen persönlichen Einsatz und hervorragende Leistungen, sowohl qualitativ als auch quantitativ.

Noch gute Beurteilung des Arbeitserfolges

- XY arbeitete nach klarer, durchdachter eigener Planung und erzielte stets gute Arbeitserfolge.
- XYs Arbeitsergebnisse waren stets von hoher Qualität.
- Die Arbeit von XY erfüllte stets hohe Ansprüche.
- XY erzielt auch bei besonderen und zusätzlichen Arbeitsaufgaben stets gute Ergebnisse.

Knapp befriedigende Beurteilung des Arbeitserfolges

- XY arbeitete nach eigener Planung und erzielte gute Arbeitserfolge.
- XYs Arbeitsergebnisse erfüllten hohe Ansprüche.
- Die Arbeit von XY war von hoher Qualität.

Besondere Arbeitserfolge

(nur bei sehr guter bzw. guter Beurteilung)

In diesem Abschnitt bestehen individuelle inhaltliche Gestaltungsmöglichkeiten. Schwerpunktthemen können in den Bereichen Vertrieb, Marketing und Außendienstaktivitäten liegen, aber auch in der Reorganisation der Projektarbeit sowie bei Verbesserungsvorschlägen. Weitere besondere Arbeitserfolge sind z.B. aus der Erweiterung der Kompetenzen oder der Beförderung abzuleiten.

- XY erzielte durch eine kontinuierliche Optimierung der Arbeitsabläufe eine Kapazitätssteigerung von x %, ohne daß dafür zusätzliche Investitionen notwendig waren.
- Wir haben XY wegen seiner sehr guten Leistungen auf dem Gebiet... bereits nach kurzer Zeit in die Gruppe der außertariflichen Angestellten übernehmen können.

- Wir haben XY aufgrund seiner bisherigen Erfolge mit schwierigen Projekten betrauen können. Er erarbeitete innerhalb kürzester Zeit sehr gute Lösungsvorschläge, die sich dann in der Praxis auch hervorragend bewährten.
- XY erstellt des öfteren schwierige Gutachten. Er hat in Fachkreisen einen Namen als anerkannter Experte.
- XY beschäftigte sich laufend mit dem Spezialgebiet X und veröffentlichte dazu diverse stark beachtete Aufsätze in internationalen Fachzeitschriften.
- XY hat sehr wesentlich zum internationalen Erfahrungsaustausch unserer Unternehmensgruppe beigetragen.

Fachwissen/Weiterbildungsmotivation

Sehr gute Beurteilung von Fachwissen/Weiterbildungsmotivation

- XY verfügt über eine sehr breite und beachtliche Berufs- und Leitungserfahrung. Die Unternehmensleitung konnte sich stets auf seine fundierten fachlichen Urteile und umsichtigen Empfehlungen verlassen.
- XY ist hoch weiterbildungsmotiviert und hat sich in eigener Initiative neben seinem starken beruflichen Engagement mit enormem Einsatz und sehr guten Ergebnissen in ... weitergebildet.
- XY besitzt ein umfassendes, detailliertes und aktuelles Fachwissen im Bereich... und wendet die vorhandenen Methoden/Instrumente und Techniken jederzeit sehr wirksam in seiner Berufspraxis an.

Noch gute Beurteilung von Fachwissen/Weiterbildungsmotivation

- XY verfügt über eine große Berufs- und Leitungserfahrung. Die Unternehmensleitung konnte sich auf seine fundierten Urteile und umsichtigen Empfehlungen verlassen.
- XY besitzt ein umfassendes, detailliertes und aktuelles Fachwissen im Bereich... und wendet die vorhandenen Methoden/Instrumente und Techniken jederzeit wirksam in seiner Berufspraxis an.

Knapp befriedigende Beurteilung von Fachwissen/Weiterbildungsmotivation

- XY verfügt über eine große Berufserfahrung. Die Unternehmensleitung hat seine Empfehlungen oft berücksichtigt.
- XY beherrschte seinen Arbeitsbereich umfassend.
- XY ist auch weiterbildungsmotiviert und hat sich neben seinem Beruf weitergebildet.

Beurteilung von Führungsleistung und -erfolg

Vorab: Charakterisierung der Führungsaufgaben und -umstände:

- Das von XY geleitete Team umfaßte ... (Anzahl) Spezialisten aus den Bereichen...
- XY verfügt über eine langjährige Führungserfahrung mit...
- XY führte in seinem Bereich... (Anzahl) Mitarbeiter.

- XY führte eine Anzahl von ... Mitarbeitern, die im ... sowie im ... eingesetzt waren. Er sorgte neben Einstellung und effektiver Einarbeitung erfolgreich für deren ständige Aus- und Weiterbildung und Förderung.

Sehr gute Beurteilung von Führungsleistung und -erfolg

- XY motivierte die ihm unterstellten Mitarbeiter durch eine fach- und personenbezogene Führung stets zu sehr guten Leistungen.
- XY war als Vorgesetzter anerkannt und beliebt. Sein Verhalten gegenüber seinen Mitarbeitern war immer offen und kollegial, so daß es ihm stets gelang, seine Mitarbeiter auch in schwierigen Situationen zu sehr guten Arbeitsergebnissen zu motivieren.
- Die Führung von Mitarbeitern im Bereich ... stellt hohe Anforderungen an den Vorgesetzten. XY hat alle Disziplinarfragen aufgrund seines Durchsetzungsvermögens stets sehr gut gelöst.
- Durch XYs verbindliche, aber bestimmte Art hatte er ein ausgezeichnetes Verhältnis zu seinen Mitarbeitern. Dies führte zu einem sehr produktiven Arbeits- und Betriebsklima.
- Obwohl XY direkt aus den Reihen seiner ehemaligen Kollegen heraus zu deren neuem Vorgesetzten befördert wurde, meisterte er diese schwierige Führungsaufgabe vorbildlich.
- Unter der Leitung von XY haben sich Leistung und Teamgeist in seinem Verantwortungsbereich innerhalb sehr kurzer Zeit äußerst positiv entwickelt.

Noch gute Beurteilung von Führungsleistung und -erfolg

- XY motivierte die ihm unterstellten Mitarbeiter durch eine fach- und personenbezogene Führung stets zu guten Leistungen.
- XY war sachlich überzeugend und ein verbindlicher Vorgesetzter. Dies machte sich stets in entsprechend guten Ergebnissen seiner Arbeitsgruppe bemerkbar.
- Die Führung von Mitarbeitern im Bereich ... stellt hohe Anforderungen an den Vorgesetzten. XY hat alle Disziplinarfragen aufgrund seines Durchsetzungsvermögens stets gut gelöst.
- Unter der Leitung von XY haben sich Leistung und Teamgeist in seinem Verantwortungsbereich innerhalb kurzer Zeit positiv entwickelt.

Knapp befriedigende Beurteilung von Führungsleistung und -erfolg

- XY motivierte die ihm unterstellten Mitarbeiter durch eine fach- und personenbezogene Führung zu guten Leistungen.
- XY überzeugte seine Mitarbeiter und koordinierte ihre Zusammenarbeit. Er gab die sachlich notwendigen Informationen stets weiter und förderte die Fortbildung seiner Mitarbeiter.

- Die Führung von Mitarbeitern im Bereich ... stellt hohe Anforderungen an den Vorgesetzten. XY ist bei allen Disziplinarfragen aufgrund seines Durchsetzungsvermögens gut zurechtgekommen.

Zusammenfassende Beurteilung der Leistung (Zufriedenheitsaussage)
Sehr gute Gesamtbeurteilung der Leistungen
- XY hat die besonderen Aufgaben seiner Position stets zu unserer vollsten Zufriedenheit erledigt und unseren Anforderungen und Erwartungen in jeder Hinsicht und in allerbester Weise entsprochen.
- XY hat ein weitgespanntes Spektrum sehr verschiedenartiger Aufgaben wahrgenommen. Mit seinen sehr guten Leistungen und Erfolgen waren wir stets außerordentlich zufrieden.
- XY hat seine Position stets zu unserer vollsten Zufriedenheit ausgeübt.
- XY hat seine Aufgaben stets zu unserer vollsten Zufriedenheit erfüllt.
- Die Leistungen von XY verdienen in jeder Hinsicht unsere vollste Anerkennung.
- Wir waren mit den Leistungen von XY stets außerordentlich zufrieden.

Noch gute Gesamtbeurteilung der Leistungen
- XY hat die besonderen Aufgaben seiner Position stets zu unserer vollen Zufriedenheit erledigt und unseren Anforderungen und Erwartungen in jeder Hinsicht gut entsprochen.
- XY hat ein weitgespanntes Spektrum sehr verschiedenartiger Aufgaben wahrgenommen. Mit seinen guten Leistungen und Erfolgen waren wir stets voll zufrieden.
- XY hat seine Position stets zu unserer vollen Zufriedenheit ausgeübt.
- XY hat seine Aufgaben stets zu unserer vollen Zufriedenheit erfüllt.
- Wir waren mit den Leistungen von XY stets sehr zufrieden.

Knapp befriedigende Gesamtbeurteilung der Leistungen
- XY hat die Aufgaben seiner Position zu unserer vollen Zufriedenheit erledigt.
- XY hat ein weitgespanntes Spektrum sehr verschiedenartiger Aufgaben wahrgenommen. Mit seinen Leistungen waren wir voll zufrieden.
- XY hat seine Aufgaben zu unserer vollen Zufriedenheit erfüllt.
- Wir waren mit den Leistungen von XY sehr zufrieden.

Verhaltensbeurteilung
Übersicht zu den hier beurteilten Merkmalen:

- Verhalten gegenüber Vorgesetzten, Kollegen und Mitarbeitern
- Verhalten gegenüber Dritten
- Weitere persönliche und soziale Verhaltensaspekte

Verhalten gegenüber Vorgesetzten, Kollegen und Mitarbeitern

Sehr gute Beurteilung des Verhaltens

- Wegen seiner aktiven und kooperativen Wesensart war XY stets beim Vorstand, bei Kollegen und Mitarbeitern gleichermaßen sehr anerkannt und beliebt.
- XY überzeugte fachlich und persönlich. Dies wurde von seinen Vorgesetzten, Kollegen und Mitarbeitern sehr geschätzt.
- XYs Verhalten gegenüber der Unternehmensleitung, seine Integration im Kollegium und sein offener Zugang zu den Mitarbeitern waren stets vorbildlich.
- XYs Kooperation mit Vorgesetzten, Kollegen und Mitarbeitern war stets sehr gut.
- XYs Verhalten gegenüber Vorgesetzten, Kollegen und Mitarbeitern war stets einwandfrei. (Bei leitenden Angestellten eigentlich zu knapp formuliert.)

Noch gute Beurteilung des Verhaltens

- Wegen seiner aktiven und kooperativen Wesensart war XY beim Vorstand, den Kollegen und den Mitarbeitern gleichermaßen sehr anerkannt und geschätzt.
- XY konnte fachlich und persönlich überzeugen und erwarb sich Anerkennung und Wertschätzung seiner Vorgesetzten, Kollegen und Mitarbeiter.
- XYs Verhalten gegenüber der Unternehmensleitung, seine Integration im Kollegium und sein offener Zugang zu den Mitarbeitern waren vorbildlich.
- XYs Kooperation mit Vorgesetzten, Kollegen und Mitarbeitern war stets gut.

Knapp befriedigende Beurteilung des Verhaltens

(Durch eine Umstellung der Reihenfolge in den Personengruppen Vorgesetzte, Kollegen und Mitarbeiter wird in dieser und den folgenden Beurteilungen deutliche, sehr starke Kritik zum Ausdruck gebracht, ebenso auch mit Hilfe der sogenannten Negationstechnik, wie z.B. in der Formulierung »kein Anlaß zur Beanstandung/Klage/Tadel« etc.)

- Wegen seiner aktiven und kooperativen Wesensart wurde XY von Mitarbeitern, Kollegen und Vorstandsmitgliedern gleichermaßen geschätzt und anerkannt.
- XY konnte fachlich und persönlich überzeugen und erwarb sich die Anerkennung seiner Vorgesetzten und Mitarbeiter. (Kollegen werden nicht erwähnt!)
- XYs Verhalten gegenüber Kollegen, Mitarbeitern und Vorgesetzten war einwandfrei.

Verhalten gegenüber Dritten

(Auf diese Beurteilungskategorie wird häufig verzichtet. Ihr Fehlen weist also nicht auf Mängel im Verhalten gegenüber Dritten hin.)

Sehr gute Beurteilung des Verhaltens

- XYs Auftreten gegenüber unseren ... (z.B. Geschäftspartnern) war stets vorbildlich.
- Die Zusammenarbeit mit unseren ... (z.B. Kunden) war wegen seiner guten Kontaktfähigkeit immer äußerst positiv und erfolgreich.
- Auch von unseren ... (z.B. Geschäftspartnern) wurde XY stets außerordentlich geschätzt.
- In unseren Kontakten zu ... erwies sich XY stets als umsichtiger Gesprächs- und Verhandlungspartner.

Noch gute Beurteilung des Verhaltens

- XYs Auftreten gegenüber unseren ... (z.B. Geschäftspartnern) war vorbildlich.
- Die Zusammenarbeit mit unseren ... (z.B. Kunden) war wegen seiner guten Kontaktfähigkeit sehr positiv und erfolgreich.
- Auch von unseren ... (z.B. Geschäftspartnern) wurde XY stets sehr geschätzt.

Knapp befriedigende Beurteilung des Verhaltens

- XYs Auftreten gegenüber unseren ... (z.B. Geschäftspartnern) war gut.

Weitere persönliche und soziale Verhaltensaspekte

(Auf diese Kategorie wird häufig in Zeugnissen verzichtet. Aus ihrem Fehlen ist keine Kritik am Verhalten abzuleiten.)

Sehr gute Beurteilung des Verhaltens

- Besonders hervorzuheben ist XYs absolute Integrität und seine hoch ausgeprägte Überzeugungs- und Durchsetzungsfähigkeit.
- Aufgrund seiner Persönlichkeit genoß XY in jeder Hinsicht voll und ganz unser Vertrauen.
- XY besitzt großes persönliches Geschick.
- Besonders hervorzuheben ist bei XY seine Fähigkeit, bei diffizilen Entscheidungen den Konsens zu suchen und zu finden.

Noch gute Beurteilung des Verhaltens

- Hervorzuheben ist XYs Integrität und seine ausgeprägte Überzeugungs- und Durchsetzungsfähigkeit.
- Wir schätzten an XY, daß für ihn die Interessen des Unternehmens höchste Priorität hatten.

Knapp befriedigende Beurteilung des Verhaltens

- Erwähnenswert ist XYs Überzeugungs- und Durchsetzungsfähigkeit.

Textbausteine für den Zeugnisabschluß

Der nun folgende letzte Abschnitt des Arbeitszeugnisses ist für die zwei Gruppen Angestellte und leitende/außertarifliche Angestellte gleich.

Im wesentlichen geht es beim Abschluß des Zeugnisses um folgende Inhalte und Aspekte:

- Kündigung durch den Arbeitnehmer (mit und ohne Begründung)
- Kündigung durch den Arbeitnehmer bei Nichteinhaltung der Kündigungsfrist
- Beendigung des Arbeitsverhältnisses durch Aufhebungsvertrag oder Vergleich
- Kündigung durch den Arbeitgeber
  - betriebsbedingt
  - andere Formeln
  - fristlose Kündigung
- Beendigung des Arbeitsverhältnisses durch Vertragsablauf (Befristung)
- Dankes-Bedauern-Formel
- Zukunftswünsche.

Formulierung der Kündigung

Kündigung durch den Arbeitnehmer (mit Begründung)

- XY verläßt unser Unternehmen am heutigen Tag, um sich beruflich zu verändern.
- XY verläßt uns auf eigenen Wunsch, um sich neuen beruflichen Aufgaben zu stellen.
- XY scheidet auf eigenen Wunsch aus, um sich beruflich zu verbessern.
- XY verläßt uns, um in einem anderen Unternehmen eine weiterführende Aufgabe zu übernehmen.
- XY verläßt uns auf eigenen Wunsch, um ... Er hatte das Arbeitsverhältnis fristgemäß zum ... gekündigt. Aufgrund der Tatsache, daß sein neuer Arbeitgeber ihn bat, möglichst frühzeitig in das neue Unternehmen zu wechseln, waren wir trotz gewisser Überbrückungsschwierigkeiten für uns aufgrund des sehr guten wechselseitigen Verhältnisses und in bester Absicht für XY mit einem vorzeitigen Wechsel einverstanden.
- Zum ... hat XY das mit uns bestehende Arbeitsverhältnis fristgemäß gekündigt, um ... (z.B. ein Studium aufzunehmen, sich selbständig zu machen/einen durch Berufswechsel des Ehepartners bedingten Ortswechsel mitzuvollziehen etc.).
- XY hat das Beschäftigungsverhältnis fristgemäß auf eigenen Wunsch gelöst, um sich mit Ablauf des Erziehungsurlaubes ganz der Familie zu widmen.
- XY verläßt uns auf eigenen Wunsch, um ... (z.B. sich finanziell zu verbessern/beruflich weiterzukommen/neue Aufstiegschancen wahrzunehmen, die wir ihm nicht bieten konnten). (Eher negativ wirkende Formulierung.)

Kündigung durch den Arbeitnehmer (ohne Begründung)
- XY scheidet auf eigenen Wunsch aus unserem Unternehmen aus.
- Auf eigenen Wunsch beendete XY zum ... seine Tätigkeit bei uns.
- XY trennt sich zum ... von unserer Firma aus eigenem Entschluß. (Die Formulierung »trennt sich« und »Entschluß« können eine vom Arbeitgeber geforderte bzw. erbetene Eigenkündigung andeuten.)
- XY verläßt unsere Firma zum ... (Auf wessen/eigenen Wunsch??)

Kündigung durch den Arbeitnehmer bei Nichteinhaltung der Kündigungsfrist
- XY beendete auf eigenen Wunsch das Arbeitsverhältnis zum ... (sogenanntes »krummes« Datum).
- Um in einem anderen Unternehmen seinen Berufsweg fortzusetzen, verließ uns XY vorzeitig am ... (»krummes« Datum).
- XY schied zum ... (»krummes« Datum) auf eigenen Wunsch aus unserem Unternehmen aus, um sich umgehend einer neuen Arbeitsaufgabe stellen zu können.

Beendigung des Arbeitsverhältnisses durch Aufhebungsvertrag oder Vergleich
- Am ... endet das Arbeitsverhältnis im gegenseitigen Einvernehmen.
- Das Arbeitsverhältnis endet mit Datum vom ... in beiderseitigem bestem Einvernehmen.
- Auf Wunsch von Herrn X endet das Arbeitsverhältnis in beiderseitigem guten Einvernehmen am ...
- Das Ausscheiden von XY erfolgte in beiderseitigem guten Einvernehmen am ...
- Das Arbeitsverhältnis endet zum ... durch einvernehmliche Trennung. (Deutet Probleme an/Trennung = Initiative des Arbeitgebers.)

Betriebsbedingte Kündigung durch den Arbeitgeber
- Zu unserem Bedauern mußte das Arbeitsverhältnis mit Herrn X fristgemäß und betriebsbedingt gekündigt werden.
- Das Ausscheiden von XY erfolgte betriebsbedingt unter Einhaltung sozialer Auswahlkriterien.
- Nach erfolgter Umstrukturierung unseres ... -Bereiches konnten wir XY keinen neuen Arbeitsplatz in unserem Unternehmen anbieten und mußten daher leider das Arbeitsverhältnis betriebsbedingt beenden.

Andere Formen der Kündigung durch den Arbeitgeber
- Das Arbeitsverhältnis endete zum ...
- Die Auflösung des Arbeitsverhältnisses erfolgte zum ...
- Das Arbeitsverhältnis endet mit Ablauf des Monats ... innerhalb der Probezeit. Wir bedauern, daß es nicht zu einer Festanstellung gekommen ist.

Fristlose Kündigung durch den Arbeitgeber

- Vorzeitig/ungeplant/unwiderruflich/kurzfristig mußten wir uns am ... von XY trennen.
- Das Arbeitsverhältnis endet aus besonderen Gründen.
- Bedauerlicherweise sahen wir uns gezwungen, zum ... (»krummes« Datum) das Arbeitsverhältnis zu beenden.

Beendigung des Arbeitsverhältnisses durch Vertragsablauf (Befristung)

- Mit Ablauf der vereinbarten Zeit beenden wir das befristete Arbeitsverhältnis mit XY.
- Zu unserem großen Bedauern können wir XY zur Zeit keine Dauerbeschäftigung bieten, so daß das Arbeitsverhältnis mit Ablauf der vereinbarten befristeten Zeitspanne zum ... endet.

Dankes-Bedauern-Formel (im Endzeugnis)

Sehr gute Dankes-Bedauern-Formel

- Wir bedauern, in Herrn XY eine ausgezeichnete Fach-/Führungskraft zu verlieren, und danken ihm für die stets vorbildliche Leistung/Leitung im Bereich ...
- Wir danken für die stets sehr gute Zusammenarbeit und bedauern sehr, XY zu verlieren. Für seine Entscheidung, unser Unternehmen zu verlassen, haben wir aber Verständnis.
- Mit Bedauern über sein Ausscheiden danken wir XY für seine stets sehr guten Leistungen.
- Für die langjährige ergebnisreiche und wertvolle Zusammenarbeit sind wir XY zu Dank verpflichtet. Wir bedauern es außerordentlich, diesen ausgezeichneten Mitarbeiter zu verlieren.
- Wir danken XY für die stets hervorragende Zusammenarbeit. Wir verlieren mit ihm einen erfahrenen Spezialisten, verstehen aber, daß er im Rahmen seiner beruflichen Entwicklung die ihm gebotene Chance wahrnehmen möchte.

Noch gute Dankes-Bedauern-Formel

- Wir bedauern, in Herrn XY eine gute Fach-/Führungskraft zu verlieren, und danken ihm für die stets gute Leistung/Leitung im Bereich ...
- Wir danken für die stets gute Zusammenarbeit und bedauern sehr, XY zu verlieren. Für seine Entscheidung, unser Unternehmen zu verlassen, haben wir aber Verständnis.
- Mit Bedauern über sein Ausscheiden danken wir XY für seine stets guten Leistungen.
- Für die langjährige, erfolgreiche Zusammenarbeit sind wir XY zu Dank verpflichtet. Wir bedauern es außerordentlich, diesen guten Mitarbeiter zu verlieren.

Knapp befriedigende Dankes-Bedauern-Formel

- Wir bedauern, in Herrn XY eine gute Fach-/Führungskraft zu verlieren, und danken ihm für die gute Leistung/Leitung im Bereich …
- Wir danken für die gute Zusammenarbeit und bedauern, XY zu verlieren. Für seine Entscheidung, unser Unternehmen zu verlassen, haben wir aber Verständnis.

Zukunftswünsche

(Fehlende Zukunftswünsche können auf erhebliche Differenzen hinweisen.)

Sehr gute Zukunftswünsche

- Wir wünschen XY auf seinem weiteren Berufs- und Lebensweg alles Gute und weiterhin viel Erfolg.
- Wir wünschen diesem vorbildlichen Mitarbeiter beruflich und persönlich alles Gute und weiterhin viel Erfolg.
- Für seinen weiteren beruflichen Werdegang wünschen wir XY alles Gute, viel Glück und Erfolg.

Noch gute Zukunftswünsche

- Wir wünschen XY auf seinem weiteren Berufs- und Lebensweg alles Gute.

Knapp befriedigende Zukunftswünsche

- Wir wünschen XY für seine weitere Arbeit/weitere Tätigkeit alles Gute.

Exkurs: Das Zwischenzeugnis

Beim Zwischenzeugnis, das sich in den ersten vier Abschnitten (Einleitung, Aufgaben, Leistungs- und Verhaltensbeurteilung) genauso wie das qualifizierte Abschlußzeugnis gestaltet, sind im letzten Zeugnisabschnitt die folgenden Aspekte zu berücksichtigen:

- Begründung für das Zwischenzeugnis
  - feststehendes Arbeitsvertragsende
  - mögliches Arbeitsvertragsende
  - Versetzung oder Veränderung im Arbeitsverhältnis
  - Vorgesetztenwechsel
  - Unterbrechung des Arbeitsverhältnisses
  - Eigentümerwechsel/Rechtsformänderung
  - sonstige Gründe
- Dankesformel im Zwischenzeugnis
- Zukunftswünsche

Begründungen für ein Zwischenzeugnis

Feststehendes Arbeitsvertragsende

- Da XY das Arbeitsverhältnis zum … auf eigenen Wunsch beenden wird, erbat er dieses vorläufige Zeugnis.
- XY erhält dieses vorläufige Zeugnis, weil das Arbeitsverhältnis am … im besten Einvernehmen beendet wird.
- Wunschgemäß stellen wir XY dieses vorläufige Zeugnis aus, da das befristete Arbeitsverhältnis mit Datum vom … enden wird.

Mögliches Arbeitsvertragsende

- Da in unserem Unternehmen seit längerer Zeit Kurzarbeit geleistet wird, erbat XY dieses Zwischenzeugnis. Das Arbeitsverhältnis ist ungekündigt.
- Anläßlich der Eröffnung des Vergleichsverfahrens/Konkursverfahrens erhält XY dieses Zwischenzeugnis. Das Arbeitsverhältnis ist ungekündigt.

Versetzung oder Veränderung im Arbeitsverhältnis

- Wunschgemäß stellen wir XY dieses Zwischenzeugnis anläßlich der Beendigung seiner …-Ausbildung aus. Das Arbeitsverhältnis ist ungekündigt.
- Zum … übernimmt XY aufgrund seiner erfolgreichen internen Stellenbewerbung die Arbeitsaufgabe … Dieses Zeugnis wird ihm anläßlich der Beendigung seiner bisherigen Tätigkeit ausgestellt.

Vorgesetztenwechsel

- Wunschgemäß erhält XY dieses Zwischenzeugnis, da sein langjähriger Vorgesetzter aus unserem Unternehmen ausscheidet.
- Aufgrund des Vorgesetztenwechsels wird XY dieses Zwischenzeugnis ausgestellt.

Unterbrechung des Arbeitsverhältnisses

- Anläßlich des Beginns des Erziehungsurlaubes stellen wir XY dieses Zwischenzeugnis aus.
- XY erbat dieses Zwischenzeugnis aufgrund seiner Einberufung zum Wehrdienst.

Eigentümerwechsel/Rechtsformänderung

- XY erhält dieses Zeugnis anläßlich eines grundlegenden Gesellschafterwechsels/anläßlich einer Änderung unserer Rechtsform von … in …

Sonstige Gründe

- XY bat uns um dieses Zwischenzeugnis zur Vorlage bei …
- Dieses Zwischenzeugnis wurde auf Wunsch von XY erstellt. Das Beschäftigungsverhältnis ist ungekündigt.

- Aufgrund der Freistellung für die Betriebsratsarbeit erhält XY dieses Zwischenzeugnis.

Dankesformel im Zwischenzeugnis

Sehr gute Formel

- Wir danken XY für seine stets sehr guten Leistungen und hoffen auch weiterhin auf eine gute Zusammenarbeit.

Noch gute Formel

- Wir danken XY für seine stets guten Leistungen und hoffen auch weiterhin auf eine gute Zusammenarbeit.

Knapp befriedigende Formel

- Wir danken XY für seine gute Leistung.

Zukunftswünsche

(Zukunftswünsche werden im Zwischenzeugnis seltener zum Ausdruck gebracht, z.T. sind sie bereits in der Dankesformel enthalten. Ein Fehlen kann nicht unbedingt negative Rückschlüsse zulassen. In einem guten Zwischenzeugnis sollten sie jedoch Eingang finden.)

- Wir wünschen uns auch für die Zukunft eine ebenso gute/erfolgreiche gemeinsame Arbeit.
- Wir freuen uns auf eine weiterhin gute/erfolgreiche Zusammenarbeit mit XY.
- In der Hoffnung auf weiterhin gute Zusammenarbeit wünschen wir XY in unserem Unternehmen/in seinem beruflichen Werdegang alles Gute/viel Erfolg.

Zusammenfassung

Es gibt unterschiedliche Arten von Zeugnissen: das einfache und das qualifizierte Zeugnis, das Zwischenzeugnis, das Ausbildungszeugnis sowie das Praktikums-/Aushilfszeugnis. Während das einfache Zeugnis nur Art und Dauer der Beschäftigung beschreibt und heutzutage kaum zur Unterstützung einer Bewerbung ausreicht, bescheinigt das sehr viel detailliertere qualifizierte Zeugnis die Befähigung zu der ausgeführten Arbeit. Folgende Punkte müssen in einem qualifizierten Zeugnis enthalten sein:

- Angaben zu Person, Dauer der Beschäftigung mit genauen Daten
- Darstellung des Arbeitsplatzes und Aufgabengebiets
- Erfahrungen, Kenntnisse und Kompetenz

- Beurteilung der Arbeitsleistung und Würdigung positiver Eigenschaften des Stelleninhabers
- Bewertung der Lern- und Fortbildungsbereitschaft
- Beurteilung des Verhaltens gegenüber Vorgesetzten, Kollegen, Mitarbeitern und Geschäftspartnern
- Angaben über Gründe des Ausscheidens
- Abschließende Dankes- und Wunschformeln für die Zukunft.

Zudem sollte das qualifizierte Arbeitszeugnis

- fehlerlos auf Firmenpapier getippt sein
- mit einem Datum versehen sein, das nahe am Austrittsdatum liegt
- mindestens eine Seite lang sein
- unterschrieben sein von einem deutlich ranghöheren Mitarbeiter.

Bewerbungsunterlagen

Nach eingehender Vorbereitung und Auseinandersetzung mit sich selbst, den eigenen beruflichen Zielen und natürlich auch dem potentiellen Arbeitgeber ist der Augenblick gekommen, die schriftlichen Bewerbungsunterlagen zu erstellen. Auch hierfür sollten Sie sich ausreichend Zeit nehmen, um einen wirklich guten ersten Eindruck zu hinterlassen.

Die überzeugende schriftliche Selbstdarstellung öffnet Ihnen die richtigen Türen zu Vorstellungsgesprächen in genau den Berufsfeldern, die Ihren persönlichen Zielen und Fähigkeiten entsprechen. Allerdings brauchen Sie bei der heute geforderten beruflichen Flexibilität mehrere Versionen Ihrer schriftlichen Bewerbungsunterlagen, um sich für interessante Positionen jeweils von Ihrer besten Seite präsentieren zu können.

Ziel Vorstellungsgespräch

Ihre Bewerbungsunterlagen sagen etwas über Sie aus. Sollen sie ja auch, das ist schließlich Sinn und Zweck der Übung. Sie wissen das und der Arbeitsplatzanbieter und Personalentscheider ebenfalls. Nun bleibt nur noch zu klären, was Ihre Unterlagen aussagen und ob es genau das ist, was Sie auf diesem Wege in schriftlicher Form von sich zu vermitteln wünschen. Und ob es zum Ziel führt, daß Sie zum Vorstellungsgespräch eingeladen werden.

Das wissen Sie längst: Wer sich bewirbt, macht Werbung in eigener Sache, für die eigene Person, für die dem Kunden (Arbeitgeber) angebotene Dienstleistung. Sie vermarkten Ihr Know-how, Ihre Arbeitskraft. Mit der schriftlichen Bewerbung geben Sie eine Art Visitenkarte ab, eine allererste Arbeitsprobe und erzeugen damit einen ersten Eindruck bei Ihrem potentiellen Arbeitgeber, Ihrem eigentlichen Kunden, dem Einkäufer der von Ihnen angebotenen Arbeitskraft.

In sehr komprimierter Form geht es jetzt vor den praktischen Beispielen zunächst um den theoretischen Hintergrund zur Erstellung schriftlicher Bewerbungsunterlagen.

Wie lautet Ihre Botschaft?

Die zentrale Frage in diesem Stadium Ihrer (schriftlichen) Bewerbungsaktivitäten lautet also: Was ist Ihre Botschaft, und gelingt es Ihnen, diese auch rüberzubringen?

Da wir es mit einer Werbeaktion in eigener Sache zu tun haben, ist es nicht nur gerechtfertigt, sondern auch hilfreich, sich zu verdeutlichen, daß Sie mit all Ihren schriftlichen Bewerbungsunterlagen eine Art Verkaufsprospekt präsentieren. Dieser besteht üblicherweise aus mehreren Unterlagen: Bewerbungsanschreiben, Lebenslauf, Foto, und Zeugniskopien. Weitere Anlagen können sein: Zertifikate über besondere Schulungen, Kurse usw., evtl. eine Handschriftenprobe, in seltenen Fällen Referenzen/Empfehlungen oder gar das polizeiliche Führungszeugnis.

Nicht ohne Grund haben wir hier an erster Stelle das Anschreiben genannt. Gut formuliert sollte es Aufmerksamkeit und Interesse wecken. Hilfreich für Ihr Be-Werbungsschreiben ist dabei die AIDA-Formel aus der Werbepsychologie.

AIDA steht in diesem Zusammenhang für:

A = attention (Aufmerksamkeit für Ihre Bewerbung erzeugen)
I = interest (Interesse an Ihrer Person wecken)
D = desire (Wunsch entstehen lassen, Sie kennenzulernen)
A = action (die Handlungsaktivität »Einladung« provozieren).

Es kommt also darauf an, in komprimierter Form alle wichtigen Argumente, die für Sie sprechen, die Interesse auslösen und so zu einer Einladung führen, gut formuliert vorzutragen. Der Leser soll neugierig gemacht werden auf Ihre weiteren Unterlagen und natürlich ganz besonders auf Sie als Person. Beim Lesen muß unbedingt der Wunsch entstehen, Sie kennenlernen zu wollen.

Spätestens an dieser Stelle sind jedoch einige relativierende Bemerkungen zur Bedeutung des Bewerbungsanschreibens notwendig. Nicht alle Personalentscheider werden Ihre Unterlagen in der Reihenfolge Anschreiben – Lebenslauf etc. lesen, sondern immer häufiger versucht der oft unter einem enormen Zeitdruck arbeitende Entscheidungsträger, sich zunächst einmal durch das flüchtige Blättern und Schauen in Ihrer Bewerbungsmappe einen ersten Eindruck zu verschaffen. Es geht darum, schnell zu entscheiden, ob sich eine nähere Beschäftigung mit Ihnen (bzw. jetzt zunächst einmal mit Ihren Unterlagen) lohnt oder ob Sie die Unterlagen ganz schnell zurückbekommen.

Blitzschnelle Durchsicht

Für den ersten schnellen, aber doch schon recht entscheidenden Durchgang durch Ihre Bewerbungsmappe werden je nach Temperament ein bis maximal (und wirklich nur in seltenen Fällen) fünf Minuten Lese- und Bearbeitungszeit einkalkuliert. Der Durchschnitt liegt eher um die eineinhalb bis zwei Minuten. Diese wenige und um so wertvollere Zeit wird deshalb primär auf die beruflichen Daten verwandt (Entwicklung, Position etc.) und weniger auf das begleitende Anschreiben. Dies ist in der Regel doch recht stereotyp und deshalb meist wenig aussagekräftig.

Zu einem späteren Zeitpunkt wendet man sich natürlich auch wieder dem

Bewerbungsanschreiben zu und schaut sich an, ob man Sie einlädt oder vorab telefonisch interviewt.

Beschäftigen wir uns jetzt also zunächst einmal mit dem Erstellen Ihrer Bewerbungsmappe und den entsprechenden Unterlagen, denn Ihr Anschreiben sollten Sie zuguterletzt konzipieren.

Rechtschreibreform und Bewerbung

Lange ist darüber nachgedacht und viel darüber diskutiert worden – letztendlich ist wohl kaum einer glücklich, die Verwirrung dafür aber um so größer. Die sogenannte Rechtschreibreform, die angeblich das Erlernen der Schreibregeln erleichtern soll, ist zum 1.8.1998 in Kraft getreten. Zum 1.8.1999 haben sich die deutschen Zeitungs- und Zeitschriftenverleger ihr zähneknirschend untergeordnet.

Die Übergangszeit, in der die bisherige, sogenannte alte Schreibweise ihre Gültigkeit behält, läuft am 31.7.2005 ab. Erst ab diesem Zeitpunkt gilt die alte Rechtschreibung als falsch. Bis dahin bevorzugen wir die alte Schreibweise und gehören damit sicherlich nicht einer Minderheit an.

Und was Ihre Bewerbungsunterlagen anbetrifft, glauben wir, daß in den nächsten ein bis zwei Jahren den meisten Leuten und damit auch den Lesern Ihrer Bewerbungsunterlagen, also der Arbeitgeberseite, eher die alte Schreibweise vertraut sein wird. In den meisten Fällen tun Sie somit gut daran, sich der alten Form zu bedienen. Ausnahme ist sicherlich eine Bewerbung im journalistischen Bereich (Zeitungen/Zeitschriften) und mit fortschreitender Zeit im öffentlichen Dienst, der sich ebenfalls seit Ende 1998 dazu bekennt.

Hier also auf den Punkt gebracht unser *Tipp* (Achtung: das ist die neue Schreibweise): Schreiben *sie* (Achtung, Sie: das ist die neue Schreibweise) ruhig die nächsten ein, zwei Jahre noch nach den alten Rechtschreibregeln.

Und immer aufs neue: Der Lebenslauf

Entscheidende Weiche

Für 90 Prozent aller Chefs ist die Analyse des Lebenslaufs entscheidendes Auswahlkriterium – so das Ergebnis einer von uns durchgeführten Befragung der Personalabteilungen führender Unternehmen. Das unterstreicht: Ihr Lebenslauf stellt die entscheidende Weiche für eine Einladung zum Vorstellungsgespräch.

Zusammen mit dem Bewerbungsanschreiben ist der Lebenslauf das wichtigste Dokument, das für oder gegen Sie spricht. Ihr Anschreiben kann vielleicht darüber entscheiden, mit welchem Interesse der Lebenslauf und die weiteren Unterlagen gelesen werden, ob Ihre Unterlagen letztendlich sogar auf dem Stapel »Kommt in Frage« landen.

Für den Lebenslauf gilt: Die Präsentation muß überzeugen und die Formulierung sehr sorgfältig sein. Rechnen Sie mit einem Zeitaufwand von zehn bis dreißig und mehr Stunden.

Der tabellarische Lebenslauf gibt Ihrem potentiellen Arbeitgeber in kurzer Form eine Übersicht über Ihren Werdegang. Alle wichtigen Daten sind daraus ersichtlich, Schwerpunkte in Ausbildung und Beruf kann der Leser ohne große Mühe entnehmen. Die Informationen müssen kurz und prägnant sein und sich in logischer Abfolge aneinanderreihen. Achten Sie darauf, daß keine offensichtlichen Lücken auftreten oder daß Sie diese plausibel erklären.

Vielleicht überrascht es Sie: Jeder Lebenslauf ist nur einmal verwendbar. Lebensläufe sind also nicht recycelbar. Denn sie müssen – genauso wie das Bewerbungsanschreiben – der jeweiligen Bewerbung angepaßt werden. Aus Ihrem Lebenslauf soll hervorgehen, daß Sie genau dem Anforderungsprofil der angestrebten Stelle entsprechen.

Anpassungsleistung

Eine Anpassungsleistung ist von Ihnen gefordert. So genial Sie auch sein mögen – erst mal müssen Sie beweisen, daß Sie die Spielregeln beherrschen und sich anpassen können. Wenn Sie das Ritual nicht perfekt mitspielen, haben Sie in der Regel kaum eine Chance, bei Ihrer Bewerbung weiterzukommen. Natürlich ist es Ihre Entscheidung, inwieweit Sie sich anpassen oder Ihrer Individualität Ausdruck verleihen wollen.

Sich von der Masse abheben

Apropos Individualität: Treten Sie in Ihrem Lebenslauf mit kleinen Zusatzqualifikationen aus der Masse hervor. Vielleicht haben Sie ein berufsspezifisches Ehrenamt oder Engagement, vielleicht ein besonderes Hobby oder eine spezielle Stärke, vielleicht waren Sie im Ausland oder haben sich aus Eigeninitiative weitergebildet.

Als Faustregel gilt: Ihre Freizeitbeschäftigungen sind dann von besonderem Interesse, wenn sie mit dem Arbeitsplatz und seinen Anforderungen in irgendeiner Verbindung stehen. Beispielsweise ist Ihre aktive Sportbegeisterung und die Tatsache, daß Sie Mannschaftskapitän Ihres Handballteams sind, dann von besonderem Informationswert, wenn Sie einen Beruf wählen, in dem es auf Ihre soziale Kompetenz ankommt. Sportaktive gelten als sozial befähigt. Wenn Sie Kassenwart in einem Verein waren, zieht ein Personalchef möglicherweise Rückschlüsse auf Ihre Zuverlässigkeit, Genauigkeit und Vertrauenswürdigkeit.

Der entscheidende Gedanke bei der Gestaltung des Lebenslaufes ist: Was könnte Sie bei dem angestrebten Arbeitsplatz in den Augen des Arbeitgebers interessant machen, aufwerten und von anderen Mitbewerbern positiv unterscheiden? Es geht um Ihre Persönlichkeit, und dabei sagen Ihr Hobby und Ihre Interessen eine ganze Menge über Sie als Mensch.

Zeitfolge- und Positionsanalyse

Der Lebenslauf dokumentiert Strukturen Ihrer Lebensführung. Geübte Personalchefs entdecken in diesem Dokument (oder glauben es zumindest) Grundlinien Ihrer Biographie und damit auch wesentliche Charaktermerkmale. Gestaltung und Inhalt des Lebenslaufes lassen Rückschlüsse darauf zu, wie Sie Ihr Leben anpacken. Aufrecht, sorgfältig, zwanghaft oder sogar etwa kleinlich. Seien Sie also darauf gefaßt, und geben Sie negativen Interpretationen keine Chance. Halten Sie sich an bewährte Regeln.

Zwei Aspekte sind es primär, denen die Personalchefs und Arbeitgeber beim Studium Ihres Lebenslaufes nachgehen: Zeitfolge- und Positionsanalyse.

Wo sind Lücken?

Die Zeitfolgeanalyse wird erstellt, um möglichen Lücken in Ihrer Biographie auf die Spur zu kommen. Hinter »weißen Stellen« vermutet man Ungutes. Ihr Chef nimmt auch die Zahl der Arbeitsplätze in einem bestimmten Zeitraum genauer unter die Lupe: Findet ein Arbeitsplatzwechsel in zu kurzen Abständen statt (d.h. deutlich unter fünf Jahren), deutet das auf Schwierigkeiten oder mangelndes Durchhaltevermögen hin.

Bei jüngeren Bewerbern sieht dies jedoch anders aus als bei älteren. Wer jung ist, darf ausprobieren. Umgekehrt gilt: Wer erst nach zehn oder fünfzehn Jahren wechselt, dokumentiert Ängstlichkeit und mangelnde Flexibilität. Das sieht dann nach geringer Risikobereitschaft und mäßigem Lernwillen aus.

Die Positionsanalyse untersucht Auf- und Abstieg, Berufs- und Arbeitsgebietswechsel. Der Chef fragt sich: Ist Ihre Biographie geradlinig und logisch nachvollziehbar? Kann man darin eine Lebens- oder sogar Laufbahnplanung erkennen? Haben Sie ziellos im Leben mal dies, mal jenes gemacht? Sind Sie planvoll und konsequent vorgegangen oder ein Hansdampf in allen Gassen?

Form, Gliederung und Inhalt

Form

Was ist für die Gestaltung Ihres Lebenslaufs das Wichtigste? Ein Lebenslauf gehorcht den Prinzipien Kürze und Klarheit. Die Informationen und Argumente, die für Ihre Person sprechen, müssen auf den ersten Blick ins Auge stechen.

Maschinen- und computergeschriebene Lebensläufe helfen, diese Kürze und Klarheit auch optisch zu transportieren. Eine bis maximal drei Seiten sollten Sie dafür veranschlagen. Handgeschriebene Lebensläufe sind nur auf ausdrückliche Aufforderung hin einzureichen.

Wir halten dies im übrigen für völligen Sadismus – ein handgeschriebener Lebenslauf kann nie gut aussehen und sprengt auch vom Platz her mit Sicherheit den Rahmen. Unser Ratschlag in dieser Angelegenheit: Widersetzen Sie sich diesem Wunsch, und steuern Sie lieber ein anderes handgeschriebenes Blatt bei, auf dem Sie eine zusätzliche Werbung in eigener Sache plazieren (siehe auch S. 226).

Gliederung

Chronologisch

Am meisten verbreitet ist die chronologische Variante. Sie schreiben die Eckdaten in Zeitfolge auf, von der Schulbildung bis zur derzeitigen Tätigkeit. Dabei haben Sie wiederum die Auswahl, ob Sie mit heute beginnen und auf der Zeitachse zurückgehen (französische bzw. amerikanische Form) oder ob Sie die Ereignisse nacheinander bis zum heutigen Zeitpunkt aufzählen (deutsche Form).

Nach Oberbegriffen

Die andere Variante arbeitet mit Oberbegriffen. Die Gliederung erfolgt nach Themenschwerpunkten und nicht nach zeitlicher Abfolge.

Ein Beispiel zur Verdeutlichung:

Name:	Karla Dressler
Geburtsdatum:	12.07.1967
Familienstand:	verheiratet, ein Kind
Schulbildung:	1985 Abitur am Bonhoeffer-Gymnasium Hamburg
Berufsausbildung:	1990–2000 Studium der Philosophie und Germanistik
Arbeitspraxis:	1986–1990 Sachbearbeiterin in der Uni-Verwaltung
	1994–1997 Familienphase
	1995–1996 Auslandsjahr in Wien usw.

In unserem Beispiel war Frau Dressler zehn Jahre lang als Studentin eingeschrieben. Während dieser Zeit bekam sie ein Kind und zog für einige Zeit nach Österreich. Da sie ihren Lebenslauf nicht in allen Details erzählen will und auch gar nicht Monat für Monat ein »Stückchen Karriere« vorweisen kann, bietet sich diese Art der Darstellung an. Längere Pausen im Berufsleben, wie sie zum Beispiel durch Mutterschaft entstehen, können so geschickt umschifft werden – bei aller nötigen Vorsicht! Auch wenn Sie kaum Berufspraxis haben, können Sie Ihren Lebenslauf so darstellen.

Inhalt

Nochmals: Dem Lebenslauf will man entnehmen, ob Sie sowohl aufgrund Ihrer fachlichen Kompetenz wie auch aufgrund Ihrer Persönlichkeit für den offerierten Arbeitsplatz geeignet sind.

Vieles muß, manches kann

Viele Angaben im Lebenslauf sind »Kann-Bestimmungen«. Die Angabe des Familienstandes beispielsweise ist nicht zwingend notwendig. Abzuraten ist von

Selbstbeschreibungen wie »geschieden« oder »wiederverheiratet« – ggf. schreiben Sie »verheiratet« oder »unverheiratet«.

Grundschema

Folgendes Schema kann eine Orientierung für die Gestaltung Ihres Lebenslaufs sein. Nehmen Sie dieses Gerüst als Basis, um Ihren eigenen Lebenslauf weiterzuentwickeln:

1. Persönliche Daten
- Vor- und Zuname
- Anschrift, Telefon (besser auf der Deckblattseite, s. S. 227)
- Geburtsdatum und -ort
- Religionszugehörigkeit (nur wenn arbeitsplatzbezogen wichtig)
- Familienstand, ggf. Zahl und Alter der Kinder
- ggf. Name und Beruf des Ehepartners (muß nicht sein)
- Staatsangehörigkeit (bei Ausländern)

Extratip für Frauen

Oft schrecken Personalchefs davor zurück, wenn sie im Lebenslauf lesen, daß die Bewerberin ein oder mehrere kleine Kinder hat. Sie sind nicht dazu verpflichtet, Ihre Kinder anzugeben. Wenn Sie den Nachwuchs aber nicht einfach unterschlagen wollen, können Sie einen kurzen Vermerk in Klammern dahinter setzen, z.B. 2 Kinder (deren Versorgung durch die Tante sichergestellt ist).

Und ein Hinweis zu den sogenannten weißen Stellen im Lebenslauf: Sollten Sie keine lückenlose Berufspraxis vorzuweisen haben, so stellen Sie dies deutlich und selbstbewußt als Familienphase bzw. -arbeit heraus. In dieser Zeit haben Sie unendlich viel gelernt, was sich sinnvoll für Ihr berufliches Leben nutzen läßt, wie Organisation, Erziehung, Flexibilität, Belastbarkeit, Zeitmanagement etc.

Also noch einmal ganz deutlich: Sie waren nicht Nur-Hausfrau und Mutter, sondern Chefin eines eigenen funktionierenden »Unternehmens«. Führen Sie sich diese Qualifizierung immer wieder vor Augen. Bei Frauen löst gerade das Schreiben eines Lebenslaufes häufig Gefühle der Unzulänglichkeit und Frustrationen aus, weil frau sich schwarz auf weiß mit ihrem Lebensverlauf auseinandersetzen muß. Besonders bei Frauen sind die beruflichen Wege oft verschlungen – vielleicht ist die Ehefrau ihrem Mann in eine Stadt gefolgt, in der es für sie beruflich uninteressant war, oder es sind immer wieder im Zusammenhang mit der Kindererziehung Unterbrechungen in der Berufstätigkeit notwendig geworden.

2. Schulausbildung
- Besuchte Schulen (Typen)
- Schulabschluß (Zeitangabe in Jahren)

3. Hochschulstudium
- Fach/Fächer
- Universität und Abschlüsse
- Ggf. Schwerpunkte
- Ggf. Thema der Examensarbeit/Promotion

4. Berufstätigkeit
- Art der Berufsausbildung
- Ausbildungsfirma/-institution (mit Ortsangabe)
- Abschluß/Berufsbezeichnungen
- Positionen, evtl. Kurzbeschreibung
- Arbeitgeber (Orte und Zeitangaben)

5. Berufliche Weiterbildung
- Alles, was mit der Berufspraxis in Zusammenhang steht.

6. Außerberufliche Weiterbildung
- Kurse. Vorsicht bei der Auswahl: Fremdsprachen ja, Fallschirmspringen und Psychokurs nein

7. Besondere Kenntnisse
- Fremdsprachen, EDV, Führerschein, andere Scheine und Qualifikationen

8. Hobbys/Interessen, ehrenamtliches oder soziales Engagement, Sport, Politik
- Überlegen Sie stets, welches Bild Sie dabei von sich entwerfen und ob diese Tätigkeiten zu Ihrer Bewerbung um diesen Arbeitsplatz passen.

9. Sonderinformationen
- z.B. über Auslandsaufenthalte, Praktika
- Hier könnten Sie auch eine zusätzliche Erklärung unterbringen, warum Sie diesen Arbeitsplatz wünschen.

10. Foto
- Ein professionelles Foto z.B. oben rechts auf den Lebenslauf kleben oder besser auf eine Deckblattseite (s.S. 223). Das Foto nicht klammern oder heften.

Extratip für Bewerber über 48

Wenn Sie älter als 45 sind, reicht es völlig aus, in der Rubrik (Hoch-) Schule den Schul- und ggf. Uniabschluß zu erwähnen. Alles andere ist schon eine Ewigkeit her.

Es ist von Vorteil, wenn Sie bei den Hobbys sportliche Interessen angeben können. Das unterstreicht, daß Sie sich fit halten.

Hinweise

Angaben über Ihre Glaubensrichtung und Ihre gewerkschaftliche oder politische Orientierung gehören nur in wirklich begründeten Ausnahmefällen (z.B. Bewerbung bei Kirche/Gewerkschaft/Partei), Ihre Vermögensverhältnisse und Ihr Gesundheitszustand grundsätzlich nicht in den Lebenslauf.

Verzichten Sie darauf, im Lebenslauf Ihre Eltern zu erwähnen. Das ist heutzutage längst nicht mehr üblich und zeugt sogar von einer gewissen Unselbständigkeit. Wenn Ihre Eltern berühmte Leute sind, deren Namen Eindruck hinterlassen, ist das Ganze um so peinlicher. Wollen Sie wegen Ihrer Fähigkeiten oder wegen Ihres guten Elternhauses eine Stelle?

Unterlassen Sie überflüssige Informationen. Wenn Sie studiert haben, brauchen Sie nicht auf Ihren Grundschulbesuch hinzuweisen. Ebensowenig interessiert das Abiturzeugnis nach zehn Jahren Berufserfahrung.

Jeder Lebenslauf muß frisch getippt/gedruckt sein. Schicken Sie keine Kopie, das kränkt den Empfänger.

Behalten Sie aber – das sei wiederholt betont – für sich selbst stets eine Kopie aller abgeschickten Unterlagen. Nur dann wissen Sie genau, was der Arbeitgeber schwarz auf weiß von Ihnen in Händen hält. Das Gedächtnis kann nämlich nach vier bis sechs Wochen recht trügerisch sein. Lesen Sie alle Details nach, bevor Sie zu Ihrem Vorstellungsgespräch gehen.

Extratip für Hochschulabsolventen

Wenn Sie sich direkt nach Abschluß Ihres Hochschulstudiums bewerben, haben Sie naturgemäß wenig bis keine Berufspraxis vorzuweisen, und der Lebenslauf sieht unter Umständen recht mager aus. In diesem Fall kann es sinnvoll sein, eine Extraseite mit der Überschrift »Praktische Tätigkeiten« beizulegen, um auf besondere Kurse, Lehrwerkstätten, Projekte etc., die Sie im Rahmen Ihres Studiums absolviert haben, hinzuweisen. Auch mit dem Herausstellen von Studienschwerpunkten, Prüfungsthemen und Abschlußarbeiten, Wettbewerben und Auslandsaufenthalten haben Sie die Möglichkeit, sich positiv von anderen Bewerbern abzuheben.

Die Seite drei oder: Was mir wichtig ist

Wir haben darauf hingewiesen, daß Personalentscheider oft unter Zeitdruck stehen und so die im Bewerbungsanschreiben vorgetragenen Informationen und Verkaufsargumente wegen der Vielzahl der eingehenden Bewerbungsunterlagen viel zuwenig beachten.

So wird häufig lediglich der Text des Anschreibens flüchtig überflogen (30 Sekunden bis maximal 1,5 Minuten), sodann wendet man sich der beigefügten Bewerbungsmappe – insbesondere dem Foto des Bewerbers –, seinen Interessen, Hobbys oder sonstigen Kenntnissen, den formalen Ausbildungs- und Arbeitsdaten genauer zu.

Erst wenn dies geschehen ist und ein positives Zwischenresultat im Kopf des Lesers Platz gegriffen hat, werden die weiteren Anlagen – meist Arbeits- und Ausbildungszeugnisse – gelesen. Was also tun? Fügen Sie doch die sogenannte Dritte Seite bei. Beim Blättern in Ihren Unterlagen stößt der Personalchef auf die für ihn neue, unerwartete Seite mit der Überschrift:

Was mir wichtig ist

Wer könnte da widerstehen? Dieser Text wird bestimmt - trotz allen Zeitdrucks – sehr aufmerksam gelesen und zur Kenntnis genommen. Wem es an dieser Stelle gelingt, in wenigen kurzen Sätzen das richtige Bild zu vermitteln, kann – wenn die anderen Eckdaten stimmen – mit einer Einladung zum Vorstellungsgespräch rechnen.

Anders als die Konkurrenz

Diese Dritte Seite hebt Sie positiv von der Menge der eingesandten Bewerbungsunterlagen ab. Eine phantastische Chance für Sie als Bewerber, als »Drehbuchautor« Ihrer Verkaufs- (d.h. Bewerbungs-)Unterlagen.

Diese zusätzliche Seite im Anschluß an den Lebenslauf ist in dieser Form für viele noch neu und hat von uns beratenen Bewerbern (s. S. 235) häufig eine Einladung zum Vorstellungsgespräch eingebracht.

Etwas bekannter und bereits Bewerbungsstandard ist an dieser Stelle vielleicht eine Extraseite mit der Auflistung von Publikationen (wenn Sie welche zu verzeichnen haben, ggf. Diplomarbeit o.ä., Kurzzusammenfassung, Ergebnisse), der Skizzierung von besuchten Fortbildungsveranstaltungen, besonderen Arbeitsschwerpunkten oder Projekten, die für Sie als den richtigen Kandidaten sprechen.

Bisweilen wird immer noch eine Handschriftenprobe verlangt (s. S. 226), und manche Kandidaten schreiben dann offensichtlich in Ermangelung einer kreativen Idee skurrile Texte aus der Zeitung ab, was auch eine Art Dritte Seite darstellt.

Unsere Dritte Seite kann zusätzlich oder alternativ verwendet werden und transportiert richtig konzipiert die entscheidenden Argumente, warum Sie als Bewerber unbedingt in die engere Auswahl gehören, also zum Vorstellungsgespräch eingeladen werden und den vakanten Arbeitsplatz einnehmen sollten.

Ob handschriftlich mit blauer Tinte oder wie die anderen Seiten per Laser/ Tintenstrahl erstellt – mit dem richtigen Konzept, einer guten Formulierung und der trotz allem notwendigen Kürze erreichen Sie die optimale Aufmerksamkeit des auswählenden Lesers.

Die Gestaltungsdetails

Papier

Es empfiehlt sich, das gleiche Papier zu nehmen wie für die vorangegangenen Seiten (etwas schwereres, festes Papier mit Wasserzeichen). Denkbar wäre aber auch ein ganz besonderes, wertvolles Papier, wie es etwa für Urkunden verwendet wird. In jedem Fall muß es sich gegenüber den übrigen folgenden Anlagen (Zeugniskopien etc.) deutlich positiv abheben.

Überschrift

Sie hat die Funktion zu überraschen, Interesse und Neugierde zu wecken und inhaltlich kurz auszusagen, worum es geht. Hier weitere Beispiele:

Zu meiner Bewerbung
Meine Motivation
Warum ich mich bewerbe
Zu meiner Person
Was Sie noch wissen sollten
Ich über mich
Was mich qualifiziert
Warum ich?

Der Kreativität sind fast keine Grenzen gesetzt. Überschrift und Text sollten in jedem Fall zusammenpassen! Eventuell machen Sie die Headline handschriftlich. Am besten erst mal die zu vermittelnde Botschaft zu Papier bringen und dann die geeignete Titelzeile formulieren.

Aufbau

Was sind die Argumente und Aussagen, was ist Ihre Botschaft, die bei dem auswählenden Leser ihr Ziel erreichen und eine Einladung zum persönlichen Gespräch bewirken soll?

Da Sie etwa 7 bis maximal 15 Zeilen zur Verfügung haben, ist hier der entscheidende Platz, Ihre Person entsprechend vorzustellen.

(Bitte nicht mehr als etwa 60 Anschläge, übliche Schriftgröße, bloß nicht zu klein, fürs Auge zu beschwerlich und grafisch wenig einladend)

Inhalt

Thematisch kommen Aussagen zu Ihrer Person, Motivation und Kompetenz in Frage. Versuchen Sie aber bloß nicht, zu viele Informationen auf diese eine Seite zu pressen, denn das würde eher einen nachteiligen Eindruck erzeugen.

Inhaltlich darf die von Ihnen gewählte Botschaft in Zusammenhang stehen mit Aussagen im Anschreiben, mit Lebenslauf- und Arbeitsplatzstationen und darüber hinaus noch etwas persönlicher und pointierter formuliert sein.

Bloße Aufzählungen wie: Ich bin der Größte, Schnellste, Schönste etc. überzeugen wenig und bewirken eher das Gegenteil. Nicht die pure Aneinanderreihung zählt, sondern die für den Leser nachvollziehbare – weil auch im Lebenslauf erkennbare – (logische) Argumentation.

Abschluß

Ob Sie zum Abschluß mit königsblauer Tinte unterschreiben oder nicht (Ort und Datum nicht vergessen), steht Ihnen frei. Wir jedenfalls empfehlen es.

Die Anlagen: Das A und O der schriftlichen Vorstellung

Das Wort »Anlagen« suggeriert, daß es sich bei diesen Unterlagen um eine Art nebensächliches Anhängsel handelt. Doch man sollte die Bedeutung dieser Papiere nicht unterschätzen. Nicht nur Anschreiben und Lebenslauf transportieren Ihre Botschaft, sondern ganz besonders das Foto, aber auch die Anlagen mit den (Arbeits-/Schul-)Zeugnissen, weiteren Zertifikaten, evtl. Referenzen, Handschriftenprobe und gestalterische Sonderseiten wie das Deckblatt, die Einleitungsseite, eine Seite mit persönlichen Daten, die Inhaltsübersicht, das Anlagenverzeichnis können von entscheidender Bedeutung sein, wenn Sie in die engere Wahl kommen wollen.

Ihr Foto

»Bild schlägt Text« ist eine Journalistenregel, die deutlich die Wirkungskraft von Bildern unterstreicht. Ihnen geht es da sicher nicht anders, oder? Angenommen, Sie erhalten einen Brief mit einem Foto: Lesen Sie dann zuerst den Brief, oder werfen Sie zunächst einen Blick auf das beigelegte Foto? – Na also, vermutlich siegt auch bei Ihnen die Neugier. Erst mal einen Blick auf das Foto werfen: Wie sieht der/die denn aus? Aha, er oder sie lächelt, wie nett, ein sympathischer Mensch. – Danach erst beginnen Sie mit dem Lesen des Briefes.

Man macht sich ein Bild von Ihnen

Ganz genauso ergeht es dem Personalchef. Er wird als erstes das Foto unter die Lupe nehmen und sich in Sekundenschnelle ein Urteil bilden: Was für einen Eindruck macht dieser Mensch, wirkt er/sie sympathisch oder unsympathisch? Mürrisch oder freundlich? Zugewandt oder verschlossen? Und mit diesem Bild im Hinterkopf (und der schnellen Meinung, die er sich gemacht hat) beginnt der Chef, Ihre Bewerbung durchzulesen. Auch wenn vom Aussehen abgeleitete erste Eindrücke völlig falsch sein können – und daß sie das oft sind, ist in wissenschaftlichen Untersuchungen zur Genüge nachgewiesen worden –, verlassen sich doch die meisten Personalchefs auf ihre Menschenkenntnis und ihren gesunden Menschenverstand. Daran können wir nichts ändern. Wir können Ihnen allerdings Tips geben, wie Sie sich erfolgreich präsentieren.

Beim Foto geht es selbstverständlich um den ersten Eindruck. Unterschätzen Sie nicht die Macht der Bilder. Wenn Sie mit Ihrem Foto schon zu Beginn des Auswahlverfahrens Sympathie hervorrufen, haben Sie ganz einfach die besseren Chancen. Besonders dann, wenn die papierenen Qualifikationsnachweise doch nicht perfekt sind – und wann sind sie das schon?

Nur vom Fotografen

Es versteht sich von selbst, daß Sie Bewerbungsfotos nicht im Fotofix-Automaten im Bahnhof anfertigen lassen, sondern eigens einen Fotografen aufsuchen. Abgesehen von den automatenüblichen Fehlbelichtungen und verzerrten Farbgebungen wird sich ein solches Billigverfahren auch negativ auf die Beurteilung Ihrer Persönlichkeit auswirken. Man könnte Sie für geizig halten, Ihr Selbstwertgefühl für wenig ausgeprägt und Ihre Motivation für die Bewerbung als zu gering. Ein Personalberater: »Aus der Qualität des Fotos ergibt sich ein Hinweis auf die Zielstrebigkeit des Bewerbers.«

Auch beim Format ist Vorsicht angeraten. Ein winziges Foto legt die Deutung nahe, daß Sie sich nicht wichtig genug nehmen. Umgekehrt spricht ein Postkartenporträt Bände über Ihre Eitelkeit. Wählen Sie am besten ein Format etwa von 4,5 x 6 cm (also etwas größer als das normale Paßfotoformat).

Lieber schwarzweiß

Wir empfehlen übrigens ein Schwarzweißfoto. Das wirkt sowohl zurückhaltender als auch interessanter. Es läßt dem Betrachter mehr Interpretationsmöglichkeiten bei der Beurteilung Ihres Gesichts. Falls Sie dennoch ein Farbfoto vorziehen, wählen Sie dezente Kleidung und – für die Damen – sparsames Make-up.

Apropos Kleidung: Von einem offenen Hemdkragen ist ebenso abzuraten wie von einem tiefen Dekolleté. Wählen Sie die Kleidung, die dem von Ihnen angestrebten Berufsstand angemessen ist. Die Haare sollten gepflegt sein und auf keinen Fall die Augen verdecken – Sie haben doch nichts zu verbergen. Die Herren sollten sich vor dem Fototermin rasieren. Ansonsten gilt: Lächeln Sie, was das Zeug hält, und machen Sie ein freundliches Gesicht. Denken Sie an eine große Liebe oder an Ihren Urlaub...

Eine Auswahl

Im übrigen raten wir Ihnen, mehrere Fotos anfertigen zu lassen, diese dann (wohlmeinenden) Freunden zur Beurteilung vorzulegen und gemeinsam das beste auszuwählen.

Auf die Rückseite Ihres Fotos gehört mit Bleistift Ihr Name (falls es sich vom Papier löst). Wo Sie es plazieren, bleibt Ihnen überlassen: entweder auf dem Umschlag bzw. Deckblatt Ihrer Bewerbungsmappe, auf der ersten oder zweiten Seite, je nachdem, wie Sie Ihren beruflichen Werdegang bzw. Lebenslauf präsentieren (s. Beispiele ab S. 237).

Zeugnisse

Viele Personalchefs glauben wegen des geradezu inflationären Gebrauchs dieser Dokumente nicht mehr so recht an ihre Aussagekraft, doch daraus folgt nicht, daß Sie sich das Beifügen von Zeugnissen sparen können. Über Arbeitszeugnisse haben wir ja bereits berichtet (s.S. 154).

Bei Schulzeugnissen ist eine gewisse Zurückhaltung angebracht. Schulabschluß- oder Grundausbildungszeugnisse fügen Sie nur bei, wenn Sie unter 33 sind oder überhaupt keine anderen Schriftstücke vorzuweisen haben.

Zeugnisse/Zertifikate von privaten Einrichtungen und interessanten Kursen wie Nachtfischen in Katalanien oder Töpfern in der Toskana mögen Sie persönlich schmücken, sind aber nur dann sinnvoll, wenn Sie mit der Bewerbung in unmittelbarem Zusammenhang stehen. Zertifikate über Volkshochschulkurse können Sie dann beifügen, wenn sie speziell Ihrer beruflichen Weiterbildung gedient haben. Diplom- und Arbeitszeugnisse legen Sie bitte bei, wenn diese nicht älter als zehn Jahre sind. Generell gilt: Immer den höchsten Ausbildungsabschluß als Zeugnis beilegen, d.h. bei Studium kein Abiturzeugnis, bei Abitur kein Zeugnis der Mittleren Reife etc.

Extratip für Bewerber über 48

Da Ihre Schulzeit schon etwas länger zurückliegt, sollten Sie bei Schulzeugnissen sehr zurückhaltend sein. Verzichten Sie also auf Schulabschluß- oder Grundausbildungszeugnisse. Als 50jähriger Bewerber, der ein solches Zeugnis oder das Abiturzeugnis vorlegt, geben Sie ein merkwürdiges Bild ab.

Handschriftenprobe

Sollte in der Stellenanzeige von den Bewerbern eine Handschriftenprobe verlangt werden, so können Sie davon ausgehen, daß sich ein Graphologe über Ihre Papiere beugt. Ihre Handschrift soll Rückschlüsse auf Ihre Persönlichkeitsstruktur ermöglichen.

Es ist erstaunlich, was »Schriftgelehrte« da so alles zu erkennen glauben. Aus Ihrer Handschrift wollen sie Ihre Hauptcharakterzüge herauslesen, Ihre Phantasie oder Eignung zur Routine, Ihren Optimismus oder Pessimismus, Ihre Energie oder Passivität. Nicht zu vergessen Ihr Selbstbewußtsein, Ihre Sexualität, Ihre Streßbereitschaft, Ihre Flexibilität, Ihre Zukunftsorientierung.

Falls Handschriftliches von Ihnen verlangt wird, wiederholen wir unseren bereits an anderer Stelle gegebenen Rat:

Widersetzen Sie sich der Bitte um einen handgeschriebenen Lebenslauf. Sie werden in Platznöte kommen, und schön sieht eine solche Präsentation in der Regel nicht aus. Nutzen Sie vielmehr die Gelegenheit, handschriftlich auf einer Extraseite (nach dem maschinenschriftlichen Lebenslauf) mit einigen gut plazierten Sätzen auf sich aufmerksam zu machen; umreißen Sie die Motivation Ihrer Bewerbung, und weisen Sie nochmals auf Ihre Qualitäten hin. Schreiben Sie bloß nichts aus der Zeitung ab. Entwerfen Sie ein paar Sätze als Eigenwerbung.

Ob Ihre Handschrift für oder gegen Sie spricht, können wir hier nicht beantworten. Verstellen der Handschrift bringt jedenfalls nichts – ein geübtes Auge sieht das. Sie können aber einige grundlegende Fehler vermeiden, wenn Sie sich ein Ratgeber-Handbuch über Schriftdeutung kaufen. An einige Tips zur Seiteneinteilung können Sie sich leicht halten: z.B. gerade Zeilen (= ausgeglichen), Rand zu beiden Seiten (= großzügig im Geist), Unterschrift gleich groß wie der Text (= Sie sind, wie Sie sich geben ...).

Referenzen

Profis gefragt

Bei einer Referenz geht es darum, daß Sie jemanden benennen, der als Fürsprecher für Sie auftritt und Sie für eine bestimmte Tätigkeit empfiehlt. Das darf natürlich kein naher Verwandter sein, der zwar ganz begeistert von Ihnen ist, ansonsten aber nicht gerade kompetent. Ihr zukünftiger Chef wünscht sich – wenn überhaupt –, jemanden benannt zu bekommen, der selbst ein Profi ist und längere Zeit mit Ihnen zusammengearbeitet hat. Es kann sich deshalb nur um Chefs oder andere Vorgesetzte handeln, in Ausnahmefällen um Personen mit öffentlicher Autorität (vom Bürgermeister bis zum Pfarrer).

Die erste Frage: Kennen Sie solche von Personalfachleuten akzeptierte Personen? Sind Sie sich deren Loyalität Ihnen gegenüber sicher, werden sie positive Auskünfte über Sie erteilen?

Haben Sie Zweifel, ob Sie jemanden um diesen Gefallen bitten können? Es gibt nur ein Mittel, das herauszufinden: Sprechen Sie potentielle Referenzgeber an und klären Sie ab, was Sie über sich berichtet haben wollen (egal, ob mündlich oder schriftlich). Falls Sie niemanden finden, ist das nicht weiter tragisch, denn die Bewertung von Referenzen ist keineswegs eindeutig. Referenzen werden zum Teil als Imponiergehabe interpretiert und darum sowieso nicht als bedeutsame Beurteilungsquelle herangezogen.

Personalchefs, die über einen Bewerber etwas herausfinden möchten, bevorzugen oft ihre eigenen Informationswege. Sie verdächtigen den Bewerber und seine Referenzpersonen der Subjektivität.

Wenn Sie wissen wollen, was Ihr ehemaliger Arbeitgeber von Ihnen hält, gibt es einen Trick. Bitten Sie eine Person Ihres Vertrauens, bei Ihrem letzten Chef anzurufen und lassen Sie diese – getarnt als potentieller neuer Arbeitgeber – eine Einschätzung Ihrer Person einholen.

Ein ehemaliger Arbeitgeber darf (laut Gesetz) nichts Nachteiliges über ausgeschiedene Mitarbeiter aussagen. Er muß sogar, falls er durch seine negativen Auskünfte eine Beschäftigung des Bewerbers bei einer anderen Firma verhindert, für den Schaden (Verdienstausfall etc.) aufkommen. So ist es zumindest in der Theorie. In der Praxis wird das allerdings nur sehr schwer nachzuweisen sein.

Arbeitsproben

In diesem Stadium der Bewerbung sind Arbeitsproben eigentlich noch kein Thema. Aber denken Sie daran: Ihre kompletten Bewerbungsunterlagen sind bereits eine erste Arbeitsprobe! Wie Sie sich präsentieren und wie sorgfältig Sie mit sich umgehen, sagt dem Arbeitgeber eine ganze Menge. Wenn Sie sich mit Ihrer Bewerbung Mühe geben, werden Sie sich auch bei der Arbeit engagieren, ist die Folgerung. Reagieren Sie schnell auf eine Stellenanzeige, heißt das, daß Sie wichtige Dinge nicht auf die lange Bank schieben, unter Umständen aber auch, daß Sie es nötig haben (also besser nicht gleich am nächsten Tag schreiben, man kann durchaus vier/fünf Tage warten). Gut formulierte und strukturierte Bewerbungsunterlagen sprechen für die Klarheit Ihres Denkens etc.

Deckblatt

Für welche Präsentationsform Sie sich auch immer entscheiden – es empfiehlt sich, den Leser Ihrer Unterlagen nicht direkt in den Lebenslauf oder beruflichen Werdegang stolpern zu lassen. Ähnlich wie ein Buch nicht sofort mit dem Inhaltsverzeichnis oder gar mit dem Hauptkapitel beginnt, hat das Deckblatt die Funktion eines Titelblatts, wie auch immer Sie es dramaturgisch gestalten.

Am häufigsten ist folgende Variante: »Bewerbungsunterlagen für die Firma XY von XYZ, Diplomingenieur«. Oft wird auch die eigene Adresse inklusive

Telefonnummer hinzugefügt. Nicht selten erscheint auf dem Titelblatt lediglich der Name des Bewerbers ohne weitere Angaben (oder alternativ der Adressat). Häufig wird auch dieser Platz bevorzugt für die Präsentation des Fotos ausgewählt. Selbst ein literarisches Zitat in Form eines Mottos, das Ihre Arbeitsweise oder Ihre Lebensauffassung gut wiedergibt, ist denkbar.

Inhaltsübersicht

Eine weitere Variante, um Aufmerksamkeit zu erzielen, ist die Inhaltsübersicht, die uns aus Büchern wohlbekannt ist. Sie hat die Funktion, die Leser zu informieren, was sie inhaltlich auf den nächsten Seiten erwartet, und ermöglicht somit eine schnelle Orientierung, wo was zu finden ist. Die Inhaltsübersicht lohnt sich allerdings kaum für Mappen, die lediglich fünf bis acht Seiten (inkl. Anlagen) stark sind.

Einleitungsseite

Statt gleich mit dem beruflichen Werdegang (Lebenslauf) zu beginnen, kann die Einleitungsseite mit oder ohne Bewerberfoto und den persönlichen Daten eine Art Vorschau bilden, die den Leser kurz mit den wissenswerten Essentials über den Bewerber, mit Schwerpunkten, beruflichen Highlights bekannt macht.

Seite mit persönlichen Daten

Diese Seite hat die Funktion, den Bewerber persönlich vorzustellen. Neben Name, Beruf, Alter, Geburtsort, Familienstand, gegebenenfalls Kinder etc. bis hin zu der persönlichen Unterschrift unter dem dann auf dieser Seite plazierten Foto geht es darum, die Bewerberpersönlichkeit optimal textlich zu präsentieren und zu visualisieren. Häufig werden auch Elemente aus den vorangegangenen Bausteinen auf dieser Seite thematisch ausgeführt.

Anlagenverzeichnis

Dieses Verzeichnis wird hinter den Lebenslauf oder die Dritte Seite geheftet und stellt eine Auflistung der jetzt folgenden Unterlagen bzw. Kopien dar. Der eilige Leser sieht so auf einen Blick, welche Unterlagen beigefügt wurden, und findet die ihn interessierende Kopie schneller, da nicht erst der ganze Stapel durchgesehen werden muß.

Verstehen Sie sich bitte in der Rolle eines Filmproduzenten, der sich für ein besonderes Filmgenre entscheiden muß, sich einen Drehbuchautor und einen Regisseur sucht, bei der Auswahl der Hauptdarsteller ein entscheidendes Wort mitredet und dem Publikum eine spezielle Botschaft vermitteln möchte. Sie sind Produzent Ihrer Unterlagen sowie Drehbuchautor, bestimmen die Dramaturgie und sind, wenn Sie zum Vorstellungsgespräch eingeladen werden, Sie logischerweise Hauptdarsteller.

Das Anschreiben: Auch die Form muß stimmen

Das Bewerbungsanschreiben ist Ihre erste oder – besser nach einem vorherigen Telefongespräch – Ihre zweite Arbeitsprobe.

Schlüssel-Schloß-Prinzip

Ein Arbeitgeber möchte vor allem lesen, daß Sie genau die Voraussetzungen erfüllen, die er für die entsprechende Stelle als optimal ansieht. Sie wissen schon: Das Schlüssel-Schloß-Prinzip tritt hier in Kraft: Ihre Eignung und die gewünschten Kriterien sollten so weit wie möglich übereinstimmen. Und wie immer gilt auch hier: Es kommt auf die gelungene Darstellung und Überzeugungsarbeit an.

Bei der Gestaltung Ihrer Unterlagen sollten Sie nicht nur auf den überzeugenden Inhalt achten, auch formale Aspekte sind von Bedeutung. 80 Prozent der eingeschickten Bewerbungsmappen kommen gleich auf den Stapel »Zurück zum Absender«. Der Grund sind Formfehler.

Die beste Werbung in eigener Sache ist erfolglos, wenn nicht sowohl formale wie auch inhaltliche Normen berücksichtigt werden. Ihr Anschreiben zeigt dem Arbeitgeber schwarz auf weiß, wie Sie später arbeiten: ob sorgfältig oder nachlässig, organisiert oder chaotisch, verschnörkelt oder logisch. Ihre Chancen, den gewünschten Arbeitsplatz zu bekommen, steigen in dem Maße, wie Sie schriftlich brillieren und beweisen, daß Sie klar formulieren und überzeugend darstellen können.

Ein Punkt, der oft unterschätzt wird: Eigenwerbung benötigt viel Zeit. Für ein Anschreiben acht Stunden aufzuwenden ist durchaus nicht ungewöhnlich, alte Hasen schaffen es vielleicht in etwas weniger als der Hälfte der Zeit.

Bewerbungsprofis entwickeln übrigens drei alternative Anschreiben, um diese einer selbst gewählten »Personalkommission« vorzulegen. Durch Tips und kritische Anregungen von anderen läßt sich das Bewerbungsanschreiben oftmals wesentlich verbessern und von Mal zu Mal überzeugender gestalten.

Das Schlagwort *time is money* bedeutet in diesem Zusammenhang, daß Arbeitgeber Ihnen nicht viel Zeit lassen, sich zu bewähren. Einige treffen schon beim Lesen des Anschreibens die Entscheidung, ob Sie für weiteren Kontakt in Frage kommen oder ob gleich die nächste Bewerbung zur Hand genommen und Ihnen eine Absage erteilt wird. Ein US-Psychologe machte sogar nur ganze 10 Sekunden als durchschnittliche Zeit aus, die über ein Ja oder Nein entscheidet.

In der Kürze liegt die Würze

Mit Rücksicht auf die Arbeitgeberpsyche sollten Sie jedenfalls die goldene Regel berücksichtigen: In der Kürze liegt die Würze. Am besten ist ein Anschreiben von einer Seite (optimal: nicht mehr als fünf bis sechs, maximal zehn Sätze). Vertretbar sind maximal eineinhalb Seiten, wenn Sie wirklich etwas ungewöhnlich Wichtiges mitzuteilen haben. Natürlich mögen Sie Gründe haben, warum Sie nicht mit weniger als zwei Seiten auskommen. Aber damit erzeugen Sie beim eiligen Leser schon mehr als nur Ungeduld. Mit drei oder mehr Seiten sind Sie mit absoluter Sicherheit aus dem Rennen. Zwanghafte Personalchefs legen übrigens bisweilen eingehende Bewerbungsunterlagen auf die Briefwaage und bei klarem Übergewicht sofort auf den Absagestapel.

Versuchen Sie, zu erklären, warum Sie der richtige Bewerber für die zu besetzende Stelle sind. Was sind Ihre persönlichen Qualifikationen und Qualitäten? Entsprechen Sie den im Anzeigentext genannten Anforderungen? Garantiert falsch sind 08/15-Anschreiben, die verschickt werden wie eine Massensendung.

Um einen besseren Eindruck zu machen, stellen Sie sich zunächst folgende Fragen: Warum bewerben Sie sich, wo stehen Sie jetzt, und was sind Ihre Ziele? Antworten auf diese Fragen sollten aus Ihrem Anschreiben ebenso klar wie knapp hervorgehen. Schreiben Sie vier bis maximal zehn Sätze auf nicht mehr als einer Seite. Beenden Sie Ihren Brief mit der Bitte um ein Vorstellungsgespräch, der Grußformel, Ihrer Unterschrift und dem Hinweis auf die Anlagen.

Anrede

»Sehr geehrte Damen und Herren« – so beginnen meist Geschäftsbriefe. Wenn Sie diese Anrede in einem Bewerbungsschreiben wählen, kann das schon einen groben Fehler darstellen. Nämlich dann, wenn aus der Anzeige hervorgeht, daß eine bestimmte Person diese Bewerbung entgegennimmt. An ihn oder sie müssen Sie das Bewerbungsanschreiben namentlich adressieren. Das allgemeine »Sehr geehrte Damen und Herren« könnte von Ihrem potentiellen Arbeitgeber als Nachlässigkeit gedeutet werden.

Dies ist nur ein Beispiel dafür, wie aufmerksam Sie mit der Anzeige umgehen sollten. Sie kommen nicht darum herum, auf den Text im Stellenangebot Bezug zu nehmen. Wenn Sie sich unaufgefordert bewerben, müssen Sie sich vorher (z.B. telefonisch) informieren, an wen Sie am besten Ihr Anschreiben adressieren, um dann klar herauszustellen, was Sie anzubieten haben (siehe Abschnitt Initiativbewerbung, S. 151)

Auftakt

Jeder Journalist muß seine Leser mit dem ersten Satz neugierig machen, fesseln und zum Weiterlesen verführen. Leser sind nämlich ungeduldig. Genau dasselbe gilt auch für Chefs. Deshalb sollten Sie den Einstieg zu Ihrer Bewerbung so gestalten, daß Ihr Arbeitgeber »dranbleiben« will. »Hiermit bewerbe ich mich um ...« oder »Ich beziehe mich auf Ihre Anzeige ...« sind stereotype und sehr langweilige Einstiege. Als Richtlinien für den Anfang gelten: Spannung erzeugen – Interesse wecken – Freundlichkeit vermitteln.

Hier einige mögliche Eröffnungen:

In Ihrer Anzeige vom ... suchen Sie eine/n ...
Sie beschreiben eine berufliche Aufgabe, die mich besonders interessiert ...
Ich beziehe mich auf die von Ihnen ausgeschriebene Position ...
Mit großem Interesse habe ich Ihre Anzeige gelesen und möchte mich Ihnen als ... vorstellen
Sie suchen einen...
Ich bin ... und habe mit großem Interesse ... gelesen ...
Die von Ihnen ausgeschriebene Position/Aufgabe ...
Ich stelle mich Ihnen als ... vor und habe großes Interesse an ...

Hauptteil

Im Hauptteil Ihres Briefes liefern Sie alle Informationen, die wirklich substantiell sind. Sie müssen hier in kurzer und prägnanter Form darstellen, warum Sie sich bewerben und weshalb gerade Sie der richtige, geradezu ideale Bewerber sind. Vermitteln Sie, daß Sie genau ins Anforderungsprofil der Firma passen.

Schluß

Auch hier sollten Sie nicht in Plattheiten abgleiten, sondern einen freundlich-verbindlichen Schlußton setzen. Der letzte Satz klingt immer noch ein paar Momente im Gedächtnis nach.

Mit einem PS Aufmerksamkeit erzielen

Nutzen Sie eventuell die Gelegenheit, durch ein PS nochmals auf sich und Ihr Anliegen aufmerksam zu machen. Führen Sie einen Aspekt an, der Ihnen einen zusätzlichen Pluspunkt bringt. Vielleicht gefällt das freundliche Postskriptum. Aufmerksamkeitsanalysen haben ergeben, daß auf einer Briefseite das Postskriptum nach der Bezugzeile (oder einer anderen Überschrift) die größte Beachtung findet.

Einige Abschlußsätze:

Wenn ich/meine Bewerbung Ihr Interesse geweckt habe/hat, freue ich mich über eine Einladung zu einem Vorstellungsgespräch.

Sollten Ihnen meine Bewerbungsunterlagen zusagen, stehe ich Ihnen gern für ein Vorstellungsgespräch zur Verfügung.

Wenn Sie nach Durchsicht der Unterlagen weitere Informationen/ein erstes persönliches Gespräch wünschen, so stehe ich hierfür gern zur Verfügung.

Ich würde mich freuen, wenn Sie mich nach Prüfung der Unterlagen zu einem Vorstellungsgespräch einladen. Hier könnten wir dann gegebenenfalls weitere Details (z.B. Eintrittstermin, Gehalt) besprechen.

Über die Einladung zu einem Gespräch freue ich mich.

Für alle weiteren Auskünfte stehe ich Ihnen gerne in einem persönlichen Gespräch zur Verfügung.

Die Präsentation: Formvollendet bis zum Schluß

Die gewissenhafte Vorbereitung hat zu gelungenen schriftlichen Bewerbungsunterlagen geführt. Jetzt bloß schnell weg mit dem Zeug – denkt sich der strapazierte Arbeitsplatzsucher. Alles in die Tüte, und ab geht die Post. Weit gefehlt. Nach einer sorgfältigen Durchsicht, ob auch alles beieinander, in der richtigen Reihenfolge und unterschrieben ist, müssen mit der gleichen Sorgfalt auch Verpackung und Versand organisiert werden.

Verpackung

Sie haben jetzt alle Unterlagen für Ihre Bewerbung zusammengetragen. Der Stapel liegt vor Ihnen: hoffentlich blütenweiß (oder in dezentem Farbton) ohne Eselsohren und Flecken.

Ästhetisches Äußeres

Es geht nun darum, den kostbaren Stapel möglichst ästhetisch zu verpacken und damit auf den Inhalt neugierig zu machen. Vielleicht wählen Sie eine etwas anspruchsvollere Präsentation. Sehen Sie sich mal in Ihrem Schreibwarengeschäft oder Kopierladen um, was da alles zur Auswahl steht: edle Mappen, Klemmappen und Einlegesysteme (z. B. Thermobindesysteme, Vollmappen, Spiralbindesysteme usw.) bieten sich je nach Bewerbungsvorhaben gut an.

Wir möchten Sie aber auch vor zuviel Perfektionismus warnen: Eine Einlegemappe, in der jedes Dokument einzeln in Klarsichthüllen präsentiert wird, könnte Ihnen leicht als Zwanghaftigkeit ausgelegt werden. Achten Sie auch auf die Farbauswahl: Rosa beispielsweise kommt nicht so gut an, Weiß ist neutral, dazwischen gibt es eine große dezent-bunte Farbpalette. Verzichten Sie auf Muster und alle Arten von Gags.

Profis oder Bewerber für gehobene Positionen achten sogar auf das Material ihrer Präsentationsmappen. Glattes Plastik ist verpönt, natürliche Materialien dagegen sind beliebt. So gibt es inzwischen dank des Öko-Trends eine große Auswahl an farbigen und stabilen Pappen.

Versand

Überprüfen Sie nochmals, ob Ihre Unterlagen auch vollständig sind. Dann stecken Sie alles in einen ausreichend großen Umschlag mit verstärktem Papprücken. Eventuell können Sie auch einen wattierten Umschlag wählen; er sollte aber nicht zu groß sein, denn das wirkt wichtigtuerisch.

Das Anschriftenfeld und Ihr Absender müssen mit der gleichen Sorgfalt behandelt werden wie Ihre Unterlagen. Achten Sie auf Ihre Handschrift. Einer Bewerberin, die ihre Bewerbungsunterlagen bei einer großen Firma an der Pforte abgab, sagte der Pförtner: »Die Handschrift ist schon mal gut.« Man beachte: Die Aufmerksamkeit des Unternehmens bezüglich der Form hatte sich herumgesprochen. Sogar der Pförtner wußte: Was vielversprechend aussieht, hat vermutlich auch ein vielversprechendes Innenleben.

Wer sich und seiner Handschrift einen derartigen Effekt nicht zutraut, beschriftet Etiketten (Aufkleber für Adresse und Absender) mit der Schreibmaschine.

Keine Experimente

Auch die Briefmarken sind sorgfältig zu kleben. Überlassen Sie das besser nicht einem gestreßten Schalterbeamten, der die Postwertzeichen kreuz und quer auf den Umschlag pappt. Bitten Sie wenn möglich um Sonderbriefmarken und frankieren Sie unbedingt richtig! Nichts ist ärgerlicher, als wenn Ihr Adressat erst mal (Straf-)Porto nachzahlen muß. Das fällt dort jedem auf, da die Post Nachzahlungen mit überdimensionalen Kreidezahlen auf dem Umschlag zu markieren pflegt.

Auf den Umschlag gehören keine witzigen Bemerkungen, keine Abziehbildchen und keine Politik-Aufkleber.

Wählen Sie keine Post-Sonderzustellung, wie z.B. Einschreiben oder Eilzustellung. Das wirkt zwanghaft, aufdringlich und drängelnd.

Übergabe

Wenn Sie am Ort Ihrer Bewerbung oder in der Nähe wohnen, haben Sie eine weitere Möglichkeit, Ihre Unterlagen zuzustellen: Geben Sie die Bewerbungsunterlagen persönlich ab! Fragen Sie sich im Unternehmen bis zur richtigen

Stelle durch. Nutzen Sie die Gelegenheit für ein Gespräch mit der Sekretärin. Das hinterläßt oft einen bleibenden Eindruck. Man wird Sie mit Sicherheit nicht so einfach stehenlassen, sondern ein paar freundliche Worte mit Ihnen wechseln. Wenn Sie Glück haben, macht die Sekretärin dem Chef gegenüber eine nette Bemerkung über Ihre Person.

Sonderformen der schriftlichen Bewerbung: Chiffreanzeige und Kurzbewerbung

Mancher Bewerber fürchtet, sich bei einer Chiffreanzeige unwissentlich bei seinem derzeitigen Arbeitgeber zu bewerben. Um dies zu verhindern, empfiehlt es sich, einen Sperrvermerk zu verwenden. Im Klartext heißt das: Die Bewerbungsunterlagen kommen in einen doppelten Umschlag. Der erste erhält die Chiffre-Nummer, den zweiten adressieren Sie zusammen mit einem Begleitschreiben an die Anzeigenabteilung der betreffenden Zeitung. Im Schreiben an die Zeitung bitten Sie darum, die Bewerbungsunterlagen in dem separaten Umschlag nur dann weiterzuleiten, wenn der Anzeigeninserent nicht die Firma XY ist. Andernfalls bitten Sie um Rücksendung mit dem Zusatz »Porto zahlt Empfänger«, oder Sie fügen einen frankierten Rückumschlag bei.

Auf Chiffreanzeigen können Sie mit einer Kurzbewerbung antworten. Sie enthält nur das Bewerbungsanschreiben und eventuell einen kurzen Lebenslauf mit Foto. Die weiteren Unterlagen reichen Sie erst dann nach, wenn dies ausdrücklich gewünscht ist. Weisen Sie in Ihrem Anschreiben darauf hin, daß Sie auf Wunsch gern ausführliche Bewerbungsunterlagen nachreichen.

Die Kunst der Verschlüsselung

Bei Chiffreanzeigen und bei Kurzbewerbungen ist es durchaus üblich, den derzeitigen Arbeitgeber zu umschreiben, statt den konkreten Namen zu nennen. So sollten Sie anstelle von »Ich arbeite bei der Optikerfirma Fielmann in Berlin« schreiben: »Ich arbeite in der Filiale eines der großen deutschen Optiker-Einzelhandelsunternehmen«. Die Kunst besteht bei dieser Variante darin, die derzeitige Tätigkeit möglichst genau zu beschreiben, ohne den aktuellen Arbeitgeber zu benennen.

Denn genauso wie Unternehmer bisweilen für sich in Anspruch nehmen, zunächst inkognito zu bleiben, können auch Sie Gleiches geltend machen. Sie sind nicht verpflichtet, sich in dieser ersten Bewerbungsphase zu outen.

Jeder Bewerber hat ein berechtigtes Interesse, seine Veränderungsabsichten nicht zu früh publik zu machen. Der künftige Arbeitgeber könnte ja den bisherigen anrufen und Ihren jetzigen Vorgesetzten neugierig fragen: »Wie sind Sie denn mit XY zufrieden?« Sie hätten dann vermutlich an Ihrem Noch-Arbeitsplatz mit Nachteilen zu rechnen.

Das läßt sich auch auf andere Art und Weise verhindern. Den künftigen Chef können Sie von Nachfragen an Ihren derzeitigen zurückhalten, indem Sie in Ihrem Schreiben die deutliche Bitte formulieren, alle Angaben strikt vertraulich zu behandeln.

Kommentierte Beispiele

Die auf den nächsten Seiten folgenden Beispiele für Bewerbungsunterlagen verdeutlichen anschaulich, was wir Ihnen bisher theoretisch erläutert haben. Sie sollen Sie weiterhin dazu anregen, eigene Gestaltungsversuche kritisch zu reflektieren.

Der Gesamteindruck einer Bewerbungsmappe kann hier auf den schlichten Buchseiten natürlich nur andeutungsweise wiedergegeben werden. Bindesystem, Deckel, Rücken, Papiersorte und -farbe sowie die Zeugnisunterlagen fehlen. Vorder- und Rückseite sind im Buch lediglich aus Platzgründen belegt, in der Realität wird die Rückseite immer frei bleiben (Ausnahmen bestätigen die Regel).

Nicht alle Beispiele sind komplett (d.h. mit Anlagenübersicht; generell fehlen die typischen Beilagen wie Arbeits-, Fortbildungs- und Ausbildungszeugnisse etc.).

Die Tatsache, daß Sie die Anzeigen nicht kennen, auf die diese Bewerbungen erfolgten, ist für unsere didaktischen Zwecke nicht relevant.

In der Realität haben die Textsteiten selbstverständlich DIN-A4-Format. Für dieses Buch haben wir sie in proportionalem Maßstab verkleinert. Die durch das kleinere Format etwas erschwerte Lesbarkeit wird durch den Vorteil des maßstabgerechten Eindrucks der Gesamtgestaltung ausgeglichen. Die Unterschriften sind hier mit dem Computer erstellt. In der Bewerbungsrealität sollten Sie die Wirkung Ihres »Autogramms« nicht unterschätzen. Manchmal werden die Unterschriften von einem Graphologen untersucht.

Verbesserungsmöglichkeiten

Auch wenn die Beispiele weitgehend für sich sprechen, fügen wir am Ende einen Kommentar für jede Bewerbungsmappe an, um besonders gelungene Passagen zu würdigen und auf Fehler oder Verbesserungsmöglichkeiten hinzuweisen.

Alle gezeigten Beispiele sind in ganz ähnlicher Form erfolgreich von Bewerbern und Klienten unseres *Büro für Berufsstrategie* eingesetzt worden. Gleichwohl mußten wir natürlich Personen, Daten, Orte, Arbeitgeber, Ausbildungsgänge, Berufstätigkeiten, Zeiten etc. chiffrieren. Entstehende Ähnlichkeiten mit realen Personen wären also rein zufällig. Sollten Sie detektivisch auf gewisse Ungereimtheiten stoßen, bitten wir um Verständnis. Diese erklären sich aus den eben aufgeführten Verschlüsselungsgründen.

Bei den Unterlagen finden Sie Hinweise, an welcher Stelle man das Foto gut und wirkungsvoll plazieren kann. Selbstverständlich sind auch andere Plazierungsmöglichkeiten vorstellbar.

Bei den Foto-Formatvorschlägen weichen wir z.T. bewußt von den üblichen 08/15-Paßfotomaßen ab. Im wesentlichen geht es uns bei den folgenden Beispielen darum, Ihnen zu zeigen, welche breite Palette an Darstellungsmöglichkeiten Sie bei der Gestaltung Ihrer Bewerbungsmappe haben.

Persönlichen Stil entwickeln

Warnen möchten wir Sie allerdings eindringlich davor, der Versuchung anheimzufallen, einfach nur die verwendeten Formulierungen abzuschreiben und das vorgeschlagene Layout exakt so zu übernehmen. Sie sollten sich in jedem Fall der sicherlich zeitaufwendigeren Aufgabe stellen, eine eigene (Werbe-)Botschaft zu formulieren und dabei Ihren eigenen, ganz persönlichen Stil zu entwickeln.

Die für die Entwicklung einer solchen Bewerbungsmappe durchschnittlich benötigte Zeit liegt bei etwa 15 bis 30 Stunden. In unserem Büro für Berufsstrategie in Berlin haben wir die Bewerber in der Entwicklung und Erstellung von kompletten Bewerbungsunterlagen etwa drei bis vier Stunden beraten. Meistens waren drei größere Korrekturgänge notwendig.

BRUNHILD MUSTERFRAU
HASENSPRUNG 1A
14194 BERLIN (WILMERSDORF)
TELEFON: 030/812 82 70

ABC Maschinen GmbH
Personalabteilung
Herrn Kaiser
Wrangelstr. 28
10997 Berlin

02.05.99

Ihre Anzeige in der Berliner Morgenpost vom 30.04.99
Sachbearbeiterin

Sehr geehrter Herr Kaiser,

in der o.g. Anzeige beschreiben Sie einen Arbeitsbereich, der mich in höchstem Maße interessiert und auch meinen Fähigkeiten und Neigungen voll entspricht.

Kurz zu meiner Person:
Ich bin ausgebildete Industriekauffrau und habe mich im Bereich Informationsmanagement erfolgreich weitergebildet. Langjährige umfassende Erfahrungen in Büro-Administration und anspruchsvoller, selbständiger Sachbearbeitung in der Chemiebranche ergänzen mein Tätigkeitsprofil.

Aktuell befinde ich mich in einer vom Arbeitsamt geförderten EDV-Fortbildungsmaßnahme und könnte Ihnen deshalb auch sehr kurzfristig zur Verfügung stehen.

Über eine Einladung zum Vorstellungsgespräch freue ich mich
und verbleibe

mit freundlichem Gruß

Brunhild Musterfrau

Anlagen

BEWERBUNGSUNTERLAGEN

BRUNHILD MUSTERFRAU
HASENSPRUNG 1A
14194 BERLIN (WILMERSDORF)

TELEFON: 030/812 82 70

Brunhild Musterfrau
* 27.09.1950 in Hamburg
ledig, keine Kinder

angestrebte Tätigkeit: Sachbearbeiterin

Berufserfahrung

04/1992–12/1998	**Altvater Chemie-Werke AG** **Berlin** Position: Informationsmanagement Literaturrecherchen, Datenbankarbeit, Öffentlichkeitsarbeit
04/1988–03/1992	**Institut für Dokumentation** **München** Ausbildung u. Anerkennungsjahr als staatl. geprüfte Dokumentarin Schulung in Informationsmanagement, EDV u. Wirtschaftsenglisch
07/1979–03/1988	**Pharma Grün** **München** Position: Informationsmanagement Informationsplanung, Organisation, Fachkorrespondenz Erstellung von Werbemitteln
10/1974–06/1979	**Chemie AG** **München** Position: Chefsekretärin
1970–1974	Industriekauffrau Hamburg

Schul- und Berufsausbildung

1971–1974	**Staatliches Abendgymnasium** **Hamburg** Abschluß: Abitur
1967–1970	**Ausbildung zur Industriekauffrau** **Hamburg**
1956–1967	**Haupt- und Handelsschule** **Hamburg**

Sprachkenntnisse
sehr gute Englischkenntnisse in Wort und Schrift
gute Orthographie-, Interpunktions- und Grammatikkenntnisse der deutschen Sprache
Korrespondenzerfahrung

EDV-Erfahrung
Textverarbeitung mit Word
Tabellenkalkulation mit Excel

Kurzschrift
gute Stenographiekenntnisse und schreibtechnische Fertigkeiten

Führerschein
Klasse 3

Engagement
Mitglied im Naturwissenschaftlichen Verein Berlin

Interessen
Wandern, Literatur des Bethel-Kreises

Zu meiner Person

Mein Lebenslauf steht für kontinuierliche Weiterbildung, Leistungsbereitschaft und Lernfähigkeit. Das Abitur am Abendgymnasium und die Qualifizierung zur Dokumentarin belegen dies.

Ich verfüge über fundierte Erfahrungen in den Bereichen Organisation und Administration. Zu betonen sind meine guten Sprachkenntnisse und deren Anwendungssicherheit.

Die Arbeit hat in meinem Leben, da ich Single bin, einen besonderen Stellenwert, so daß Arbeitsaufgaben für mich eine wichtige Rolle spielen. Ich würde mich sehr gern mit vollem Engagement der von Ihnen beschriebenen Aufgabe widmen.

Berlin, 1. Mai 1999

Brunhild Musterfrau

Zu den Unterlagen von Brundhild Musterfrau

Ein angenehm kurzes **Anschreiben** verdeutlicht, daß die Bewerberin sich auf eine Anzeige meldet, ohne vorab telefoniert zu haben (leider!). Trotzdem ist sie aber in der Lage, eine namentliche Ansprache zu verwenden. Die Kandidatin stellt sich kurz vor und schließt selbstbewußt (ohne Konjunktiv) mit der Formulierung »... auf eine Einladung freue ich mich.« Insgesamt ein gut und ansprechend gestaltetes Anschreiben – das bestimmt positive Aufmerksamkeit weckt. Ob die Bewerberin bereits hier mehr zu ihrem aktuellen Status (arbeitslos oder gar ihr Alter) hätte mitteilen sollen, kann kontrovers diskutiert werden. Die gewählte Präsentationsform löst bestimmt Interesse aus. Obwohl sich die Kandidatin offensichtlich aus der Arbeitslosigkeit (bzw. Fortbildung) heraus bewirbt, hat sie eine interessante Vortragsform gefunden und umgeht auf den nachfolgenden Seiten dieses problematische Thema recht elegant.

Die grafische Gestaltung (**Deckblatt** – konsequente Fortsetzung des Briefkopfes) ist auf den folgenden Seiten sehr ansprechend gewählt, einfallsreich und gleichzeitig übersichtlich.

Zum **Foto:** ein eher klassisches, aber doch sympathisches und ansprechendes Foto der Kandidatin in einem etwas größeren als dem üblichen Format.

Die für die **berufliche Entwicklung** gewählte knappe Präsentationsform kommt ohne die traditionelle Überschrift »Lebenslauf« aus (bravo!) und beinhaltet ein gutes Maß an Information. Die Themenabfolge »Beruf« (inklusive Weiterbildung) – »Schule« – »Berufsausbildung« ist sofort überzeugend. Die besonderen Kenntnisse und Fähigkeiten werden vielleicht sogar »einen Tick« zu massiv dargestellt bzw. wiederholt. Die Abschnitte »Engagement« und »Interessen« führen sicherlich zu Nachfragen, und das unten angefügte Statement ist nicht nur außergewöhnlich, sondern auch ein guter Grund für eine Einladung. Natürlich fehlen hier im Buch nur aus Platzgründen das Anlagenverzeichnis sowie alle weiteren »Beilagen«.

Einschätzung: ein sehr gutes Auftaktspiel.

Dr. Andreas Anders
Diplom-Kaufmann
Brehmer Allee 134b
40472 Düsseldorf
Tel. 0211 352 87 62

Dr. Anders • Brehmer Allee 134b • 40472 Düsseldorf

Rosenberg A.G.
Direktion
Frau Dr. Baseler
Rosenthaler Platz 1

85002 Nürnberg

31.05.1999

Unser Telefonat am heutigen Tage

Sehr geehrte Frau Dr. Baseler,

vielen Dank für das ausführliche Gespräch.
Hier, wie verabredet, meine Unterlagen.

Ich beabsichtige, mich zum Jahresende beruflich neu zu orientieren und würde sehr gerne für Ihr Unternehmen von Deutschland aus neue Vertriebsstrukturen im Bereich Sanitärkeramik entwickeln.

Meine jetzige Position bindet mich voraussichtlich bis zum 30.11.1999, so daß ich Ihren Wünschen gemäß vor dem Jahreswechsel die neugeschaffene Position in Ihrem Export-Headquarter in Nürnberg einnehmen kann.

Von Ihnen bald zu hören, würde mich sehr freuen;
bis dahin verbleibe ich

mit freundlichen Grüßen

Andreas Anders

Anlagen

Dr. Andreas Anders
Diplom-Kaufmann
Brehmer Allee 134b
40472 Düsseldorf
Tel. 0211 352 87 62

BEWERBUNGSUNTERLAGEN FÜR ROSENBERG A.G.

Dr. Andreas Anders
Diplom-Kaufmann
Brehmer Allee 134b
40472 Düsseldorf
Tel. 0211 352 87 62

03.08.1955	**Geburtsdatum**
Zürich	**Geburtsort**
verheiratet zwei Kinder ortsungebunden	**Familienstand**
Schweizer	**Nationalität**
Export Sales Director	**Position**
Sanitärkeramik	**Produkt**
Gres und *Geberit*	**Marken**

Dr. Andreas Anders
Diplom-Kaufmann
Brehmer Allee 134b
40472 Düsseldorf
Tel. 0211 352 87 62

CURRICULUM VITAE	**Berufspraxis**
Sinmag S.R.L. Mailand	
Leitung des Gesamtexportes von Sanitärkeramik für die Markenprodukte *Gres* sowie *Geberit* in die Exportländer der Europäischen Union	seit 04.1995
Prokura	seit 01.1991
Exportleitung *Gres* für Ostblockstaaten Polen, GUS-Staaten, Rumänien, Ungarn	05.1990–12.1991
Exportsachbearbeitung *Gres* für Deutschland	04.1987–04.1990
La Turrita Ceramiche S.P.A. Verona	
Assistent der Exportleitung für Deutschland	08.1983–03.1987
Wand und Boden A.G. Wien	
Exportsachbearbeiter	04.1981–07.1983
Villeroy & Boch Frankfurt a.M.	
Trainee	01.1980–03.1981

Dr. Andreas Anders
Diplom-Kaufmann
Brehmer Allee 134b
40472 Düsseldorf
Tel. 0211 352 87 62

CURRICULUM VITAE **Ausbildung**

Goethe Universität
Frankfurt a. M.

Promotion 06.08.1980

Studienschwerpunkt Außenhandelswirtschaft
Diplom in Betriebswirtschaft 31.10.1978
Gesamtnote: sehr gut

Eidgenössische Handelsakademie
Zürich

Betriebswirtschaftliches Vordiplom 15.09.1976

Wilhelm Tell Gymnasium
Zürich

Abitur 10.06.1973

Andreas Anders

Dr. Andreas Anders
Diplom-Kaufmann
Brehmer Allee 134b
40472 Düsseldorf
Tel. 0211 352 87 62

ZUSATZQUALIFIKATIONEN

Französisch, Italienisch, Englisch, Russisch	**Fremdsprachen**
MS-Office 2000, KHK PC-Kaufmann, Unix, HTML	**DV-Kenntnisse**
Klasse III	**Führerschein**
	Intl. Marketing Ass. London
International Marketing Program Studies	10.1998
	Management Academy London
Rentabilitätsrechnung und Investitionscontrolling	08.1997
Investitionsgüter und Systemmarketing	10.1995
Arbeitstechnik, Führungsverhalten, Konfliktmanagement	06.1993
Rhetorik und Präsentation	01.1992
	Sprachkurse
Conversation-Business-English I und II Cambridge	05.1996, 07.1997
Russisch für Export-Trading St. Petersburg	03.1995

Dr. Andreas Anders
Diplom-Kaufmann
Brehmer Allee 134b
40472 Düsseldorf
Tel. 0211 352 87 62

ANLAGENVERZEICHNIS

Zwischenzeugnis Sinmag S. R. L.

Arbeitszeugnis/Empfehlungsbrief
La Turrita Ceramiche S. P. A.

Arbeitszeugnis Wand und Boden A. G.

Arbeitszeugnis Villeroy & Boch

Promotionsurkunde

Diplom

Fortbildungsnachweise

Zu den Unterlagen von Dr. Andreas Anders

Wie wirkt diese Bewerbungsmappe auf Sie?

Hier ist wohl kaum ein Kommentar notwendig, diese schönen Seiten sprechen für sich. Der Kandidat präsentiert sich mit außergewöhnlich ästhetisch gestalteten Bewerbungsunterlagen, wobei allen Bausteinen das gleiche Design zugrunde liegt.

Dies zeigt sich bereits im **Anschreiben**, ein Beispiel, wie lohnend das Ergebnis sein kann, wenn man es wagt, die konventionelle Form der Briefgestaltung zu verlassen.

Der Anschreibentext knüpft an ein Telefonat an, das im Rahmen einer Initiativbewerbung geführt wurde. Der Text ist absolut knapp gehalten und spiegelt den Stil der gesamten Bewerbungsmappe wider.

Ein fast minimalistisches, aber nicht weniger ästhetisches **Deckblatt** eröffnet den Reigen der Bewerbungsmappenunterlagen. Auf der ersten Seite präsentiert der Bewerber seine Sozialdaten und fügt Informationen über seine aktuelle Position hinzu. Die von uns sonst eher für überflüssig gehaltene explizite Anführung der Rubriken Geburtsdatum / Geburtsort / Familienstand etc. wirkt hier in der Umkehrung der üblichen Reihenfolge als besonderes Stilmittel, das wie die gesamte Mappe auf einen sehr motivierten Bewerber mit hohen Qualitätsansprüchen rückschließen läßt.

Auf den folgenden zwei Seiten sind **Lebenslauf**, Berufspraxis und Ausbildung in einer neuen, beeindruckenden Weise präsentiert. Eine Extraseite gibt Auskunft über die Zusatzqualifikationen und behandelt das Weiterbildungsengagement.

Auch das **Anlagenverzeichnis** trägt zur ästhetischen Gesamtwirkung bei.

Zum **Foto:** Ein nicht alltägliches Foto für eine nicht alltägliche Bewerbungsmappe. Die Hand an der Wange ist eine mehrdeutig interpretierbare Pose: die Spannbreite reicht von »Denker« über »Narzißt« bis zum »Macher«, vielleicht aber auch das Gegenteil (müde, unsicher?). Ein nicht zu unterschätzendes Risiko. Sehr modisch mit zugeknöpftem Hemd ohne Krawatte, aber auch nicht jedermanns Geschmack. Die gezeigte Alternative ist zwar etwas langweiliger und klassisch-konservativ, dafür ist der Bewerber »auf der sicheren Seite«.

Einschätzung: Die Bewerbungsmappe ist ein richtiges kleines Kunstwerk. Wirklich exzellent, vielleicht das beste Beispiel in diesem Buch.

Maria Münch

Gotthelfstr. 19
12051 Berlin
Tel. 030–56 67 82

Deutsche Bahn AG
Zentralbereich Personalplanung
Frau Winkelhuber
Rubensstraße 28

63282 Frankfurt am Main

Berlin, 10.01.2002

Ihr Stellenangebot in der FAZ vom 2.01.2000
Marketingreferent

Sehr geehrte Frau Winkelhuber,

Ihre Annonce hat mich neugierig gemacht.

Als Wirtschaftswissenschaftlerin und Politologin mit einschlägigen Studienschwerpunkten erfülle ich fachlich die von Ihnen erwarteten Voraussetzungen:
→ Kenntnisse in Aufbau und Ablauforganisation,
→ strategische Produktkonzeption und -planung,
→ Marketingmanagement,
→ Unternehmenspolitik.

Persönlich runde ich das Profil mit folgenden Eigenschaften ab:
→ entscheidungsstark und selbstkritisch,
→ zukunftsorientiert mit Augenmaß für das Machbare,
→ unternehmerisch im Denken und kundenorientiert im Handeln.

Mein Start bei der Deutschen Bahn AG kann kurzfristig erfolgen, meine Gehaltsvorstellungen liegen zwischen 35.000 und 40.000 € p.a. Weitere Informationen über mich bitte ich Sie, den folgenden Seiten zu entnehmen.

Es würde mir sehr gefallen, meinen Beitrag für die Unternehmensentwicklung Deutsche Bahn AG leisten zu dürfen, und ich freue mich auf ein persönliches Gespräch.

Mit freundlichen Grüßen aus Berlin

Maria Münch

Anlagen

Maria Münch
Wirtschafts- und Politikwissenschaftlerin

Kandidatur

Bewerbungsunterlagen

für die
Deutsche Bahn AG
als
Marketingreferentin

Maria Münch
Wirtschafts- und Politikwissenschaftlerin

Lebenslauf

Diplom-Kauffrau und Diplom-Politologin

geboren am 11.11.1973 in Kassel
ledig und ortsungebunden

Berufliche Erfahrungen

seit September 1997	Honorartätigkeit bei der Werbeagentur ViP & Partner, Berlin Aufgabengebiete: Betreuung der regionalen Kunden im Projekt ›Regional-Marketing-Konzept für Süd-West Sachsen‹, Mitarbeit in der Bekanntheits-Kampagne für Radio Ewert, Käuferbefragungen, Aufgaben zur Produktkonzeption, Sponsorenakquise
Juli 1995 – September 1995	Praktikum bei Olympus Deutschland, Bremen Bereiche: Verkauf und Rechnungswesen
August 1997 – Oktober 1997	Praktikum bei der Hoechst AG, Essen Bereiche: Marketing und Incentives
August 1998 – September 1998	Praktikum bei Philipp Reemtsma, Berlin Bereiche: Betriebsorganisation und Marktanalysen

Maria Münch

Wirtschafts- und Politikwissenschaftlerin

Das Hochschulstudium

Oktober 1994 – Juli 1999	*Wirtschaftswissenschaften* an der FU Berlin Abschluß: Diplom-Kauffrau, Note gut Schwerpunkte: Marktforschung, Marketingmanagement, Einsatz von Marketinginstrumenten Diplomarbeit: Herstellung von Konformität durch Interessenhandhabung. Eine produktpolitische Analyse
April 1996 – Dezember 2000	Studium der *Politologie* an der FU Berlin Abschluß: Diplom-Politologin, Note gut Schwerpunkte: Industrie- und Organisationssoziologie, neue Managementkonzepte, Wahlforschung, Meinungsmanagement, Kommunikationsmittelerhebung Diplomarbeit: Unternehmensnetzwerke. Eine Analyse der Reibungspunkte durch differierende Unternehmenskultur

Zur beruflichen Weiterbildung

Seit 1997	Teilnahme an Fachveranstaltungen und Kursen Kultursponsoring-Kongreß in Wien, Deutscher Marketing-Tag, Eschborn, Führungskräfteworkshop mit M. Birkenbiehl Graphik-Design an der HDK Berlin, Rhetorik am Institut für Präsentation, Berlin

Maria Münch
Wirtschafts- und Politikwissenschaftlerin

Schulbildung

1980–1993	Grund- und Mittelstufe in Melsungen, Wirtschaftsgymnasium in Kassel, Abschluß allgemeine Hochschulreife, Note sehr gut

Besondere Kenntnisse

Fremdsprachen	Französisch und Spanisch, jeweils gute Kenntnisse Englisch fließend, Sprachschule in Ainsboro, Kent
EDV	Programme: Winword, Corel Draw, Excel, Powerpoint

Mitgliedschaften und Freizeitinteressen

Förderverein bedrohter Tierarten
in Deutschland
Tauchverein für körperbehinderte Schwimmer
Volleyball in der Mannschaft
Ich sammle Skulpturen von Auguste Rodin
und Georg Kolbe

Berlin, 10.01.2002

Maria Münch

Maria Münch
Wirtschafts- und Politikwissenschaftlerin

Meine Sicht der Dinge

Nur kontinuierliches Lernen ermöglicht auch kontinuierliche Verbesserungen.

Dazu braucht man **Einsicht**, daß sich Lernen lohnt, **Bewußtsein**, wie wenig man weiß, und **Bereitschaft**, bequeme Traditionen zu verlassen, um mutig kurzfristige Verschlechterungen zugunsten langfristiger Verbesserungen in Kauf zu nehmen.

Mit dem Gegenüber **konstruktiv** zu **kommunizieren** bedeutet, wirklich zuzuhören, ernst zu nehmen und sich zu öffnen. Nur so können unterschiedliche Sichtweisen und Standpunkte **erfolgreich zusammengeführt** werden.

Und nur die kontinuierlichen Verbesserungen ermöglichen einen stabilen Unternehmenserfolg.

Berlin, 10.01.2002

Maria Münch

Maria Münch
Wirtschafts- und Politikwissenschaftlerin

Überblick über Zeugnisse und Bescheinigungen

Firmen	Werbeagentur ViP & Partner, Berlin Olympus Deutschland, Bremen Hoechst AG, Essen Philipp Reemtsma, Berlin
Zeugnisse	FU Berlin, Diplom-Kaufmann FU Berlin, Diplom-Politologie Allgemeine Hochschulreife Sprachschule Ainsboro, Kent
Weiterbildungen	Kultursponsoring/Wien Marketing-Tag, Eschborn Workshops mit M. Birkenbiehl HDK Berlin, Graphik-Design Institut für Präsentation, Berlin

Zugeklappt:

Sehr geehrte Frau Winkelhuber,

hätten Sie ein paar Minuten Zeit für mich? Ich möchte mich Ihnen gern vorstellen.

Blättern Sie doch einfach mal um...

Einmal aufgeklappt:

Mein Ziel...

... ist es, bei Ihnen als Marketingreferentin zu arbeiten. Mein Wissen, Engagement und meine Erfahrungen möchte ich sehr gern in den Dienst der Deutschen Bahn AG stellen...

Maria Münch

Berlin, 10. Januar 2002

... und deshalb bewerbe ich mich heute bei Ihnen

Maria Münch
Wirtschafts- und Politikwissenschaftlerin

Gotthelfstraße 19
12051 Berlin
Tel.: 030/56 67 82

Möchten Sie mehr über mich wissen? Dann blättern Sie noch einmal um...

Komplett aufgeklappt:

Mein Ziel...

... ist es, bei Ihnen als Marketingreferentin zu arbeiten. Mein Wissen, Engagement und meine Erfahrungen möchte ich sehr gern in den Dienst der Deutschen Bahn AG stellen...

Maria Münch

Berlin, 10. Januar 2002

Meine wichtigsten Daten...

geboren am 11.11.1973 in Kassel
ledig, ortsunabhängig
Diplom in BWL und Politologie

Honorartätigkeit:
Werbeagentur ViP & Partner, Berlin seit 9/97

Praktika:
u.a. in den Bereichen Marketing, Incentives, Betriebsorganisation, Marktanalysen, (Olympus, Hoechst, Phillip Reemtsma)

Studienschwerpunkte:
Wirtschaftwissenschaft: Marktforschung, Marketingmanagement u. -instrumente; Politologie: u.a. Organisationssoziologie, neue Managementkonzepte, Meinungsmanagement

Weiterbildung:
Teilnahme an diversen Fachveranstaltungen

Sprachkenntnisse:
Französisch, Spanisch, Englisch

Meine Pluspunkte...

- entscheidungsstark
- selbstkritisch
- unternehmerisches Denken
- kundenorientiertes Handeln
- zukunftsorientiert mit Augenmaß für das Machbare
- überzeugende fachliche Voraussetzungen
- starke Lernbereitschaft

und nicht zu vergessen:

- großer Spaß an der Arbeit!

Zu den Unterlagen von M. Münch

Leider ohne ein vorab geführtes Telefonat mit der Adressatin gibt das außergewöhnlich aufgebaute **Anschreiben** nicht nur Auskunft über die fachliche, sondern auch über die persönliche Qualifikation der Bewerberin. Schön die klare Struktur, durch die der Leser auf den ersten Blick konsequent und effektiv informiert wird. Der generelle Aufbau ist durchaus gut und überspielt recht geschickt, wie dringend die Kandidatin (ein Jahr nach Studienabschluß) eine Stelle sucht. Die Gehaltsvorstellung wird mutig benannt – wir wissen nicht, ob freiwillig oder als Reaktion auf den Anzeigentext, in der Form aber geschickt, weil doch recht offen (Nennen einer Spanne).

Das **Deckblatt** mit dem graphischen Namenszug und den Studienabschlüssen der Bewerberin ist vorteilhaft und ansprechend gestaltet.

Die gewählte Präsentationsform des **Lebenslaufes** ist großzügig auf drei Seiten untergebracht. Die Linien sind vielleicht nicht jedermanns Sache, gleichwohl verfügt die Bewerberin über außerordentliche Qualitäten, die sich graphisch bestimmt noch geschickter präsentieren ließen. Die Aufzählung der Hobbys verdeutlicht, daß wir es hier mit einer interessanten Bewerberin zu tun haben.

Die nun folgende **Dritte Seite** ist ansprechend gestaltet, die Überschrift werbewirksam gewählt, und der Text nimmt für die Kandidatin ein, oder?

Die Übersicht der **Anlagen** liest sich gut und legt geschickt den Schwerpunkt auf die beruflichen Erfahrungen (Angabe der Firmen).

Das **Foto** ist ein echter Sympathieträger. Auch das ungewöhnliche Format und der Bildausschnitt überzeugen.

Einschätzung: Eine recht interessante Bewerbungsmappe mit Verbesserungspotential im Layoutbereich.

Kurzbewerbung/Flyer

Zusätzlich haben wir hier noch eine Kurzbewerbung von Maria Münch vorgestellt, die als moderner »Flyer« daherkommt und die in einem etwas verkleinerten Format wiedergegeben wird. Im Original füllt dieser Flyer ein komplettes DIN-A-4-Blatt, vorder- und rückseitig bedruckt. Aber was das Format anbetrifft, ist man in der Gestaltung sowieso relativ frei, wenn man über ein gutes Schneidegerät verfügt.

Mit Ihrem PC und einem modernen Textverarbeitungsprogramm läßt sich so ein Folder problemlos herstellen. Klicken Sie (bei Word) in der Menüleiste auf *Datei*, dann auf *Seite einrichten*, *Papierformat* und zuletzt auf *Querformat*. Um den Flyer auch aufklappen zu können, wird er von beiden Seiten bedruckt, indem Sie z.B. erst den Innenteil ausdrucken, das Papier umdrehen und dann die beiden äußeren Textabschnitte drucken lassen (bei unserem Beispiel bleibt die

Seite frei, die im zusammengeklappten Zustand den »Rücken« bildet, was aber nicht unbedingt so sein muß und wiederum Ihrer Gestaltung überlassen bleibt).

Überhaupt: Die grafischen Gestaltungsmöglichkeiten sind echt vielfältig, die hier gewählte Form wirkt eher schlicht, aber erfüllt durchaus ihren Zweck. Größtes Problem bei dieser Art von Mini-Faltprospekt in eigener Sache ist die Notwendigkeit, mit wenig Text auszukommen. Wer sich dieser Herausforderung stellt und das Problem gut löst, hat wirklich die Essentials seines Angebots herausgearbeitet (hoffentlich!)

Mit einem kurzen Begleitschreiben in Richtung *Sie halten jetzt wahrscheinlich die leichteste Bewerbungsmappe der Welt in der Hand ...* kann man sogar hartgesottene Personalchefs überraschen. Trotzdem sollte diese im Posttarif äußerst günstige Variante nicht dazu verleiten, kopflos hunderte von Flyern zu verschicken. Nicht die Quantität zählt schließlich, sondern die Qualität.

Geeignet sowohl als Kurz-, wie auch als Initiativbewerbung stellt diese Form der schriftlichen Kontaktaufnahme eine Alternative dar, die in der Lage ist, Aufmerksamkeit, Interesse und Neugier an Ihrer Person zu wecken. PC-Spezialisten sind in der Lage, sogar ihr Foto einzuscannen, andere arbeiten dazu mit einem Laserkopierer, um das Foto an der richtigen Stelle zu plazieren. Es geht natürlich auch mit einem Originalfoto.

Ein Flyer ist auch immer eine besondere Art der Visitenkarte und schnell verfügbar, wenn es z.B. um Erstkontakte auf Messen geht oder um sonstige Zusammenkünfte mit potentiellen Arbeitgebern.

Stefan Sommer

Hahnenweg 2
01234 Potsdam
Telefon (0123) - 54321

Süddeutsche Beton Werke AG
Dr. Oppel
Industriestr. 17

70565 Stuttgart

3. Juli 1999

Initiativbewerbung für den Bereich Unternehmenskommunikation

Sehr geehrter Herr Dr. Oppel,

aus ungekündigter Position suche ich im Bereich Unternehmenskommunikation in Ihrem Haus eine neue Herausforderung und biete Ihnen meine Mitarbeit an.

Ich wünsche mir neue Aufgaben im PR-Bereich und möchte gerne einen Beitrag zur Weiterentwicklung Ihrer unternehmensinternen Kommunikation leisten.

Mein Wissen und Können habe ich beim Aufbau einer Abteilung für Öffentlichkeitsarbeit beim TÜV Brandenburg unter Beweis gestellt. Die dabei gemachten Erfahrungen sowie meine starke Leistungsmotivation, gepaart mit hoher Lernbereitschaft, sind eine gute Ausgangsbasis für dieses neue Aufgabengebiet.

Auf eine Einladung freue ich mich.

Mit freundlichen Grüßen

Stefan Sommer

Anlage
Bewerbungsmappe

Bewerbung

für den Bereich
interne Unternehmenskommunikation
der Süddeutschen Beton Werke AG

von Stefan Sommer

Vertrauen ist für alle Unternehmungen
das grösste Betriebskapital, ohne welches
kein nützliches Werk auskommen kann.
Es schafft auf allen Gebieten die Bedingungen
gedeihlichen Geschehens.

Albert Schweitzer

Zur Person

Stefan Sommer
Hahnenweg 2
01234 Potsdam
Telefon (0123) 54321

geboren am 30. April 1961 in Münster (Westf.)
verheiratet, ein Kind

Ausbildungshintergrund
Diplom-Politologe, Diplom-Übersetzer

Potsdam, 3. Juli 1999 Stefan Sommer

	Berufliche Tätigkeit
Januar 1992 bis September 1994	Assistent des Technischen Leiters beim Industrieverband der Hersteller Kunststoffverarbeitender Preßmaschinen mit folgenden Aufgaben: Herausgabe von Pressemitteilungen, Erstellung eines Pressespiegels (KVPM Newsletter), Überarbeitung von Artikeln für die Fachpresse, Veranstaltungsorganisation, Übersetzungen, Koordination von Prüfprogrammen, Mitarbeit bei der Herausgabe von Verbandspublikationen, sprachliche Ausarbeitung von Vorträgen
Seit Oktober 1994	Hauptverantwortlicher Leiter des Referats Öffentlichkeitsarbeit beim Technischen Überwachungsverein Brandenburg in Potsdam
Schwerpunktaufgabe	Konzeption und Organisation der gesamten PR-Aktionen für den TÜV Brandenburg
	Erfahrungsbasis
Konzeptionelle und strategische Öffentlichkeitsarbeit	Grundsatzfragen der Öffentlichkeitsarbeit in der Arbeitsschutzverwaltung Brandenburg (Mensch, Technik, Organisation, Gesellschaft: Sicherheit, Gesundheit und Wohlbefinden in der Arbeitswelt) Konzeption, Planung und Organisation aller PR-Maßnahmen • ein »Fortbildungskonzept zur bürgernahen Kommunikation« • Betreuung und Pflege der Pressekontakte sowie deren Ausbau, auch auf Messen und Pressekonferenzen • ein »Konzept zur flankierenden Veränderungsfortbildung« im Rahmen der Neuorganisation der Öffentlichkeitsarbeit • ein »Kooperationsprofil« für potentielle Partner
Operatives PR-Management	• Einführung und Weiterentwicklung einer DV-unterstützten Aufbau- und Ablauforganisation • Erstellen von Texten für alle Informationsmedien im Werbebereich, dazu gehören Anzeigen, Produkt- und Image-Prospekte, Multimedia-Anwendungen, inkl. dazugehörender Recherchen • Entwurf von Pressetexten, von der Kurzmeldung bis zum Expertenbericht, sowohl für Fachzeitschriften als auch für die aktuelle Tagespresse • Vorbereitung und Durchführung von Presseaussendungen • Redaktion und Abwicklung der Hauszeitschrift • Entwicklung von Seminarkonzepten in den Bereichen »Kommunikation«, »Verhalten« und »Methoden« • Methodisch-didaktische Beratung bei der Entwicklung, Erprobung und Umsetzung von Konzepten im technischen Bereich • Aufbau und Pflege einer dem TÜV Brandenburg dienlichen Infrastruktur im Bereich der öffentlichkeitswirksamen Medien • Diverse Akquisetätigkeiten (Referent/innen, Tagungsstätten, Kooperationspartner) • Konzeption und Kalkulation des jährlichen Veranstaltungskalenders
Organisation	• Veranstaltungsabwicklung • Vorschläge zur Auswahl und Beschaffung von Fachliteratur, Medien und Arbeitsmaterialien

Berufliche Weiterbildung

Juli und August 1991	Grundlagen des Verwaltungshandelns für Beschäftigte des Höheren Dienstes, Fortbildungsakademie des Innenministeriums, Frankfurt
März 1992	Betriebssoziologische Theorie-Praxis-Tage Universität der Bundeswehr, Mainz
September 1996	»Erfolgsorientierte Steuerung industrieller PR-Arbeit«, Management-Konferenz des Institute für International Research, Berlin
März 1997	Zeichnen und grafisches Gestalten mit Corel Draw, EDV Institut Berlin

Studium

04.1982–10.1986	Übersetzer-Studium Universität Mainz Sprachenkombination: Englisch und Französisch Spezialdisziplin: Technik und EDV Abschluß: Diplom-Übersetzer, Gesamtnote 2,0 PR-relevante Aspekte dieses Studiums: Rhetorik, Stilkunde und Kommunikationswissenschaft
10.1986–10.1991	Politikwissenschaften an der Goethe-Universität Frankfurt a. M. Hauptstudium mit den Teilbereichen Regierungslehre und Methoden der Politikwissenschaften Themenschwerpunkte: Konzeptionen zur Reformierung öffentlicher Verwaltungen, Zukunft der Erwerbsarbeit Nebenfach Soziologie mit dem Teilbereich Arbeitssoziologie Themenschwerpunkte: Führung und Kooperation im Personalwesen, Arbeitsorganisation und neue Technologien

Schulbildung

05.1981	nach Grundschule und integrierter Gesamtschule Abitur am Friedrich-Stein-Gymnasium in Münster Prüfung zum Fremdsprachenkorrespondenten und technischen Dolmetscher in Englisch vor der Industrie- und Handelskammer zu Köln nach Besuch des Sprachlabors für Erwachsene

Sonstige Kenntnisse

Sprachen	
Englisch	sehr gut, siehe Übersetzer-Diplom
Französisch	sehr gut, siehe Übersetzer-Diplom
Spanisch	solide Grundkenntnisse
EDV	Word Perfect 6.0a für Windows 3.1, Word 2000, Excel 2000 COREL DRAW 8.0 für Windows 95/98
Führerscheine	Klassen 1, 2, 3

Potsdam, 3. Juli 1999

Stefan Sommer

Zu den Unterlagen von Stefan Sommer

Durch eine Initiativbewerbung aus ungekündigter Position und durch die Kürze des **Anschreibens** gelingt es dem Kandidaten, beim Leser Interesse zu wecken. Es wird zwar nicht auf ein vorab geführtes Telefonat hingewiesen, der in Frage kommende Ansprechpartner ist aber ermittelt und direkt benannt. Der Bewerber führt seine Motive, seine Ziele und seine persönliche Qualifikation in prägnanter Form auf.

Ein interessant gestaltetes **Deckblatt** mit einem für diese Bewerbung durchaus stimmigen Zitat weist den Kandidaten als PR-Fachmann auch in eigener Sache aus. Diesen Eindruck verstärkt noch das folgende Blatt mit Foto und Daten zur eigenen Person. Eine gute grafische Gestaltung, die bestimmt Aufmerksamkeit erzielt.

Die Seiten des **Lebenslaufs** sind voll mit Qualifikationsmerkmalen und -nachweisen und wirken fast schon ein bißchen überladen. Manchmal ist weniger mehr. Trotzdem eine interessante Präsentationsform, die sicherlich viele Leser überzeugen wird. Die grafische Form der Darstellung mit einer senkrechten Trennungslinie, die zeitliche Daten oder verschiedene Themenüberschriften auf der linken Seite abgrenzt, ist übersichtlich und ansprechend und hebt sich bestimmt von der breiten Masse ab. Gut gelungen auch die Abfolge der Themenblöcke: berufliche Tätigkeit – Erfahrungsbasis – berufliche Weiterbildung ... Dies ist dramaturgisch geschickt, inhaltlich informativ und setzt damit den Kandidaten ins gewünschte Licht. Hier handelt es sich ganz deutlich um eine Art erster Arbeitsprobe.

Ein gutes **Foto** mit interessantem Bildausschnitt spricht für den Bewerber.

Natürlich fehlt das **Anlagenverzeichnis** hier lediglich aus Platzgründen. Auch auf weitere »Beilagen« haben wir deshalb verzichtet.

Einschätzung: Eine gelungene, neue Form der Präsentation mit vielen frischen Ideen.

Ulrich Gerstner
Hettkampsweg 12
47169 Duisburg
Tel.: 665 43 33

Duisburg, 20. Februar 2000

Tierärztin
Frau Dr. med.vet. Marlies Timm
Rauchstraße 27a

47221 Duisburg

Bewerbung um einen Ausbildungsplatz als Tierarzthelfer

Sehr geehrte Frau Dr. Timm

für mich gibt es seit langem nur einen Berufswunsch: Ich möchte gerne Tierarzthelfer werden.

Als echter »Tiernarr« kann es für mich nichts Schöneres geben, als kranken Tieren zu helfen. Schon als kleiner Junge hatte ich immer Haustiere – vom Kaninchen bis zum Dackel. Jetzt gehören zu unserem Haushalt neben einer Schildkröte zwei Hamster, ein Hund und vier Wüstenrennmäuse, die ich alle sehr in mein Herz geschlossen habe.

Vielleicht erinnern Sie sich an mich, da ich vor zwei Jahren einige Male mit meinem Cockerspaniel Waldo in Ihre Praxis gekommen bin. Mich hat sehr beeindruckt, wie Sie und Ihr Team mit dem Tier umgegangen sind, und natürlich auch, daß Sie ihm so gut helfen konnten.

Ich besuche zur Zeit die 9. Klasse der Realschule am See in Duisburg und werde diese im Sommer abschließen. Danach würde ich sehr gerne bei Ihnen die Ausbildung zum Tierarzthelfer absolvieren. Ob das möglich ist?

Über eine Einladung zu einem persönlichen Gespräch freue ich mich schon jetzt sehr und bedanke mich für Ihr Interesse.

Mit freundlichen Grüßen

Ulrich Gerstner

Anlagen

Bewerbungsunterlagen

für

Frau Dr. med. vet. Marlies Timm

von

Ulrich Gerstner

für einen Ausbildungsplatz
als Tierarzthelfer

Ulrich Gerstner
Hettkampsweg 12
47169 Duisburg
Tel. 66 54 333

Lebenslauf

Persönliche Daten

geboren am 1. November 1985
in Duisburg
1 ältere Schwester (Lehramts-Studentin)

Schulbildung

Grundschule:	September 1991 – August 1997
Realschule:	seit September 1997
Lieblingsfächer:	Biologie, Deutsch, Sport
Sprachkenntnisse:	Englisch, Französisch
Voraussichtlicher Schulabschluß:	Realschule im Sommer 2000
Berufswunsch:	Tierarzthelfer

Außerschulische Interessen:

Sport:	Squash
Ehrenamtliche Tätigkeit:	Mitarbeit im Tierheim Duisburg-Wedau

Duisburg, 20. Februar 2000 Ulrich Gerstner

Was mir wichtig ist

Jedes Jahr, wenn die Sommerferien beginnen, muß man dieselben Meldungen in den Zeitungen lesen: »Hund ausgesetzt« – »Katze aufgefunden« usw.

Ich bin immer wieder aufs Neue entsetzt, wie Menschen so herzlos sein können, Lebewesen, die auf unsere Hilfe angewiesen sind, einfach so abzuschieben – nur weil sie nicht in die Urlaubspläne passen.

Vor zwei Jahren habe ich beschlossen, mehr zu tun, als mich über diese Unmenschlichkeit aufzuregen. Ich bot dem Tierheim in Duisburg-Wedau meine ehrenamtliche Mitarbeit an.

Jetzt bin ich zweimal in der Woche dort, kümmere mich um die Pflege und das Füttern der Hunde, Katzen und der vielen anderen Tiere – und »verteile« ein paar Streicheleinheiten. Die brauchen die Tiere, die oft von heute auf morgen allein gelassen wurden, ganz besonders.

Ich bin froh, eine sinnvolle Freizeitbeschäftigung gefunden zu haben, die mir darüber hinaus sehr viel Freude bereitet – sicher genauso viel wie die Ausbildung zu meinem Wunschberuf, dem Tierarzthelfer.

20. Februar 2000

Ulrich Gerstner

Zur Bewerbung von Ulrich Gerstner

Ulrich gelingt es, im **Anschreiben** sehr überzeugend zu wirken. Daß er ein wirklicher »Tiernarr« ist, wie er schreibt, nimmt man ihm ohne weiteres ab. Allerdings ist die »Als…, als…«-Satz-Konstruktion stilistisch nicht sehr schön.

Gar nicht dumm ist es, die Ärztin an den Besuch in der Praxis zu erinnern – vielleicht weiß sie wirklich noch, wer Ulrich ist. Auf alle Fälle hat er geschickt seinen Wunsch, unbedingt in dieser Praxis arbeiten zu wollen, mit einem Kompliment an die Arbeit der Tierärztin verbunden. Alle Achtung!

Positiv hervorzuheben ist auch das **Deckblatt**, auf dem er die Ärztin noch einmal direkt »anspricht«. Das signalisiert: Hier handelt es sich um eine extra angefertigte Bewerbung und nicht um ein einfach x-mal vervielfältigtes »Werk«.

Der **Lebenslauf** ist trotz der aufgelockerten Gestaltung sehr übersichtlich, die Zwischenüberschriften könnte man, um sie stärker abzugrenzen, noch fett drucken.

Das **Foto** wirkt sehr freundlich und sympathisch. Was für ein Unterschied zur untenstehenden ernsten Variante!

Mit der **Seite Drei**, die bereits durch die Überschrift neugierig macht, unterstreicht Ulrich sehr eindrucksvoll sein Anliegen. Welcher Chef, welche Chefin wünscht sich nicht einen solchen Auszubildenden, der mit Leib und Seele bei der Sache ist?

Sehr gut ist auch, daß Ulrich im letzten Satz noch einmal auf die angestrebte Ausbildung zurückkommt. So zieht er einen schönen Bogen von der Freizeitbeschäftigung zum Wunschberuf.

Auch die Gestaltung dieser Seite macht einen guten Eindruck – ein echter »Hingucker«.

Wenn eine Absage kommt

Sie erhalten Ihre Unterlagen zurück mit dem Hinweis »... leider nicht«. Es ist ratsam, sich bei einer Absage nicht schmollend in einen Winkel zurückzuziehen und infoge der Kränkung (die allemal da ist) in Selbstmitleid zu verfallen, sondern weiter selbstbewußt und aktiv vorzugehen.

Der Antwortbrief

Überlegen Sie, ob sich nicht ein freundlicher Antwortbrief auf ein Absageschreiben lohnt. Das hängt natürlich davon ab, wie wichtig, wie interessant Ihnen die angebotene Position war oder ist, und ob Sie glauben, wirklich geeignet für diesen Aufgabenbereich zu sein.

Geben Sie in diesem Antwortbrief Ihrem Bedauern Ausdruck, und deuten Sie an, daß das Unternehmen sicher im besten Interesse entschieden hat. Fassen Sie noch einmal kurz zusammen, warum Sie gerade an dieser Arbeitsstelle besonders interessiert sind und was Sie Ihrer Meinung nach zum Erfolg der Firma/der Institution hätten beitragen können.

So ein Absage-Antwortbrief – der übrigens auch nach einem von einer Absage gefolgten Vorstellungsgespräch geschrieben werden kann – ist unter mehreren Aspekten sinnvoll:

- Sie waren vielleicht ein Grenzfall bezüglich einer Einladung zum Vorstellungsgespräch und geben jetzt durch Ihren Nachfaßbrief den positiven Ausschlag für eine Kontaktaufnahme.
- Von den eigentlichen Wunschkandidaten ziehen einige kurzfristig ihre Bewerbung zurück, erscheinen nicht zum Vorstellungsgespräch etc., man möchte aber mehr Bewerber sehen und vergleichen. Sie bieten sich durch Ihren Brief erneut an.
- Später, während der Probezeit, erweist sich die Einstellung Ihres Mitbewerbers als Fehlentscheidung, Sie sind aber durch Ihr Engagement in positiver Erinnerung geblieben.
- Der Personalchef empfiehlt Sie weiter, es gibt (evtl. im Haus) noch andere Positionen, die zu besetzen sind.

Das Antworttelefonat

Auch der Griff zum Telefonhörer kann nach einer Absage einen Versuch wert sein. Über dieses Medium bekommen Sie relativ leicht heraus, wie sich die Bewerberlage beim Arbeitsplatzanbieter darstellt. Sind wirklich 500 und mehr schriftliche Bewerbungsunterlagen eingegangen, relativiert sich unter bestimmten Aspekten Ihr Unglück, nicht unter den ausgewählten Kandidaten zu sein.

Zusätzlich bekommen Sie vielleicht Informationen über die Auswahlkriterien und können diese für spätere Bewerbungsaktivitäten nutzen. Ein gut verlaufendes Telefonat kann auch andere Türen öffnen und plötzlich Interesse an Ihrer Person wecken.

Zusammenfassung

Ihre Bewerbungsunterlagen, also das Anschreiben, der Lebenslauf, das Foto, die Zeugnisse und evtl. weitere Anlagen, sind eine Art Visitenkarte, mit der Sie Aufmerksamkeit erzeugen, Interesse wecken und die Einladung zum Vorstellungsgespräch hervorrufen wollen. Sie sind gleichzeitig eine erste Arbeitsprobe.

Es kommt darauf an, alle wichtigen Argumente, die für Sie sprechen, gut formuliert und in komprimierter Form vorzutragen.

Aber nicht nur inhaltlich ist große Sorgfalt empfehlenswert. Formale Aspekte sind von ebenso großer Bedeutung. Form und Inhalt zeigen dem Leser Ihrer Unterlagen, wie Sie arbeiten. Ziel Ihrer schriftlichen Bewerbung sollte es sein, sich positiv von der oft sehr großen Konkurrenz abzuheben.

Einstellungstests

Immer mehr Unternehmen/Institutionen verlassen sich nicht nur auf die schriftlichen Bewerbungsunterlagen und das Vorstellungsgespräch, um einen Eindruck von den Bewerbern zu bekommen. Sie laden zu Einstellungstests ein. Ob Persönlichkeit, Intelligenz, Leistungsvermögen, soziale Kompetenz – all das soll mit Hilfe von unzähligen Aufgabentypen geprüft werden. Welche Tests auf Sie zukommen und wie Sie sich am besten darauf vorbereiten, lesen Sie im folgenden Kapitel.

Hört das denn nie auf mit den Tests und Prüfungen? Da meint man, die Schule oder Uni liegt nun hinter einem, und man muß endlich nicht mehr durch diese Knochenmühle, da geht das schon wieder los, und bevor man sich überhaupt in einem persönlichen Gespräch mit dem Arbeitgeber präsentieren kann, wird man erst mal wieder getestet.

Testomanie

Tests begleiten, ja beherrschen unser Leben. Vom Schwangerschaftstest über den medizinischen Apgar-Index-Test mit Bestimmung von Herzfrequenz, Atmung und Hautfarbe des Neugeborenen bis hin zum letzten Test – vor unserem großen Boß findet die allerletzte Prüfung statt: Himmel oder Hölle? Zwischen Geburt und Tod liegen Schulreifetests, diverse Mathe-, Geschichts- und Vokabeltests und eventuell der Berufsberatungstest beim Arbeitsamt. Ob Virchow oder Sauerbruch den inzwischen abgeschafften Zulassungstest zum Medizinstudium erfolgreich überstanden hätten, weiß man nicht, aber dank der Werbung kennen alle den Cola-Test und die klinisch getestete Zahnpasta. Unterhaltsam soll der Illustriertentest sein (»Bin ich ein idealer Partner?«), manche schreckt der Doping-Test, während der Aids-Test bei allen Angst und Schrecken verbreitet.

So erklärt sich vielleicht die Testomanie von Arbeits- und Ausbildungsplatzvergebern: Da gibt es Allgemeinwissens-Tests, Assessment Center, Bank-, Baum-, Bürotests, EDV-, Farb-, Grundwissentests, die vielen Intelligenz- und Konzentrationstests, Logik-, Lügen-, Managertests, Persönlichkeitstests und Personalfragebögen und und und… bis hin zu den unzähligen selbstgestrickten von Firmen und Berufsgruppen angewandten Testverfahren, um nur einige zu nennen.

Abstruse Testaufgaben

»Gibt es in der Antarktis Eisbären?« oder »Kann man in Afrika Jaguare antreffen?« sind Fragen aus dem Mannheimer Intelligenztest, der Ausbildungsplatzbewerbern immer häufiger zur Beantwortung vorgelegt wird. Ausgefragt und abgeblitzt. Obskure und abstruse Testaufgaben und Fragensammlungen entscheiden über Berufswünsche und Bewerberschicksale. Woran liegt das? Eine typisch deutsche Art des Umgangs mit Bewerbern?

Die Deutschen lieben, wie man weiß, Quizsendungen, und ihnen wird nicht ohne Grund eine starke Neigung zum autoritär-oberlehrerhaften Gehabe nachgesagt. Testen deshalb Personalchefs ihre Bewerber getreu den beliebten alten und neuen Fernsehvorbildern wie Quizmaster?

Wie auch immer – in jedem Fall müssen immer mehr Bewerberinnen und Bewerber damit rechnen, auf Einstellungstests zu stoßen. Selbst angehende Azubis werden damit konfrontiert.

Im folgenden stellen wir Ihnen einige dieser Tests vor, damit Sie sich ein Bild davon machen können, was da so alles auf Sie zukommen kann.

Intelligenztests

Intelligenztests testen die Intelligenz – so könnte man naiv annehmen. Doch so einfach verhält sich das alles nicht. Denn die Unklarheit beginnt schon bei der Frage, was eigentlich Intelligenz ist. Umgangssprachlich meinen wir zwar zu wissen, worum es dabei geht, in der Psychologie ist jedoch die Definition von Intelligenz ziemlich uneindeutig. Das Spektrum gliedert sich in die nachfolgenden Gebiete wie Allgemeinwissen und Logik bis hin zur praktisch-technischen Intelligenz.

Allgemeinwissen

Was unter dem sogenannten Allgemeinwissen zu verstehen ist, bestimmen die Arbeitsplatzvergeber. Meistens geht es um folgende Sachgebiete: Staat, Politik, Geschichte, Geographie. Wirtschaft, berühmte Persönlichkeiten, Schöngeistiges (Kunst/Literatur/Musik), manchmal auch Sport und Technik, weniger Biologie, Physik und Chemie. Von Minisammlungen (etwa 10 Fragen) am Anfang einer Testbatterie bis zu 200 Fragen (10 Gebiete à 20 Fragen) reicht die Palette. Oftmals werden die Fragensammlungen durch berufsspezifische Wissensfragen erweitert. Man kann sich viele Allgemeinwissensfragen ausdenken – unsere Beispiele jedoch stammen aus Originaltests der täglichen Testpraxis, geordnet nach Sachgebieten, unter Berücksichtigung von Wichtigkeit und Häufigkeit. Hier zunächst ein leichter Einsteig in Form eines Satzergänzungstests. Die Lösungen zu den folgenden Tests finden Sie ab Seite 381.

Satzergänzung

Ihnen werden Sätze vorgegeben, die durch eines der Lösungsworte a–f zu ergänzen sind. Nur ein Lösungswort ist richtig.

1. Beispiel: Am meisten Ähnlichkeit haben Kaninchen mit …
   a) Hasen
   b) Katzen
   c) Eichhörnchen
   d) Füchsen
   e) Igeln
   f) Frettchen

Lösung: a) Hasen

2. Beispiel: Vor allem aus Mangel an … sind Hochhäuser entstanden.
   a) Sauerstoff
   b) ästhetischem Empfinden
   c) Baugrund
   d) Bauholz
   e) Architekten
   f) Wohnungen

Lösung: c) Baugrund

Für die folgenden 20 Satzergänzungsaufgaben haben Sie 4 1/2 Minuten Zeit.

1. Beim Autofahren benötigt man besonders …
   a) Vorsicht
   b) Ausdauer
   c) Geschick
   d) Kraft
   e) Aufmerksamkeit
   f) Rücksicht

2. Am wichtigsten am Fernseher ist …
   a) die Antenne
   b) der Abstellknopf
   c) die Transistoren
   d) die Bildröhre
   e) der Kontrastregler
   f) der Lautstärkeregler

3. ... gehört nicht zum Wetter.
   a) der Nebel
   b) das Gewitter
   c) der Hagel
   d) das Erdbeben
   e) der Orkan
   f) der Sturm

4. Als Verkehrsmittel ist das Flugzeug das ...
   a) unsicherste
   b) leichteste
   c) teuerste
   d) größte
   e) vernünftigste
   f) schnellste

5. Letztlich werden Entscheidungen ...
   a) diskutiert
   b) überlegt
   c) getroffen
   d) geplant
   e) befolgt
   f) vermieden

6. Am ehesten zu Lebzeiten muß der Ruf eines ... begründet sein.
   a) Komponisten
   b) Malers
   c) Bildhauers
   d) Schauspielers
   e) Dichters
   f) Schriftstellers

7. Am wenigsten kann man über längere Zeit verzichten auf das ...
   a) Fernsehen
   b) Schlafen
   c) Sprechen
   d) Trinken
   e) Essen
   f) Gehen

8. Quecksilber ist …
   a) eine Legierung
   b) ein Metall
   c) ein Mineral
   d) eine Lösung
   e) ein Gemisch
   f) eine Mixtur

9. In der Regel sind Väter … erfahrener als ihre Söhne.
   a) nie
   b) immer
   c) gewöhnlich
   d) grundsätzlich
   e) selten
   f) manchmal

10. … gehört/gehören immer zu einer Prüfung.
   a) Fragen
   b) Antworten
   c) Wissen
   d) Fähigkeiten
   e) ein Programm
   f) ein Prüfender

11. Hat man Geld, hat man immer …
   a) Freude
   b) Freunde
   c) Sicherheit
   d) Macht
   e) Besitz
   f) Konten

12. Am besten löst man ein Problem durch …
   a) Einfühlung
   b) Verstand
   c) Ausprobieren
   d) Konzentration
   e) Nachdenken
   f) Aufgeben

13. Etwa ... % beträgt der Anteil der Bundesrepublik Deutschland an der Festlandoberfläche der Erde.
    a) 0,2%
    b) 0,5%
    c) 1,5%
    d) 2,3%
    e) 2,8%
    f) 3,2%

14. Man braucht ..., wenn man arbeitet.
    a) Verstand
    b) Intelligenz
    c) Werkzeuge
    d) Chefs
    e) Aufgaben
    f) Ehrgeiz

15. ... ist die häufigste Ursache eines Hochwassers.
    a) Unglück
    b) Katastrophe
    c) Unwetter
    d) Dammbruch
    e) Regen
    f) Eisschmelze

16. Mit Menschen sollte man ... im Umgang sein.
    a) abwartend
    b) vergnügt
    c) aufgeschlossen
    d) zurückhaltend
    e) vorsichtig
    f) gewandt

17. Man benötigt viel ..., um tiefe Töne zu erzeugen.
    a) Verstand
    b) Gefühl
    c) Übung
    d) Kraft
    e) Schwung
    f) Konzentration

18. Eine mit Inhalten aus der Tierwelt gestaltete kurze Erzählung, die häufig eine Belehrung enthält, bezeichnet man als…
    a) Anekdote
    b) Roman
    c) Fabel
    d) Legende
    e) Gleichnis
    f) Symbol

19. Eine/ein… dient nicht der Regelung des Verkehrs auf der Straße.
    a) Parkverbot
    b) Bahnschranke
    c) Einbahnstraße
    d) Ampelanlage
    e) Scheinwerfer
    f) Verkehrspolizist

20. Die Differenz zwischen sog. bürgerlichem und astronomischem Jahr wird ausgeglichen durch das/die…
    a) Schaltjahr
    b) Kalenderjahr
    c) Jahreszeiten
    d) Monatslängen
    e) Kirchenjahr
    f) Sabbatjahr

Geschichte

Für die folgenden 20 Aufgaben haben Sie 4 1/2 Minuten Zeit.

1. Wann endete der 2. Weltkrieg in Europa?
    a) März 1945
    b) April 1945
    c) Mai 1945
    d) Juni 1945

2. Wann erfolgte die Proklamation der Menschen- und Bürgerrechte in Frankreich?
    a) 1776
    b) 1789
    c) 1813
    d) 1850

3. In welcher Zeitspanne ereignete sich der 1. Weltkrieg?
   a) 1913–1917
   b) 1913–1919
   c) 1914–1917
   d) 1914–1918

4. Wann fand die Oktoberrevolution statt?
   a) 1920
   b) 1918
   c) 1917
   d) 1896

5. Die Entente Cordiale wurde geschlossen zwischen …
   a) England und Rußland
   b) England und Frankreich
   c) Frankreich und Rußland
   d) Frankreich und Deutschland

6. Wann wurde Deutschland in den Völkerbund aufgenommen?
   a) 1924
   b) 1926
   c) 1928
   d) 1945

7. Julius Cäsar adoptierte seinen Großneffen. Er hieß …
   a) Crassus
   b) Oktavian
   c) Cäsario
   d) Augustus

8. Der Spartakusaufstand 1919: Wer versteckte sich hinter dem Pseudonym »Spartakus«?
   a) Karl Liebknecht
   b) Rosa Luxemburg
   c) Ernst Thälmann
   d) Wilhelm Pieck

9. Der Gedanke der kommunalen Selbstverwaltung stammt von …
   a) Stresemann-Severing
   b) Wilhelm v. Humboldt
   c) Stein-Hardenberg
   d) August Bebel

10. Woher kamen die Goten ihrer Stammessage nach?
    a) aus Skandinavien
    b) vom Balkan
    c) aus Vorderasien
    d) aus Lettland

11. In England wurden 1215 dem Königtum zugunsten des Klerus und des Adels feudale Vorrechte abgenötigt.
    Die Urkunde dieser »ersten Freiheitsrechte« heißt…
    a) Great Bill of England
    b) Magna Charta
    c) Bill of Rights
    d) Keiner dieser drei Lösungsvorschläge ist richtig.

12. Die Unabhängigkeitserklärung der USA war…
    a) 1769
    b) 1776
    c) 1793
    d) 1815

13. Friedrich List gründete 1819 den »Deutschen Handels- und Gewerbeverein«.
    Dieses Modell war der Vorläufer für…
    a) das deutsche Gewerkschaftswesen
    b) den deutschen Zollverein
    c) das deutsche Kolonialwesen
    d) den deutschen Sparkassenverein

14. Mit der Flucht Mohammeds von Mekka nach Medina beginnt im Islam eine eigene Zeitrechnung. Wann fand dies nach unserer Zeitrechnung statt?
    a) 518 v. Chr.
    b) 400 v. Chr.
    c) 612 n. Chr.
    d) 622 n. Chr.

15. Der amtliche Name des 1. Deutschen Reichs lautete…
    a) Kleindeutsches Reich
    b) Deutsches Kaiserreich
    c) Heiliges Römisches Reich Deutscher Nation
    d) Großdeutsches Reich

16. Die Schlagworte der Französischen Revolution hießen …
    a) Freiheit, Gleichheit, Brüderlichkeit
    b) Frieden, Freiheit, Wohlstand
    c) Frieden, Freiheit, Gerechtigkeit
    d) Einigkeit und Recht und Freiheit

17. Wer gründete das Deutsche Reich?
    a) Hitler
    b) Bismarck
    c) Hindenburg
    d) Stresemann

18. Welches Geschehen besiegelte den Untergang des spanischen Weltreiches?
    a) Entdeckung Amerikas
    b) Erbstreitigkeiten im spanischen Herrscherhaus
    c) Vernichtung der spanischen Flotte
    d) die Schlacht bei Waterloo

19. Welches kleine, aber wichtige europäische Land hat seit 1815 keine Kriege geführt?
    a) Holland
    b) Schweiz
    c) Dänemark
    d) Österreich

20. Wer zerstörte Karthago?
    a) die Ägypter
    b) die Athener
    c) die Römer
    d) die Mohammedaner

Literatur

Für 15 Aufgaben haben Sie 3 Minuten Zeit.

1. Zarathustra (Beschreibung des sog. Übermenschen) ist von …
    a) George
    b) Morgenstern
    c) Nietzsche

2. Der bedeutendste Erziehungs- und Entwicklungsroman um 1800 war »Wilhelm Meisters Lehr- und Wanderjahre« und stammt von…
   a) Herder
   b) Schiller
   c) Goethe

3. Hans Jacob Christoph v. Grimmelshausen schuf im 17. Jahrhundert eine satirische Dichtung mit dem Namen…
   a) Die Betschwester
   b) Der Arme Heinrich
   c) Der Simplicissimus

4. Über den 30jährigen Krieg schrieb Schiller sein dreiteiliges Drama…
   a) Don Carlos
   b) Wilhelm Tell
   c) Wallenstein

5. Ein bedeutender französischer Komödiendichter des 17. Jahrhunderts war…
   a) Balzac
   b) Molière
   c) Tartuffe

6. Welcher deutsche Schriftsteller wurde bekannt durch einen Kriegsroman?
   a) Zweig
   b) Brecht
   c) Remarque

7. »Die Buddenbrooks«, die Familiengeschichte einer Lübecker Kaufmannsfamilie, schrieb 1901…
   a) Thomas Mann
   b) Stefan Zweig
   c) Hermann Hesse

8. Gerhart Hauptmanns soziales Drama »Die Weber« stammt aus der Epoche des…
   a) Symbolismus
   b) Naturalismus
   c) Expressionismus

9. Dürrenmatt warf die Frage nach der Eigenverantwortung der Wissenschaftler neu auf. Seine Komödie, die hinsichtlich der atomaren Aufrüstung zu denken gibt, hat den Titel…
   a) Die Physiker
   b) Der Besuch der alten Dame
   c) Ein Engel

10. Wer schrieb den Roman »Krebsstation«?
    a) Solschenizyn
    b) Bulgakow
    c) Pasternak

11. Der deutsche Dramatiker Hochhuth provozierte mit seinem Erstlingswerk politische Spannungen mit dem Vatikan. Dieses Werk heißt…
    a) Guerillas
    b) Der Stellvertreter
    c) Soldaten

12. Wer schrieb »Die fromme Helene«?
    a) Kleist
    b) Busch
    c) Wagner

13. Wer schrieb den »Hauptmann von Köpenick«?
    a) Zuckmayer
    b) Valentin
    c) Böll

14. Wer schrieb »Emilia Galotti?«
    a) Lessing
    b) Schiller
    c) Goethe

15. Wie hieß Schillers erstes Drama?
    a) Die Räuber
    b) Kabale und Liebe
    c) Romeo und Julia

Technik

Sie haben für 15 Aufgaben 3 Minuten Zeit.

1. Bimsstein ist leichter oder schwerer als Wasser?
   a) schwerer
   b) leichter
   c) gleich schwer

2. Bei welchem Wetter pflanzt sich Schall schneller fort?
   a) bei warmem
   b) bei kaltem
   c) gleich

3. Von der Sonne bis zur Erde braucht Licht…
   a) 8 Minuten 13 Sek.
   b) 1 Stunde 03 Min.
   c) 2 Stunden 14 Min.

4. Welche Funktion hat ein Transformator?
   a) Umspanner
   b) Speicher
   c) Gleichrichter

5. Das… ist ein Meßinstrument für den Luftdruck.
   a) Hygrometer
   b) Barometer
   c) Thermometer

6. Was ist weiches Wasser?
   a) ohne Kalkgehalt
   b) mit starkem Kalkgehalt
   c) mit mittlerem Kalkgehalt

7. Wie viele Stunden zeigt die Skala einer Sonnenuhr an?
   a) 6 Stunden
   b) 12 Stunden
   c) 24 Stunden

8. Der / das… ist ein Meßinstrument für Erdbeben.
   a) Quadrometer
   b) Seismograph
   c) Hygrometer

9. Welche Strahlen zeigt der Geigerzähler an?
   a) Röntgenstrahlen
   b) radioaktive Strahlung
   c) Sonnenstrahlen

10. Was ist ein Zyklotron?
   a) Beschleuniger für Elementarteilchen
   b) freiwerdendes Teilchen bei der Kernspaltung
   c) Gezeitenmesser

11. Was versteht man unter einem Semaphor?
   a) Meßinstrument im Flugzeug
   b) optischer Signalgeber (Schiffahrt)
   c) Eisenbahnsignal

12. Wie wird beim Flugzeug die Geschwindigkeit geregelt?
   a) durch Neigungsveränderung der Flugflächen
   b) durch Gasgeben und Drosseln
   c) durch Verstellen der Landeklappen

13. Nach welchem Prinzip wird Rohrpost befördert?
   a) mit Druck- oder Saugluft
   b) mit dem Prinzip der schiefen Ebene
   c) mit Flüssigkeit

14. Können Diamanten verbrennen?
   a) ja, ohne Rückstand zu Kohlendioxyd
   b) nein, sie sind zu rein
   c) nein, sie sind zu hart

15. Wie bezeichnet man die in Höhlen von unten nach oben »wachsenden« Tropfsteine?
   a) Lapislazulis
   b) Stalaktiten
   c) Stalagmiten

Logisches Denken/Abstraktionsfähigkeit

Das logische Denken und die Abstraktionsfähigkeit sind Knackpunkte in jedem Einstellungstestverfahren. Unter dem Begriff Logik wird ein folgerichtiges, schlüssiges, gültiges sogenanntes denkrichtiges Denken verstanden, das zu einleuchtenden, offenkundig und selbstverständlich richtigen Schlußfolgerungen und Aussagen führt. Logisch, daß Testanwender gern über diese Art zu denken verfügen möchten und deshalb auch ihre Testkandidaten bezüglich dieser Qualitäten einer ausführlichen Prüfung unterziehen. Der Unlogik – nämlich ihres wissenschaftlich und menschlich höchst fragwürdigen Vorgehens – sind sie sich dabei natürlich nicht bewußt.

Mit Hilfe unterschiedlicher Testaufgabentypen versucht man, sich an Logik- und Abstraktionsfähigkeiten der Getesteten heranzupirschen. Es lassen sich graphische Aufgaben, Sprach- (z.B. Analogien) und Zahlenaufgaben(-reihen) unterscheiden. Hier nun ein paar typische Aufgaben aus dem Testgebiet Logisches Denken und Abstraktionsfähigkeit. Die Lösungen finden Sie ab Seite 381.

Sinnvoll ergänzen

Sie sehen ein Rechteck mit 8 Figuren. Welcher der vorgegebenen 9 Lösungsvorschläge (rechts, a–i) paßt als einziger in das freie 9. Feld?

1. Beispiel:

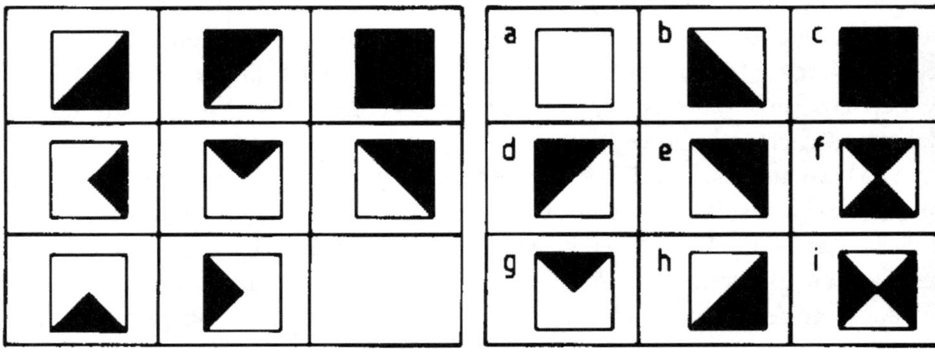

Lösung: b

Erklärung: Die schwarze Fläche der ersten Figur, addiert mit der schwarzen Fläche der zweiten Figur, ergibt, sozusagen als Summe, die dritte Figur. Dieses Prinzip gilt sowohl in vertikaler wie in horizontaler Richtung – ein wichtiger Hinweis für die generelle Bearbeitung dieses Aufgabentyps.

2. Beispiel:

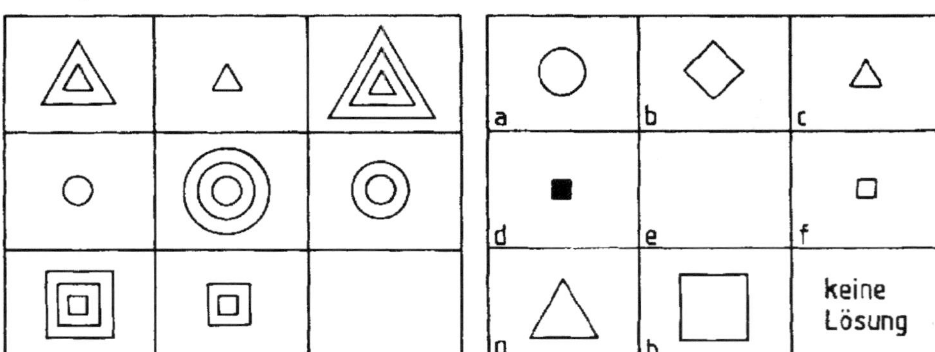

Lösung: f

Für die folgenden 12 Aufgaben haben Sie 12 Min. Zeit.

1

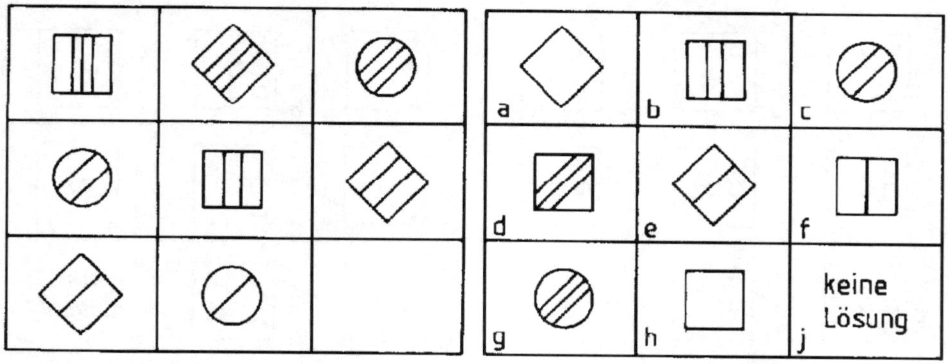
a
b
c
d
e
f
g
h
j
keine Lösung

2

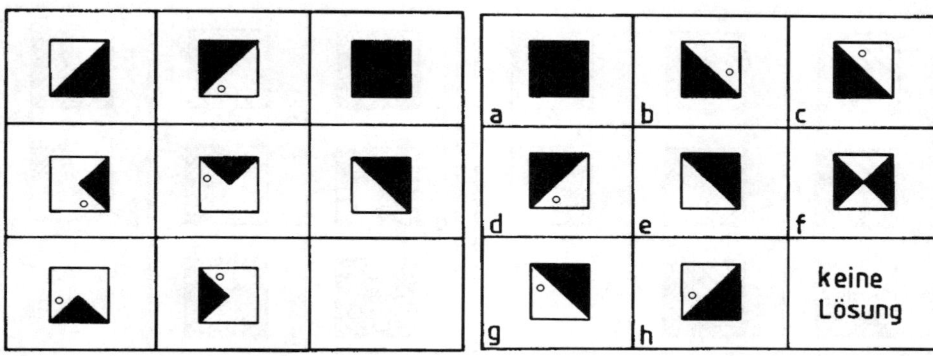
a
b
c
d
e
f
g
h
keine Lösung

3

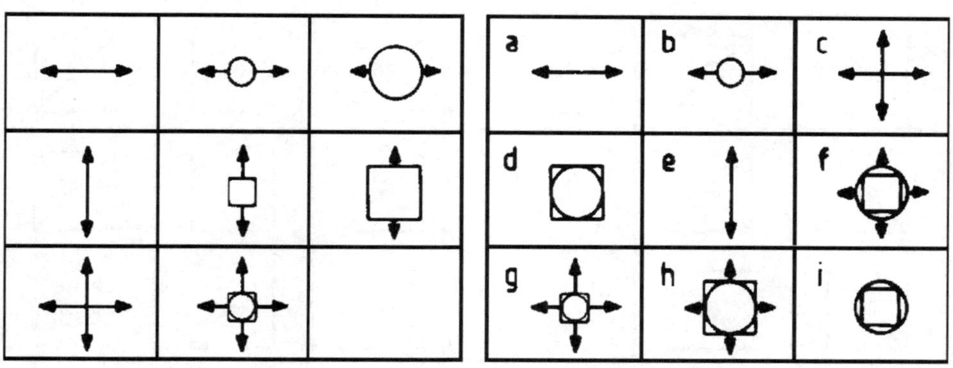
a
b
c
d
e
f
g
h
i

4

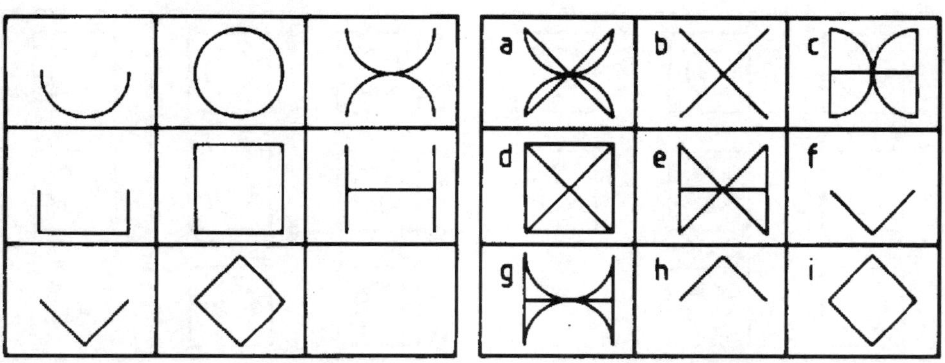
a
b
c
d
e
f
g
h
i

5

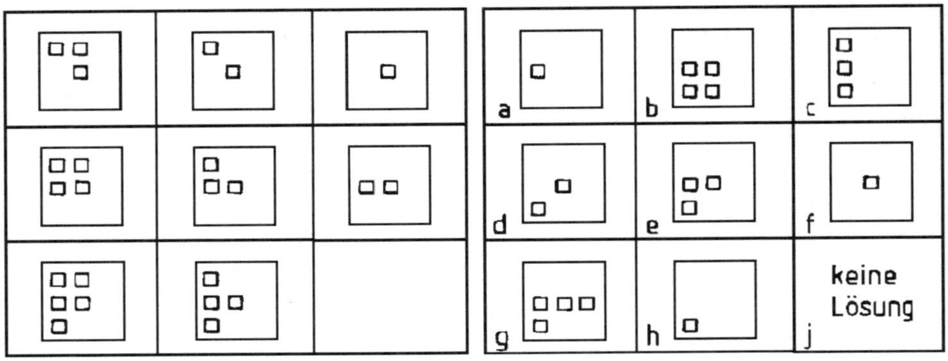
a
b
c
d
e
f
g
h
j
keine Lösung

6

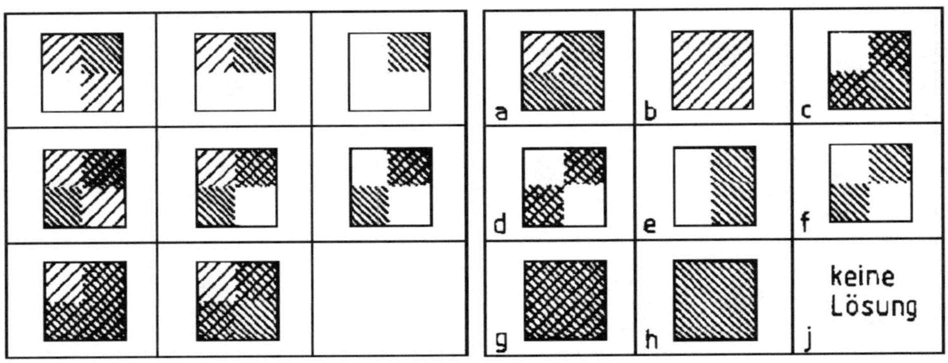
a
b
c
d
e
f
g
h
j
keine Lösung

7

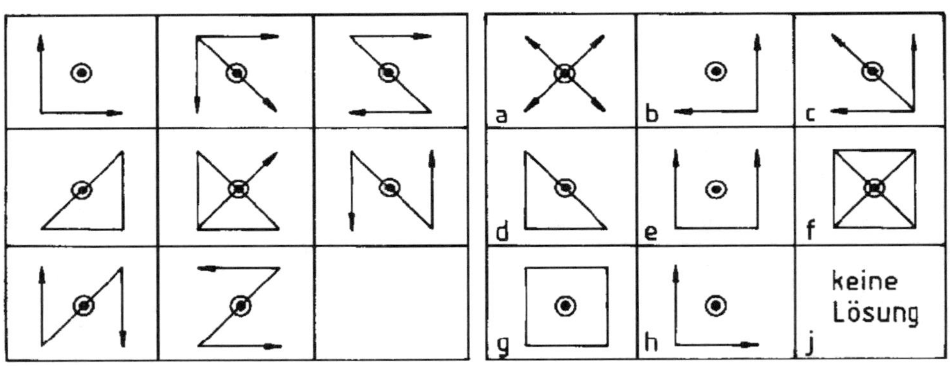
a
b
c
d
e
f
g
h
j
keine Lösung

8

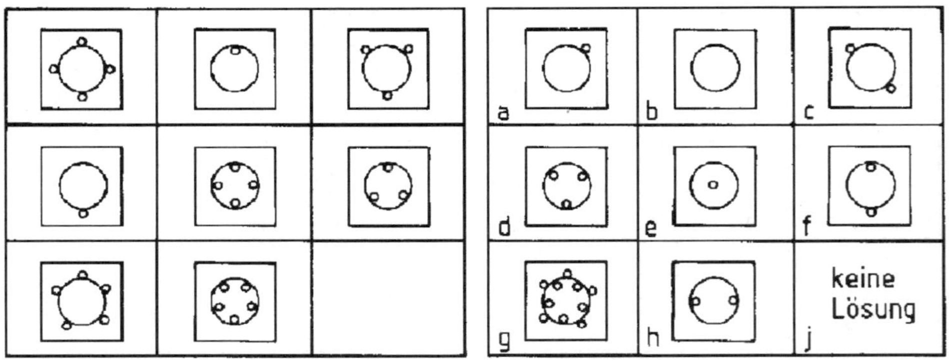
a
b
c
d
e
f
g
h
j
keine Lösung

9

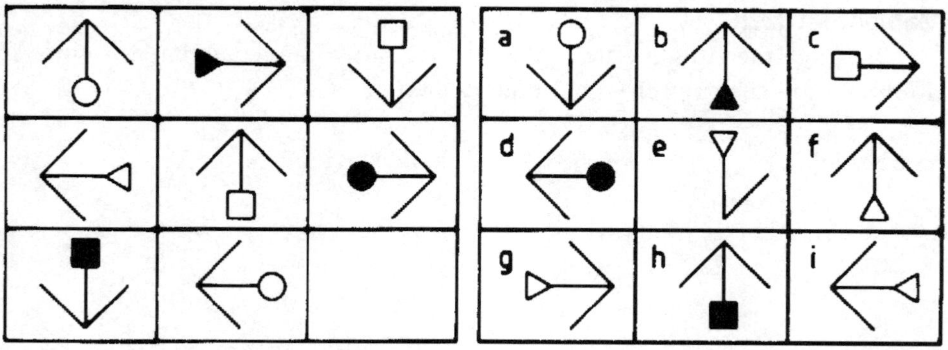
a
b
c
d
e
f
g
h
i

10

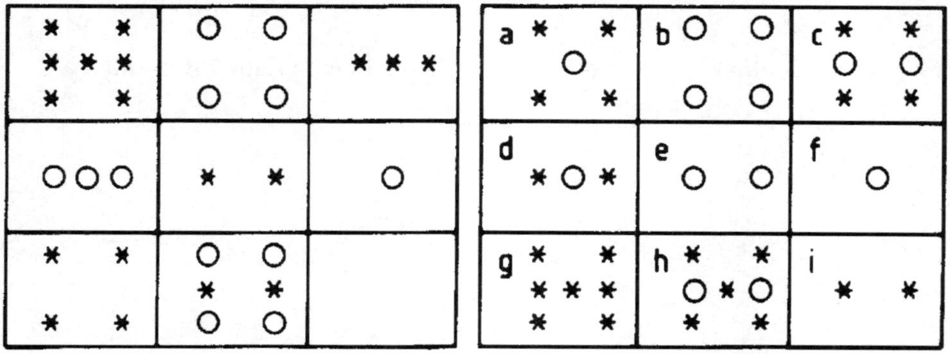
a
b
c
d
e
f
g
h
i

11

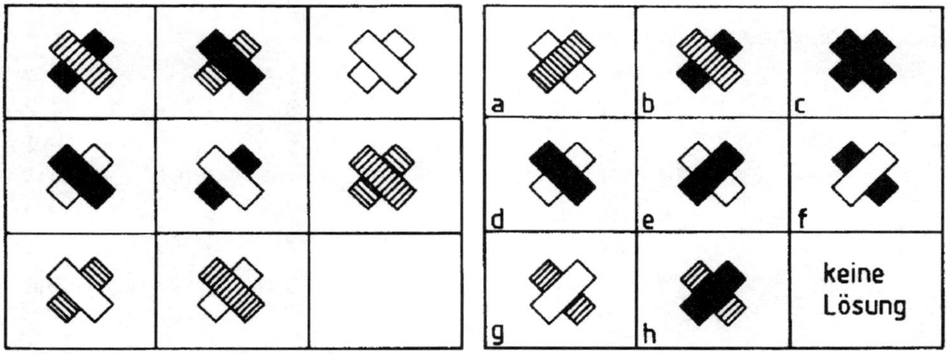
a
b
c
d
e
f
g
h
keine Lösung

12

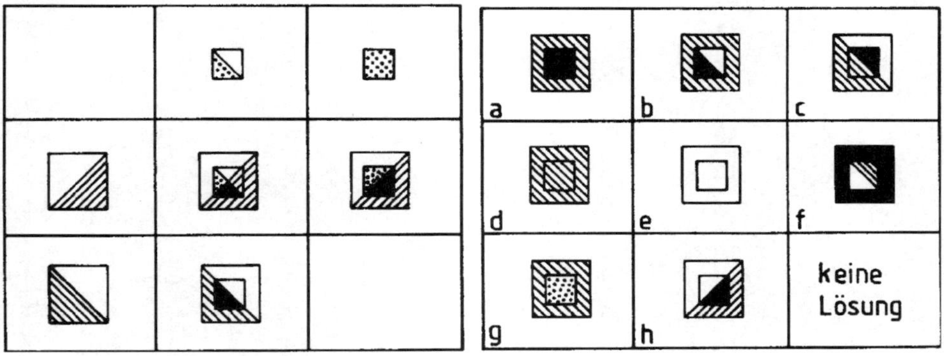
a
b
c
d
e
f
g
h
keine Lösung

Zahlenmatrizen

Die folgende Aufgabe ist – ähnlich wie die vorangegangenen – eine Art Kombination aus Figuren- und Zahlenreihen.

1. Beispiel:

1	2	3
4	?	6
7	8	9

Lösung: 5

2. Beispiel:

5	6	7
7	8	9
9	10	?

Lösung: 11

Erklärung: Senkrecht jede Zahl mit 2, waagerecht jede Zahl mit 1 addiert.

Für die folgenden 10 Aufgaben haben Sie 5 Min. Zeit.

A	0	2	4
	2	4	6
	4	6	?
B	5	8	11
	3	6	?
	1	4	7
C	40	25	10
	32	17	2
	24	9	?
D	216	36	6
	72	12	2
	24	4	?
E	16	4	1
	32	?	2
	64	16	4

F	3	12	8
	9	36	144
	?	108	432
G	77	64	51
	90	77	64
	?	90	77
H	9	8	6
	6	5	3
	2	1	?
I	18	35	52
	9	26	43
	?	17	34
J	6	24	8
	2	8	8/3
	8	32	?

Dominos

Welcher Dominostein aus der rechten Lösungsgruppe paßt in die linke Dominogruppe? Gesucht wird der Stein, der durch seine Punktzahl oben und unten die linke Dominogruppe logisch sinnvoll ergänzt. Dazu 2 Beispiele:

1. Beispiel:

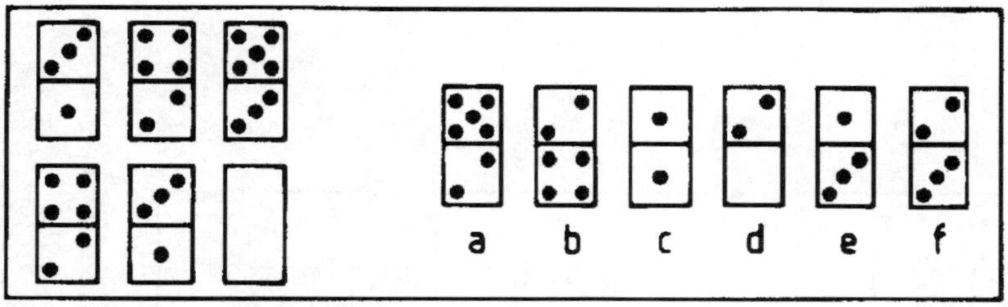

Lösung: d

Die erste Reihe Dominosteine baut sich im oberen (3–4–5 Punkte) wie im unteren Feld (1–2–3 Punkte) nach dem System +1 auf. Das Aufbauprinzip der zweiten Reihe Dominosteine ist entsprechend, aber nach dem System –1.

2. Beispiel:

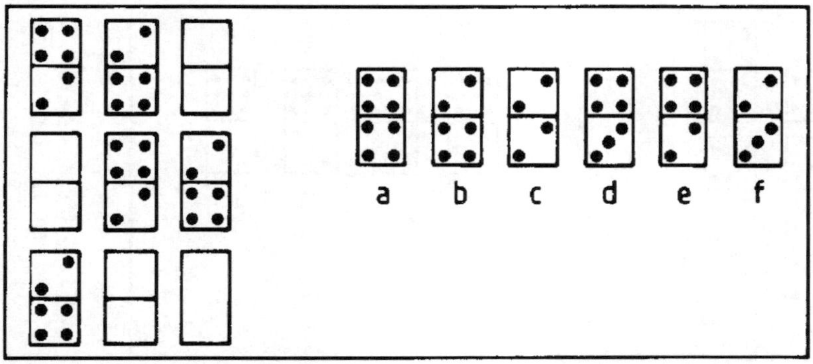

Lösung: e

Jetzt haben wir es mit drei Dominoreihen zu tun, die wir uns anschauen müssen. Auch hier gilt es, ein gemeinsames System festzustellen. Jede Reihe Dominosteine hat die Kombination 4–2, 2–4 (die Umkehrung) und einen 0–0-Stein. Diese Steinkombination wird lediglich unterschiedlich angeordnet. In der ersten Reihe ist der 0–0-Stein in der letzten Position, in der zweiten Reihe in der ersten, in der dritten Reihe in der zweiten Position.

Für die folgenden 12 Aufgaben haben Sie 8 Min. Bearbeitungszeit.

1

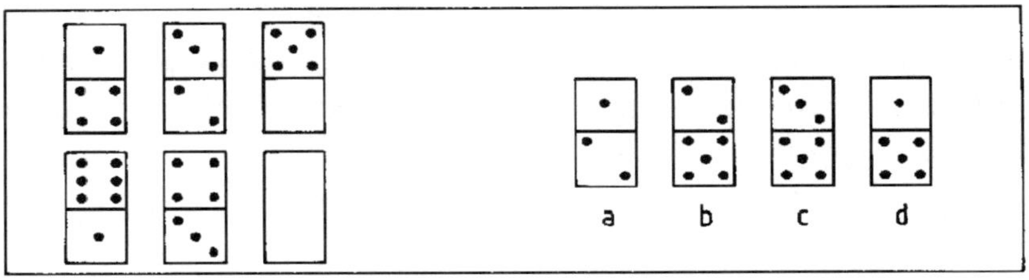

2

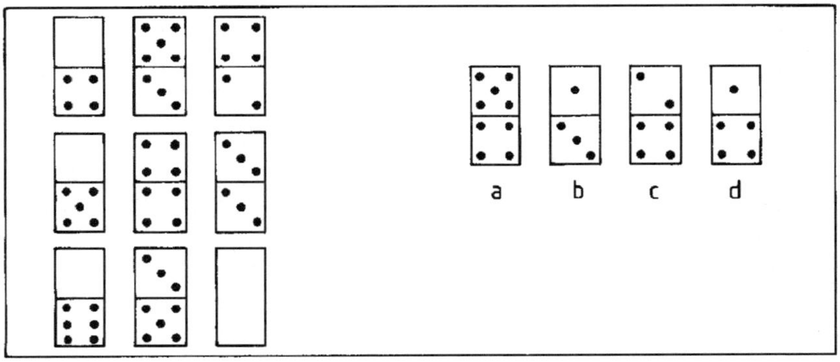

3

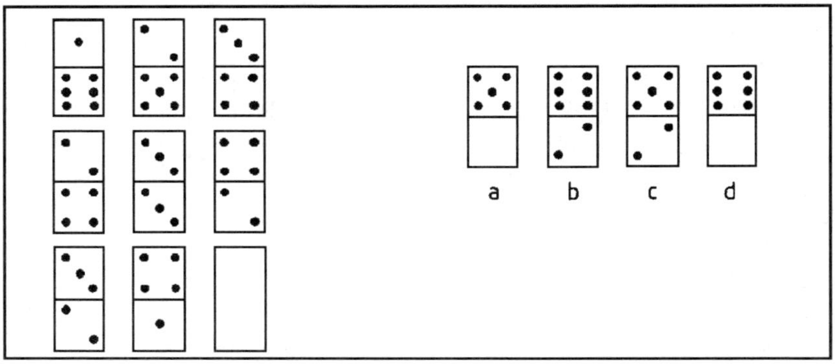

4

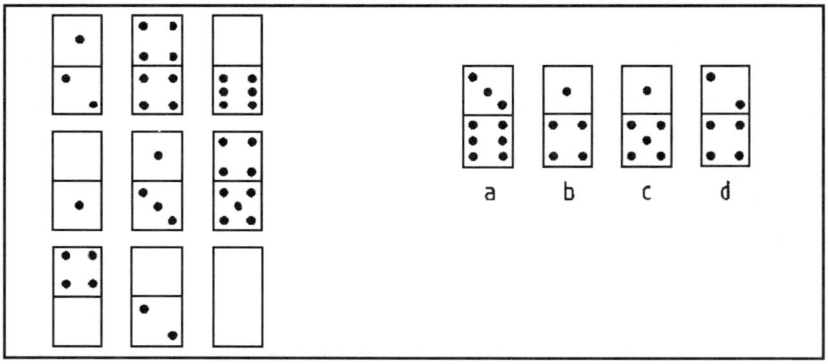

5

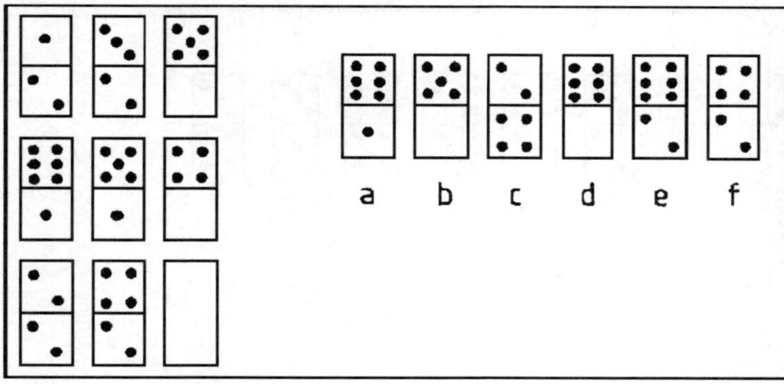

6

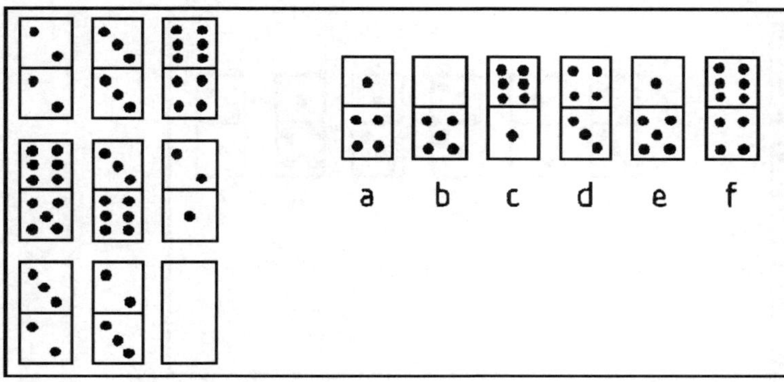

7

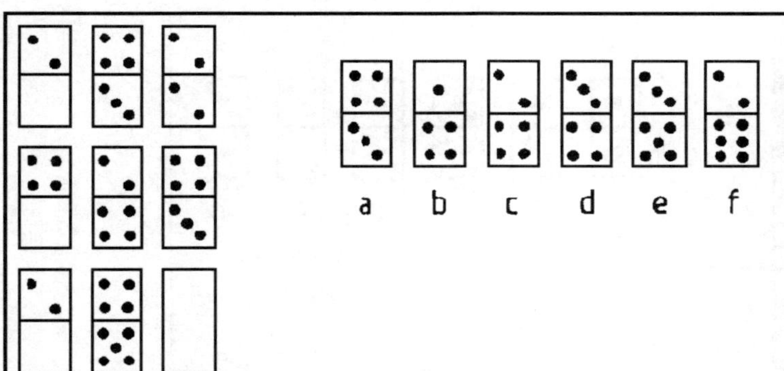

8

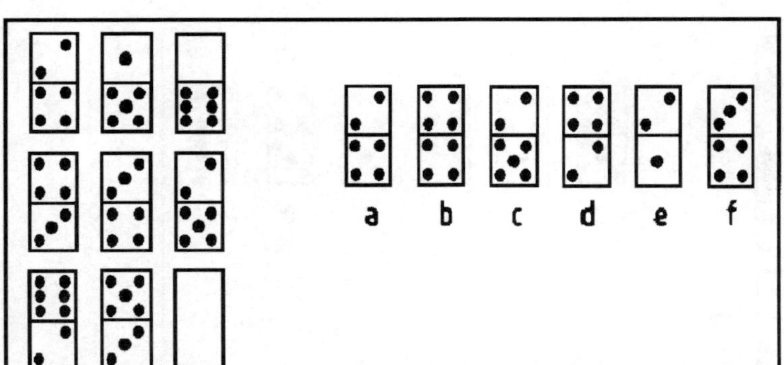

9

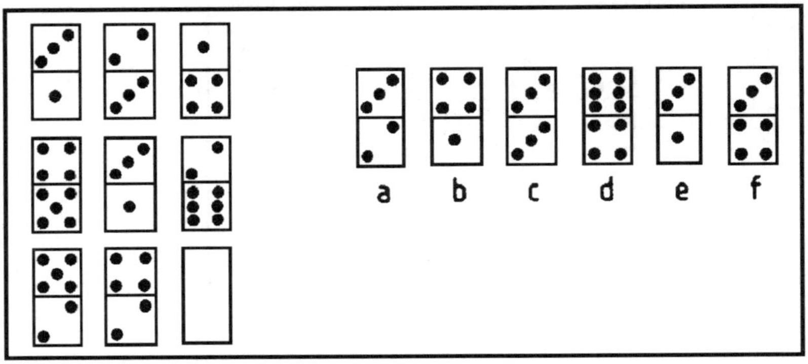

10

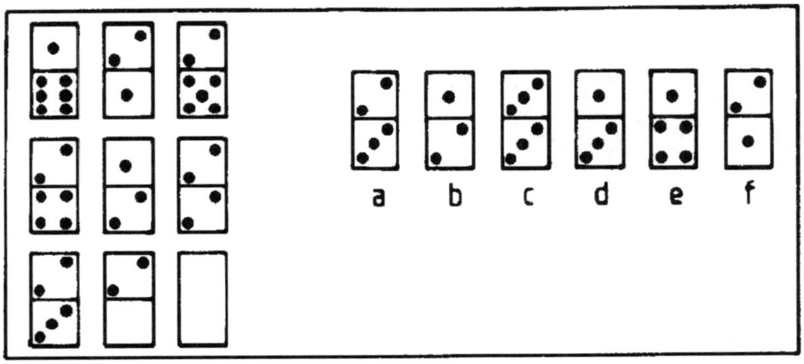

11

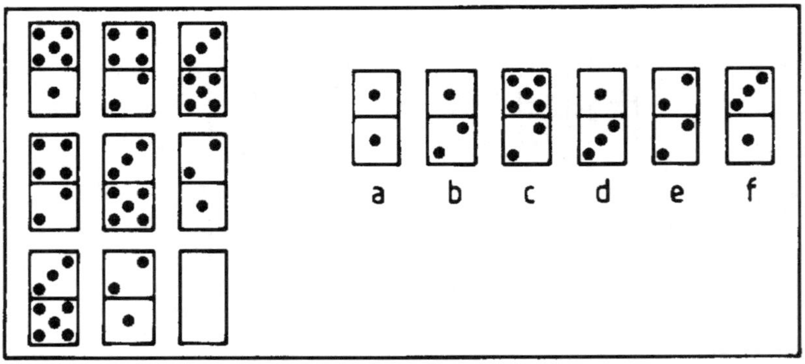

12

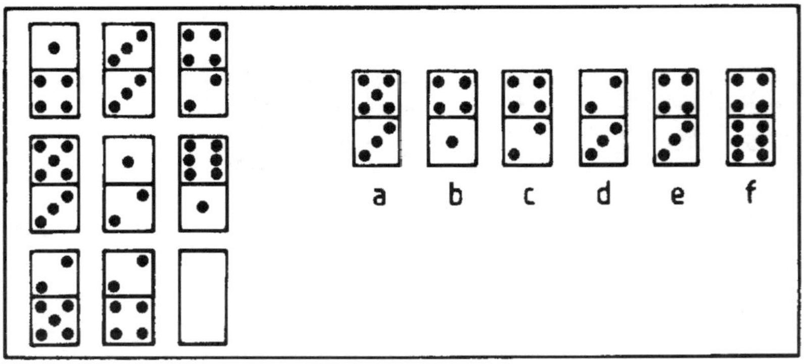

Grafik-Analogien

Ging es bei der vorigen Aufgabe darum, bestimmte Begriffe auf rein sprachlicher Ebene miteinander in Bezug zu setzen, ist jetzt die gleiche Aufgabenstellung auf grafischer Ebene zu bewältigen.

1. Beispiel:

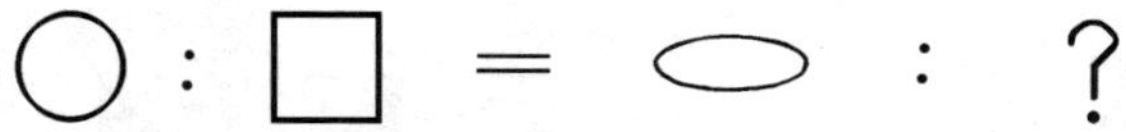

Lösungsvorschläge:

a b c d e

Lösung: e
Der Kreis verhält sich zum Quadrat wie die Ellipse zum Rechteck.

2. Beispiel:

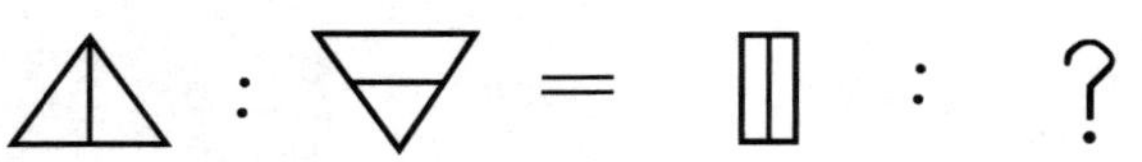

Lösungsvorschläge:

a b c d e

Lösung: a

Für die folgenden 16 Aufgaben haben Sie 7 Min. Zeit.

a b c d e

1 

2 

3 

4 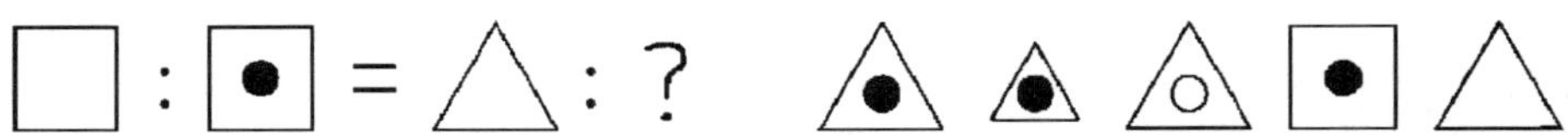

5 

6 

7 

8 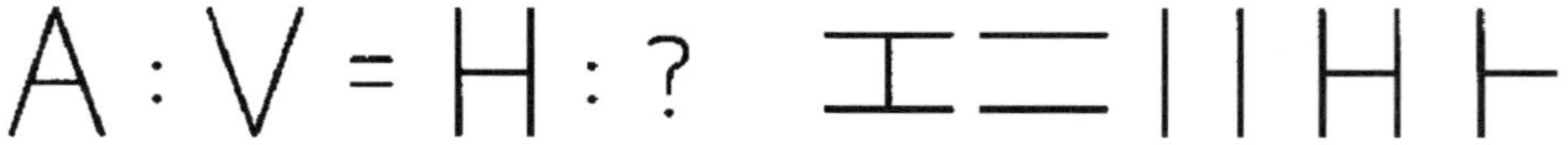

a b c d e

9

10

11
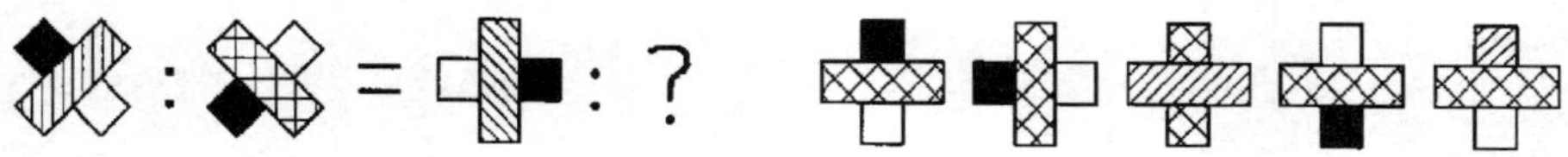

12
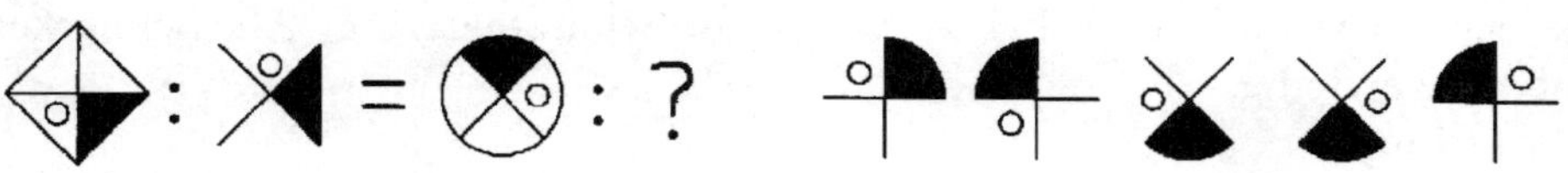

13
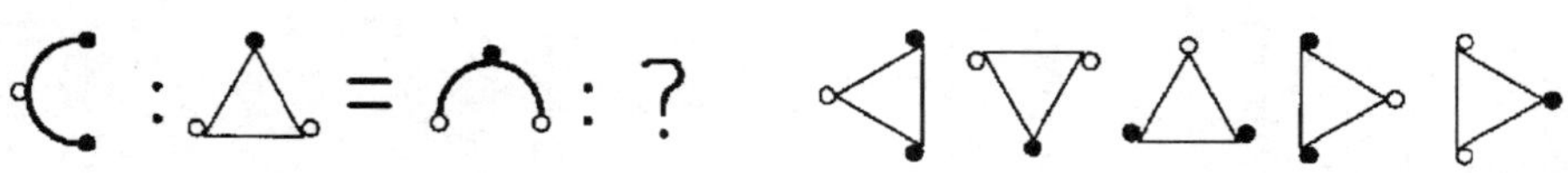

14
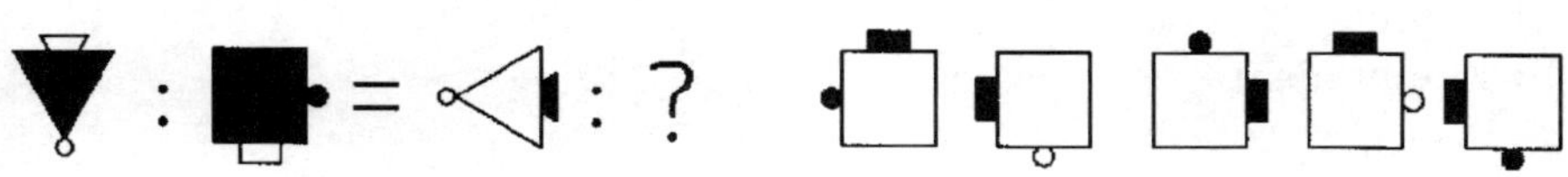

15
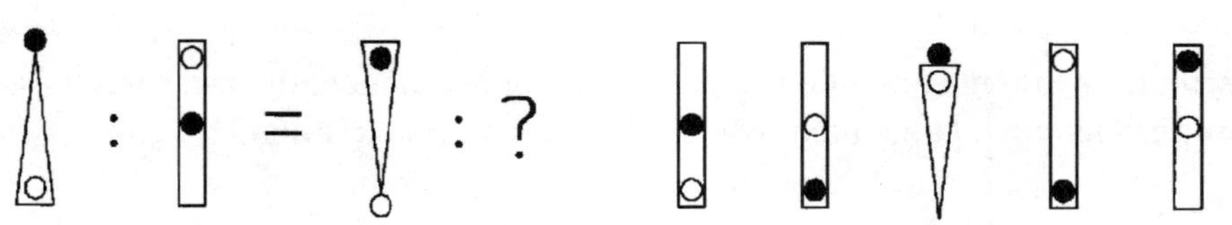

16
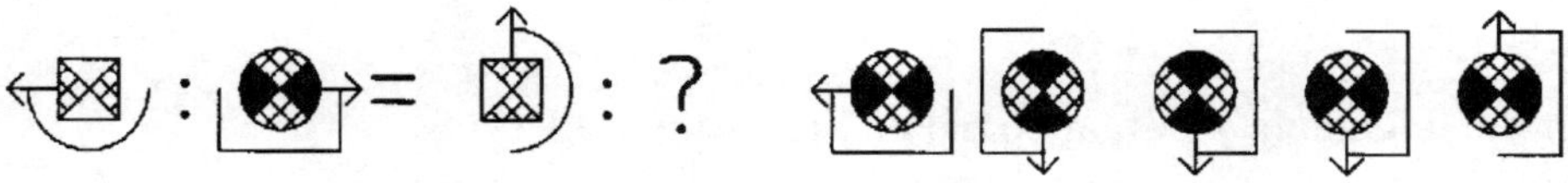

Absurde Schlußfolgerungen

Jetzt geht es darum zu überprüfen, ob Schlußfolgerungen, die aufgrund bestimmter Behauptungen gezogen werden, formal richtig oder falsch sind. Die »reale Wirklichkeit« spielt dabei überhaupt keine Rolle, was die Sache erheblich erschwert und – wie so oft in Tests – Verwirrung stiftet.

1. Beispiel:

Alle Schnecken haben Häuser. Alle Häuser haben Schornsteine. Schlußfolgerung: Deshalb haben alle Schnecken Schornsteine.

a) stimmt
b) stimmt nicht

Lösung: a

2. Beispiel:

Alle Schnecken sind Marathonläufer. Alle Marathonläufer können fliegen, weil sie Fische sind. Fische haben zwei Beine. Schlußfolgerung: Alle Schnecken haben zwei Beine.

a) stimmt
b) stimmt nicht

Lösung: a

3. Beispiel:

Alle Mäuse essen Fisch. Fisch kann miauen. Also: Mäuse können miauen.

a) stimmt
b) stimmt nicht

Lösung: b

Essen und können ist nicht das gleiche. Es gibt Menschen, die zwar Fisch essen, aber deshalb noch lange nicht wie Fische schwimmen können!

Für die folgenden 7 Aufgaben haben Sie 6 Min. Zeit.
Frage jeweils: Stimmt die Behauptung, oder stimmt sie nicht?

1. Alle Bleistifte können lesen. Bücher können schreiben.
Behauptung: Bleistifte können Bücher schreiben.

a) stimmt
b) stimmt nicht

2. Bücher können schreiben, aber nicht lesen. Bleistifte können lesen, aber nicht schreiben. Brillen können lesen und schreiben.
Behauptung: Brillen sind intelligenter als Bücher und Bleistifte.
a) stimmt
b) stimmt nicht

3. Weitere Behauptung zu 2: Bleistifte können von Brillen nicht zum Schreiben benutzt werden.
a) stimmt
b) stimmt nicht

4. Spione tauchen gerne unter. U-Boote auch.
Also: Spione sind U-Boote.
a) stimmt
b) stimmt nicht

5. Weitere Behauptung zu 4: Was gerne taucht, ist ein U-Boot, aber kein Spion.
a) stimmt
b) stimmt nicht

6. Bälle können alles beißen. Alle Hunde sind Bälle, und alle Katzen sind rund, weil sie Bälle gerne essen.

1. Behauptung: Alle Hunde können beißen.
a) stimmt
b) stimmt nicht

2. Behauptung zu 6: Alle Bälle sind rund.
a) stimmt
b) stimmt nicht

3. Behauptung zu 6: Bälle können Katzen beißen.
a) stimmt
b) stimmt nicht

7. Wenn alle rosa Elefanten zur Schule gehen und lesen können und rote Kugelschreiber nur rosa Elefanten sind, wenn sie singen und zur Arbeit gehen, stimmt dann die Behauptung, daß rosa Elefanten rote Kugelschreiber sind?
a) stimmt
b) stimmt nicht

Richtige Schreibweise

Ist das Wort richtig geschrieben? Falls nicht, bitte die richtige Schreibweise notieren! Sie haben 5 Min. Zeit.

1. allmehlich
2. tödlich
3. wohlweißlich
4. Kannone
5. Rhabarber
6. Depäsche
7. Gelantine
8. Sattelit
9. zusehends
10. atletisch
11. Gelleee
12. Galopprennbahn
13. unversehens
14. Theke
15. Metode
16. Filliale
17. Karosserie
18. Labürinth
19. Rododendrohn
20. Rytmus
21. Portmonaie
22. Wagabund
23. Wiederstand
24. Zyklohp
25. Synpathie

Rechtschreibreform

Die folgenden Aufgaben beschäftigen sich mit der Rechtschreibreform. Ihre Aufgabe ist es, die alte Schreibweise in die neue zu bringen. Schreiben Sie die Sätze auf einem extra Blatt jeweils in der neuen richtigen Schreibweise auf. In jedem Satz können mehrere jetzt neu zu schreibende Worte enthalten sein. Sie haben 10 Min. Zeit.

1. Wir sahen gestern abend eine Ballettänzerin.
2. Ich habe ähnliches bei ackerbautreibenden Völkern erlebt.
3. Ich will im besonderen erwähnen, daß es das beste ist, wenn wir auseinandergehen.
4. Er ist immer der alte geblieben, der gerne jemandem angst macht.
5. Egal ob bei arm oder reich – die blondgefärbte Blondine aß Delikateßgurken.

6. Der in der metallverarbeitenden Industrie tätige Panther war aus Pappmaché.
7. Die laubtragenden Bäume waren in Null Komma nichts entlaubt.
8. Der Rauhhaardackel fraß am liebsten Rauhfasertapete.
9. Der 80jährige hat bereits sein Schäfchen durch das Schalloch ins trockene gebracht.
10. Das schlimmste ist ein schlechtgelauntes Saxophon.

Praktisch-technische Intelligenz

Aufgaben, die der praktisch-technischen Intelligenz zugeordnet werden, umfassen Übungen zum mathematischen Denken, zum technischen Basisverständnis und zum räumlichen Vorstellungsvermögen. Die Lösungen zu den folgenden Aufgaben finden Sie ab Seite 381.

Grundrechnen

Bei den folgenden Aufgaben sollen Sie Ihre Rechenfähigkeit unter Beweis stellen. Sie haben 6 Min. Zeit

1) 33,24 + 1.725,11 + 1.845,23 + 2.936,12
a) 5.529,70
b) 5.539,71
c) 5.439,70
d) 5.539,70
e) 4.539,70

2) 12.176,11 − 2.181,32
a) 9.994,79
b) 10.994,79
c) 9.894,79
d) 9.994,69
e) 9.993,79

3) 11 x 13,125
a) 144,365
b) 143,375
c) 134,375
d) 144,375
e) 14,375

4) 102,5 : 1,25
a) 83
b) 8,2
c) 81
d) 82
e) 72

5) Welche Zahl ist um 1.000 kleiner als 177.909.483?
a) 177.809.483
b) 177.919.483
c) 177.908.483
d) 177.909.383
e) 177.819.483

6) 14 x 8 = 7 x ?
a) 14
b) 16
c) 15
d) 18
e) 22

Maße und Gewichte

Für 6 Aufgaben haben Sie 5 Min. Zeit.

1. 4 Pfund und 30 Gramm sind wieviel Gramm?
   a) 430
   b) 4.030
   c) 203
   d) 20,3
   e) 2.030

2. Ein Kanister hat die Innenmaße:
   Länge 80 cm
   Breite 40 cm
   Höhe 60 cm
   Wie viele Kubikdezimeter Wasser kann er enthalten?
   a) 0,192
   b) 192.000
   c) 1,92
   d) 192
   e) 19,2

3. Schreiben Sie 90 Zentner als Tonne.
   a) 9
   b) 4,5
   c) 45
   d) 0,45
   e) 0,9

4. Ein Pflasterer benötigt für eine Fläche von 50 qm Platten, deren Größe 10 x 20 cm beträgt. Wie viele Platten benötigt der Pflasterer?
   a) 500
   b) 2.500
   c) 50
   d) 250
   e) 5.000

5. Wie viele Stunden und Minuten sind 18.600 Sekunden?
   a) 5 Std. 10′
   b) 3 Std. 10′
   c) 31 Std.
   d) 5 Std.
   e) 3 Std.

6. Schreiben Sie 0,55 a als qm.
   a) 550
   b) 55
   c) 5.500
   d) 1.100
   e) 5,5

Technisch-physikalische Aufgaben

Beispiel:

Sie sehen drei Gewichte, die an einer Art Flaschenzug befestigt sind. Welches von diesen drei Gewichten kann man mit der geringsten Kraftanstrengung heben (A, B oder C)?

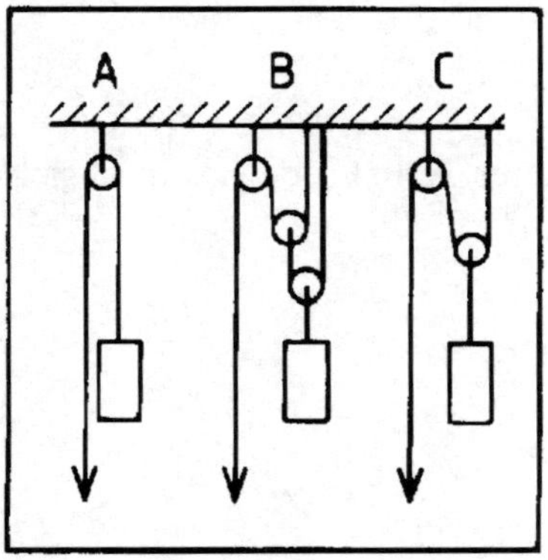

Lösung: B

Für die folgenden 16 Aufgaben haben Sie 7 Min. Zeit.

Noch ein Hinweis: Im Gegensatz zur sonst üblichen Praxis können falsche Lösungen mit Minuspunkten bestraft werden – also Vorsicht beim Raten.

1
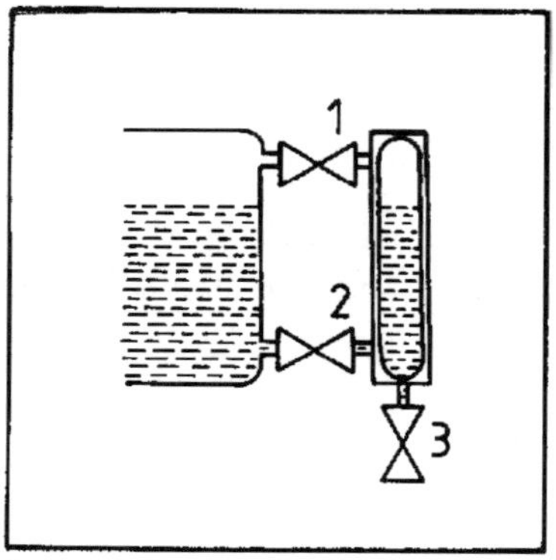

Wie leeren Sie die rechte Füllanzeige?
a) Ventil 1 und 2 werden geschlossen, Ventil 3 geöffnet
b) Ventil 2 wird geschlossen, Ventil 1 und 3 geöffnet
c) Alle Ventile werden geöffnet.

2
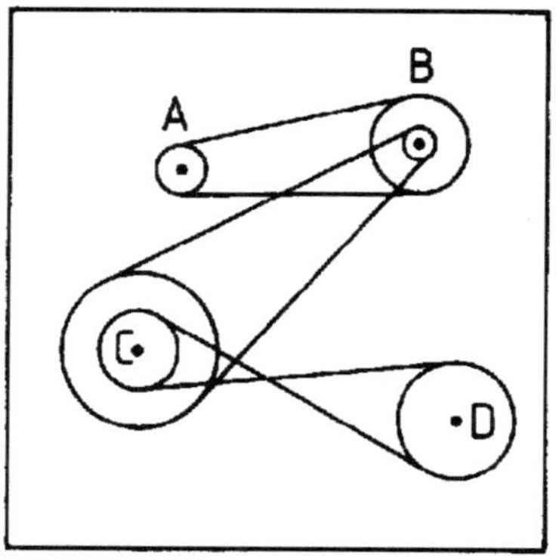

Welches der Räder, A, B, C oder D, dreht sich am langsamsten?

3
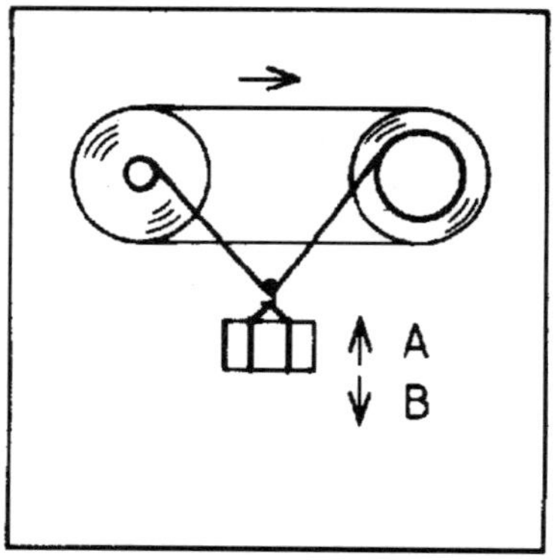

Bewegt sie sich, die Kiste, oder nicht – das ist hier die Frage. Und wenn ja, in welche Richtung?
a) Richtung A
b) Richtung B
c) Sie bewegt sich nicht.

4
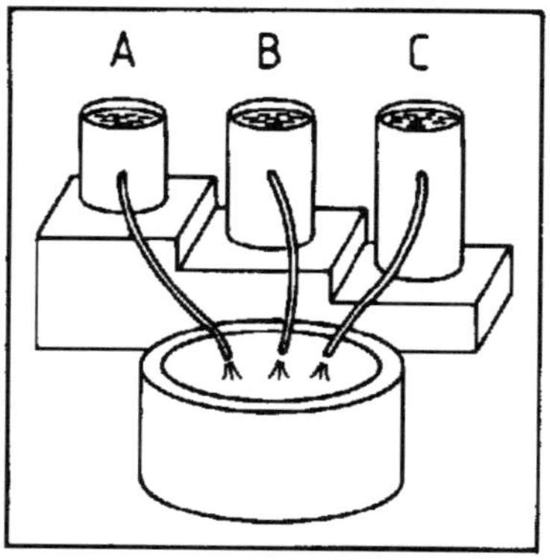

Drei Dosen müssen Wasser lassen. Aus welchem Schlauch welcher Dose tritt das Wasser mit dem stärksten Druck heraus?
a) Dose A
b) Dose B
c) Dose C
d) Der Druck ist gleich stark.

5 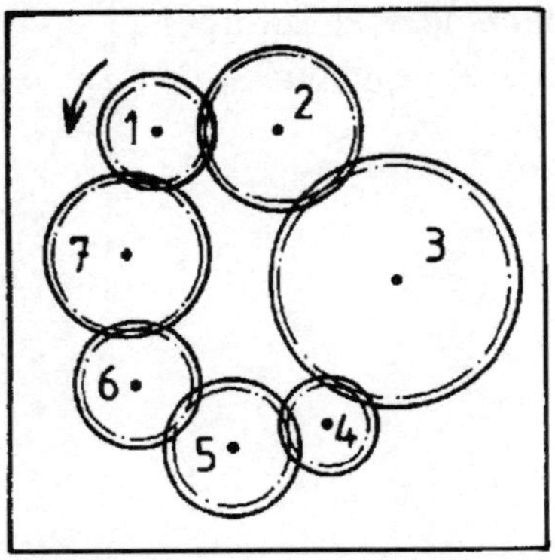

Welche der Zahnräder drehen sich in die gleiche Richtung wie das Zahnrad 1?

a) 6 und 4
b) 3 und 5
c) 1 und 6
d) Die Zahnräder drehen sich überhaupt nicht.

6 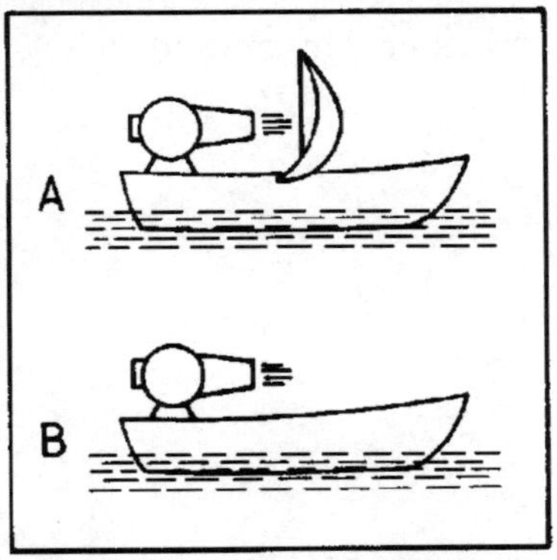

Welches der beiden Boote fährt vorwärts?

a) A
b) B
c) Keins fährt vorwärts.

7 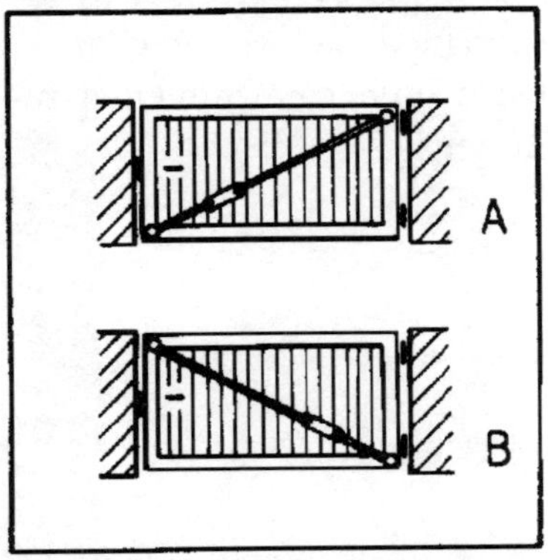

Welche der beiden Spannvorrichtungen ist zweckmäßiger?

a) A
b) B
c) Beide gleich

8 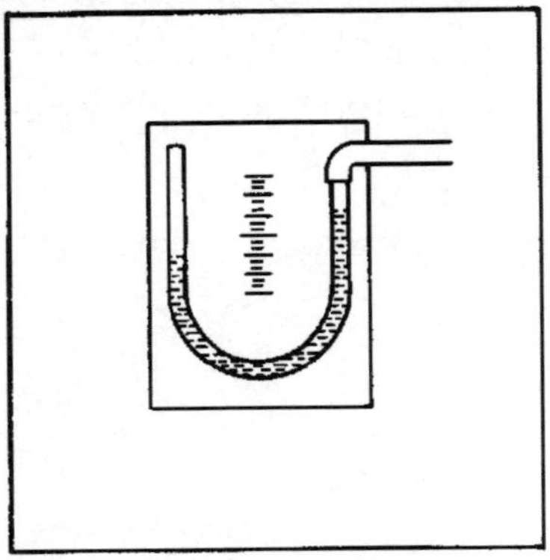

Was zeigt das U-Rohr an?

a) Unterdruck
b) Überdruck
c) ein Vakuum

9

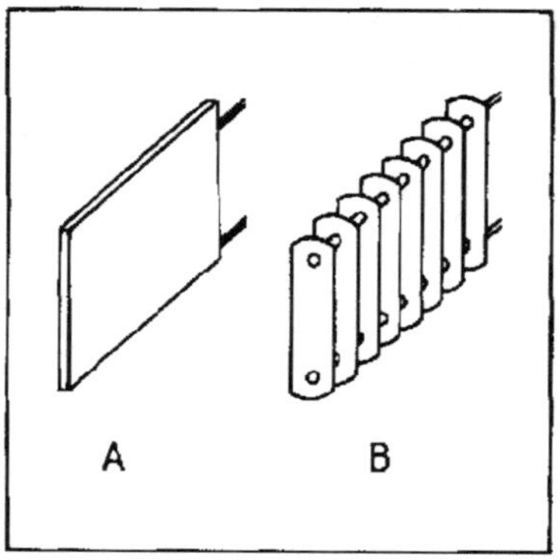

Von welchem der beiden Heizkörper wird mehr Wärme abgegeben?

a) Heizkörper A
b) Heizkörper B
c) beide gleich

10

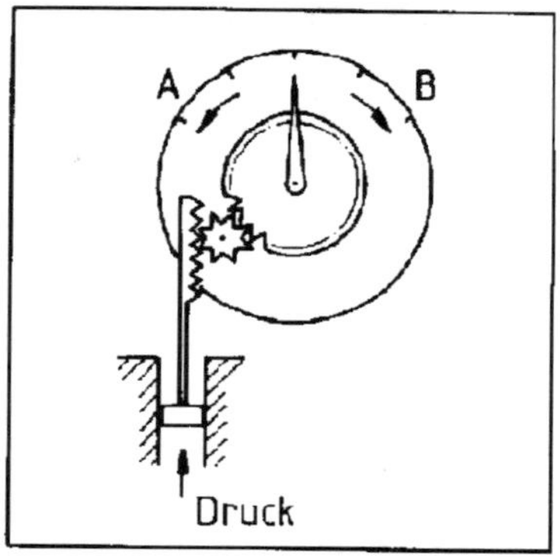

Wenn sich der Druck erhöht, bewegt sich der Zeiger in welche Richtung?

a) Richtung A
b) Richtung B
c) weder noch

11

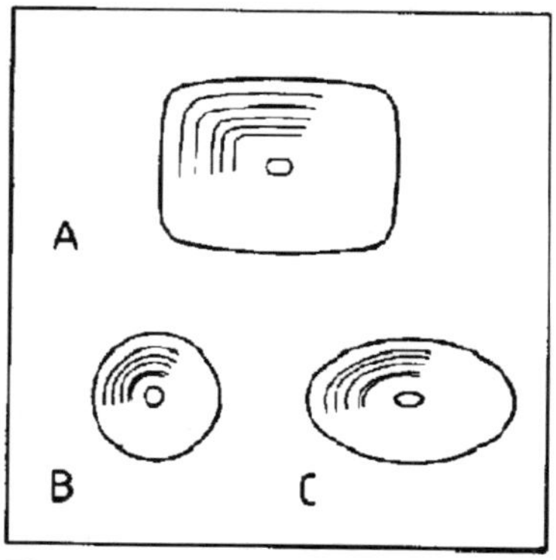

Sie sehen drei verschiedene Lautsprecher. Welcher eignet sich am besten zum Übertragen von tiefen Tönen?

a) Modell A
b) Modell B
c) Modell C

12

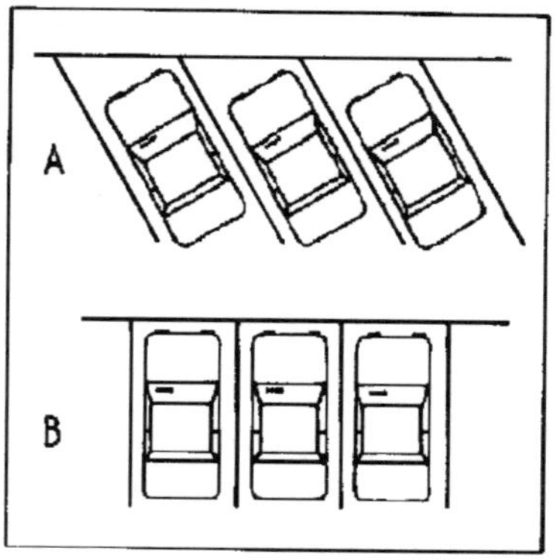

Welche Anordnung von Parkmöglichkeiten ist auf einer Länge von 100 Metern platzsparender?

a) A
b) B
c) beide gleich

13

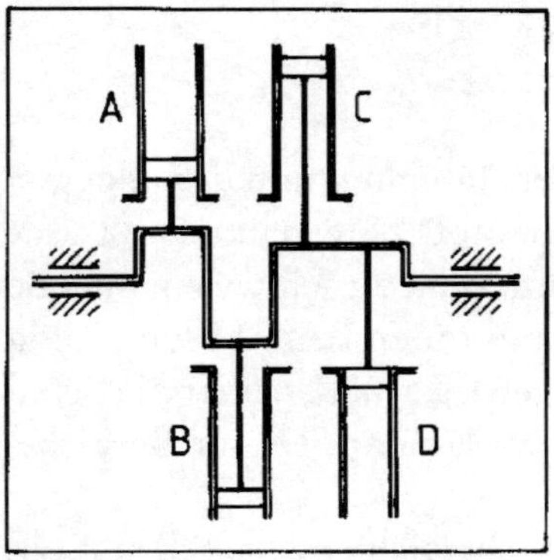

Eine Kolbenstellung ist falsch gezeichnet. Welche?

a) A
b) B
c) C
d) D

14

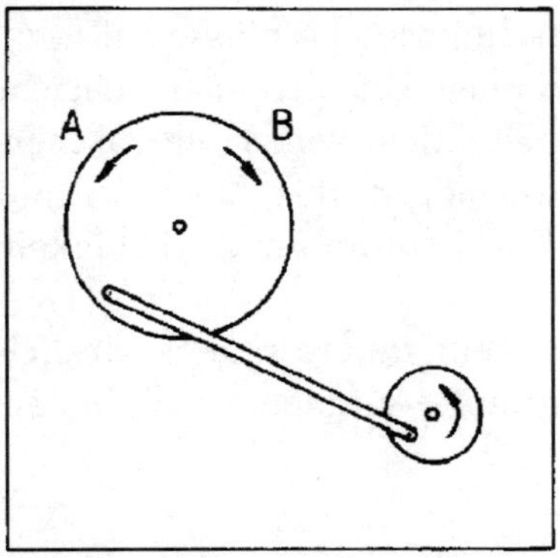

Wenn sich das kleine Rad in Pfeilrichtung dreht, bewegt es das große ...

a) in Richtung A
b) in Richtung B
c) hin und her

15

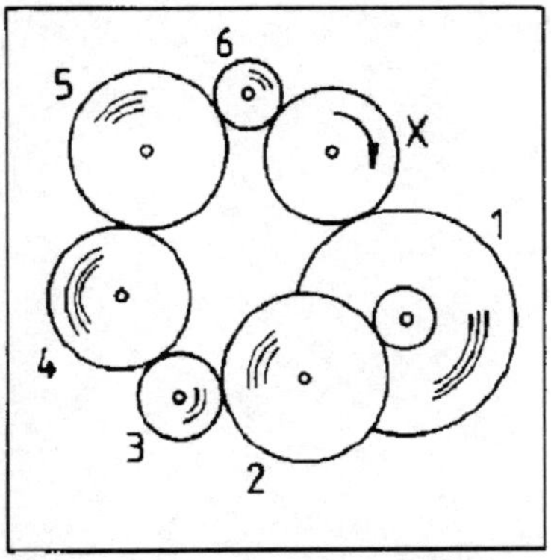

Welche Antriebsräder drehen sich in dieselbe Richtung wie X?

a) 1 und 2
b) 3 und 4
c) 3 und 6
d) Die Zahnräder können sich nicht drehen.

16

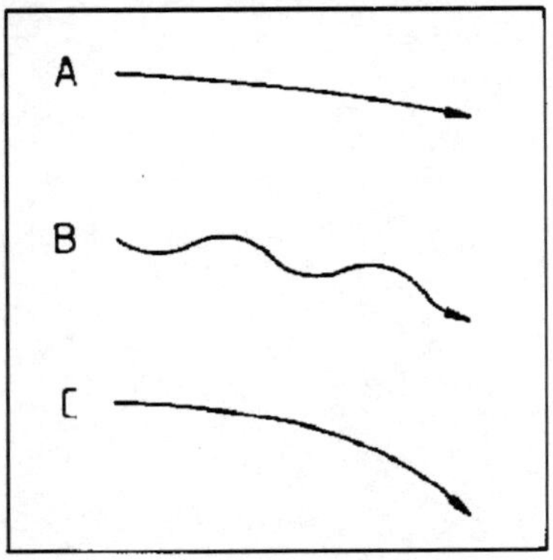

Ein Modell-Segelflugzeug ist schwanzlastig. Wie ist seine Flugbahn?

a) A
b) B
c) C

Leistungs-Konzentrationstests

Testaufgaben zur Überprüfung der Konzentrationsfähigkeit und des allgemeinen Leistungs- und Arbeitsverhaltens werden sehr oft bei Einstellungstests und Personalauswahlverfahren eingesetzt. Zu schön, um wahr zu sein, wenn man Bewerbern eine Arbeitsaufgabe vorlegen könnte und ihnen beim Lösen – möglichst nicht länger als 30, maximal 60 Minuten – gewissermaßen über die Schulter schaut, um daraus zuverlässig vorhersagen zu können: Dieser Bewerber kann gut, schnell und konzentriert arbeiten.

Dieser Wunsch ist verständlich, aber deshalb nicht leichter zu erfüllen. Es ist unrealistisch, aus einem Arbeitsproben-Miniausschnitt Rückschlüsse auf Lern- und Arbeitsverhalten ganz allgemein ziehen zu können. Und dennoch: So leicht lassen sich diese Testaufgaben trotz aller Vorbehalte nicht vom Tisch wischen. Hier geht es um das Konzentrations-Leistungs-Vermögen, Ihre Ausdauer und Belastbarkeit, um Ihren Sinn für Ordnung und Sorgfalt und um die Fähigkeit, sich die Arbeit gut zu organisieren.

Damit Sie wissen, was alles auf Sie zukommen kann und worauf es wirklich ankommt, möchten wir Ihnen einen Einblick in diese Aufgabentypen bieten. Die Lösungen finden Sie ab Seite 381.

Zahlensuche

Bei dieser Aufgabe geht es darum, alle (aus zwei Zeilen bestehenden) Zahlenblöcke herauszusuchen, die folgende Bedingungen erfüllen:

obere Zeile von 0,1600 bis 0,3350,
untere Zeile > 240.

Beispiel:

A	B	C	D	E	F	G
0,1434	2,4773	0,5540	0,8555	0,2156	0,2320	3,1843
(131)	(140)	(245)	(222)	(450)	(231)	(220)

Lösung: E

Die Lösungen sind entsprechend der Position in das Lösungsschema einzutragen.

Für 20 Aufgaben haben Sie 5 Min. Zeit.

	A	B	C	D	E	F	G
1	0,1124 (243)	1,2260 (134)	0,8920 (326)	0,2572 (673)	1,1502 (215)	0,7221 (451)	9,6600 (534)
2	1,1576 (345)	0,2456 (267)	0,3051 (904)	0,1050 (762)	0,8060 (267)	0,4562 (156)	0,8742 (450)
3	0,1995 (135)	0,2950 (945)	0,2456 (456)	0,1670 (229)	0,2458 (192)	0,5470 (235)	0,2245 (210)
4	0,4672 (256)	0,2178 (230)	0,1645 (674)	0,1296 (236)	0,6281 (456)	0,7239 (330)	0,2980 (506)
5	0,2113 (845)	0,1565 (103)	1,1452 (506)	0,1672 (220)	0,1990 (206)	0,2147 (298)	0,2001 (245)
6	0,1750 (556)	0,7810 (348)	0,3450 (453)	0,1240 (249)	0,2361 (335)	0,6712 (863)	0,1265 (437)
7	0,1602 (215)	0,1279 (349)	0,2107 (317)	0,1456 (268)	0,1562 (654)	0,1376 (159)	0,7619 (560)
8	0,2789 (229)	0,5623 (658)	0,2935 (123)	0,3250 (569)	0,3103 (437)	0,2956 (216)	0,3345 (231)
9	0,3859 (299)	0,2217 (115)	1,1355 (564)	0,2459 (209)	0,3102 (158)	0,1925 (211)	0,2376 (391)
10	0,2568 (075)	0,3127 (213)	0,2547 (192)	0,1934 (298)	3,2458 (545)	1,2983 (875)	0,2884 (739)
11	0,1995 (135)	0,2950 (945)	0,2456 (456)	0,1670 (229)	0,2458 (192)	0,5470 (235)	0,2245 (210)
12	0,4672 (256)	0,2178 (230)	0,1645 (674)	0,1296 (236)	0,6281 (456)	0,7239 (330)	0,2980 (506)
13	0,2003 (845)	0,1560 (103)	0,1452 (506)	0,1672 (220)	0,1990 (206)	0,2147 (298)	0,2001 (245)
14	0,1750 (556)	0,7810 (348)	0,3450 (453)	0,1240 (249)	0,2361 (335)	0,6712 (863)	0,1265 (437)
15	0,1708 (125)	0,1279 (349)	0,2107 (317)	0,1456 (268)	0,1562 (654)	0,1376 (159)	0,7619 (560)
16	0,2789 (229)	0,5623 (658)	0,2935 (123)	0,3250 (569)	0,3103 (437)	0,2956 (216)	0,3345 (231)
17	0,3456 (298)	0,3210 (215)	1,2354 (514)	0,2557 (219)	0,3232 (168)	0,1445 (215)	0,2571 (341)
18	0,2568 (175)	0,3127 (213)	0,2547 (192)	0,1934 (298)	3,2458 (545)	1,2983 (875)	0,2884 (739)
19	0,1111 (240)	2,7878 (239)	1,7878 (676)	0,0001 (141)	0,2121 (889)	0,8988 (545)	0,1454 (666)
20	0,1711 (241)	3,7878 (229)	0,7878 (626)	1,0001 (121)	2,2121 (882)	0,8288 (525)	0,1464 (666)

	A	B	C	D	E	F	G
Beisp.	○	○	○	○	⊗	○	○
1	○	○	○	○	○	○	○
2	○	○	○	○	○	○	○
3	○	○	○	○	○	○	○
4	○	○	○	○	○	○	○
5	○	○	○	○	○	○	○
6	○	○	○	○	○	○	○
7	○	○	○	○	○	○	○
8	○	○	○	○	○	○	○
9	○	○	○	○	○	○	○
10	○	○	○	○	○	○	○
11	○	○	○	○	○	○	○
12	○	○	○	○	○	○	○
13	○	○	○	○	○	○	○
14	○	○	○	○	○	○	○
15	○	○	○	○	○	○	○
16	○	○	○	○	○	○	○
17	○	○	○	○	○	○	○
18	○	○	○	○	○	○	○
19	○	○	○	○	○	○	○
20	○	○	○	○	○	○	○

Zahlen verbinden

Versuchen Sie, in 30 Sekunden bei 1 beginnend so viele Zahlen wie möglich in der richtigen Reihenfolge (bis 30) zu verbinden. Fangen Sie mit dem Zahlenfeld A an:

A

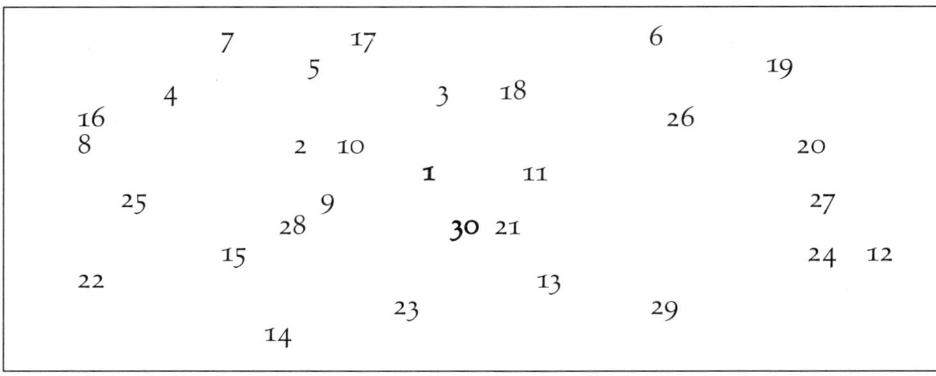

B

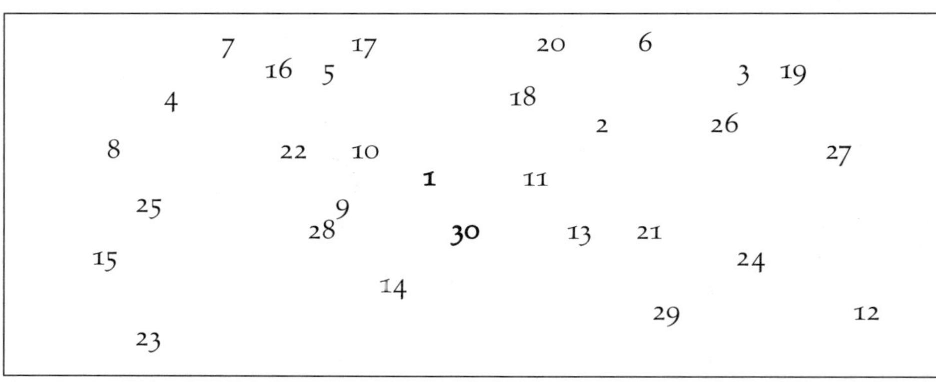

C

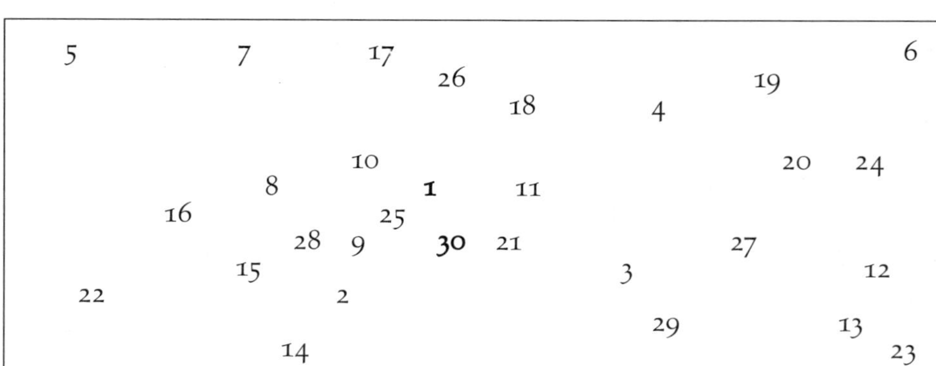

Beobachten

Schauen Sie sich bitte die folgenden drei Beispielaufgaben mit jeweils drei Gesichtern genau an. Zwei der drei Gesichter sind gleich, das dritte unterscheidet sich von den beiden anderen deutlich.
Lösungen: b (Augenbraue), a (Haar), c (Nase).

Beachten Sie bitte, daß das gesuchte Gesicht sich von den anderen beiden deutlich unterscheiden muß. Etwas wurde verändert, hinzugefügt oder weggelassen. Minimale Unterschiede in der Zeichnung (z. B. Strichlänge oder Form) haben keine Bedeutung.

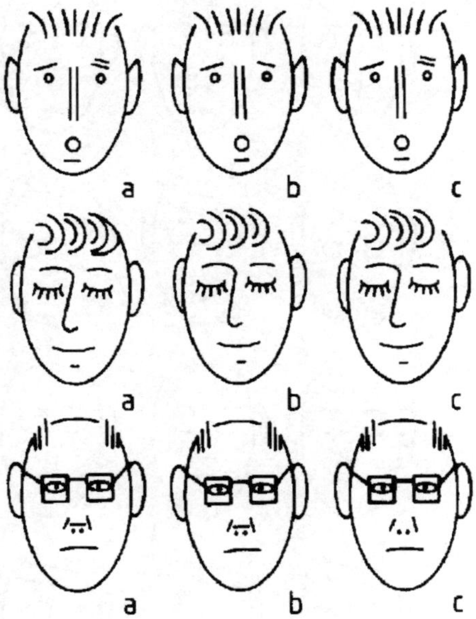

Für die folgenden 48 Aufgaben haben Sie 7 Min. Zeit.

1
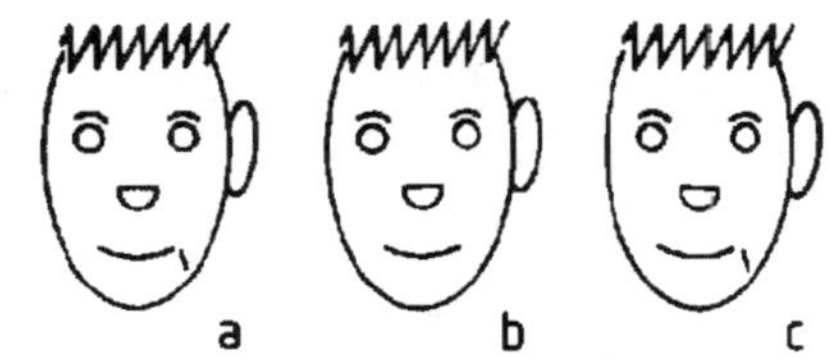

2

3
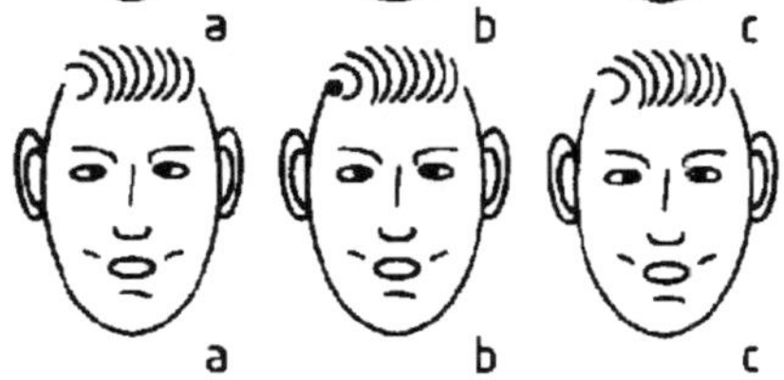

4
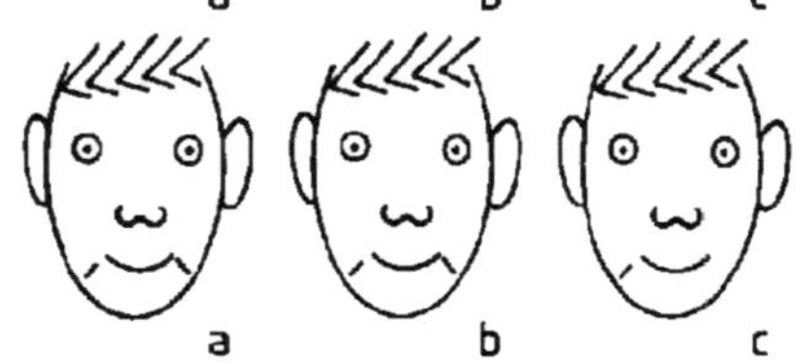

5
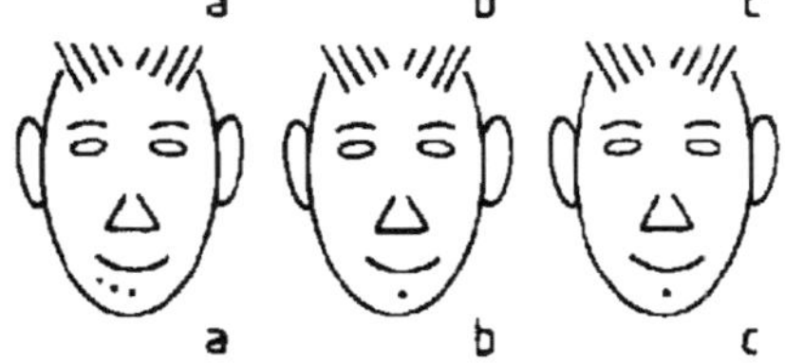

6
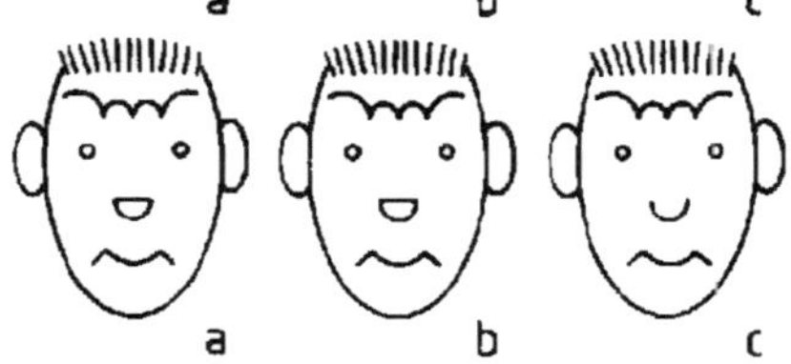

7
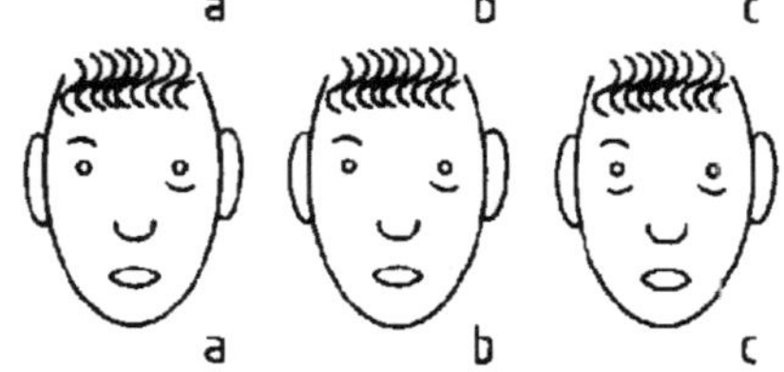

8
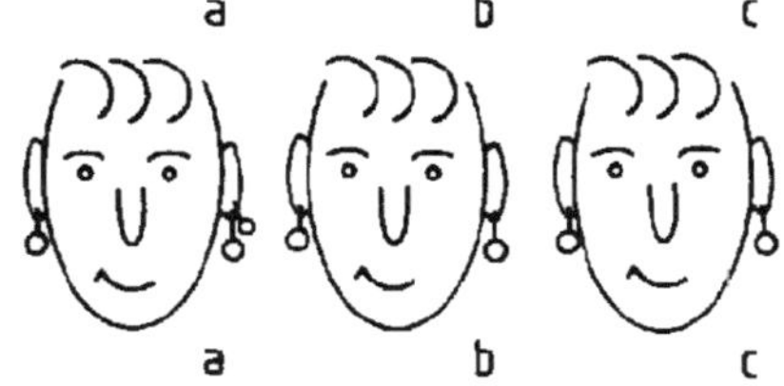

9
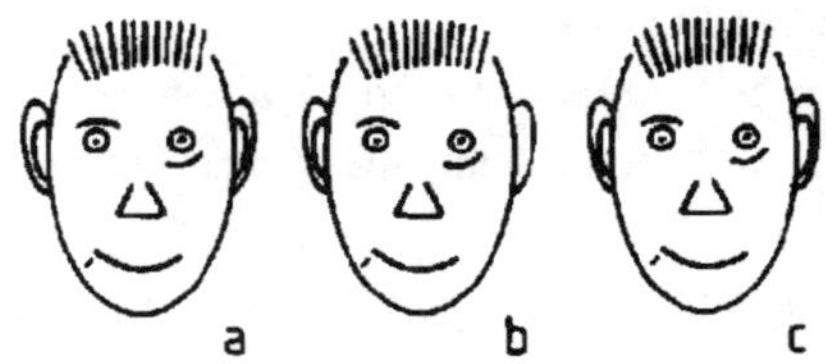

10
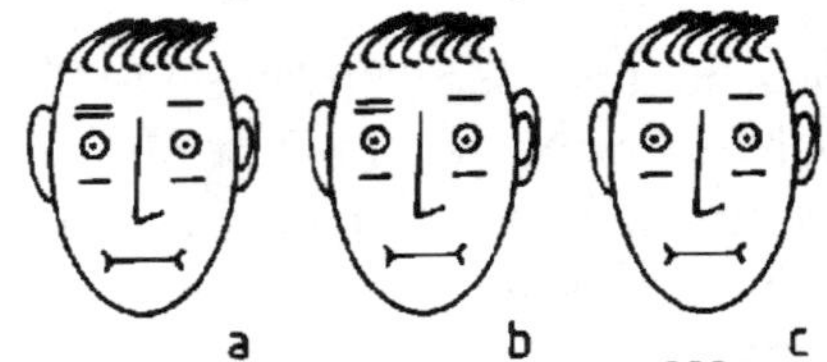

11
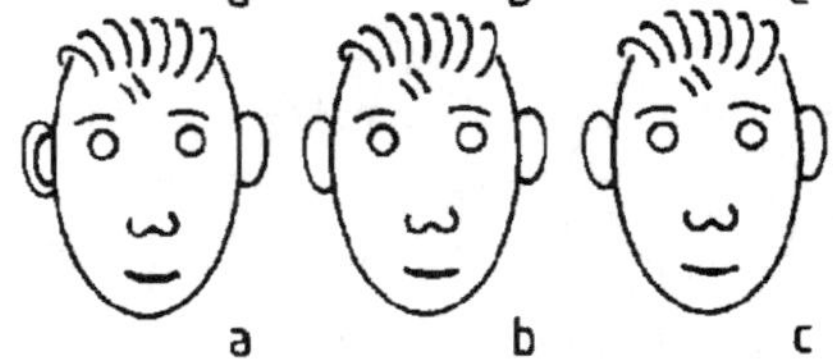

12
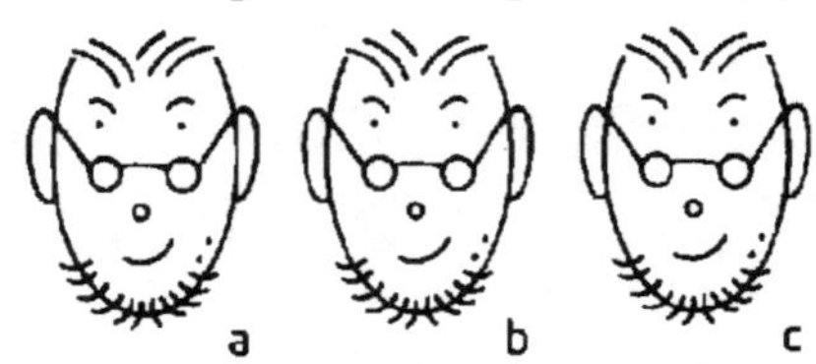

13
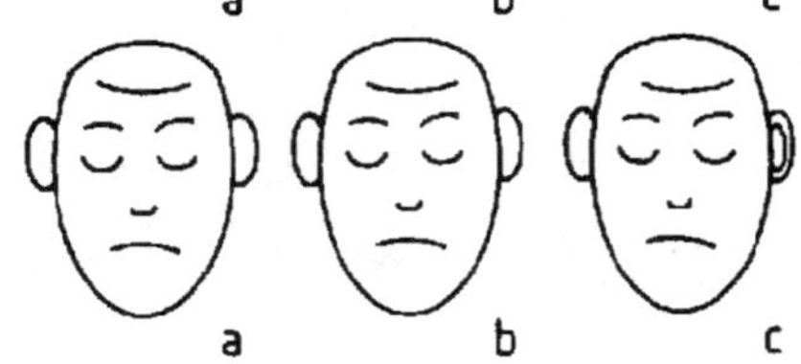

14
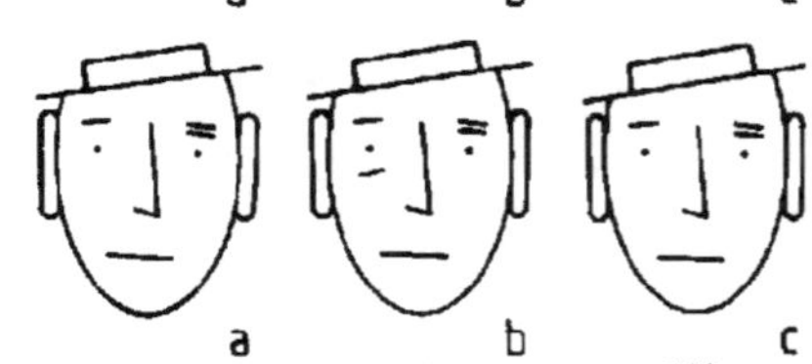

15
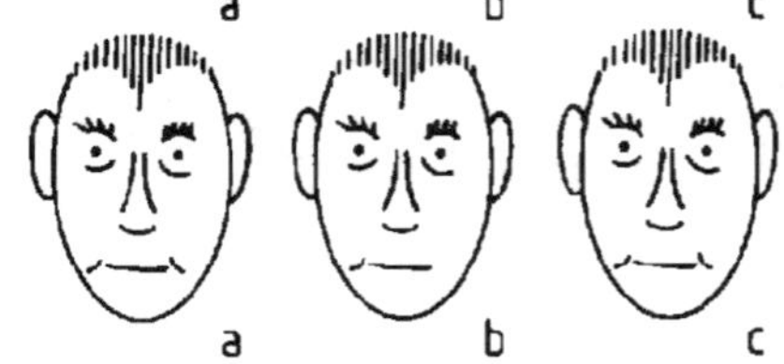

16
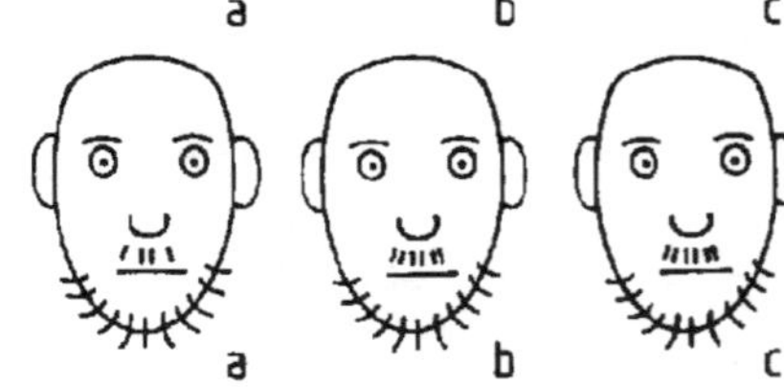

17
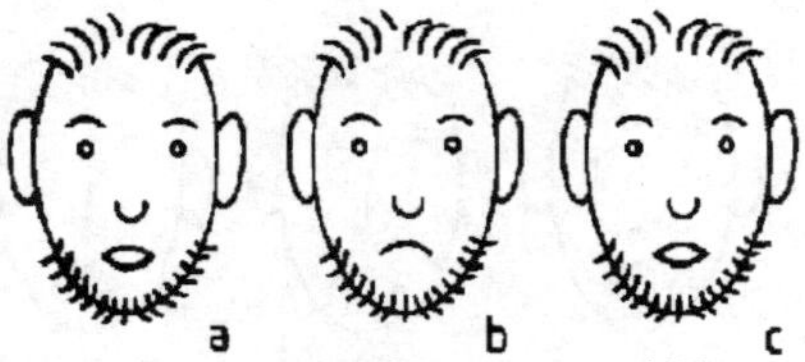

18
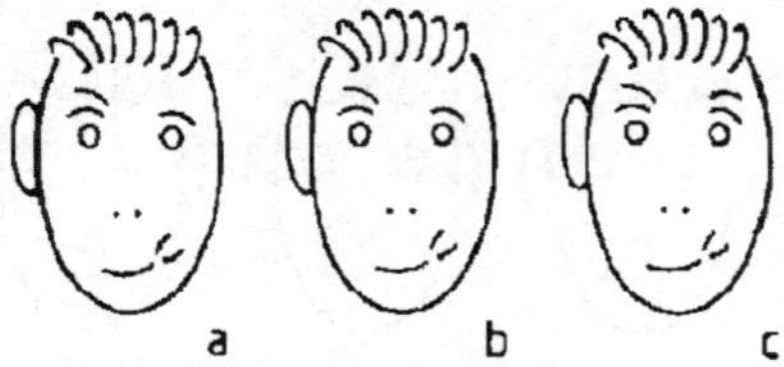

19
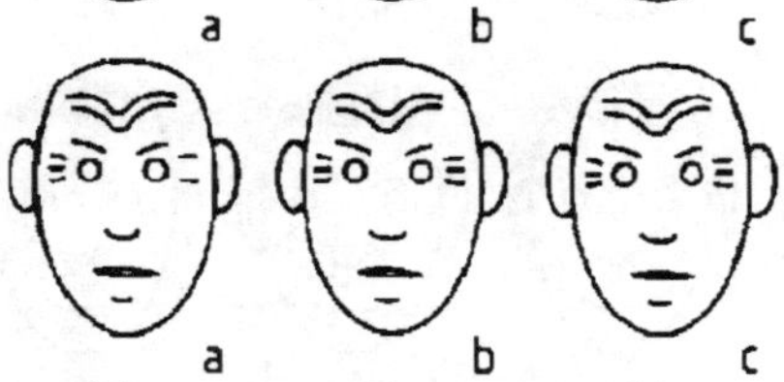

20
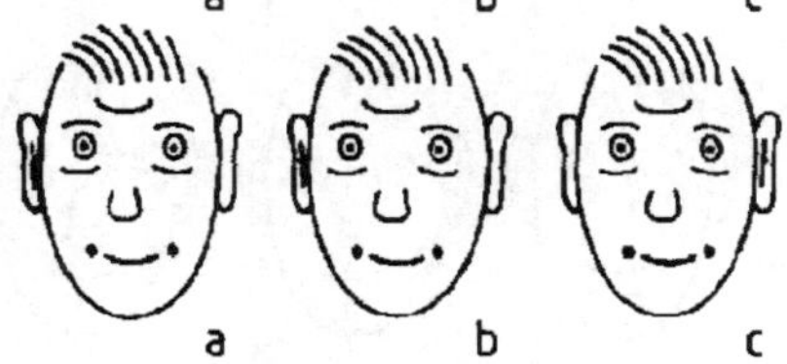

21
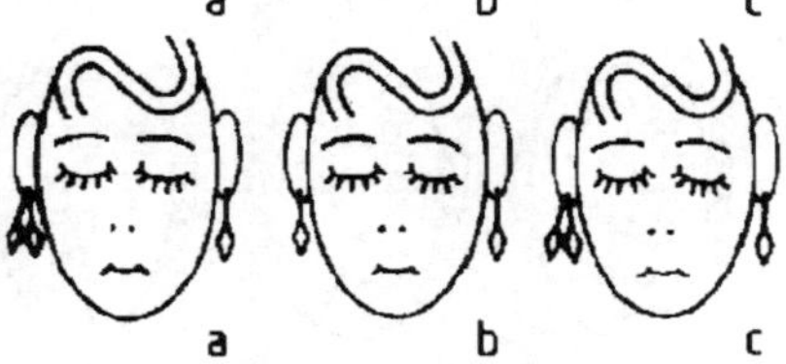

22
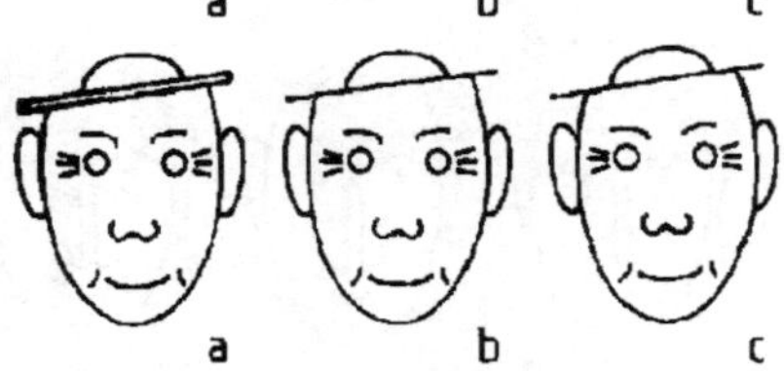

23
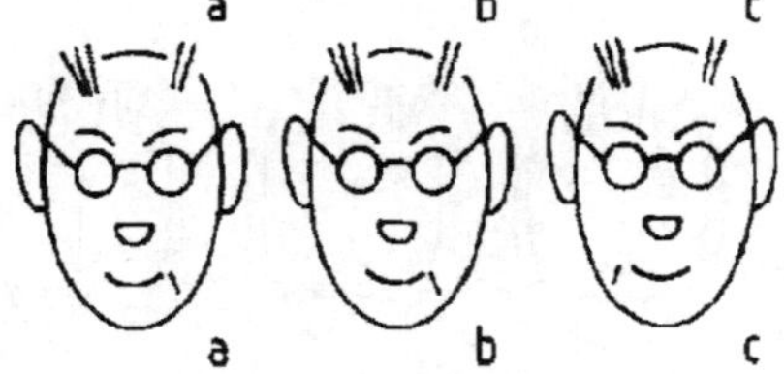

24
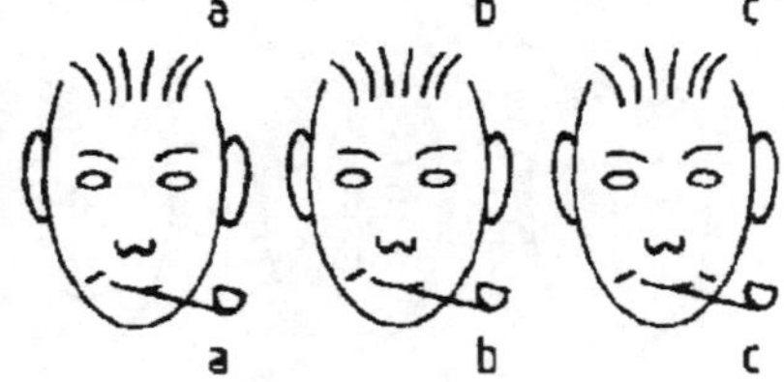

25
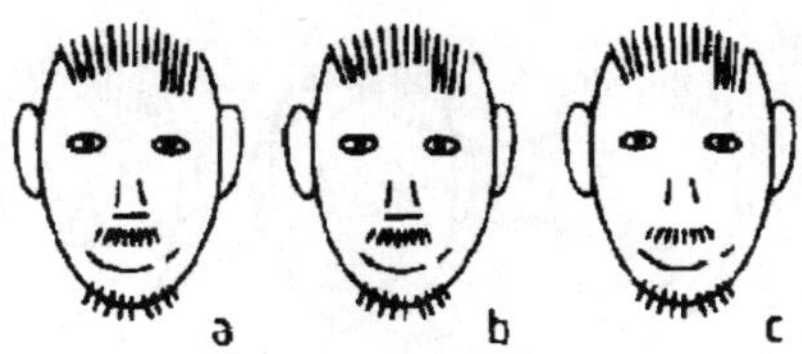

26
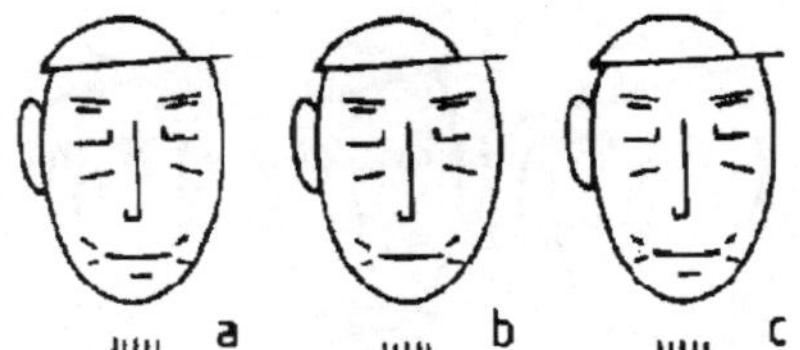

27
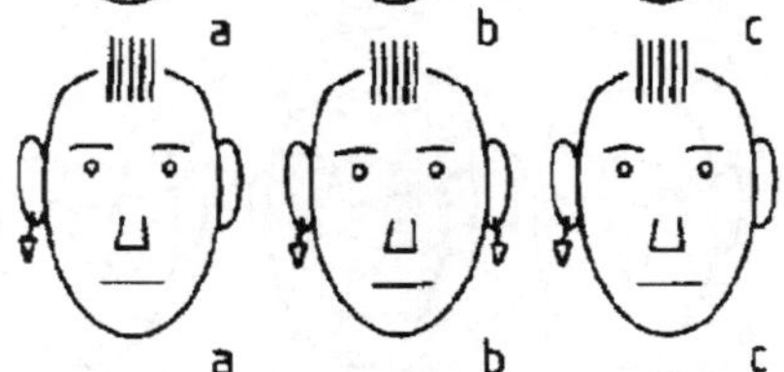

28
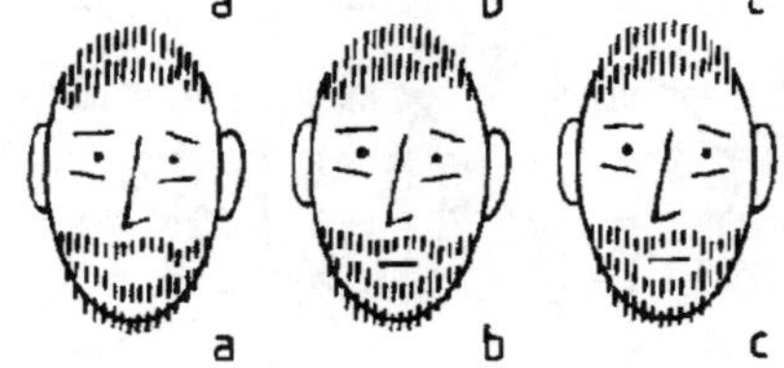

29
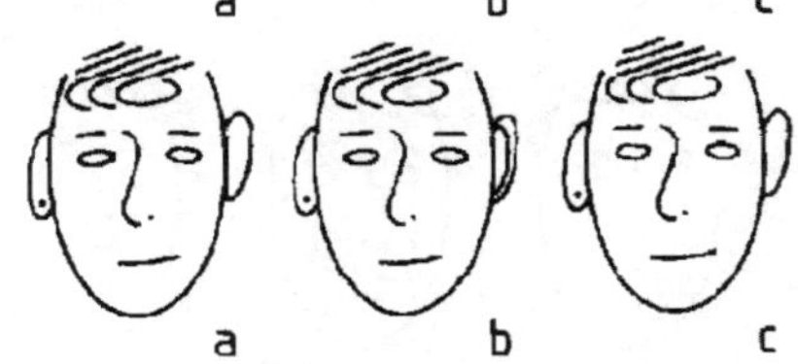

30

31
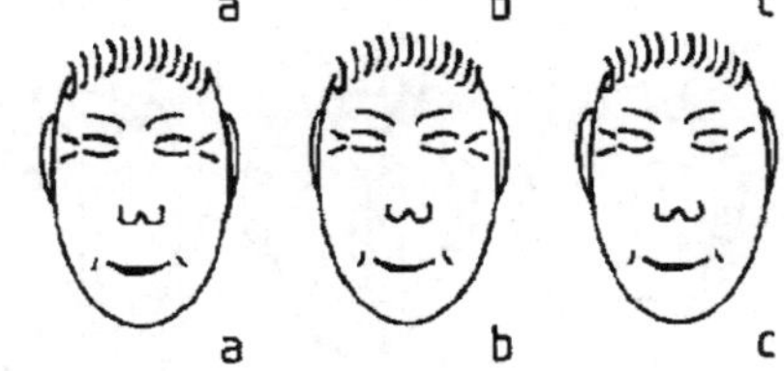

32
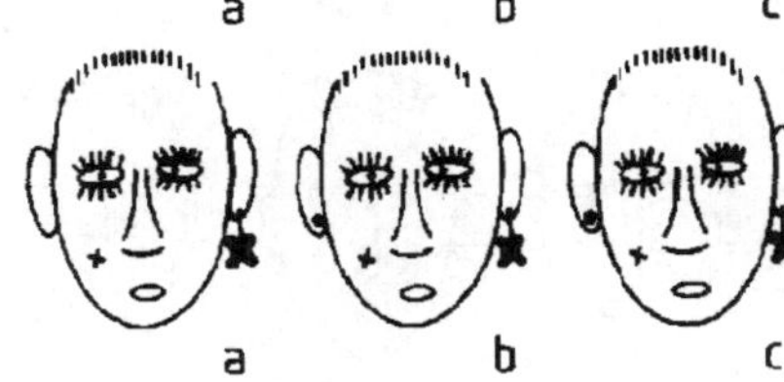

33
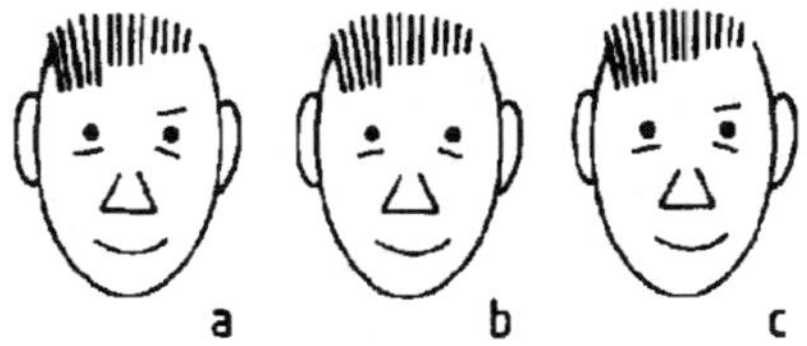

34
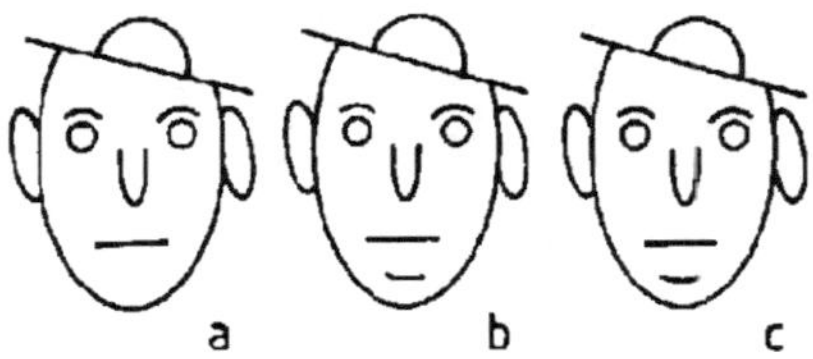

35
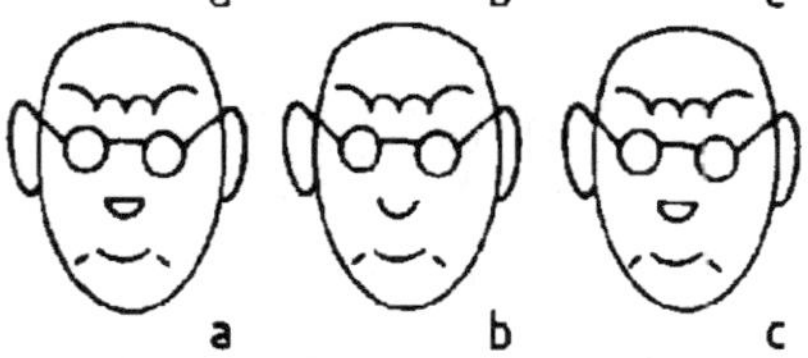

36
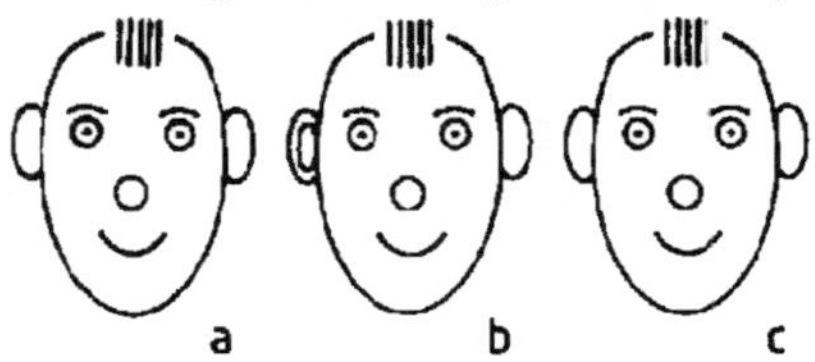

37
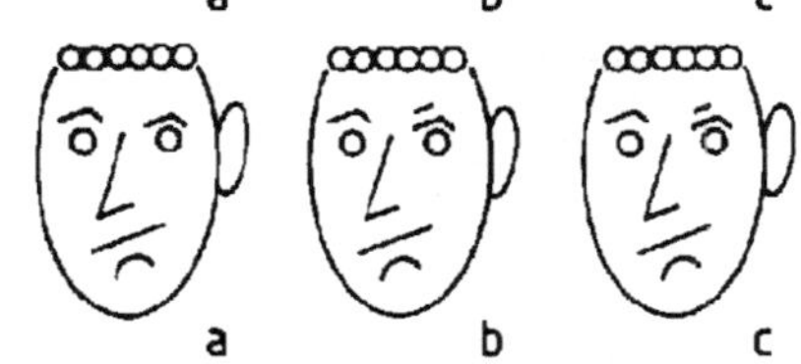

38
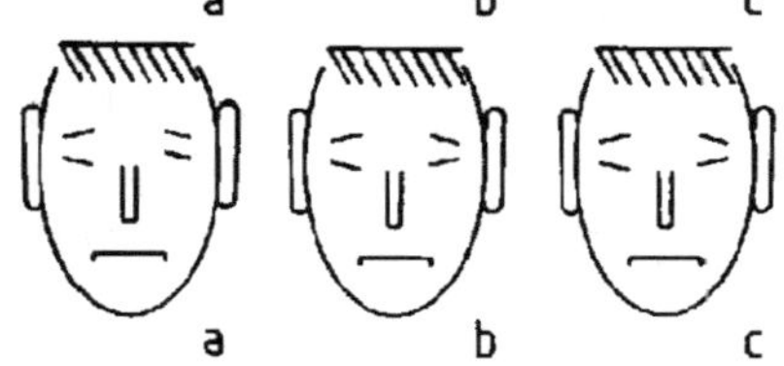

39
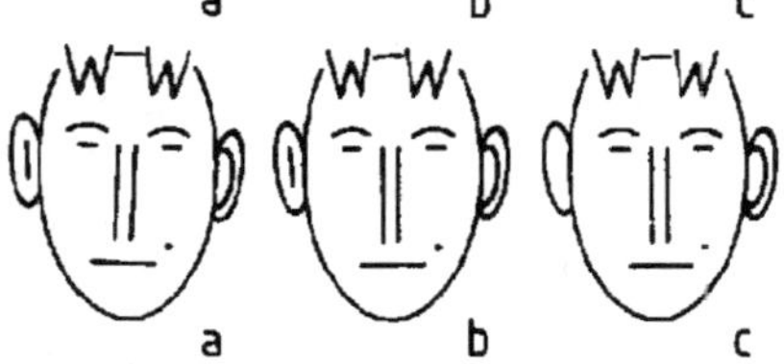

40
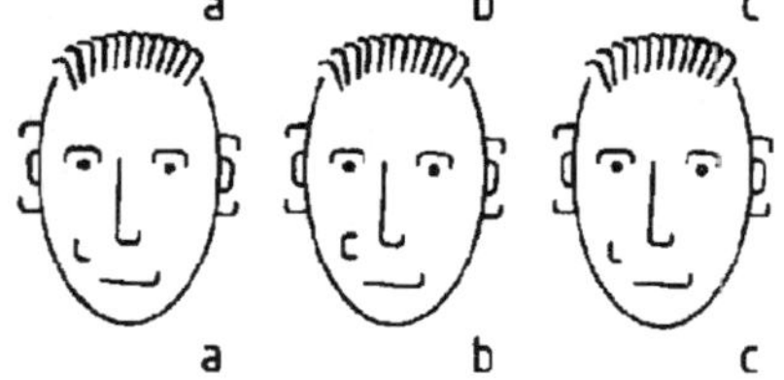

41
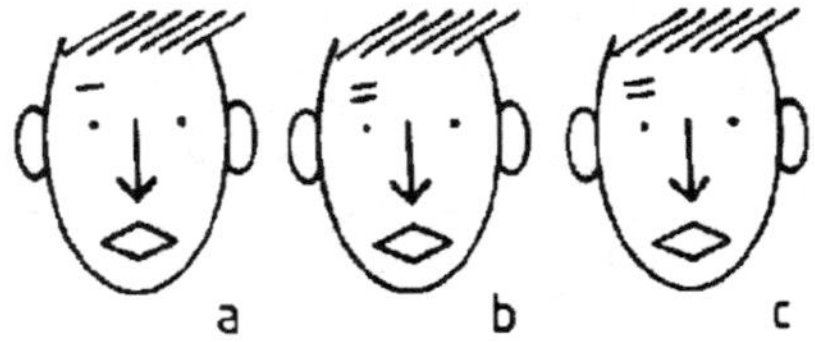

42
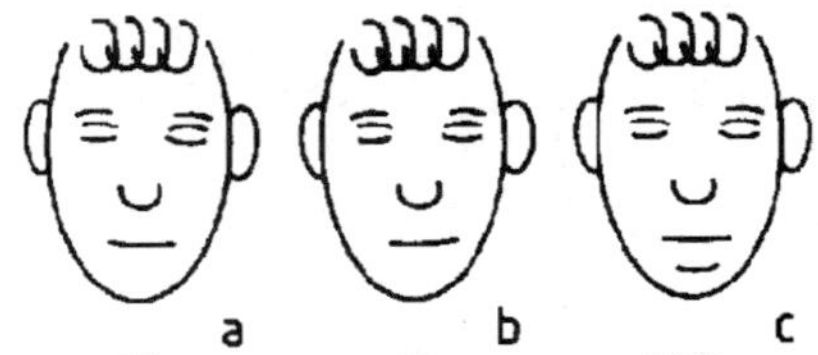

43
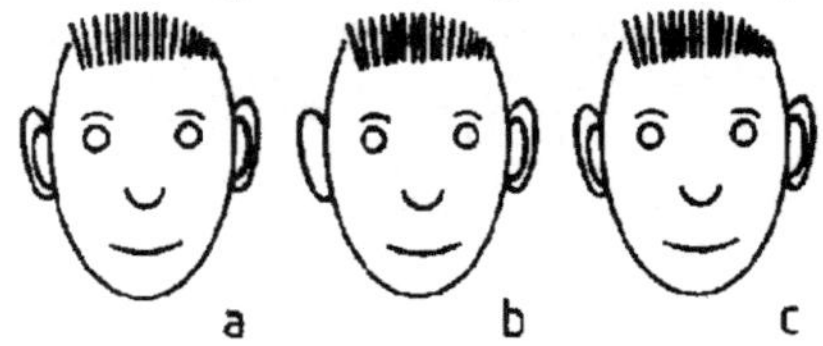

44
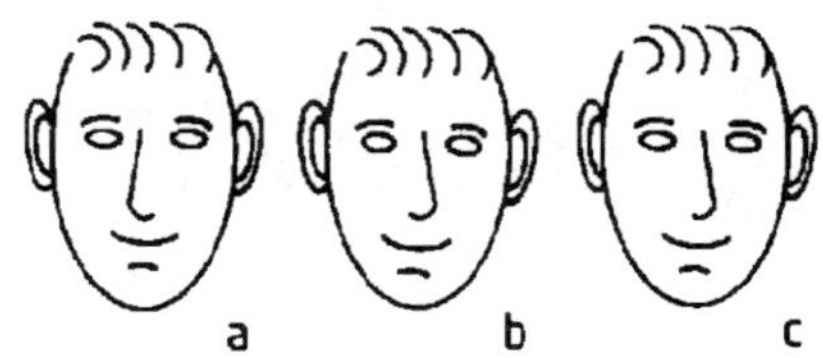

45
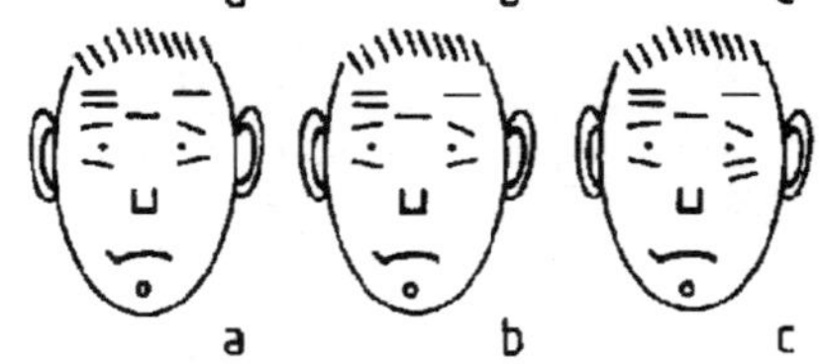

46
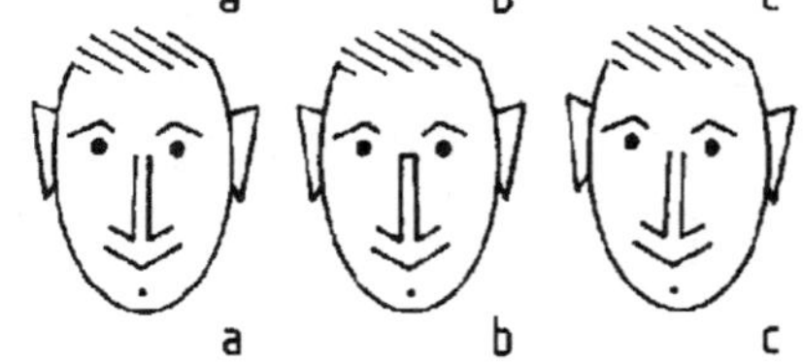

47
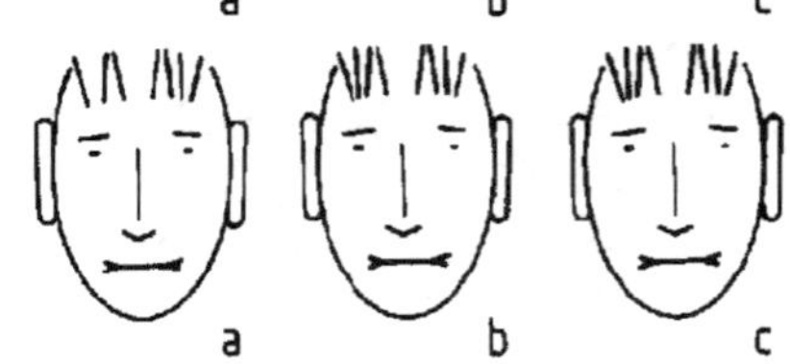

48
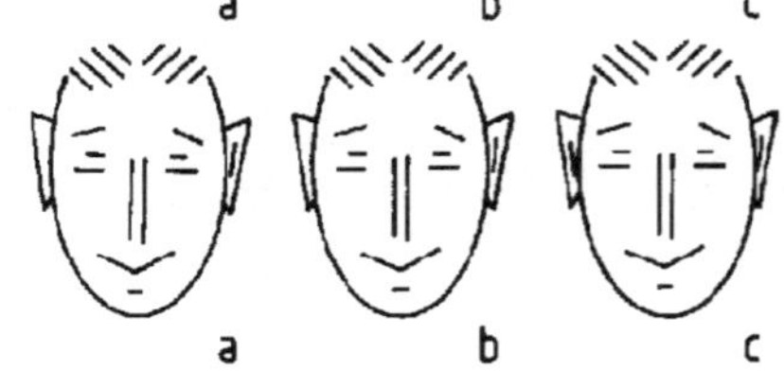

Persönlichkeitstests

Hier stehen die Persönlichkeitsmerkmale des Bewerbers im Vordergrund. Nicht Eignung oder Intelligenz, nicht primär die Fähigkeit, eine bestimmte Tätigkeit auszuüben, sind gefragt. Der Arbeitgeber will vielmehr wissen: Mit was für einem Menschen habe ich es zu tun? Es sollen also die Charaktereigenschaften, die Wesenszüge und die Persönlichkeit des Bewerbers ergründet werden.

Das in den Mittelpunkt gerückte Hauptkriterium gipfelt in der Frage: Paßt dieser Bewerber zu uns? Fügt er sich möglichst reibungslos in das vorhandene Arbeitsteam ein? Ist er ein einsatzbereiter, umgangsfreundlicher, gut funktionierender potentieller Mitarbeiter? Getestet wird all das natürlich auch im Vorstellungsgespräch.

Charakter ergründen

Durch den Einsatz von Persönlichkeitstests versucht man, einen maximalen Einblick in die Psyche des Bewerbers und in seine allgemeinen Verhaltensweisen zu bekommen, insbesondere aber in seine möglichen Reaktionsweisen in bestimmten Situationen (z.B. Konflikten).

Was aber ist nun eigentlich Persönlichkeit und/oder Charakter? Die Psychologie ist sich hier ebenso wie beim Intelligenzbegriff herzlich uneinig. Es existieren etliche, zum Teil widersprüchliche Persönlichkeitsmodelle und -theorien, die sich diesem Spezialgebiet widmen.

Ohne Zweifel hat ein Arbeitgeber Anspruch auf eine konkrete Arbeitsleistung durch den Arbeitnehmer, den er dafür entlohnt. Dem daraus abgeleiteten Ausforschungsinteresse des Arbeitgebers bei der Bewerberauswahl müssen jedoch Grenzen gesetzt werden. Unserer Meinung nach stellt der absolute Anspruch des Arbeitgebers, genau wissen zu wollen, um welche Bewerber- bzw. Mitarbeiterpersönlichkeit es sich handelt, eine rechtswidrige Ausnutzung eines Abhängigkeitsverhältnisses und eine Verletzung von grundlegenden Persönlichkeitsrechten dar.

Anforderungen

Im wesentlichen geht es bei dieser Art von Tests um *vier Persönlichkeitsmerkmale,* aufgrund derer man glaubt, entscheiden zu können, ob Sie für eine bestimmte Position der richtige Bewerber sind:

1) Emotionale Stabilität

Man unterliegt nicht grundlos Stimmungsschwankungen,
wird nicht von diffusen Ängsten und Sorgen gequält,
kennt keine Schuldgefühle, neigt nicht zum Perfektionismus,
ist nicht launenhaft,
nur sehr selten krank,
hat keine Schwierigkeit, sich auf seine Arbeit zu konzentrieren,
kennt keine Tagträumereien,
man ist mit seinem Leben zufrieden und würde sich ein neues Leben genauso wünschen und vorstellen,
leidet nicht unter Platzangst,
plant seine Arbeit und geht ihr zügig nach,
man fühlt sich selten schlecht oder elend,
ist gewöhnlich nicht nervös, sondern ausgeglichen,
nach dem Aufwachen frühmorgens frisch und munter,
man leidet nicht unter Schlafstörungen und kann auch gut einschlafen,
ist nicht wetterfühlig,
man läßt sich durch Unordnung nicht stören,
leidet nicht unter Kopfschmerzen, Migräne oder Schwindelanfällen,
sorgt sich nur wenig um die eigene Gesundheit,
man hat als Kind auch schon mal etwas gegen den Willen der Eltern getan,
fühlt sich den Anforderungen des Lebens gut gewachsen,
zeigt Toleranz,
man hat Selbstvertrauen und kennt keine Minderwertigkeitsgefühle,
handelt nicht impulsiv,
neigt nicht zu Grübeleien,
ist eher offen,
man kennt keine ständig wiederkehrenden unnützen Gedanken,
man fühlt sich nicht unverstanden, verkannt oder im Stich gelassen,
leidet nicht unter Appetitlosigkeit usw. usw.

2) Kontaktfähigkeit

Man ist von der Grundstimmung her optimistisch,

fühlt sich zusammen mit vielen Menschen wohl,

man trifft sich gern mit Freunden,

schließt schnell Freundschaften,

verfügt über einen großen Bekannten- und Freundeskreis,

ist aktiv, gesprächig, temperamentvoll, kurzum lebhaft,

geht gerne und oft aus,

man glaubt, erfolgreich zu sein,

fühlt sich auch in großen Gruppen unbefangen,

ist in der Lage, in Gesellschaften aus sich herausgehen,

man sucht die Geselligkeit anderer Leute,

ergreift gewöhnlich bei neuen Bekanntschaften die Initiative,

übernimmt in Gruppen gerne eine Führungsposition,

bevorzugt gesellige Freizeitbeschäftigungen,

man läßt sich leichter auf Risiken ein,

bevorzugt Berufe, die einen Kontakt zu anderen Menschen schaffen bzw. herstellen,

telefoniert lieber, als Briefe zu schreiben,

geht eher auf eine Party, als ein Buch zu lesen,

man schätzt sich schlagfertig ein und hat immer eine passende Antwort parat,

erzählt auch gerne mal einen Witz,

behält selbst in kritischen Situationen bei Problemen und Ärger die gute Laune,

man hält es für wichtig, allgemein beliebt zu sein, empfindet keine Hemmungen beim Sprechen vor größeren Gruppen,

usw. usw.

3) Leistungsbereitschaft

»Erst die Arbeit, dann das Vergnügen« ist der Lebensgrundsatz,
man schiebt Arbeiten nicht auf,
läßt begonnene Arbeiten nicht liegen,
man läßt sich bei der Arbeit nur schwer unterbrechen,
arbeitet planvoll, überlegt und organisiert,
vorher überlegt man sich genau, was zu tun ist,
man kann sich auf seine Arbeit leicht konzentrieren,
bereitet sich z.B. auf Prüfungen intensiv vor,
man scheut einen Wettkampf nicht,
vergleicht die eigene Leistung und Fähigkeit mit der von anderen,
zeigt Ehrgeiz und verfolgt seine Ziele mit Entschlossenheit,
man läßt sich nicht von der Arbeit abhalten,
zeigt sich bemüht, begonnene Arbeiten abzuschließen,
man beneidet den Erfolg anderer,
besitzt genug Kraft, um mit eigenen Problemen fertig zu werden,
man möchte gerne eine wichtige oder berühmte Persönlichkeit sein,
selbst in den Ferien denkt man an die Arbeit,
ständig zeigt man sich bemüht, voranzukommen,
und genießt seine Freizeit erst dann, wenn die Arbeit getan ist
usw. usw.

4) Geschlechtsidentität

Dieser Merkmalsbereich ist von seiten der Tester in Personal- und Persönlichkeitsfragebögen eindeutig nach gängigen männlichen Rollenklischees ausgerichtet – auch Bewerberinnen werden an diesem dubiosen Maßstab gemessen.

Man ist optimistisch eingestellt,

kennt keine Angst,

man ist nicht schreckhaft,

auch nicht zu sentimental,

man mag handfeste körperliche Tätigkeiten,

denkt nicht viel über die Liebe nach,

man ist an Sport interessiert,

hat kein Interesse für Chorgesang,

als Kind hat man gern mit Spielzeugwaffen gespielt,

ab und zu tut man aus Spaß etwas Gefährliches,

beim Anblick von Blut wird einem nicht übel,

man liest lieber wissenschaftliche als belletristische Literatur,

kalte Füße oder Hände kennt man nicht,

Tanzveranstaltungen sind weniger interessant,

das Empfinden gegenüber Schlangen und Insekten ist nicht durch Ekel oder Abneigung gekennzeichnet,

technische Berufe werden musischen vorgezogen,

eine schöne Umwelt ist weniger interessant,

Romantik ist eher ein Fremdwort,

und bisweilen erzählt man auch mal einen unanständigen Witz

usw. usw.

Wir geben Ihnen jetzt einen tieferen Einblick in die gängigen Persönlichkeits-Testverfahren wie 16 PF, Satzergänzungstest, MMPI sowie biographische Fragebögen.

16 PF

Auf gerade mal 16 gegensätzliche Persönlichkeitsmerkmale reduziert dieser Persönlichkeitstest den Menschen:

1. *Sachinteresse – Kontaktinteresse*
   Im einzelnen verstehen die 16-PF-Testautoren z.B. unter *Sachinteresse,*
   - wenn man sich bei gleicher Arbeitszeit und gleichem Lohn eher für den Beruf des Zimmermanns oder Kochs als für den des Kellners entscheiden würde.

   Kontaktinteresse signalisiert z.B., wer
   - mit Leuten redet, damit die sich wohl fühlen.

2. *Konkretes Denkvermögen – Abstraktes Denkvermögen*
   Abstraktes gegenüber *konkretem Denkvermögen* beweist, wer u.a. begreift,
   - daß sich Hund zu Knochen wie Kuh zu Gras verhält.

   Konkret und eher dümmlich ist z.B.,
   wer nicht darauf kommt, daß folgende Relation gilt: Besser verhält sich zu am schlechtesten wie langsamer zu am schnellsten.

3. *Emotionale Labilität – Emotionale Stabilität*
   Emotionale Stabilität zeichnet sich u.a. dadurch aus, daß man
   - bei beruflichen und privaten Entscheidungen nie auf mangelndes Verständnis von seiten der Familie stößt.

   Als *emotional labil* z.B. gilt,
   - wer sein Leben, wenn er es noch einmal zu leben hätte, anders planen würde.

4. *Soziale Anpassung – Dominanzstreben*
   Eher *Dominanzstreben* und Selbstbehauptung zeigt u.a., wer
   - in einer fremden Stadt hingeht, wohin es ihm beliebt.

   Sozial angepaßt ist z.B. jemand,
   - der sich in einer Stadt verläuft und dann seinem Begleiter ohne zu murren folgt, obwohl er davon überzeugt ist, daß dieser den Weg auch nicht sicher weiß.

5. *Besonnenheit – Begeisterungsvermögen*
   Begeisterungsfähigkeit zeigt, wer
   - öfter als einmal in der Woche ausgeht.

   Besonnenheit unterstreicht, wer
   - Spaß dabei empfindet, Gäste einzuladen und sie zu unterhalten.

6. *Flexibilität – Pflichtbewußtsein*
Wer *Pflichtbewußtsein* demonstrieren will,
- fühlt sich von unordentlichen Menschen abgestoßen und ärgert sich über sie.

Flexibilität zeigt, wer
- zu Hause ist, über Zeit verfügt und nichts Bestimmtes macht, außer sich zu entspannen.

7. *Zurückhaltung – Selbstsicherheit*
Selbstsicher wirkt, wer
- nicht verlegen reagiert, wenn er plötzlich zum Mittelpunkt der Aufmerksamkeit wird.

Zurückhaltung und Schüchternheit zeichnet denjenigen aus, der
- mit Fremden in öffentlichen Verkehrsmitteln nicht leicht ins Gespräch kommt.

8. *Robustheit – Sensibilität*
Robustheit ist dadurch charakterisiert, daß
- man im Fernsehen lieber eine nützliche und informative Sendung über neue Erfindungen anschaut als einen bekannten Konzertkünstler.

Sensibel ist, wer
- lieber Kinderbücher schreibt, als elektrische Geräte zu reparieren.

9. *Vertrauen – Mißtrauen*
Vertrauen zeigt, wer
- glaubt, daß niemand es wirklich gern sehen würde, wenn man in Schwierigkeiten gerät.

Mißtrauen zeigt, wer
- nicht gut mit eingebildeten Leuten auskommt, vor allem, wenn sie prahlen.

10. *Pragmatismus – Phantasie*
Pragmatismus beweist, wer
- glaubt, daß es für einen Mann wichtiger sei, ein gutes Familieneinkommen zu sichern, als sich Gedanken über den Sinn des Lebens zu machen.

Phantasie hat, wer
- gerne bei einer Zeitung Kritiken über Dramen, Konzerte oder Opern schreiben würde.

11. *Offenheit – Cleverness*
Offenheit signalisiert, wer
- lieber mit höflichen Menschen verkehrt als mit ungeschliffenen Personen.

Clever ist, wer
- das Leben eines Tierarztes, der Tiere behandelt und operiert, nicht toll findet.

12. *Selbstvertrauen – Besorgtheit*
Durch *Selbstvertrauen* zeichnet sich aus, wer
- sich nicht entmutigt fühlt, auch wenn er von anderen kritisiert wird.

Besorgtheit dagegen wird bei dem entdeckt, der
- sich fürchtet, etwas falsch gemacht zu haben, wenn er zu seinem Chef oder Lehrer gerufen wird.

13. *Sicherheitsdenken – Veränderungsbereitschaft*
Sicherheitsdenken äußert sich in Statements wie
- die Welt braucht mehr beständige und verläßliche Bürger,
- besser Hausmannskost als ausländische Speisen.

Veränderungsbereitschaft dokumentiert, wer
- auch als Jugendlicher bei seiner Meinung blieb, selbst wenn die anders war als die der Eltern.

14. *Teamfähigkeit – Einzelgängertum*
Teamfähigkeit wird belegt durch
- Freude an gemeinschaftlichen Unternehmungen.

Einzelgängertum zeichnet sich dadurch aus, daß man
- lieber etwas alleine aufbaut als mit anderen zusammen.

15. *Spontaneität – Selbstkontrolle*
Zu *Spontaneität* neigt, wer
- beim Arbeiten, Ausgehen und Essen gern von einer Sache zur anderen wechselt.

Selbstkontrolle manifestiert sich darin, daß man
- alles plant und die Dinge nicht dem Zufall überläßt.

16. *Ausgeglichenheit – Angespanntheit*
Angespannt wirkt, wer
- sich oft zu schnell über andere ärgert.

Ausgeglichenheit zeigt, wer
- vor einem Test oder einer Prüfung gelassen bleiben kann.

Weiterhin werden noch 5 Zusatzfaktoren ermittelt:

starke Normorientierung – geringe Normorientierung
große Streßtoleranz – geringe Streßtoleranz
große Autonomie – geringe Autonomie
große Entscheidungsfreudigkeit – geringe Entscheidungsfreudigkeit
starker Kontaktwunsch – geringer Kontaktwunsch

Der Satzergänzungstest

AC-Konstrukteure haben den freundlich klingenden Begriff Kreativitätsüberprüfung für den sogenannten Satzergänzungstest erfunden. Letztlich aber steckt nichts anderes als eine besondere Art von Persönlichkeitstests hinter diesem Verfahren.

Man legt Ihnen Satzanfänge vor und bittet Sie, den unvollständigen Satz nach Ihren Vorstellungen zu beenden:

Ich möchte gerne ...
Ich fürchte...
Ich mag es nicht, wenn...

Egal, wie diese Sätze anfangen, es geht darum, Ihnen Gedanken, Statements oder Meinungen zu entlocken, die dann entsprechend interpretiert werden sollen. Daß dieses Verfahren unseriös ist und Sie sich eigentlich weigern sollten, so etwas mitzumachen, ist eine Empfehlung – wenn auch in der Zwangssituation Bewerbung oftmals nicht realisierbar.

Auch wenn es scheinbar um andere Personennamen geht, wie z.B.

Karl ist immer ...
Marion mag es, wenn man ...

Es handelt sich dabei um *Sie*, die Vervollständigung des Satzes soll also Rückschlüsse auf Ihre Persönlichkeitsstruktur ermöglichen.

Tips für Satzergänzungstests

Halten Sie Ihre Antworten knapp und sozial erwünscht. Bleiben Sie sachlich, vermitteln Sie den Eindruck, daß Sie sich um aufrichtige Antworten bemüht haben, und bewegen Sie sich im sozial unverfänglich und konfliktfreien Klischee. Hier drei Negativbeispiele, wie Sie es bitte *nicht* machen:

Ich fürchte ... nicht den richtigen Erfolg zu haben.
Früher war ich ... ein bißchen schüchterner als meine Freunde.
Es ärgert mich besonders, wenn ... man mir nicht glaubt.

Diesen Beispielen seien andere, bessere Ergänzungsmöglichkeiten gegenübergestellt:

Ich fürchte ... mich nicht.
Früher war ich ... ein erfolgreicher Torwart unserer Schulmannschaft.
Es ärgert mich besonders, wenn ... andere Menschen abergläubisch sind.

Verdeutlichen Sie sich positive Verhaltensklischees, die man von Ihnen erwarten kann. Machen Sie sich noch einmal klar: Es geht nicht um Wahrheit oder Ihre reale persönliche Meinung. Banal wirkende Sätze sind keine Gefahr, sondern eher ein Indiz dafür, daß Sie kein Neurotiker sind.

Weitere Beispiele, wie Sie sich geschickt aus der Affäre ziehen:

Ich kann nicht...
Antwort: ... klagen.

Wenn ich einen Fehler mache, dann...
Antwort: ... bemühe ich mich, ihn zu korrigieren.

Als man mir sagte, das könne ich nicht...
Antwort: ... bat ich, es doch einmal versuchen zu dürfen.

Wenn alles mißlingt, dann...
Antwort: ... suche ich nach der Ursache und beseitige sie.

MMPI

Sollte Ihnen der MMPI vorgelegt werden, ein Persönlichkeitstest, der sich besonders durch seinen Umfang von über 560 Fragen, aber auch durch seine Statements, die zu bejahen oder verneinen sind, auszeichnet, ist Vorsicht angesagt. Sie befinden sich in den Händen skrupelloser Testanwender. Fragen wie »Manchmal verläßt meine Seele meinen Körper« und »Wegen meines sexuellen Verhaltens hatte ich niemals Unannehmlichkeiten« oder »Ich habe Angst, den Verstand zu verlieren« gehören zu dem absoluten Gruselinventar, mit dem man sich der Persönlichkeit eines Bewerbers nähern möchte. Wir empfehlen Ihnen eine Strafanzeige gegen die Anwender. Sollten Sie sich dennoch entschließen, Ihre Persönlichkeit auf...

Hypochondrie (Wehleidigkeit),
Depression (Interesselosigkeit, mangelndes Selbstvertrauen),
Hysterie (u.a. mangelnde Belastbarkeit mit der Neigung, bei psychischen Problemen mit körperlichen Symptomen zu reagieren),
Paranoia (Verfolgungswahn),
Psychasthenie (Konzentrationsschwäche, Entscheidungsschwierigkeiten, Zwangshandlungen),
Schizoidie (Kontaktarmut, bizarre Denkweise),
Psychopathie (soziale Unangepaßtheit),
Hypomanie (Hektik, Unzuverlässigkeit, Sprunghaftigkeit),
soziale Introversion (Unsicherheit, Kontaktscheue),
Maskulinität bzw. Feminität (Abweichung vom Geschlechtsverhalten)

Es fängt ganz harmlos an

... untersuchen zu lassen, dann überlegen Sie sich gut, wie Sie antworten. Natürlich kann man keinem empfehlen, sich für einen »verdammten Menschen« oder für einen »Sendboten Gottes« zu halten, beides Fragen aus dem MMPI, die bei dieser Ankreuzung Ihren entsprechenden Geisteszustand dokumentieren. Ein kleiner Auszug: Es fängt mit ganz harmlosen Aussagen an, wie:

- *Ich lese gerne technische Zeitschriften. (stimmt/stimmt nicht)*
- *Ich habe einen guten Appetit.*

Dann geht es aber mit obskuren Fragen weiter, wie:

- *Manchmal bin ich von bösen Geistern besessen.*
- *Alles trifft so ein, wie die Propheten es in der Bibel vorausgesagt haben.*

Sind auch eine ganze Reihe von Fragen leicht durchschaubar bzw. dermaßen abstrus, daß sich eine weitergehende Besprechung erübrigt, so gibt es einige, die speziell im Hinblick auf die Bewerberauswahl interpretiert werden können:

- *Ich wäre ein guter Menschenführer, wenn man mir Gelegenheit dazu gäbe.*
- *Bei Wahlen stimme ich manchmal für Leute, die ich eigentlich zu wenig kenne.*

Wer hier zustimmt, entwirft angeblich ein Bild über seine Persönlichkeit, das positiv in Richtung Führungsqualität und Dominanzstreben interpretiert wird. Das Gegenteil erzielt man, wenn man ...

- *... in der Schule Schwierigkeiten hatte, vor den Klassenkameraden zu sprechen,*
- *... glaubt, nicht das richtige Leben geführt zu haben,*
- *... in Gesellschaft oft Mühe hat, den richtigen Gesprächsstoff zu finden.*

Durchsetzungsfähigkeit und Selbstsicherheit gehören ebenso zu den gesuchten und gewünschten Führungsqualitäten. Wer sich

- *wünscht, nicht so schüchtern zu sein,*

bringt sich in die Gefahr, in den Augen der Testdeuter als unsicher, labil und gefügig zu gelten.

Kooperationsbereitschaft und eine positive Einstellung zur sozialen Umwelt deutet man an, indem man Aussagen wie diesen nicht zustimmt:

- *Ich nehme mich in acht, wenn Leute freundlicher sind, als ich es erwarte.*

- *Wenn mir jemand etwas Gutes tut, frage ich mich, welche Hintergründe jemand haben könnte.*

Eigentlich sollte man sich einem Test wie diesem verweigern, da er ist eine einzige Provokation ist. Wer Ihnen dieses zumutet, gehört öffentlich angeprangert. Seien Sie also auf der Hut bei allen Fragen, die Schuldgefühle, Unsicherheiten des eigenen Verhaltens, Schüchternheit oder Selbstkritik ansprechen. Hier droht ein Punktverlust, verbunden mit übelster Interpretation Ihres Charakters, wenn Sie arglos antworten, was Ihnen in den Sinn kommt. Die Lügenfallen dieses Tests sind besonders raffiniert. In mehreren Analyseverfahren beschäftigt man sich mit der Ehrlichkeit des Beantworters. Beim MMPI sorgen dafür die K- und L-Skalen (Korrektur- und Lügenskala). Mit fast 50 Fragen versucht man, dem cleveren Beantworter ein Bein zu stellen.

Aufgepaßt bei Formulierungen wie: manchmal, dann und wann, ab und zu, gelegentlich. Wer hier alles abstreitet, macht sich verdächtig, nicht die Wahrheit zu sagen. Bei sozial unerwünschtem, aber jedoch häufig anzutreffendem Verhalten oder umgekehrt bei sozial erwünschtem, aber nur seltenem Verhalten überführt man den lügenden Bewerber. Mit anderen Worten: Um ehrlich zu erscheinen, muß man eingestehen:

- manchmal wütend zu sein,
- ab und zu schlechte Laune zu haben,
- nicht jeden Tag alle Leitartikel der Zeitung zu lesen,
- gelegentlich Arbeiten auf morgen zu verschieben, die heute getan werden müßten.

Hier noch einige abenteuerliche Testaussagen, zu denen der Bewerber Stellung nehmen soll:

- Es ist etwas mit meinen Geschlechtsorganen nicht in Ordnung.
- Manche Tiere machen mich nervös.
- Blut in meinem Urin habe ich nie festgestellt.
- Schiller war meiner Meinung nach bedeutender als Goethe.
- Ich habe Lust, in Afrika Löwen zu jagen.

Auch wenn Ihnen diese Fragen aus dem Test nicht gestellt werden, sondern die etwas gemäßigteren, wie …

- Vorträge über ernste Themen höre ich gern,
- ich nehme nie Medikamente ohne ärztliche Verordnung,
- Polizisten sind meiner Meinung nach gewöhnlich ehrliche Menschen,

… wird die negative Grundstimmung dieses Tests in der Regel gegen Sie verwandt. Deshalb unser Rat: Diesem Test sollten Sie sich unbedingt verweigern.

Biographische Fragebögen

»Wir haben hier noch einige Fragen an Sie. Bitte füllen Sie doch gleich mal unseren Personalfragebogen aus ...« Wenn Sie als dazu aufgefordert werden, freuen Sie sich bitte nicht zu früh. Das heißt noch lange nicht, daß Sie es geschafft haben. Was aussieht wie die letzten Formalitäten vor dem endgültigen Arbeitsvertrag, ist nichts anderes als eine weitere Art von Persönlichkeitstest. Neben den persönlichen Daten (Name, Adresse, Alter, Bildungsabschlüsse, Schuhgröße usw.) werden überwiegend Fragen aus folgenden Bereichen gestellt:

- Ursprungsfamilie (Größe, Ausbildung und Beruf der Eltern)
- Eigene Familie (Größe, Alter der Kinder, Ausbildung und Beruf des Partners)
- Kindheit/Jugend (elterlicher Erziehungsstil, prägende Erfahrungen)
- Schulischer Werdegang (geliebte/ungeliebte Fächer, Leistungen, Anpassung an Lehrer/Mitschüler)
- Ausbildung (Berufswahl, Ausbildungsschwerpunkte, Gründe für evtl. Fehlleistungen)
- Arbeits-/Berufserfahrung (Gründe für die Arbeitsplatzwahl, besondere Kenntnisse/ Fähigkeiten, Häufigkeit von Arbeitsplatzwechseln, Gründe und zeitlicher Verlauf)
- Freizeitgestaltung/Interessen (Hobbys, soziales Engagement, außerberufliche Aktivitäten)
- Selbsteinschätzung (besondere Stärken und Schwächen, Gründe für Fehl- und Rückschläge, Entwicklungs- und Verbesserungschancen)
- Lebensziele (berufliche und persönliche Ziele, auch für die Kinder, optimistische/pessimistische Zukunftseinschätzung)

Aber auch Fragen, die Sie angeblich ganz frei beantworten können, etwa in Form eines Kurzaufsatzes, können es in sich haben. Dazu drei Beispiele:

- Welche Menschen bewundern Sie am meisten (bitte Namen nennen)?
- Nennen Sie einige von Ihnen bevorzugte Bücher!
- Welchen Beruf würden Sie wählen, wenn Sie ohne Rücksicht auf Gehalt und Vorbildung frei wählen könnten?

So bewältigen Sie Persönlichkeitstests

Entscheidend ist zunächst, Persönlichkeitstests als solche zu erkennen. Das Gebot der Bewerbungsstunde lautet deshalb: diese Testverfahren zu durchschauen und zu wissen, was auf einen zukommt und worauf es ankommt. Das ist leichter, als es sich anhört, denn diese Kunst ist erlernbar.

Zweitens ist es wichtig zu wissen, wer und vor allem wie man ist, also die eigene Persönlichkeit, die eigenen Charaktermerkmale möglichst gut zu kennen.

Die Erwartungen der anderen Seite

Drittens ist es unbedingt notwendig, in Erfahrung zu bringen, was die andere Seite (die AC-Beobachter, der Arbeitgeber) für Persönlichkeitsmerkmale erwartet bzw. wünscht.

Viertens muß es einem gelingen – leichter gesagt als getan –, diese Merkmale glaubhaft an die andere Seite zu vermitteln.

Es ist schwer, generelle Empfehlungen für das Bearbeiten von Persönlichkeitstests auszusprechen, aber achten Sie darauf, die Fragen nicht zu extrem in eine Richtung anzukreuzen. Es geht um die »richtige Mischung« aus folgenden drei Komponenten:

1. Wie stellt sich der Arbeitgeber den idealen Bewerber für diese Position/Aufgabe vor?
2. Wie glauben Sie wirklich zu sein?
3. Ausweichen auf die »Teils-teils«-Position.

Das ist aber noch nicht alles in Sachen Testomanie. Denn manchmal hat man bis zu mehrere Tage am Stück Aufgaben wie die eben vorgestellten und weitere Übungen zu bewältigen. Das Ganze nennt sich Assessment Center (abgekürzt AC) und trifft immer mehr Arbeitsuchende, wie Sie im folgenden Abschnitt lesen können.

Assessment Center: Tagelang unter Beobachtung

Führungskräfte, aber auch Hochschulabsolventen, Angestellte, die aufsteigen wollen, mitunter sogar angehende Azubis haben das zweifelhafte Vergnügen, ein Assessment Center bewältigen zu müssen. Worum handelt es sich dabei?

Es ist nicht – wie der Name vielleicht vermuten ließe – ein Zentrum oder eine spezielle Institution mit festem Platz, sondern vielmehr ein Verfahren, das Unternehmen/Organisationen nutzen, um Personal auszuwählen.

Das Assessment Center (vom engl. *to assess* = abschätzen, *center* = Mittelpunkt) wird von vielen Arbeitgebern als eine Art Wunderwaffe der Personalauslese gefeiert.

Laut Definition einer der AC-Päpste ist das AC ein systematisches Verfahren »zur qualifizierten Feststellung von Verhaltensleistungen bzw. Verhaltensdefiziten, das von mehreren Beobachtern gleichzeitig für mehrere Teilnehmer in bezug auf vorher definierte Anforderungen angewandt wird« (Jeserich, W.: *Mitarbeiter auswählen und fördern,* München/Wien 1981, S.33). Mit den Worten eines anderen AC-Gurus bekommen Sie es mit »einer multiplen Verfahrenstechnik« zu tun, »zu der mehrere eignungsdiagnostische Instrumente oder leistungsrelevante Aufgaben zusammengestellt werden«. Dabei geht es um »die Einschätzung aktueller Kompetenzen oder die Prognose künftiger beruflicher Entwicklung und Bewährung« (Schuler, H.: Assessment Center als Auswahl- und Erfolgsinstrument: Einleitung und Überblick. In: Schuler, H. & Stehle, W.: *Assessment Center als Methode der Personalentwicklung,* Stuttgart 1987, S. 2).

Subtile Psychotests

Wir möchten es lieber etwas salopper formulieren: Für uns ist das AC eine bunte Mischung aus subtilen Psychotests zur Personalauslese, eine spezielle Art von Personalauswahlprüfungen. Sie sind Ihnen unter anderem Namen bereits aus Grimms Märchen bekannt, in denen angehende Helden oder Freier von Königstöchtern nicht ohne das Absolvieren gewisser Prüfungen mit Erfolg zum Ziel gelangen konnten. Einen ersten Eindruck soll Ihnen folgender Erlebnisbericht vermitteln:

»Als Hochschulabsolventin gelang es mir, dank einer planvollen Bewerbungsstrategie und meinen ansehnlichen Unterlagen zu einer zweitägigen Informations- und Auswahlveranstaltung bei der (nennen wir sie mal) WP-Unternehmensberatung *eingeladen zu werden. Auf Kosten der Gesellschaft wurden wir, die wir von weiter her angereist waren, bereits am Vortage in einem 230-Euro-pro-Nacht-Hotel einquartiert. Das macht zwar Eindruck, aber das Herz nicht eben leichter. Die bange Frage lautete so schon am Abend vorher: Kann ich deren Ansprüchen überhaupt gerecht werden?.*

Pünktlich um 10 Uhr am nächsten Morgen begann eine Art »Linda-de-Mol-Show« zur Auswahl von Braut und Bräutigam. Der Showmaster (Typ Sonnyboy: Kennzeichen braungebrannt, sportlich, attraktiv, dunkler Anzug) war ein externer Personalberater. Er sorgte bei seiner Vorstellung (in englischer Sprache) zwar im Gegensatz zu der eher steifen Atmosphäre der Unternehmensberatungsgesellschaft für eine doch recht freundliche, lockere Stimmung. Was dann aber gleich in der ersten Runde (Postkorbübung und Leistungstest) verlangt wurde, gestattete keinen Zweifel. Gesucht wurde ›the best and brightest‹.

Zuerst wurde das logische Denkvermögen auf die Probe gestellt, indem einfache Buchstabenfolgen ergänzt werden sollten. Zwar hatte ich das mit Zahlenreihen geübt, aber hier lag die Sache verzwickter. Wir sollten über mehrere Buchstabensequenzen im Alphabet rückwärts springen und durften dafür natürlich keine Notizen machen. Der Buchstabensalat war nicht nur für mich absolut unverdaulich!

Danach mußten nach bestimmten Handlungsanweisungen innerhalb eines skizzierten Ablaufs Lücken geschlossen werden (Stichwort: Fluß- oder Ablaufdiagramm). Diese Übung war wohl geeignet, um die Fähigkeiten in betriebswirtschaftlichen Abläufen und der EDV zu testen. Ich fand sie nicht sehr anspruchsvoll (Aufgabentypen dieser Art finden Sie in unserem Buch *Testtraining 2000plus,* siehe Hinweise am Buchende).

Die nächste Aufgabe hatte mit sehr komplexem Zahlenmaterial zu tun. Wir sollten in extrem kurzer Zeit Tabellen analysieren, Werte abschätzen und vergleichen sowie komplexe Abläufe interpretieren. Der Gag war der Taschenrechner, den wir gestellt bekamen. Hübsch häßlich: die Zeit hätte alleine fürs Eintippen niemals gereicht! Ehrlich gesagt, wir haben alle wie wild geraten, Kopfrechnen war bei den Zahlen nämlich auch unmöglich.

Nachträglich erklärte man uns nebenbei, daß das Benutzen des Taschenrechners negativ beurteilt worden wäre... Übrigens, niemand ahnte auch nur im entferntesten, daß sogar unsere Körperhaltung, Gestik und Mimik während dieser geistig anstrengenden Arbeit mit bewertet wurden – Big Brother läßt grüßen!

Die Snackpause wurde dann leider gestrichen, die englische Eingangsvorstellung unseres Showmasters hatte wohl zu lange gedauert. Es ging mit einem Gliederungs- und Strukturtest weiter. Unsinnig aufgebaute Konzeptvorschläge für ein Mitarbeiterfortbildungsprogramm sollten durch andere (genauso unsinnige) Strukturierungsvorschläge ersetzt werden. Wir wählten also brav von allen Übeln das kleinste aus und fragten uns, ob das als ernstzunehmender Hinweis auf die Art unserer späteren Arbeit in einer Unternehmensberatung zu werten sei.

Ergänzt wurde diese Plackerei von einem Supergau in Sachen Chaos (einer weiteren voluminösen Postkorbübung). Kein Mensch auf Erden kann helfen, kein Telefon, kein Computer funktioniert, aber dennoch müssen rund 30 mehrmals verschachtelte DIN A4 große Notizen in 60 Minuten irgendwie bearbeitet und unter die Leute gebracht werden. Wir spielten dabei den stellvertretenden Geschäftsführer, der erst seit einer Woche im Job ist, kurz vor seiner eigenen Reise steht, aber den todkranken Boß zu vertreten hat und leider noch anderen Streß bewältigen muß, da ihm Ehefrau und Freundin auf die Pelle rücken, was natürlich in der neuen Firma keiner wissen darf...

Welch eine Erholung beim anschließenden Rechtschreibtest. Aber man soll den Vormittag nicht vor seinem Ende loben. Auch ohne nennenswerten Blutzuckerspiegel durften wir zu vorgerückter Stunde halb verhungert eine Verschärfung des D2-Konzentrationstests hinlegen. (Die Hesse/Schrader-Empfehlung, bei derartigen Tests immer einen kleinen Snack dabeizuhaben, ist doch nicht so falsch.)

Damit war der erste Tag noch nicht ganz zu Ende. Nach dem Essen, das zugegeben exzellent war (und bei dem wir uns endlich mal unbeobachtet unterhalten konnten), gab es die ersten Testergebnisse. Die Hälfte der Teilnehmer durfte abreisen. Ich auch. Auf einer Neuner-Skala hatte ich nicht bei allen Tests die 5 erreicht. Im Einzelfeedback wurde detailliert erläutert, woran es gehapert hatte. Bei mir war das Problem der Umgang mit dem komplexen Zahlenmaterial, also das Abschätzen und Raten.

Platterdings war mir diese Schwäche zuvor verborgen geblieben. Meine Lehrer in der Schule, meine Professoren an der Uni, meine Freunde zu Hause, sogar die Berufsberater hatten mir das Gegenteil bescheinigt (Mathe-Leistungskurs »sehr gut«). Vielleicht neige ich doch eher zu fundierten Ergebnissen als zu Schätzungen?

Damit hatte also die 5 ihr Wort gesprochen, und es gab keinen weiteren Bedarf. Schade, ich dachte doch tatsächlich, die meinen, was in ihren Hochglanzprospekten steht. Da sollen ja angeblich Teamfähigkeit, Gesamteindruck, Persönlichkeit und Grup-

penverhalten wichtig sein. Nun, all das sollte ich einen Monat später erneut unter Begutachtung stellen dürfen!

Mit Erfolg übrigens. Ja, ich wurde noch mal eingeladen. Bei einer anderen Unternehmensberatung veranstaltete exakt dieselbe Personalberatungsfirma nahezu exakt dasselbe AC. Ich schnitt fast überall mit 7 oder 8 ab. Da es angeblich keinen Lerneffekt bei solchen Übungen gibt, muß ich wohl innerhalb eines Monats zu einer Management-Intelligenzbestie mutiert sein.«

Der Beginn

Das AC wurde bereits in den 20er Jahren von deutschen Heerespsychologen entwickelt und zuerst zur Auslese des Offiziersnachwuchses eingesetzt. Ab 1927 durfte kein Offizier der Reichswehr ernannt werden, ohne daß er das sogenannte heerespsychotechnische Auswahlverfahren erfolgreich durchlaufen hatte. Amerikanische Psychologen verfeinerten das Verfahren seit Beginn der 50er Jahre; so wird das AC in den USA längst routinemäßig bei der Personalauswahl verwendet. Seit Mitte der 70er Jahre werden Assessment Center auch wieder im deutschsprachigen Raum angewandt.

In Deutschland laden bereits mehrere tausend Unternehmen Bewerber zum AC, um zu testen, wie die Kandidaten wirklich sind, ob sie zum Unternehmen passen, wo ihre Stärken und Schwächen liegen. 85 Prozent der großen deutschen Konzerne schleusen in erster Linie Hochschulabsolventen der Betriebswirtschaftslehre und Ingenieure durch diese Prozedur.

Heutzutage führen die meisten großen Firmen der deutschen Wirtschaft ACs durch, so z.B. *Allianz, BASF, Bayer, Bayrische HypoVereinsbank, Beiersdorf, BMW, DaimlerChrysler, Deutsche Bank, Deutsche Telekom, Dresdner Bank, Hoechst, Karstadt, Lufthansa, Mannesmann, Münchener Rück, Siemens, Thyssen Krupp, Veba, VIAG, Volkswagen* und viele mehr. Aber auch wer die Beamtenlaufbahn einschlagen will oder Offizier werden möchte, muß mit einem Auswahl-AC rechnen.

Ein AC kann von mehreren Stunden über einen halben bis zu einigen Tagen dauern, meist sind es zwei. Über diesen Zeitraum werden Sie von einer Prüfungskommission beobachtet.

Je nach Anzahl der Bewerber müssen Sie im Assessment Center mit drei bis sechs Assessoren – man nennt sie auch Beobachter – rechnen. Sie repräsentieren die Auswähler/die Arbeitsplatzvergeber, deren Daumenrichtung nach oben oder unten letztlich entscheidend ist. Neben den Assessoren tritt bisweilen auch ein sogenannter Moderator auf (eine Führungskraft der Firma oder ein Mitarbeiter des für die Durchführung eines ACs beauftragten Unternehmens). Seine Aufgabe besteht darin, die einführenden und überleitenden Worte zu den einzelnen AC-Aufgaben zu finden und den organisatorischen Ablauf zu gewährleisten. Er weist Beobachter und Teilnehmer ein und steuert den Gesamtablauf.

»Zuerst stellte sich uns, den etwa 35 Bewerbern für den gehobenen, nichttechnischen Dienst, ein echter Spaßvogel von der Deutschen Gesellschaft für Personalwesen (DGP)

vor, der uns im Laufe des Tests mit Witzchen unterhalten wollte – nach dem Motto: Im ersten Stock finden Sie das Kasino. Das ist natürlich nicht die Spielhölle (hihihi), sondern die (prust, gicker) Kantine…

In den folgenden achteinhalb Stunden wurde rauf- und runtergetestet, angefangen bei logischem Denken über Rechenkünste bis hin zu Merk- und Konzentrationstests. Wir bekamen es mit Wortverhältnistests zu tun (… verhält sich zu… wie… zu…), mit Schlußfolgerungsübungen der mehr oder weniger sinnvollen Art (Rosa Elefanten gehen zur Schule, können singen und essen Bleistifte). Den größten Wert legte man auf richtiges Schätzen anhand von Additions-, Subtraktions-, Multiplikations- und Divisionsaufgaben mit sechs- bis achtstelligen Zahlen, Brüchen und Dezimalbrüchen sowie Interpretationen von Säulen- und Kuchendiagrammen. Des weiteren legte man uns Textaufgaben vor, die man nur bewältigen konnte, wenn man sattelfest in Sachen Prozentrechnen war. Konfrontiert wurde wir auch mit einer ganzen Menge von Zahlenmatrizen mit vier senkrechten Zahlenreihen. Neben diesen Denkaufgaben (Zitat des DGP-Spaßvögelchens) wurden die Rechtschreibfähigkeiten der Bewerber in Form eines Lückendiktats überprüft. Hierbei kam es auch auf das Schönschreiben an, und von Verbesserungen sollte doch bitte Abstand genommen werden, damit die ach so armen Auswerter nicht in Verlegenheit kämen, Unleserliches womöglich als falsch interpretieren zu müssen.

Endlich gab's dann für uns eine Pause, in der wir für lau in der regierungspräsidialen Kantine essen und trinken konnten. Der Pförtner, voll ehrlichen Mitgefühls, empfahl mir jedoch, diese in einem benachbarten Café zu verbringen. Frisch gestärkt ging's danach fröhlich weiter, und uns wurde die Geschichte einer jungen Frau vorgelegt, die ihre Freundin besuchen wollte. Unterbrochen von andern Konzentrationstests, sollten hinterher Details der Geschichte wiedergegeben werden wie Telefonnummern, Geburtsdatum, Hausnummer, Name und Alter des Nachbarn, der ihr geholfen hatte, die Straßenbahnhaltestelle (Name und Standort zu finden). Dazu gab es ein paar Skizzen, die im Laufe der Geschichte eingebaut wurden und die hinterher von uns wiedererkannt werden sollten. Nach weiteren Konzentrations- und anderen Aufgaben stand das große Finale auf dem Zeitplan: Der einstündige Allgemeinwissenstest, den der ach so lustige kleine Mann von der DGP uns als Entspannungsübung ankündigte. Selten so gelacht… Wer bei einem solchen Test 95 % Trefferquote erzielen will, der muß nicht nur wissen, daß Ignaz Semmelweis ein Arzt war, sondern auch, daß er das Kindbettfieber besiegte. Ich muß zugeben, daß ich bei vielen Fragen zur deutschen Gegenwartsliteratur – trotz meines Germanistik-Grundstudiums – überfordert war. Ich danke den Testern, daß sie es mühelos geschafft haben, mich von meinem hohen (Bildungs-)Roß zu schubsen. Das Bildungsideal der DGP zugrunde gelegt, verstehe ich mich von nun an als ungebildeten Vollidioten. Danke noch mal dafür.«

Weitere Bewerberberichte finden Sie am Ende dieses Kapitels (S. 371) sowie in unseren Büchern zu den Themen *Assessment Center* und *Testtraining*.

Unter Druck

Ein oder mehrere Tage am Stück unter Zeitdruck und permanenter Kontrolle – kein Wunder, daß sich so mancher AC-Teilnehmer hinterher erschöpft und ausgelaugt fühlt wie ein Zehnkämpfer nach der letzten Disziplin.

Was immer Sie als AC-Kandidat vorzutragen und zu leisten haben, es wird versucht, die Kandidaten oder die Mitbewerber untereinander zu vergleichen und möglichst auch hinter die Fassade zu schauen.

Hinzu kommt, daß Sie sich als unfreiwillig-freiwilliger Teilnehmer auf ganz unterschiedliche Aufgaben einstellen müssen und nicht selten mitten in einer Übung unterbrochen werden, um dann schnell eine andere zu lösen. Beim AC wird man nicht selten systematisch in die Enge getrieben. Getestet wird, wie es um Ihre Frustrationstoleranz und Streßresistenz steht. Daß man da Nerven wie Drahtseile braucht, versteht sich von selbst.

Fast jeden trifft es

Bis vor einigen Jahren war es noch so, daß lediglich oder überwiegend Führungskräfte mit einem AC konfrontiert wurden. Aber die Zeiten sind – wie bereits beschrieben – vorbei, in denen das AC nur dem auserwählten Kreis hochbezahlter Manager vorbehalten war. Wer sich heutzutage um einen Ausbildungsplatz bei einer Bank, einer Versicherung, für die Beamtenlaufbahn oder sogar im Reisebüro bewirbt, muß ebenso mit diesem Verfahren oder zumindest Anteilen davon rechnen.

Übrigens: Wenn Ihnen als Bewerber ein AC bevorsteht, ist nicht unbedingt gewährleistet, daß man Ihnen das auch so deutlich sagt. Zahlreiche Begriffe haben sich Psychologen, Personalabteilungen, Unternehmen einfallen lassen, um das AC (um)zubenennen – vielleicht um ihr Auswahlverfahren zu verschleiern, vielleicht auch nur aus Imagegründen. Wenn Sie also demnächst bei einem Management- bzw. Personalentwicklungsseminar, einem Führungskräfte-Potential-Test, Qualifizierungs-Workshop oder schlicht Auswahl-, Förderungs-, Beurteilungs-, Qualifikations-, Entwicklungsseminar dabei sind, wissen Sie, daß Sie sich auf ein AC einstellen können. Einige Firmen setzen auch gern auf geheimnisvolle Abkürzungen: So erfreuen sich bei Personalauslesern z.B. die drei Buchstaben PAC größter Beliebtheit. PAC für das AC der Hessischen Landespolizei.

Im folgenden sehen Sie den typischen Ablauf eines Bank-ACs für einen Trainee-Platz.

1. Tag

8.00–9.30 Einführung

Allen Teilnehmern wird das AC, dessen Transparenz und Objektivität erläutert. Der genaue Zeitplan und der Ablauf werden bekanntgegeben. Die AC-Beobachter und -Moderatoren stellen sich vor. Im Anschluß daran Vorstellung der Teilnehmer, jeder stellt aber nicht sich selbst, sondern seinen Nachbarn vor.

9.30–10.30 Gruppendiskussion

6 Bewerber, 4 Beurteiler. Jeder erhält eine kurze Aufgabenbeschreibung. In dieser führerlosen Gruppendiskussion wird ein betriebswirtschaftlich-gesellschaftspolitisches Thema diskutiert und ein Maßnahmenkatalog von den Teilnehmern erarbeitet.

10.30–11.00 Kaffeetrinken/Small talk

11.00–13.00 Kombinierte Einzel- und Gruppenübung

Jeder Teilnehmer bekommt schriftliche Unterlagen einer Fallstudie, die er 30 Minuten alleine bearbeitet, und ein Kurzgutachten erstellt (Thema: ein personalpolitischer Fall). Anschließend gibt es für alle Gruppenteilnehmer weitere Unterlagen zu diesem Fall, und auf Grundlage der individuellen Ergebnisse muß jetzt die Gruppe insgesamt das Problem weiter bearbeiten.

13.00–14.30 Gemeinsames Mittagessen aller AC-Teilnehmer

14.30–15.30 Rollenspiel Verhandlung

2 Bewerber und jeweils 2 Beobachter. Jeder Bewerber bekommt 2 Seiten Rollenanweisung und 20 Minuten Vorbereitungszeit. Rollen: Einkäufer und Verkäufer. Anschließend findet ein simuliertes Verkaufs- und Verhandlungsgespräch statt, bei dem ein Verkaufs-/Einkaufsergebnis zu erzielen ist.

15.30–16.15 Kaffeepause/Small talk

16.15–17.00 Vorbereitung/Präsentation

Jeder Bewerber bekommt einen 20seitigen betriebswirtschaftlichen Text, der zusammengefaßt und im Anschluß vorgetragen werden muß.

17.00–18.00 Präsentation
1 Bewerber, 2 Beobachter. Der bearbeitete Text muß innerhalb von 10 Minuten vorgetragen werden. Die Beobachter bleiben passive Zuhörer.

18.00–19.00 Zwischenbilanz
Alle AC-Teilnehmer tauschen sich aus, sprechen über positive und negative Aspekte und Eindrücke des ersten Tages.

20.00–21.00 Gemeinsames Abendessen

21.00–21.45 Informationen über Trainee-Programm und Aufstiegsmöglichkeiten

2.Tag

9.00–9.45 Interview 1
Bewerber/Beobachter (Gespräch unter vier Augen)
Themen: Lebenslauf, Motive der Berufswahl, Karriere- und Zukunftspläne, Sprachkenntnisse, Sonstiges

9.45–10.00 Kaffeepause/Small talk

10.00–10.45 Interview 2
Bewerber/anderer Beobachter (Gespräch unter vier Augen)
(gleiche Themen wie im ersten Gespräch)

10.45–13.00 Testbatterie
(Intelligenz-, Leistungs-/Konzentrations- und Persönlichkeitstest)

13.15–14.00 Gemeinsames Mittagessen

14.00–14.30 Gruppenabschlußgespräch
Ende der Veranstaltung für die Teilnehmer

15.00–21.00 Auswahlkonferenz
AC-Beobachter und -Moderatoren treffen sich zur Ergebnisdiskussion und -findung. Jeder einzelne AC-Kandidat wird ausführlich besprochen.

Die entscheidenden Kriterien

Mit dem AC erwartet Sie ein zum Teil recht ausgeklügeltes Ausleseverfahren. Entscheidend ist, daß Sie durchschauen, worum es bei diesem Auswahlverfahren wirklich geht. Die Prüfer sprechen davon, daß sie die Eignung des Bewerbers testen wollen, die sie in aller Regel an drei Kriterien festmachen:

1. *Kompetenz* (bedeutend): Haben Sie berufsrelevante Erfahrungen, Kenntnisse, Eigenschaften?
2. *Leistungsmotivation* (sehr wichtig): Sind Sie engagiert? Haben Sie Biß? Sind Sie wirklich lern-, einsatz- und arbeitswillig? Können Sie sich mit der Aufgabe/dem Unternehmen stark identifizieren?
3. *Persönlichkeit* (absolut entscheidend): Sind Sie sympathisch? Anpassungsfähig? Passen Sie zur Firma/ins Team?

Was für ein Mensch sind Sie?

Daß Sie fachlich was drauf haben – das konnte man schon Ihren Bewerbungsunterlagen bzw. den Personalunterlagen und Beurteilungen Ihrer Vorgesetzten entnehmen. Davon geht man also aus. Nun will man schauen, was für ein Mensch Sie sind. Die Personalauswähler interessiert, ob Sie jemand sind, mit dem man gerne den ganzen Tag und länger zusammenarbeiten könnte. Es wird geprüft, wie Sie mit anderen umgehen, wie Ihre Wirkung ist, ja, mit was für einer Persönlichkeit man es bei Ihnen zu tun hat.

Persönlichkeit zählt (neben Kommunikationsfähigkeit) zu den wichtigsten globalen Einstellungs- und Aufstiegskriterien.

Es geht zunächst also um den berühmt-berüchtigten ersten Eindruck, in dem bei Gesprächspartnern, die sich bisher unbekannt waren, die Weichen in Richtung einer positiven (Sympathie) oder negativen Gefühlsreaktion (Antipathie) gestellt werden. Das trifft sowohl auf die Beziehung Auswähler/Auszuwählender zu als auch auf die Gruppensituation unter den Kandidaten. Spezielle AC-Aufgaben beziehen sich sogar ganz konkret auf dieses Sympathiethema (»Wem aus der Gruppe würden Sie am ehesten ein gebrauchtes Auto abkaufen?«).

Sympathie entsteht übrigens aufgrund verbaler und nonverbaler Kommunikation, also über die Sprache (formal/inhaltlich) und Sprechweise (laut/leise, Klang, Dialekt ...) einerseits und andererseits über Merkmale wie Aussehen, Auftreten, Körpersprache und Kleidung. Erkenne ich mich im anderen wieder, gibt es Gemeinsamkeiten (gleicher Geburtsort, Schule, Ausbildungshintergrund, Hobbys etc.)?

Die Kunst der Selbstdarstellung

Im AC ist auch Ihr schauspielerisches Talent ganz entscheidend: es geht also nicht nur darum, was Sie können, sondern vor allem, wie Sie sich und Ihre Fähigkeiten darstellen.

Manch einem wird richtig mulmig, wenn er darüber nachdenkt, daß er unter Umständen mehrere Tage mit vielen anderen Bewerbern um einen Arbeitsplatz kämpfen soll. Besser als die anderen zu sein, das kann einen ganz schön unter Druck setzen. Dabei kommt es aber eben nicht unbedingt darauf an, wirklich besser zu sein, sondern sich gut verkaufen zu können. Gekonnte Selbstdarstellung, insbesondere Sympathiemobilisierung, bringt Punkte. Das heißt, beim AC sind Ihre schauspielerischen und selbstdarstellerischen Fähigkeiten gefragt.

Keine Anpassung um jeden Preis

Natürlich ist zu bedenken, wie weit Sie überhaupt mitspielen wollen. Denn eins ist klar: Bei einer Bewerbung handelt es sich immer um eine Anpassungsleistung. Doch das Ziel kann sicher nicht Anpassung um jeden Preis sein. Was nützt es Ihnen, den Beobachtern etwas vorzuspielen, das wenig mit Ihren eigentlichen Charaktereigenschaften gemein hat? Das wäre mit Sicherheit keine gute Voraussetzung für den Beginn am Arbeits- oder Ausbildungsplatz. Überlegen Sie sich also genau, wie weit Sie sich anpassen und ab welchem Punkt Sie sich regelrecht verbiegen müßten, um ins Konzept des Arbeitsplatzanbieters zu passen.

Zu Ihrer Orientierung: Die Beobachter legen ihr Augenmerk auf folgendes:

A. *Soziale Prozesse* wie
Kooperationsfähigkeit
Kontaktfähigkeit
Konfliktfähigkeit
Sensibilität
Integrationsvermögen
Selbstkontrolle
Informationsverhalten

B. *Systematisches Denken und Handeln* wie
abstraktes und analytisches Denken
kombinatorisches Denken
Entscheidungsfähigkeit
Planungs- und Kontrollfähigkeiten
arbeitsorganisatorische Kompetenz

C. *Aktivität* wie
Arbeitsmotivation, Arbeitsantrieb, Initiative
Führungsmotivation und Führungsantrieb
Durchsetzungsvermögen
Selbständigkeit/Unabhängigkeit
Selbstvertrauen
Ausdauer/Belastbarkeit
Streßtoleranz

D. *Ausdrucksvermögen* wie
schriftliche und mündliche Kommunikationsfähigkeit
Flexibilität
Überzeugungsfähigkeit

Um das Vorhandensein dieser Aspekte zu prüfen, werden die Kandidaten durch zahlreiche Aufgaben geschleust. Die AC-Konstrukteure nennen diese AC-Aufgabentypen gern Arbeitsproben oder Übungen. Doch diese harmlos klingenden Bezeichnungen sollten nicht darüber hinwegtäuschen, daß es sich bei den einzelnen Aufgaben des AC um knallharte Prüfungen handelt, die wir hier in aller Kürze vorstellen. Neben den bereits im vorherigen Kapitel vorgestellten Persönlichkeits-, Intelligenz-, Leistungs- und Konzentrationstests sollten Sie mit den nachfolgenden Übungen rechnen.

Die Gruppendiskussion

Die Gruppendiskussion ist ein klassischer Standardbaustein eines jeden AC, wobei die Gruppengröße zwischen vier, sechs und mehr Teilnehmern schwankt; oftmals wird eine größere Bewerbergruppe für diese Übung aufgeteilt.

Aufgabe aller Gruppenteilnehmer ist es, ein bestimmtes Thema zu diskutieren. Manchmal fängt es auch damit an, daß sich die Gruppe auf ein Thema – angeboten werden mehrere – einigen soll. Eine kurze Einführung in eine Thematik, in ein Problem oder ähnliches stellt die versammelten Gruppenteilnehmer des AC vor die Aufgabe, unterschiedliche Meinungsäußerungen zu diskutieren, auszudiskutieren und eventuell auf einen Gruppenkonsens zu bringen. Dabei geht es den Beobachtern viel weniger um das Diskussionsergebnis als um die Beobachtung der Interaktion der AC-Teilnehmer untereinander.

Zwei bis drei AC-Beobachter, die während der Diskussion die Teilnehmer genau beobachten und sich Notizen machen, sind die Regel, mehr oder weniger Beobachter dagegen eher selten, aber auch das kommt vor.

Die möglichen Formen der Gruppendiskussion:

1. Diskussion eines (eher globalen) Themas mit oder ohne Zielvorgabe:

Hier besteht die Aufgabe darin, ein vom Auswahlgremium vorgegebenes oder frei zu wählendes Thema in einer Runde von Mitbewerbern gemeinsam zu diskutieren. Bisweilen wird ein Ergebnis gefordert (Stellungnahme, Konsens). Die Themenpalette reicht von Berufsbezogenem über Inhalte aus den Bereichen Politik, Umwelt, Wirtschaft, Zeitgeschehen bis hin zum privaten, persönlichen Bereich.

Möglich ist auch, daß die Gruppe die Aufgabe erhält, sich unter zehn Themen auf eins zu einigen, um dieses dann anschließend zu diskutieren. Bereits der Auswahlprozeß durch die Gruppenmitglieder, der erfahrungsgemäß nicht leicht vonstatten geht, ist wichtiger Bestandteil der Beobachtung und Beurteilung. Wer hier eine von den anderen Gruppenmitgliedern akzeptierte Führungsrolle übernehmen kann, steht natürlich bei weitem besser da als der graue Mitläufer oder der ewig nörgelnde Neinsager.

Häufig werden vor einer Gruppendiskussion – wie im obigen Beispiel geschildert – die Kandidaten aufgefordert, ihre Vorabeinschätzung schriftlich festzuhalten. Zweck dieser Übung ist es, die individuellen Standpunkte/Beurteilungen festzuschreiben, um hinterher von seiten der AC-Beobachter einen Vergleich vornehmen zu können, inwieweit die individuelle Einschätzung von der Gruppenbeurteilung abweicht.

2. Diskussion einer speziellen Problemstellung (häufig aus dem BWL-Bereich)

Die Diskussion läuft in Form eines Unternehmensplanspiels, mit der Aufgabe, gemeinsam einen konkreten Handlungsplan zu entwickeln:

Hier geht es um eine konkrete betriebswirtschaftliche Aufgabenstellung, die auf der Grundlage von schriftlichem Informationsmaterial innerhalb der AC-Gruppe zu diskutieren ist. Fiktive unternehmerische Rahmenbedingungen sind vorgegeben und Entscheidungen auf organisatorischer Ebene gefordert.

3. Diskussion eines vorgegebenen Themas

Dabei haben die AC-Teilnehmer eine ihnen vorgegebene Rolle oder Position zu vertreten: Hier liegt eine genaue Rollenfestlegung für die Diskutanten vor, und jedem Teilnehmer ist ein Standpunkt vorgegeben. Sie erhalten vorab eine »Regieanweisung« und müssen als Diskussionsteilnehmer ausschließlich diese Rolle, diese Überzeugung oder diesen Standpunkt vertreten.

Klassisches Beispiel: Jeder Diskutant in der Runde bekommt auf seinem Regiezettel mitgeteilt, Außendienstvertreter einer Versicherungsgesellschaft zu sein. Für seine Arbeit steht ihm ein Dienstwagen zur Verfügung. Der eine AC-Teilnehmer – jetzt in der Rolle eines (Interessen-) Vertreters – hat einen relativ großen Wagen, obwohl er hauptsächlich in der Stadt arbeitet und die Parkplatznot kennt. Der andere hat ein schon recht altes und sehr häufig störanfälliges Modell, ist aber ein recht erfolgreicher Vertreter, ein dritter hat einen zu kleinen Dienst-PKW, obwohl er häufig mit mehreren Auszubildenden geschäftlich unterwegs ist, usw.

Jeder Teilnehmer ist also mit einer Vorgabe ausgestattet, mit Pro-, aber auch Kontra-Argumenten hinsichtlich seiner Tätigkeit, in Relation zu seinem zur Verfügung stehenden Dienstfahrzeug.

Das zu diskutierende Problem: Ein nagelneues kleines BMW-Sportcabriolet wird von der Geschäftsleitung zur Verfügung gestellt. Wer von den Vertretern (AC-Diskutanten) soll ihn bekommen, wer hat ihn sich verdient?

Die AC-Diskutanten sollen eine gemeinsame, gerechte Lösung herbeiführen. Und das, obwohl doch jeder laut Rollenvorgabe den neuen Dienstwagen für sich beansprucht. Klar, daß sich hier eine heiße Auseinandersetzung anbahnt. Da gibt es einiges zu beobachten für die AC-Regisseure ...

Aggressiv-gereizte Stimmung

Die meisten Diskussionsrunden dauern ca. 15 bis 45 Minuten. Nicht selten ist die dabei zu diskutierende Thematik so komplex, daß das erforderte gemeinsame Ergebnis, etwa ein Gruppenkonsens, in der Kürze der vorgegebenen Zeit nicht zu erreichen ist. Dies führt häufig zu einer aggressiv-gereizten Stimmung, weil die Diskutanten sich unter einem enormen Leistungsdruck fühlen und entsprechende Versagensängste entwickeln. Lassen Sie sich nicht mitreißen. Denn dieser zum Teil bewußt erzeugte Streß ist für die AC-Beobachter ein willkommener Prüfstein, der auf ihren Checklisten unter verschiedenen Überschriften entsprechend benotet wird. Das bedeutet: Wer als AC-Kandidat in spürbare Aufregung gerät, sammelt Minuspunkte.

Wichtigste Empfehlung für die Gruppendiskussion: Spielen Sie nicht den stummen Fisch, aber auch nicht den eloquenten, narzißtischen Vielquatscher. Wenn es, bezogen auf die Häufigkeit Ihrer Beiträge, so etwas wie eine Dreier-Einteilung gibt, sind Sie am Ende des ersten Drittels gut plaziert.

Das Rollenspiel

Das Rollenspiel ist eine Art Mini-Diskussionsgruppe. Personalchef, Vorgesetzter, Geschäftsführer, Teamleiter – das sind die typischen Rollen, die AC-Kandidaten meist übernehmen sollen. In der Regel geht es dabei um ein simuliertes Gespräch zwischen AC-Prüfling und meistens einem AC-Beobachter (oder Moderator), der aktiv den Part der zweiten Rolle übernimmt. Seltener sind Rollenspiele, die zwei AC-Prüflinge absolvieren müssen.

Für dieses Stegreif-Theater-Rollenspiel hat man 10 bis 30 Minuten Zeit. Vorher steht eine meist als zu knapp empfundene Vorbereitungszeit (etwa 5 bis 15 Minuten) zur Verfügung, in der sich der AC-Prüfling mit einer schriftlichen Rollen- und Situationsbeschreibung vertraut zu machen hat.

Im Rollenspiel wird versucht, betriebliche Interaktionen zu simulieren. Typisch: Konfliktgespräche zwischen Vorgesetztem und Mitarbeiter (Stichworte Kündigung, schlechte Leistung, sonstige Kritik, einfach Unangenehmes).

Die Rolle, die Sie übernehmen müssen, ist weder leicht noch angenehm, auch dürfen Sie nicht mit allzuviel Entgegenkommen bei Ihrem Rollenspielpartner rechnen. Denn das ist dessen Geschäft, seine Rolle sieht eben vor, Ihnen das Leben schwerzumachen.

Kritikgespräch

Typisches Beispiel für ein Rollenspiel ist das Kritikgespräch. Man wird zum Vorgesetzten ernannt, der mit dem Mitarbeiter Meier ein ernstes Wörtchen zu reden hat. Denn dessen Leistungen am Arbeitsplatz lassen merklich nach – offensichtlich eine Folge seiner Alkohol- und Eheprobleme. Hinzu kommt, daß sein Kind gerade tödlich verunglückt ist. Keine einfache Ausgangsbasis also für das Gespräch mit ihm. Auch nicht gerade erleichternd wirkt der Umstand, daß seine Frau die Cousine des Vorstandsvorsitzenden ist...

Im Rollenspiel stellt sich also vor allem die Frage: Wie geschickt sind Sie im verbalen Umgang mit anderen Menschen? Wie groß ist Ihre Empathie, das heißt, wie gut können Sie sich in Ihr Gegenüber einfühlen? Sind Sie in der Lage, Verhaltenshintergründe zu erhellen und gemeinsame Lösungswege zu erarbeiten? Mit diesen Fragen entscheiden die AC-Beobachter darüber, ob AC-Kandidaten Plus- oder Minuspunkte sammeln. Erfolgreich schneidet ab, wer die Grundregeln der Gesprächsführung beherrscht, als da wären:

1. Aktives Zuhören
2. Konkrete, klare Aussagen zum eigenen Standpunkt machen
3. Motive und Ziele der eigenen Argumentation verdeutlichen.

Beim Rollenspiel kommt es nicht auf Härte, sondern auf Feingefühl an, bei gleichzeitiger konsequenter Verfolgung des eigenen Gesprächsziels. Und dieses ist deutlich gefärbt durch Interessen des Unternehmens, das Sie im Rollengespräch zu vertreten haben.

Gemeinsame Vereinbarung

Im Kritikgespräch generell und besonders hier in Ihrer AC-Situation geht es nicht um den Nachweis irgendeiner Schuld, sondern um die gemeinsame Vereinbarung, wie sich der Mitarbeiter in Zukunft verhalten sollte. Es kann also nicht Ihre Aufgabe sein, im Rollengespräch Ihr Gegenüber zur Schnecke zu machen. Verfolgen Sie im Rollengespräch vielmehr Ziele wie:

- die psycho-sozialen Ursachen von Leistungsversagen oder Fehlverhalten bei Ihrem Gesprächspartner zu erhellen
- die Begründung Ihres Gegenübers für sein Verhalten zur Sprache zu bringen und ihm dabei gut zuzuhören
- die Förderung der Einsicht Ihres Gegenübers, daß derartiges in Zukunft vermieden wird (Verhaltensänderung)

- das Erreichen einer Übereinkunft, daß zukünftig gemeinsam vereinbarte Ziele realisiert werden.

Beim Rollenspiel geht es noch stärker als bei der Gruppendiskussion um die (verbal) gezeigte soziale Kompetenz. Gefragt ist dabei eine Mischung aus schauspielerischem Können und der Anwendung des Wissens, auf welche Anforderungsmerkmale es besonders ankommt. In diesem Fall: auf den demokratischen oder kooperativen Führungsstil, auf Kontaktfähigkeit, Einfühlungsvermögen, Verhandlungsgeschick – wichtige Bausteine Ihrer sozialen Kompetenz.

Speziell beim Kritikgespräch gilt es folgendes zu beachten:

- Machen Sie sich zunächst klar, was Sie in dem Gespräch bewirken wollen (Ziel: Verhaltensänderung).
- Sorgen Sie für eine gute, sachlich-entspannte Gesprächsatmosphäre.
- Tragen Sie Ihre Kritikpunkte sachlich vor, weitestgehend neutral und wertfrei. Seien Sie dabei so konkret wie möglich (keine Pauschalierungen wie: »Sie machen wohl in der letzten Zeit alles falsch«), und belegen Sie Ihre Ausführungen mit konkreten Beispielen oder Vorfällen. Vermeiden Sie es, in die Problemdarstellung bereits eine persönliche Bewertung einzubringen.
- Berücksichtigen Sie auch die Gefühle Ihres Gegenübers. Machen Sie deutlich: Ihre Kritik gilt dem speziellen Verhalten oder einer speziellen Situation und nicht der gesamten Person.
- Fordern Sie Ihren Gesprächspartner auf, Stellung zu nehmen und seine Sicht der Dinge darzustellen. Bitten Sie um Erklärungen.
- Rechnen Sie auch mit offenen Aggressionen, Leugnen der Sachverhalte, Zweifel an Ihrer Kompetenz (vgl. auch Gruppendiskussion, s.S. 342).
- Werden Sie nicht Ihrerseits aggressiv, drohen Sie nicht, vermeiden Sie Gegenattacken oder einen Streit darüber, wer nun recht hat.
- Wenden Sie ggf. als Gesprächsmethode die Spiegeltechnik an, eine bewährte Gesprächstechnik, deren Hauptfunktion darin besteht, durch Zuhören mehr Informationen zu bekommen und parallel emotional entlastend zu wirken.

Hören wir unserem Gegenüber aufmerksam zu, wird dieser über kurz oder lang erwarten, daß wir zu dem von ihm Gesagten Position beziehen, also selbst Stellung nehmen (damit er ggf. um so heftiger kontern kann).

Die Gesprächstechnik des Spiegelns hilft uns nun dabei, dies gerade eben nicht sofort tun zu müssen. Sie bewahrt uns davor, bereits in einer frühen Gesprächsphase in Widerspruch und wenig konstruktive Auseinandersetzungen mit unserem Gesprächspartner verstrickt zu werden.

Die Spiegeltechnik ermöglicht es Ihrem Gesprächspartner nicht zuletzt auch, seinen Gefühlen (vor allem Ärger!) entsprechend Ausdruck zu verleihen. Das entlastet, und der Weg für einen konstruktiven und erfolgversprechenden Lösungsansatz bzw. weiteren Gesprächsverlauf wird frei.

Ein Beispiel:

A: (*sich beklagend*) »... und dann haben mir die Kollegen gesagt, Sie hätten behauptet, ich würde für die Bearbeitung der Akten zum Vorgang XY die doppelte Zeit brauchen wie mein Vorgänger und das Ergebnis sei doch recht mager ...«

Sie haben eine ganze Weile zugehört und wären jetzt eigentlich an der Reihe, Position zu beziehen. Mit der Spiegeltechnik können Sie diesen Zeitpunkt noch einmal hinausschieben, vielleicht sogar umschiffen. Statt beispielsweise jetzt empört zu sagen:

B: »Was soll ich gesagt haben, das ist ja ungeheuerlich, und so stimmt das gar nicht ...«

und damit auf einer Streitebene zu landen, bei der es darum geht, wer wann was gesagt und wie gemeint hat (wechselseitige Schuldzuweisungen, Fronten verhärten sich), ist es günstiger, das Gespräch durch folgende »Spiegelung« der ersten Aussage von A weiter voranzubringen:

B: »Ihnen ist also von Ihren Kollegen gesagt worden, ich hätte mich negativ über Sie und Ihre Arbeitsleistung geäußert.«

Wenn Sie an dieser Stelle eine Pause machen, wird Ihr Gegenüber schnell wieder das Wort ergreifen und sich seinen Frust weiter von der Seele reden. Sie aber haben mit dieser Antwortreaktion überhaupt keine konkrete Stellung bezogen, also weder bejaht noch dementiert, sondern die Aussage von A lediglich gespiegelt.

Ihr Gegenüber fährt also fort, in dem Gefühl, Sie haben zugehört und zumindest verstanden, worum es ihm geht, anstatt gleich alles zu leugnen, glattzubügeln oder ihn gar anzugreifen und niederzumachen. A könnte jetzt sagen:

A: »Ja, und dann haben mir die Kollegen noch gesagt ...«

Jetzt besteht die realistische Chance, noch weitere Informationen zu bekommen und Aspekte sichtbar werden zu lassen, die für Ihre spätere Stellungnahme wichtig sind.

- Im Rollenspiel erwartet man nicht von Ihnen, daß Sie im Alleingang einen Lösungsvorschlag aus dem Hut zaubern. Viel besser ist es, wenn Sie zunächst konkrete Lösungsvorschläge von seiten Ihres Gesprächspartners erbitten (»Was schlagen Sie selbst vor: Wie können Sie die Probleme und Schwierigkeiten in den Griff kriegen?«).
  Entwickeln Sie dann gemeinsam Problembewältigungsstrategien (»Was halten Sie davon, wenn Sie in Zukunft ...«).
  Und einigen Sie sich nach einer Bewertung der verschiedenen Vorschläge auf ein konkretes zukünftiges Vorgehen, Handhaben usw.
- Fassen Sie das Gesprächsergebnis, den erarbeiteten Lösungsvorschlag abschließend zusammen (»Wir sind zu dem Ergebnis gekommen, ... haben gemeinsam vereinbart ... Sie sind damit einverstanden, daß ...«)

- Denken Sie zum Schluß daran, das Gespräch mit einer positiven Bemerkung ausklingen zu lassen: »Ich freue mich, daß es uns gelungen ist, trotz aller Schwierigkeiten gemeinsam etwas erreicht zu haben...«

Die Präsentation

In der Kürze liegt die Würze. Dieses gute alte Sprichwort trifft auch auf die Präsentation zu. Präzise und mit Witz auf den Punkt zu kommen, ohne mit öden Nebenschauplätzen zu langweilen – das macht den gelungenen Vortrag aus. Das Wie bei dieser Aufgabe ist häufig wichtiger als das Was. Denken Sie dran, es geht um Ihre Persönlichkeit, Ihre Ausstrahlung und Überzeugungskraft. Besonders die Eloquenz ist durchaus zu trainieren (s. Abschnitt Gesprächsführung, S. 430).

Ob Sie die Aufgabe bekommen, als Moderator aufzutreten, oder mit Unterlagen in Form einer Fallstudie konfrontiert werden, deren Lösung vorzustellen ist, oder ob Sie nach kurzer Vorbereitungszeit über ein gesellschaftspolitisches Thema einen Vortrag halten sollen – eins ist sicher: Wenn eine solche Aufgabe an Sie herangetragen wird, dann handelt es sich um den AC-Baustein Präsentation.

Erklärtes Ziel ist es, ein Thema in der Kürze der Zeit inhaltlich zu erfassen und geschickt in einem mündlichen Vortrag den Zuhörern zu vermitteln. Dabei geht es in der Regel um Standpunkte, die zu vertreten sind, oder um Überzeugungsarbeit, die von Ihnen geleistet werden muß. Manchmal wird dabei dem AC-Prüfling explizit die Rolle eines Unternehmensberaters abverlangt, in die er sich hineinzuversetzen hat, um etwa dem fiktiven Vorstandsgremium eines Unternehmens angemessene Aktionen vorzuschlagen.

Übrigens: Möglich ist auch, daß die Präsentationsaufgabe darin besteht, sich selbst vorzustellen. Entweder ganz frei, so daß Sie selbst entscheiden können, wie Sie was über sich erzählen wollen, oder beispielsweise mit folgender Vorgabe: »Stellen Sie uns Ihre drei größten Stärken und Schwächen vor«, »Die wichtigsten Stationen in Ihrem Lebenslauf« oder »Beschreiben Sie Ihren Lieblingsurlaubsort«.

Die vorgegebene Zeit für Ihren Vortrag sollten Sie unbedingt einhalten. Und auch die 5 oder 10 Minuten Vortragszeit sind schneller vorbei, als der unter Prüfungsstreß stehende Kandidat sich vorstellen kann. Wenn Sie mit dem Vortrag aufhören müssen, weil die Zeit abgelaufen ist und wichtige Ihrer vorbereiteten Argumente ungesagt bleiben, haben Sie diese AC-Prüfung in den Sand gesetzt. Also: Verzichten Sie lieber auf ein paar zusätzliche, aber schwächere Argumente, und lassen sie genügend Raum für die wirklich guten.

Interessanter Einstieg

Der Anfang Ihres Vortrags ist von besonderer Bedeutung. Denn ein Einstieg entscheidet oft darüber, ob man Leser oder in Ihrem Fall Zuhörer für ein Thema interessieren kann oder nicht. Deshalb sollten Sie sich für den Anfang Ihres Vortrags ein Lockmittel überlegen, etwa die knallige Headline, die spannende Einleitung, die interessante Frage, die witzige Anekdote. Machen Sie Ihre Zuhörer neugierig auf das, was nun folgt.

Beleuchten Sie das Thema von verschiedenen Seiten und Standpunkten. Sparen Sie nicht mit sprachlichen Bildern oder Vergleichen. Greifen Sie auch bei dieser Übung zu didaktischen Hilfsmitteln (Flipchart, Overheadprojektor, Tafel usw.) und visualisieren Sie (komplizierte) Zusammenhänge. Zögern Sie nicht, auch einen Kernbegriff an die Tafel zu schreiben, um die Bedeutung zu unterstreichen. Zusammenhänge, die Sie durch Pfeile, Kreise oder andere Symbole vor den Augen der Zuschauer etwa auf der Overheadfolie optisch präsentieren, werden verständlicher und augenfällig – eine Methode, die gut ankommt.

Möglichst unterhaltsam

Geben Sie Ihren Zuhörern etwas zu denken, beteiligen Sie sie an Ihrem Thema und beziehen Sie sie mit ein (etwa durch Fragen). Fassen Sie die wichtigsten Aspekte des Themas kurz und prägnant zusammen, und kommen Sie zum Schluß, der ähnlich gestrickt sein sollte wie der Anfang – gut unterhaltend.

Apropos: Es ist äußerst wichtig, daß es Ihnen gelingt, die Zuhörer zu unterhalten. Eine Prise Humor, ein Zitat oder eine angemessene Provokation bringt Ihnen dabei Pluspunkte. Wenn Sie langweilen, darüber hinaus noch nuscheln und mit der einen Hand verlegen vor dem Mund, mit der anderen nervös durchs Haar gehen, sammeln Sie jede Menge Minuspunkte. So gut kann Ihr Vortrag inhaltlich gar nicht sein, dieses Manko wieder auszugleichen.

Zur richtigen Körpersprache zählt auch, daß Sie von Anfang an Blickkontakt halten und diesen möglichst ausgewogen auf alle Zuhörer verteilen, insbesondere auf die AC-Beobachter. Sprechen Sie eher etwas langsamer als aufgeregt-schnell, nutzen Sie die Kunst der effektvoll inszenierten Pause.

Den Vortrag beenden Sie bitte nicht mit: »So, das war's.« Viel besser: »Ich danke Ihnen« oder einfach »Danke schön«.

Die Postkorb-Übung

Bei der sehr oft eingesetzten Postkorbübung besteht Ihre Aufgabe darin, daß Sie als Chef/Vorgesetzter/Geschäftsführer eine große Anzahl von Dokumenten durcharbeiten müssen, die sich in Ihrer Post angesammelt haben, weil Sie länger abwesend, vielleicht auf Dienstreise, waren. Unheimlich viele Entscheidungen sind von Ihnen zu treffen – typischerweise auf folgenden Gebieten:

- finanzielle Schwierigkeiten
- geschäftliche Dinge
- familiäre Probleme
- private Sorgen

Alles ist unter enormen Zeitdruck zu bearbeiten, weil es dann kurz danach wieder auf Dienstreise oder in den Urlaub geht.

Die Unmenge von unterschiedlichen Papieren durchzulesen erfordert eigentlich schon den größten Teil Ihrer Bearbeitungszeit. Dann aber wird von Ihnen verlangt, sich in der gegebenen schwierigen Situation (diese ist Ihnen eingangs erklärt worden) sehr schnell für eine angemessene Umgangsweise mit den Ihnen vorgestellten Ereignissen, Anforderungen und Problemen zu entscheiden. Natürlich müssen Sie alles, was Sie zu tun gedenken, schriftlich begründen.

Entscheidungsmut zeigen

Auch wenn es in der realen Arbeitswelt durchaus angebracht ist, Dinge gründlich zu durchdenken – im Postkorb machen Sie damit keine Punkte. Dokumentieren Sie hier Entscheidungsmut und Entschlossenheit. Zeigen Sie ein gerütteltes Maß an Selbstsicherheit und Optimismus.

Zunächst sollten Sie, um sich einen Überblick zu verschaffen, alle Ihnen vorgelegten Informationen durchlesen und sich parallel auf einem Extrazettel Notizen machen. Dabei sollten Sie zu Beginn die folgenden Fragestellungen im Blick behalten und heranziehen:

→ Ist ein Überblick geschafft?
→ Läßt sich ein Zeitplan aufstellen?
→ Welche Vorgänge/Ereignisse sind wirklich wichtig, von Bedeutung und warum?
→ Welche können zurecht zurückgestellt, zunächst vernachlässigt werden und warum?
→ Wie sind die Zusammenhänge zwischen einzelnen Vorgängen/Ereignissen?
→ Welche weiteren Gemeinsamkeiten lassen sich finden?

Mit der »Vier-Häufchen-Methode« kommen Sie gezielt weiter: Ordnen Sie die Informationen folgenden vier Gruppen zu:

1. Muß ich selber machen
2. Kann ich delegieren
3. Kann warten
4. Kann in den Papierkorb

Fragen für die Eigenbearbeitung:

- Welche Aufgaben muß ich unbedingt selbst bearbeiten?
- Welche Termine müssen eingehalten werden?
- Was passiert, wenn Termine verpaßt werden?
- Läßt sich ein Ordnungssystem (Unterscheidungsmerkmale) für die einzelnen Vorgänge finden?

- Wo sind Prioritäten zu setzen und aus welchen Gründen?
- Wie ist dabei die Interessenlage?
- Wird bei der Bearbeitung und bei den Entscheidungen ein systematischer Leitfaden evident?

Fragen für zu delegierende Aufgaben

- Was läßt sich an andere Personen delegieren und warum?
- Kontrollfrage dabei: Könnte bei den AC-Beobachtern der Eindruck entstehen, sich vor Entscheidungen oder Aufgaben drücken zu wollen?
- Wie läßt sich dabei eine Effizienz- und Erfolgskontrolle gestalten?

Abschließend können Sie Ihre Entscheidungen noch einmal einer kritischen Fragenkontrolle unterziehen:

- Fließen in die Entscheidungsfindung alle verfügbaren Informationen ein?
- Welche Konsequenzen, möglicherweise Probleme ziehen bestimmte Entscheidungen nach sich?
- Gibt es dazu Alternativen?
- Wie sind Entscheidungen zu erklären, zu rechtfertigen, zu begründen?
- Sind die Motive für Entscheidungen für die AC-Beobachter einsichtig?

Na, alles klar? Ob Sie eine solche Postkorbübung gut bewältigen, können Sie jetzt gleich an Ort und Stelle überprüfen. Stellen Sie sich folgende Situation vor:

Beispiel einer Postkorb-Übung

Heute ist Mittwoch, 29. Juni, 16 Uhr. Sie sind eben – in diesem Moment – von einer längeren Dienstreise, auf der Sie telefonisch oder sonstwie nicht zu erreichen waren, nach Hause zurückgekehrt.

Ihr Name: Heinz Bell, Ihr Beruf: Ingenieur für Raffinerieanlagen.

Am Donnerstag, den 30. Juni müssen Sie um 8 Uhr eine geschäftliche Kurzreise nach China antreten und kommen erst am Montag, dem 4. Juli um 19 Uhr wieder zurück nach Hause. In China kann man sie weder erreichen, noch können Sie von dort aus telefonisch Kontakt mit Ihrer Heimat aufnehmen. Deshalb müssen Sie alle Dinge, die jetzt erledigt werden sollten, vor Ihrer Abreise organisieren.

Heute früh ist Ihre Frau wegen einer akuten Blinddarmentzündung in das Krankenhaus eingeliefert und vor sieben Stunden operiert worden. Vor ihrer Krankenhauseinweisung hat sie Ihnen alle wichtigen Briefe und Notizen in Ihren Postkorb getan.

Sie sind allein zu Hause und haben das Pech, daß Ihr Telefon kaputt ist. Die Nachbarn sind nicht erreichbar. Sie können also nicht telefonieren. Bis auf 400 € und einen Scheck in Ihrem Scheckheft haben Sie keine weiteren Zahlungsmittel im Haus.

In der nun folgenden Stunde, der Zeit von 16 bis 17 Uhr, müssen Sie Ihren Postkorb bearbeitet haben. Danach, in der Zeit von 17 bis 19 Uhr, stehen dringende Besorgungen in der Stadt an.

Im Postkorb finden Sie Notizen, Briefe, Vorlagen usw. Sehen Sie alle einzeln durch und schreiben Sie auf den Rand jeweils Ihre Entscheidung oder formulieren Sie falls nötig einen Brief. Sie können auch aufschreiben, was Sie durch wen zu veranlassen wünschen, eine Antwortnotiz anfertigen, Termine vereinbaren, anstehende Aufgaben gleich oder später lösen oder sich dafür entschließen, nichts zu tun. Sie allein entscheiden über die Vorgehensweise.

Versetzen Sie sich noch einmal in die Rolle und Situation von Heinz Bell – hier eine Zusammenfassung:

16 Uhr, Mittwoch, der 29. Juni. In einer Stunde sind die beigefügten Unterlagen zu bearbeiten. Sie sind allein zu Hause, und keiner kann Ihnen helfen, nicht einmal das Telefon. Unterlagen mit auf die Chinareise zu nehmen und Dinge von unterwegs zu erledigen ist nicht möglich. Schreiben Sie deshalb alle Ihre Anordnungen auf.

Pünktlich in einer Stunde müssen Sie damit fertig sein, denn zwischen 17 und 19 Uhr sind unaufschiebbare Besorgungen zu machen. Morgen um 8 Uhr treten Sie Ihre Reise nach China an und kommen erst am Montag, dem 4. Juli um 19 Uhr wieder zurück. Folgende Personen gehören zu Ihrem Haushalt:

Heinz Bell	Sie selbst
Ulrike Bell	Ihre Frau
Klaus und Uschi	Ihre Kinder (14 und 15 Jahre alt)
Martha	Ihre Haushälterin
Milli	Ihr Au-pair-Mädchen
Bello	Ihr treuer Hund

Postkorb-Dokument 1

Mittwoch, 29.6.
8 Uhr

Mein lieber Heinz,

wegen einer akuten Blinddarmentzündung muß ich ins Krankenhaus und mich noch heute operieren lassen. Besuch mich bitte doch am Abend.

Hoffentlich bin ich bis Montag wieder aus dem Krankenhaus und wieder auf den Beinen. Bis dahin mußt Du Dich bitte um die Kinder und das Haus kümmern.

Bis um 18 Uhr sind die Kinder in der Schule. Sie haben leider keinen Schlüssel, kommen aber um 18.30 Uhr nach Hause. Martha hat frei und kommt morgen früh um 8.30 Uhr wieder.

Für Mittwoch in einer Woche habe ich Abendkarten für die Opernpremiere. Bitte halte Dir diesen Termin frei, es ist ja auch unser Hochzeitstag.

Noch etwas: Ich habe unser Au-pair-Mädchen rausgeschmissen, fristlos gekündigt. Sie muß Geld und Schmuck gestohlen haben. Natürlich bestreitet sie alles. Morgen kommt sie um 14 Uhr und will ihr Zeugnis sowie noch 100 € Lohn haben. Kannst Du das bitte übernehmen?

Wichtige Unterlagen und Briefe findest Du in Deinem Posteingangskorb.

Grüße an Dich und die Kinder.

Deine Ulrike

Postkorb-Dokument 2

Terminkalender

Datum	Uhrzeit	
	8	14
	9	15
Mo	10	16
4.7.	11	17
	12	18
	13	19
	8	14
	9	15
Di	10	16
5.7.	11	17
	12	18
	13	19
	8	14
	9	15
Mi	10	16
6.7.	11	17
	12	18
	13	19
	8	14
	9	15
Do	10	16
7.7.	11	17
	12	18
	13	19
	8	14
	9	15
Fr	10	16
8.7.	11	17
	12	18
	13	19

Postkorb-Dokument 3

Dr. med. dent. Erwin Bohr
Zahnarzt

24.Juni

Lieber Herr Bell,
wie ich neulich mit Ihnen besprochen habe, ist es jetzt an der Zeit, unsere Rechte im Kampf gegen die neue Umgehungsstraße wahrzunehmen. Es kann doch wohl nicht angehen, daß ausgerechnet wir von unseren Grundstücken Land abgeben müssen und obendrein auch noch die Lärmbelästigung hinnehmen sollen.

Das Straßenbauamt hat mir auf telefonische Anfrage Mittwoch, den 6. Juli um 10 Uhr als Termin benannt, um über die Lärmschutzmaßnahmen zu diskutieren.

Ich bitte Sie, lieber Herr Bell, diesen Termin unbedingt wahrzunehmen.

Mit freundlichen Grüßen,
ich rechne auf Ihr Kommen

Erwin Bohr

Postkorb-Dokument 4

LANDESSPARBANK ENTENHAUSEN

Dienstag, 28.Juni

Sehr geehrter Herr Bell,

in Ihrem Aktiendepot bei uns verfügen Sie über Werte der Winterfeld-AG in Höhe von 50 000 €. Uns ist zugetragen worden, daß die Winterfeld-AG voraussichtlich zum 1. Juli Konkurs anmelden muß. Was das für Ihre Aktien bedeutet, ist nicht schwer einzuschätzen. Mit massiven Verlusten – vielleicht sogar bis zu 95% – muß gerechnet werden.

Unser Vorschlag: Ermächtigen Sie uns, Ihre Aktien jetzt zu einem Kurs von 50% zu verkaufen. Unser Angebot gilt bis Mittwoch, den 29. Juni, 18 Uhr.

Mit freundlichen Grüßen

B. Müller H. Schulze, ppA.
Bankdirektor

Postkorb-Dokument 5

28.6.

Lieber Papa,

am Mittwoch, den 6.7. ist Eltern/Lehrer-Sprechtag in der Zeit von 10-13 Uhr. Unser Klassenlehrer möchte einige heikle Vorfälle mit Euch besprechen.

Eigentlich halten Klaus und ich das für unnötig, aber sicherlich solltet Ihr doch hingehen.

Deine Tochter

Uschi

Postkorb-Dokument 6

Gärtnermeister Grün 19.6.

Sehr geehrter Herr Bell,

am Dienstag, den 5.7. und Mittwoch, den 6.7. wollen wir wie jedes Jahr Ihren Garten bepflanzen. Über die Neugestaltung haben wir ja bereits mit Ihrer Frau ausführlich gesprochen.

Bitte hinterlassen Sie bei Ihrer Hausangestellten eine erste Anzahlung in Höhe von wenigstens 400 €. Dies ist notwendig, um die hohen Auslagekosten, die uns entstehen, abzumildern.

Mit freundlichen Grüßen

GRÜN

Gärtnermeister

Postkorb-Dokument 7

Kreisgericht Entenhausen

Herrn Heinz Bell
Mausstr.1
33333 Entenhausen

27.6.

Schöffe am Kreisgericht

Sehr geehrter Herr Bell,

wir freuen uns, Ihnen mitteilen zu können, daß Sie als ehrenamtlicher Schöffe ausgewählt wurden, und bitten Sie, sich am Dienstag, den 5. Juli in der Zeit von 15-18 Uhr im großen Saal des Kreisgerichtes einzufinden, wo die Einweisung und Vereidigung stattfinden wird.

Nur in wirklich begründeten Ausnahmefällen können Sie sich der Tätigkeit als Schöffe entziehen.

Mit vorzüglicher Hochachtung

Richter
Justizangestellte

Postkorb-Dokument 8

Lieber Herr Bell,

eben ist Ihre Frau ins Krankenhaus gebracht worden. Hoffentlich geht alles gut!

Darf ich Sie bitten, mir für morgen den beigelegten Blanko-scheck zu unterschreiben und mir etwa 150 € für dringend notwendige Einkäufe in bar zu hinterlegen. Ich weiß nicht, ob ich Sie morgen sehe, aber einige Sachen müssen dringend bezahlt werden.

Mit lieben Grüßen
Ihre treue Perle

Martha

Postkorb-Dokument 9

GRUND- UND BODEN-GMBH Postfach 007 33333 Entenhausen

Per Einschreiben/Rückschein 15.6.

Herrn
Heinz Bell
Mausstr. 1
33333 Entenhausen

Sehr geehrter Herr Bell,

seit über drei Jahren leben Sie und Ihre Familie in dem von uns betreuten Haus in der Mausstraße 1.

Unsere Mandantin hat sich jetzt entschlossen, die Miete zu erhöhen. Wir weisen auf §4, Abs.2,1 des Mietvertrages hin und bitten Sie um Verständnis, wenn wir die Kaltmiete den gestiegenen Kosten entsprechend zum 1.9. um 20% anheben.

Wir bitten Sie, uns bis zum 4.7. Ihre Zustimmung schriftlich abzugeben. Anderenfalls müßten wir Ihren Mietvertrag fristgemäß zum Quartalsende kündigen.

Mit freundlichen Grüßen

Viktor Wucherer

Viktor Wucherer
Geschäftsführer

Postkorb-Dokument 10

Lieber Papa, 28.6.

für Mama habe ich ein schönes Geschenk zu ihrem Geburtstag besorgt. Die Damen-Rolex war ein Sonderangebot für 450 € und sie wollte doch schon immer so eine Uhr. 150 € habe ich dazu beigesteuert, den Rest sollte der Verkauf meines Mofas bringen. Nun kann mein Freund die 300 € für das Mofa nicht bezahlen, weil seine Eltern gegen den Kauf sind. Ich schulde dem Juwelier aber noch 300 €. Kannst Du die mir bitte vorstrecken? Wenn mein Mofa verkauft ist, bekommst Du sie sofort wieder.

Dein Klaus

Postkorb-Dokument 11

Platow-Wirtschaftsbriefe Frankfurt a. M. Nr. 24/28.6.

Informationen aus Wirtschaft und Politik

Mehrwertsteuer

Bonn. Die Bundesregierung, insbesondere ihr Finanzminister denken über eine Erhöhung der Mehrwertsteuer nach. Verschiedene Modelle sind im Gespräch. Denkbar wäre eine Anlehnung an das italienische Modell, das bestimmte Wirtschaftsgüter mit einem erhöhten Mehrwertsteuersatz belastet. Voraussichtlich noch in diesem Herbst wird eine mindestens 10%ige Steigerung des jetzigen Steuersatzes im Kabinett diskutiert werden.

Zinspolitik

Frankfurt a. M. Trotz heftiger Bedenken des Finanzministers sieht der EZB-Präsident keine Veranlassung, an den derzeitigen Leitzinsen etwas zu verändern. Die Währung muß stabil bleiben, die Krise sei nicht hausgemacht, so seine Argumente bei einem Besuch im Ministerium.

Waggonbau

München. Die Pläne der großen westdeutschen Schienenfahrzeughersteller, die deutsche Waggonbau-AG (DWA) in den neuen Bundesländern zu übernehmen, sind geplatzt. Ursache ist der Einspruch des Bundeskartellamtes, das unzulässige Absprachen monierte. Nachdem auch der englisch-französische Konzern GEC Alsthom, Produzent des Hochgeschwindigkeitszuges TGV, wenig Interesse an der DWA zeigt, wird jetzt ein Angebot der Siemens-AG erwartet.

Spekulation

Frankfurt a. M. Gut informierte Schweizer Börsenkreise spekulieren darüber, daß verschiedene deutsche Banken ihren Kunden nahelegen, sich von den Aktien der Winterfeld-AG zu trennen. Die tatsächlichen Schwierigkeiten der Winterfeld-AG (s. Bericht Nr. 21) seien weitestgehend behoben, so daß kein Insolvenzverfahren droht, der Kurs der Aktien aber würde ein Aufkaufen großer Stückzahlen lohnend erscheinen lassen.

Wirtschaftskriminalität

Zürich. Die Firma Rolex warnt in ihrem neuesten Pressedienst vor Fälschungen im Bereich ihrer hochwertigen Herren-Markenuhren. Es seien über den ehemaligen Ostblock große Stückzahlen gefälschter Uhren aufgetaucht, die für Experten lediglich an dem grob-knisternden Ticken zu erkennen seien.

Postkorb-Dokument 12

Schwan-Gymasium Entenhausen

Der Schulleiter

28.6.

Sehr geehrter Herr Bell,

leider muß ich Ihnen mitteilen, daß Ihre beiden Kinder Uschi und Klaus Bell gestern zum fünften Mal in diesem Monat unentschuldigt vom Unterricht ferngeblieben sind. Bereits vor zwei Wochen, als Ihre Kinder das dritte Mal unentschuldigt fehlten, schrieb ich Ihnen und bat um Ihre Stellungnahme.

Das mir vorgelegte Entschuldigungsschreiben mit Ihrer Unterschrift hat mein Mißtrauen erweckt, und ich möchte Sie bitten, mich aufzusuchen, um diese Angelegenheit zu klären.

Sollte ich von Ihnen nichts hören, muß ich erwägen, Ihre Kinder aus disziplinarischen Gründen von der Schule zu verweisen.

Hochachtungsvoll

Dr. Bellermann

Dr. Bellermann
Schulleiter

Postkorb-Dokument 13

Lieber Herr Bell, 28.6.

eben erhielt ich den Anruf unseres schwierigen Nachbarn, der doch so gut mit Ihrem Chef steht. Der Nachbar beklagt sich, daß unser Wasser aus der Regenrinne seinen Garten unterspült. Unsere Dachrinnen sind leider verstopft. Er drohte sogar, Sie anzuzeigen, möchte aber vorher mit Ihnen am Montag, den 4.7. um 15 Uhr sprechen.

An diesem Tag gegen 16 Uhr stellt sich auch das neue Au-pair-Mädchen vor.

Eben hat Ihr Büro angerufen und gesagt, daß Sie vor Mittwoch nicht zurück seien. Alle Bürotermine sind abgesagt worden.

Für Mittwoch, den 6.7. hat sich gegen 19 Uhr Ihr Chef mit einem wichtigen Anliegen zu Ihnen nach Hause eingeladen. Ich weiß nicht, worum es dabei geht, denke aber, es könnte ja wichtig sein.

Ihre Perle Martha

Postkorb-Dokument 14

Egon Groschenbügel
Rechtsanwalt und Steuerberater

27.6.

Lieber Herr Bell,

die in Ihrer letzten Steuererklärung ausgewiesenen Verluste aus Aktienspekulationen können Sie leider so nicht steuerlich absetzen.

Wir schlagen Ihnen vor, eine Risikoversicherung z.B. gegen Kursfall wegen Konkurs abzuschließen. Pro 500 € beträgt die Prämie lediglich 15,48 €. Die maximale Versicherungshöhe liegt jedoch bei 40 000 €.

Weitere Einzelheiten müßten wir persönlich besprechen. Da ich am 29.6. nur bis 19 Uhr in meinem Büro bin, müßten wir uns bis dahin besprochen haben. Bitte bringen Sie für die Versicherung ggf. einen Scheck mit.

Mit freundlichen Grüßen

Egon Groschenbügel

Postkorb-Dokument 15

Terminplanung

Wie Sie wissen, ist heute Mittwoch, der 29.6., kurz vor 17 Uhr. Um 19 Uhr schließen alle Geschäfte und Büros. Und auch Sie müssen wieder zu Hause sein. In den Ihnen verbleibenden zwei Stunden wollen Sie so viel wie möglich persönlich erledigen.

Leider ist Ihr Auto nicht fahrbereit, und andere Transportmittel stehen nicht zur Verfügung. Selbst das Telefon fällt aus.

Der Lageplan (nächste Seite) zeigt die verschiedenen Anlaufstellen und die möglichen Wege. Die Zahlen auf den gestrichelten Linien bedeuten die Zeit, die Sie jeweils zu Fuß benötigen, um Ihr Ziel zu erreichen. Die Zahl in dem Kästchen beziffert die notwendige Aufenthaltsdauer (alles in Minuten).

Um vom Friseur zum Bahnhof zu gehen, brauchen Sie 8 Minuten (zweimal 4). Dieser Weg führt Sie über den Arzt, Sie müssen aber nicht zum Arzt reingehen.

Beim Arzt ist Ihr Impfzeugnis abzuholen, das Sie für Ihre Chinareise unbedingt benötigen. Die Bank wird um 19 Uhr geschlossen, Sie müssen aber um 18.30 Uhr zu Hause sein, um Ihre Kinder, die keinen Schlüssel haben, hineinzulassen. Dafür sind 5 Minuten Aufenthalt zu kalkulieren (s. Plan). Ein Besuch beim Friseur (5 Minuten) ist notwendig, da Ihr Rasierapparat kaputt ist. Das Delikatessengeschäft sollten Sie aufsuchen, um den Präsentkorb für die Frau Ihres Chefs abzuholen. Sie werden ihn ihr am Bahnhof übergeben, denn ihr Zug kommt um 17.57 Uhr und fährt um 18.03 Uhr, und Sie haben es Ihrem Chef versprochen, seine Frau heute an ihrem 60. Geburtstag besonders nett zu überraschen. Ihre eigene Frau kann ab 17 Uhr im Krankenhaus besucht werden. Bei der Meldestelle müssen Sie bis 17.30 Uhr Ihren Reisepaß abgeholt haben. Im Museum wartet Ihre Freundin in der Zeit zwischen 17 und 19 Uhr auf Sie! Versuchen Sie, alle Anlaufstellen zu erreichen. Für jede Minute, die Sie im Krankenhaus verbringen, bekommen Sie zusätzlich drei Extrapunkte, für jede Minute im Museum zwei.

→

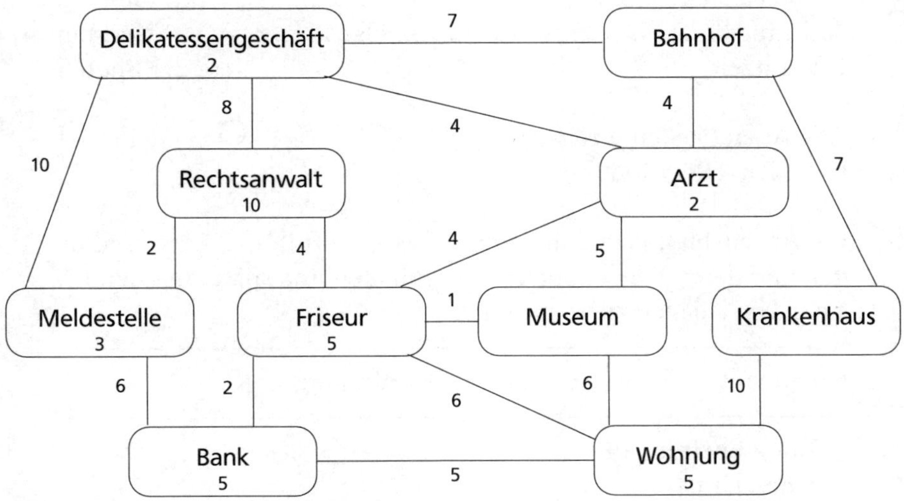

Für Ihre Zeitplanung

Bitte tragen Sie Ihren optimalen Weg in der Skizze ein, hier Ihre Verweilzeiten:

Start: Haus
Wegezeit: von Haus nach................................ ..... Minuten
Am/im..................... von .... bis .... = ... Minuten
Wegezeit: von Haus nach................................ ..... Minuten
Am/im..................... von .... bis .... = ... Minuten
Wegezeit: von Haus nach................................ ..... Minuten
Am/im..................... von .... bis .... = ... Minuten
Wegezeit: von Haus nach................................ ..... Minuten
Am/im..................... von .... bis .... = ... Minuten
Wegezeit: von Haus nach................................ ..... Minuten
Am/im..................... von .... bis .... = ... Minuten
Wegezeit: von Haus nach................................ ..... Minuten
Am/im..................... von .... bis .... = ... Minuten
Wegezeit: von Haus nach................................ ..... Minuten
Am/im..................... von .... bis .... = ... Minuten
Wegezeit: von Haus nach................................ ..... Minuten
Am/im..................... von .... bis .... = ... Minuten
Wegezeit: von Haus nach................................ ..... Minuten
Am/im..................... von .... bis .... = ... Minuten

→

Wegezeit: von Haus nach................................. ..... Minuten
Am/im...................... von .... bis .... = ... Minuten
Gesamtzeit ..... Minuten

Alle Anlaufstellen erreicht? ja ○ nein ○
Es fehlen: (Begründung)

Ein Arbeitsblatt nach folgendem Muster hilft Ihnen, Entscheidungen und deren Begründungen festzuhalten und später mit den Lösungsvorschlägen zu vergleichen.

Dokument	Entscheidung	Begründung
1 Notiz Ehefrau		
2 Kalender usw.		

Konnten Sie die Aufgabe lösen? Wenn Sie Schwierigkeiten hatten, lesen Sie weiter.

1 Notiz Ehefrau
Die fristlose Kündigung eines Au-pair-Mädchens ohne Beweise ist nicht zulässig. Die Situation muß geklärt und ein persönliches Gespräch mit Milli vereinbart werden. Termin vorschlagen und im Kalender eintragen.

2 Kalender
Alle Termine sollten in den Kalender eingetragen werden (Nachbar, neues Au-pair-Mädchen, Gespräche mit Lehrer und Direktor, Besuch des Chefs).

3 Dr. Bohr
Auch wenn man offensichtlich nur Mieter ist, beim Straßenbauamt gilt es, den Termin wahrzunehmen oder zu delegieren (z.B. Ehefrau).

4 Landessparbank
Von wichtiger Bedeutung, aber im Zusammenhang mit Dok. 11 und 14. Ein kleiner Verlust durch einen Teilverkauf von Aktien im Werte von 10 000 € erscheint angemessen und muß der Bank mitgeteilt werden. Für den Rest Versicherung abschließen (Dok. 15). Erfordert eine besondere Zeitplanung (Rechtsanwaltsbesuch).

5 Tochter/Schulbesprechung
Von Bedeutung, weil durch Dok. 12 aktuell. Termin in Kalender eintragen und

wahrnehmen. Vorher unbedingt mit Lehrer und Direktor sprechen. Auftrag an Haushilfe bzw. Ehefrau wegen Terminvereinbarung Di, 5.7.

6 Gärtnerei
Unwichtig, zu vernachlässigen, nichts tun. Am 5.7. sind Sie wieder da, und der Gärtner weiß, was zu tun ist.

7 Kreisgericht
Relativ unwichtig. Sie sind erst am 5.7. da. Terminsetzung zu kurzfristig, ggf. kurzer Brief an das Kreisgericht.

8 Martha/Blankoscheck
Zu beachten: Kein Blankoscheck, nachdem im Haus ein Diebstahl beklagt wird, lieber etwas vorsichtiger sein. Evtl. 150-€-Scheck ausstellen. Uhrenkauf (Dok. 10) und Gärtnerei (Dok. 6) zeigen einen etwas problematischen Umgang mit dem Geld. Rechnungen lieber etwas liegen lassen.

9 Grund u. Boden/Mieterhöhung
Wichtig, obwohl juristisch auf schwachen Füßen. Brief mit Gesprächs- und Verhandlungsangebot veranlassen, Einspruch einlegen gegen Kündigungsdrohung. Nicht zu sehr verunsichern lassen.

10 Sohn
Im Moment zu vernachlässigen, bald aber Gespräch führen wegen der Themen Umgang mit Geld und Schule. Juwelier kann warten, darf teure Uhr nicht an 14jährigen verkaufen. Ggf. am Abend Gespräch mit Sohn führen.

11 Wirtschaftsbrief
Wichtig ist lediglich Artikel »Spekulation«. Wem vertraut man eher, der Bank oder diesem Brief? Zusammenhang mit Dok. 4 und Dok. 15.

12 Schulleiter
Wichtig, weil neben Schulverweis auch öffentliche Anklage am 6.7. (Dok. 5) zu befürchten ist. Kurzbrief mit Bitte um Gesprächstermin. Erst Sachverhalt klären, dann ggf. entschuldigen.

13 Martha
Termin mit Nachbar ernst nehmen. Veranlassen, daß Montag spät am Abend oder Dienstag ein Treffen vereinbart wird. Vorstellungsgespräch mit neuem Au-pair-Mädchen delegieren an Frau und Maria. Ggf. Ehefrau veranlassen, mit Chef zu telefonieren wegen Opernpremiere, ob er mitkommt (Dok. 1).

14 Rechtsanwalt/Versicherung
Wichtig: Für unter 1250 € Absicherung gegen Risiko bei Aktien. Persönlichen Besuch einplanen (Dok. 15), Scheck mitnehmen.

15 Terminplan
S.u., kann erst am Ende bearbeitet werden.

Terminplanung (Dok. 15)
Meldestelle, Arzt, Wohnung, Bahnhof mit vorherigem Besuch des Delikatessengeschäfts wegen des Überraschungsgeschenkes für die Cheffrau sind unbedingte Muß-Anlaufstellen und werden mit jeweils 20 Punkten honoriert (sagt die Auswertungsempfehlung für die AC-Beobachter). Krankenhaus und Museumszeiten werden zwar mit Zusatzpunkten belohnt, aber hier wie auf der Bank beim Rechtsanwalt und Friseur gibt es nur 10 Punkte. Alle Anlaufstellen ergeben maximal 150 Punkte, insgesamt sind angeblich 206 Punkte erreichbar, wenn man lediglich von 17.59 Uhr bis 18.03 Uhr am Bahnhof ist.

Die optimale Lösung sieht einen Weg über Friseur, Bank, Meldestelle, Rechtsanwalt, Delikatessengeschäft, Arzt und Bahnhof vor. Hier trifft man um 17.59 Uhr ohne Arzt 3 Minuten früher, also noch rechtzeitig ein. Nach nur zwei Minuten Geschenkübergabe am Bahnhof kann man sogar noch seine Freundin im Museum mit einer Minute beglücken.

Der optimale Weg führt vom Bahnhof weiter über das Krankenhaus zur geliebten Frau (hier sind 10 Minuten Aufenthalt ausreichend) zur eigenen Wohnung, um den Nachwuchs hereinzulassen, und zum zweiten Mal zum Museum, um hier der Geliebten 13 Minuten zu widmen.

Zur Auswertung: Die vorgegebene Bearbeitungszeit von einer Stunde ist sehr knapp. Wer den Terminplan zwischendurch anfängt, wird in Zeitnot kommen.

Die AC-Beobachter legen gesteigerten Wert auf ein gutes Postkorb-Interview. Hier müssen die AC-Teilnehmer ihr Vorgehen detailliert erklären (z.B. zunächst alles durchlesen, Wichtiges von Unwichtigem unterscheiden, eine bestimmte Strategie wählen, Prioritäten setzen, geschäftlichen oder finanziellen Interessen oder der Sorge um die Ehefrau Vorrang gehen). Dabei verspricht man sich viel Hintergrundinformationen für jede einzelne Entscheidung und erkennt, ob der AC-Teilnehmer die Konsequenzen seiner Entscheidung planvoll mit einbezogen hat.

Empfehlung: Überlegen Sie sich, was Sie – im Postkorb-Interview entsprechend befragt – für Erläuterungen und Begründungen angeben. Entwickeln Sie nach einem ersten Durchlesen eine Strategie (Plan), mit der Sie verdeutlichen, daß Sie in den Bereichen systematisches Denken und Handeln befähigt sind.

Nun zurück ins Bewerberleben. Ein angehender Bankkaufmann berichtet:

»Zwei Wochen nach meiner Bewerbung als Bankkaufmann wurde ich zur sogenannten Einstellungsrunde in die heiligen Hallen der Commerzbank eingeladen. Der Test würde drei bis fünf Stunden dauern, Fahrtkosten könnten ›leider‹ nicht erstattet werden. Wahrscheinlich weil alles Geld für den Turmbau zu Frankfurt gebraucht wird. Das ›leider‹ habe ich dahingehend verstanden, daß es der Bank ziemlich leid getan hat, sich so knauserig zeigen zu müssen.

Wir standen also alle gebügelt und gestriegelt im Flur und warteten auf den Start – Sitzgelegenheiten waren nicht ausreichend vorhanden, auch da muß gespart werden. Es war 9.30 Uhr, die Tür ging auf, eine Dame trat herein, die Show begann. Sie stellte sich uns als ›Personaltrainerin‹ vor. Bis 9.45 Uhr Begrüßung der Bewerber und Erläuterung des Programms. Danach bis 10 Uhr Vorstellung der einzelnen Bewerber und erster Schweißausbruch. Man ahnt ja schließlich doch, daß sie einen bereits da schon prüfen. Wie macht sie's , wie wirkt sie, wie oft verspricht sie sich und und und... Man sollte Namen, Alter, schulische Ausbildung, den Heimatort und – man höre und staune – die Hobbys vortragen.

Die nächsten 40 Minuten gingen dann mit dem ersten schriftlichen Test rum. Wie gut, daß ich vorbereitet war. Es handelte sich um die ›never ending story‹ vom heimkehrenden Jugendlichen, die ich schon aus Ihrem Buch kannte. Um 10.40 Uhr schloß sich nahtlos der zweite schriftliche Test an. Auch hier Gott sei Dank keine Überraschungen, denn es handelte sich um einen simplen I-S-T-Test sowie um Dreisatzaufgaben, die gut im Kopf zu lösen waren. Man mußte die richtige Lösung ankreuzen und hatte 30 Minuten Zeit.

Jetzt hieß es, in der 10minütigen Pause noch mal kräftig durchatmen, denn ruckzuck begann um 11.20 Uhr eine Gesprächsrunde von 40 Minuten. Erst dachte man an nichts Böses, aber nach der Aufwärmphase (›Wie kamen Sie mit diesem Test zurecht?!‹) war schon klar, worum es geht: Gruppenverhalten! Die erste Frage der Trainerin lautete, welche Eigenschaften ein Bankkaufmann haben soll, und dann noch, welche man denn selber zu haben glaube. Die Diskussionsleiterin unterließ es übrigens nicht, an den passenden Stellen auf eventuell unpassende Kleidung oder Haltung hinzuweisen!

12 Uhr – endlich Happenpappen? Denkste, ein eisgekühltes Getränk stilvoll aus der Flasche, das war's, den Rest mußten wir tatsächlich selber bezahlen. Eine Bank ist eben eine Bank, die nicht so schnell mal eben Geld für Mittagessen ausgibt! Wie sagte schon meine Oma: Von reichen Leuten kann man sparen lernen...

Nach dem Essen wurden die bisherigen Ergebnisse aller Teilnehmer öffentlich mitgeteilt und die 50% ›Nieten‹ ausgemustert. Ich wäre am liebsten freiwillig mitgegangen. Was sich da zutrug, war weniger für meine Mitstreiter als für die Bank hochnotpeinlich.

Am Nachmittag traten wir in zwei Gruppen an, von denen eine Gruppe um 13 Uhr, die andere um 15 Uhr eingeladen wurde. Zu dritt oder viert saßen wir jetzt zwei neuen Trainern gegenüber. Alle Bewerber wurden nacheinander einzeln befragt. Der Arme, der immer der letzte war, der konnte kaum mehr was Neues sagen, was die anderen nicht schon vor ihm berichtet hatten!

Die Fragen:

- *Wie kam es zu Ihrer Berufswahl?*
- *Was interessiert Sie an dem Berufsbild?*
- *Wie haben Sie sich über das Berufsbild informiert?*
- *Bei wie vielen Banken haben Sie sich beworben?*
- *Was machen Sie, wenn wir Ihnen absagen?*
- *Was machen Sie in der Freizeit?*

Nach diesen Gesprächen wurden wir kurz vor die Tür geschickt und bald danach einzeln zur ›Urteilsverkündung‹ wieder hereingebeten.«

Das Interview

An den Postkorb schließt sich häufig ein Interview an, in dem sich Ihre AC-Beobachter (oftmals detailliert) nach den Gründen für Ihre Entscheidungen erkundigen. Dabei sind sie auf der Suche nach Qualifikationsmerkmalen wie Organisations- und Planungstalent und hoffen, einem systematischen Arbeitsstil mit Fragen nach einem bestimmten Konzept oder Strategien auf die Spur zu kommen.

Weitblick demonstrieren

Besonders interessiert Ihre Fähigkeit zur Voraussicht, also ob Sie auch die Konsequenzen Ihrer Entscheidungen mit berücksichtigt haben. Schlechte Noten handelt sich ein, wer unsystematisch und eher aus dem Gefühl heraus Entscheidungen trifft oder sich sogar vor einigen drückt.

Sowohl in der Postkorbübung als auch im Interview geht es vor allem auch um Ihre Belastbarkeit, Ihre Auffassungsgabe und Ihre Flexibilität. Können Sie vermitteln, daß Sie bei komplexen Aufgaben planvoll und überlegt organisieren, Ihre Arbeitsleistung selbst bei hohem Zeitdruck für eine längere Zeit nicht abfällt, Ihre Konzentration konstant bleibt und Sie bemüht sind, begonnene Arbeiten zügig abzuschließen?

Im Verlauf eines AC sind durchaus mehrere Einzel- oder Kleingruppeninterviews denkbar.

Das Streßinterview

Mit harten Bandagen wird beim Streßinterview gekämpft, das in erster Linie Ihre Streß- und Frustrationstoleranz testen soll. Hauptziel der AC-Interviewer ist es dabei, Sie aus der Reserve zu locken, Sie zu provozieren und Ihr Verhalten in einer Streßsituation zu testen. Es liegt an Ihnen, wieweit Sie sich darauf einlassen und inwieweit Sie vorbereitet sind. Wichtig ist es, die Ruhe zu bewahren und gelassen zu bleiben, möglichst kurz und knapp zu antworten, jedoch nötigenfalls darauf hinzuweisen, daß es auch für Ihre Toleranz und Geduld Grenzen gibt.

Verwirrende Schweigepausen

Gern legen Interviewer zwischendurch Schweigepausen ein. Das soll die Kandidaten verwirren und aus dem Konzept bringen. Sie lassen sich natürlich nicht in diese Falle locken, durchschauen diesen Versuch und ertragen ihn mit freundlicher Gelassenheit. Machen Sie aber nicht den Fehler, jede kritische Frage als den Beginn eines Streßinterviews zu interpretieren, und begegnen Sie Ihrem AC-Interviewpartner nicht von vornherein mißtrauisch.

Die 10 wichtigsten Verhaltensregeln für das AC-Interview:

1. Hören Sie aufmerksam, konzentriert-zugewandt zu.
2. Halten Sie angemessenen Blickkontakt.
3. Beobachten Sie genau (ohne zu mustern).
4. Überlegen Sie, bevor Sie antworten, nehmen Sie sich die Zeit.
5. Scheuen Sie sich nicht nachzufragen.
6. Reden Sie lieber etwas weniger als zuviel.
7. Lassen Sie Ihren Gesprächspartner (aus-)reden. Warten Sie ab, stehen Sie auch mal eine kleine Gesprächspause durch.
8. Seien Sie lieber etwas mehr zurückhaltend als zu wenig.
9. Bleiben Sie sachlich, ruhig, geduldig und gelassen.
10. Versuchen Sie, die wichtigsten Regeln der Körpersprache zu berücksichtigen (s. S. 455).

Das Abschlußgespräch

Nach der Befragung gibt es in der Regel eine mehr oder minder ausführliche Einschätzung von seiten der AC-Veranstalter und Beobachter, wie man mit den Leistungen der Bewerber zufrieden ist. Meist wird darauf geachtet, die Kandidaten in freundlich-moderater Weise zu loben.

Dieses Abschlußgespräch soll das Auswahlverfahren abrunden und von Arbeitgeberseite aus eine gute Abgangsatmosphäre schaffen.

Kritik und Verbesserungsempfehlungen werden eigentlich nur an AC-Teilnehmer adressiert, die bereits zum Unternehmen gehören und sich um einen Aufstieg bemüht haben. Bei diesen lohnt sich das, externe Bewerber dagegen werden immer mit lobenden Worten und natürlich mit allen guten Wünschen für die berufliche Zukunft verabschiedet.

Imagepflege

Falls Ihr Gegenüber mehr spricht und Sie kaum zum Zuge kommen, brauchen Sie sich nicht zu wundern. Manchmal nutzen eben Firmen das Abschlußgespräch zur Imagepflege.

Und denken Sie daran: Noch ist nichts entschieden, Sie sitzen immer noch auf dem Präsentierteller und werden nach wie vor genauestens beobachtet. Halten Sie Ihre Rolle weiter durch – so lautet die Devise für das Abschlußgespräch. Selbst die noch so joviale Aufforderung (nach dem Motto: »Jetzt, wo alles vorüber ist, können Sie offen sprechen, frei von der Leber weg kritisieren«) sollten Sie mit Vorsicht genießen. Denn der Test geht weiter. Dies ist nicht der Moment der Abrechnung oder der Entspannung!

Diplomatisches Geschick

Insbesondere bei Fragen zu Ihren AC-Mitbewerbern kommt es auf Ihr diplomatisches Geschick an. Natürlich bewundern Sie die guten Leistungen, die Eloquenz des einen oder anderen, und sollte sich jemand wirklich bis auf die Knochen blamiert haben, so ist hier der Moment, wohlwollendes persönliches Mitgefühl zu demonstrieren. Machen Sie sich bloß nicht lustig oder äußern Sie sich nicht verächtlich über Ihre Mitstreiter, selbst wenn Sie dazu aufgefordert werden.

Durchhalten bis zum Schluß

Ob in den Pausen, auf der gemeinsamen Fahrt in das wunderschön gelegene Ausbildungszentrum, auf der Toilette beim Händewaschen – was immer Sie zwischen erstem und letztem Kontakt während der AC-Veranstaltung sagen, es kann mit einfließen in die Gesamtbeurteilung Ihrer AC-Leistung. Sie werden auch in den Pausen und sogar noch nach der Verabschiedung beobachtet.

Die Kunst des Small talks

Wie reden und verhalten Sie sich da – vielleicht ganz anders als in den AC-Übungen? Sind Sie jemand, der auf andere zugeht? Verstehen Sie die Kunst des Small talks, oder gelingt es Ihnen nicht, mit anderen hier und da ein wenig unverfänglich zu plaudern? Wer eine Führungsposition anstrebt, dem darf es nicht wahnsinnig schwerfallen, Kontakte zu knüpfen, mit Fremden zu plaudern. Auch in Berufen, die sehr kundenorientiert sind, wird diese Fähigkeit hoch bewertet. Sie sollen natürlich aber auch nicht ohne Punkt und Komma reden, so daß die anderen gar keine Chance mehr haben, zu Wort zu kommen. Dennoch macht es sich selbstverständlich gut, wenn Sie derjenige sind, dem es gelingt, peinliche Gesprächspausen durch entsprechende Themen und Fragen zu überbrücken.

Auch bei einer Essenseinladung – ob nun ganz edel im piekfeinen Restaurant oder nur in der Kantine – stehen Sie selbstverständlich nach wie vor auf dem Prüfstand. Bisweilen werden die AC-Kandidaten sogar explizit aufgefordert, sich mit den Beobachtern am Essenstisch zusammenzusetzen. Und wenn angeblich alles vorüber ist und man noch schnell auf ein Glas Bier oder Wein zusammenkommt und aufgefordert wird: »Nun mal ganz unter uns, wie fanden Sie es denn wirklich?«, dann drängt sich der Gedanke auf, ein AC scheint niemals zu enden, und das ganze Leben ist ein Test...

Tischmanieren

Man achtet darauf, wie Sie mit Speisekarte, Messer und Gabel, aber auch mit Kellnern umgehen. Schlingen Sie alles in sich hinein, aus Angst, zu kurz zu kommen, oder warten Sie ab, bis alle versorgt sind? Entpuppen Sie sich als Vegetarier, dem man nichts recht machen kann? Stopfen Sie Ihr Pfeifchen, nachdem Sie als Vorspeise ein Bauernomelette weggeputzt haben? Was machen Sie mit dem Rotweinfleck, den Sie versehentlich beim Einschenken eines Glases verursacht haben? Haben Sie sich zum Abendessen umgezogen, präsentieren Sie sich jetzt im Freizeitlook, oder haftet Ihrer Kleidung die Transpiration angestrengter AC-Arbeitsstunden an?

Sie sehen, es gibt viele Fettnäpfchen, in die man bei einem solch ungezwungenen Zusammensein tappen kann. Daher sollten Sie auch hier auf der Hut sein.

Zum Abschluß noch drei Berichte von Bewerbern, die erzählen, was man als AC-Kandidat so alles erleben kann:

Bewerberberichte

Ausbildungsplatz zur Polizeivollzugsbeamtin im gehobenen Dienst (NRW)

Zwei Tage lang wurden wir auf Herz und Nieren geprüft. Es begann mit einem 35minütigen Intelligenztest, der 80 Fragen aus den Bereichen Mathematik (Dreisatz und Prozent), logischem Denken (Figuren- und Zahlenreihen ergänzen) und Sprachverständnis (Wortanalogien) enthielt.

Nach einer kurzen Pause wurde uns ein Film gezeigt – aber nichts da mit gemütlich glotzen. Wir mußten dazu einen Bericht anfertigen, in dem wir die Ereignisse wiedergaben, und dann dazu Stellung nahmen. Dafür hatten wir 40 Minuten Zeit.

Schließlich hatten wir noch ein Diktat zu schreiben. Nach der Mittagspause wurde uns mitgeteilt, wer nach Ansicht der Prüfer den Ansprüchen genügte und weitermachen »durfte«. 23 von 35 Teilnehmern kamen so in die – gong! – zweite Runde. Für die anderen war es das Aus.

Es ging für uns weiter mit zwei Persönlichkeitstests, fünf Tests (!) zur Überprüfung des logischen Denkens (Dominostein- und Figurenreihen ergänzen, Syllogismen, Zahlensymbole und Flußdiagramme) und einem Gedächtnistest (42 Worte aus sechs

Geschichten in sechs Minuten auswendig lernen und in sechs Minuten in der richtigen Reihenfolge wieder aufschreiben).

Um 15.30 Uhr hatten wir den ersten Prüfungstag überstanden.

Zweiter Tag: Um 7.30 Uhr füllten wir zuerst Formulare aus, die Aufschluß über persönliche und familiäre Krankheiten geben sollten. Danach ging's zum Onkel Doktor: Zähne zählen, Lungenkapazität vorführen, in die Augen schauen lassen, Blut und Urin einreichen und beweisen, daß das Herz gut pumpt. Erst dann durften die Geprüften und für okay Befundenen in der Hauptuntersuchung checken lassen, ob ihre Wirbelsäule in Ordnung ist, Zähne und Lunge keinen Fleck haben und ob die Gelenke und Füße geeignet sind.

Danach waren wir nur noch 16 Bewerber, auf die als nächste Hürde der Sporttest wartete. Die Vorgaben für Frauen lauteten: Medizinballwurf: 5,30 m, Pendellauf 18 m: 18,3 Sekunden, Dreisprung aus dem Stand: 5,50 m und 2000-m-Lauf in 12,3 Minuten.

Am Ende blieben 14 übrig, also zwei weitere auf der Strecke.

Wer wie ich bestanden hatte, wurde zu einem dritten Testtag, zwei Wochen später, eingeladen.

Wieder ging's zur altbewährten Uhrzeit (7.30 Uhr) los. An diesem Tag dachte ich, daß ich vielleicht doch besser Schauspielerin hätte werden sollen. Es standen drei Rollenspiele und ein Vortrag auf dem Programm. Aus einer Lostrommel zog man sein Glück (oder Unglück) zu politischen, religiösen und gesellschaftlichen Themen, mußte das Rollenspiel dann sofort ohne Vorbereitung mit einem Polizeirollenspielpartner beginnen und fünf Minuten durchhalten.

Den Vortrag durfte man zehn Minuten vorbereiten und konnte ihn mit notierten Stichworten vortragen (5 Minuten). Wichtigste Beurteilungskriterien in allen Situationen waren: Inhalt, Argumente, Einfallsreichtum, Durchsetzungsvermögen, Mimik und Gestik und überhaupt Kommunikationsfähigkeit.

Na, was fehlte noch zu allem (Un-)Glück? Das Streßinterview und die Konfrontation mit den Ergebnissen. Wer da keine Nerven wie Drahtseile hatte, mit Provokationen nicht umgehen und sich nicht angemessen ausdrücken konnte, der hatte wirklich schlechte Karten.

Ich will gerechterweise sagen: Bewußt in die Pfanne hauen wollte einen da vielleicht niemand, aber hart war die Testserie allemal. Mir hat der Computer einen Platz ganz oben auf der Warteliste fürs nächste Jahr zugewiesen. Er befand, daß meine Punkte noch nicht ausreichend seien.

Offiziersanwärter/ Bundeswehr Köln

Mächtig stolz, daß ich zugelassen war, machte ich mich mit der Bahn (übrigens bezahlt!) auf den Weg nach Köln in die Mudrakaserne. Am Tag unserer Ankunft wurden wir zunächst in unsere Zimmer gewiesen. Ein schöner Vorgeschmack auf die Kasernierung. Für den restlichen Ablauf war jeder selbst verantwortlich, das heißt, man wurde weder abgeholt noch über die Örtlichkeiten informiert.

Die Eckdaten der (maximal) dreitägigen Auswahlprüfung erläuterte man uns danach in der Einführungsveranstaltung. Man klärte uns über die Erwartungen an zukünftige Offiziere auf, erläuterte die Rücktrittserlaubnis und das Verlassen der Kaserne und stellte uns den Testablauf, die wichtigsten Personen sowie die neutralen Beobachter – was immer »neutral« heißen soll – vor.

Danach sollten wir einen »biographischen Fragebogen« ausfüllen. Ich entschied, daß es sich um meinen Lebenslauf handeln soll, und beschrieb ihn in Stichworten. Zweiter Zettel: Studienabsichten – ebenfalls in Stichworten. Bei beiden Bögen gibt es zwei Regeln: Man muß peinlichst auf eine gute, saubere Handschrift achten und wissen, daß im Zweifel alles gegen einen verwendet werden kann. Soll heißen: Alles, was man schreibt, wird später im Bewerbungsgespräch und beim Studienberater nochmals angesprochen. Also aufpassen, keine Lügenmärchen verfassen. Das war's, der erste Tag ging zu Ende.

An Schlafen war eigentlich nicht zu denken, denn erstens war ich viel zu aufgeregt, und zweitens hatte ich Angst zu verschlafen. Wir mußten ja bekanntlich für alles selber die Verantwortung übernehmen, also auch für das pünktliche Erscheinen am nächsten Morgen. Was das hieß? Daß man auf alle Fälle einen Wecker dabeihaben sollte, der 100prozentig funktioniert, denn um 5.45 Uhr mußte jeder am nächsten Morgen auf der Matte bzw. am Frühstücksbüfett stehen und innerhalb von 30 Minuten Essen fassen. Gar nicht so komisch mit ca. 100 verstörten Kandidaten, die morgens in einer langen Schlange warten. Ich hatte gerade noch alberne fünf Minuten Zeit für ein Frühstück. Na, immerhin war es kostenlos.

Kein guter Start für diesen zweiten Prüfungstag. Erste Aufgabe: ein Aufsatz. Es standen zwei Themen zur Auswahl: »Loyalität und Treue« oder »Flexibilität und Anpassung«. Man sollte in Picobelloschrift (Maximalumfang 300 Worte) in 30 Minuten auf unliniertem Papier die Begriffe definieren, sie voneinander abgrenzen und ihre Gemeinsamkeiten festlegen. Ein Tip für hoffnungslose Querschreiber: Liniertes Papier als Unterlage mitnehmen – man darf sich nur nicht erwischen lassen.

Danach ging es für jeden von uns unterschiedlich weiter, denn anders konnten die Massen an Bewerbern nicht »bedient« werden. Man schickte mich zum Onkel Doc, der sich meine Augen ansah.

Achtung, »Blindschleichen«, die meinen, sie müßten ihre Kurzsichtigkeit wegoperieren lassen, damit sie bloß zu den Fliegern kommen: Schickt nicht hintereinander ein »schlechtes« und ein »gutes« Attest ein, denn eine Heilung innerhalb von drei Monaten ist mysteriös, der Betrug fällt auf, und aus ist das Spiel. Eine Operation bringt übrigens schon deswegen nichts, weil nach dem Sehtest ein Blendtest folgt und ein operiertes Auge diesen Test in der Regel nicht besteht.

Der Arzt, übrigens ein Zivilist, maß Körpergröße, Gewicht sowie den Blutdruck vor und nach 20 Kniebeugen und nahm schließlich eine Urinprobe und zapfte aus der Fingerkuppe etwas Blut.

Erster Akt zu Ende und ab zum Mittagessen.

Als nächstes stand ein Logik-Wissens-Test auf dem Programm, der am Computer ausgeführt wurde und bei dem es um Wortanalogien und Wortverbindungen ging, zu denen sich übrigens das Studium von Fremdwörtern empfiehlt. Wer sich bislang noch gut gefühlt hatte, wurde nun heftig in die Mangel genommen: Bewerbungsgespräch mit zwei ranghohen Offizieren. Das ist ein Erlebnis, das man so schnell nicht vergißt. Ich rate zu parieren, mit allem Respekt, und ruhig, überlegt und freundlich zu bleiben, egal, was passiert. 50 Prozent meiner Mitstreiter konnten nach dem 20minütigen Gespräch, bei dem nicht immer ein Psychologe dabei war, ihre Siebensachen packen.

Wichtig ist, daß man sein politisches Interesse zeigt, denn die ersten Fragen beziehen sich auf Themen wie Südafrika, Bundeswehr 2000 oder Wehrbeauftragte. Es ist unbedingt zu empfehlen, das aktuelle politische Geschehen (vor allem das der letzten sechs Monate) gut »drauf zu haben«. Dann sollte jeder Kandidat klar und deutlich zeigen, daß er Offizier werden will, weil er seinen Teil zum Friedensprozeß beisteuern und das zu seinem Beruf machen möchte. Sage bitte keiner, er wolle fliegen oder so! Außerdem dürfte ja klar sein, daß man aus Spaß und Begeisterung studieren möchte, und nicht etwa, weil man damit Geld verdienen will!

Man muß tatsächlich verflixt aufpassen, was man so sagt, alles provoziert Rückfragen (Berufsethik – was, wieso, was verstehen Sie darunter…). Nun ja, wenn man das Aggressive liebt, ist das Gespräch vielleicht kein Problem, ich habe jedenfalls schon bei dieser Rumhackerei heftig schlucken müssen. Der Abschied verlief denn auch ebenso grußlos und ohne Händeschütteln wie die Begrüßung. Die Herren Offiziere erhoben sich nicht einmal andeutungsweise.

Ende zweiter Akt, ab in die Koje.

Dritter Tag, Start mit der üblichen Schlacht am Büfett, allerdings bei schon deutlich reduzierter Belegschaft etwas entspannter, also etwas mehr Zeit, um zu frühstücken.

Dann der erste Test: Matheaufgaben, 30 Minuten Zeit. Algebra (Schmierzettel, kein Taschenrechner), Geometrie und Analysis (Ableitungen und zwei Aufgaben zur Integralrechnung) im Multiple-Choice-Verfahren, Eingabe in den PC. Beispiel: $3x + 4 = Y$ und $-3x - 4 = y$, sind die Geraden parallel, schneiden sie sich und bilden einen spitzen Winkel von 60 Grad, oder stehen sie senkrecht zur x-Achse?

Sogleich geht's weiter mit einem Konzentrationstest. Dieser bestand aus 20 chinesischen Zeichen, denen je eine Zahl zugeordnet war (von 0–9, wobei jeder Zahl zwei Zeichen zuzuordnen waren). Dann folgten senkrecht auf dem Bildschirm diese Zeichen einer Zeile, ähnlich wie auf einer Tabelle, wo im Prinzip die Aufgabe darin bestand, beim untersten Zeichen die zugehörige Zahl zu finden und diese mit dem zweiten Zeichen und der dazugehörigen Zahl zu addieren usw. Die Kolonne setzte sich nach oben fort. Man gab das Ergebnis mit der Tastatur ein. Der Computer gab einem jedoch nur eine begrenzte Zeit, dann folgte eine völlig neue Zahlenreihe und damit eine neue Zuordnung der Zahlen zu den Zeichen. Ganz schön chinesisch, aber Ende gut, Studieren gut – sonst Abgang, jedoch nicht zum Mittagessen, so wie es die »Überlebenden« tun konnten, sondern nach Hause. Das Mittagessen war nun zwar verdient, aber man sollte sich mit Pommes und Schnitzel nicht zu sehr den Bauch vollschlagen. Das kann dann im Sporttest ziemlich hinderlich werden, davon später mehr.

Mein nächster Prüfungsteil bestand aus einem »Gruppensituationsversuch«, den ich und zwei andere arme kleine dumme Prüflinge (zweifellos kamen wir uns langsam so vor!) zusammen zu bestehen hatten. In 30 Minuten mußten wir jeder einen Kurzvortrag von 10 Minuten Länge vorbereiten, der frei vorzutragen war. Man durfte seine Notizen sogar dabeihaben. Dazu standen Themen wie »Zivildienst – eine Alternative?«

oder »Aufrechterhaltung einer zerbrochenen Ehe zugunsten der Kinder?« zur Wahl. Der Knalleffekt war der vollbesetzte Prüfungsraum: ein Psychologe, meine bisherigen Prüfer aus dem Einstellungsgespräch und drei weitere Offiziere (und natürlich meine beiden Prüfungskameraden). Beim Vortrag sollte man es tunlichst vermeiden, eine eventuell witzig gemeinte Bemerkung anzubringen. Sagen die beiden Mitbewerber nichts oder nicht das Richtige dazu, dann fällt die ganze Truppe durch. Schließlich mußten wir drei miteinander diskutieren. Thema: »Bundeswehr – Berufsarmee oder Wehrpflichtarmee?« Die Diskussion wurde mittendrin abgebrochen. Da hat man – vorsichtig ausgedrückt – ein absolut bescheuertes Gefühl.

Nun, lange konnte man sich nicht damit aufhalten, denn es galt, ein Planspiel zu absolvieren. Eine Fahrt in die Türkei mit 20 Jugendlichen war (ohne viel Geld) zu planen. Auch hier wurde wieder mittendrin abgebrochen. Das tat unserem Selbstbewußtsein nicht gerade gut. Wir dachten, wir hätten nur Quatsch geredet. Daß sie das bei allen Gruppen so machen, wußten wir ja nicht.

Der vorletzte Akt war das Zusammentreffen mit dem Studienberater. Das Gespräch findet alleine mit einem Offizier statt. Es empfiehlt sich, vorher die Bewerbungsbroschüre genauestens durchzulesen, denn es werden passend zu den Studienwunschfächern die Studienpläne sowie Fachausdrücke aus den Fächern abgefragt. Beispiele: Mikroökonomie und empirische Sozialforschung bei den Staats- und Sozialwissenschaften. Darüber hinaus wird natürlich bereits vorhandenes Wissen geprüft. Sollte da jemand nicht fit sein, kann er entweder überhaupt nicht studieren oder wird für ein anderes Fach vorgeschlagen. Daraufhin haben manche Kandidaten sofort ihre Bewerbung zurückgezogen. Das habe ich zwar nicht gemacht, aber vielleicht werde ich es eines Tages noch bereuen.

Schlußakt: der Sporttest. Ich kann nur sagen, sportlich, doch wirklich, im besten Sinne des Wortes sportlich, dieser Test. Erst zweimal hintereinander mindestens 2 Meter Standweitsprung, dann zweimal 9 Meter Pendellauf, mindestens 18 Liegestütze in 40 Sekunden, aber die etwas professionelle Variante: auf den Boden legen, Hände auf dem Rücken gekreuzt, dann bei »Los« anfangen mit dem Liegestütz, und wenn man oben ist, die Hände zusammenklatschen, danach wieder auf den Boden legen, die Hände auf dem Rücken kreuzen und wieder alles von vorne. Anschließend mindestens 18 Sit-ups in 40 Sekunden, anschließend noch ein 12-Minuten-Lauf um das Volleyballfeld herum (über 2000 Meter) und schließlich ab unter die Dusche. Mensch Meier, wenn da einer Jet-Pilot werden will, der muß schon zu den Allerallerbesten gehören.

Nach dem Duschakt werden die Ergebnisse verkündet. Das große Zähneklappern bleibt aus, man ist vom Sport noch völlig fertig. Jetzt kommt übrigens noch mal ein kolossaler Hammer: Das Bestehen der Tests garantiert keineswegs die Einstellung. Das entscheidet sich in der Bestenauslese derer, die alle Tests bestanden haben. Tja, pro Jahr wollen eben 7000 bis 8000 Schüler Offizier werden. Aber was tun, wenn nur 1500 genommen werden? Seine Chancen kann sich da gerne jeder selbst ausrechnen.

In der Einladung wurde übrigens um angemessene Kleidung, der Bedeutung des Anlasses gemäß, gebeten. Nur 6 von 100 Bewerbern kamen mit Schlips und Jackett.

Personalberatung

Im folgenden Fall geht es um einen Manager (nennen wir ihn Herrn Z., Praktiker, ohne Studium, 43 Jahre alt), der sich von einer etwa 50 000 € Jahresgehalt-Position auf etwa 65 000 € verbessern wollte. Die angestrebte Aufgabe beinhaltete Leitung und Verantwortlichkeit für etwa 50 Außendienstmitarbeiter, die ein wichtiges Umsatzpotential für den Auftraggeber (die Firma X) darstellen. Sieben Jahre war Herr Z. bereits bei »seiner« Firma X ganz erfolgreich tätig, so daß er sich bei seiner Bewerbung um die auch firmenintern angebotene Position gute Chancen ausrechnete.

Die Leitung der Firma X war aufgrund einiger »personeller Störfälle« stark verunsichert, ging auf Distanz zu ihrem eigenen Personalchef und beauftragte eine bekannte Personalberatungsgesellschaft, das Führungspotential von Herrn Z. zu untersuchen. (Hätte man nicht nach sieben Jahren Betriebszugehörigkeit zur Firma X ein gutes Bild des Bewerbers haben können?)

Herr Z. wurde zu einem eintägigen »Einzel-Assessment« eingeladen (nette Umschreibung für eine Zwangsvorladung). Dabei handelt es sich nach Aussage von Kienbaum um ein selbstentwickeltes Beurteilungsprogramm für Führungskräfte, die auf unterschiedliche Zieldimensionen und betriebliche Aufgabenfelder hin zu untersuchen sind.

Neben dem Einsatz von psychologischen Testverfahren und Gesprächen mit dem Kandidaten liegt der Schwerpunkt der Überprüfung in der Vorgabe von Management-Simulationen (ein anderer Ausdruck für Assessment Center). Diese sollen Führungs- und Organisationsaufgaben darstellen, die charakteristisch für das kurz- oder mittelfristig angestrebte Aufgabenfeld des Kandidaten sind und Verhaltensbereiche messen, über die im auftraggebenden Unternehmen noch Informationsdefizite herrschen.

Das Ganze wird angeblich in Relation gesetzt zu Testergebnissen, die andere Manager erreicht haben, die eine ähnliche Position bereits erfolgreich ausfüllen. Der Auftraggeber erhält nach Abschluß der Prozedur ein Gutachten, das folgende Gliederungsschwerpunkte hat:

- Überblick über das Gesamtverfahren
- Eingesetzte Testverfahren
  - Biographischer Fragebogen
  - Postkorbübung
  - Computersimulation
  - Mitarbeitergespräch
  - Präsentationsübung
  - Verkaufsgespräch
  - Unternehmens-Analyse-Übung
  - Führungs-Rollenspiel
  - Abschließendes vertiefendes Interview
- Vorstellung der Manager-Simulations-Übungen (AC)

- Ergebnisprofil
  - Intellektuelle Fähigkeiten
    - Interessenbreite
    - Weiterbildungsmotivation
    - Logisches Denken
    - Analysefähigkeit
  - Leistungsverhalten
    - Energie und Tatkraft
    - Leistungsmotivation
    - Streßwiderstandsfähigkeit
    - Ausdauer und Beharrlichkeit
  - Interpersonelles Potential
    - Rhetorik
    - Einfühlungsfähigkeit
    - Kooperationsbereitschaft
    - Durchsetzungsfähigkeit
    - Überzeugungspotential
    - Gesprächsführung
  - Administratives Potential
    - Entscheidungskraft
    - Planung und Organisation
- Differenzierte Darstellung der Ergebnisse
- Führungspersönlichkeit
  - Psychologisches Verhaltensprofil

Sicherheitsdenken	↔	Handlungsorientiertheit
Individualismus	↔	Selbstdisziplin
Kooperationsfähigkeit	↔	Autonomie
Konventionalität	↔	Flexibilität
Gradlinigkeit	↔	Cleverness
Sorgfalt	↔	Kreativität
Skepsis	↔	Vertrauensbereitschaft
Robustheit	↔	Einfühlungsvermögen
Besonnenheit	↔	Risikobereitschaft
Zurückhaltung	↔	Initiative
Diplomatie	↔	Dominanz
Empfindsamkeit	↔	Ausgeglichenheit
Praktische Orientierung	↔	Theorieverständnis
Reserviertheit	↔	Kontaktbedürfnis

Manager-Profil

Praktische Lösungen suchen und verstehen	Planen und methodisch Probleme lösen

Traditionen pflegen und bewahren	Innovationen erkennen und fördern
Entscheidungen absichern, Kompromisse machen	Entscheidungen vorbereiten, treffen, durchsetzen
Eigenständiges Abwickeln von Aufgaben	Informationen austauschen, Aufgaben delegieren
Signalisieren von Verständnisbereitschaft und Toleranz	Kontrolle ausüben, Ergebnisse überwachen
Belastbarkeit bei wenig Sensibilität	Motivieren, Mitarbeiter positiv beeinflussen
Sachorientierung, im Kontakt vorsichtig	Repräsentieren, Kontakte aufbauen
Rücksichtnahme, gewähren lassen	Konflikte erkennen und regeln

- Verhaltensinterpretation
- Zusammenfassende Bewertung

Herr Z. wurde unter anderem mit folgenden Aufgaben konfrontiert:

Die Präsentationssimulation *(Rollenspiel) stellte Herrn Z. vor die Aufgabe, sich anhand vorgegebener Materialien über verschiedene neue Wirkstoffe aus der Waschmittelforschung zu informieren. In einer Präsentationsübung waren die wichtigsten Wirkstoffe vorzustellen sowie die vorher erarbeitete Information kurz und prägnant zu vermitteln.*

Für die nächste Übung (Verkaufsgespräch) *mußte sich Herr Z. in die Verkaufsargumentation für ein von ihm zu vertretendes teures ausländisches Waschmaschinenprogramm einarbeiten.*

Im Verkaufsgespräch mit dem Inhaber eines Waschmaschinen-Fachhandels ging es darum, eine Vorentscheidung beim Geschäftsinhaber zu erwirken, die Angebotspalette zugunsten des von Herrn Z. vertretenen ausländischen, teuren Herstellers zu verändern. Die von seinem Gesprächspartner erhobenen Einwände – insbesondere wegen eines Nutzenvorteils der zur Zeit angebotenen Waschmaschinen – mußte Herr Z. durch eine systematische Gesprächsführung herausfinden, um zielgerichtet argumentieren zu können.

Das Planspiel zur Unternehmensführung *versetzte Herrn Z. in die Rolle eines Unternehmensberaters, der ein mittelständisches Unternehmen auf Schwachstellen und Stärken hin zu analysieren hatte. Neben der Ist-Analyse mußte Herr Z. ein Konzept für die zukünftige Firmenpolitik erarbeiten.*

In einem weiteren Planspiel *war Herr Z. technischer Leiter einer Fertigungsabtei-*

lung von Waschmaschinen. Unter starkem Zeitdruck hatte er sich mit einem Gesprächspartner auseinanderzusetzen, den er kurze Zeit mit gezielten Fragen konfrontieren konnte. Eine präzise Analyse der Situation und eine daraus entwickelte Fragetechnik ermöglichten dem Prüfling erst, die vielschichtigen Fertigungs- und Personalprobleme zu bewältigen.

Weitere AC-Aufgaben und Rollenspiele seien hier nur kurz skizziert:

Am Computerbildschirm war anhand von vielfältigen, sich verändernden Daten ein Herstellungsbetrieb zu managen;

in einem Postkorb-AC mußte Herr Z. Organisationstalent zeigen, wichtige von weniger wichtigen Informationen und Aufgaben unterscheiden und Delegationsfähigkeit unter Beweis stellen;

in einem weiteren Rollenspiel ging es um ein Mitarbeiter-Führungsgespräch: Herr Z. sollte als verantwortlicher Leiter einen unter seinem Leistungsoptimum arbeitenden Mitarbeiter interviewen und motivieren.

Auf etwa 40 Seiten des Kienbaumschen Gutachtens wird dem psychologisch wenig vorgebildeten Leser (und Auftraggeber) vermittelt, man habe den Kandidaten Herrn Z. nach allen modernen Regeln der Kunst wissenschaftlich durchleuchtet.

Durch Diagramme wird das Gefühl vermittelt, der wahre Charakter und die wirklichen Fähigkeiten von Herrn Z. lägen offen auf dem Tisch.

Bei der Summe von Einwänden, die einem auch nur etwas kritischen Betrachter bei der Lektüre auffallen, sei hier aus Platzgründen lediglich folgendes angeführt: Die auf einer Skala polar angelegten Persönlichkeits- und Verhaltensdimensionen (siehe oben: psychologisches Verhaltensprofil) erinnern zwar an ähnliche wissenschaftliche Verfahren, es fehlt aber die Bildung logisch-sinnvoller Gegensätze.

Daß etwa die alternative Verhaltensdimension zu Kreativität Sorgfalt sein soll, ist genausowenig nachvollziehbar wie die Bildung des Gegensatzpaars Autonomie–Kooperationsfähigkeit. Gerade beim letzten Beispiel, welches suggeriert, es könne sich hier vielleicht doch um zwei Gegensatzbegriffe auf einer Achse handeln, offenbart sich deutlich der ganze Mangel dieses fragwürdigen psychologischen Verhaltensprofils. Autonomie bedeutet nach allgemeinem Verständnis Selbständigkeit und Unabhängigkeit. Kooperation ist nun wirklich nicht das Gegenteil davon. Der Gegensatzbegriff zu Autonomie wäre wohl eher Unselbständigkeit und Abhängigkeitsbedürfnis. Ist vielleicht Herr Z., der auf dieser sieben Punkte umfassenden Skala den höchsten Kooperationswert hat, nicht autonom? Beim Managerprofil geht es bei der Aufstellung von polar entgegengesetzten Verhaltensmerkmalen nicht weniger grob zu, wie aus der obigen Liste leicht zu erkennen ist.

»Weder das Forschen im Privatleben noch das Bloßstellen der Persönlichkeit erlauben Rückschlüsse auf die Berufsleistung«, sagt der Psychologie-Professor Funke von der Universität Hohenheim, einem der wichtigsten Forschungszentren zum Thema Berufseignungsdiagnostik. Genau das aber wird immer wieder versucht.

»So mußte ein Manager, der sich bei einem Test der Personalberatung Kienbaum forsch und zupackend gab, hernach allerlei Verquastes über sich lesen: ›In den Selbstaussagen des psychologischen Fragebogens beschreibt sich Herr… im Kontaktverhalten

unvoreingenommen und tolerant, als jemand mit einer optimistischen Grundeinstellung. Das sich selbst zugeschriebene extreme Kontaktbedürfnis weist im Zusammenhang mit einer hohen Cleverness-Ausprägung auf die Betonung guter informeller Kontakte hin, birgt aber bei aller Kontaktfreude die Gefahr einer gewissen Oberflächlichkeit … Die sich hier selbst attestierte extrem hohe Praktikerhaltung birgt zudem die Gefahr eines eingeschränkten Interessenspektrums und einer kurzfristigen Denkweise in sich.‹ Die Schlußbemerkung in dem 35seitigen Gutachten: ›Kritisch anzumerken im Hinblick auf eine erfolgreiche Ausübung der Zielposition ist die unkonventionelle, auf sich bezogene Lebenseinstellung, die dazu führen kann, daß Herr … trotz seines hohen Einfühlungsvermögens sich nicht adäquat auf unterschiedliche Situationen und Personen einstellen wird.‹« Der so abgeurteilte Manager hatte es gewagt, im Cordanzug statt im dunkelblauen oder mit grauen Nadelstreifen zum Testtermin zu erscheinen.

Zusammenfassung

Ob Persönlichkeits-, Intelligenz-, Leistungstests oder ein komplettes AC – hinter der Testomanie steckt der Wunsch von Arbeitgebern, den richtigen Kandidaten aus der großen Schar der Bewerber auszusieben.

Gut zu wissen ist – auch wenn Testanwender immer wieder das Gegenteil behaupten –, daß man sich sehr wohl auf diese Tests vorbereiten kann. Ziel sollte sein, zu durchschauen, worauf es jeweils ankommt. Je besser Sie wissen, worauf Testbeobachter und Personalentscheider achten, desto effektiver können Sie als Kandidat Ihre Performance gestalten. Vor allem drei Aspekte stehen beim AC auf dem Prüfstand:

1. Ihre Persönlichkeit
2. Ihre Leistungsmotivation
3. Ihre Kompetenz

Wenn Sie sich eingehender mit der Thematik Einstellungstests beschäftigen wollen, empfehlen wir Ihnen unsere speziellen Ratgeber:

- *Testtraining 2000plus. Einstellungs- und Eignungstests erfolgreich bestehen.* Eichborn Verlag, Frankfurt 2001
- *Assessment Center. Das härteste Personalauswahlverfahren bestehen.* Eichborn Verlag, Frankfurt 2002

In der Reihe *eichborn.exakt* sind folgende Bücher erschienen:

- *Testtraining Allgemeinwissen*
- *Testtraining Persönlichkeit*
- *Testtraining Konzentrationsvermögen*

- *Testtraining Rechnen und Mathematik*
- *Testtraining Logik*
- *Testtraining Technisches Verständnis*
- *Testtraining Kreativität*
- *Testtraining Gedächtnistraining*

Lösungen zu den Testaufgaben

Allgemeinwissen

Satzergänzung

1e / 2d / 3d / 4f / 5c / 6d / 7d / 8b / 9c / 10f / 11e / 12e/ 13a / 14e / 15f / 16 f / 17d / 18c / 19e / 20a

Geschichte

1c / 2b / 3d / 4c / 5b / 6b / 7b / 8a / 9c / 10a / 11b / 12b / 13b / 14d / 15c / 16a / 17b / 18c / 19b / 20c

Literatur

1c / 2c / 3c / 4c / 5b / 6c / 7a / 8b / 9a / 10a / 11b / 12b / 13a / 14a / 15a

Technik

1b / 2b / 3a / 4a / 5b / 6a / 7b / 8b / 9b / 10a / 11b / 12b / 13a / 14a / 15c

Logisches Denken / Abstraktionsfähigkeit

Sinnvoll ergänzen

1f / 2b / 3h / 4b / 5e / 6c / 7g / 8b / 9f / 10i / 11c / 12 keine Lösung

Zahlenmatrizen

A	8	senkrecht: + 2	waagerecht: +2
B	9	− 2	+3
C	− 6	− 8	− 15
D	2/3	: 3	: 6
E	8	× 2	: 4
F	27	× 3	× 4
G	103	+ 13	− 13
H	− 1	−3, − 4	− 1, − 2
I	0	− 9	+ 17
J	3 2/3	: 3, × 4	× 4, : 3

Dominos
1b / 2c / 3a / 4b / 5d / 6f / 7c / 8b / 9f / 10d / 11b / 12e

Grafik-Analogien
1d / 2e / 3b / 4a / 5e / 6b / 7a / 8c / 9e / 10c / 11a / 12b / 13d / 14e / 15b / 16c

Absurde Schlußfolgerungen
1b / 2b / 3a / 4b / 5b / 6a,b,a / 7b

Richtige Schreibweise
1 allmählich / 3 wohlweislich / 4 Kanone / 6 Depesche / 7 Gelatine / 8 Satellit / 10 athletisch / 11 Gelee / 15 Methode / 16 Filiale / 18 Labyrinth / 19 Rhododendron / 20 Rhythmus / 21 Portemonnaie (Portmonee) / 22 Vagabund / 23 Widerstand / 24 Zyklop / 25 Sympathie

Rechtschreibreform
Schreibweise laut DUDEN ab 1. August 1998:
1. Wir sahen gestern Abend eine Balletttänzerin.
2. Ich habe Ähnliches bei Ackerbau treibenden Völkern erlebt.
3. Ich will im Besonderen erwähnen, dass es das Beste ist, wenn wir auseinander gehen.
4. Er ist immer der Alte geblieben, der gerne jemandem Angst macht.
5. Egal ob Arm oder Reich – die blond gefärbte Blondine aß Delikatessgurken.
6. Der in der Metall verarbeitenden Industrie tätige Partner war aus Pappmaschee.
7. Die Laub tragenden Bäume waren in null Komma nichts entlaubt.
8. Der Rauhaardackel fraß am liebsten Raufasertapete.
9. Der 80-Jährige hat bereits sein Schäfchen durch das Schallloch ins Trockene gebracht.
10. Das Schlimmste ist ein schlecht gelauntes Saxofon.

Praktisch-technische Intelligenz

Grundrechnen
1d / 2a / 3d / 4d / 5c / 6b

Maße und Gewichte
1e / 2d / 3b / 4b / 5a / 6b

Technisch-physikalische Aufgaben
1b / 2d / 3a / 4d / 5d / 6c / 7a / 8a / 9b / 10a / 11a / 12b / 13a / 14c / 15d / 16b

Zahlensuche

1D / 2BC / 3BC / 4CG / 5AFG / 6AE / 7C / 8DE / 9G / 10DG / 11BC / 12CG / 13AFG / 14AE / 15C / 16DE / 17G / 18DG / 19E / 20A

Zahlen verbinden

Wenn Sie in 30 Sekunden etwa 15 Zahlen verbinden, ist das ganz ordentlich. Wenn Sie mehr schaffen, um so besser. Weniger als 10 sollten Sie sich nicht leisten.

Beobachten

1b / 2a / 3b / 4c / 5a / 6c / 7c / 8a / 9b / 10c / 11a / 12a / 13c / 14b / 15b / 16a / 17b / 18c / 19a / 20c / 21b / 22a / 23c / 24c / 25c / 26b / 27b / 28a / 29b / 30a / 31c / 32a / 33b / 34a / 35b / 36b / 37a / 38a / 39c / 40b / 41a / 42c / 43b / 44a / 45c / 46b / 47a / 48c

Vorstellungsgespräche

Sie haben es geschafft und mit Ihren Unterlagen, vielleicht auch dem Einstellungstest-Ergebnis überzeugt. Herzlichen Glückwunsch, nun haben Sie die Einladung zum Vorstellungsgespräch erhalten. Was ist zu tun? Auch auf die Gefahr hin, daß Sie es nicht mehr hören können, müssen wir es trotzdem leider noch einmal erwähnen. Richtig, die Vorbereitung ist auch beim Vorstellungsgespräch das A und O. Lesen Sie jetzt, wie Sie Ihren Auftritt erfolgreich gestalten und wie Sie das heikle Thema Gehalt am besten verhandeln.

Zunächst möchten wir Ihnen gratulieren. Wenn Sie es bis hierhin, also der Einladung zum Vorstellungsgespräch, geschafft haben, können Sie mit Recht stolz auf sich sein. Ein wichtiger Teil Ihres Bewerbungsvorhabens ist dem vorangegangen. Erfolgreich – denn sonst hätte man Sie nicht eingeladen, um Sie näher kennenzulernen.

Worauf es ankommt

Arbeitsplatzvergeber wie Personal- und Firmenchefs wollen im Vorstellungsgespräch wissen, ob Sie als Bewerber zum Unternehmen und in das vorhandene Team passen. Dabei geht es um persönliche und anforderungsbezogene Eignungsmerkmale, die am Bewerber, also an Ihnen, im Vorstellungsgespräch überprüft werden sollen. Aus diesem Grund hat man aus den vorliegenden schriftlichen Bewerbungsunterlagen, die nach einer Stellenanzeige eingegangen sind, die interessantesten und vielversprechendsten Bewerber herausgesucht.

Gute Vorbereitung

In der Regel haben an diesem ersten Auswahlvorgang mehrere Personen mitgewirkt: der Chef, der Personalchef, der Abteilungsleiter, möglicherweise auch die Sekretärin. Vielleicht sind 250 Bewerbungen eingegangen, und nun muß man sich auf Arbeitgeberseite darauf verständigen, wie viele Kandidaten geeignet erscheinen und wie viele man näher kennenlernen will und kann (Zeitökonomie!).

Möglich, daß unter den vielen Bewerbern nur eine oder einer als kompetent erscheint. Wahrscheinlich favorisiert man aber doch drei bis zehn Bewerber. Leider ist es oft so, daß man aus Zeitgründen nur einen kleinen Teil der Kandidaten einlädt, die für die Aufgabe/den Arbeitsplatz in Frage kommen.

Das Auswahlgremium möchte nun seine bisherigen Informationen aus den vorliegenden Bewerbungsunterlagen ergänzen und einen ganz persönlichen Eindruck von Ihnen als Bewerber bekommen. Dabei wird die Ausprägung von Persönlichkeitszügen und Eigenschaften wie Leistungsbereitschaft, Motivation, Anpassungsfähigkeit, Einordnungsbereitschaft und Kompetenz unter die Lupe genommen. Ebenso konzentriert man sich auf äußere Merkmale wie Aussehen, Auftreten, Manieren sowie auf das sprachliche Ausdrucksvermögen.

Grundlage für diese wichtige Entscheidung sind in der Regel etwa – Sie werden es kaum glauben – zu 60–70% Ihre Persönlichkeit, nur zu 10–15% Ihre fachliche Kompetenz und zu weiteren 25% Ihre Leistungsmotivation.

Wichtig für Sie als Bewerber zu wissen: Es gibt Einzel- und Gruppenvorstellungsgespräche. Ihre Dauer ist unterschiedlich, je nach Arbeitsplatz und zu bewältigender Bewerberzahl bzw. Gesprächsteilnehmern auf Arbeitgeberseite. Klar ist, daß ein Theaterintendant-Bewerber nicht nur ein längeres Vorstellungsgespräch hat, sondern mehrere, und daß eine Bäckereiverkäuferin mit allerhöchstens zwei Gesprächen rechnen muß, die eigentlich nicht länger dauern sollten als jeweils maximal eine halbe Stunde. Das erste Gespräch könnte dem Kennenlernen und der Vorauswahl dienen, das zweite, um zu einer konkreten Arbeitsvereinbarung (über Zeit und Bezahlung) zu kommen.

Das Vorstellungsgespräch ist eine mündliche Test- und Prüfungssituation, auf die man sich gut vorbereiten kann. Diese Vorbereitung benötigt mindestens die gleiche, wenn nicht sogar doppelt soviel Zeit wie die schriftliche Bewerbung. Sich dafür ein, zwei Tage oder mehr Zeit zu nehmen ist nichts Außergewöhnliches. Natürlich bedarf es mehr Zeit, wenn es um das erste Vorstellungsgespräch geht, als wenn Sie hier schon eine gewisse Routine haben.

In der Regel läuft ein Vorstellungsgespräch nach einem bestimmten Schema ab, das von der Ausbildung und Erfahrung des Interviewers, also des Gesprächspartners von der Arbeitgeberseite, bestimmt wird. Es erfordert deshalb, wenn man als Bewerber etwas entgegensetzen will, ebenfalls eine gute Vorbereitung. Hier drängt sich unweigerlich der Vergleich mit einem Schauspieler auf, der sich um ein Engagement bewirbt und eine Rolle vorsprechen oder vorspielen muß. Auch er hätte ohne Vorbereitung, Übung und präzises Rollenstudium keine Chance. Schon der Begriff »Vorstellung« deutet – wie gesagt – auf die Parallele zum Theater hin.

Vier Hauptaspekte gilt es dabei zu berücksichtigen:

- die eigene Ausgangsposition
- Details über die Firma/die Institution
- den Gesprächsablauf und die zu erwartenden Fragen
- den organisatorischen Teil (Anreise, Kleidung usw.)

Für alle vier Aspekte gilt: Wissen ist Macht, und Übung macht den Meister. Je besser Sie sich auf die Prüfungssituation Vorstellungsgespräch vorbereiten, um so gelassener können Sie auf heikle und schwierige Fragen reagieren. Halten Sie sich den Tag, an dem das Gespräch stattfinden wird, frei von anderen Verpflichtungen.

Persönlichkeit, Motivation und Kompetenz

Der Arbeitgeber oder Personalchef will im Vorstellungsgespräch vor allem drei Aspekte überprüfen: Ihre Persönlichkeit, Ihre Leistungsmotivation und Ihre Kompetenz.

Beim Kennenlernen Ihrer *Persönlichkeit* geht es vor allem um folgende Aspekte:

- Wirken Sie sympathisch und vertrauenswürdig?
- Sind Sie anpassungs- und teamfähig?
- Passen Sie zur Institution/zum Unternehmen?

Ihre *Leistungsmotivation* soll durch folgende Fragestellungen erhellt werden:

- Bringen Sie Engagement und Enthusiasmus für die angestrebte Position mit?
- Sind Sie lernfähig und arbeitswillig?
- Werden Sie sich mit der Firma/Institution und Ihrer Aufgabe in hohem Maße identifizieren?

Kompetenz meint fachliche Qualifikation und das Vorhandensein berufsrelevanter Eigenschaften. Hier geht es vor allem um die Frage: Kann der Arbeitgeber Ihnen die Bewältigung des Jobs/der Aufgaben zutrauen (im Sinne von: Sie werden es schon schaffen, weil Sie so und so sind bzw. das und das können ...)?

Im folgenden möchten wir Ihnen die einzelnen Gesprächsphasen ausführlich erläutern. Zunächst aber ein kleiner Exkurs zum zentralen Aspekt im Vorstellungsgespräch: Persönlichkeit und Sympathie.

Sympathiebonus

Beim Vorstellungsgespräch geht es um den berühmt-berüchtigten ersten Eindruck, in dem bei zwei Gesprächspartnern, die sich bisher unbekannt waren, die Weichen in Richtung einer positiven (Sympathie) oder negativen Gefühlsreaktion (Antipathie) gestellt werden. Das Gelingen oder Mißlingen dieser Prüfungssituation hängt entscheidend mit davon ab, wie sympathisch Sie auf den Auswähler (Arbeitgeber, Interviewer) wirken. So gesehen sind die ersten Minuten eines Vorstellungsgesprächs von entscheidender Bedeutung.

Die folgende Übersicht soll Ihnen auf einen Blick verdeutlichen, was Sympathien hervorruft oder verhindert:

Sympathie heißt Gefühl von	Antipathie heißt Gefühl von
Interesse an Ihrer Person	Desinteresse
Vertrauen	Mißtrauen
positive Gefühle	negative Gefühle
Zuneigung	Abneigung
Wärme	Kälte
Gemeinsamkeiten	fehlende Gemeinsamkeiten
Attraktivität	Abstoßung
Schönheit	Häßlichkeit
»gleiche Wellenlänge«	»andere Wellenlänge«
Zugewandtheit	Abgewandtheit

Sympathie wird eher mobilisiert durch …	Antipathie wird eher mobilisiert durch …
Anpassung	mangelnde Anpassung
Charisma	fehlendes Charisma
Freundlichkeit	Unfreundlichkeit
Höflichkeit	Unhöflichkeit
Gelassenheit	Nervosität
Ruhe	Unruhe
Selbstsicherheit	Selbstunsicherheit
Geduld	Ungeduld
Toleranz	Intoleranz
Gleichberechtigung	Dominanz-/Machtstreben
Gewährenlassen (Freiheit)	Beherrschung (Unfreiheit)
Attraktivität	abstoßendes Äußeres
Schönheit	Häßlichkeit
Gewandtheit	Unsicherheit
Entspanntheit	Angespanntheit
gleiche/ähnliche Interessen/ Hobbys	stark unterschiedliche Interessen/ Hobbys

Zur Mobilisierung von Sympathiegefühlen kommt es immer dann, wenn Ihr Gegenüber den (ersten) Eindruck und die Hoffnung gewinnt, daß Sie einen Beitrag zu seiner Bedürfnisbefriedigung (Erfolg, Macht etc.) leisten können.

Vice versa: Das Gefühl der Antipathie basiert auf dem Eindruck, daß der/die andere zur eigenen Bedürfnisbefriedigung keinen oder einen zu geringen Beitrag leisten kann.

Sympathiefördernd sind vor allem Identifizierungsprozesse (»Mein Gegenüber ist ja genauso/ähnlich wie ich«) und biographische Gemeinsamkeiten (z.B. bezüglich früherer Wohnorte, Ausbildungsinstitutionen und Arbeitgeber).

Sympathie entsteht – auf beiden Seiten – aufgrund verbaler und nonverbaler Kommunikation:

Wer leistungsmotiviert und kompetent wirkt, macht sich zusätzlich zu seinen sonstigen Persönlichkeitsmerkmalen sympathisch. Damit sind auch diese weiteren zentralen Faktoren im Vorstellungsgespräch – Leistungsmotivation und Kompetenz als flankierende Aspekte – mit angesprochen und einbezogen.

Dem Bewerber zugeschriebene Leistungsmotivation und Kompetenz tragen zur Realisierung des Interviewer-Bedürfnisses nach Erfolg bei. Für den Interviewer besteht Erfolg bereits darin, einen Kandidaten empfohlen zu haben, der den Posten bekommt und sich später bewährt.

Die Ausgangspositionen

Bedürfnisse der Arbeitgeber

Die beiden Ausgangspositionen – Ihre und die Ihres Gegenübers – bestimmen wesentlich den Verlauf des Vorstellungsgesprächs. Es ist erschreckend, wie wenige Bewerber sich vor einem Vorstellungsgespräch Gedanken über die Erwartungen der Arbeitgeber machen und lediglich ihre eigene Situation im Auge haben. Dabei sind Fragen, die sich mit Ihrem Gegenüber auseinandersetzen, von ganz entscheidender Bedeutung. Die wichtigsten Fragen bei der Vorbereitung auf ein Vorstellungsgespräch:

- Worauf achten Arbeitgeber bei der Auswahl neuer Arbeitskräfte?
- Welche persönlichen und beruflichen Anforderungen stellt der Arbeitgeber?
- Wovon träumen Arbeitgeber? (s.S. 104)

Arbeitgebern reicht es nicht, daß Sie Fähigkeiten besitzen. Sie wollen wissen, wie Sie diese einsetzen: ob Sie etwa Betriebsamkeit nur vortäuschen oder wirklich versuchen werden, Probleme zu lösen. Arbeitgeber suchen Angestellte, die Ergebnisse erzielen: Gewinne, Sicherheit, Kostensenkung, Organisation, neue Lösungen. Ein motivierter Bewerber geht auf die Bedürfnisse des Arbeitgebers ein. Wenn Sie nicht wissen, was in einem bestimmten Unternehmen oder Berufsfeld von Ihnen erwartet wird, werden Sie den Arbeitgeber nur schwerlich überzeugen können. Sie sollten ihm durch Zielstrebigkeit und Kenntnisse über sein Arbeitsfeld zeigen, was er in Zukunft von Ihnen erwarten kann.

Die Position des Bewerbers

Natürlich hat auch Ihre Ausgangsposition Einfluß auf den Verlauf des Vorstellungsgesprächs. Welche Determinanten bestimmen Ihre Situation?

- Ihr Arbeitsplatzwunsch und die aktuelle Arbeitsmarktsituation (z.B. Mangelberuf oder Überangebot?)
- Berufsaus- und Weiterbildung
  (Wenn Ihre Ausbildung 20 Jahre zurückliegt und die letzte Fortbildungsmaßnahme vor 10 Jahren stattgefunden hat, fehlen Ihnen im Vorstellungsgespräch nicht nur gute Argumente.)
- Tätigkeit/Erfahrung
  (Wer als Außendienstmitarbeiter in den gehobenen Innendienst aufsteigen möchte, muß wissen, wieviel Stufen er sich auf einmal zu nehmen zutraut.)
- Ihre aktuelle Arbeitsplatzsituation
  (Steht schon alles in Flammen, ist das Schiff am Untergehen, oder können Sie sich in Gelassenheit nach neuen Ufern umsehen?)
- Bisherige Arbeitsplatzwechsel-Häufigkeit
  (Soll das jetzt der dritte Wechsel innerhalb von zwei Jahren werden, oder können Sie auf fünf Jahre Kontinuität an einem Arbeitsplatz zurückblicken?)
- Bisherige Bewerbungserfahrung
  (Wer nach 22 Absagen die 23. Bewerbung abschickt, braucht ein besonderes Reservoir an Optimismus und Energie, um weiterhin mit der notwendigen Selbstsicherheit und Überzeugungskraft auftreten zu können.)
- Kontakte und »Vitamin B«
  (spielen auch gerade bei einer Bewerbung eine Rolle – haben Sie Beziehungen, und können Sie diese nutzen?)
- Persönlichkeits- und Leistungsmerkmale
  (Als stark introvertierter, gehemmt wirkender Außendienstmitarbeiter ist es nicht leicht, in eine Gruppenleiterposition zu kommen.)
- Äußeres Erscheinungsbild
  (Mit einem Karl-Marx-Vollbart stößt man heute nicht nur in Bankkreisen auf Schwierigkeiten.)
- Alter
  (Mit 57 liegt z.B. bei der Bewerbung um eine leitende Position in der Aus- und Fortbildungsabteilung eines Großkonzerns die Zukunft vielleicht eher hinter einem, während in einem kleineren Unternehmen – gerade auch in den neuen Bundesländern – gute Chancen für erfahrene Praktiker bestehen.)

Marktchancen

Dies sind zugegebenermaßen zum Teil recht drastische Beispiele, um zu verdeutlichen, worum es geht. Sie sollen als Anregung dienen, darüber nachzudenken, welches die eigenen Plus- und Minuspunkte, die Marktchancen der von Ihnen angebotenen Ware Arbeitskraft sind. Denken Sie stets daran, daß Sie diese in das Vorstellungsgespräch als Präsentations- und Verkaufsargument mit einbringen.

Zum Überdenken Ihrer Ausgangsposition gehört auch eine kritische Reflexion über die eigene Person und typische Charaktereigenschaften, die Ihnen bisher vielleicht schon mehrfach in Ihrem Leben Schwierigkeiten gemacht haben.

Wenn Sie etwa dazu neigen, in einer Art unbewußtem Wiederholungszwang immer mit einem bestimmten Typ Vorgesetzten bereits nach wenigen Minuten in Streit zu geraten, weil Sie (unbewußt) an Ihren furchtbar cholerischen Vater oder einen autoritären älteren Bruder erinnert werden, darf Ihnen dies im Vorstellungsgespräch nicht passieren.

Aber auch die Gegenseite hat ihre Ausgangsposition. Da ist die Arbeitsmarktsituation, die einen maßgeblichen Einfluß hat. Werden Spezialisten wie Sie gesucht, oder gibt es Bewerber mit Ihrer Qualifikation wie Sand am Meer? Hat der Personalchef viele oder wenige Bewerbungen auf das Arbeitsplatzangebot erhalten? Handelt es sich um ein großes oder kleines Unternehmen? Stimmt das Timing der Personalplanung, oder leidet das Unternehmen unter Personalnot und Zeitdruck? Hat man es mit einem wirklichen Personalauslese-Profi oder eher mit einem Autodidakten auf diesem Gebiet zu tun? Dies alles hat seine spezifischen Auswirkungen.

Natürlich ist Ihr Interviewer auch nur ein Mensch mit unterschiedlicher Tagesform und all seinen Fehlern und Schwächen. Wenn er gerade stark mit eigenen Problemen und Streß belastet ist, könnte sich das bei Ihrem Vorstellungsgespräch (unbewußt) fortsetzen, ohne daß Sie von diesem Hintergrund etwas ahnen oder etwas dazu beigetragen haben.

Ihre Ausgangsposition wird gestärkt, wenn Sie wissen, worauf es im Vorstellungsgespräch ankommt. Dazu gehört, daß Sie die Hintergründe und Intentionen dieses Ausleseverfahrens genauestens kennen. Diese haben wir Ihnen global bereits im vorigen Abschnitt erläutert. Im folgenden beschäftigen wir uns mit der arbeitsplatzbezogenen Analyse und Informationsgewinnung für die Bewerbungsvorbereitung – immer mit dem Ziel, Ihre persönliche Ausgangsposition zu stärken.

Informationsrecherche zu Aufgabe – Position – Anbieter

Wer zu seinem neuen potentiellen Arbeitgeber nur mit der Adresse im Kopf hingeht, handelt wirklich kopflos. Eine gründliche Vorbereitung auf den möglichen Arbeitgeber und sein Umfeld ist absolut notwendig. Wahrscheinlich haben Sie dies bereits in Vorbereitung auf Ihre schriftlichen Unterlagen getan (s. S. 95).

Erste Informationen über das Unternehmen können Sie bereits der Anzeige entnehmen und der Art und Weise, wie der Kontakt mit Ihnen als Bewerber angebahnt wird, sowie auch dem Einladungsschreiben und den eventuell beigefügten Informationspapieren. Angenommen, Sie bewerben sich bei der Firma Siemens, sollten die folgenden Unternehmensdaten unbedingt zu Ihrem Basiswissen gehören:

Neben diesen allgemeineren Informationen benötigen Sie Spezialwissen über die Abteilung oder den Unternehmenszweig, für den Sie sich beworben haben. Eine Bewerbung als Ingenieur um eine Position im Bereich Siemens-Dentaltechnik, Datenverarbeitung Siemens-Nixdorf oder Energieerzeugung KWU erfordert natürlich eine unterschiedlich gezielte Einarbeitung in die jeweiligen speziellen Aspekte und Aufgabenstellungen des angestrebten Arbeitsplatzes.

Hintergrundinformationen zu Ihrem neuen potentiellen Arbeitgeber erhalten Sie beispielsweise direkt beim Unternehmen selbst (Pressestelle oder Internethomepage); darüber hinaus sind Industrie- und Handelskammer, Fachzeitschriften (Bibliotheken) und Nachschlagewerke hilfreich. Aber auch Personen, die bereits in dem Beruf, in der Branche oder Firma/Institution arbeiten, können Ihnen wichtige Insiderinformationen geben (s.S. 101).

Die folgenden Besonderheiten sind bei der Analyse der Ausgangspositionen von Bedeutung:

Bewerben Sie sich

- bei Groß-, mittleren oder kleineren Unternehmen?
- in der Privatwirtschaft oder im öffentlichen Dienst?
- aus (vermeintlich) gesicherter Position heraus (idealtypisch)?
- aus erkennbar unsicherer Position, z.B. unter Druck, weil bereits gekündigt?

Es liegt auf der Hand: Die Bewerbungs- und Ausleseverfahren differieren je nach Branche und Ihrer Ausgangsposition in Nuancen, die Gemeinsamkeiten aber überwiegen. Ein wichtiges Kriterium, das diese Unterschiede wesentlich beeinflußt, ist die Unternehmensgröße Ihres potentiellen Arbeitgebers. Der mittelständische Betrieb etwa mit 100 Mitarbeitern, der einen berufserfahrenen leitenden Ingenieur für das Spezialgebiet der Belüftungstechnik sucht, geht in der Regel anders mit seinen Bewerbern um als der Lebensmittel-Großkonzern, der im mittleren Management (unterste Stufe) einen jüngeren Food-Produktmanager mit einer Reihe von Berufsjahren sucht. Während Sie bei einem mittelständischen Betrieb davon ausgehen können, ein bis zwei Gespräche mit dem Firmeninhaber oder Geschäftsführer sowie mit einem für Sie direkt verantwortlichen Vorgesetzten (z.B. Hauptabteilungsleiter) und einem oder mehreren zukünftigen Kollegen zu führen, sieht dies bei einem Multi doch ganz anders aus.

Da gibt es oft sogar noch Gruppenauswahlgespräche. Recht wahrscheinlich sind vorgeschaltete Assessment-Center-Testveranstaltungen (s.S. 332). Letztlich sehen Sie sich, nachdem Sie bereits von einigen Personalreferenten befragt und vorgetestet wurden, dem Personalchef und Ihrem potentiellen direkten Vorgesetzten gegenüber.

Wie das Bewerbungsverfahren im einzelnen abläuft, ist dem Einladungsschreiben nicht immer zu entnehmen. Sollte Ihnen zu Ohren gekommen sein, daß Tests veranstaltet werden, ist es höchste Zeit, sich entsprechend vorzubereiten (vgl. S. 273). Vielleicht gelingt es Ihnen ja, vorab telefonisch in Erfahrung zu bringen, was Sie erwartet.

Vor dem Auftritt

Sie kommen nicht darum herum, sich im Vorfeld eines Vorstellungsgesprächs intensive Gedanken darüber zu machen, wer und wie Sie sind – vor allem aber, wie Sie Ihrem Gegenüber etwas von sich vermitteln wollen.

Ihr eigenes Drehbuch

»Wie bringen Sie was rüber?« lautet die Frage, die Herausforderung. Schreiben Sie sich nach Abschluß Ihrer Überlegungen eine Art persönliches Drehbuch. Beschreiben Sie Ihre wesentlichen Merkmale, Eigenschaften und Charakterzüge, die Sie vermitteln wollen, und notieren Sie sich, wie Sie diese glaubhaft darstellen können. Dabei gilt es, sich auf das Wesentliche zu beschränken, also Hauptmerkmale herauszuarbeiten und nicht etwa ganze Listen von Superadjektiven auswendig zu lernen.

Stärken und Schwächen

Zu empfehlen sind drei, maximal vier bis fünf Merkmale, die Sie beruflich und charakterlich auszeichnen, nebst Beispielsituationen, mit denen Sie verdeutlichen und belegen können, worum es Ihnen dabei geht. Diesen positiven Hauptmerkmalen können Sie noch weitere drei hinzufügen, die auf einer zweiten Ebene vertiefend zu Ihrer Charakterisierung beitragen.

Aber auch zwei, maximal drei Merkmale, die weniger ausgeprägt sind, als Sie es sich wünschen, sollten Sie vorab erarbeiten. Dabei kommt es natürlich darauf an, sich nicht völlig bloßzustellen, schließlich befindet man sich ja nicht bei seinem Psychoanalytiker auf der Couch.

Wenn es nicht gerade um einen Arbeitsplatz in einer ausgesprochen technischen Branche geht, könnten Sie unter der Rubrik »Schwächen« anführen, daß Sie bedauerlicherweise nicht dazu in der Lage sind, Ihr Auto allein zu reparieren. Oder daß Sie Mühe haben, Kompositionen von Bach und Händel immer auf Anhieb richtig zuzuordnen. Auch sind Sie vielleicht noch immer mit Ihren Spanischkenntnissen unzufrieden, obwohl Sie schon das dritte Mal dort Urlaub gemacht haben. Vielleicht kocht Ihre Frau oder Ihr bester Freund besser als Sie, was Sie beschämt.

Diese Beispiele sollen lediglich der Verdeutlichung dienen und Anregung sein, in entsprechend relativ harmloser Richtung nachzudenken. Vielleicht kommen Sie zu dem Ergebnis, daß Sie im Innersten Ihrer Seele Kritik an Ihrer Person nicht ertragen können. Diese Selbsterkenntnis wäre zwar ein erster Schritt zur Besserung, ist aber wirklich nicht dazu angetan, in einem Vorstellungsgespräch ausgebreitet zu werden.

Natürlich können Sie nicht nach jeder Interviewerfrage zunächst einmal in diesem Buch nachschlagen und versuchen, die richtige Einordnungskategorie zu finden, um sich dann anhand unserer Hinweise eine gute Antwort zu überlegen. Stecken Sie also jetzt – vorher – den Rahmen ab, was und wie Sie etwas über sich aussagen oder erzählen wollen. Dazu gehört in erster Linie Berufliches, jedoch auch ein gewisses Maß an Privatem. Was und wieviel, müssen Sie unbedingt vorab überlegen, um auch dann souverän bleiben zu können, wenn das Gespräch geradezu Verhörcharakter bekommen sollte.

Verzweifeln Sie nicht: Allein die Tatsache, daß Sie sich mit Hilfe unseres Buches mit den Hintergrundaspekten der verschiedenen potentiellen Fragen im Vorstellungsgespräch gründlich auseinandersetzen werden, stärkt Sie. Daß Sie anfangs dabei ein flaues Gefühl entwickeln und glauben, all dem nicht gewachsen zu sein, ist eigentlich ganz normal. Das Gegenteil sollte Sie übrigens viel eher mißtrauisch machen.

Extratip für Frauen

Damit Sie gut ankommen, ist auch entscheidend, wie Sie sprechen. Viele Frauen sprechen leise. Ursache dafür ist oftmals die Befürchtung, ein lauteres Sprechen würde möglicherweise unangenehm schrill oder gar hysterisch klingen. Hinzu kommt eventuell ein anerzogenes defizitäres Selbstwertgefühl, das sich durch die zurückgenommene, gedämpfte Stimmführung dokumentiert. Verinnerlichte elterliche Ermahnungen »Sei leise – sprich nicht so laut« zeigen Wirkung, ganz besonders dann, wenn es um Selbstbehauptung in Streßsituationen gegenüber vermeintlichen Autoritätspersonen geht. Das Vorstellungsgespräch ist eine solche typische Prüfungssituation.

Hier kommt ein zu leises, aber auch ein zu lautes Sprachauftreten nicht gut an. Sollten Sie also der Meinung sein, daß Sie mit Ihrer Stimme derartige Probleme haben, empfiehlt es sich, diese subjektive Einschätzung einer objektiven Überprüfung zu unterziehen. Am sinnvollsten ist es sicherlich, ein Vorstellungsgesprächs-Rollenspiel auf Tonband aufzunehmen (noch besser ist eine Videoaufzeichnung, wodurch sich die weiteren Signale der Körpersprache gleich mitkontrollieren lassen).

Oftmals sind die subjektiven Befürchtungen stärker als die objektive Realität. Die eigene Stimme vom Tonband zu hören ist schon ein Erlebnis, an das Sie sich wahrscheinlich erst einmal gewöhnen müssen. Wenn an-

→

dere Personen Ihr Tonbandprotokoll günstiger einschätzen, als Sie es vielleicht zunächst einmal selbst tun, kann das nur zu Ihrer Entkrampfung beitragen und stärkt Ihr Selbstbewußtsein in dieser Vortragssituation. Wie ganz generell gilt natürlich auch hier: Auf die Übung kommt es an, im Vorfeld und unter schärferen Bedingungen, nämlich im realen Vorstellungsgespräch.

Erfahrungen sammeln

Es kann sehr hilfreich sein, Bewerbungserfahrungen zu sammeln, ohne daß Sie den angebotenen Arbeitsplatz unbedingt anstreben. Solch ein Vorstellungsgespräch, bei dem es nicht auf den Erfolg ankommt, ist eine ideale Experimentier-, Spiel- und Lernebene, von der Sie profitieren – immer für den Ernstfall, wenn es dann wirklich für Sie darum geht, einen bestimmten Arbeitsplatz zu erobern.

Die entspannte Anreise

Planen Sie genügend Zeit für Ihre Anreise ein, unter Berücksichtigung eventuell auftretender Verzögerungen (Staus etc.). Sollten Sie zu einem Vormittagstermin eingeladen sein, ist es von Vorteil, einen Tag oder spätestens am Abend vorher am Zielort zu sein.

Es empfiehlt sich, wenn irgend möglich, den Ort dieses für Sie bedeutsamen Treffens vorab wenigstens einmal von außen aus einer gewissen Entfernung in Augenschein zu nehmen. So kennen Sie den Anreiseweg, wissen, wo man parkt und wie man zu dem Hauptgebäude, in dem das Vorstellungsgespräch stattfindet, gelangt, und kennen Wegezeiten. Außerdem haben Sie sich mental und auch emotional schon ein bißchen eingestimmt.

Auf diese Weise können Sie sich psychisch auch ganz anders vorbereiten, haben Sie doch jetzt eine realistische Vorstellung, wie das äußere Szenario aussieht. Lassen Sie einmal die Atmosphäre auf sich einwirken, schauen Sie sich an, was die Fenster und das andere Drumherum Ihnen sagen. Aus vielen Details werden Sie sich ein Bild zusammensetzen können, das Ihnen hilft, den Geist des Hauses, der Firma oder des potentiellen neuen Arbeitgebers besser zu erfassen.

Handelt es sich um futuristische Architektur oder ein Gebäude der Jahrhundertwende, dessen dicke Mauern langsam zu zerbröseln drohen? Ist der Zaun von der Art, wie man ihn um Gefängnisse baut, oder hat er mehr dekorativen als funktionalen Charakter? Alles Hinweise und Mosaiksteine für ein vorläufiges Bild, die am Tag der Begegnung zumindest keine negativ irritierende Überraschung mehr bei Ihnen auslösen.

Weg kennen

Auch wenn Sie glauben, den Weg gut zu kennen, können Sie nicht sicher sein, in einem labyrinthartigen Bürogebäudekomplex gleich den kürzesten Weg und das richtige Zimmer zu finden.

Besser also, Sie sind eine Viertelstunde zu früh da als zehn Minuten zu spät. Natürlich dürfen Sie nicht übertreiben. Insbesondere sollten Sie im Vorzimmer des Geschehens nicht mehr als fünf Minuten vor dem vereinbarten Termin eintreffen. Wer zwanzig Minuten zu früh aufkreuzt, macht einen denkbar schlechten Eindruck.

Entscheidend ist, daß Sie so ausgeruht wie nur irgend möglich sind. Sollten Sie sich wider Erwarten an einem so wichtigen Tag krank fühlen – aus welchen Gründen auch immer –, ist es sinnvoller, den Termin abzusagen, als beispielsweise mit allen sichtbaren und unsichtbaren Befindensbeeinträchtigungen einer schweren Erkältung anzutreten und sich nicht optimal präsentieren zu können.

Kostenerstattung

Ist das Vorstellungsgespräch für Sie mit Fahrt-, Verpflegungs- und Unterbringungskosten verbunden, so gilt für die Erstattung folgende Regelung: Bei einer Einladung zum Vorstellungsgespräch muß der potentielle Arbeitgeber für alle angemessenen Kosten aufkommen, die Ihnen entstehen, egal, ob ein Arbeitsvertrag zustande kommt oder nicht. Sollte ein potentieller Arbeitgeber dazu nicht bereit sein, so muß er Ihnen diesen Sachverhalt vorher ausdrücklich mitgeteilt haben (was Sie sicherlich nachdenklich gestimmt hätte).

Wenn Sie allerdings anfangen, bei der Abrechnung der Ihnen entstandenen Kosten das Parkhaus-Ticket oder den Fahrschein des öffentlichen Nahverkehrs in Rechnung zu stellen, lassen Sie – gelinde gesagt – den adäquaten Blick für Proportionen vermissen. An der Art und Weise, wie Sie Ihre Abrechnungsunterlagen zusammenstellen und die Gegenseite die Zahlungsabwicklung gestaltet, ist wechselseitig viel abzulesen. Hier sieht man schnell, mit wem man es zu tun hat. Das gilt für Bewerber- wie Unternehmensseite. Stellen Sie sich bei einem Arbeitgeber aus Eigeninitiative vor, ohne die ausdrückliche Verabredung, daß dieser für die Reisekosten aufkommt, müssen Sie alle Auslagen selbst tragen.

Risiken bedenken

Nochmals: Abgesehen davon, daß längere Autoanfahrten zu einem so wichtigen Termin wie dem Ihres Bewerbungs- und Vorstellungsgespräches eine Qual seien können, bedenken Sie besonders auch die Risiken: Stau, Panne, Unwetter, Glatteis, Unfall.

Ihre Kleidung

Unsere zweite Haut, die Kleidung, ist ein ganz wesentlicher Signalträger und -geber unserer Befindlichkeit. Worin spiegelt sich unser Selbstbild deutlicher als in unserer Kleidung und unserem Outfit? An ihrer (Berufs-) Kleidung erkennen wir sie sofort: den Koch, Schornsteinfeger oder die Ärztin, den Obdachlosen, Jogger, Rocker oder Millionär. Ob Dame von Welt oder Vertreterin des ältesten Gewerbes der Welt, es gibt viele Be-Kleidungssignale, die uns bei der Einordnung und Orientierung behilflich sind.

Wer sich zum Beispiel um einen qualifizierten Arbeitsplatz in einem Versicherungskonzern bewirbt, kommt besser nicht in Joggingschuhen und Jeans daher, auch wenn dies auf der Überlegung basiert, dadurch seine dynamische Note unterstreichen zu wollen. Sollten Sie nun aber glauben, daß diese Bekleidungsutensilien bei einem Sportartikelmulti dazu angetan sind, Pluspunkte zu sammeln, irren Sie.

Berufsangemessene Kleidung

Gibt es Patentrezepte? Das sicherlich nicht. Aber generell gilt: Heutzutage kleidet man sich für ein Vorstellungsgespräch wieder gediegen, zurückhaltend-vornehm, eher konservativ. Gefragt ist auch bei Damen die schlichte Eleganz. Unsere Empfehlung: Schauen Sie sich doch einfach mal typische Berufsvertreter in der von Ihnen angestrebten Position an, und orientieren Sie sich für Ihr Vorstellungsoutfit an deren Kleidung.

Verdeutlichen Sie sich, daß Sie nach dem Bewerbungsanschreiben mit Ihrem Erscheinungsbild eine weitere Arbeitsprobe und Visitenkarte abgeben. Vermeiden Sie es möglichst, besser gekleidet zu sein als Ihr Gegenüber, und verzichten Sie auf jede Extravaganz, also auf eine grelle, poppige, übertriebene Maskerade (auch Schminke) – es sei denn, Sie bewerben sich bei einer Werbeagentur oder in der Kunstszene.

Diese Kurzempfehlungen ersetzen keinen Besuch beim Modeberater oder einem Farb- und Stilberatungsstudio. Sollen sie ja auch gar nicht. Aber wir können es nicht oft genug sagen: Die gepflegte Gesamterscheinung, angefangen von der Frisur über das Make-up bei Damen bis zu Kleidung, Schuhen und Accessoires (Brille, Uhr, Schmuck, Tasche und Tuch), alles muß aufeinander abgestimmt sein, zu Ihnen passen, Ihre persönliche Note unterstreichen und Sie vorteilhaft präsentieren.

Ob es Ihnen nun paßt oder nicht, die Spiel- oder in diesem Fall Verkleidungsregeln sind streng. Sie entscheiden, wie Sie sich an Ihrem potentiellen Arbeitsplatz einordnen und anpassen wollen. Und genau das ist es, was man dann auch sehen möchte: Wissen Sie, was man von Ihnen erwartet, und spielen Sie mit? Ein noch so talentierter Mitarbeiter kann, ja darf einfach auch an einem heißen Sommertag nicht in kurzen Hosen aufkreuzen. Zugegeben ein etwas überspitztes Beispiel, aber plastisch!

Vorher Probetragen

Und noch ein Tip: Die Garderobe für Ihren wichtigen Auftritt müssen Sie kennen. Sie sollten sie vorher wenigstens an- und ausprobiert, besser einige Stunden bereits getragen haben. Drückende Schuhe, einquetschende, fast platzende Hemden, rutschende Hosen, knallenge Röcke, fehlende Knöpfe, kaputter Saum, Flecken, alles das stellt im Moment, da Ihr Auftritt kurz bevorsteht, eine furchtbare Falle, eine Quelle von Verunsicherung, Gefährdung und Unwohlsein dar. Gehen Sie kein unnötiges Risiko ein, machen Sie eine Generalprobe, stimmen Sie sich selbst vor dem Spiegel in Ihre Rolle ein, aber auch in Ihre Kleidung. Ihr Selbstwertgefühl wird es Ihnen danken.

Sollten Sie zu einem Termin fernab von der Heimat anreisen, gilt es, auch an Ersatz-Vorzeigekleidung zu denken, falls etwa im Flugzeug eine Tasse Kaffee auf Ihrem Anzug/Kostüm landet. Ersparen Sie sich den Streß, noch schnell in letzter Minute einen Kostümverleih oder eine Schnellreinigung ausfindig machen zu müssen.

Betrachten Sie sich zu Hause gründlich im Spiegel, stellen Sie zu Ihrer geplanten Rolle und Ausstattung eine Beziehung her. Üben Sie Ihr Auftreten in der von Ihnen gewählten, sorgfältig zusammengestellten Kleidung.

Extratip für Bewerber über 48

Gerade als gestandener älterer Bewerber müssen Sie darauf achten, daß Hemden, Blusen, Schuhe, Schnitt von Kostümen und Anzug, Breite von Kragen und Schlips modern sind, um sich nicht nachsagen zu lassen, von gestern zu sein.

Übrigens: Viele weitere Tips und Anregungen, um die Erfolgsaussichten Ihrer Bewerbung zu verbessern, finden Sie in unserem Ratgeber: *Erfolgsstrategien für Bewerber über 48. Entdecken Sie Ihre Chancen – nutzen Sie Ihre Vorteile!* (Eichborn Verlag, Frankfurt/M. 1999).

Ihr Auto

Wenn Sie mit dem Auto anreisen, denken Sie daran, daß es ebenso wie Ihre Kleidung einiges über Sie verrät. Ob Sie nämlich im nostalgischen Käfer, in einem legendären Mercedes 180 D, einem knallroten Porsche, einem Fiat Uno oder oder oder vorgefahren kommen, wird nicht lange unregistriert bleiben. Spätestens bei einem zweiten Treffen schaut man Ihnen hinterher und sieht, womit Sie abfahren.

Und ob Ihr Wagen hinten voll mit Stickern beklebt ist oder ob Sie einen nickenden Hund oder Muttis Puppe mit selbstgehäkeltem Kleid, unter dem die Klorolle verborgen ist, im Heckfenster plaziert haben, sagt eben auch etwas über Sie und Ihre Wesensart aus. Ganz zu schweigen vom verbeulten, rostigen oder auch dreckigen Autoäußeren.

Aber nicht nur Ihre Kleidung und Ihr Zubehör sollten Sie vorteilhaft erscheinen lassen. Auch das, was Sie über sich erzählen, darf ruhig weitgehend Ihre Schokoladenseite präsentieren. Warum Sie im Bewerbungsfall ein Recht auf Notlüge haben, lesen Sie jetzt.

Zur Not auch eine Lüge

Vorausgeschickt werden muß: Bestimmte Fragen und Themen dürfen im Bewerbungsverfahren gar nicht erst behandelt werden. Es sind nur solche Fragen erlaubt, die arbeitsbezogen sind, also in direktem Zusammenhang mit dem zu besetzenden Arbeitsplatz stehen. Leider halten sich nicht alle Arbeitgeber daran. Deshalb hat das Bundesarbeitsgericht entschieden, daß bestimmte Fragen im Vorstellungsgespräch, etwa nach der Zugehörigkeit zu einer politischen Partei, nicht wahrheitsgemäß beantwortet werden müssen, wenn der Bewerber davon ausgehen muß, daß von einer bestimmten Antworttendenz die Vergabe des Arbeitsplatzes abhängen könnte. Der Bewerber hat also eine Art Notwehrrecht auf Lüge.

Unzulässige Fragen

Unzulässig sind die Ausforschung der politischen Meinung ebenso wie Fragen nach (auch früherem!) gewerkschaftlichem Engagement oder Privatplänen in puncto Heiraten, Familienplanung, Freizeitgestaltung und Hobbys. Frühere Krankheiten und die Frage nach einer Schwangerschaft sollten genauso tabu sein wie die Frage nach den Berufen von Lebenspartnern (oder anderen Personen, z.B. Eltern, Geschwistern) sowie nach den privaten Vermögensverhältnissen (evtl. Schulden).

»Verboten sind außerdem Fragen nach Vorstrafen, soweit ganz allgemein gefragt wird, also nicht nur nach solchen Vorstrafen, die ›einschlägig‹ sind, unzulässig ist dann konsequenterweise auch das Verlangen, ein polizeiliches Führungszeugnis vorzulegen, nicht statthaft sind schließlich Fragen nach laufenden Ermittlungsverfahren.

Unzulässig ist auch (s.o.) die Frage nach der früheren Arbeitsvergütung (sie dient ja u.a. dazu, evtl. Lohnansprüche des Bewerbers zu dämpfen); zulässig ist diese Frage jedoch dann, wenn sich daraus für die konkret in Aussicht genommene Tätigkeit Folgerungen ziehen lassen, z.B. wenn die Höhe der Vergütung Rückschlüsse auf die mit der früheren Tätigkeit verbundene Verantwortung ermöglicht und die in Aussicht genommene Position ebenfalls besonders verantwortliche Aufgaben mit sich bringt. (...)

Beantwortet der Bewerber eine unzulässige Frage falsch, so hat dies für die Wirksamkeit des Arbeitsvertrages keinerlei nachteilige Folgen. Dies ist zwangsläufig die Konsequenz des eingeschränkten Fragerechts des Arbeitgebers. Denn das bloße Recht, die Antwort zu verweigern, würde dem Bewerber nichts nützen; hier wäre keine Antwort eben auch eine Antwort. Lassen sich Tatsachen, die der Bewerber nicht anzugeben braucht, aus dem Lebenslauf erschließen, so darf der Bewerber den Lebenslauf insoweit ›normalisieren‹.« (E. Stevens-Bartol, *Bewerbung, Einstellung, Vertragsschluß*, München 1990, S. 18f.)

Dr. X., niedergelassener Chirurg mit Kassenpraxis in Berlin, entschied sich für die charmante Michaela als seine neue Arzthelferin. Nach der Probezeit stellte sich heraus: Michaelas bezaubernder damenhafter Habitus entsprach nicht ganz den biologischen Tatsachen. Die Arzthelferin Michaela war, da sie sich noch keiner geschlechtsverändernden Operation nach dem Transsexuellengesetz unterzogen hatte, biologisch und offiziell beurteilt der Arzthelfer namens Michael.

Der kleine Unterschied mußte dem Berliner Knochendoktor ganz offensichtlich beim Vorstellungstermin und der sich anschließenden Entscheidungsprozedur entgangen sein. Dennoch kündigte der Doktor seiner Arzthelferin Michael(a) nun fristlos, weil er sich arglistig getäuscht fühlte. Vor dem Bundesarbeitsgericht sah man sich, da Michael(a) sich nicht in ihr Arbeitsschicksal fügen wollte, nach kostspieligem Rechtsstreit wieder. Hier wurde entschieden: Ungefragt müsse kein Transsexueller mit seiner biologischen Sexualidentität aufwarten, und selbst bezüglich der konkreten Nachfragen von Arbeitsplatzanbieterseite schienen dem Bundesarbeitsgericht Zweifel angebracht.

Ohne ausdrückliche Einwilligung des Bewerbers sind

- medizinische Untersuchungen
- psychologische Tests
- graphologische Gutachten
- Sicherheitsüberprüfungen sowie die
- Genomanalyse

unzulässig.

Bewerber dürfen persönliche Umstände verheimlichen oder auf entsprechende Fragen konsequent lügen. Und mehr noch: »Allzu neugierige Arbeitgeber müssen schmerzlichen Schadenersatz fürchten«, weiß *Capital* (2/92) zu berichten. »Nachdem die Materie vor deutschen Arbeitsgerichten jahrzehntelang auf Sparflamme köchelte, macht jetzt der Europäische Gerichtshof in Luxemburg (EuGH) mächtig Dampf.« Ansatzpunkt ist die Gleichberechtigung der Geschlechter und die eigentlich auch schon früher als Tabuzone geschützte Intim- und Privatsphäre. Nur eben jetzt mit dem Unterschied, daß es für den Arbeitgeber beim allzu hemmungslosen Bewerberausfragen wirklich teuer werden kann. Natürlich gibt es wie bei jeder Regel auch Ausnahmen. Wenn etwa jemand für die katholische Kirche arbeiten will, ist die Frage des Arbeitgebers Kirche nach der Religionszugehörigkeit des Bewerbers durchaus zulässig. Ebenfalls einsichtig ist die Frage nach früheren Krankheiten bei Pilotenbewerbern oder Zugführern.

Gewissenskonflikte

In der Alltagsbewerbungssituation ist es aber leider so, daß nahezu jeder Arbeitgeber unzulässige Fragen an die Bewerber stellt. Wohnsituation, Privatbeziehungen, Heiratsabsichten, Familienplanung, Gesundheitszustand, frühere Erkrankungen. Durch seinen Eingriff in die per Grundgesetz geschützte Privatsphäre des Arbeitsuchenden löst er bei diesem einen nicht zu unterschätzenden Gewissenskonflikt aus, dem mit dem Notwehrrecht auf Lüge Rechnung getragen wird.

Fragenrepertoire und Gesprächsablauf

Am Vorstellungsgespräch führt kein Weg vorbei. Wie es aber konkret abläuft, liegt auch mit in Ihrer Hand. Sie beeinflussen, ja bestimmen ganz wesentlich den Gesprächsverlauf.

Beweis: Wetten, daß ein relativ ausgefallenes Hobby wie Fallschirmspringen, das Sie in Ihrem Lebenslauf erwähnt haben, Ihr Gegenüber mit an Sicherheit grenzender Wahrscheinlichkeit veranlaßt, mehr darüber von Ihnen erfahren zu wollen?

Auch wenn dies ein wenig konstruiert klingen mag, es geht uns darum, Ihnen zu verdeutlichen, daß ein Teil der Fragen im Vorstellungsgespräch sich von Ihren Angaben im Bewerbungsanschreiben, Lebenslauf und den Anlagen (z.B. Arbeitszeugnissen) ableiten läßt.

Die (Lebenslauf-)Tatsache beispielsweise, daß Sie Ihre beiden vorletzten Arbeitgeber jeweils bereits nach einem dreiviertel Jahr wieder verlassen haben, wird unweigerlich intensiveres Nachfragen provozieren.

Sie bestimmen den Verlauf selbst

Mit anderen Worten: Die Art und Weise, wie Sie antworten, wie glaubwürdig und nachvollziehbar, was Sie wie ausführlich und in welchem Stil mitteilen, hat einen deutlichen Einfluß auf den weiteren Verlauf des Gesprächs.

Um Ihnen vorab einen Überblick über die auf Sie möglicherweise zukommenden Fragen zu geben, haben wir die 100 am häufigsten gestellten Fragen für Sie zusammengetragen.

Erläuterungen zum jeweiligen Fragenhintergrund und Hinweise auf Antwortstrategien finden Sie ab S. 406. Hier nun die Fragen:

1. Wie ist es eigentlich zu Ihrer Bewerbung als ... bei unserem Unternehmen/ unserer Institution gekommen?
2. Was reizt Sie an dieser Aufgabe/Position?
3. Warum wollen Sie gerade bei uns, in unserem Unternehmen/unserer Institution arbeiten?
4. Wie gut kennen Sie unsere Produkte/Dienstleistungen etc.?
5. Warum haben Sie vor, den Arbeitsplatz zu wechseln?
6. Weshalb wollen Sie Ihre jetzige Tätigkeit/Position aufgeben?
7. Warum haben Sie in Ihrer jetzigen Firma/Institution keine Aufstiegschancen?
8. Was sind die Gründe für Ihre Unzufriedenheit?
9. Was reizt Sie an der neuen Aufgabe?
10. Was erwarten Sie speziell von uns, was erhoffen Sie sich?
11. Üben Sie Ihre jetzige berufliche Tätigkeit gerne aus?
12. Was hat Ihnen bisher an Ihrer Aufgabe/Position gefallen, was mißfallen, und warum?
13. Was, glauben Sie, ist bei uns anders?
14. Wie gut kennen Sie uns bereits, unsere ... (z.B. Produktion/ Marktposition/ Dienstleistungen usw.)?
15. Wie stellen Sie sich Ihre Tätigkeit bei uns vor?
16. Haben Sie einen besonderen persönlichen Bezug zu unserem Unternehmen?
17. Kennen Sie Mitarbeiter aus unserem Haus?
18. Was haben diese Ihnen denn so alles über uns erzählt?
19. Haben Sie zur Zeit noch andere Bewerbungsverfahren laufen?
20. Gibt es schon konkrete Verhandlungen bzw. Ergebnisse?
21. Was bewog Sie damals – im Jahre xx und dann xx – den Arbeitsplatz zu wechseln?
22. Was hat für Sie Priorität bei Ihrer Arbeit?
23. Wie stellen Sie sich im Idealfall Ihre Arbeit/Aufgaben vor?
24. Was sind – aus Ihrer Sicht – die Vor- und Nachteile der von uns angebotenen Position, und wie wollen Sie damit umgehen?
25. Auf welche Ihrer beruflichen Leistungen und Erfolge sind Sie besonders stolz?
26. Und jetzt zu Ihren Mißerfolgen ...
27. Wie sehen Sie Ihre Zukunft?
28. Was sind Ihre Ziele?
29. Was möchten Sie in drei und was in fünf Jahren erreicht haben?
30. Wie verlief Ihr bisheriger Berufsweg?
31. Aus welchen Gründen haben Sie sich für den Beruf/die Branche/die Arbeitsplätze X, Y und Z entschieden?
32. Und warum jetzt für diese neue Position in unserem Haus?
33. Berichten Sie uns etwas über die wichtigsten Aspekte Ihrer bisherigen Tätigkeiten.

34. Was sind zur Zeit Ihre konkreten Arbeitsaufgaben?
35. Was machen Sie davon gerne, was ungern?
36. Schildern Sie einmal den Ablauf eines typischen Arbeitstages.
37. Warum haben Sie Ihren Arbeitgeber öfter/selten gewechselt?
38. An welchen Fortbildungsmaßnahmen haben Sie teilgenommen? Wer hat diese initiiert?
39. Was zeichnet Ihrer Meinung nach einen guten Vorgesetzten aus?
40. Was einen guten Mitarbeiter?
41. Jetzt diese beiden Fragen mit umgekehrten Vorzeichen – »schlechten« Vorgesetzten ... usw.
42. Was schätzen Sie an Ihren Arbeitskollegen/Vorgesetzten – was nicht?
43. Fühlen Sie sich in Ihren beruflichen Leistungen von Ihren früheren Vorgesetzten angemessen beurteilt?
44. Was würden Sie gern an Ihrem jetzigen Arbeitsplatz verändern, wenn Sie Veränderungen durchführen könnten, wie Sie wollen?
45. Was war bisher Ihr schlimmstes, unangenehmstes (Arbeits-)Erlebnis?
46. Wir wollen Sie gerne kennenlernen, erzählen Sie uns etwas über sich.
47. Wie würden Sie sich kurz charakterisieren?
48. Was sind Ihre Stärken, was Ihre Schwächen?
49. Was ist Ihr größter Erfolg/Mißerfolg (beruflich/privat)?
50. Was war bisher in Ihrem Leben Ihr schlimmstes Erlebnis?
51. Was schätzen Sie generell an anderen Menschen, was nicht (Arbeitskollegen/Vorgesetzte/Freunde/Bekannte)?
52. Haben Sie Leitbilder?
53. Warum sollten wir gerade Sie einstellen?
54. Wir wollen Sie als Mensch kennenlernen. Was machen Sie neben Ihrer Berufstätigkeit?
55. Welche Interessen/Hobbys haben Sie?
56. Welche Sportarten betreiben Sie?
57. Was bedeutet Teamarbeit für Sie?
58. Mit welchen Menschen arbeiten Sie gern/ungern zusammen?
59. Hatten Sie schon mal Schwierigkeiten mit Vorgesetzten und/oder Kollegen?
60. Wenn ja: Mit wem? Warum? Wie sind Sie damit umgegangen? Was haben Sie daraus gelernt?
61. Worüber können Sie sich so richtig ärgern?
62. Was macht Sie wütend?
63. Was bereitet Ihnen Sorgen?
64. Wie gehen Sie mit Kritik um?
65. Was sind Ihre ganz persönlichen Lebensziele?
66. Was möchten Sie persönlich für sich in naher/ferner Zukunft erreichen?
67. Was sind Ihrer Meinung nach die größten Mißstände ...
    - in der Welt
    - in unserem Land

– in Ihrer Heimatstadt
– in dem Unternehmen, in dem Sie zur Zeit arbeiten?

68. Wie sieht Ihre aktuelle Lebenssituation aus?
69. Stellen Sie uns doch bitte mal Ihre Familie vor.
70. Was macht Ihre Frau/Ihr Mann beruflich, und wo?
71. Was sagt Ihr Lebenspartner zu Ihren Plänen? Gibt es da evtl. Probleme (Umzug/Arbeitszeiten etc.)?
72. Gibt es Bereiche, in denen Sie sich besonders engagieren?
73. Mit welchen Menschen sind Sie gerne zusammen, und was verbindet Sie mit diesen?
74. Waren Sie schon mal ernstlich erkrankt?
75. Bestehen bei Ihnen gesundheitliche Einschränkungen mit beruflichen Auswirkungen?
76. Gab es Krankenhausaufenthalte/Unfälle, leiden Sie an Allergien?
77. Waren Sie im letzten Jahr mehr als zweimal beim Arzt?
78. Haben Sie einen Hausarzt?
79. Wie gut kennen Sie sich in unserer Branche/in unserem Metier aus?
80. Wie schätzen Sie die aktuelle (zukünftige) Marktsituation ein?
81. Kennen Sie ... (dieses Verfahren, die Person, die Diskussion um etc.)?
82. Was ist Ihre Meinung über ...?
83. Wie beurteilen Sie ...?
84. Was würden Sie machen, wenn ...?
85. Welche Publikation (Fachbuch/Artikel) aus Ihrem Arbeitsgebiet hat Sie in der letzten Zeit besonders beschäftigt?
86. Welche Fachzeitschriften haben Sie abonniert/lesen Sie regelmäßig?
87. Welche Kongresse, Fachtagungen, Weiterbildungen etc. haben Sie in der letzten Zeit besucht?
88. Auf welchem Sektor lag Ihr Ausbildungsschwerpunkt, und wie kam es dazu?
89. Was würden Sie als Ihren aktuellen, spezifischen Arbeitsschwerpunkt bezeichnen?
90. Was schätzen Sie: Wie lange brauchen Sie, um sich bei uns in Ihr neues Aufgabengebiet einzuarbeiten?
91. Auf welchem Gebiet haben Sie noch größere Defizite, und was gedenken Sie dagegen zu tun?
92. Können Sie uns noch einmal verdeutlichen: Was spricht für und was gegen Sie als unser Kandidat?
93. Warum sollten wir gerade Sie einstellen?
94. Was machen Sie, wenn Sie den Arbeitsplatz bei uns nicht bekommen, wenn wir uns für einen anderen Bewerber entscheiden?
95. Welche Gehaltsvorstellung haben Sie?
96. Wie hoch sind Ihre aktuellen Bezüge?
97. Wann könnten Sie bei uns anfangen?
98. Wenn wir uns für Sie entscheiden, brauchen wir Sie sofort. Ist das möglich?

99. Können Sie bitte noch einmal kurz zusammenfassen, was Ihre Stärken, aber auch Ihre Schwächen sind?
100. Was sind Ihre Fragen an uns?

Diese und weitere Fragen, die Ihnen im Vorstellungsgespräch begegnen, folgen einem bestimmten Ablauf, der sich in zehn Phasen teilen läßt:

1. Begrüßung und Einleitung des Gesprächs
2. Bewerbungsmotive und Leistungsmotivation
3. Beruflicher Werdegang
4. Persönlicher, familiärer und sozialer Hintergrund
5. Gesundheitszustand
6. Berufliche Kompetenz und Eignung
7. Informationen für den Bewerber
8. Arbeitskonditionen
9. Fragen des Bewerbers
10. Abschluß des Gesprächs und Verabschiedung

Abgesehen von der Begrüßungs- und Verabschiedungsphase kann die Reihenfolge variieren. Auch müssen nicht gleich beim ersten Vorstellungsgespräch alle Themen ausführlich behandelt werden (z.B. Arbeitskonditionen). Diese Übersicht gibt Ihnen jedoch einen optimalen Eindruck, welche Themen insgesamt auf Sie zukommen können.

Extratip für angehende Azubis

Das Ablaufschema für Vorstellungsgespräche mit Lehrstellensuchern sieht ein wenig anders aus:

1. Begrüßung und Einleitung des Gesprächs s.o.
2. Bewerbung und Berufswahl

Ergründung von Motivation, Interesse und Informationsstand zum gewünschten Beruf durch Fragen wie:

- Warum bewerben Sie sich für den Beruf der/des .../die Ausbildung für ...? (Die wichtigste Frage im ganzen Gespräch!)
- Wie sind Sie darauf gekommen, und seit wann interessieren Sie sich für diesen Beruf?
- Welche Vor- und Nachteile sehen Sie an diesem Beruf?

3. Schule, Ausbildung und bisherige Tätigkeiten
(Interessen, Neigungen – Zusammenhang mit Berufswahl)

→

- In welchen Schulfächern haben Sie gute und in welchen schlechte Noten, und warum?
- Wie sind Sie mit Lehrern und Mitschülern ausgekommen?
- Bisherige praktische Erfahrungen

4. Persönlicher, familiärer und sozialer Hintergrund
(Testen des sozialen Umfelds, etwa nach dem Motto: »Zeige mir deine Familie und Freunde, und ich sage dir, wer du bist!«)
Fragen nach Beruf und Arbeitgeber der Eltern, Geschwister und sogar der Freunde, bis hin zu tiefgehenden Einbrüchen in die Intimsphäre (»Seit wann sind denn Ihre Eltern geschieden?« – »Welche Rolle spielt Alkohol in der Familie?«) Fragen nach Lektüre (Welche Tageszeitung? Welche Bücher?)

- Haben Sie einen Freund/eine Freundin? Wollen Sie heiraten?

Achtung: In dieser Fragerubrik werden die meisten aus arbeitsrechtlicher Sicht unzulässigen Fragen gestellt.

5. Gesundheit
(Evtl. gesundheitliche Einschränkungen der Leistungsfähigkeit und Einsatzmöglichkeiten, Allergien)

6. Spezielle Test- und Prüfungsfragen
(Informiertheit, allgemeines und berufsbezogenes Wissen, evtl. unzulässige Erkundung der politischen Meinung)

- Welche tagespolitischen Ereignisse beschäftigen Sie?
- Wie könnte man die Arbeitslosigkeit abbauen?
- Wie stehen Sie zum Problem der Atomenergie?

Fragestellungen aus dem künftigen Arbeitsgebiet (z.B. als Bankkaufmann: Was machen Sie, wenn ein Kunde ein Konto eröffnen will?)

7. Information für den Bewerber,
die der Interviewer über Firma/Institution, Beruf und Ausbildung gibt (Überprüfung von Interesse und Aufmerksamkeit/Imagepflege – Achtung: manchmal auch als selbstgestrickter Merkfähigkeitstest, die gegebenen Infos werden zu einem späteren Zeitpunkt des Vorstellungsgesprächs abgefragt).

→

8. Fragen des Bewerbers
(s.o., dient der Überprüfung des aktiven Interesses des Bewerbers – fragen Sie bloß nicht zuerst nach dem Urlaub!)

9. Abschluß des Gesprächs und Verabschiedung

Nun möchten wir Ihnen die zehn Phasen des Vorstellungsgesprächs detailliert erläutern. Dazu haben wir das folgende Schema gewählt:

- Frage(n) – die an Sie gerichtet werden
- Hintergrund – dieser Fragen
- Hinweise – für eine optimale Beantwortung.

Sehr wichtig ist es uns, Sie mit dem eigentlichen Hintergrund der einzelnen Fragen vertraut zu machen, der sich – insbesondere in der Streßsituation Vorstellungsgespräch – nicht auf den ersten Blick erschließt.

So klingt etwa die aufmunternde Aufforderung »Erzählen Sie doch mal etwas über sich« (vgl. S. 443 f.) wie eine Einladung zum harmlos-lockeren Partygeplauder. In Wirklichkeit steckt dahinter ein komplexer Persönlichkeitstest, der Versuch, Ihre Privatsphäre zu erkunden, der Wunsch, Ihre Seelenlandschaft auszuforschen.

Unsere Hinweise sind keine Antwortvorgaben oder gar konkrete Formulierungsvorschläge, sondern sollen Chancen und Gefahren einzelner Beantwortungsmöglichkeiten verdeutlichen. Sie können Ihr Bemühen, zu jeder Frage jeweils Ihre ganz persönliche Antwortstrategie zu entwickeln, nicht ersetzen.

Für die nun vorgestellten Fragen gilt: Nicht alle können Ihnen in einem ersten Gespräch gestellt werden. Rechnen Sie mit einer Auswahl von etwa zehn bis zwanzig Fragen. Sie wissen aber nach dem Studium unseres umfassenden Fragenkatalogs, was potentiell auf Sie zukommen kann, und sind in der Lage, sich entsprechend vorzubereiten. Böse Überraschungen sind somit praktisch ausgeschlossen, Angst und Aufregung wirksam reduziert.

Auftakt: Begrüßung und Einleitung des Gesprächs

Begrüßung, Händedruck, Vorstellung

Ihr Auftritt. Der berühmte erste Eindruck, wechselseitig. Sie bekommen ihn, und man bekommt ihn von Ihnen. Versuchen Sie, gelassen zu wirken, einigermaßen selbstsicher zu erscheinen. Vermeiden Sie es, abgehetzt, angespannt und nervös aufzutreten. Lächeln Sie Ihr Gegenüber freundlich an, schauen Sie Ihrem Gegenüber in die Augen. Stellen Sie sich, falls Ihr Name noch nicht gefallen ist, deutlich, aber in angemessener Lautstärke vor. Merken Sie sich die

Namen Ihres oder (das ist schon schwerer) Ihrer Gesprächspartner. Es dient dazu, Ihr Gegenüber ganz direkt namentlich ansprechen zu können (nichts hört man lieber als seinen eigenen Namen). Auch für spätere Nachfaßaktionen (s.S. 460 ff.) muß man unbedingt wissen, mit wem man gesprochen hat. Schauen Sie sich ruhig ein bißchen um. Enthalten Sie sich jedoch jeder Kommentierung oder Frage (»Was für ein herrlicher Kandinsky!« / »Ist der Perser echt?« / »Das sind wohl Ihre Frau und Kinder da auf dem Foto?«).

Immer nur lächeln...

Hintergrund: Es geht in dieser allerersten Phase um die direkte persönliche Kontaktaufnahme, um Ihr Äußeres, Ihr Auftreten und Ihre Umgangsformen.

Kommen Sie pünktlich oder auf die letzte Minute? Wirken Sie gehetzt, ängstlich-nervös oder ruhig, natürlich und gelassen – ohne übertriebene Selbstsicherheit, Gleichgültigkeit oder sogar Arroganz? Sind Sie anpassungsfähig – vor allem aber: Machen Sie einen sympathischen (ersten) Eindruck?

Hinweise: Die bereits beschriebenen generellen Hintergrundaspekte des Vorstellungsgespräches spielen von den ersten Sekunden an eine wichtige Rolle. Wer dem Gesprächspartner – ob Personalchef oder Firmeninhaber – unpünktlich, abgehetzt und transpirierend gegenübertritt oder wie unter Tranquilizern stehend unterkühlt bis gelangweilt wirkt, vielleicht sogar deutlich genervt reagiert, weil er/sie 20 Minuten warten mußte, reagiert auf die Eröffnung der Schachpartie Vorstellungsgespräch nicht optimal (vorsichtig formuliert).

Ein zu kräftiger Händedruck (Marke »Knochenbrecher«) oder verschämte Laschheit (»tote Hasenpfote«) erzeugen wenig Sympathie in den ersten wichtigen Sekunden dieser für Sie bedeutsamen Begegnung mit Ihrem potentiellen Arbeitgeber. Das Abwischen der schweißfeuchten Hand an Rock oder Hose wirkt absolut peinlich. Der verschämte Blick nach unten oder an die Decke, der enttäuscht-verkrampfte Gesichtsausdruck, weil der Gesprächspartner nicht Ihren Erwartungen entspricht (zu jung, zu alt, nicht Ihr Typ) könnte folgenschwer auf Sie selbst zurückfallen, die Weichen gänzlich falsch stellen.

Unsere Empfehlung: Freundlich anlächeln, mitten ins Gesicht schauen, angemessen (wieder-)grüßen.

»Warming up«

Small talk: *Wir danken Ihnen für Ihr Kommen ... / Haben Sie gut hergefunden ...? / Was für ein schöner Tag / Was für schlechtes Wetter...*

Hintergrund: Ihre Gesprächspartner wollen – wenn diese entsprechend geschult sind – Sie und sich selbst in einer ersten sogenannten »Warming-up«-Phase einstimmen, eine freundliche Gesprächsatmosphäre herstellen und Ihre eventuelle Verkrampfung (Prüfungsangst) abbauen helfen.

Hinweise: Das ist zunächst alles ganz nett, sollte Sie aber nicht dazu verführen, zu ausführlich auf die angebotenen Themen einzugehen (Wetter, Parkplatzsuche, evtl. Anreise, Unterkunft usw.). Wer sich hier beklagt, daß das Hotelbett nicht seinen Erwartungen entsprach, daß er keinen Parkplatz gefunden hat, daß das Wetter ja jedesmal so schlecht ist, wenn er zu Bewerbungsgesprächen anreisen muß, könnte eigentlich schon gleich wieder seine Sachen packen und gehen.

Nörgler und Pessimisten entsprechen nicht den Erwartungen des Personalchefs an die Charaktermerkmale zukünftiger Mitarbeiter. Natürlich dürfen Sie das Small-talk-Angebot nicht ablehnen – etwa mit dem Unterton: »Geht's hier ums Wetter – jetzt aber bitte zur Sache!« –, sondern müssen diplomatisch und angemessen darauf eingehen.

Bisweilen wird Ihnen vielleicht sogar etwas angeboten: Kaffee, andere Getränke (Säfte, Mineralwasser), etwas zu rauchen, möglicherweise sogar Alkoholisches. Letzteres ist ohne Zögern klar abzulehnen. Aber auch das Rauchen ist problematisch, vor allem, wenn Ihr Gegenüber keinen Ascher auf dem Tisch hat oder selbst keine Zigarette in den Händen. Nichtraucher sind auf dem Vormarsch. Besser also, falls Sie überhaupt rauchen: Sie lehnen dankend ab. Rauchen ist nicht mehr in, schon gar nicht während der ersten Minuten des Vorstellungsgesprächs.

Gibt es eine Kaffeerunde oder wird Mineralwasser und Saft angeboten, sollten Sie sich nicht ausschließen. Falls Sie einen Getränkewunsch äußern dürfen, machen Sie es nicht kompliziert und bringen Sie niemanden in Verlegenheit, vor allem nicht sich selbst. Nicht jede Bürogetränkebar hat Tomatensaft mit Salz, Pfeffer und kleinen Eisstückchen vorrätig. Auch ein Pfefferminztee ist extrem unüblich und provoziert vielleicht vollkommen falsche Rückschlüsse auf den Gesundheitszustand Ihres Magen-Darm-Trakts.

Warten Sie einen günstigen Moment ab, um geschickt herauszufinden (falls Sie es noch nicht wissen), wieviel Zeit für Ihr Gespräch vorgesehen ist. Diese wichtige Information dient Ihnen dazu, Ausführlichkeit und Länge Ihrer Antworten dem vorgegebenen Zeitrahmen anzupassen. Weniger als eine halbe Stunde Gesprächszeit wäre enttäuschend, dagegen über eine oder gar mehrere Stunden schon etwas außergewöhnlich für die erste Begegnung.

Bereits in dieser »Warming-up«-Phase ist es nicht unüblich, daß Ihr Gegenüber die Gesprächsphase 7 (Informationen für den Bewerber, s. S. 423) vorzieht. Dann wird Ihnen über die Firma/Institution, die Produkte/Dienstleistungen und deren Bedeutung referiert.

Hören Sie interessiert zu, denn hier erfolgt ein Stück Arbeitgeber-Selbstdarstellung, deren narzißtischen Anteil Sie durch erhöhte und demonstrative Aufmerksamkeit wertschätzen müssen. Möglicherweise erfahren Sie Dinge, die im späteren Gesprächsverlauf erneut Thema werden (z.B. dann, wenn man offen erzählt, wie man sich den Traumkandidaten für diesen Arbeitsplatz vorstellt).

Bewerbungsmotive und Leistungsmotivation

Motive der Bewerbung

- *Wie ist es eigentlich zu Ihrer Bewerbung als ... bei unserem Unternehmen/unserer Institution gekommen?*
- *Was reizt Sie an dieser Aufgabe/Position?*
- *Warum wollen Sie gerade bei uns, in unserem Unternehmen/unserer Institution arbeiten?*
- *Wie gut kennen Sie unsere Produkte/Dienstleistungen etc.?*

Hintergrund: Alle Fragen dienen der Überprüfung Ihrer Motivation und Ihres Interesses. Wie fundiert ist beides? Was bewegt Sie wirklich? Aus welcher Situation heraus bewerben Sie sich? Ist dieser Arbeitsplatz (das Unternehmen/die Aufgabe) erste Wahl oder nur eine Kompromiß- oder gar Notlösung?

Wie sind Image und Stellenwert des potentiellen Arbeitgebers bei Ihnen gewichtet? Wissen Sie den eventuellen neuen Arbeitgeber zu schätzen?

Hinweise: Auf diese Standardfragen müssen Sie wirklich gut vorbereitet sein und wenigstens 5 Minuten flüssig sprechen können. Es handelt sich hierbei um die wichtigsten, entscheidendsten Fragen und Themen im ganzen Gespräch! Dabei darf der Unterhaltungs- und Spannungswert auf keinen Fall zu kurz kommen, was Sie übrigens ganz generell für viele Antworten berücksichtigen sollten. Langweilen Sie bloß nicht!

- *Warum haben Sie vor, den Arbeitsplatz zu wechseln?*
- *Weshalb wollen Sie Ihre jetzige Tätigkeit/Position aufgeben?*
- *Warum haben Sie in Ihrer jetzigen Firma/Institution keine Aufstiegschancen?*
- *Was sind die Gründe für Ihre Unzufriedenheit?*

Hintergrund: Es geht weiter um die Motive Ihrer Bewerbung, um die Ausleuchtung Ihrer Ausgangs- und Hintergrundsituation. Sind Sie in einer beruflichen/persönlichen Drucksituation, und wenn ja, warum? Wie hoch ist der Grad Ihrer Unzufriedenheit, und wodurch ist diese bedingt?

Hinweise: Wie begründen Sie den Wunsch nach einem Arbeitsplatzwechsel oder einem Neu- bzw. Wiedereinstieg? Hier muß Ihnen eine plausibel klingende, überzeugende Argumentation gelingen. Verlieren Sie sich nicht in Details, beklagen Sie sich auf keinen Fall über Ihren jetzigen oder über frühere Arbeitgeber/Vorgesetzte oder über Ihre Aufgabenbereiche. Gern wird gehört: Man will vorankommen, die neue Aufgabe wird als Herausforderung betrachtet, ist reizvoll, man möchte es sich und anderen beweisen. (Provoziert übrigens die nächste Frage:)

- *Was reizt Sie an der neuen Aufgabe?*
- *Was erwarten Sie speziell von uns, was erhoffen Sie sich?*

Hintergrund: Weiterhin geht es um die Überprüfung Ihrer Motivation. Wie gut sind Sie vorbereitet, wie realistisch sind Ihre Einschätzungen?

Hinweise: Wieder müssen Sie überzeugend argumentieren, Geduld zeigen, variantenreich argumentieren und sich nicht in Widersprüche oder simple Wiederholungen verstricken. Sind die von Ihnen angeführten Bewerbungsgründe nachvollziehbar? Machen Sie deutlich, daß Sie sich auf die beruflichen Aufgaben und den potentiellen Arbeitgeber gut vorbereitet haben. Gern gehört sind Stichworte wie »Zukunftschancen« und »Image der Firma« – aber vermeiden Sie plumpe Schmeicheleien.

- *Üben Sie Ihre jetzige berufliche Tätigkeit gerne aus?*
- *Was hat Ihnen bisher an Ihrer Aufgabe/Position gefallen, was mißfallen, und warum?*
- *Was, glauben Sie, ist bei uns anders?*

Hintergrund: ... ist die Sorge, daß Sie Ihre eventuell bestehende Unzufriedenheit sozusagen als chronische Erkrankung mit an den neuen Arbeitsplatz bringen und daß somit nicht objektive, sondern negativ-subjektive Gründe den gewünschten Wechsel bedingen.

Hinweise: Selbstverständlich üben Sie Ihre jetzige berufliche Tätigkeit gerne aus und identifizieren sich mit Ihrem Beruf. Einerseits möchte man Sie (ab-)werben, andererseits hat man Angst, daß sich hinter Ihrer Wechselbereitschaft unangenehme Überraschungen auch für den potentiellen neuen Arbeitgeber und Arbeitsplatz verbergen. Es geht um die Befürchtung des Arbeitgebers, sich durch Sie eine Art Kuckucksei ins Nest zu holen.

Schildern Sie Ihre jetzigen Aufgaben zu negativ, wird man an Ihnen zweifeln, bei zu positiver Darstellung wirkt Ihr Wunsch nach einem Arbeitsplatzwechsel unglaubwürdig. Ein Ausweg aus diesem Dilemma ist die plausible Darstellung, worin die Verbesserung durch den Wechsel oder Neustart/Wiedereinstieg für Sie besteht.

- *Woher ist Ihnen unser(e) Unternehmen/Institution bekannt?*
- *Wie gut kennen Sie uns bereits, unsere ... (z.B. Produktion/Marktposition/Dienstleistungen usw.)?*
- *Wie stellen Sie sich Ihre Tätigkeit bei uns vor?*

Hintergrund: Die Fragen zur Überprüfung der Qualität Ihrer Vorbereitung auf das Vorstellungsgespräch werden konkreter und detaillierter. Wie überzeugend ist Ihre Darstellung, und wie ziehen Sie sich auch bei unangenehmen Fragen aus der Affäre?

Hinweise: Bei guter Vorbereitung haben Sie einiges über das Unternehmen/die Institution in Erfahrung gebracht und machen jetzt bei den Fragen zu diesem Punkt einen kompetenten Eindruck. Das darf Sie aber nicht dazu verleiten, sich bei der Frage, wie Sie sich die Tätigkeit beim neuen Arbeitgeber vorstellen, zu sehr zu exponieren. Es ist eigentlich Sache Ihres Gesprächspartners, Ihnen eine Arbeitsplatzbeschreibung zu geben. Es besteht leicht die Gefahr, daß Sie sich vergaloppieren und als notorischer Besser- oder Alleswisser unangenehm auffallen.

- *Haben Sie einen besonderen persönlichen Bezug zu unserem Unternehmen?*
- *Kennen Sie Mitarbeiter aus unserem Haus?*
- *Was haben die Ihnen denn so alles über uns erzählt?*

Hintergrund: Welche Wertschätzung bringen Sie Ihrem potentiellen Arbeitgeber entgegen? Woher beziehen Sie Ihre Informationen? Wissen Sie, was man wie sagt und was man lieber für sich behält?

Hinweise: Ein persönlicher Bezug zum Unternehmen kann von Vorteil sein. Wenn Sie sich auf diese Frage vorbereitet haben und die Auskunft glaubwürdig klingt, sammeln Sie Pluspunkte. Lassen Sie sich nicht dazu verleiten, eventuelle Kenntnisse aus der internen Firmen-Gerüchteküche auszuplaudern. Wenn Sie angeben möchten, jemanden aus dem Unternehmen zu kennen, sollten Sie einschätzen können, wie deren/dessen Position und Ansehen ist.

- *Haben Sie zur Zeit noch andere Bewerbungsverfahren laufen?*
- *Gibt es schon konkrete Verhandlungen bzw. Ergebnisse?*

Hintergrund: Wieder geht es um die Motivation und die Ernsthaftigkeit Ihres Wunsches nach Arbeitsplatzwechsel, um die Frage, wieviel Druck hinter diesem Anliegen steckt. Aber auch die besondere Wertschätzung gegenüber dem speziellen potentiellen Arbeitgeber soll mit diesen Fragen erforscht werden. Ist diese Firma/Institution erste Wahl, oder rangiert sie irgendwo unter »ferner liefen«? Setzen Sie alles auf eine Karte, oder haben Sie – aus welchem Druck und Antrieb auch immer – eine Vielzahl von Bewerbungsschreiben ausgestreut?

Hinweise: Wie hoch ist Ihre Identifikation mit dem jetzt gerade ablaufenden Bewerbungsverfahren? Also: Kein Wort über eventuelle Absagen und Fehlschläge, und besser nichts über parallele Verhandlungen, es sei denn, Sie haben ein ganz konkretes Angebot, das für Sie ernsthaft in Betracht kommt. Gefahr: Sie wirken unglaubwürdig bis erpresserisch und vermasseln sich Ihre Chancen.

- *Was bewog Sie damals – im Jahre xx und dann xx –, den Arbeitsplatz zu wechseln?*

Hintergrund: Wechseln bzw. wechselten Sie im Frieden oder Unfrieden? Gibt es bei Ihnen sich wiederholende Motive, die Sie zum Arbeitsplatzwechsel veranlassen? Spielen dabei in Ihrer Person begründete Probleme eine Rolle (vor denen man sich aus Arbeitgebersicht bewahren möchte)?

Hinweise: Seien Sie darauf vorbereitet, (auch frühere) Arbeitsplatzwechsel plausibel darstellen zu können. Schuldzuweisungen kommen immer extrem schlecht an, diese addieren sich letztlich nur auf dem Negativkonto der Person, die sie ausspricht.

Leistungsmotivation

- *Was hat für Sie Priorität bei Ihrer Arbeit?*
- *Wie stellen Sie sich im Idealfall Ihre Arbeit, Aufgaben vor?*
- *Was sind – aus Ihrer Sicht – die Vor- und Nachteile der von uns angebotenen Position, und wie wollen Sie damit umgehen?*

Hintergrund: Wie intensiv haben Sie diese Themen bereits durchdacht? Wie realistisch sind Ihre Einschätzungen? Was für eine Arbeitspersönlichkeit sind Sie? Wie präsentieren Sie sich? Welche Merkmale (auch: Persönlichkeit) zeigen Sie oder lassen Sie erkennen? Welche Prognose für Ihre Leistungsmotivation kann man bei Ihnen aufgrund Ihrer Antworten wagen?

Hinweise: Stellen Sie sich geschickt an im Umgang mit schwierigen, weil komplexen Themen? Empfehlung: Nicht in Details verlieren und nicht zu sehr »Überflieger« sein. Das realistische Mittelmaß – aber nicht zu glatt! – wird honoriert. Wer hier in ein 20minütiges Referat verfällt oder Extrempositionen vertritt, kommt nicht gut an.

- *Auf welche Ihrer beruflichen Leistungen und Erfolge sind Sie besonders stolz?*
- *Und jetzt zu Ihren Mißerfolgen ...*

Hintergrund: Was haben Sie als Leistungsnachweis anzubieten? Nebenbei: Wie gehen Sie mit heiklen, komplexen Fragen um?

Hinweise: Ihr mögliches Erschrecken beim Lesen dieser Frage (»Mein Gott, was würde ich denn darauf antworten?«) dokumentiert noch einmal die Bedeutsamkeit einer guten Vorbereitung. Sie erspart das Schockiertsein mit nachfolgendem Stammeln oder Verplappern in der Realsituation Vorstellungsgespräch.

An Ihren Erfolgen und besonders an den von Ihnen eingestandenen Mißerfolgen werden Sie gewogen. Wer keine Mißerfolge zu berichten weiß, macht sich extrem verdächtig. Wer eingesteht, ein Millionending in den Sand gesetzt zu haben, stellt sich selbst bloß.

Während man bei den Erfolgsberichten etwas großzügiger (aber nicht unglaubwürdig) sein darf – insbesondere die Teamleistung sollte hervorgehoben werden –, gilt es bei den Mißerfolgen, eher bei sich selbst zu bleiben, ohne jedoch wirklich gravierende, irreparable Schäden zu beichten.

Die Analyse Ihrer Erfolgs- und Mißerfolgsberichte läßt viele Rückschlüsse auf Sie als potentiellen Mitarbeiter zu.

- *Wie sehen Sie Ihre Zukunft?*
- *Was sind Ihre Ziele?*
- *Was möchten Sie in drei und was in fünf Jahren erreicht haben?*

Hintergrund: Wieder geht es um Leistungsbereitschaft und Motivation, um »Biß«, »Drive«, »visionäre Begabung« oder schlicht um Ihre Zukunftsplanung.

Hinweise: Hier behandeln Sie natürlich zunächst ausschließlich Ihre beruflichen Perspektiven. Als leistungsmotivierter Mitarbeiter sind Sie zuversichtlich, was Ihren beruflichen Werdegang betrifft. Aber: Exponieren Sie sich nicht zu sehr, damit man vor Ihnen keine Konkurrenzangst bekommt und glaubt, Sie würden gleich die Säge am Stuhl Ihres Chefs/Vorgesetzten ansetzen …

Beruflicher Werdegang

- *Wie verlief Ihr bisheriger Berufsweg?*
- *Aus welchen Gründen haben Sie sich für den Beruf/die Branche/die Arbeitsplätze X, Y und Z entschieden?*
- *Und warum jetzt für diese neue Position in unserem Haus?*

Hintergrund: Planung oder Zufall? Ist ein roter Faden bei Ihren Motiven für Arbeitsplatz- und Positionswechsel erkennbar?

Hinweise: Was Sie in Ihren Bewerbungsunterlagen kunstvoll zu Papier gebracht haben, müssen Sie jetzt überzeugend und gegebenenfalls auch ausführlich darstellen und begründen können. Wichtig ist dabei die Präsentation eines logischen Zusammenhanges zwischen einzelnen beruflichen Stationen. Mit dem gereizten Hinweis »Aber das steht doch bereits alles schon in meinen Unterlagen!« würden Sie sich sofort aus dem Bewerbungsverfahren katapultieren.

- *Berichten Sie uns etwas über die wichtigsten Aspekte Ihrer bisherigen Tätigkeiten.*

Hintergrund: Gelingt es Ihnen, komplexe Sachverhalte überzeugend auf den Punkt zu bringen, und paßt dies inhaltlich zu der angebotenen Stelle?

Hinweise: »Aufgrund meiner Arbeitsgebiete/Tätigkeiten X, Y und Z glaube ich, für die Aufgabe/Position gut vorbereitet zu sein« – ohne dies wörtlich so auszusprechen, könnte so ungefähr der Tenor bei der Beantwortung dieser Frage lauten.

- *Was sind zur Zeit Ihre konkreten Arbeitsaufgaben?*
- *Was machen Sie davon gern, was ungern?*
- *Schildern Sie einmal den Ablauf eines typischen Arbeitstages.*

Hintergrund: Hier geht es dem Interviewer darum, einen tieferen Einblick in Ihre derzeitigen Aufgaben zu bekommen und zu überprüfen, ob der gute

Eindruck aufgrund Ihrer schriftlichen Bewerbungsunterlagen Bestand hat. Mit anderen Worten: Man versucht, Ihre beruflichen Schwachstellen zu enttarnen.

Hinweise: Diese auf den ersten Blick harmlos klingenden Fragen sind schwieriger zu beantworten, als Sie glauben. Deshalb erfordern sie eine besonders gute Vorbereitung im Hinblick auf den angestrebten Arbeitsplatz. Wer etwa behauptet, an seinem aktuellen Arbeitsplatz alles nur gut und gerne gemacht zu haben, lügt ausgesprochen ungeschickt. Warum dann wohl der angestrebte Wechsel?

- *Warum haben Sie Ihren Arbeitgeber öfter bzw. selten gewechselt?*

Hintergrund: Schwachstellen aufdecken; den Bewerber durch diese Frage mit einer schwierigen, vielleicht auch peinlichen Situation konfrontieren und beobachten, wie er sich verhält.

Hinweise: Vorbereitet sein; gut argumentieren können; glaubwürdige Darstellung, auch mit Anerkennung von eigenen Fehlern; Sie sollten sich nicht aus der Ruhe bringen lassen und schon gar nicht aggressiv reagieren.

- *An welchen Fortbildungsmaßnahmen haben Sie teilgenommen? Wer hat diese initiiert?*

Hintergrund: Überprüfung von Leistungsmotivation und Kompetenz. Fortbildung aufgrund von Eigeninitiative oder nur auf Anordnung?

Hinweise: Wenige Sätze reichen aus. Es kommt darauf an, daß Sie etwas Relevantes zu berichten wissen. Fachliteratur und der regelmäßige Austausch mit Kollegen in einem vergleichbaren Arbeitsbereich sind das unterste Niveau, das hier inhaltlich beschritten werden kann. Besser sind Tagungen, Messen, Fortbildungsveranstaltungen etc.

- *Was zeichnet Ihrer Meinung nach einen guten Vorgesetzten aus?*
- *Was einen guten Mitarbeiter?*
- *Jetzt diese beiden Fragen mit umgekehrten Vorzeichen – »schlechten« Vorgesetzten … usw.*
- *Was schätzen Sie an Ihren Arbeitskollegen/Vorgesetzten – was nicht?*

Hintergrund: Was sind Ihre Maßstäbe bei der Beurteilung von Vorgesetzten und Kollegen? Worauf kommt es Ihnen an? Erneut: Wie gehen Sie mit schwierigen Fragen um?

Hinweise: Zeigen Sie Wertschätzung für Vorgesetzte und Kollegen, machen Sie aber gegebenenfalls auch deutlich, daß Sie in bestimmten Situationen anders entschieden hätten. Vermitteln Sie Respekt und die richtige Mischung aus Selbstbewußtsein und Loyalität.

- *Fühlen Sie sich in Ihren beruflichen Leistungen von Ihren früheren Vorgesetzten angemessen beurteilt?*

Hintergrund: Wie gehen Sie mit dem heiklen Thema Leistungsbeurteilung um? Lassen Sie sich provozieren, und nehmen Sie Schuldzuweisungen vor? Ergreifen Sie die erstbeste Gelegenheit, über andere herzuziehen? Sind Sie der Typ des ewig verkannten Genies?

Hinweise: Halten Sie sich bedeckt, und lassen Sie sich nicht provozieren. Vermeiden Sie vor allem Klagen über Ihre früheren Vorgesetzten und eine unglückliche Selbstdarstellung.

- *Was würden Sie gern an Ihrem jetzigen Arbeitsplatz verändern, wenn Sie Veränderungen durchführen könnten, wie Sie wollen?*

Hintergrund: Sind Sie ein notorischer Besserwisser oder gar ein »Revolutionär«? Ein reiner Provokationstest – es geht nicht um Kreativität.

Hinweise: Natürlich gibt es Dinge, die veränderungswürdig sind, aber dies ist hier nicht der Rahmen, detailliert und angemessen die Probleme an Ihrem derzeitigen Arbeitsplatz auszubreiten. Halten Sie sich einfach bedeckt.

- *Was war bisher Ihr schlimmstes, unangenehmstes (Arbeits-)Erlebnis?*

Hintergrund: Ein Persönlichkeitstest in Frageform. Es geht darum, Ihnen auf den Zahn zu fühlen, eventuelle Widersprüche über bisherige Mißerfolge aufzudecken.

Hinweise: Aufgepaßt – was war Ihre Antwort bei der Frage nach Ihrem größten Mißerfolg? Welches Bild geben Sie von sich ab?

Persönlicher, familiärer und sozialer Hintergrund

In dieser Gesprächsphase geht es um drei Bereiche:

1. Wer und wie sind Sie?
2. Mit wem leben Sie zusammen, und wie sind diese Personen?
3. Wie sieht Ihr erweitertes soziales Umfeld (Freunde, Bekannte, Kollegen) aus?

Zu Ihrer Person

- *Wir wollen Sie gerne kennenlernen; erzählen Sie uns etwas über sich.*
- *Wie würden Sie sich kurz charakterisieren?*

Hintergrund: Ein umfassender Persönlichkeits-Check-up, der mit zwei Fragen auskommt. Ein unverstellter Versuch, in die Schränke und Schubladen Ihrer Persönlichkeit zu schauen. Es geht um die zentrale Frage: Paßt der Bewerber in unser Unternehmen?

Hinweise: Hier haben Sie es mit aufdringlichen Befragern zu tun, die unter Umständen sogar in Ihre Privatsphäre eindringen wollen. Es liegt an Ihnen, sich auf Derartiges gut vorzubereiten. Wichtig: Beginnen Sie bei sogenannten offenen Fragen wie dieser immer erst damit, die berufliche Ebene anzusprechen und später – wenn überhaupt notwendig – die private.

- *Was sind Ihre Stärken, was Ihre Schwächen?*
- *Was ist Ihr größter Erfolg/Mißerfolg (beruflich/privat)?*
- *Was war bisher in Ihrem Leben Ihr schlimmstes Erlebnis?*

Hintergrund: Wie stellen Sie sich dar? Wie glaubwürdig wirken Sie dabei? Lassen sich ungeahnte Schwächen entdecken?

Hinweise: Sie sollten mit Gelassenheit sowohl die positiven als auch einige harmlose negative Dinge darstellen und vertreten (die berufliche Seite zuerst; vielleicht geht der Interviewer schon zur nächsten Frage über, bevor Sie zur Darstellung von natürlich unverfänglichen Schwächen und Mißerfolgen im privaten Bereich kommen). Überlegen Sie sich genau, welche Offenheit Sie sich bei der Darstellung von Schwächen und Mißerfolgen leisten können. Und nie vergessen: Sie befinden sich nicht auf der Couch Ihres Psychoanalytikers oder beim Pfarrer im Beichtstuhl!

- *Was schätzen Sie generell an anderen Menschen, was nicht (Arbeitskollegen/Vorgesetzte/Freunde/Bekannte)?*
- *Haben Sie Leitbilder?*

Hintergrund: Durchleuchten der Persönlichkeit (siehe auch entsprechende Fragen im vorigen Abschnitt).

Hinweise: Hier gilt wieder der generelle Hinweis, daß jede Aussage über andere immer auch eine Mitteilung über Sie selbst bedeutet.

- *Warum sollten wir gerade Sie einstellen?*

Hintergrund: Ein fundamentaler Test Ihres Selbstbewußtseins und Selbstvertrauens. Sind Sie in der Lage, die für Sie sprechenden Eigenschaften im Hinblick auf die angestrebte Position prägnant zusammenzufassen?

Hinweise: Obwohl diese Frage zu den absoluten Standardfragen gehört, trifft sie viele Bewerber völlig überraschend und unvorbereitet. Ihnen sollte es nicht so gehen. Das ist Ihre große Chance. Aber bitte keinen 20-Minuten-Monolog (Vorschlag: Argumentation erstens, zweitens, drittens reicht aus).

- *Wir wollen Sie als Mensch kennenlernen. Was machen Sie neben Ihrer Berufstätigkeit?*
- *Welche Interessen, welche Hobbys haben Sie?*
- *Welche Sportarten betreiben Sie?*

Hintergrund: Es geht um das Kennenlernen der »ganzen Person«, um Ihr Interessenspektrum, um Besonderheiten, Hobbys, kulturelle Aktivitäten und Neigungen (z. B. Lesen – Kant oder Konsalik?). Denken Sie auch an Ihre körperliche Fitneß (Tennis oder Tischtennis?).

Hinweise: Die Beantwortung sollten Sie nicht dem Zufall überlassen. Die Antwort »Polospielen« macht einen anderen Eindruck als die Beschäftigung mit Briefmarken. (Vorsicht beim Bluffen – auf Nachfragen vorbereitet sein!) Sehr viel Sport ist leider wegen der begrenzten Freizeit nicht möglich, aber zu Ihrem Körper haben Sie natürlich ein gesundes Verhältnis. Vorsicht bei Risikosportarten.

- *Was bedeutet Teamarbeit für Sie?*

Hintergrund: Sind Sie eher extro- oder introvertiert, ist hier die Frage. Sind Sie lieber Einzelkämpfer oder Gruppenmensch?

Hinweise: Was wird wohl bei der von Ihnen angestrebten Position eher gewünscht? Heutzutage werden insbesondere teamfähige Leute gesucht – auch wenn dann später in der Realität jeder gegen jeden (an-) tritt.

- *Mit welchen Menschen arbeiten Sie gern/ungern zusammen?*
- *Hatten Sie schon mal Schwierigkeiten mit Vorgesetzten und/oder Kollegen?*
- *Wenn ja: Mit wem? Warum? Wie sind Sie damit umgegangen? Was haben Sie daraus gelernt?*

Hintergrund: Es geht weiter ganz unverstellt zur Sache, hier um den Aspekt: Wie ist es um Ihr Konfliktlösungspotential bestellt?

Hinweise: Wenn es Ihnen bei diesen Fragen die Sprache verschlägt, spricht das gegen Sie. Jeder Mensch bevorzugt bestimmte Kollegen und hat schon mal Schwierigkeiten mit seinem Chef gehabt. Nur gerade jetzt müssen Sie wissen, was Sie darüber preisgeben wollen und auf welche Weise.

- *Worüber können Sie sich so richtig ärgern?*
- *Was macht Sie wütend?*
- *Was bereitet Ihnen Sorgen?*

Hintergrund: Fortsetzung der Psychodiagnostik. Wie gehen Sie mit derartigen Fragen um? Kann man Sie damit ärgern oder gar verängstigen?

Hinweise: Machen Sie sich nicht ganz zu (verkrampfen Sie nicht), aber lassen Sie auch nicht die Katze völlig aus dem Sack.

Da Sie hier eigentlich nur die Wahl zwischen Pest und Cholera haben, also nur schlechte Zensuren ernten können, kommt es darauf an, diese kritische Streßinterview-Phase (s. S. 368 und 451) mit Format und Gelassenheit durchzustehen. Weichen Sie nicht auf, sondern aus – etwa auf (relativ) Unverfängliches (die letzte Heimniederlage Ihres Lieblingsclubs, Ihre Schwiegermutter, Hundekot auf der Straße, die Vernichtung von Lebensmitteln im EU-Raum, schlechte kulturelle Leistungen bei Theater- und Konzertaufführungen Ihrer Lieblingsstücke usw. usw.). Auch das Sorgenthema müssen Sie ähnlich geschickt umschiffen: eine Herausforderung an Ihre Inszenierungsbegabung für das Ohnsorg-Theater.

- *Wie gehen Sie mit Kritik um?*

Hintergrund: Wieder eine Frage, um Ihre Persönlichkeit zu testen.

Hinweise: Es kommt sicherlich immer darauf an, wer Sie wann wie und weshalb kritisiert. Kritik bringt Sie nicht um (selbstverständlich auch nicht solche Fragen), sondern hoffentlich weiter.

- *Was sind Ihre ganz persönlichen Lebensziele?*
- *Was möchten Sie persönlich für sich in naher/ferner Zukunft erreichen?*

Hintergrund: Eine gewisse Lebensplanung mit beruflichen und privaten Zielsetzungen runden das Idealbild eines guten Bewerbers ab.

Hinweise: Lernen, Leistung, Vorwärtskommen. Haben Sie ein Gespür dafür, was man hier wohl von Ihnen hören will? Achtung: Es geht primär um Berufliches – vermeiden Sie private Offenbarungen.

- *Was sind Ihrer Meinung nach die größten Mißstände ...*
  - *in der Welt*
  - *in unserem Land*
  - *in Ihrer Heimatstadt*
  - *in dem Unternehmen, in dem Sie zur Zeit arbeiten?*

Hintergrund: Wie differenziert ist Ihre Kritikfähigkeit? Welchen Einblick erlauben Ihre Antworten in persönliche Grund- und Werthaltungen, ja sogar in Ihre Persönlichkeitsstruktur? Im letzten Frageteil geht es um Ihre Loyalität zu Ihrem jetzigen Arbeitgeber.

Hinweise: Wer auf allen vier Ebenen (Welt, Land, Stadt, Firma) das unerträgliche Umsichgreifen der Korruption in markant-larmoyanten Worten beklagt, sagt damit (unwissentlich) mehr über sich als über die beklagten objektiven Mißstände. Sie können das Wort »Korruption« durch Pornographie, Werteverfall, Egoismus auf allen Ebenen usw. ersetzen – jede Aussage beleuchtet mehr die Persönlichkeit des Antwortenden als die vordergründig abgefragten

Mißstände. Achtung: Damit ist diese Frage ein knallharter (unzulässiger) Persönlichkeitstest!

Übrigens: Auch wenn Sie auf den verschiedenen Ebenen unterschiedliche Mißstände benennen, wird der geschulte Zuhörer den gemeinsamen Oberbegriff herauszuhören versuchen, um Rückschlüsse auf Ihre Persönlichkeit vorzunehmen.

Der Interviewer will Sie mit den Fragen nach größeren Zusammenhängen (Welt, Land, Stadt) möglicherweise von dem für ihn eigentlich interessanten Aspekt ablenken: welche Kritikbereitschaft Sie Ihrem aktuellen Arbeitgeber gegenüber einnehmen (Stichwort Loyalität).

Bei den globalen Mißständen könnten Sie auf Kriege, Umweltzerstörung, Hunger in der dritten Welt etc. hinweisen, in unserem Land vielleicht auf die Arbeitslosigkeit und das Problem der Steuerumverteilung, in Ihrer Stadt auf Verkehrs-, Bau- und Umweltprobleme, in Ihrer Firma sehr vorsichtig auf die noch nicht optimal organisierte Gleitarbeitszeit etc.

Zu Ihrer Familie

- *Wie sieht Ihre aktuelle Lebenssituation aus?*

Hintergrund: Mit wem leben Sie zusammen? Als Single, mit Lebens- oder Ehepartner?

Hinweise: Verliebt, verlobt, verheiratet, geschieden, verwitwet, Kinder? Alles Themen, die den Arbeitgeber eigentlich absolut nichts angehen. Aber allzu häufig fragt er nun mal leider unzulässigerweise danach.

- *Stellen Sie uns doch bitte mal Ihre Familie vor.*
  (Gegenfrage: Welche? Meine Ursprungsfamilie oder meine jetzige?)

Hintergrund: Neugieriges Informationsbedürfnis über den Bewerber und das Milieu, das ihn umgibt, aus dem er kommt (möglicherweise also beide Familien ...).

Hinweise: Gehen Sie nicht zu sehr ins Detail, Sie müssen sich nicht rechtfertigen, warum Sie geschieden, wiederverheiratet oder überhaupt nicht verheiratet oder liiert sind. Ebenso: warum Sie sich keine oder zahlreiche Kinder leisten und was Ihre eigenen Eltern gemacht bzw. versäumt haben, wie es bei Ihnen zu Hause damals zuging ... (vgl. auch S. 398, Zur Not auch eine Lüge).

- *Was macht Ihre Frau/Ihr Mann beruflich, und wo?*

Hintergrund: Abchecken der sozialen Verhältnisse. Nach dem Motto: Zeige mir deinen Partner, und ich weiß ein bißchen mehr, wer und wie du bist.

Hinweise: Seien Sie sich darüber im klaren, daß Sie eine relativ konfliktfreie, weitgehend problemlose heile Welt präsentieren müssen.

- *Was sagt Ihr Lebenspartner zu Ihren Plänen? Gibt es da evtl. Probleme (Umzug / Arbeitszeiten etc.)?*

Hintergrund: Bekommen Sie Unterstützung? Ist Ihr Lebenspartner mit Ihren Plänen einverstanden, oder gibt es da Hemmnisse?

Hinweise: Wer hier nicht überzeugend positiv auftritt oder gar zugeben muß, noch nichts besprochen, nichts geklärt zu haben, sammelt Minuspunkte.

Zu Ihrem sozialen Hintergrund

- *Gibt es Bereiche, in denen Sie sich besonders engagieren?*

Hintergrund: Wie sieht es mit politischen oder sozialen Prioritäten aus, für die Sie sich bisher engagiert haben (Parteien, Gewerkschaften, Bürgerinitiativen, Kirche, Vereine, soziale Institutionen – z.B. Telefonseelsorge, Anonyme Alkoholiker, Spastikerhilfe, Greenpeace, Amnesty International, DRK etc.)?

Hinweise: Machen Sie sich bewußt, welches Bild Sie von sich entwerfen, wenn Sie sich zu dem einen oder anderen sozialen oder politischen Engagement bekennen, und wie das wohl von Ihrem potentiellen Arbeitgeber eingeschätzt wird.

- *Mit welchen Menschen sind Sie gerne zusammen, und was verbindet Sie mit diesen?*

Hintergrund: »Zeige mir deine Freunde, und ich sage dir, wer du bist« – Informationen über Dritte sind Informationen über einen selbst. Sind Sie kontaktorientiert?

Hinweise: Natürlich geht es nicht wirklich um Herrn oder Frau XY aus Ihrem Freundes- und Bekanntenkreis, sondern um Sie. Wie sehen Ihre sozialen, zwischenmenschlichen Beziehungen aus – quantitativ und qualitativ?

Gesundheitszustand

- *Waren Sie schon mal ernstlich erkrankt?*
- *Bestehen bei Ihnen gesundheitliche Einschränkungen mit beruflichen Auswirkungen?*
- *Gab es Krankenhausaufenthalte/Unfälle, leiden Sie an Allergien?*

Hintergrund: Wie steht es um Ihre uneingeschränkte gesundheitliche Leistungsfähigkeit?

Hinweise: Absolute Gesundheit gibt es wohl heutzutage kaum. Lassen Sie trotzdem keine Zweifel daran aufkommen, daß es bei Ihnen keine berufsrelevanten Beeinträchtigungen gibt (Sie sind hier ja nicht beim Arzt.)

Der Arbeitgeber darf sich nur nach aktuellen Erkrankungen erkundigen, die die berufliche Leistungsfähigkeit einschränken. Hier werden sehr häufig die rechtlich zulässigen Fragegrenzen überschritten – also aufgepaßt! Sollten Sie Zweifel haben, ob Sie ganz gesund sind, fragen Sie Ihren Arzt, aber lassen Sie keine Zweifel im Vorstellungsgespräch aufkommen. Bagatellerkrankungen, wie etwa ein kleinerer, jährlich wiederkehrender Heuschnupfen, gehen den Arbeitgeber nichts an.

- *Waren Sie im letzten Jahr mehr als zweimal beim Arzt?*
- *Haben Sie einen Hausarzt?*

Hintergrund: Fangfragen zur Überprüfung des Gesundheitszustandes im Hinblick auf befürchtete Fehlzeiten.

Hinweise: Achtung, aufgepaßt – nicht (ver)plappern. Das sind üble Rhetoriktricks, auf die man nicht hereinfallen darf.

Berufliche Kompetenz und Eignung

- *Wie gut kennen Sie sich in unserer Branche/in unserem Metier aus?*
- *Wie schätzen Sie die aktuelle (zukünftige) Marktsituation ein?*

Hintergrund: Wie sieht Ihr aktueller Wissensstand aus? Können Sie kompetent mitreden, einschätzen, beurteilen?

Hinweise: Es gilt das schon mehrfach zum Thema Vorbereitung/Recherche Gesagte. Sollten Sie bei einer dieser Fragen trotz guter Vorbereitung nicht genug Hintergrundwissen haben, bekennen Sie sich dazu. Es macht Sie nicht unsympathisch, wenn Sie in Maßen Kenntnislücken zugeben.

- *Kennen Sie … (dieses Verfahren, die Person, die Diskussion um etc.)?*
- *Was ist Ihre Meinung über …?*
- *Wie beurteilen Sie …?*
- *Was würden Sie machen, wenn …?*

Hintergrund: Test von Informationsstand und Fachwissen bis hin zur Aufforderung, spontan im Gespräch eine »Mini-Arbeitsprobe« abzulegen.

Hinweise: Hier werden Sie selbst am besten wissen, wie Sie auf diese Fragen zu reagieren, zu antworten haben. Möglicherweise handelt es sich auch um eine Testfrage, mit der man Sie aufs Glatteis führen will, und das XYZ-Verfahren, von dem man suggestiv behauptet, daß Sie es doch sicherlich kennen, existiert in Wirklichkeit überhaupt nicht. Also bekennen Sie sich im Zweifel dazu, daß Sie es nicht kennen.

- *Welche Publikation (Fachbuch/Artikel) aus Ihrem Arbeitsgebiet hat Sie in der letzten Zeit besonders beschäftigt?*
- *Welche Fachzeitschriften haben Sie abonniert/lesen Sie regelmäßig?*
- *Welche Kongresse, Fachtagungen, Weiterbildungen etc. haben Sie in der letzten Zeit besucht?*

Hintergrund: Überprüfung von Engagement, Motivation und Kompetenz in fachlicher Hinsicht.

Hinweise: Siehe Hinweis zur vorigen Frage. Eine aktuelle, auch fachwissenbezogene Vorbereitung (in Maßen) zahlt sich hier aus.

- *Auf welchem Sektor lag Ihr Ausbildungsschwerpunkt, und wie kam es dazu?*
- *Was würden Sie als Ihren aktuellen, spezifischen Arbeitsschwerpunkt bezeichnen?*

Hintergrund: Wie kompetent können Sie sich und Ihr Arbeitsgebiet darstellen? Auch die Art und Weise Ihres »Vortrags« wird an dieser Stelle mitbewertet.

Hinweise: Fragen nach Ihrer Ausbildung (evtl. Lehre, Studium) und der ersten beruflichen Einstiegsposition kommen sicherlich bei einem gestandenen Praktiker seltener vor. Dennoch ist es wichtig, auf derartige Nachfragen, bei denen es auch um die Verknüpfung von Vergangenheit und Gegenwart geht, nicht ganz unvorbereitet zu sein.

- *Was schätzen Sie: Wie lange brauchen Sie, um sich bei uns in Ihr neues Aufgabengebiet einzuarbeiten?*
- *Auf welchem Gebiet haben Sie noch größere Defizite, und was gedenken Sie dagegen zu tun?*

Hintergrund: Wie realistisch ist Ihre Selbsteinschätzung, und wie gehen Sie mit kritischen Fragen zu Ihrer Person um?

Hinweise: Bei der ersten Frage wären Ihrerseits Hinweise auf Unterstützung und Kooperation durch den Arbeitgeber, Fachvorgesetzte und Kollegen angemessen, auf die Sie in der Einarbeitungszeit angewiesen sind. Natürlich haben Sie Defizite, die Sie aber vielleicht jetzt noch nicht ganz überblicken und dank der betrieblichen Unterstützung und Ihres besonderen Engagements sowie Ihrer Fortbildungsbereitschaft schnellstens beheben werden können. Empfehlung: Bloß nicht kränken oder provozieren lassen.

- *Können Sie uns noch einmal verdeutlichen: Was spricht für und was gegen Sie als unser Kandidat?*
- *Warum sollten wir gerade Sie einstellen?*

Hintergrund: Abermals ein Test zur Selbsteinschätzung und -darstellung.

Hinweise: Eine Kurzzusammenfassung der Argumente, die für Sie sprechen, ist jetzt gefordert. Gut, daß Sie darauf vorbereitet sind ... An Argumenten gegen Ihre Person fällt Ihnen höchstens eins ein, maximal anderthalb. Natürlich etwas relativ Harmloses, was jeder potentielle Arbeitgeber leicht entkräften könnte. Sie werden doch nicht selbst den Stab über sich brechen.

- *Was machen Sie, wenn Sie den Arbeitsplatz bei uns nicht bekommen, wenn wir uns für einen anderen Bewerber entscheiden?*

Hintergrund: Wie verarbeiten Sie Frustrationen, und inwieweit zeigen Sie dies?

Hinweise: Weder wären Sie völlig zerknirscht oder am Boden zerstört noch heilfroh und glücklich, wenn Ihnen dieser Job erspart bliebe. Bringen Sie zum Ausdruck, daß Sie eine Entscheidung gegen Sie als Kandidat bedauern, aber akzeptieren würden (was bleibt Ihnen auch übrig!). Sie sind – wie auch immer – derzeit gut verankert und keinesfalls auf den neuen Arbeitsplatz absolut angewiesen.

Informationen für den Bewerber

Aktives Zuhören

Früher oder später im Gespräch kommt der Moment, wo Ihr Gegenüber berichten will, wie es bei ihm in der Firma/Institution zugeht. Das ist eine wichtige Gesprächsphase, in der es vor allem auf Ihre demonstrative Zuhörfähigkeit ankommt – im Psychojargon »aktives Zuhören« genannt.

Hintergrund: Selbstdarstellungslust und Imagepflege auf Arbeitgeberseite.

Hinweise: Hören Sie wirklich aufmerksam zu, unterbrechen Sie nicht leichtfertig, machen Sie einen stark interessierten Eindruck, fragen Sie nach, und eröffnen Sie Ihrem Gegenüber auf diese Weise neue Selbstdarstellungsfelder. Er wird es Ihnen danken.

Verdeutlichen Sie aber auch, daß Sie sich vorbereitet haben und einige Informationen oder Details bereits wußten, ohne arrogant aufzutrumpfen: »Weiß ich schon alles«. So sammeln Sie auf leichte Art und Weise Sympathiepunkte.

Häufig steht ein Teil der Informationen für den Bewerber bereits am Anfang des Gesprächs. Dann haben sie u.a. die Funktion, das Gespräch einzuleiten und die Aufregung des Bewerbers abzubauen. Dennoch besteht auch immer mitten im Gespräch die Chance, den Gesprächspartner zur Selbstdarstellung anzuregen und so viele angenehme (Zuhör-) Minuten mit leicht verdienten Sympathiepunkten zu verbringen.

Spätestens in dieser Phase des Gespräches ist nun auch Ihr Gegenüber in einer Bewerbungsposition, und das Rollenspiel wechselt ein bißchen.

Übrigens: An der Qualität und Quantität des Informationsangebotes und seiner Vermittlung können Sie durchaus das Interesse an Ihrer Person sowie Ihren Stellenwert als Bewerber erkennen.

Arbeitskonditionen

Es liegt auf der Hand: In einer ersten Vorstellungsrunde sind Sie einer von mehreren Kandidaten. Möglicherweise hat der Arbeitsplatzanbieter noch nicht alle Bewerber kennengelernt, so daß die Arbeitskonditionen in einem ersten Gespräch nicht die gleiche wichtige Rolle spielen wie zu einem späteren Zeitpunkt des Bewerbungsverfahrens, beispielsweise in einem zweiten Vorstellungsgespräch.

Rahmenbedingungen

Trotzdem geht es natürlich darum, schon in der ersten Gesprächsrunde grob abzuklären, ob man sich auf die Rahmenbedingungen einigen könnte. Diese beinhalten auch inhaltliche Aspekte des potentiellen Arbeitsplatzes. Am Beispiel der Unterpunkte eines fiktiven Arbeitsvertrages zeigen wir auf, worum es hier gehen kann:

Aufgabengebiet; Arbeitszeit; Probezeit; Kündigungsfristen; Kompetenzen und Vollmachten; Urlaubsregelung; Bezahlung; Geheimhaltungspflichten; Konkurrenz-/Wettbewerbsschutz; Nebenbeschäftigung; Vertragsänderungen; sonstige Abmachungen, Sondervereinbarungen wie z.B. Dienstwagen, Altersversorgung, Umzugskosten, Trennungsentschädigung, Reisekostenvergütung, Unfallversicherung, Sonderzahlungen bei längerer Erkrankung etc.

Wie gesagt: Detailliert verhandelt werden diese Aspekte erst, wenn man wirklich in die absolut engere Wahl gekommen ist, und sehr selten gleich beim ersten Vorstellungsgespräch. Halten Sie sich also mit Fragen in dieser Richtung stark zurück. Jetzt ist dafür noch nicht der richtige Zeitpunkt.

Trotzdem – an dieser Stelle zwei Kernfragen:

- *Welche Gehaltsvorstellung haben Sie?*
- *Wie hoch sind Ihre aktuellen Bezüge?*

Hintergrund: Das alte Spiel: Der Preis ist heiß. Zahlemann & Söhne.

Hinweise: Können Sie den Wert Ihrer Arbeitsleistung angemessen einschätzen? In welchem Verhältnis steht Ihre Forderung zu Ihren jetzigen Bezügen? (s.S. 464 ff.).

- *Wann könnten Sie bei uns anfangen?*
- *Wenn wir uns für Sie entscheiden, brauchen wir Sie sofort. Ist das möglich?*

Hintergrund: Wie integer sind Sie und wie loyal Ihrem alten Arbeitgeber gegenüber? Wie weit lassen Sie sich unter Druck setzen und manipulieren?

Hinweise: Tappen Sie nicht in die Loyalitätsfalle, auch wenn Ihnen viel an diesem neuen Job liegt. Sie verlassen Ihren alten Arbeitsplatz nicht Hals über Kopf und laufen nicht einfach davon, weder jetzt bei Ihrem alten noch später bei dem neuen Arbeitgeber. Die vertraglichen und arbeitsrechtlichen Spielregeln sind allgemein bekannt. Trotzdem: Gegen eventuelle Sondierungsgespräche mit Ihrem alten Arbeitgeber bezüglich eines früheren Austrittstermins ist nichts zu sagen.

Fragen des Bewerbers

In jedem Vorstellungsgespräch gibt es einen programmierten Rollenwechsel, in der Art, daß Sie als Bewerber nun Fragen stellen dürfen, die Ihr Gesprächspartner beantworten wird.

Hintergrund: An den klugen Fragen erkennt man einen klugen Kopf sowie einen motivierten und kompetenten Bewerber. Was Sie jetzt wissen wollen, wird hinterfragt, auf Sinngehalt und aktives Interesse hin überprüft.

Hinweise: Sollten Sie mit Themen auffallen, die Sie eigentlich im Vorfeld hätten klären können oder durch aufmerksames Zuhören an einer anderen Stelle des Gesprächs längst hätten »speichern« müssen, erzielen Sie einen negativen Effekt.

Wer zuerst auf die Betriebsrente oder den Urlaub zu sprechen kommt, ist für sein Negativimage selbst verantwortlich. Sinnvolle Fragen können sich auf folgende Aspekte beziehen: Aufgabengebiet, Zuständigkeit, Verantwortung, Kooperationspartner, globale Bezahlung. Gehen Sie hier nicht weiter ins Detail. Beachten Sie den Hinweis: Detailliert verhandelt wird erst, wenn Sie in der engeren Wahl sind (s. S. 464 ff.).

Übrigens: Es macht keinen schlechten Eindruck, wenn Sie schriftlich vorbereitete Fragen aus der Tasche ziehen und sich auch während der verbalen Ausführungen Ihres Gegenübers gelegentlich dezent Notizen machen.

Hier einige Beispielfragethemen (eventuell auch für das zweite Vorstellungsgespräch, s. S. 464):

- Ist diese Position/dieser Arbeitsplatz neu geschaffen worden oder fester Bestandteil in Ihrem Unternehmen?
- Wer hat diese Aufgabe bisher wahrgenommen?
- Mit welchem Erfolg, was gab es für Probleme?
- Warum ist der Arbeitsplatz frei geworden?
- Was macht der ehemalige Stelleninhaber jetzt?
- Haben Sie eine detaillierte Stellenbeschreibung? Darf ich die sehen und mitnehmen?
- Gibt es ein Organigramm (Organisationsplan), in dem der ausgeschriebene Arbeitsplatz dargestellt wird?
- Mit welchen Personen/Abteilungen werde ich zusammenarbeiten?
- Welche speziellen Erwartungen haben Sie an den neuen Stelleninhaber?
- Was, meinen Sie, sollte dieser als erstes tun, was ist das wichtigste?

- Ist die Möglichkeit gegeben, die neuen Kolleginnen und Kollegen, mit denen ich zusammenarbeiten würde, vorab kennenzulernen?
- Welchen beruflichen Hintergrund haben die zukünftigen Kollegen/Vorgesetzten?
- Wie ist die Einarbeitungsphase geplant? (Ansprechpartner, Programm, auch: wo, wie lange?)
- Welche späteren Entwicklungsmöglichkeiten gibt es für mich von dieser Position aus?
- Welche Fort- u. Weiterbildungsangebote gibt es in Ihrem Unternehmen?
- In Ihrer Anzeige (in Ihren Unterlagen) schreiben Sie ... Was verstehen Sie darunter?
- Welche aktuellen Vorhaben stehen in Ihrem Hause für die nahe Zukunft an?
- Welche Probleme in Ihrem Unternehmen bedrücken Sie am meisten?
- Wie würden Sie den Führungs- und Umgangsstil in Ihrem Haus charakterisieren?
- Und noch einmal: Machen Sie nicht den Fehler, Fragen zu stellen, als ob Sie bereits sicher wären, morgen anfangen zu können und im nächsten Moment den Arbeitsvertrag zu unterschreiben. Dieser und seine Konditionen sind noch weitestgehend tabu. Aber auch ein Nachfragen in Richtung »Wie werden Sie sich entscheiden, wann höre ich von Ihnen, und wie sind meine Chancen?«, ist zu diesem Zeitpunkt noch nicht opportun.

Zeigen Sie abermals Geduld und Gelassenheit. Geben Sie Ihrem Gegenüber nicht das Gefühl, daß Sie ihn bedrängen. Zeigen Sie sich interessiert, aber auch geduldig abwartend.

Abschluß des Gesprächs und Verabschiedung

- *Warum sollten wir gerade Ihnen den Arbeitsplatz geben?*
- *Können Sie bitte noch einmal kurz zusammenfassen, was Ihre Stärken, aber auch Ihre Schwächen sind?*

Hintergrund: Wie auch in der Gesprächsphase 4 erläutert, geht es um negative, aber vor allem um positive Eigenschaften, die Sie charakterisieren und vor allem in einen Bezug zum angestrebten Arbeitsplatz bringen sollten.

Hinweise: Diese Aufforderung können Sie gut benutzen, um noch einmal die wichtigsten Argumente für Ihre Person und Bewerbung zusammenfassend vorzutragen (im Stil etwa: 1. ..., 2. ..., 3. ...). Negative Argumente fallen Ihnen nicht ein – überlassen Sie diese (später) Ihrem Gesprächspartner. Achtung: Wiederholungsfrage!

Zum Schluß kommt es auf den Versuch eines angenehmen Abgangs an, auch unter dem Aspekt der Imagepflege für den Arbeitsplatzanbieter. Man wird sich bei Ihnen für Besuch, Bewerbung und das Interesse an der Firma/Institution bedanken.

Wichtig ist nun eine Klärung, wie es weitergeht, wer voraussichtlich wann zu einer Entscheidung gelangt. Dies alles sollte aber ohne Bedrängung, Ungeduld oder gar Selbstzweifel vorgetragen werden.

Überzeugender Abgang

Kommen Sie also bloß nicht auf die Idee, direkt oder verklausuliert zu fragen: »Wie finden Sie mich?« oder: »Wie werden Sie sich entscheiden?« Das braucht naturgemäß Zeit, und die haben Sie, denn Sie stehen ja nicht (erkennbar) unter Druck. Unser Vorschlag: »Was meinen Sie, wie sollten wir verbleiben? Soll ich Sie anrufen – sagen wir in einer Woche –, oder melden Sie sich, bekomme ich Nachricht von Ihnen?«

Nun unser letzter Hinweis: Keep smiling. Beim Hinausgehen vor der Bürotür auf jeden Fall die Contenance bewahren. Die Tür nicht zuknallen, nicht erleichtert aufatmen (und wenn, nur ganz leise), keine Flüche, weiterhin aufrecht gehen …

Nun einige Spezialfragen an besondere Bewerbergruppen wie Führungskräfte, Frauen und ältere Bewerber. Leider sehen sich Frauen beim Vorstellungsgespräch immer noch häufig mit speziellen Vorbehalten, Vorurteilen und daraus resultierenden Fragen konfrontiert.

Extratip für Führungskräfte

Führungskräfte werden natürlich mit ähnlichen Fragen wie den gerade vorgestellten konfrontiert. Hinzu kommen Fragen, die speziell Führungsfähigkeiten überprüfen sollen:

- *Was bedeutet Mitarbeiterführung?*
- *Wie definieren Sie die Hauptaufgaben einer Führungskraft?*
- *Welchen Führungsstil bevorzugen Sie?*

Hintergrund: Haben Sie sich mit diesen Begriffen und der dazu geführten aktuellen Diskussion auseinandergesetzt? Wie ist Ihr Standpunkt, wie sieht Ihre persönliche Philosophie aus?

Hinweise: Zeigen Sie Kompetenz durch fundiertes Hintergrundwissen, das Sie prägnant in ein bis zwei Minuten zum Ausdruck bringen können.

- *Was schätzen Sie: Wie lange brauchen Sie zur Einarbeitung in Ihr neues Arbeitsgebiet bei uns?*
- *Auf welchem Gebiet haben Sie größere Defizite, und was gedenken Sie dagegen zu tun?*

Hintergrund: Wie realistisch ist Ihre Selbsteinschätzung, und wie gehen Sie mit kritischen Fragen zu Ihrer Person um?

→

Hinweise: Bei der ersten Frage wären Ihrerseits Hinweise auf eine erwartete Unterstützung und Kooperation durch den Arbeitgeber angemessen, auf die Sie in der ersten Zeit angewiesen sind. Natürlich haben Sie Defizite, die Sie wahrscheinlich nicht ganz überblicken und bestimmt dank der betrieblichen Unterstützung sowie mit Hilfe Ihrer Fortbildungsbereitschaft schnell beheben können. Empfehlung: Nicht kränken oder provozieren lassen, im Prinzip zustimmen und Mao zitieren: »Handeln heißt lernen.« Also lebenslängliche Lernbereitschaft signalisieren.

- *Was sind Ihre ganz persönlichen Lebensziele?*
- *Was möchten Sie persönlich für sich in naher/ferner Zukunft erreichen?*

Hintergrund: Lebensplanung und Zielsetzungen beruflicher wie privater Art gehören zum Idealbild der »guten« Führungskraft.

Hinweise: Lernen, Leistung, Vorwärtskommen. Entwickeln Sie ein Gespür dafür, was man hier wohl von Ihnen hören will. Achtung: Es geht primär um Berufliches – vermeiden Sie private Offenbarungen.

- *Was zeichnet Ihrer Meinung nach eine gute Führungskraft aus?*
- *Was einen guten Vorgesetzten?*
- *Was einen guten Mitarbeiter?*
  (Anschließend diese drei Fragen mit umgekehrtem Vorzeichen – »schlechte Führungskraft« usw.)

- *Was schätzen Sie an Ihren Arbeitskollegen/Vorgesetzten – was nicht?*
- *Worin unterscheiden Sie sich Ihrer Meinung nach von Ihrem jetzigen Vorgesetzten?*

Hintergrund: Haben Sie ein idealtypisches Anforderungsprofil – auch für Ihre eigene Person? Wissen Sie, worauf es ankommt? Wiederum: Wie gehen Sie mit schwierigen Fragen um?

Hinweise: Besonders heikel ist die letzte Frage. Der Unterschied liegt in der Position (Gehalt und Verantwortung). Zeigen Sie Wertschätzung für Ihren Vorgesetzten, machen Sie aber auch ggf. deutlich, daß Sie in bestimmten Situationen anders entschieden hätten. Zeigen Sie Respekt und die richtige Mischung aus Selbstbewußtsein und Loyalität.

Extratip für Frauen

In den Spitzenpositionen von Wirtschaft, Industrie und Handel findet man nicht einmal sechs Prozent Frauen, obwohl mittlerweile über 50 Prozent der Frauen im Alter zwischen 15 und 65 Jahren in Deutschland berufstätig sind. In der Regel leiten Männer die Vorstellungsgespräche. Was wollen, was können Sie, und trauen Sie sich diese Aufgabe wirklich zu? – ist der möglicherweise skeptische Unterton von Männerseite. Nicht selten kommt es sogar zu dem Versuch des Fragen- (und Fallen-)stellers, Ihnen die ganze Bewerbung um den Arbeitsplatz oder den Job auszureden. Ein übler Motivationstest! Mit welchen Fragen muß frau rechnen? Zum Beispiel mit folgenden:

»Was sagt denn Ihr Partner zu Ihren Plänen?«
»Wie können Sie Beruf und Familie miteinander vereinbaren?«

Bis 1972 war es in der Bundesrepublik noch so, daß Ehefrauen die Erlaubnis des Mannes benötigten, wenn Sie arbeiten gehen wollten. Die Zeiten sind zum Glück vorbei – dennoch fragen Männer aller Altersgruppen Bewerberinnen gern nach der Meinung des Partners. Bleiben Sie ruhig, sagen Sie, daß Sie dessen volle Unterstützung haben, alles »im grünen Bereich« etc., das beruhigt ungemein. Familie und Beruf lassen sich deshalb auch wunderbar vereinbaren, denn Ihr Partner ist im Notfall auch für die Kinder da.

»Wollen Sie sich wirklich beruflich engagieren?«

Eine Frage, die einem Mann so wohl nie gestellt würde. Das klassische männliche Vorurteil (Frauen wissen nicht, was sie wollen) kommt hier zum Tragen. Männer als Entscheidungsträger in einem Unternehmen neigen dazu, lediglich zwei Kategorien von Mitarbeiterinnen zu kennen: diejenigen, die aus purem Vergnügen nur ein bißchen dazuverdienen wollen und die man(n) nicht ernst nehmen kann, und dann diejenigen, die »richtig« Karriere machen wollen und vor denen man(n) sich wirklich in acht nehmen muß, weil sie gefährlich werden können. Wenn Sie sich während des Gesprächs durch die Frage nach Ihrem »wahren« beruflichen Engagement in die Enge getrieben sehen, heißt das oberste Gebot: cool bleiben. Was auch immer Sie sagen – es könnte zu Ihrem Nachteil ausgelegt werden. Deshalb gibt es dafür überhaupt kein Patentrezept – leider! Sie müssen situationsbedingt reagieren und versuchen, die Bedenken des Gegenübers zu zerstreuen.

»Wie sieht Ihre Familienplanung aus?«

Auch wieder eine typische Frage, die nur Frauen gestellt wird. Der Ar- →

beitgeber befürchtet ökonomische Einbußen infolge von Fehlzeiten (z.B. Schwangerschaft, Erziehungszeiten...). Sie müssen diese Frage nicht wahrheitsgemäß beantworten (siehe auch Hinweise). Anfragen nach der Familienplanung und nach einer bestehenden Schwangerschaft sind prinzipiell verboten. Hier dürfen Sie ungestraft lügen.

Extratip für Bewerber über 48

Erkundigen Sie sich vor dem Gespräch, ob Sie förderungsberechtigt durch das Arbeitsamt sind. Es gibt für ältere Langzeitarbeitslose einige Förderungen. Dies kann ein durchaus gewichtiges Argument für einen Arbeitgeber sein. Wenn Sie nicht darauf angesprochen werden, überlegen Sie, wann der richtige Augenblick gekommen ist, um diesen Vorteil in die Waagschale zu werfen.

Werden Sie zu Ihren Hobbys befragt, macht es sich gut (wie beim Abschnitt Lebenslauf bereits erwähnt), wenn Sie Ihre Fitneß mit einer sportlichen Freizeitbeschäftigung belegen können. Die Antwort Schwimmen oder Tanzen macht einen anderen Eindruck als Briefmarkensammeln. Erwähnen Sie bei der Frage nach Ihren Hobbys bitte nicht »meine Enkelkinder«. Auch wenn Sie die lieben Kleinen noch so gern haben, hilft Ihnen das in diesem Fall kaum weiter. Ihr Gegenüber wird womöglich Enkelkinder = Oma/Opa = alt = altes Eisen assoziieren. Und damit wären in kürzester Zeit wieder all die Vorurteile wachgerufen, mit denen ältere Bewerber ohnehin zu kämpfen haben.

Eine weitere Frage und damit auch Ihre Antwort können entscheidend für den Ausgang des Vorstellungsgesprächs sein – die Frage nach Ihren Zielen. Ihr Gegenüber möchte damit herausfinden, wie engagiert Sie (noch) sind. Oder wollen Sie die letzten Jahre bis zur Rente nur ruhig und sicher verbringen? Zeigen Sie Leistungswillen, Lernbereitschaft, Interesse am Weiterkommen.

Gesprächsführung und Gesprächspsychologie

Im Vorstellungsgespräch stehen Sie als Bewerber auf dem Prüfstand. Jedoch nicht Sie alleine. Auch Sie haben die Gelegenheit, Ihr Gegenüber genauer kennenzulernen und dessen Persönlichkeitsstruktur und Umgangsstil zu beurteilen. Es geht also darum, abzuschätzen, ob Sie eigentlich das Arbeitsplatzangebot annehmen wollen. Aufgrund der schwierigen Arbeitsmarktlage mag Ihnen diese Überlegung unangemessen wählerisch erscheinen. Dennoch ist angesichts der Lebenszeit, die Sie an Ihrem Arbeitsplatz verbringen, eine kritische Reflexion, mit wem Sie es auf der Vorgesetztenseite zu tun bekommen werden, angebracht.

Vom Umgang mit neurotischen Chefs

Um Menschen – insbesondere den zukünftigen Chef oder den direkten Vorgesetzten, der häufig am Auswahlprozeß beteiligt ist, aber auch den aktuellen Gesprächspartner, z.B. den Personalreferenten – besser zu durchschauen und einzuordnen, sind einige Grundkenntnisse in der psychoanalytischen Persönlichkeits- und Charakterlehre von Nutzen.

Unter Charakter (oder Persönlichkeit) versteht man die für einen Menschen typischen Erlebnis- und Verhaltensweisen. Jeder Mensch fühlt und verhält sich so, wie es seine Charakterstruktur zuläßt. Viele Konflikte und irrationale Vorgänge am Arbeitsplatz und möglicherweise bereits schon im Vorstellungsgespräch haben ihre Ursache häufig auch in der neurotischen Charakterstruktur des Vorgesetzten.

Übrigens: Jeder von uns hat Züge von einer (oder mehreren) der folgenden fünf am häufigsten vertretenen Persönlichkeitsstrukturen, die – je nach Ausprägung – neurotische, also krankhafte Formen annehmen können. Als Chef kann man sie allerdings besonders gut auf dem Rücken der »Untergebenen« ausleben.

Wir stellen Ihnen vor:

- die narzißtische (»Strahlemann und Sonnenkönig«),
- die zwanghafte (»Der kontrollierende Besserwisser«),
- die schizoide (»Der aus der Kälte kam«),
- die hysterische (»Mehr Schein als Sein«) sowie
- die depressive (»Der Sorgenvolle und Bedrückte«) Persönlichkeitsstruktur.

Im folgenden werden die typischen Eigenarten dieser Charakterstrukturen skizziert. Wir beschreiben, wie sich die jeweiligen Merkmale bei Vorgesetzten speziell beim Vorstellungsgespräch im Umgang mit Bewerbern dokumentieren und – zum besseren Verständnis – welche Erfahrungsmuster aus der Kindheit die verschiedenen Persönlichkeitsstrukturen der Chefs jeweils prägten. Kurzum: Warum Chefs so sind, wie sie sind.

Die narzißtische Persönlichkeit

Starke Ich-Bezogenheit

Merkmale. Narzißtische Persönlichkeiten sind stark ichbezogen. Neben einer Tendenz zur Grandiosität und zur totalen Überbewertung der eigenen Person bestehen hintergründig stets auch Minderwertigkeitsgefühle und ein im Grunde labiles Selbstgefühl. Narzißtische Persönlichkeiten sind übermäßig von der

Bewunderung anderer abhängig. Ihre Bezugspersonen sind aber keine eigenständigen Individuen, sie existieren lediglich, um den Glanz und die vermeintliche Grandiosität des Narzißten widerzuspiegeln oder um sich ihm quasi als Schmuckstück anzubieten. Mit ihren Mitmenschen gehen Narzißten dementsprechend häufig manipulativ, abwertend und ausbeuterisch um. Sie sehen das menschliche Zusammenleben als einen vom Egoismus geprägten Kampf aller gegen alle an.

Charakteristisch ist für sie eine Zweiteilung der Welt, eine vereinfachende Spaltung in Gut und Böse. Andere Menschen werden vom Narzißten entweder als ideal (nur gut) oder bedrohlich (nur böse und schlecht) wahrgenommen. Diese Einteilung dient dazu, sich selbst als vollkommen in Ordnung zu erleben, während alles Negative und Schlechte den anderen zugeschrieben wird. Diesen »Bösen« gilt dann nach einer Enttäuschung ihr oftmals ungezügelter Haß.

Chefs. Eine Führungsposition streben Menschen mit einer narzißtischen Persönlichkeitsstruktur an, weil sie ihnen Macht und Prestige einbringt. Denn nur in der ersten Reihe fühlen sie sich wohl. Die herrschende Ideologie unserer Geschäftswelt entspricht der narzißtischen Charakterstruktur: dynamisch-rücksichtslos-ichbezogen-erfolgreich. Die meisten Vorgesetzten zeigen deshalb eine deutlich narzißtische Persönlichkeitsstruktur.

Als Mitarbeiter bevorzugen Narzißten »Jasager«, in deren Bewunderung sie sich sonnen. So kompromißlos und hart der Narzißt in seinen Kritikäußerungen auftritt, er selbst reagiert ausgesprochen überempfindlich auf jede Kritik. Wenn eine Person ihn nicht vorbehaltlos unterstützt, wird sie auf die schwarze Liste gesetzt und gilt als ausgestoßen. Jede Existenzberechtigung wird ihr abgesprochen. Es gilt die Devise: Wer nicht für mich ist, ist gegen mich.

Wegen dieses Verhaltensstils und der Unfähigkeit narzißtischer Persönlichkeiten, sich in andere Menschen einzufühlen, herrscht unter den Mitarbeitern oft eine hohe Fluktuation. Bewerbungsverfahren und Vorstellungsgespräche häufen sich demzufolge. Scheitern Projekte, die mit der Hoffnung auf einen strahlenden Erfolg begonnen wurden, werden Sündenböcke gesucht. Schuld sind für den Narzißten grundsätzlich immer die anderen.

»Der Ehrgeiz einer Führungsperson mit pathologischem Narzißmus«, schreibt der amerikanische Psychoanalytiker Otto F. Kernberg, »kreist ... um primitive Macht über andere, um den unersättlichen Wunsch, ihnen zu imponieren, und um den Wunsch, wegen persönlicher Attraktivität, Charme und Brillanz bewundert zu werden, nicht etwa wegen reifer menschlicher Qualitäten, moralischer Integrität und Kreativität bei der Wahrnehmung der ... Führungsaufgaben« (*Innere Welt und äußere Realität,* München/Wien 1988, S. 298). Narzißtische Führungskräfte finden sich besonders häufig in auf Repräsentation ausgelegten Wirtschaftsunternehmen (z.B. Bau- und Immobilienfirmen, Werbebranche), im Medien-, Kultur- und Wissenschaftsbereich sowie in medizinischen und psychosozialen Institutionen.

Hintergrund. Ein Mensch mit einer narzißtischen Persönlichkeit wurde – aus welchen Gründen auch immer – von seiner Mutter (den Eltern) nicht wichtig genommen, das heißt seine Bedürfnisse wurden als Kind nicht adäquat befriedigt oder gar nicht erst erkannt. Um dieser grundlegenden Verletzung des Selbstwertgefühls zu entgehen, entwickeln sich bei ihm Phantasien von eigener Größe, Unabhängigkeit und vom Unwichtigsein anderer Personen. Die spätere ständige Suche nach Bewunderern soll den frühen Mangel doch noch ausgleichen helfen. Statt Liebe verschafft sich der Narzißt Bewunderung und Erfolg.

Unter derartig defizitären Entwicklungsbedingungen kann das Kind kein eigenes Selbst, keine eigene Identität entfalten. Die Folgen sind Selbstunsicherheit, Minderwertigkeitsgefühle und tiefgreifende Selbstwertzweifel, die später in eine Fassade von scheinbarer Großartigkeit verwandelt werden, oft in ein die Ohnmacht kaschierendes, durch tiefen Haß geprägtes Machtgebaren. Aggressiv-autoritäre und tyrannische Chefs haben in der Mehrzahl eine narzißtische Persönlichkeitsstruktur.

Vorstellungsgespräch. In der Bewerbungssituation können Sie aus der repräsentativen Gestaltung des Ambientes bereits Rückschlüsse auf die narzißtische Struktur des »Hausherrn« ziehen. Demonstrativ zur Schau getragenes Selbstbewußtsein, eine pfauenhaft-majestätische Ausstrahlung, brillante Selbstinszenierung und Unternehmensdarstellung sind untrügliche Kennzeichen dieser Persönlichkeitsstruktur.

Dieser Typus hört sich am liebsten selbst reden und kann nicht zuhören. Kaum hat er eine Frage gestellt, parliert er weitschweifig und detailliert über seine Erfolge und Erfahrungen. Der narzißtische Chef und Personalauswähler sucht im Bewerber das Exotische und Besondere, mit dem er sich speziell schmücken kann. Die größten Chancen haben Sie, wenn Sie sich als Objekt der Idealisierungsneigung des Narzißten eignen. Seine Entscheidungskriterien sind dabei häufig irrational.

Wenn Sie können und wollen: Stören Sie seine Selbstdarstellungssucht nicht. Hören Sie aufmerksam und (in Maßen) »beeindruckt-bewundernd« zu. Versuchen Sie in den kurzen Momenten seiner Ihnen zugewandten Aufmerksamkeit, Interesse und Neugier an Ihrer Person zu wecken.

Die zwanghafte Persönlichkeit

Starker Hang zum Perfektionismus

Merkmale. Zwanghafte Charaktere sind ordnungsliebend, eigensinnig, rechthaberisch und perfektionistisch. Alles Spontane, Impulsive, Triebhafte, Ungeregelte und Schmutzige macht ihnen angst und muß deshalb beseitigt oder zumindest streng kontrolliert und damit beherrschbar werden. Zwanghafte Persönlichkeiten können sich schlecht entspannen, sind zweifelnd, ängstlich, entschlußunfähig, umständlich, peinlich genau bis zur Pedanterie, mit einer Vorliebe für unwichtige Details.

Weitere Charakteristika zeigen sich im Streben nach emotionaler Autonomie (»Ich brauche niemanden«) sowie in einem permanenten Gefühl des Getriebenseins. Zwanghafte Persönlichkeiten haben das Gefühl, ihnen sitze ständig ein imaginärer Aufpasser im Nacken. In zwischenmenschlichen Beziehungen geht es um Dominanz oder Unterwerfung. Sie haben eine Freude am Beherrschen, aber erstaunlicherweise auch am Beherrschtwerden, manchmal sogar am Quälen und Gequältwerden.

Chefs. Zwanghafte Führungskräfte scheinen in besonderem Maße den typischen Anforderungen in bürokratisch-hierarchisch strukturierten Großorganisationen zu entsprechen: Ordnung, Systematik, Planbarkeit, Kontrolle, Berechenbarkeit und strenge Disziplin sind die Forderungen, die sie an sich und andere stellen. Andererseits führt ihre kleinliche Kontrollsucht oft zum regelrechten Schikanieren von Mitarbeitern, zu Zeitfetischismus, penibler Paragraphenreiterei und minutiöser Verplanung von Arbeitsabläufen.

In einer Firmen- oder Institutionshierarchie fühlen sich zwanghafte Persönlichkeiten wohl. Hier werden sie kontrolliert, können aber auch als autoritäre Vorgesetzte mit rigidem Machtgebaren andere kontrollieren und beherrschen. Die dadurch häufig ausgelöste übertriebene Unterwürfigkeit von Mitarbeitern führt zu Passivität und mangelnder Kreativität im Unternehmen. Auf gleicher Ebene gibt es bei der Zusammenarbeit Probleme. Da zwanghafte Persönlichkeiten stets nur ein Unten oder Oben kennen, versuchen sie, auf der Hierarchieleiter so weit wie möglich nach oben zu kommen, oder aber sie unterwerfen sich. Eine kollegiale, gleichberechtigte Zusammenarbeit ohne Hierarchieunterschiede ist mit ihnen nur schwer möglich.

Zwanghafte Chefs sind eher im öffentlichen Dienst, bei Banken und Versicherungen anzutreffen als in der dynamisch-narzißtischen sogenannten freien Wirtschaft, also Handel, Industrie oder auch in Kreativberufen.

Hintergrund. Die Kindheitserfahrungen und -bedingungen, die zur zwanghaften Persönlichkeitsstruktur führen, sind ein rigider, autoritärer, einengender Erziehungsstil vor allem im zweiten und dritten Lebensjahr. Eigenwille, Spontaneität, lebhafte Motorik und Aggressivität des Kindes werden von seiten der Eltern rigoros unterdrückt und müssen in Zukunft mit Angst- und Schuldgefühlen abgewehrt werden. Der durch die Eltern von außen ausgeübte Zwang wird so zu einem inneren. Statt Selbstbewußtsein und Autonomiegefühl dominieren Gefühle von Scham und Zweifel.

Prägend sind auch erste Machtkämpfe mit den Eltern, die dann entstehen, wenn diese das Kind während der sogenannten analen Phase durch eine frühe oder strenge Sauberkeitserziehung daran hindern, Schließmuskeln und sonstige Körperfunktionen allmählich und nach eigenem Willen beherrschen zu lernen. Das Kind wird so in einen Zustand von Rebellion, Niederlage, Selbstbezogenheit und überstrenger Gewissensbildung getrieben.

Vorstellungsgespräch. Ihr Gespräch fängt pünktlich auf die Minute an. Wenn dann noch auf dem Schreibtisch Ihres Gesprächspartners die Stifte wie mit dem

Zollstock ausgemessen parallel liegen und auch sonst das ganze Zimmer einen absolut aufgeräumten, clean-sterilen Eindruck macht, fällt die Einschätzung nicht schwer: Sie haben es mit einer zwanghaften Persönlichkeit zu tun. Diese wird Ihre Bewerbungsunterlagen penibel genau studiert haben und durch geschickte Detailfragen Schwachstellen wie Lücken im Lebenslauf aufzudecken versuchen. In den Gesprächsinhalten dominiert die Leistungsthematik.

Korrektheit ist das wichtige Schlüsselwort im Umgang mit Zwanghaften. Pünktlichkeit, akkurate Kleidung, Anpassungsbereitschaft bis hin zu einer dezent geschauspielerten Gefügigkeit sind – wenn Sie das wollen und können – die Schlüsselreize, auf die eine zwanghafte Persönlichkeit positiv anspringt.

Die schizoide Persönlichkeit

Emotionslos und mißtrauisch

Merkmale. Schizoide Persönlichkeiten (von griech. schízein = spalten) wirken kühl-distanziert, mißtrauisch, verschlossen, unbeteiligt, manchmal auch arrogant. Es fehlt ihnen an Wärme. Ihre zwischenmenschlichen Beziehungen bleiben emotionslos, oberflächlich und leer. Wenn man eben noch meinte, ihnen nähergekommen zu sein, reagieren Schizoide oft schroff, nehmen eine feindselige, abweisende Haltung ein, ziehen sich zurück oder brechen Beziehungen ab.

Chefs. Schizoide Führungskräfte versuchen, alle Probleme rein sachlich anzugehen – objektiv, verstandesmäßig und kühl. Es geht um das Wohl der übergeordneten »Sache«, menschliche Schicksale sind für sie weniger interessant. Persönlichen Kontakten wird möglichst aus dem Weg gegangen. Am liebsten verbreiten derartige Persönlichkeiten eine Aura geschäftsmäßiger und technokratischer Nüchternheit. Sie wirken im lockeren sozialen Kontakt oft unbeholfen, geradezu linkisch. Gerne verschanzen sie ihre Persönlichkeit hinter ihrer Rolle, den »objektiven« Fakten, den sogenannten Sachzwängen. Eine ihrer Lieblingsformulierungen ist: »Von der Sache her ...«

Ihre eigene hintergründige Feindseligkeit projizieren schizoide Persönlichkeiten oft auf andere Menschen. Diese werden dann – innerhalb oder außerhalb des Unternehmens – als Bedrohung erlebt. Schizoide verbreiten auf diese Weise im Unternehmen ein Klima paranoiden Mißtrauens. Hinter der Feindseligkeit gegenüber den eigenen Mitarbeitern steckt häufig ein verborgener Kontakt- und Abhängigkeitswunsch.

Für den Führungsstil von schizoiden Persönlichkeiten ist die grundverschiedene Behandlung von Mitarbeitern charakteristisch. Diese werden als Genies, als nützliche Trottel oder schlicht als Idioten eingeschätzt, was zu Spannungen und Konflikten mit dem Vorgesetzten und unter den Mitarbeitern selbst führt. Bedürfnisse der Mitarbeiter nach Verständnis und Unterstützung kommen zu kurz oder werden übergangen.

Bevorzugte Arbeitsgebiete liegen in naturwissenschaftlichen Bereichen, in Technik, Informatik, aber auch auf höherer betriebswirtschaftlicher Ebene. Allen gemeinsam ist: Sie reduzieren den Umgang mit Mitarbeitern auf ein Minimum.

Hintergrund. Die schizoide Persönlichkeitsstruktur basiert auf Störungen in der frühen Kindheit, in der es an Nestwärme, liebevoller Geborgenheit und vor allem auch an emotionaler Sicherheit fehlte. Anstelle eines Urvertrauens, eines zuversichtlichen Sich-verlassen-Dürfens entwickelte sich ein Ur-Mißtrauen. Um einer Wiederholung der enttäuschenden Kindheitserfahrungen und erneuten Verletzungen vorzubeugen, geht die schizoide Persönlichkeit auf Distanz, konzentriert sich lieber auf das Sachliche.

Vorstellungsgespräch. Eine höfliche, aber deutlich unterkühlte Atmosphäre läßt in Ihnen das Gefühl aufkommen, Ihre Einladung sei eher ein Versehen und Sie ein ungebetener Gast. Sie haben es mit dem Charme eines gerade geöffneten Kühlschrankes zu tun. Jetzt nur kein Frösteln zeigen, sondern beherzt versuchen, Ihre Botschaft rüberzubringen. Ihr Gegenüber kann zuhören, dennoch sollten Sie sich kurz fassen und präzise formulieren. Wenn Sie Ihren schizoiden Gesprächspartner nicht zu gefühlvoll bedrängen, sammeln Sie Pluspunkte, indem Sie angsterzeugende Nähe vermeiden und gleichzeitig freundlich unbeeindruckt bleiben von dessen kühl-distanzierter Art. Respektieren Sie seine Grenzen.

Die hysterische Persönlichkeit

Neigung zum Drama

Merkmale. Hysterische Persönlichkeiten neigen zu theatralisch-dramatischen Auftritten und versuchen ständig, im Mittelpunkt zu stehen, die Aufmerksamkeit, Sympathie und Bewunderung ihrer Mitmenschen auf sich zu lenken. Sie sind stolz auf die eigene Erscheinung und versuchen, sich in ihren Selbstinszenierungen als lebendig, aktiv und begehrenswert zu präsentieren.

Sie lieben Abwechslung und Maskierung, scheuen Bindung, Festlegung und Verantwortung. Hysterische Persönlichkeiten sind empfänglich für Suggestion und emotional eher labil, charakterisiert durch Launenhaftigkeit und Ausbrüche von Lachen oder Weinen. Verführerisches, sexuell provozierendes Verhalten steht ebenfalls im Dienst einer starken Ichbezogenheit, mit dem Ziel, von anderen gemocht und bewundert zu werden. Häufig ist »Mehr Schein als Sein« die (un)bewußte Devise hysterischer Persönlichkeiten.

Chefs. In vielerlei Hinsicht sind hysterische Führungskräfte Gegentypen zu den zwanghaften: Ständig scheinen sie auf der Suche nach Neuerungen zu sein, haben immer wieder »frische« Ideen, die sie aber genauso schnell fallenlassen, wie sie sich dafür begeistern konnten. Durch Ordnungsstrukturen fühlen sie sich eher gelähmt. Hektik, Termindruck und Abwechslung brauchen sie ebenso wie den häufigen Arbeitsplatzwechsel.

Keine Gelegenheit zur eindrucksvoll inszenierten Selbstdarstellung wird ausgelassen, Public Relations, Feste und Präsentationen spielen eine große Rolle. Erfolge werden effektiv in der Öffentlichkeit präsentiert. »In der Anerkennung durch andere befriedigt der Hysteriker seine phallischen Ängste, unzulänglich und ungeachtet zu sein. Deshalb kommt es ihm auch darauf an, seine Erfolgssymbole demonstrativ zur Schau zu stellen (Luxuswagen, Titel, Teppiche, Zimmergröße, Mitarbeiterzahl, Stockwerkshöhe, Rangstufe). Er triumphiert im phallischen Konkurrenzkampf, wenn ein anderer ›den kürzeren zieht‹, er richtet sich auf an Potenzsymbolen, die seine Macht und seinen Status verkünden«, so die Arbeitspsychologen Neuberger und Kompa. Andererseits: Manche hysterisch strukturierten Männer fürchten auch, andere Männer zu übertreffen, weil die sich eventuell rächen könnten. Diese Angst vor dem Rivalisieren wie auch übertriebene Rivalität können die berufliche Karriere entscheidend behindern.

Nach dem Prinzip »Gegensätze ziehen sich an« werden zwanghafte Persönlichkeiten oft Mitarbeiter von hysterischen Vorgesetzten. Das führt nicht selten zu Spannungen und Konflikten, weil der hysterische Chef schnell mit seinen um Leistung und Perfektion bemühten Angestellten ungeduldig wird, wenn diese nicht fix genug mit Projekten fertig werden und Erfolge vorweisen.

Weiteres Konfliktpotential schüren hysterische Chefs, weil sie generell ihren Mitarbeitern nicht die Freiheit zugestehen, die sie sich selber nehmen. Einen zusätzlichen Aspekt beschreibt der Charakterforscher Karl König: »Weil der hysterische Chef in seiner Institution der potenteste Mann sein möchte und die Konkurrenz anderer Männer fürchtet, umgibt er sich gern mit weiblichen Mitarbeiterinnen, die seine Potenz bewundern. Potente Männer versucht er loszuwerden, wenn sie ihm in ihrer Entwicklung nahekommen .... An einer Institution, die von einem hysterischen Chef geleitet wird, kommt es zu häufigem Wechsel des Personals, wobei viele im Streit gehen« (*Kleine psychoanalytische Charakterkunde*, Göttingen 1992, S. 11).

Wegen der strukturellen Ähnlichkeiten ist dieser Typus am häufigsten auf den Arbeitsgebieten anzutreffen, die auch den Narzißten anziehen.

Hintergrund. Hysterische Persönlichkeitsstrukturen basieren auf Entwicklungsstörungen im ersten Lebensjahr sowie in der sogenannten ödipalen Phase der psychosexuellen Entwicklung (ca. 4. bis 7. Lebensjahr), in der es zu spezifischen Konflikten, Bindungen und Rivalitäten mit den Eltern kommt.

Vorstellungsgespräch. Vieles, was für den Narzißten gesagt wurde (Stichworte: Egozentrik, Egoismus), gilt auch für den Hysteriker. Sein Sprachstil ist übertrieben impressionistisch, Details spielen keine Rolle. Der ständige »große Wurf« gipfelt in Formulierungen wie »großartige Erfolge«, »phantastische Ergebnisse«, »echte Herausforderungen«, »einmalige Situation« – Worthülsen, die den heißen Dampf kennzeichnen, den er unablässig produziert. Viel mehr ist aber leider auch nicht dahinter, und schon bei wenigen Nachfragen Ihrerseits vergeht ihm die gute Laune, weil er das Detail nicht liebt, sondern für das Große und Visionäre schwärmt. Ihr Gegenüber ist also schnell »absolut total begeistert« und Sie ebenfalls, weil Sie denken, endlich hat mal jemand Ihr wirkliches Potential erkannt. Aber täuschen Sie sich nicht, das Gedächtnis eines Hysterikers ist kurz, und seine Begeisterungsfähigkeit ebbt ebenso schnell ab, wie sie aufgebrandet ist. Typisch für seine Oberflächlichkeit. Unter diesem Blickwinkel betrachtet hat vielleicht derjenige die besten Aussichten, der bei diesem Typus in der Folge der Vorstellungsgesprächstermine zuletzt an die Reihe kommt.

Die depressive Persönlichkeit

Antriebslosigkeit

Merkmale. Menschen mit einer depressiven Charakterstruktur sind häufig gedrückter Stimmung, anklammernd, antriebslos und aggressionsgehemmt. Sie leiden unter Mangel an Initiative, Gefühlen von Schuld, mangelndem Selbstvertrauen, Hilf- und Hoffnungslosigkeit.

Chefs. Vorgesetzte mit einer depressiven Persönlichkeitsstruktur verkörpern das krasse Gegenteil des gängigen Managerideals, das ein starkes Selbstbewußtsein und ein gutes Durchsetzungsvermögen verlangt. Sie sind selten autoritär, eher auf die Harmonie einer Nähe garantierenden Teamarbeit aus. Aber aufgrund ihrer Unsicherheit und ihres Grundgefühls, auf die Dinge letztlich wenig Einfluß ausüben zu können, verursachen depressive Chefs oft ein Führungsvakuum, bei dem ihre Firma oder ihre Abteilung wie ein Schiff ohne Kapitän mehr oder weniger ziel- und planlos dahintreibt. Häufig steckt Resignation dahinter. Das entstehende Führungs- und Machtvakuum lädt die Mitarbeiter der nächstniedrigen Hierarchiestufe regelrecht zu Intrigen und Machtkämpfen ein.

Häufig werden Führungskräfte (auch infolge eines chronischen Burn-out-Syndroms) besonders im öffentlichen Dienst im Laufe langer Arbeitsjahre reaktiv depressiv.

Hintergrund. Von seiten der Eltern kommt es (meist schon im ersten Lebensjahr) zu einer Versagung der elementaren Bedürfnisse nach Liebe, Zuwendung und Versorgung. Als Reaktion auf diese Enttäuschungen entsteht eine massive Wut, die aber gegen die eigene Person gewendet wird. Auf eine Kurzformel gebracht: Depression ist nach innen gewendete Aggression, niedergedrückte Wut.

Vorstellungsgespräch. Eine gedrückte Atmosphäre fällt Ihnen schon beim Betreten des Vorzimmers auf, ein Eindruck, der sich im Gesprächszimmer noch weiter steigert. Kein fröhlicher Mensch kommt Ihnen da entgegen, eher jemand mit einem aschfahlen Gesicht und bitteren Zügen, vielleicht auch mit den typischen heruntergezogenen Mundwinkeln eines Magenkranken. Das Gespräch verläuft dröge, schleppend, hat schon später angefangen als vereinbart. Alles ist mühsam und erscheint irgendwie sinn- und hoffnungslos. Sie spüren trotz Ihrer inneren Anspannung, wie Sie eine schleichende Müdigkeit befällt.

Lassen Sie sich von der negativen Stimmung nicht anstecken, und vermeiden Sie Versuche, Ihr Gegenüber aufgesetzt fröhlich oder gar mit »hochgekrempelten Ärmeln« wachzurütteln. Bleiben Sie ruhig-gelassen und unterdrücken Sie Ihre aufkommende hastige Nervosität, die vielleicht als Reaktion auf die bleierne Müdigkeit erwacht.

Hilfreich zu wissen: Die Neurosen der Chefs offenbaren sich häufig bereits schon im Vorstellungsgespräch. Mehr dazu in unserem gleichnamigen Buch.

Die Vergangenheit in der Gegenwart

In jeder zwischenmenschlichen Begegnung werden Gefühle ausgelöst. Ob Liebe auf den ersten Blick, spontane abgrundtiefe Antipathie oder etwas irritierend Diffuses dazwischen – nicht immer ist es leicht, dafür eine Erklärung zu finden. Bisweilen kann es am Geschlecht, an der sozialen Schicht, am Äußeren oder an Funktion und Rolle der betreffenden Person festgemacht werden. Diese Faktoren beeinflussen entscheidend den Verlauf der weiteren Kommunikation.

Übertragung

Eine tiefergehende Erklärung für in Gesprächen spontan aufwallende Gefühle findet man in der Kindheit. Sie sind in einem fundamentalen psychologischen Phänomen begründet: der Übertragung. Wir alle neigen dazu, Gefühle, Wünsche, Einstellungen und Erwartungen, die wir damals als Kind gegenüber wichtigen Personen unserer unmittelbaren Umgebung hatten (primär bezogen auf die Eltern, aber auch Geschwister), unbewußt an Personen der Gegenwart zu wiederholen. Wir übertragen also auch im Vorstellungsgespräch – ohne daß uns dieser Mechanismus bewußt ist – Gefühle und Wünsche aus der Vergangenheit auf den oder die Menschen, mit denen wir es in dieser Situation zu tun haben.

Während wir mit dem aktuellen Gesprächspartner sprechen, ist eine weitere für uns bedeutsame Person aus der Vergangenheit imaginär anwesend, zu der wir gleichzeitig reden.

So könnte etwa unser eine Nuance zu verkrampft vorgetragenes Bemühen, den als relativ reserviert-kühl erlebten zukünftigen Chef im Vorstellungsgespräch von unseren Qualitäten zu überzeugen, etwas aus der Vergangenheit widerspiegeln: nämlich die kindliche Anstrengung, den stets skeptisch-distanzierten Vater zur Anerkennung unseres eigenen Wertes und unser eigenen Leistungen zu bringen.

Unsere emotionalen Erfahrungen aus der Vergangenheit mit dem Vater übertragen wir hier auf den neuen potentiellen Chef. Die Folge ist zum einen eine Wahrnehmungsverzerrung (der Chef erscheint wahrscheinlich kühler, als er in Wirklichkeit ist) und zum anderen eine unangemessene Verkrampfung in unserem Auftreten.

Auch von seiten Ihrer Gesprächspartner kann es im Vorstellungsgespräch zu derartigen Übertragungsphänomenen kommen: Aus Sicht des männlichen Personalchefs könnte es beispielsweise in der Bewerbungssituation unbewußt und unabhängig vom Alter einer Bewerberin zu einer Wiederbelebung der Sohn-Mutter-Beziehung kommen, die erfahrungsgemäß in der Regel alles andere als problemlos verläuft. So wäre es z.B. denkbar, daß ein männlicher Gesprächspartner das unbewußte Bedürfnis hat, sich einer Bewerberin gegenüber so distanziert und abgrenzend zu verhalten, wie er das gegenüber seiner Mutter tat (bzw. gern getan hätte).

Hatte er in der Kindheit Probleme mit seiner Schwester oder hat er gerade jetzt Streit mit seiner Frau, kann es durchaus passieren, daß auch in diesem Fall die Bewerberin etwas abbekommt, was gar nicht ihr persönlich gilt.

Machen Sie sich noch einmal bewußt: In der Bewerbung als einer klassischen Prüfungssituation sind solche (hier nur kurz skizzierten) unbewußten Wiederholungen und Neuinszenierungen von früheren, einschlägigen Erfahrungen aus der Kindheit möglich. Dieses Übertragungsgeschehen funktioniert in allen denkbaren Richtungen und auf allen Ebenen, also von Bewerber zu Auswähler und umgekehrt, von Sohn zu Vater wie von Vater zu Sohn.

Solche Überlegungen und das Bemühen, einmal unter diesen Aspekten tief in sich hineinzuhorchen, sollten auf jeden Fall auch Raum in der mentalen Vorbereitung auf ein Vorstellungsgespräch einnehmen.

Frage also: Welche Beziehungsmuster und Konstellationen aus der Kindheit könnten sich bei Ihnen in der Situation des Vorstellungsgespräches unbewußt wiederholen und damit das Gespräch auf einer emotionalen Ebene verkomplizieren?

Unter mehr als vier Augen – das Gruppengespräch

Halten wir noch einmal fest: Im Vorstellungsgespräch geht es dem potentiellen neuen Arbeitgeber primär darum, persönliche und anforderungsbezogene Eignungsmerkmale des Bewerbers festzustellen. Die bisherigen Informationen (Bewerbungsunterlagen/ggf. Testergebnisse) sollen ergänzt werden durch einen persönlichen Eindruck, den man von Ihnen als Bewerber im Vorstellungsgespräch erhalten will.

Einzel- und Gruppengespräche

Bei Vorstellungsgesprächen ist zu unterscheiden zwischen Einzel- und Gruppengesprächen. Die Gesprächsdauer ist unterschiedlich und schwankt je nach zu bewältigender Bewerberanzahl und zu besetzender Position zwischen einer und bis zu mehreren (drei, vier) Stunden. Unter der klassischen Vorstellungsgesprächssituation stellt man sich ein Gespräch unter vier Augen vor: (Personal-)Chef (oder in einer Vorstufe: Personalberater) und Bewerber sitzen sich gegenüber.

Möglich sind aber auch andere Konstellationen: Der einzelne Bewerber sitzt zwei oder mehr Personen gegenüber – einem Auswahlgremium (z.B. der Firmeninhaber und ein wichtiger leitender Angestellter, Personalberater, Personalchef und Abteilungsleiter, mehrere Personalreferenten und Betriebspsychologen, Betriebsratsmitglieder bis hin zu zukünftigen Kollegen und Untergebenen).

Ist es in der Bewerbungssituation vielleicht gerade noch erträglich, mit zwei Interviewern umgehen zu müssen (psychologisch gesehen: die klassische Vater-Mutter-Kind-Konstellation), wird eine Konfrontation mit einem Vierer- oder Mehrpersonengremium schnell ungemütlich.

Möglicherweise fällt Ihnen bald auf, daß bei einem aus drei Personen bestehenden Auswahlgremium ein Gesprächspartner Sie besonders freundlich behandelt, ein weiterer recht »böse« mit Ihnen umgeht und der dritte Sie ständig beobachtet, Notizen macht und ansonsten schweigt. Diese Rollenverteilung ist kein Zufall. Sie ist sorgfältig vorbereitet und abgesprochen. Hier will man Ihnen ganz besonders auf den Zahn fühlen. Bleiben Sie trotzdem ruhig und gelassen, und versuchen Sie, möglichst zu allen – besonders zu dem freundlichen Gesprächspartner – einen guten Kontakt aufzubauen (Blickkontakt, namentlich ansprechen, lächeln).

Schwierig wird es, wenn Sie als einzelner mit mehr als fünf Personen konfrontiert sind. Glauben Sie uns: Zehn bis zwanzig Personen als glotzende, fragende und zuhörende Meute sind in Vorstellungsgesprächen nicht so selten, wie man es sich wünscht. Im psychosozialen Bereich beispielsweise hat häufig das gesamte Team bei der Bewerberauswahl ein Wörtchen mitzureden.

Denkbar – wenn auch zunehmend seltener praktiziert – ist eine andere Konstellation, bei der mehrere Bewerber einem Auswahlgremium gegenübersitzen. Das können drei Kandidaten sein, die drei Interviewer vor sich haben, es können aber auch zehn und mehr Bewerber sein gegenüber fünf oder sechs Auswählern (z.B. bei einem Assessment Center, s. S. 332).

Sollten Sie das Pech haben, in einer größeren Bewerbergruppe antreten zu müssen, bietet Ihnen das vielleicht den Vorteil, von der Präsentationstechnik Ihrer Mitbewerber zu profitieren. In der Regel beginnt so ein Gruppengespräch mit der freundlichen Aufforderung, jeder möge sich zunächst einmal kurz vorstellen. Manchmal wird an die Vorstellung eine zusätzliche Aufforderung geknüpft (z.B.: »Stellen Sie sich bitte kurz vor, und erzählen Sie uns, warum Sie sich hier beworben haben.«).

Hintergrund dieser Gruppenvorstellungsrunde ist der Wunsch, die Bewerber direkt miteinander zu vergleichen, sie in eine gewisse Konkurrenzsituation untereinander zu versetzen, um dadurch besondere Informationen über den einzelnen zu bekommen. Im wesentlichen geht es um das Sozialverhalten, die soziale Kompetenz.

Ein anderer Aspekt auf Unternehmensseite ist die Ökonomie: Aus einer Gruppe werden relativ schnell die Wunschkandidaten (drei bis fünf) herausgesiebt. Insbesondere bei Vorstellungsgesprächen im Rahmen eines firmen- bzw. institutionsinternen Aufstiegsverfahrens werden Gruppenauswahlgespräche wie eben beschrieben sehr häufig angewandt.

Wer als Bewerber in einem derartigen Gruppengespräch bei der Vorstellung den Anfang macht oder Schlußlicht ist, hat es deutlich schwerer als die anderen. Die Positionen im ersten oder letzten Drittel bieten bessere Chancen. Am Anfang ist die Aufnahme- und Zuhörbereitschaft des Auswahlgremiums höher. Gegen Ende hat man die Chance, durch einen Beitrag, der sich von den bisherigen angenehm unterscheidet (was sicherlich nicht leicht ist!), Aufmerksamkeit und Kurzzeitgedächtnis der Auswähler zu erobern.

Für die Unglücklichen, die die Rolle des »Alpha«- oder »Omega-Huhns« wahrnehmen müssen, gilt unsere Empfehlung: Sprechen Sie das Problem der Anfangs- bzw. Endposition humorvoll an (»Einer muß ja den Anfang machen, ich will mich nicht in den Vordergrund drängen, aber …« / »Den letzten beißen die Hunde, aber einer muß ja das Schlußlicht bilden …«). Wenn es Ihnen gelingt, Schmunzler oder sogar Lacher auf Ihre Seite zu ziehen, sammeln Sie Pluspunkte.

Soziale Interaktion

Während der Gruppenvorstellung können Sie wahrscheinlich den Versuch verschiedener Bewerber beobachten, sich deutlich in den Vordergrund zu spielen, um sich zu profilieren. Sich geschickt in Szene zu setzen ist eine Kunst, die nur wenige Bewerber beherrschen. Es ist nicht unbedingt von Nachteil, hier eher eine gewisse Zurückhaltung an den Tag zu legen, ohne allerdings in das andere Extrem des stummen Fisches zu verfallen.

Der Auswählergruppe geht es unter anderem darum, die soziale Interaktion, den Umgang der Bewerber miteinander zu beobachten. Daraus werden dann verschiedene Rückschlüsse gezogen, im Hinblick auf Teamfähigkeit, Durchsetzungsvermögen, Anpassungsbereitschaft usw.

Frage- und Antworttechniken

In diesem Abschnitt wollen wir auf eine ganz wichtige Hintergrundthematik im Vorstellungsgespräch eingehen: die Technik, Fragen als Bewerber geschickt zu beantworten.

Wie ein Vorstellungsgespräch abläuft, können Sie zwar nicht allein bestimmen, aber doch ganz wesentlich durch Antworten, Bemerkungen und Fragen steuern. Dabei ist zunächst wichtig zu wissen, wieviel Zeit für Ihr Vorstellungsgespräch vorgesehen ist. Ob Sie 20 Minuten oder zwei Stunden für Ihren Auftritt haben, macht einen wesentlichen Unterschied in der Gestaltung und in der von Ihnen zu wählenden Inszenierung oder Dramaturgie.

Generell gilt: Führen Sie das Gespräch defensiv. Sie sind der Bewerber, der die meisten Fragen zu beantworten hat. Versuchen Sie nicht, die Rollen umzukehren und immer wieder mit Gegenfragen zu kontern.

Da Sie gut vorbereitet sind, können Sie auf die wichtigsten Fragen (s. Fragenkatalog S. 400) überzeugend und relativ knapp, aber gut formuliert antworten. Dies geschieht immer in Relation zu der Zeit, die Ihnen zur Verfügung steht, bedeutet jedoch nicht, daß Sie ständig reden oder Auskunft geben müssen.

Zuhören

Bis zu etwa 80% der Gesamtzeit – so zeigen erstaunlicherweise entsprechende wissenschaftliche Untersuchungen – verbringen Sie im Vorstellungsgespräch mit Zuhören, das heißt, Ihr Gegenüber spricht. 80% Interviewer-Redezeit sind zwar nicht überall die Regel, dennoch: Lassen Sie Ihren Gesprächspartner reden, und hören Sie aufmerksam zu. Wenn es Ihnen zudem noch gelingen sollte, einige verständnisvolle, kurze Zwischenbemerkungen zu machen oder bestätigend zu nicken, haben Sie möglicherweise schon gewonnen. Ihr Gegenüber wird sich vielleicht endlich mal wieder tief verstanden fühlen und Ihnen das mit entsprechenden Sympathiepunkten honorieren.

Diese Technik der positiven Verstärkung von sprechenden Personen ist sehr gut bei Fernsehjournalisten zu beobachten, die ihre Interviewpartner durch beständiges, zustimmendes Kopfnicken ermuntern, in ihrem Redefluß fortzufahren, mag der Inhalt auch noch so fragwürdig sein.

Es kann aber auch kraß umgekehrt ablaufen, weil man Sie, den Bewerber, zum Sprechen, Erzählen, ja Schwadronieren bringen will. In so einem Fall haben Sie es sehr wahrscheinlich mit einem Vollprofi zu tun, der wirklich nur 10% des Vorstellungsgesprächs bestreitet und Ihnen die restlichen 90% aufbürden möchte.

Eine beliebte Gesprächstechnik beinhaltet dabei den Einsatz sogenannter offener Fragen. Klassisches Beispiel:

- *Wir wollen Sie gern kennenlernen. Erzählen Sie uns doch bitte mal etwas über sich.*

Unter Rhetorikfachleuten gilt die Frage als Königin der Dialektik. Und in der Tat: Gute Fragen zu stellen ist weitaus schwieriger, als sie zu beantworten. Mit Fragen kann man ein Gespräch hervorragend lenken. Besonderer Beliebtheit erfreut sich da die offene Frage. Sie erlaubt dem Gefragten nicht, einfach mit Ja oder Nein zu antworten wie bei der geschlossenen Frage, sondern provoziert längere Antwortsätze und eine ausführlichere verbale Darstellung. Genau darauf kommt es dem Frager an, denn je mehr sein Gegenüber spricht und vielleicht unwillkürlich seinen freien Assoziationen folgt, desto mehr an Information erhofft er sich.

An einigen Beispielen können wir uns das gut verdeutlichen:

Die geschlossene Interviewerfrage: »Hatten Sie an Ihrem letzten Arbeitsplatz persönliche Schwierigkeiten?« ist heikel (Fragehintergrund: Bewerbermotive Arbeitsplatzwechsel, Hypothese: schwieriger Mensch), würde aber den Bewerber schnell mit Nein (ggf. »Nein, keine«) antworten lassen, und schon wieder wäre der Ball zurückgespielt, und der Interviewer müßte eine neue Frage stellen. »Mit welchen persönlichen Schwierigkeiten mußten Sie sich an Ihrem letzten Arbeitsplatz auseinandersetzen?« hat den gleichen Fragehintergrund, ist jetzt aber als offene Frage gestellt. Kein Mensch könnte hier nur mit einem schlichten Nein antworten.

Diese Frage provoziert mehrere Antwortsätze, ja ganze Erklärungen, und schnell verfängt sich der Bewerber in Rechtfertigungen, Entschuldigungen, ja sogar Anklagen, wer ihm beim letzten Arbeitsplatz Steine in den Weg gelegt habe.

Daß diese Informationen von höchster Wichtigkeit für einen neuen Arbeitgeber sind, liegt ebenso auf der Hand wie die Tatsache, daß sie aus Bewerbersicht nicht in das Vorstellungsgespräch hineingehören.

Nicht hinreißen lassen

Hier kann es dem Interviewer mittels der offenen Fragetechnik erfolgreich gelingen, beim Bewerber eine Barriere zu durchbrechen. Der Befragte wird sich möglicherweise hinreißen lassen, mehr zu erzählen, als er ursprünglich wollte.

Wenn diese Fragetechnik professionell angewandt wird und der so Befragte Raum und Zeit hat, ausführlich zu berichten, und der Interviewer zusätzlich die Ausführungen des Bewerbers gelegentlich durch eine freundliche Miene, Kopfnicken und zustimmendes »Mmh« oder »Ja, sehr interessant« begleitet, können in der Regel optimale Informationsgewinne erzielt werden. Gewinner ist dabei der Frager; Verlierer muß nicht der Befragte sein – es kommt darauf an, was und wie er etwas preisgibt.

Noch effektiver präsentiert man als Interviewer die eingangs formulierte Frage nach den persönlichen Schwierigkeiten am letzten Arbeitsplatz so:

- *Wie haben Sie es erfolgreich geschafft, persönliche Schwierigkeiten, die man Ihnen am letzten Arbeitsplatz gemacht hat, gut zu überwinden?*

Zunächst: Wer wüßte nicht als Arbeitnehmer von solchen Problemen ein Lied zu singen? Trotzdem ahnen Sie ja bereits, wie heikel diese Frage ist.

Durch die gut vorgetragene und positiv verpackte, wohlwollend klingende Frage werden sich zwei Drittel der Bewerber verführen lassen, Dinge zu erzählen, die hier im Vorstellungsgespräch mit einem potentiellen neuen Arbeitgeber eigentlich auf keinen Fall erwähnt werden sollten. Das hängt natürlich auch mit der besonderen Drucksituation zusammen, die in einem solchen Gespräch nun einmal besteht.

Die eben beschriebene Fragetechnik stellt einen durchaus kritischen Sachverhalt (persönliche Schwierigkeiten) in den Hintergrund und verkauft deren erfolgreiche Überwindung dem Gefragten schmeichelhaft als gute Gelegenheit, sich selbst darzustellen. Auf diese Art von »Verführung« fallen viele Bewerber herein. Der Verschiebung der Aufmerksamkeit auf ein weniger heikles Besprechungsthema – in diesem Fall auch noch positiv verpackt (Durchsetzungsvermögen) – ist sicherlich nicht leicht zu widerstehen.

Entscheidend bleibt aber trotz aller Fragen und gesprächstechnischer Raffinessen, was Sie von sich und über Ihre Arbeit erzählen und was Sie preisgeben wollen. Das bedarf natürlich einer intensiven Vorbereitung und Reflexion.

Zur Problematik der »heiklen Fragen« finden Sie noch ausführliche Hinweise in nachfolgenden Kapiteln (ab S. 447): Umgang mit unangenehmen Einwänden gegenüber Ihrer Person, dem sogenannten Streßinterview und juristisch unzulässigen Fragen, die man Ihnen zumuten könnte.

Kommen wir jetzt aber zu der ersten großen offenen Aufforderungsfrage zurück:

- *Wir wollen Sie gern kennenlernen. Erzählen Sie uns doch bitte mal etwas über sich.*

Dieser so nett und harmlos vorgetragenen Bitte wird sich der Bewerber kaum entziehen können oder sogar wollen und gegebenenfalls weit ausholen. Wer hier jedoch bei Adam und Eva, seiner frühesten Kindheit, Schul- und Ausbildungszeit etc. anfängt, um vielleicht nach 15 Minuten bei Höhepunkten seiner beruflichen Laufbahn anzukommen und dann noch willig sein Privat- und Familienleben offenbart, führt (nicht nur) eine Art »seelischen Striptease« mit in der Regel verheerenden Auswirkungen vor, sondern langweilt »tödlich« und demonstriert, daß er Wesentliches nicht von Unwesentlichem unterscheiden kann.

Andere offene Fragen, z. B.

- *Was ist wichtig in Ihrem Leben?*

sind immer in bezug auf den angestrebten Arbeitsplatz mit seinen spezifischen Aufgaben zu beantworten und nicht etwa Gelegenheit, in epischer Breite Einblick in die Privatsphäre zu geben (obwohl dies durchaus Ziel der Frage oder Wunsch des Fragestellers sein kann).

Was, glauben Sie, macht es für einen Eindruck, wenn Sie als Bewerber auf diese Aufforderung hin anfangen, von Ihren Surferlebnissen bei Windstärke 6 auf dem Steinhuder Meer zu schwärmen, oder wenn Sie in Angelabenteuern an der Leine schwelgen?

Höflichkeit, Freundlichkeit, Blickkontakt, Bemühtheit und Interesse tragen wesentlich dazu bei, die Sympathiegefühle Ihres Gegenübers zu mobilisieren. Verlieren Sie aber beim Sprechen nicht die Kontrolle über den Rest Ihrer Person: Wer mit der Hand vor dem Mund spricht, kann sich nur schwer verständlich machen, und wer sich alle Augenblicke mit derselben nervös durchs Haar fährt, überzeugt nicht. Auch wenn wir hier nicht weiter auf die Signale des Körpers eingehen, ist es bereits jetzt erwähnenswert, daß viele Personalchefs meinen, aus der Körpersprache Rückschlüsse auf die Persönlichkeit ziehen zu können (s.S. 455).

Nur soviel: Die Körpersprache beeinflußt ebenfalls das Gespräch, und wenn Ihr Gegenüber bereits zum zweiten Mal gähnt, könnte dies ja vielleicht an Ihrem langatmigen Vortrag liegen.

Cool bleiben

Lassen Sie sich durch nichts provozieren, fragen Sie zurück, ob Sie eine Frage, die Ihnen merkwürdig vorkommt, richtig verstanden haben, und reagieren Sie mit Gelassenheit. Möglicherweise will man ja genau das herausbekommen, nämlich wie Sie reagieren, wenn man Sie persönlich angreift, kritisiert und/oder hinterfragt.

Wittern Sie aber andererseits nicht gleich hinter jeder Frage eine Falle. Es geht schließlich darum, Sie kennenzulernen – und wer möchte nicht gerne wissen, mit wem er es zu tun hat.

Und noch etwas sehr Wichtiges: Sprechen Sie nie schlecht über andere Menschen (z.B. frühere oder heutige Vorgesetzte, Kollegen, Mitarbeiter etc.), auch wenn Sie wirklich allen Grund dazu hätten. Hier geht es um die Überprüfung Ihrer Loyalität, und ein Ausplaudern von Firmeninterna wird kein potentieller Arbeitgeber in dieser Situation honorieren.

Worauf es im Gespräch wirklich ankommt

Auf den Punkt gebracht: Was sind die Essentials bei der Beantwortung der Fragen im Vorstellungsgespräch?

- Seien Sie gut vorbereitet;
- hören Sie aufmerksam zu;
- erkennen Sie den Fragehintergrund, die zugrundeliegende Intention;
- nehmen Sie sich Zeit zum Überlegen;
- fragen Sie ggf. nach, ob Sie richtig verstanden haben (auch dadurch gewinnen Sie Antwortvorbereitungszeit und wissen besser, wohin der Hase läuft);
- überlegen Sie kurz vorher, was Sie mit der Beantwortung sagen und erreichen wollen, was Ihr Ziel ist;
- was spricht für Sie, was evtl. gegen Sie?
- welche Beweise können Sie anbieten?
- wie begegnen Sie eventuellen Einwänden?

Hoffentlich haben Sie Ihre Vorbereitung mit der Analyse der vier Fragen »Was für ein Mensch bin ich, was kann, was will ich, und was ist möglich?« ausreichend genug vorangetrieben. Dann kennen Sie Ihre Ziele.

Über den Fragehintergrund sind Sie nach der intensiven Durcharbeitung unseres Vorstellungs-Fragenkatalogs gut informiert. Sie wissen, was Sie sagen wollen, besonders aber, was nicht.

Erarbeiten Sie sich Techniken, die Ihnen bei schwierigen Fragen Zeitgewinn ermöglichen. Zum Beispiel bei der Frage des Interviewers:

- *Was machen Sie, wenn wir in der Probezeit feststellen, uns in Ihnen getäuscht zu haben?*

(Eine nicht ganz leichte Frage, warten Sie einige Sekunden, vermitteln Sie den Eindruck nachzudenken.)

»Mmh…, habe ich Sie richtig verstanden? Sie wollen von mir wissen, wie ich in dem Fall…, also wenn Sie sich für mich entschieden haben…, wie ich mit dem Problem umgehe, in der Probezeit nicht Ihre Erwartungen erfüllt zu haben…«

Sehr wahrscheinlich wird der Interviewer jetzt wieder das Wort ergreifen und – je nachdem, ob er mehr oder weniger Profi ist – seine Frage kürzer oder länger wiederholen. Nicht selten sogar bis hin zu sehr ausführlichen, mit deutlichen Hinweisen versehenen Aspekten, die Ihnen seine Frageintention verdeutlichen, etwa mit dem Zusatz, ob Sie daran dächten, wieder zu Ihrer alten Firma zurückzugehen. – Nun wissen Sie, worum es geht, und können gezielt darauf eingehen.

Sicherlich hätten Sie auch so reagieren können:

»Das ist eine interessante Frage…«

»Über diese Frage muß ich erst mal nachdenken…«

»Zugegeben, mit dieser Frage habe ich mich noch nie beschäftigt… Ist das jetzt sehr wichtig…? Hängt davon… ab?«

Sie könnten aber auch auf eine allgemeinere Ebene ausweichen:

»In dieser Situation würden wohl viele Menschen so und so reagieren. Was meinen Sie? Würden Sie meine Einschätzung teilen…?«

»Interessant! Ist so etwas bei Ihnen im Unternehmen in der letzten Zeit vorgekommen…?«

Wie und was Sie auch immer in dieser Situation antworten würden, die Beispiele sollen Ihnen zeigen, wie man sogar mit schwierigen Fragen ganz gut fertig werden kann.

Rhetorik – wie Sie richtig argumentieren

Nun ist es nicht Anliegen dieses Buches, einen Lehrgang in Rhetorik zu ersetzen. Dennoch kann es durchaus von Nutzen sein, einige rhetorische Techniken zu kennen, um möglichst geschickt mit Fragen oder Einwänden umzugehen.

Mit Zweifeln umgehen

Auch wenn man Sie nicht gleich mit unangenehmen Fragen konfrontiert – auf der Arbeitgeberseite bestehen in der Regel immer Bedenken, Vorurteile und Zweifel, mit denen Sie als Bewerber rechnen müssen. Wie gehen Sie damit um?

Bei diesem wechselseitigen Frage-und-Antwortspiel im Vorstellungsgespräch bietet die Fünfsatz-Argumentation ein gutes gedankliches Rüstzeug sowie nutzbringende praktische Hilfe und Orientierung. Sie leistet hervorragende Dienste, wenn Sie Ihre Statements situativ und hörerbezogen vortragen.

1. Benennen Sie klar und kurz Ihren Standpunkt:
   »Ich bin davon überzeugt, für die Aufgabe der richtige Kandidat zu sein.«
2. Präsentieren Sie Ihre Argumente:
   »Meine Qualitäten für diese Position sind ...« (Fähigkeiten, Kenntnisse, Erfahrungen ...)
3. Untermauern Sie dies durch Beispiele und Beweise:
   »Ich habe mit Erfolg z.B. ... gemacht. Als Nachweis für ... kann ich anführen ...« usw.
4. Begegnen Sie möglichen Einwänden bzw. kommen Sie ihnen zuvor:
   »Sie werden jetzt denken ... Ich aber versichere Ihnen ...«
5. Ziehen Sie das Fazit:
   »Aus diesen Gründen (1., 2., 3.) traue ich mir die Aufgabe zu und werde sie bestimmt erfolgreich bewältigen.«

Beachten Sie bei dieser Vorgehensweise, daß

- Sie Ihre Munition (Argumente) nicht zu früh verschießen
- bei mehreren Argumenten das beste am Schluß, das zweitbeste am Anfang stehen sollte
- sich Ihr Gegenüber auf das schwächste Argumentationsglied Ihrer Kette konzentrieren wird.

Nehmen Sie die Chance wahr, dabei wirkungsvoll zu überzeugen. Das soll nicht bedeuten, den anderen an die Wand zu reden. Wie Sie mit Einwänden umgehen, ist oftmals wichtiger und bringt mehr Sympathiepunkte als der vermeintliche argumentative Sieg. Begreifen Sie also den vorgebrachten Einwand immer auch als Wunsch nach Verständnishilfe, und unterstützen Sie das Orientierungsbedürfnis Ihres Gesprächspartners.

Wie Sie Einwänden am besten begegnen

Standardtechniken der Rhetorik sind die bedingte Zustimmung, die Umformulierungsmethode, die Verzögerungstechnik und die Vorteil-Nachteil-Methode.

Die bedingte Zustimmung: Man greift einen Teilaspekt des vorgebrachten Einwandes heraus, dem man aus taktischen Erwägungen (bedingt) zustimmt, um daraufhin seinen eigenen Standpunkt um so besser zu präsentieren. Im Anschluß daran relativiert man den vorgebrachten Einwand nun insgesamt und gewinnt.

Beispiel: Der Interviewer wendet ein, Sie seien für die verantwortungsvolle Position vielleicht doch noch ein bißchen zu jung.

»Das ist ein wichtiger Punkt, den Sie da ansprechen. Sie haben recht. Ich bin XX Jahre alt. Sollte man aber die Vergabe dieser wichtigen Aufgabe alleine vom Alter des Bewerbers abhängig machen ...?«

»Nein, das sicherlich nicht ...«, wird die Antwort lauten ...

»Sehen Sie ..., ich bin ganz Ihrer Meinung. Es gibt da andere, wichtigere Kriterien, die... Wir sind uns also darin einig, daß... viel größere Bedeutung hat.«

Die Umformulierungsmethode: Hierbei wird der Einwand durch eine (tendenziöse) Umformulierung weitestgehend entschärft.

»Wenn ich Sie richtig verstanden habe ..., kommt es Ihnen auf die Erfahrung und – sagen wir mal – Reife an, die für die zu besetzende Position mit eine wichtige Rolle spielen sollte ...«

Jetzt können Sie wieder mit Ihren Erfahrungen argumentieren und andere Kriterien in den Vordergrund rücken oder als wichtig herausstreichen.

Die Verzögerungstechnik: Sie signalisieren, den Einwand verstanden zu haben, und bitten darum, zunächst noch dies und das sagen, erklären, zeigen, fragen zu dürfen, was Sie dann auch sofort tun und was die Sache möglichst voranbringt. In jedem Fall kommt das Gespräch zu einem anderen Punkt, der den vorherigen Einwand hoffentlich vergessen oder nicht mehr interessant erscheinen läßt.

»Eine interessante Frage, kann ich aber zunächst noch einmal darauf hinweisen, daß ...«

Die Vorteil-Nachteil-Methode: *»Ich habe Sie doch richtig verstanden – bitte korrigieren Sie mich, wenn ich da irgendwie jetzt falsch liege – Sie meinen also: das Alter sei für diese Position von wichtiger Bedeutung.*

Da gebe ich Ihnen natürlich recht. Der Vorteil eines jüngeren Kandidaten liegt bei ..., der Nachteil eines älteren bei ... Aus meiner Sicht ist der Vorteil eines älteren ..., der Nachteil eines jüngeren aber nicht so gravierend, so daß ich hier den Standpunkt vertreten möchte: Der Vorteil eines jüngeren Kandidaten überwiegt doch ganz deutlich ... und ist natürlich auch abhängig von anderen Faktoren wie z. B. ...«

Hier wird scheinbar der gebotene Einwand aufgenommen, Vor- und Nachteile werden abgewogen. Da Sie das selbst formulieren, liegt das Ergebnis in Ihrer Hand und ist damit gut steuerbar. Dies hilft, Ihre Position auszubauen, und in dem Beispiel führen Sie – nicht völlig uneigennützig – gleich weiter zu anderen argumentativen Positionen.

Das bringt uns unweigerlich zum Thema: Wie kommen Sie mit wirklich unangenehmen Fragen klar, wie verhalten Sie sich gegenüber Einwänden zu Ihrer Person?

Antworten auf Angstfragen

Welche Fragen fürchten Sie im Vorstellungsgespräch? Machen Sie sich vorab eine Liste unangenehmer Fragen (»Angstfragen«), und versuchen Sie, wie bei den anderen Themen auch, sich im Vorfeld Antwortmöglichkeiten zu überlegen. Reagieren Sie zum Beispiel sehr zurückhaltend auf die Frage im Vorstellungsgespräch:

- *Was spricht gegen Sie als Bewerber für diese Aufgabe?*

Pluspunkte betonen

Heben Sie an dieser Stelle noch einmal hervor, was für Sie spricht, und bieten Sie nach theatralischem, wohlkalkuliertem Zögern einen Punkt oder maximal zwei Punkte an, die aber nicht wirklich überzeugend gegen Sie sprechen.

Natürlich müssen Sie sich das vorher genau überlegt haben, damit Sie in so einer kritischen Situation den bestmöglichen Eindruck machen und nicht etwa unfreiwillig selbst den Stab über sich brechen (etwa nach dem Motto: »Ich glaube, Herr Direktor, ich bin einfach zu sensibel…«).

Standardeinwände gegen Bewerber sind: zu alt, zu jung, zu wenig erfahren, zu teuer, über- oder unterqualifiziert, zu lange am gleichen Arbeitsplatz, zu oft gewechselt, falsches Geschlecht, zu häufig krank (wird eher gedacht als ausgesprochen), zu kritisch, zu schüchtern, falsche (auch ehemalige) politische Überzeugung und/oder Parteizugehörigkeit usw. – mal eben das eine und dann auch wieder das genaue Gegenteil.

Mit dazu gehören auch Fragen wie:

- *Was würden Sie machen, wenn …?*

Und dann folgen Horror- oder Katastrophenszenarien, fast unlösbare Aufgaben und Situationsbeschreibungen, die Sie nun mal eben so aus dem Stegreif lösen oder doch wenigstens bearbeiten sollen.

Was immer man gegen Sie einwendet (wenn überhaupt offen), es kommt darauf an, wie Sie damit umgehen. Manche Interviewer leiten einen solchen Provokationstest mit den Worten ein:

- *Was würden Sie sagen, wenn wir Ihnen den Arbeitsplatz nicht anbieten, weil …?*

Hier empfiehlt sich etwa folgende Strategie: »Darauf würde ich Ihnen antworten, daß ich Ihr Argument einerseits verstehe, andererseits aber doch anführen oder bemerken möchte, daß…«

Im Grunde genommen geht es bei einer derartigen Fragetechnik immer darum, zu sehen, ob und wie Sie Gelassenheit bewahren und mit solchen Fragen, Bemerkungen und Feststellungen sachlich-professionell umgehen können.

Wirkliche Einwände gegen Ihre Person wird man nie direkt mit Ihnen diskutieren. Also ist das Ganze ein Teil des Gesamtschauspiels »Vorstellungsgespräch«, und Sie sollten an diesem Punkt nicht verzweifeln. Hier gilt es eher, Chancen zu nutzen, weil Sie ja nun wissen, worauf es eigentlich ankommt.

Trotzdem kann es auch sinnvoll sein, etwa den Vorwurf, Sie hätten zu häufig gewechselt, einfach zu akzeptieren und nicht krampfhaft zu versuchen, sich herauszureden. Offenheit kann manchmal sehr entwaffnend wirken.

Das Streßinterview: Gelassenheit ist Trumpf

Gelegentlich werden Bewerbungsgespräche zum Teil als sogenanntes Streßinterview angelegt, über das wir im AC-Abschnitt (s. S. 332) berichtet haben. Deshalb an dieser Stelle nur noch ein paar Sätze dazu.

In einer Art Kreuzverhör konfrontiert man Sie mit einer Reihe von unangenehmen und unerwarteten Fragen, um Sie in die Ecke zu treiben und stark zu verunsichern. Alles ist darauf angelegt, Ihr Selbstbewußtsein zu erschüttern. Eine Lawine von unglaublichen Beschuldigungen, Sarkasmus, Zynismus, Ironie und hin und wieder ein Kompliment könnte Sie erwarten. Das Kompliment wird übrigens nur deshalb eingestreut, damit Sie nicht einfach davonlaufen oder schlicht umkippen. Oft fehlt bei diesen Attacken jeder Bezug zum potentiellen neuen Arbeitsplatz.

Sachlich bleiben

Nach einer Anwärmphase – sie dient der Entspannung und der Bereitschaft, sich dem interviewenden Gesprächspartner zu öffnen – versucht man ganz gezielt, Sie massiv unter Druck zu setzen.

Behauptet nun Ihr Gegenüber im Gespräch, Ihre gesamten Angaben und Aussagen seien »geschönt« oder, noch krasser, »erstunken und erlogen«, man solle doch jetzt einmal »Klartext miteinander reden«, ist dies möglicherweise der Gong zur ersten Runde.

Wie reagieren Sie darauf? Bloß nicht zu heftig. Bleiben Sie sachlich, gelassen, und warten Sie ab. Versuchen Sie, alle Fragen so knapp wie möglich zu beantworten, und stehen Sie auch unangenehme Schweigepausen durch, schweigen Sie mit. Dazu ein kleines Beispiel:

Interviewer: *»Finden Sie nicht auch, daß Sie für diese Position viel zu unerfahren sind, ohne ausreichende Kompetenz?«*

Antwort: *»Nein, da bin ich anderer Meinung.« (Und abwarten, nur nicht aus Verunsicherung oder Verzweiflung anfangen zu argumentieren.)*

Interviewer: *»Ich habe den deutlichen Eindruck gewonnen, daß man in Ihrer Abteilung recht froh wäre, wenn Sie die Firma verlassen würden.«*

Mögliche Antwort Ihrerseits: *»Das ist Ihr subjektiver Eindruck. Ich weiß nicht, wie Sie dazu kommen. Ich sehe das anders.«* (Und STOP – nicht weiterplappern!)

Interviewer: *»Sie haben sich doch jahrelang auf Ihrem letzten Posten vor der Lösung konkreter Probleme gedrückt. Wie, glauben Sie denn, jetzt bei uns mit den hier auf Sie wartenden praktischen Aufgaben und den damit verbundenen Schwierigkeiten klarzukommen?«*

Mögliche Antwort: *»Ich teile nicht Ihre Einschätzung bezüglich meiner Erfahrung im Umgang mit konkreten Problemen, und was den Arbeitsplatz betrifft, traue ich es mir sehr wohl zu, die anstehenden Probleme konkret zu lösen.«*

Interviewer: *»Sie vermitteln den Eindruck, recht unbeherrscht und impulsiv zu sein. Das macht Ihnen doch sicherlich häufig Schwierigkeiten?«*

Ihre mögliche Antwort: *»Ich weiß nicht, wie Sie darauf kommen, aber damit habe ich in der Regel keine Schwierigkeiten.«*

Interviewer: *»Na sehen Sie, Sie sagen es selbst. In der Regel. Es gibt also doch Ausnahmen.«*

Ihre mögliche Antwort: *»Eigentlich nicht, aber, wie Sie selbst sagen, Ausnahmen bestätigen die Regel. Jedenfalls im allgemeinen …«*

Diese kleine und sicherlich unvollständige Dialog-Kostprobe sollte Ihnen kurz und knapp Tendenzen und Antwortmöglichkeiten aufzeigen. Ein geschulter Streßinterviewer wird Ihnen kaum die Möglichkeit lassen, unverletzt aus so einer Situation herauszukommen.

Wenn Sie sich aber von vornherein darüber im klaren sind, daß diese Fragen nur der Provokation dienen und gezielt verletzen sollen, um Sie zum Äußersten zu bringen, dann können Sie entsprechend gelassen und defensiv reagieren. Sollten Sie das zu sehr übertreiben, also zu cool bleiben, wird es natürlich noch stärkere Provokationen von seiten des Interviewers geben.

Grenzen aufzeigen

Möglicherweise erreicht das Gespräch – aber bitte nicht zu früh – einen Punkt, an dem Sie sich Frechheiten, Unterstellungen etc. von Ihrem Gegenüber in angemessener, aber noch immer relativ höflicher Form verbitten sollten. Es ist ab einem bestimmten Zeitpunkt notwendig, angemessen aggressiv (immer noch im Sinne von defensiv) zu reagieren, um damit auch zu zeigen, daß man in der Lage ist, sich abzugrenzen.

Neben der gezielten Form, jemanden durch provokative und beleidigende Fragen zu kränken und aus der Reserve zu locken, versuchen manche Interviewer, den Bewerber durch extreme Passivität auflaufen zu lassen.

Lange Schweigepausen des Interviewers oder eine abwartende, desinteressierte Haltung sollen:

a) Sie in Zugzwang bringen, viel zu reden und damit möglichst etwas von sich zu erzählen und preiszugeben;
b) Ihr Verhalten – auch in puncto Körpersprache (s. S. 455) – in einer Schweigesituation testen und Ihre Streßresistenz prüfen.

Auch Fragen wie

- *Wo sind Ihre größten Schwächen?* oder
- *Falls Sie überhaupt Freunde haben, wie kommen die eigentlich mit Ihnen klar?*

müssen Sie mit Gleichmut ertragen. Fängt man an, Ihnen Dummheit zu unterstellen, etwa nach dem Motto

- *Sie bewerben sich hier um eine Position – ist die nicht wirklich drei Nummern zu groß für Sie?*

dürfen Sie ruhig darauf hinweisen, daß man sich mit Ihnen nicht diese Mühe geben würde, wenn man von vornherein davon überzeugt gewesen wäre, Sie würden nicht in diese Position passen.

Noch ein Provokationsbeispiel:

»Eigentlich sitzen mir hier auf diesem Platz nur Leute gegenüber, die wirklich exzellente Leistungen aufzuweisen haben. Sie können in dieser Hinsicht nicht viel vorweisen. Sicherlich haben Sie andere Qualitäten, sonst hätten Sie sich ja wohl nicht bei uns beworben? Nun, die Zeit ist knapp, am besten Sie berichten mir etwas über sich. Ich werde Sie nicht unterbrechen.«

Sogar auf so eine breite und offene Frage kann man sich vorbereiten. Sie sollten immer in der Lage sein, 10 bis 15 Minuten das Gespräch allein zu bestreiten und dabei nicht zu langweilen. Das sind Sie sich einfach schuldig. Aber erwarten Sie bitte nicht ein interessiertes, begeistertes Gesicht von Ihrem Gegenüber. Der wird sich alle Mühe geben, furchtbar gelangweilt dreinzuschauen. Macht nichts, ein Streßinterview eben!

Und noch etwas: Unternehmen oder Personalberater, die dieses Verfahren praktizieren, sind für Sie möglicherweise nicht die richtige Arbeitsadresse. Machen Sie sich deutlich, was Ihnen unter Umständen erspart geblieben ist, wenn Sie auf einen Arbeitsplatz bei einem solchen Arbeitgeber verzichten.

Lassen Sie sich nicht verleiten

Generell: Wer fragt, sollte auch eine Antwort bekommen. Bestimmen Sie aber, was Sie sagen oder erzählen wollen. Lassen Sie sich nicht verleiten oder dazu hinreißen, Dinge auszuplaudern, die Sie eigentlich nicht mitteilen wollten. Gehen Sie in schwierigen Situationen diplomatisch vor, bewahren Sie Haltung und Gelassenheit. Das Motto könnte lauten: Kontrollierte Spontaneität.

Es gibt sicherlich einige unangenehme Fragen, mit denen Sie im Vorstellungsgespräch konfrontiert werden könnten. Einen Teil haben wir Ihnen schon vorgestellt, und Sie selbst wissen sicherlich weitere Fragen.

Hier noch einmal eine Kurzübersicht über unangenehme Fragen:

- Warum sollten wir Ihnen diese Position gerade nicht anbieten?
- Was spricht gegen Sie als Kandidat?
- Was sind Ihre Schwächen, Nachteile, Defizite?
- Was haben Sie alles in Ihrem (Berufs-)Leben trotz Vorsätzen (noch) nicht erreicht?
- Ihr größter (beruflicher) Mißerfolg, Ihre größte Enttäuschung etc.?
- Was haben Sie daraus gelernt, welche Konsequenzen gezogen?
- Wovor fürchten Sie sich?
- Was kann Sie so richtig ärgerlich machen?
- Was mögen Sie nicht, schätzen Sie bei ...nicht, haben Sie Schwierigkeiten mit ...(bei der Arbeit, am Arbeitsplatz, tätigkeits- und personenbezogene bei Kollegen, Mitarbeitern, Vorgesetzten, sich selbst)?
- Stellen Sie uns aus Ihrer beruflichen Laufbahn (aus Ihrem Werdegang, Leben) Negativ-(Anti-)Vorbilder vor und erklären Sie ...
- Was würden Sie in Ihrem (Berufs-)Leben anders machen, wenn Sie es könnten (wenn Sie noch mal von vorn anfangen könnten)?
- Was wollen Sie wann und wie (beruflich) in Ihrem Leben erreicht haben?
- Was sind Ihre persönlichen (beruflichen) Ziele, Ihr Motto (bis hin zum Sinn des Lebens)?
- Wie definieren Sie für sich die Begriffe: Verantwortung, Schwäche, Leistung, Moral, Ethik etc.?
- Wie sollte Ihr Stellvertreter sein?
- Worin sollte er Sie ergänzen? Was sollte er haben oder vorweisen, was Sie nicht haben?
- Was machen Sie, wenn wir Sie nicht nehmen?
- Was würden Sie tun, wenn Sie nicht mehr arbeiten müßten?

Natürlich könnten Ihnen auch positiv gefärbte und formulierte Fragen durchaus Schwierigkeiten machen, so etwa nach Ihren persönlichen Vorbildern, Ihrem größten Erfolg, was Sie auszeichnet usw. Und auch die sich daraus ergebenden Nachfragen (warum? wieso?) können es in sich haben.

Mittels unseres Fragenkatalogs haben Sie jetzt jedenfalls gute Trainingsmöglichkeiten. Beachten Sie auch unsere Empfehlungen ab Seite 447 zum argumentativen Vorgehen. Aber nicht nur die Worte spielen im Vorstellungsgespräch eine Rolle ...

Körpersprache – deutliche Aussagen ohne Worte

Viele Personalchefs und Taschenpsychologen glauben, die Körpersprache zu beherrschen, oder besser: zu verstehen. Der Körper lügt angeblich nicht. Erhobener Zeigefinger, hochgezogene Augenbrauen, gerümpfte Nase und eine in Falten gelegte Stirn sprechen eine deutliche Sprache. Wer die Hände im Schoß faltet oder hinter dem Kopf verschränkt, gibt seiner Umwelt bewußt oder unbewußt Signale. Nur welche, das ist hier die Frage.

Personalauswähler hantieren gerne mit Listen, aus denen sie schnell ablesen können, was eine bestimmte Haltung, Geste oder Mimik angeblich für eine Bedeutung hat – auf ähnlich düsterem Niveau wie die diversen Traumdeutungsbücher, die einem angeblich aufs Stichwort verraten, was der Traum der vergangenen Nacht bedeutet.

Im wesentlichen geht es um

- Blickverhalten
- Mimik
- Gesten
- Körperhaltung
- Sprechweise
- Geruch

Bitte nehmen Sie die folgende Liste nicht zu ernst, aber Sie sollten wissen, wie Ihr Verhalten möglicherweise interpretiert werden könnte.

Körpersignal	Bedeutung
Blickverhalten	
Augen betont weit offen	Aufmerksamkeit, Aufnahmebereitschaft, Sympathie, Weltoffenheit, Flirtverhalten
Augen wenig offen	Konzentration, Entschlossenheit, Eigensinn, Kleinlichkeit, überkritische Haltung
zugekniffene Augen	Abwehr, Unlust gerader Blick Offenheit, reines Gewissen, Vertrauen
schräger Blick	abschätzende Zurückhaltung
häufiger Blickkontakt	Sympathie
häufiges Wegsehen	mangelnde Sympathie oder Verlegenheit
auffällig häufiger Lidschlag	Unsicherheit, Befangenheit, u.U. nervöse Störung

Mimik

offenes Lächeln	offene Heiterkeit, uneingeschränkte Mitfreude
gequältes Lächeln	ironisch, schadenfroh, blasiert, ängstlich
überwiegend geöffneter Mund	Mangel an Selbstkontrolle
zusammengepreßter Mund	Zurückhaltung, Reserviertheit, Verkniffenheit, Kontaktarmut
Mundwinkel nach unten	Bitterkeit, Pessimismus, depressiv
Mundwinkel nach oben	Aktivität bis Abwehr
Heben der Augenbrauen	Ungläubigkeit oder Arroganz

Gesten

übertrieben kräftiger Händedruck	Rücksichtslosigkeit, Angeberei (»Knochenbrecher«)
kräftiger Händedruck ohne Übertreibung	Aufrichtigkeit, Sicherheit
schlaffer Händedruck (»tote Hasenpfote«)	Unsicherheit, kontaktarm, leicht beeinflußbar
Hand wegziehend	Verschlossenheit
verschränkte Arme	
– bei Männern	Ablehnung, Verschlossenheit
– bei Frauen	Selbstschutz, Angst
Hand vor den Mund halten	
– während des Sprechens	Unsicherheit
– nach dem Sprechen	will das Gesagte zurücknehmen
Sprecher hält Armlehnen mit beiden Händen fest	Aggressivität, aber etwas unsicher, neigt zur Weitschweifigkeit
Kopf auf Hände stützen	Nachdenklichkeit, Erschöpfung, Langeweile
Spitzdach mit den Händen formen	Arroganz, Abwehr gegen Einwände
Hände reiben	selbstgefällig, selbstzufrieden
spielende Hände	Zeichen von Erregung, Nervosität, Befangenheit, Angst, Verwirrung
mit dem Finger auf den Gesprächspartner zeigen	Angriff, Wut
Hand zur Faust ballen	Wut, verhaltener Zorn
Anfassen der Nase	Nachdenklichkeit, kritische Haltung, Verlegenheit
über den Hinterkopf streichen,	Verlegenheit, Unbehagen, Ärger
Zupfen an den Ohren, Streichen des Kinns	Nachdenklichkeit, Zufriedenheit
Finger zum Mund nehmen	verlegen, unsicher
mit den Fingern trommeln	Nervosität, Ungeduld
häufiges Spielen mit dem Ring	Eheprobleme, frustriert vom häuslichen Leben
häufiges Abnehmen der Brille	Ablehnung, Angriff, Nervosität

Körperhaltung

Achselzucken, Handflächen nach außen	Hilflosigkeit
übereinandergeschlagene Beine – zum Gesprächspartner hin – vom Gesprächspartner weg	 Aufbau eines Sympathiefeldes Ablehnung, Unwillen
übergeschlagene Beine, Knie in die Hand gestützt	kritisch, skeptisch
dicht aneinandergestellte Füße beim Sitzen	schuldhafte Ängstlichkeit, Einzelgänger, überkorrekte Grundeinstellung
breit auseinanderklaffende Beine beim Sitzen	sorglose Unbekümmertheit, Rücksichtslosigkeit
alarmbereite Sitzweise (auf Sprung sein)	Mangel an Selbstvertrauen und Sicherheit, auch Mißtrauen, innere Unruhe, Angst
Füße um die Stuhlbeine legen	Unsicherheit, Suche nach Halt
Füße nach hinten nehmen	Ablehnung
mit den Füßen wippen	Arroganz, Ungeduld, Sicherheit, Aggressivität
steife, militärische Körperhaltung,	Unterdrückung von Angst
geziert aufrecht breitbeinig dastehen, Daumen in Achselhöhlen	Selbstsicherheit
den Oberkörper weit nach vorn lehnen	Interesse, Sympathie, Wunsch zu unterbrechen
den Oberkörper weit zurücklehnen	Desinteresse, Ablehnung

Sprechweise

lautstarke Stimme	Vitalität, Selbstbewußtsein, Kontaktfreude, aber auch Unbeherrschtheit, Geltungsdrang
leise, flüsternde Stimme	Schwäche, mangelndes Selbstbewußtsein, aber auch Sachlichkeit, Bescheidenheit
schnelles Sprechtempo	Impulsivität, Temperament, aber auch ungezügelt, nervös
langsames Sprechtempo	antriebsschwach, aber auch Sachlichkeit, Besonnenheit, Ausgeglichenheit
wechselndes Sprechtempo	innere Unausgeglichenheit
ausgeprägte Pausengestaltung	Disziplin, Selbstbewußtsein
starke Akzentuierung	Lebhaftigkeit, Gefühlsstärke
schwache Akzentuierung	Uninteressiertheit, mangelnde geistige Flexibilität

Geruch

parfümiert	werbend
überstark parfümiert	unsicher, vernebelnd
Schweißgeruch	ängstlich, unordentlich

Es ist sicher: Nicht nur was Sie sagen, sondern besonders das »Wie« ist nicht ganz zu Unrecht Anlaß für Interpretationen und damit Orientierungs- und Entscheidungshilfe. Das trifft vor allem für das Vorstellungsgespräch zu. Um es kraß auszumalen: Ein Bewerber, der mit zitternden Händen und Schweißperlen auf der Stirn unruhig hin und her schaukelnd berichtet, wie er ein neues Außendienstabrechnungssystem entwickelt und durchgesetzt hat, wirkt nun einmal nicht sehr überzeugend.

Schön wäre es ja schon, wenn man den Leuten von der Nasenspitze ablesen könnte, ob sie gerade etwas übertreiben, flunkern, faustdick lügen oder bei der Wahrheit bleiben. Diese ist übrigens immer subjektiv, und von allem stimmt ja auch oft das Gegenteil.

In einem Fachtext für Personalbeurteiler werden acht Merkmale angeboten, die aufgrund von Körpersignalen zu beurteilen seien:

1. Gepflegtheit, der gesamte äußere Eindruck
2. gute Manieren, Verhalten, Benehmen (z.B. im Restaurant)
3. Kontaktfähigkeit
4. Dominanz, Führungsanspruch
5. Vitalität, Dynamik, Extrovertiertheit
6. körperliche Verfassung und Belastbarkeit
7. nervliche Belastbarkeit
8. Selbstsicherheit

Negatives auf den Punkt gebracht: Eine amerikanische Personalberatungsfirma hat 200 Vorstellungsgespräche ausgewertet, in denen die Bewerber gescheitert sind. Die Analyse ergab sechs Aspekte, die für den Mißerfolg verantwortlich zu machen waren:

1. Keine überzeugende äußere Erscheinung, unpassende Kleidung bzw. ungepflegtes Äußeres
2. Mängel in der Fähigkeit, die eigene Meinung deutlich zum Ausdruck zu bringen
3. Mängel in der Fähigkeit, die eigene Person weitgehend objektiv darzustellen
4. Unzureichende Ausstrahlung von Selbstvertrauen und Begeisterungsfähigkeit
5. Zu starke Kritik an früheren Arbeitgebern
6. Zu häufiger Stellenwechsel

Erneut wird deutlich, daß der Faktor Persönlichkeit entscheidend ist: Die ersten fünf Ablehnungsgründe hängen eindeutig mit Persönlichkeitsmängeln zusammen.

Positives auf den Punkt gebracht: Die folgenden Persönlichkeitsmerkmale sind für Ihren Erfolg im Vorstellungsgespräch von besonderer Relevanz:

- Auftreten
- Ausstrahlung
- Autorität
- Integrität
- Selbstsicherheit
- Glaubwürdigkeit
- Lebendigkeit
- Begeisterungsfähigkeit
- Entschlossenheit
- Bestimmtheit
- Rücksicht
- Einfühlungsvermögen
- Verständnis
- (angemessene) Vertrautheit

Nach dem Auftritt

Egal, ob Sie mit Ihrem Auftritt zufrieden sind oder nicht, gönnen Sie sich erst einmal eine Pause. Lassen Sie sich verwöhnen, oder tun Sie sich selbst etwas Gutes. Sie brauchen neue, frische Kräfte für eine eventuelle nächste Runde. Und die kommt unweigerlich auf Sie zu, wenn Sie Ihre Chancen ernsthaft wahrnehmen wollen.

Es lohnt sich, über folgendes nachzudenken: Sie als Arbeitskraftvergeber haben zwar schon im Vorstellungsgespräch Ihre Fragen an das Unternehmen gestellt, aber wie sieht es denn mit den anderen Punkten aus: Mit welchen Persönlichkeitsstrukturen sind Sie bei Ihren potentiellen Vorgesetzten konfrontiert? Was könnte deren Motivation sein – allgemein, bezogen auf das Unternehmen, bezogen auf Sie? Wie schätzen Sie die menschliche und fachliche Kompetenz Ihrer Gesprächspartner, des Unternehmens ein? Schwant Ihnen da etwas? Blühen da etwa die Neurosen?

Fragen über Fragen

Mit der Ausgangsposition Ihres Gegenübers hatten Sie sich ja bereits vorab beschäftigt, ebenso wie mit der Informationsrecherche zur möglichen Arbeitsaufgabe, zu Position und Branche. Was läuft da wirklich, was hat man mit Ihnen vor? Wie ist man mit Ihnen umgegangen, wie sind Sie angesprochen worden, wie wurden Ihre Fragen beantwortet?

Und nicht nur Sie sind gemustert worden (Schuhe, Schmuck, Krawatte, Frisur), auch das Unternehmen und seine Repräsentanten haben ein Äußeres. Welcher Verkleidungsstil kennzeichnet das Unternehmen, und wie ist man vor Ort ausgestattet? Wie sind die Wände dekoriert, wie ist der Fußbodenbelag, was steht bei Ihrem Gesprächspartner auf dem Schreibtisch, und welche Bildchen oder Sprüche hat die Sekretärin an der Wand? In welchem Zustand ist das Mobiliar, und welcher technische Standard ist bei der Bürokommunikation erreicht? Welche Größe haben die Räume, wie gestaltet sich der Blick nach draußen?

Atmosphäre

Wie sieht es einige hundert Meter vor dem Ort Ihrer Vorstellung aus? Brüllen sich die Mitarbeiter auf dem Flur an? Grüßt man sich und Sie? Riecht man die Kantine im ganzen Haus, oder stinkt es aus der Toilette? Wie ist die allgemeine Unternehmenskultur? Das alles sind wichtige Orientierungspunkte, die Ihr Vorwissen und Ahnen über den potentiellen Arbeitgeber entscheidend ergänzen und abrunden. Diese tragen wesentlich zu Ihrer Entscheidung bei, ob Sie Ihre Lebenszeit und Arbeitskraft hier investieren sollten oder besser nicht.

Denken Sie an Ihren jetzigen Arbeitsplatz und daß es Ihre ursprüngliche Intention war, sich zu verbessern.

Der Blick zurück

Wie ist das Vorstellungsgespräch gelaufen? Mit welchen Fragen haben Sie gerechnet, mit welchen nicht? Was ist Ihnen gelungen, was weniger? Was könnten Sie jetzt mit mehr Gelassenheit und Nachdenkzeit besser beantworten? Worauf müssen Sie sich beim nächsten Mal intensiver vorbereiten? Was haben Sie aus all dem gelernt?

Zu diesen wichtigen Nachbereitungsaktivitäten gehört vor allem die Erstellung eines möglichst ausführlichen Gedächtnisprotokolls des gesamten Gesprächsablaufes inklusive aller Personen samt Namen, die Ihnen begegnet sind. Wenn Sie wissen, wie die Sekretärin des Personalchefs heißt, können Sie diese beim nächsten Telefonat persönlich ansprechen. Vielleicht hilft's, und Sie bekommen durch Ihre nette Ansprache den Chef persönlich ans Telefon, obwohl seine Sekretärin ansonsten generell alle Anrufer an diesem Tag abwimmelt.

Anrufen

Hoffentlich haben Sie am Ende Ihres Vorstellungsgesprächs eine Information erbeten und erfahren, wie und wann der Entscheidungsprozeß weitergeht. Natürlich müssen Sie jetzt erst einmal einige Tage abwarten und sehen, ob sich etwas tut. Es sei denn, Sie haben etwas anderes vereinbart. Üben Sie sich in Geduld, und fragen Sie nicht vor Ablauf einer Frist von fünf bis maximal sieben Tagen telefonisch nach, was aus Ihrer Bewerbung geworden ist.

Sollten Sie allerdings vier Wochen verstreichen lassen, ohne sich interessiert zu zeigen und nachzufragen, wird das sehr wahrscheinlich gegen Sie ausgelegt. Eine von Ihrem Gesprächspartner zu verantwortende lange Wartezeit spricht aber auch gegen Ihren potentiellen Arbeitgeber, denn man läßt Kandidaten nach einem Vorstellungsgespräch nicht längere Zeit ohne Zwischenbescheid im unklaren.

Nachfaßbrief

Zu den besonderen Tricks, sich als Bewerber von anderen deutlich abzuheben, gehört der Nachfaßbrief. Ein bis maximal drei Tage nach Ihrem Auftritt abgeschickt, wird dieses Schreiben Ihren Gesprächspartner (deshalb sind Namen so wichtig!) veranlassen, sich erneut mit Ihnen zu beschäftigen. In diesem Brief bedanken Sie sich nicht nur für das interessante Gespräch, sondern knüpfen an das an, was offengeblieben ist oder was Sie noch nachtragen möchten.

Interesse unterstreichen

Im wesentlichen geht es darum, mit dieser Aktion (eine Seite reicht vollkommen aus, evtl. sogar handschriftlich) deutlich zu machen, daß Sie sehr interessiert bzw. motiviert sind, verstanden haben, worum es geht, und gerne bereit sind, das konstruktive Gespräch jederzeit weiter fortzusetzen, daß Sie am liebsten aber natürlich Ihre ganze Arbeitskraft für das Unternehmen einsetzen wollen.

Achtung: Machen Sie so etwas plump oder gar blöd (vielleicht auch nur ungeschickt oder langweilig) und ist das Vorstellungsgespräch eher schwer und schleppend verlaufen, gewinnen Sie nichts. Gelingt es Ihnen aber, nach einem gut verlaufenen Gespräch mit dieser Briefaktion intelligent an sich zu erinnern, verbessern Sie Ihre Chancen, unter die ersten drei Plätze (wenn nicht gleich an die Spitze) zu kommen.

Dabei kann es sich sogar lohnen, maßgeschneiderte, individuelle Briefe an die unterschiedlichen Hauptakteure des Vorstellungsgesprächs zu schicken. Wir denken dabei an den Personalchef oder seinen Vertreter auf der einen und den Fachabteilungsleiter oder den unmittelbaren Vorgesetzten auf der anderen Seite, wenn Sie deren Bekanntschaft gemacht haben. Bisweilen tut es aber auch ein einzelner Brief an den potentiellen zukünftigen Chef.

Daß hier in diesem Brief allergrößte Sorgfalt an den Tag gelegt und die Verkaufsbotschaft sorgfältig abgewogen werden muß, versteht sich eigentlich von selbst. Worum kann es in so einem Schreiben gehen, und was ist zu berücksichtigen?

1. Sie danken Ihrem Gesprächspartner für Zeit und Interesse.
2. Sie arbeiten noch einmal die drei wichtigsten »Verkaufsargumente« heraus, die für Sie sprechen und von denen Sie annehmen können, daß der Briefempfänger diese wertzuschätzen weiß. Dieser von Ihnen wohlformulierte Briefabsatz wird Sie vor dem geistigen Auge Ihres potentiellen Arbeitgebers neu aufleben lassen und als wichtigen und ernstzunehmenden Kandidaten weit vorne ins Bewußtsein heben.
3. Setzen Sie etwaigen Negativeindrücken oder Mankos, die im Vorstellungsgespräch offensichtlich geworden sind, etwas entgegen, räumen Sie beispielsweise ein, daß Ihre Erfahrungen auf dem Sektor XY noch nicht so fundiert sind, Sie jedoch aufgrund von ... meinen, Sie hätten etwas anzubieten. Vermeiden Sie jedoch, alles rechtfertigen zu wollen oder sogar neue gravierende Negativmerkmale zu betonieren. Führen Sie dabei keine negativen Aspekte an, die Ihr Gegenüber übersehen, vergessen oder als irrelevant eingeschätzt haben könnte. Wiederholen Sie auch keine Schwachpunkte, denen Sie nicht wirklich etwas entgegenzusetzen wissen.
4. Als positiver Abschluß des Briefes könnte Ihnen ein gut formulierter Absatz dienen, der einen neuen, zusätzlichen Kompetenzaspekt in bezug auf die angestrebte Position beinhaltet und im Vorstellungsgespräch noch nicht von Ihnen herausgestellt werden konnte.

DIETLINDE KÖNIG

Jenaer Straße 121
35396 Gießen
Tel: 0641/291134

Internationale Liegenschaftsbank
Personalabteilung
Herr Teschner
Wilhelmplatz 9

14109 Berlin

Gießen, 10.11.1999

Vorstellungsgespräch am Freitag, den 09.11.1999
Meine Bewerbung als Organisationsentwicklerin

Sehr geehrter Herr Teschner,

vielen Dank für das informative Gespräch. Besonders die offene, herzliche Gesprächsatmosphäre und Ihre Erläuterungen über Aktivitäten und Ziele bis hin zur Unternehmenskonzeption der ILG fand ich äußerst spannend. Dies alles bestärkt mich in meinem Wunsch, bei Ihnen tätig sein zu dürfen, mein Wissen und Engagement für die Optimierung der Organisation voll einzubringen.

In einem so kurzen Zeitraum des Sichkennenlernens, wie es das Vorstellungsgespräch nun einmal ist, fällt es mir nicht leicht, die Eigenschaften herauszustellen, die mich besonders für die zu besetzende Position qualifizieren. Im nachhinein möchte ich gern hinzufügen, daß

- meine fundierten kaufmännischen Kenntnisse als Groß- und Außenhandelskauffrau,
- meine Erfahrungen in der Projektarbeit (Studium, Diplomarbeit)
- meine Kommunikations- und Lernfähigkeit – mein persönliches Organisationstalent
- sowie meine Eigenschaft, Ziele nicht aus dem Auge zu verlieren, gute Voraussetzungen für die Organisationsentwicklung dar stellen.

Nachdem Sie mir eine Hotelunterkunft für den Start in Aussicht gestellt haben, bin ich gern bereit, meinerseits alles Erforderliche zu tun, um am 02. Januar 2000 bei Ihnen anfangen zu können.

Ich freue mich darauf, von Ihnen zu hören, und verbleibe
mit freundlichen Grüßen nach Berlin

Dietlinde König

Wie ein solcher Nachfaßbrief aussehen kann, zeigen wir Ihnen mit dem links abgedruckten Beispiel, das Ihnen als Anregung dienen soll.

Zum Umgang mit Absagen

Sie hatten eine Einladung zum Vorstellungsgespräch und die Gelegenheit, das Unternehmen und seine Repräsentanten kennenzulernen. Auf Unternehmensseite wollte man Sie kennenlernen. Für den Fall, daß das Ergebnis eine Absage beinhaltet – egal von welcher Seite –, bedenken Sie bitte folgendes:

Rituale

Bewerbungssituationen und insbesondere Vorstellungsgespräche sind klassische Prüfungssituationen, die uns im Grunde genommen lebenslänglich begleiten. Prüfungen sind Rituale, in denen eine Anpassungsleistung gefordert wird. Meistens handelt es sich um Initiationsriten, deren erfolgreiches Über- und Bestehen mit der Prämie eines Ein- und/oder Aufstieges honoriert wird (z.B. von der Auszubildenden zur Angestellten, von der Sachbearbeiterin zur Abteilungsleiterin, vom Arbeitsplatzsuchenden zum Mitarbeiter).

Prüfungen und Initiationsriten sind Ausdruck des »ewigen Kampfes der Generationen« (E. Stengel, zit. nach O. Fenichel, *Aufsätze*, Bd. II, Olten/Freiburg 1981, S.166) und der Auseinandersetzung zwischen den Mächtigen und den Machtlosen in der Gesellschaft. Bei Frauen, die sich in der Mehrzahl in der Bewerbungssituation mit Männern als Arbeitsplatzvergebern konfrontiert sehen, kommt noch der »Kampf der Geschlechter« hinzu.

Wer Bewerbungsrituale, Auswahlprozeduren und Vorstellungsgespräche erfolgreich überstanden hat, bietet gute Gewähr, an die herrschenden Normen angepaßt zu sein und auch in Zukunft nicht aufzumucken. So gesehen ist das ganze Leben eine Art Prüfung, ein Kette von Anpassungsleistungen und somit auch Bewerbungssituationen.

Gegenstand dieses Buches waren nicht die zahlreichen schulischen oder Berufsausbildungs-Abschlußprüfungen, sondern die besondere Berufseingangsprüfung Vorstellungsgespräch. Dabei haben wir uns bemüht, Ihnen in diesem Buch das Know-how für das erfolgreiche Überstehen dieser Prüfung (= Anpassungsleistung) und die Erfüllung der gesetzten Normen zu vermitteln.

An dieser Stelle wollen wir nochmals zu bedenken geben, daß jeder für sich selbst überprüfen und entscheiden muß, wie weit er in seiner Anpassungsbereitschaft und damit auch Anpassungsleistung in einer Bewerbungssituation gehen will. Diese muß sich um der Zielerreichung willen lohnen. Lohnt sie sich wirklich? Dies ist die Frage, die Sie sich selbstkritisch immer wieder stellen müssen. Vergessen Sie nicht, daß sich in der Prüfungssituation Vorstellungsgespräch die Prüfer ebenfalls auf dem Prüfstand befinden. Auch Sie als Bewerber haben das Recht und die Pflicht zu prüfen, im besonderen auch, was die Neurosen der Chefs anbetrifft… (s.S. 431 ff.).

Was immer die Gründe für eine etwaige Absage sein mögen: Es muß nicht an Ihnen liegen. Bedenken Sie, was Ihnen bei dem Unternehmen vielleicht erspart geblieben ist.

Das zweite Vorstellungsgespräch

Haben Sie keine Absage bekommen, dann sind Sie ganz nah dran am Ziel Ihrer Träume. Allerdings ist es möglich, daß ein weiteres Vorstellungsgespräch auf Sie wartet. Manchmal wird man sogar zu einem dritten Gespräch eingeladen. Hier geht es darum, offengebliebene Fragen ausführlich abzuklären, einen noch besseren persönlichen Eindruck zu bekommen und Sie als Kandidaten Ihren potentiellen Kollegen vorzustellen, um möglicherweise auch deren Meinung mitzuberücksichtigen.

Sympathiebonus überprüfen

Ziel eines zweiten Vorstellungsgespräches ist es, aus der reduzierten Gruppe von Bewerbern (in der Regel zwei bis vier Kandidaten) durch intensives Fragen noch mehr Informationen zu bekommen. Dabei geht es um die Überprüfung, ob der Sympathiebonus, den sich der Bewerber im ersten Gespräch erworben hat, standhält und verstärkt wird. Ein gezieltes Hinterfragen kann den Bewerber durchaus in Verlegenheit bringen, so daß er sich in dieser Streßsituation dann eventuell von einer besonderen, negativen Seite zeigt. Seien Sie also auf diese Aspekte eingestellt und auf der Hut.

Geschickte Gesprächsführung Ihrerseits, neue interessante Fragen, Ihre angemessen zunehmende Bereitschaft, etwas mehr von Ihrer Privatseite zu zeigen, können Ihre Position im kleinen Kreis der wichtigsten Bewerber stärken. Jetzt geht man schon mehr in die wirklichen Details, und sehr bald ist auch der Zeitpunkt erreicht, an dem die Gehaltsfrage intensiver erörtert wird.

Arbeitsbedingungen und Gehalt

Oftmals werden erst jetzt, in dieser zweiten Runde, die Arbeitsbedingungen und Gehaltswünsche richtig verhandelt. Seien Sie also informiert, was man für die Position, auf die Sie sich bewerben, in der Regel an Gehalt erwarten kann. Je nachdem, welche Qualifikation, vielleicht sogar Vorerfahrung Sie einbringen und welche zukünftige Leistung Sie glaubwürdig in Aussicht stellen, werden sich Ihre Gehaltswünsche realisieren lassen.

Zeigen Sie aber auch bei den Gehaltsverhandlungen Besonnenheit, und vermitteln Sie nicht den Eindruck, daß es Ihnen nur ums Geld geht. Beide Seiten – Arbeitgeber und Arbeitnehmer – müssen einen tragbaren Kompromiß in der Gehaltsfrage finden. Vereinbaren Sie beispielsweise, daß nach einer Einarbeitungsphase (halbes/dreiviertel Jahr) Ihr Gehalt automatisch um x Prozent angehoben wird.

Verdeutlichen Sie sich und Ihrem Arbeitgeber in jedem Fall, daß Sie nicht bereit sind, Ihre Arbeitsleistung unter Wert zu verkaufen. Den richtigen Preis für Ihre Leistung zu bestimmen ist eine Aufgabe, die mit zu den wichtigen Vorüberlegungen gehört. Daß es da unterschiedliche Auffassungen geben kann, liegt in der Natur der Sache.

Sicherlich ist es nicht ganz leicht für Sie, den Wert Ihrer Arbeitskraft realistisch einzuschätzen, wenn Sie nach einer längeren Pause (Familie, Arbeitslosigkeit, unbezahlter Urlaub) wieder in den Beruf einsteigen.

Als Wiedereinsteiger sollten Sie sich Informationen über die aktuellen Tarifgehälter und Sonderleistungen von den jeweiligen Gewerkschaften, Industrie- und Handelskammern, Verbänden oder Interessengemeinschaften besorgen. Wenn Sie Ihre Stelle wechseln möchten, haben Sie es einfacher: etwa 10 bis maximal 20% mehr als Ihr derzeitiges Gehalt sollten Sie von Ihrem neuen Arbeitgeber verlangen. Begehen Sie dabei nicht den Fehler, bei der konkreten Nachfrage nach Ihrem aktuellen Gehalt zu sehr zu mogeln – Personalchefs wissen in der Regel, was woanders gezahlt wird (s. S. 398 ff.: das Recht auf Lüge).

Immer das Jahresgehalt verhandeln

Verhandeln Sie immer über das Jahresgehalt, und verdeutlichen Sie sich, bevor Sie in die Verhandlung gehen, durch eine präzise Aufstellung sämtlicher Neben- und Sonderleistungen, wie sich Ihr Gehalt in ihrer alten Firma zusammengesetzt hat. Nur so können Sie wirklich einen genauen Vergleich anstellen und sich entsprechend finanziell verbessern.

»Wie hoch ist denn Ihr jetziges Einkommen?« fragt der Personalchef den Bewerber nach etwa 45 Minuten Gesprächsdauer. Dieser hatte sich auf das Stellenangebot eines Hochbaukonzerns beworben. Gesucht wurde ein Bauingenieur mit spezieller Erfahrung im Brückenbau. Im Anzeigentext wurden als Jahresanfangsgehalt 45000 € angeboten. Nicht zu Unrecht befürchtet der Bewerber, daß bei Nennung seines jetzigen Gehalts von knapp 30 000 € – also gut 1/3 weniger als das Angebot dieses potentiellen Arbeitgebers – Zweifel an ihm als Kandidaten für die neue, gehobene Position auftauchen würden.

Das Jahresgehalt von 30 000 € war für den Bewerber dann auch mit ein wichtiger Grund, sich nach einer neuen, besser bezahlten Position umzuschauen. Damals, vor dreieinhalb Jahren, ein Jahr nach dem Hochschulabschluß, fast als Berufsanfänger, schien ihm die Bezahlung nicht so wichtig. Insbesondere das Aufgabengebiet bei der jetzigen Firma fand er seinerzeit attraktiv und als Einstieg in die Berufstätigkeit lohnend. Aufgrund verschiedener Einflüsse und Entwicklungen war für ihn jetzt der Zeitpunkt gekommen, sich nach einer neuen Position in einem anderen Unternehmen umzusehen. Dem Bewerber war klar, daß er sich mit der Frage auseinanderzusetzen hatte, wieso er bisher für lediglich 30 000 € Jahresgehalt (auch abgekürzt mit p.a. = pro anno) gearbeitet habe. Er befürchtete nicht ohne Grund, daß die Konsequenz daraus bedeuten könnte, mit etwa 37 500 € bei einem Wechsel eingekauft zu werden. 45 000 € lagen also sehr deutlich über dem, was neue Arbeitgeber in der Regel in Relation zum vorherigen Gehalt zu zahlen bereit sind.

»Unzulässig ist ... die Frage nach der früheren Arbeitsvergütung (sie dient ja unter anderem dazu, eventuelle Lohnansprüche des Bewerbers zu dämpfen)«[14], so Eckehart Stevens Bartol, Richter am Bayerischen Landessozialgericht.

Bisheriger Verdienst

Verrate mir dein Jahreseinkommen, und ich sage dir, was du wert bist. Nicht selten versucht der potentielle Arbeitgeber, durch direktes Erfragen das aktuelle Gehalt oder die Jahresbezüge des Bewerbers in Erfahrung zu bringen. Hintergrund ist die Überlegung, daß ein Kandidat mit bisher 30 000 € Jahreseinkommen nicht unbedingt auf einen Schlag einen so großen Gehaltssprung zu machen braucht, um jetzt auf 45 000 € im Jahr zu kommen.

Dieser Kandidat – so der Gedankengang – wäre wahrscheinlich auch mit einer Steigerung auf 37–40 000 € zufrieden und damit für den Arbeitgeber preisgünstiger als ein anderer Bewerber. Aus diesem Grund findet sich bei Stellenangeboten häufig der Hinweis, man möge sich in seinem Bewerbungsschreiben auch zu seinen Gehaltsvorstellungen äußern.

Aber nicht nur bei einer größeren Differenz zwischen dem aktuellen Gehalt des Bewerbers und einer deutlichen Gehaltsverbesserung bei einer neuen Position gibt es Probleme, sondern besonders im umgekehrten Fall: Wenn also ein Bewerber gegenwärtig zum Beispiel 35 000 € im Jahr verdient, sich nun aber, aus welchem Grund auch immer, neu orientieren möchte und sich auf ein Stellenangebot meldet, das pro Jahr 30 000 € in Aussicht stellt, also 5 000 € weniger, tauchen ganz besondere Probleme auf.

Der potentielle Arbeitgeber wird sich über diesen freiwilligen Gehaltsverzicht wundern und den Bewerber möglicherweise nicht in die engere Wahl ziehen, da er davon ausgeht, daß bei einer Gehaltsverschlechterung die Motivation des Arbeitnehmers zu wünschen übrig lassen könnte.

Nun mag es sowohl für den Arbeitnehmer wie auch für den Arbeitgeber gute Gründe geben, die diese Annahme bestätigen. Verallgemeinern sollte man sie jedoch besser nicht. Sind Sie als Arbeitnehmer in der schwierigen Situation, wechseln zu wollen, und bereit, auch einen gewissen Gehaltsabschlag dafür in Kauf zu nehmen, sollten Sie davon ausgehen, daß man Ihnen mit Mißtrauen begegnet. Ein sogenannter Gehaltsabstieg ist unbedingt erklärungsbedürftig. Es gibt also gute Gründe, einem potentiellen neuen Arbeitgeber sein derzeitiges Gehalt nicht sofort und ganz detailliert zu offenbaren.

»Wie hoch ist Ihr Einkommen zur Zeit?« fragt der Personalchef den Bewerber. *»Ich kann mir gut vorstellen, mit den von Ihnen im Inserat angeboten 45 000 € p.a. zunächst auszukommen«*, antwortet der Bewerber.

»*Wie darf ich das verstehen, wie meinen Sie das?*« fragt der Personalchef, der das »zunächst« nicht überhört hat.

»*Wenn ich gesagt habe ›zunächst‹, dann gehe ich davon aus, daß sich im Laufe der Zeit vielleicht Gehaltserhöhungen ergeben werden.*«

»*Aber sicher doch, selbstverständlich*«, bemerkt der Personalchef, »*wenn Sie die Leistung bringen*« und setzt noch einmal nach: »*Wie sieht denn Ihr aktuelles Monatseinkommen aus?*«

»*Nun also, meine Jahresbezüge bei meinem jetzigen Arbeitgeber unterscheiden sich schon etwas von dem, was Sie in Ihrem Angebot benannt haben. Gibt es bei Ihnen im Hause bereits Vorstellungen, wann Sie bereit wären, über eine Gehaltsverbesserung – etwa im Anschluß an die Einarbeitungszeit – nachzudenken?*«

Wieder ist der Personalchef beschäftigt und hoffentlich abgelenkt. Es ist nicht unwahrscheinlich, daß es dem Bewerber auf diese Weise gelingen könnte, das Gespräch von der Frage nach seinen aktuellen Bezügen wegzuführen, ohne daß er sich offenbart hat oder kraß lügen mußte.

Damit soll aufgezeigt werden, daß es durchaus ohne größere Schwierigkeiten gelingen kann, sich beim Thema »aktuelles Gehalt« in Relation zum potentiellen neuen Gehalt nicht sofort in alle Karten schauen zu lassen.

Natürlich kann man sich als Bewerber auf die direkte Frage nach den aktuellen Bezügen nur sehr schlecht verweigern und sich gar nicht dazu äußern. Andererseits sitzt Ihnen weder ein Finanzbeamter der Steuerfahndung noch Ihr Steuerberater gegenüber, so daß Sie sehr wohl etwas großzügiger und weniger präzise auf- oder abrunden können und möglicherweise auf weitere Vergünstigungen, Sozialleistungen besonderer Art, Extras usw. hinweisen dürfen oder diese überschlägig mit einrechnen können, um den Jahreseinkommensbetrag schön gerundet zu präsentieren.

»Ich erwarte im Jahr mindestens 45 000 €«, wäre auch eine Antwortmöglichkeit auf die Frage nach den konkreten Jahresbezügen.

Es liegt auf der Hand, daß ein Arbeitnehmer, der seinen Arbeitsplatz wechseln möchte, damit die Hoffnung verbindet, auch sein Einkommen zu verbessern. Insbesondere bei einer stärker ausgeprägten Karriereorientierung ist ein Wechsel, der sich auch auf die Bezüge auswirkt, die natürlichste Sache der Welt. Eine Verbesserung von etwa 15% ist dabei für den Um- bzw. Neueinstieg der Regelfall.

Sollten Sie dagegen bereit sein zu wechseln, und Ihr Gehalt würde sich um weniger als 10% verbessern, erzeugen Sie als Kandidat Mißtrauen (Hintergedanken: Was motiviert den Bewerber wirklich, welche Probleme hat er am jetzigen Arbeitsplatz, daß er für nur 5% mehr Gehalt bereit ist zu wechseln?).

Wer dagegen gleich zwei oder mehr Stufen auf einmal nehmen will und einen Wechsel anstrebt, der mehr als 20% einbringt, provoziert Überlegungen seines potentiellen neuen Arbeitgebers, ob er das Geld auch wirklich wert ist oder ob nicht etwas weniger auch ausreichend wäre. Dies wird dann schnell gerechtfertigt durch Argumente wie Alter, Erfahrung, Einarbeitungszeit u.ä. Auf jeden Fall lassen sich immer Gründe ins Feld führen, warum Sie nicht der richtige oder der ideale Kandidat für diese Position sind. Oftmals finden diese Überlegungen bereits beim Bewerber selbst statt, der mit 30 000 € Jahresgehalt vor Anzeigen zurückschreckt, die ihm 40 000 € anbieten, obwohl der beschriebene Arbeitsplatz durchaus seiner Qualifikation entspricht. Hier verhindert die Schere im eigenen Kopf bereits bei vielen Bewerbern eine deutlichere Gehaltsweiterentwicklung.

Marktanalyse

Zur Vorbereitung auf das Bewerbungsverfahren gehört unbedingt eine Marktanalyse unter dem Aspekt »Was wird gezahlt – was ist meine Arbeitsleistung wert?«. Informationen dazu erhalten Sie bei Berufs- und Interessenverbänden, Gewerkschaften und in Wirtschaftszeitungen oder -zeitschriften (z.B. *Capital, Wirtschaftswoche, Handelsblatt,* die regelmäßig Übersichten abdrucken, was in den verschiedenen Branchen und Positionen verdient wird). Nun liegt es bei Ihnen, die eigenen Fähigkeiten und Ihren Erfahrungsschatz einzuschätzen und ein Preismarketing für Ihre Ware Arbeitskraft vorzunehmen.

Wer sich als Bewerber eindeutig unter Wert anbietet, wird erfahrungsgemäß nicht geschätzt. Wer sich überschätzt, hat es sicher auch nicht leicht, aber es ist oftmals leichter, einen Kredit über 5 Millionen € zu bekommen als einen über 50 000 € (mehr dazu in unserem Buch *Verdienen Sie soviel, wie Sie verdienen?* Eichborn Verlag, Frankfurt/M. 1996 / Piper Taschenbuch, München 1998).

Extratip für Bewerber über 48

Mit Anfang 50 oder noch später Karriere zu machen wird in den seltensten Fällen noch klappen. Wenn Sie arbeitsuchend sind, sollte weniger die Suche nach Aufstiegsmöglichkeiten Ihr Ziel sein als die Möglichkeit, einer befriedigenden Tätigkeit nachgehen zu können, in der Ihre Erfahrung, Ihr Wissen sowie Ihre speziellen Fähigkeiten gebraucht und anerkannt werden. Sie sollten sich darüber im klaren sein, daß neue Arbeitsplätze häufig Verschlechterungen mit sich bringen, was letztlich bedeuten kann, daß die angestrebte Position nur über Umwege zu erreichen ist. Akzeptieren Sie unter Umständen auch, wenn Sie weniger als bei Ihrem letzten Arbeitgeber verdienen. Überlegen Sie vorher genau, wieviel Geld Sie verdienen müssen, um gut über die Runden zu kommen. Sie müssen realistisch sein: Leider ist Ihre Ausgangssituation nicht so, daß Sie Anerkennung von anderen erwarten können. Die Welt und damit das Berufsleben sind nicht fair. Zeigen Sie sich verhandlungsbereit. Sie können mit dem Arbeitgeber beispielsweise ein bestimmtes Gehalt für die Probezeit vereinbaren – mit der Option, danach neu zu verhandeln.

Was es generell bei der Gehaltsverhandlung zu bedenken gibt – auch für den Fall, daß Sie schon länger in einem Unternehmen tätig sind – und wie Sie Ihr Ziel erreichen, lesen Sie im nächsten Abschnitt.

Die Gehaltsverhandlung

Eine gründliche Vorbereitung auf die Gehaltsverhandlung ist die Voraussetzung für ein gutes Ergebnis.

Fragen im Vorfeld

Fünf Hauptfragen sind dabei wesentlich, die Ihnen helfen, die wichtigsten Punkte im Vorfeld zu berücksichtigen. Fragen Sie sich:

1. Was verdiene ich zur Zeit?
2. Was will ich verdienen?
3. Was habe ich zu bieten?
4. Mit wem verhandle ich mein Gehalt/meinen Lohn?
5. Wann ist ein guter Zeitpunkt für das Gespräch?

Was verdiene ich zur Zeit?

Bevor Sie um Ihr neues Gehalt verhandeln, egal ob Sie das während eines Vorstellungsgesprächs tun oder eines »reinen« Gehaltsgesprächs, sollten Sie sich genauer über Ihr Gehalt oder Ihren Lohn Gedanken machen. Wie setzt sich Ihr Verdienst zusammen? Was geht vom Bruttosalär ab? Wieviel bräuchten Sie, um gut über die Runden zu kommen? Je mehr Sie sich damit beschäftigen, um so besser. Sie gewinnen dadurch Selbstsicherheit, haben konkrete Zahlen vor Augen und können Ihr Ziel besser anpeilen.

Wahrscheinlich bereitet vielen bereits die Frage *Was verdiene ich eigentlich?* schon einiges Kopfzerbrechen. Denn nicht nur das Gehalt/der Lohn ist da einzubeziehen, sondern die Gesamtvergütung ist entscheidend. Die setzt sich aus dem Grundgehalt und weiteren, zusätzlichen Leistungen zusammen. Erst aus dem Gesamtwert aller Leistungen ergibt sich das wirkliche Einkommen. Verhandeln Sie daher niemals über das künftige Monats-, sondern immer nur über das Jahresgehalt, damit möglicherweise auch ein 13. oder 14. Monatsgehalt in die Berechnungen einbezogen wird. Denken Sie also an die sogenannten *fringe benefits,* eben an all die Leistungen, die Sie über den Lohn hinausgehend erhalten. Viele Firmen bezahlen Urlaubs- und Weihnachtsgeld, vermögenswirksame Leistungen oder beteiligen sich an der Lebensversicherung; manche leisten auch Sonderzahlungen bei runden Betriebsjubiläen, geben einen Zuschuß zur Berufskleidung oder übernehmen Fahrtkosten.

Überlegen Sie daher gut, ob Sie nicht lieber die private Nutzung des Dienstwagens zum Verhandlungsgegenstand machen als eine Anhebung des Grundgehalts. Solche indirekten Vergütungen kann man im übrigen auch am Ende der Verhandlung noch etwas leichter als Sonderzugeständnisse durchsetzen. Wer eine Gehaltserhöhung erreichen will, ist gut beraten, die Möglichkeiten eventueller Zusatzleistungen auszuloten. Erfahrungsgemäß ist hier die Hemmschwelle der Chefs geringer, dem Mitarbeiter entgegenzukommen, als bei einer monatlichen Anhebung des Salärs.

Fringe benefits, die sich auch auf den privaten Bereich beziehen, waren lange Zeit eher nur für führende Positionen im Management üblich. Doch allmählich weichen die Grenzen etwas auf, Die Möglichkeiten für »normale« Angestellte sind größer als vor einigen Jahren. Vielleicht kommen Sie auf den Geschmack?

Im folgenden als Anregung einige *fringe benefits,* die verhandelt werden können:

- Weiterbildung
- Beteiligung an Telefonkosten
- PC/Fax/Internetzugang für zu Hause
- Notebook/Handy zur freien Verfügung
- Umzugskosten
- Mietbeihilfen
- Fahrgeldzuschuß
- Besondere Vereinbarungen zum Kündigungsschutz
- Gesundheitscheck
- Kreditkarten
- Sonderurlaubsregelungen
- Jahresabschlußprämie
- Aktien/Aktienoptionen
- Vergünstigter Kauf von im Unternehmen produzierten Waren/Personalrabatt
- Erholungskuren
- Kindergarten
- Nachhilfeunterricht für die Kinder
- Verlängerter Erziehungsurlaub
- Clubmitgliedschaften
- Finanzielle Unterstützung bei Freizeitaktivitäten

  usw., usw.

Was will ich verdienen?

Aus dem Koran stammt die Weisheit: Wenn man das Ziel nicht kennt, ist kein Weg der richtige. Die Grundvorausetzung für den Erfolg ist also das Ziel. Das sollten Sie möglichst realistisch ansetzen. Denn zu hoch gesteckte Ziele bewirken nur eins: Man ist frustriert, weil man sie äußerst selten erreicht.

Nicht zu hoch pokern

Gehen Sie nicht blauäugig in das Gespräch bezüglich Ihrer Forderungen. Wer zu hoch pokert, wird leicht in seine Schranken verwiesen mit dem Hinweis, ob man nicht wisse, was üblicherweise Arbeitnehmern in Ihrer Position bezahlt werde. Das A und O ist mal wieder die richtige Vorbereitung. Sie müssen sich vorher schlaumachen, um den entsprechenden Einwänden Ihres Gegenübers begegnen zu können. Sorgen Sie dafür, daß Sie mindestens genauso gut informiert sind wie Ihr Gesprächspartner. Wer weiß, was üblicherweise in der Branche für die Position bezahlt wird und welche Spannbreite möglich ist, kurz, wer seine Marktposition richtig einschätzt, kann mit größerer Selbstsicherheit in ein solches Gespräch gehen und überzeugender argumentieren. Dazu ist es nötig, eingehend zu recherchieren; konkret sollten Sie überprüfen, wie realistisch Ihre Forderungen sind.

Beim Einkommen sind drei Gruppen zu unterscheiden:

a) Diejenigen, die *Lohn* erhalten, d.h. Arbeiter und gewerbliche Mitarbeiter. Ursprünglich hat man 12 Gruppen unterschieden, aber auch das ist nicht mehr unbedingt in allen Branchen üblich.
b) Angestellte bekommen ein *Gehalt*, das in verschiedene Stufen unterteilt ist.
c) Das *außertarifliche Gehalt* wird unabhängig von Tarifvereinbarungen bezahlt, und zwar überwiegend an Führungskräfte.

Ob Gehalt, Lohn oder außertarifliches Gehalt – folgende Quellen helfen bei der Recherche weiter:

- Gewerkschaften können Auskunft geben über die gezahlten Löhne und Gehälter.
- Die Presse (v.a. Wirtschaftsmagazine wie *Managermagazin, Capital, Wirtschaftswoche* etc.) veröffentlicht immer wieder Gehaltsübersichten.
- Die Kienbaum Vergütungsberatung in Gummersbach (Tel. 0 22 61/70 32 02) nennt Gehaltsdaten.
- Das Statistische Bundesamt in Wiesbaden nennt Durschschnittslöhne/-gehälter aller Branchen (Tel.: 06 11/75 10). Sie finden auch in der Bibliothek im *Statistischen Jahrbuch für die Bundesrepublik Deutschland* einen Überblick über die generelle Gehalts- und Lohnstruktur.
- Recherchieren Sie, wenn möglich, im Internet.
  Unter der Adresse http://www.gehalt.de oder auch entsprechenden Stichwörtern wie Karriere, Aufstieg, Beruf, Job, Gehalt finden Sie Hinweise auf Bezahlungen für bestimmte Berufe.
- Denken Sie auch an den Betriebsrat. Er kann Ihnen helfen, sich darüber klarzuwerden, wo Sie im Gehaltsgefüge des Unternehmens angesiedelt sind.

Bedenken Sie, daß darüber hinaus noch andere Faktoren Ihren Marktwert innerhalb des Unternehmens bestimmen: Ihre Fähigkeiten und Kenntnisse, Ihre Erfahrungen und Erfolge, die Sie für das Unternehmen verbucht haben oder noch erreichen werden. Selbstverständlich sollten Sie auch den Punkt Persönlichkeit in das Rechenexempel einbeziehen. Aspekte wie Selbstvertrauen, Initiative, Zielstrebigkeit, Verantwortungsbewußtsein und Teamfähigkeit sind hier wesentlich. Gehen Sie einmal in sich und denken Sie über Ihr Persönlichkeitsprofil nach. Wenn es Ihnen Probleme bereitet, sich selbst einzuschätzen, bitten Sie Partner, Freunde, Verwandte oder Arbeitskollegen, die Sie ja täglich auf der Arbeit erleben, um deren Einschätzung.

Was habe ich zu bieten?

Beim Nachdenken darüber, wie hoch Sie mit Ihren Forderungen gehen könnten, wann und mit wem Sie reden, dürfen Sie nicht Ihre Argumentation aus den Augen verlieren. »Was habe ich zu bieten?« ist die Frage aller Fragen. Das mag banal klingen, doch es ist erstaunlich, wie unvorbereitet viele Bewerber die Frage nach ihren Fähigkeiten, nach ihrer konkreten Leistung und den daraus sich ableitenden Erfolgen trifft. Wenn Sie aber einen möglichst hohen Preis erzielen wollen, müssen Sie auch immer mit der mehr oder weniger offen gestellten Frage rechnen: »Was bieten Sie uns?« oder »Warum sollten wir gerade Ihnen ein so hohes Gehalt zahlen?«

Buch führen

Es ist für Sie daher unerläßlich, vor der Gehaltsverhandlung eine Bestandsaufnahme zu machen. Werden Sie sich vor dem Gespräch klar, was Sie qualifiziert. Ideal wäre, wenn Sie über einen längeren Zeitraum vorher Ihre beruflichen Erfolge oder besondere Leistungen notiert haben (inklusive der Überstunden, die Sie leisten). Sonst geht der eine oder andere Punkt verloren. Je mehr und je konkreter Sie notieren, was Sie für sich ins Feld führen können, desto besser. Dann haben Sie die besten Argumente für sich schon zur Hand, denn wer bereits Erfolge erzielt hat, der wird dies wahrscheinlich auch weiterhin tun. Wenn Sie nicht regelmäßig darüber Buch geführt haben, dann sollten Sie in Ruhe darüber nachdenken, was Sie in den letzten Monaten, vielleicht auch Jahren (je nachdem, ob und wann das letzte Gehaltsverhandlungsgespräch stattfand) geschafft haben.

»Berufliche Erfolge? Die kann ich leider noch nicht so direkt vorweisen«, meint so mancher Arbeitnehmer, wie wir immer wieder in der Karriereberatung und in unseren Seminaren erfahren können. Bei vielen herrscht Ratlosigkeit, wenn Sie zum ersten Mal mit dieser Frage konfrontiert werden. Nach längerem Nachdenken und mit kleinen Erinnerungshilfen jedoch zeigt sich, daß wohl jeder in seiner beruflichen Laufbahn positive Ergebnisse für sich verbuchen kann. Folgende Auflistung soll Ihnen verdeutlichen, was Sie als beruflichen Erfolg anführen können.

Zu erwähnen wäre z.B., daß Sie ...

- ... die Idee für ein neues Produkt gegeben haben
- ... zur Umsatzsteigerung beigetragen haben
- ... den Kundendienst verbessert haben
- ... Mitarbeiter geschult haben
- ... neue Mitarbeiter erfolgreich eingearbeitet haben
- ... in einem Projekt mitgearbeitet oder es geleitet haben
- ... Einsparungsvorschläge gemacht haben, die erfolgreich umgesetzt wurden
- ... Stammkunden herangezogen haben
- ... die Idee für erfolgreiche Umstrukturierungen geliefert haben
- ... sich in einer Ausnahmesituation bewährt haben
- ... besondere Führungsqualitäten bewiesen haben, als man Sie herausforderte
- ... eine Auszeichnung oder besonderes Lob erhielten usw.

Sie mögen jetzt denken: Warum soll ich meine Erfolge und besonderen Leistungen so hervorheben? Die kennt mein Vorgesetzter doch. Sind Sie da wirklich sicher? Immerhin gibt es – zumindest in Großbetrieben – eine gewisse Anzahl von Mitarbeitern, da kann man als Vorgesetzter schon mal den Überblick verlieren. Zum anderen sollten Sie die Erinnerungsfähigkeit nicht überschätzen. Und Sie wissen doch: Klappern gehört zum Handwerk. Es reicht demnach leider oft nicht, gut zu sein – man muß auch dafür sorgen, daß andere es deutlich merken.

Mit wem verhandle ich über mein Gehalt/meinen Lohn?

Gehaltsverhandlungsgespräche führt man in der Regel mit dem direkten Vorgesetzten, nicht mit dem obersten Chef. Ihr Vorgesetzter könnte sich sonst übergangen fühlen und Ihr beiderseitiges Verhältnis damit entscheidend gestört sein. Zudem kann Ihr Vorgesetzter Ihre Leistungen am besten beurteilen.

Um die Chancen für ein erfolgreiches Gespräch zu erhöhen, sollten Sie sich in Ihren Vorgesetzten gedanklich hineinversetzen. Wann ist er am besten ansprechbar? Wie gehe ich am besten auf ihn zu?

Weil Sie ihn tagtäglich erleben, können Sie sehr wahrscheinlich auch einschätzen, ob er als Verhandlungspartner eher eine harte Nuß ist; vielleicht ist er der Typ Mensch, der sich selbst bis zum letzten für die Firma aufopfert, sich von ganz unten durch harte Arbeit und übermäßigen Einsatz emporgearbeitet hat. Er wird sicher davon überzeugt sein, daß man äußerst hart um mehr Geld kämpfen muß. Oder ist er eher der Typ »Kumpel« – einer, der, wenn's drauf ankommt, für seine Mitarbeiter immer da ist, der Sie und Ihr Engagement zu schätzen weiß. Dann wird es für Sie einfacher. Beim Vorgesetzten Marke »hart, aber gerecht« werden Sie durch sachliche, logisch aufeinander aufbauende Argumente weiterkommen. Schwer wird es bei einem Chef, der »fernab von Gut und Böse« wenig Kontakt zu seinen Mitarbeitern pflegt und nicht im Bilde ist, wer was genau tut. Hier ist es besonders wichtig, daß Sie ihm Ihre Leistungen genau vor Augen führen, weil Sie nicht davon ausgehen können, daß er registriert hat, an welchen positiven Ergebnissen Sie beteiligt oder wofür Sie verantwortlich waren.

Ihr Taktiergeschick ist natürlich auch gefragt, und wenn Sie wissen, worüber Ihr Chef am liebsten spricht, dann können Sie beiläufig auf dieses Thema kommen – gemäß einem rumänischen Sprichwort: Am schnellsten kommt man auf dem Steckenpferd des Vorgesetzten voran.

Psychologische Aspekte spielen allemal eine Rolle. Nicht zu unterschätzen sind Sympathie und Antipathie. Das läßt sich leider nicht vermeiden. Schließlich wirken diese Faktoren, ob wir wollen oder nicht, ganz entscheidend auf das zwischenmenschliche Miteinander ein. Allerdings wird ein verantwortungsvoller Vorgesetzter dafür sorgen, daß diese Aspekte nicht die Oberhand gewinnen. Schließlich geht es um das Wohlergehen der Firma und darum, gute, leistungsfähige Mitarbeiter zu haben und auch zu halten.

Machtposition

Zu bedenken ist darüber hinaus die Machtposition Ihres Chefs, der möglicherweise mit Ihrer Forderung wiederum zu seinem Vorgesetzten gehen muß. Wie sind die bisherigen Erfahrungen, kommt er mit Wünschen, Vorschlägen bei der Geschäftsleitung durch, oder stößt er meist auf taube Ohren?

Für den Fall, daß Ihr direkter Vorgesetzter kein Entscheidungsträger ist, also gar nicht bestimmen kann, ob Sie mehr Gehalt/Lohn bekommen oder nicht und Ihre Wünsche an höherer Stelle vortragen muß – bei dieser Ausgangslage bestehen berechtigterweise Zweifel bis Sorge, wie und vor allem ob Ihre Botschaft richtig ankommt und den gewünschten Effekt erzielt. Wie bei dem bekannten Kinderspiel »Stille Post« kann auf dem Weg nach oben bis zum entscheidenden Empfänger viel verlorengehen, mißverstanden und herausgefiltert werden oder auch einfach nur verpuffen. Ein beliebtes Argument in diesem Fall von Vorgesetztenseite ist denn auch der Hinweis: »Ich werde mich einsetzen und starkmachen für Sie, aber Sie wissen ja selbst...«

Wenn irgend möglich, versuchen Sie also selbst, so nah und so direkt, wie es geht, Gehaltsverhandlungsgespräche mit dem Entscheidungsträger persönlich zu führen. Dabei sollten Sie ihren Vorgesetzten keineswegs leichtfertig übergehen und auf diese Weise gegen sich aufbringen (Stichwort Dienstweg – in Deutschland ein Heiligtum).

Und noch einmal zur Erinnerung: Nicht nur Ihr direktes Gegenüber ist in der Verhandlung von Bedeutung, auch die Gesamtsituation des Unternehmens sollten Sie im Auge haben, um die eigenen Chancen realistisch einzuschätzen.

Wann ist ein guter Zeitpunkt für das Gespräch?

Sie sollten nicht irgendeinen Tag für Ihr Gespräch vorschlagen, sondern den richtigen Zeitpunkt mit Bedacht auswählen. Wenn das Timing nicht stimmt, können die besten Argumente nutzlos sein.

Grundsätzlich läßt sich festhalten: Die besten Chancen für ein Gespräch sind dann gegeben, wenn sich die Bedingungen, unter denen Ihr Gehalt/Lohn einmal festgesetzt wurde, geändert haben. Dazu sollten Sie sich einmal folgende und ähnliche Fragen stellen:

- Habe ich neue Aufgaben dazubekommen?
- Übernehme ich jetzt mehr Verantwortung als früher?
- Steht eine unmittelbare Ausweitung meines Aufgabenfelds bevor?
- Ist es mir oder meiner Abteilung gelungen, ein schwieriges Projekt erfolgreich abzuschließen?

Bei der Wahl des richtigen Zeitpunkts kann man gar nicht genug Überlegungen anstellen. Psychologen sagen, daß Dienstag, Mittwoch und Donnerstag am besten für Verhandlungen geeignet sind. Am Montag ist generell die Stimmung bei den meisten nicht so rosig (»Schade, das Wochenende ist schon wieder vorbei. Und vor mir liegt eine lange, harte Arbeitswoche.«). Freitags sind wiederum viele mit ihren Gedanken schon im Wochenende und haben keine Lust auf solche möglicherweise langwierigen, schwierigen Gespräche.

Bedenken Sie auch die Unternehmensrhythmen: Stehen mittwochs immer bestimmte Sitzungen an, die sich lange hinziehen können? Dann ist es ungünstig, das Gespräch für diesen Tag anzusetzen.

Günstige Tageszeit

Überlegen Sie, welche Tageszeit am günstigsten ist. Untersuchungen haben gezeigt, daß am späten Vormittag und Nachmittag Leistungshochs liegen. Allerdings hängt das auch von persönlichen Eigenheiten ab. Was ist Ihr Chef/Vorgesetzter für ein Typ? Fängt er morgens früh an zu arbeiten, oder lautet sein Motto: je später der Abend, desto effektiver die Arbeit?

Die Situation des Unternehmens sollten Sie bei Ihren Überlegungen nicht ausklammern. Wie sieht die Geschäftslage der Firma aus? Herrscht gerade eine Flaute, gehen die Aufträge zurück, oder ist ganz besonders viel zu tun, und keiner weiß so richtig , wie die Lage ist – dann sollten Sie bessere Phasen abwarten. Genauso ungeeignet: Urlaubs- und Weihnachtszeit.

Gut stehen Ihre Chancen hingegen, wenn sich die Ertragslage des Unternehmens bessert: Die Firma expandiert, ein Großkunde wurde gewonnen, das Unternehmen hat einen entscheidenden Geschäftsabschluß getätigt oder geht an die Börse.

Packen Sie Ihre Chance beim Schopfe, wenn Ihr direkter Vorgesetzter das Unternehmen verläßt, um zu einem Konkurrenten zu wechseln. Dann legt Ihre Firma – vorausgesetzt, Sie haben gute Arbeit geleistet – mit Sicherheit Wert darauf, nicht noch einen Mitarbeiter zu verlieren, der sich in einem bestimmten Bereich gut auskennt. Neue Mitarbeiter einzuarbeiten, ist für ein Unternehmen unter Umständen eine kostspielige Angelegenheit. Bei einem Gehaltsgespräch handelt es sich um eine auf die Arbeit bezogene Sache. Deshalb sollte eine derartige Verhandlung auch am Arbeitsplatz und nicht nach Feierabend geführt werden, womöglich im Fahrstuhl oder auf dem Nachhauseweg, wo Sie den Chef zufällig treffen oder gar abpassen. Auch Vorgesetzte haben Anspruch auf Erholung nach Dienstschluß. Also bitten Sie nicht um das Gespräch in der Freizeit, und belästigen Sie Ihren Vorgesetzten bitte auch nicht mit diesem Thema beim nächsten Betriebsfest – nach den Motto: »Chef, wo wir gerade so nett beim Bierchen zusammensitzen, wollte ich Sie doch mal was fragen ...« Das läßt die Stimmung ganz schnell in den Keller sinken, und Sie haben keine guten Karten. Auch hier gilt: Dienst ist Dienst, und Schnaps ist Schnaps.

Nicht zu lange warten

Übrigens: Prinzipiell ist es besser, nicht zu lange mit einem Gehaltsgespräch zu warten, aber nun auch nicht alle paar Monate um einen Termin zu bitten. Man sagt, ungefähr ein Jahr sollte zwischen zwei Gesprächen liegen. Und bitten Sie lieber öfter um eine kleine Erhöhung (die tut dem Chef/Unternehmen dann auch nicht so weh) als einmal um eine richtig dicke Steigerung. Hier bieten die Lohn- und Gehaltsverhandlungen der Gewerkschaften ein gutes Vorbild. Wer drei oder vier Jahre wartet, dann aggressiv geladen zu seinem Chef geht und gleich 20 bis 30% Steigerung verlangt, hat denkbar schlechte Chancen, seine Forderungen auch nur ansatzweise befriedigend durchzusetzen. Also besser alle 12 bis 18 Monate 2 bis 5% mehr aushandeln, als zu lange zu warten und dann mit einer Maximalforderung auftreten zu müssen.

In der Gehaltsverhandlung überzeugen

Wesentlich für den Erfolg ist Ihre Einstellung zur Gehaltsverhandlung: Sagen Sie sich ganz bewußt: Ich werde versuchen, meinen Gesprächspartner für mich zu gewinnen. Ich möchte ihn davon überzeugen, daß ich es durchaus wert bin, besser bezahlt zu werden.

Verdeutlichen Sie sich auch, daß die Gesprächsführung in Ihren Händen liegt – das heißt, Sie geben die Richtung vor. Am besten durch geschicktes Fragen.

Dabei möchten wir eindeutig klarstellen, daß bei Gehaltsverhandlungen kein diabolisches Verhandlungsgeschick nötig ist, das der anderen Seite horrende Summen abschwatzt. Vielmehr geht es darum, in einer zugegebenermaßen nicht ganz einfachen (Prüfungs-)Situation den Überblick zu behalten und dadurch das Gespräch mit dem Vorgesetzten positiv zu lenken.

Fünf Aspekte sind wesentlich für den Erfolg Ihrer Verhandlung:

- den richtigen Gesprächseinstieg finden
- überzeugend argumentieren

- die Klippen in der Gehaltsverhandlung gekonnt umschiffen
- geschickt mit Einwänden und Kritik umgehen
- auf die Körpersprache achten

Den richtigen Gesprächseinstieg finden

Die wichtigste Grundregel in Sachen Gehaltsverhandlung lautet: Fangen Sie niemals von sich aus an, zuerst einen konkreten Betrag/eine Zahl zu benennen. Dafür gibt es zwei entscheidende Gründe:

1. Sobald Sie eine Summe nennen, ist sie die Richtmarke, an der sich alle weiteren Gespräche orientieren. Sie haben dann einen Preis genannt, unter Umständen noch bevor Sie sich richtig präsentieren konnten. Das verschlechtert Ihre Ausgangslage enorm, denn dann müssen Sie erst einmal beweisen, daß Ihre Leistungen den Preis wert sind, den Sie genannt haben. Dazu haben Sie aber womöglich keine Gelegenheit mehr, weil die Zeit für das Gespräch schon abgelaufen ist oder das Interesse des Chefs wegen zu hoher Gehaltsforderung erlahmt. Möglich ist aber, daß Sie tiefgestapelt und einen zu geringen Preis genannt haben. Davon wieder wegzukommen ist dann so gut wie ausgeschlossen.
2. Die direkte Frage nach dem Geld treibt den Arbeitgeber/Vorgesetzten womöglich in die Enge, und er fühlt sich unter Druck gesetzt. Das schafft keine glückliche Ausgangsposition für eine Verhandlung. Stellen Sie also die eigene Arbeit und nicht die Gehaltsforderung in den Vordergrund Ihres Gesprächs. Versuchen Sie generell das Wort Gehaltserhöhung zu vermeiden – bereits wenn es darum geht, einen Termin für dieses Gespräch zu vereinbaren. Sie können von einem Berurteilungsgespräch oder von einem Gespräch zum Thema eigene Entwicklungschancen in der Firma reden.

Statt die Verhandlung mit den Worten: »Ich will mehr verdienen« zu beginnen, sollten Sie lieber andeuten, daß Sie mehr Verantwortung übernehmen wollen; dann ergibt sich das Thema Geld fast von selber. Hier ist es dann wichtig, die Argumente parat zu haben, mit denen man begründen kann, weshalb man mehr Verantwortung anstrebt und damit – folgerichtig – auch mehr verdienen sollte.

Aufs Thema kommen

Leiten Sie das Gespräch doch mit einer Frage ein. Sie könnten sich danach erkundigen, wie zufrieden man mit Ihrer Leistung ist, und so auf Ihre Erfolge und positiven Ergebnisse zu sprechen kommen. Oder fragen Sie, welche Perspektiven Sie in dem Unternehmen haben und was Sie tun könnten, um weiter voranzukommen.

Dann fällt der Übergang zu Ihrem eigentlichen Anliegen nicht mehr schwer. Fragen Sie beispielsweise: »Sie können aus meinen Arbeitsergebnissen ableiten, daß ich mich sehr erfolgreich für unser Unternehmen engagiert habe. Was meinen Sie, wie stehen die Chancen, daß dieser Einsatz finanziell honoriert wird?« So sind Sie geschickt aufs Thema gekommen, ohne Ihrem Gegenüber mit einer konkreten Zahl die Pistole auf die Brust zu setzen.

Überzeugend argumentieren

Haben Sie den Einstieg ins Gespräch gefunden, gilt es nun, stichhaltige Argumente parat zu haben. Die Kunst ist dabei, noch einmal sehr deutlich Ihre Leistungen so zu präsentieren, daß Ihrem Gegenüber ganz klar vor Ohren und möglichst auch Augen geführt wird, was er (und selbstverständlich das Unternehmen) an Ihnen hat.

- Machen Sie Ihrem Vorgesetzten deutlich, daß ein Mehr an Bezahlung sich für das Haus und vielleicht auch für ihn persönlich (als Chef einer erfolgreichen Abteilung) letztlich in barer Münze auszahlt. Zeigen Sie ihm, daß Sie der Firma um ein Vielfaches mehr einbringen, als diese für Sie ausgibt. Berufliche Erfolge sind dabei entscheidend. Darauf haben wir bereits hingewiesen. Sehr überzeugend wirken zukünftige positive Ergebnisse. Dazu ist es nötig, daß Sie Ihre Leistungen so transparent wie möglich machen. Sehr gut wäre es, wenn Sie mit konkreten Zahlen argumentieren könnten, wie: »... den Umsatz um 5 Prozent gesteigert ...«, »... die Kosten um 13 Prozent reduziert ...«, »... die Stammkundenzahl auf ... erweitert« usw.
- Denken Sie darüber nach, ob Sie an zukunftsträchtigen Projekten mitarbeiten, wo Sie zusätzlich Verantwortung nehmen könnten. Dieser künftige Einsatz zählt noch stärker als bereits vergangene Erfolge. Denn dafür, so rechnet der Vorgesetzte, wurden Sie ja bereits bezahlt. Stellen Sie auch neu erworbene oder angestrebte Qualifikationen in den Vordergrund. Denn neue Kenntnisse sind weitere stichhaltige Argumente für eine Aufbesserung von Lohn oder Gehalt. Allerdings sollten Sie bei der Darstellung Ihrer Leistungen auch nicht übertreiben. Verfallen Sie also nicht in einen Monolog darüber, was Sie im Leben schon alles erreicht haben und noch erreichen werden, sondern konzentrieren Sie sich auf die mit der Position unmittelbar verbundenen Fähigkeiten. Und bieten Sie Ihrem Chef unbedingt die Möglichkeit, einzuhaken und nachzufragen.
- Ihre Ausführungen müssen überzeugende (= dem Unternehmen gewinnversprechende) Argumente sein, die eine Gehaltserhöhung rechtfertigen. Überlegen Sie daher genau, welches Argument Sie zuerst nennen und wie Sie somit Ihre Werbung in eigener Sache richtig starten.
- Hüten Sie sich davor, all Ihre Argumente auf einmal zu bringen. Aus zwei Gründen:
  1. Beim nächsten Einwand geht Ihnen dann womöglich die Luft aus.
  2. Wenn Ihr Gegenüber nur ein wenig Verhandlungsgeschick hat, wird er sich das schwächste Glied aus Ihrer Argumentationskette herausgreifen

und darauf herrumreiten. Die anderen Punkte läßt er dann wahrscheinlich einfach unter den Tisch fallen. Und Sie stehen mit leeren Händen da.

- Bringen Sie Ihr stärkstes Argument erst am Schluß – sozusagen als Knalleffekt oder Joker. Dann hat Ihr Gegenüber sehr wahrscheinlich seine wesentlichen Einwände schon bei der Diskussion um die zugegebenermaßen etwas schwächeren Argumente vorgebracht. Gehen Sie also rhetorisch geschickt vor.
- Sprechen Sie nicht über die Höhe der gewünschten Gehaltsaufbesserung, ehe Sie nicht unbedingt müssen. Versuchen Sie, die konkrete Zahl so lange wie möglich hinauszuzögern.
- Denken Sie daran: Der Ton macht die Musik. Verbissenheit in einer Gehaltsverhandlung bringt gar nichts und führt höchstens zu einer Verhärtung der Fronten. Auch wenn's schwerfällt: Freundlichkeit und die Fähigkeit, über sich selbst lachen zu können, läßt Sie sympathisch wirken und kann als echter Eisbrecher in einer festgefahrenen Situation wirken.
- Schaffen Sie eine positive Gesprächsatmosphäre, indem Sie bei Übereinstimmungen mit Ihrem Gesprächspartner diese deutlich zum Ausdruck bringen: »Stimmt. Das sehe ich genauso«, »Schön, daß wir in diesem Punkt übereinstimmen ...«
- Verläuft das Gespräch nicht nach Ihren Vorstellungen und sehen Sie Ihre Chancen förmlich dahinschmelzen, fordern Sie Vorschläge der Gegenseite ein: »Welche Möglichkeiten sehen Sie denn, daß meine Erfolge für die Firma Anerkennung finden könnten?«
- Zeigen Sie, daß Sie gern in dem Unternehmen arbeiten, daß Sie im Interesse der Firma handeln und gerade deshalb am persönlichen Fortkommen interessiert sind.

Die Klippen in der Gehaltsverhandlung

Um den Erfolg Ihrer Gesprächsverhandlung nicht zu gefährden, sollten Sie folgendes unbedingt vermeiden:

- *Außerbetriebliche Gründe für die Gehaltserhöhung nennen:* »Alles ist teurer geworden; ich weiß gar nicht, wie ich meine Familie über die Runden bekommen soll. Sie wissen ja – der Kredit und dann die hohen Kosten ...« Jammereien wie diese bringen nichts, außer Minuspunkten bei der Gehaltsverhandlung. Sie werden schließlich nicht aus Mitleid bezahlt, und kein Unternehmen der Welt wird aus lauter Mitgefühl seinen Angestellten mehr Geld zahlen. Allein ausschlaggebend ist und bleibt Ihre Leistung.
- *Erpressungsversuche nach dem Motto:* »Entweder ich kriege mehr Geld oder ich gehe.« Diese Taktik kann nach hinten losgehen. Diese Strategie mag funktionieren, wenn die Auftragslage überragend, der Arbeitsmarkt leergefegt und Ihre Qualifikation unverzichtbar ist – im Normalfall sieht es häufig anders aus. Da kann es Ihnen passieren, daß man ganz anders als erwünscht

reagiert, nämlich schlicht mit der plumpen Antwort: »Na, wenn das so ist, dann müssen Sie wohl gehen ...« Denken Sie daran, daß niemand in seiner Funktion unersetzbar ist. Wenn Sie nach dem großspurigen Auftreten kleinlaut werden und doch bleiben, droht Gesichtsverlust, und Sie haben demonstriert, daß offensichtlich auch andere Chefs Ihre Leistungen nicht höher bewerten als Ihr eigener. Sonst hätten Sie ja eins der anderen »verheißungsvollen« Angebote wahrgenommen.

- *Vergleiche mit Kollegen:* »Meier ist nur halb so lange im Unternehmen und bekommt genausoviel Geld wie ich. Und die Schmidt arbeitet viel langsamer, trotzdem verdient sie mehr. Ich will auch mehr ...« Auf Vergleiche dieser Art reagieren Vorgesetzte meistens sehr allergisch. Lassen Sie Vergleiche deshalb besser bleiben. Sie schmälern dadurch Ihre eigene Position, wirken unsympathisch und neidisch. Außerdem fehlen Ihnen in der Regel die konkreten Einblicke, die einen objektiven Vergleich wirklich sinnvoll zulassen.
- *Vergleiche mit Konkurrenzunternehmen:* Sie sammeln nur Minuspunkte, wenn Sie z.B. darauf hinweisen, daß im Konkurrenzunternehmen XY den Mitarbeitern in ähnlicher Position mehr gezahlt wird. Man wird möglicherweise an Ihrer Loyalität gegenüber Ihrer Firma zweifeln und sich fragen, woher Sie diese Informationen haben und ob Sie womöglich Interna ausplaudern. Zudem müssen Sie bei einem solchen Vergleich mit der plumpen Antwort rechnen: »Dann frage ich mich, warum Sie noch bei uns arbeiten, wenn es woanders doch so viel besser ist.«
- *Falsche Reaktion:* Falls Ihr Chef Sie zunächst zwar lobt, dann aber Ihre Leistungen als selbstverständlich hinstellt, sind Sie gefragt: Wenn Sie hier nicht einhaken und nicht die richtigen Argumente parat haben, vertun Sie Ihre Chance.
- *Ja-Aber-Antworten:* »Ja, das kann ja sein, aber ich finde ...« Vermeiden Sie, so zu argumentieren. Dadurch entsteht der Eindruck, als wollten Sie Ihr Gegenüber herabsetzen. Das schafft keine gute Atmosphäre, ebensowenig negative Äußerungen über Kollegen oder das Haus.
- *Unzufriedenheit signalisieren:* Bringen Sie nicht Ihren Unwillen zum Ausdruck. Damit stellen Sie sich unfreiwillig als potentiellen Störenfried bloß, der damit letztlich eher auf der Abschuß- als auf der Beförderungsliste landet.
- *Gruppenforderung:* Erwecken Sie in dem Verhandlungsgespräch nicht den Eindruck, als handle es sich bei Ihrer Forderung nur um den Beginn vieler weiterer Forderungen, vorgebracht von Ihren Kollegen. Ihr Wunsch nach höherer Bezahlung sollte individuell sein. Sonst bekommt es Ihr Vorgesetzter mit der Angst zu tun, weil er befürchten muß, daß eine wahre Lawine losgetreten wird. Damit tun Sie sich selbst keinen Gefallen.
- *Schwache Argumente:* Wenn Sie Gründe für die Gehaltserhöhung vorbringen, sollten diese schon Hand und Fuß haben. Leistung, neue Aufgaben und Verantwortung zählen, und nicht Argumente wie: »Weil meine letzte Gehaltsverhandlung schon Jahre zurückliegt« oder »Ich bin schon fünf Jahre in dem

Unternehmen – da ist ja wohl eine Erhöhung oder Beförderung fällig.« Die Zeiten sind vorbei, in denen allein die Dauer der Betriebszugehörigkeit schon für eine Gehaltserhöhung oder den Aufstieg reichte.

- *Große Unsicherheit:* Leise Stimme, gesenkter Blick und viele vorsichtige Konjunktivformulierungen: »Wie wäre es, vielleicht könnten Sie sich vorstellen, mir unter Umständen, na, sagen wir, etwas mehr Gehalt zu zahlen?« Daß Sie vor einem solchen Gespräch nervös sind, ist klar. Aber auffällige Unsicherheit spricht gegen Sie. Es scheint, als seien Sie selber nicht von sich und Ihrer Forderung überzeugt. Warum sollte es dann Ihr Gegenüber sein? Viel besser und überzeugender sind klare Aussagen wie: »Meine Leistungen haben sich sehr gut entwickelt. Ich bin überzeugt, daß damit auch ein höheres Gehalt gerechtfertigt ist.« Versuchen Sie, mit guter Vorbereitung und achtsamem Bewußtsein für Ihre Körpersprache Selbstsicherheit auszustrahlen.
- *Selbstüberschätzung:* Wer zuviel fordert oder protzt, daß er sowieso besser als alle anderen sei, der katapultiert sich selbst ins Aus. Überheblichkeit und Übertreibung führen nur dazu, daß Ihr Gegenüber sich sagt: »Jetzt erst recht nicht.«
- *Aggression:* Eine Ablehnung Ihres Geldwunsches ist kein Grund, ausfallend zu werden. Ein Nein ist zwar enttäuschend bis ärgerlich, sollte Sie aber nicht dazu veranlassen, die Contenance zu verlieren. Fragen Sie Ihren Chef statt dessen nach seinen Gründen und bitten Sie ihn um Tips, was Sie aus seiner Sicht ändern oder verbessern könnten. Versuchen Sie, ein ruhiges Gespräch darüber zu führen. Eine Ablehnung ist kein Grund, sich für immer und ewig mit seinem Gehalt zufriedenzugeben. Bemühen Sie sich, nach einem halben bis einem Jahr wieder.

Geschickt mit Einwänden und Kritik umgehen

Wenn Sie sich vorher intensiv mit Ihrem Gegenüber beschäftigt haben, dann fällt es Ihnen auch leichter, sich auf die möglichen Widerstände, Gegenargumente oder Kritik seitens des Chefs vorzubereiten. Denn im Gehaltsgespräch geht es eben oft nicht nur um die Stärken des Arbeitnehmers, sondern auch um seine Schwächen. Rechnen Sie also mit kritischen Äußerungen. Haben Sie die potentiellen Reaktionen Ihres Vorgesetzten vorher bereits einmal durchdacht und im Geiste (noch besser: schriftlich) Antworten darauf gefunden, können Sie im Gespräch selber besser reagieren. Seien Sie gewappnet, daß Sie möglicherweise auch ein paar Dinge benennen können, die Ihnen im Arbeitsalltag nicht gefallen. Dies sollten Sie aber sehr, sehr vorsichtig und mit einigem Fingerspitzengefühl tun, sonst kann die Stimmung ganz schnell umschlagen, und die Verhandlung ist vorzeitig beendet.

Die häufigsten Abwehrtricks von Chefs in der Gehaltsverhandlung

Im folgenden nun die von Chefs in Gehaltsverhandlungsgesprächen immer wieder vorgebrachten Einwände und wie Sie darauf am besten reagieren:

»Die Kassen sind leer…«

Dies ist eine der häufigsten Abwehrstrategien, ebenso wie der Ausspruch: *»Das können wir uns nicht leisten«.* Nun leben wir auch noch in Zeiten mit besonders hoher Arbeitslosigkeit und unermüdlichen Sparappellen von Unternehmerseite. Doch sollten Sie sich davon nicht gleich abschrecken lassen, sondern im Vorfeld die Bilanz des Unternehmens sorgfältig studieren. Schließlich ist es ein offenes Geheimnis, daß nicht nur die Zahl der Arbeitslosen Rekordmarken erreicht, sondern auch der Gewinn nicht weniger Unternehmen.

Erwähnt seien hier nur die Boom-Branchen Automobil-, Pharma- und Chemieindustrie sowie Banken und Energieversorger. Wenn Sie also Ihrem Chef darlegen können, daß das Unternehmen im vergangenen Jahr soundsoviel Gewinn mehr gemacht hat, unter Umständen sogar expandierte und Sie an diesem Erfolg nicht ganz unbeteiligt sind, dann haben Sie schon viel bessere Karten.

»Glauben Sie wirklich, daß Ihre Leistungen eine solch hohe Gehaltsforderung rechtfertigen?«

Mit einem solchen Einwand versucht man, Sie zu verunsichern und an Ihrem Selbstvertrauen zu kratzen. Hier kommt es darauf an, sich nicht ins Bockshorn jagen zu lassen. Fragen Sie konkret nach: »Ich wäre interessiert zu erfahren, womit Sie in letzter Zeit nicht zufrieden waren. Was stimmt nicht mit meinen Leistungen?«

»Da haben schon ganz andere Leute mehr Geld gefordert. Warum sollten wir ausgerechnet Ihnen mehr bezahlen?«

Wenn man Ihnen auf diese nicht gerade freundliche Art begegnet, heißt es: ruhig Blut bewahren. Überhören Sie die provozierenden Worte, und argumentieren Sie sachlich, nach dem Motto: »Ich habe mehr Geld verdient, weil…« Lassen Sie sich nicht einschüchtern, und tragen Sie selbstbewußt Ihre Leistungen vor. Gut, daß Sie vorbereitet sind.

»Wir sollten das Gespräch um ein Jahr verschieben, fragen Sie dann noch einmal nach.«

Sie könnten argumentieren, daß Sie eigentlich vorgehabt haben, schon im vergangenen Jahr nach einer Gehaltserhöhung zu fragen. Da jedoch noch zwei Abschlüsse von gewinnträchtigen Projekten ausstanden, haben Sie gewartet, bis Sie auch diese Erfolge vorweisen konnten. Deshalb möchten Sie nicht noch ein weiteres Jahr warten. Das klingt logisch und zeigt, daß man Sie so schnell nicht abspeisen kann.

»Eine Gehaltserhöhung gefährdet den Betriebsfrieden.«

Ein auf Chefseite auch sehr beliebtes Gegenargument ist diese Behauptung. Es wäre gegenüber den Kollegen nicht gerecht, wenn Sie soviel mehr bekämen.

Dazu ist zu sagen, daß heutzutage weniger die Arbeit als vielmehr der Mitarbeiter eingestuft wird. Das Argument »Gleiches Geld für gleiche Arbeit« ist dann nicht mehr stichhaltig, wenn Mitarbeiter im Team verschiedene Aufgaben erfüllen. Deren unterschiedliche Qualitäten können durchaus unterschiedlich bezahlt werden. Das ist in vielen Firmen gang und gäbe. Sogar im öffentlichen Dienst wurde diese Differenzierung über verschiedene Erfahrungs- oder Erschwerniszulagen eingeführt. Es empfiehlt sich allerdings, auf diesen Punkt hinzuweisen, ohne die eigenen Kollegen herabzusetzen.

»Mehr kann ich Ihnen nicht geben; in dieser Position, die Sie innehaben, kann nicht mehr gezahlt werden.«

»Gut, dann sollte man vielleicht über eine Beförderung nachdenken. Meine Leistungen sind kontinuierlich gewachsen, ich habe entscheidende Erfolge erzielt, wie Sie auch bestätigt haben. Welche Qualifikationen oder welche zusätzlichen Leistungen wären noch nötig für eine Beförderung?« Auf diese Art und Weise haben Sie unterstrichen, daß Sie sich selbstbewußt einschätzen und sich nicht mit dem Status quo zufrieden geben. Sie haben signalisiert, daß Sie gern zusätzliche Anstrengungen auf sich nehmen, um Ihre Leistungen für die Firma noch zu steigern.

»Heute fragen Sie nach mehr Geld, und morgen kommt die ganze Abteilung.«

Hier tritt die Angst der Chefs zutage, mit Ihnen einen Präzedenzfall zu schaffen, so daß andere Kollegen – ermutigt von Ihrem Erfolg – auch Gehaltserhöhungen fordern könnten. Verweisen Sie darauf, daß Ihre Situation sich nicht auf die anderer Kollegen übertragen läßt. Außerdem werden Sie natürlich mit niemandem darüber reden. Absolutes Stillschweigen und Loyalität sind selbstverständlich, sichern Sie absolut zu …

»Ich werde mal sehen, was sich machen läßt. Sie wissen ja, Entscheidungen treffen hier im Haus allerdings ganz andere Leute.«

Sie könnten antworten, daß Ihr direkter Vorgesetzter Sie objektiv am besten beurteilen könnte. Deshalb hätten Sie ihn angesprochen. Außerdem wollten Sie ihn nicht übergehen. Sie würden es also sehr begrüßen, wenn er Ihre Gehaltsforderung an höherer Stelle zur Sprache bringt. Außerdem bieten Sie an, gegebenenfalls gern selber mit dem Geschäftsführer zu verhandeln. So schlagen Sie zwei Fliegen mit einer Klappe. Sie haben Ihren Chef nicht übergangen, machen aber deutlich, daß es Ihnen ernst ist und Sie nicht bereit sind, sich abwimmeln zu lassen, falls die Antwort lautet: Die da oben haben nicht zugestimmt.

»Was, noch mehr? Sie werden bei uns doch schon weit besser bezahlt, als es bei der Konkurrenz je der Fall wäre.«

Hier zahlt sich aus, wenn Sie sich eingehend auf das Gespräch vorbereitet und recherchiert haben, was wo gezahlt wird. Dann könnten Sie – sachlich und freundlich, versteht sich – antworten, daß Sie sich sehr wohl informiert haben, was anderswo gezahlt wird. Und deshalb sind Sie nicht der Meinung, daß in Ihrem Unternehmen über Durchschnitt gezahlt wird. Darüber hinaus sind Ihre Leistungen auch überdurchschnittlich, so daß sich das in der Bezahlung niederschlagen sollte.

»Nein. Gehälter in dieser Höhe sind in der Branche nicht üblich.«

Auch dies ist wieder eine Verunsicherungsstrategie, die Ihnen nichts anhaben wird, wenn Sie sich vorher informiert haben. Vorausgesetzt, Ihre Erkenntnisse beruhen auf echten Zahlen, können Sie antworten, daß Sie gerne darstellen möchten, auf welcher Grundlage Ihre Gehaltsforderung fußt. Ist dies beispielsweiße eine aktuelle Veröffentlichung über die Branchendurchschnittsgehälter, können Sie sagen: »Ich weiß nicht, ob Sie die schon einsehen konnten.« Sie zeigen so, daß man Sie nicht so leicht bluffen kann, und zum anderen bauen Sie Ihrem Gegenüber eine Brücke. Er könnte zumindest einlenken mit der Bemerkung, daß es wohl nicht die ganz aktuellen Zahlen waren, die er vor Augen hatte.

»Ich kann gar nicht verstehen, daß Sie mit einer solchen Forderung kommen, da Sie doch sonst jemand sind, den ich wegen seiner realistischen Art sehr zu schätzen weiß.«

Zuckerbrot und Peitsche ist hier die Taktik. Ein Lob, das Ihnen aber um die Ohren gehauen wird. Sie lassen sich nicht provozieren, bedanken sich für das Lob und argumentieren folgendermaßen: »Eben weil ich realistisch bin, schätze ich ganz nüchtern ein, daß mein Engagement der Firma dazu verholfen hat, Gewinne zu machen und auch Kosten einzusparen. Das, so meine ich, sollte doch entsprechend honoriert werden.«

»Andere wären froh, wenn sie einen solchen Arbeitsplatz hätten wie Sie. Denken Sie nur an die vier Millionen Menschen, die keinen Job finden.«

Hier versucht man, Ihnen ein schlechtes Gewissen zu machen und mehr Dankbarkeit Ihrerseits einzufordern. Eine hinterhältige Methode, um Sie von Ihren Wünschen abzubringen. Da Sie das Spiel aber durchschauen, werden Sie Ihrem Gegenüber nicht den Gefallen tun. Statt also auf dessen Argumentation einzugehen, bekräftigen Sie noch einmal, daß Ihre Leistungen und Erfolge eine bessere Honorierung rechtfertigen.

»Sie werden nicht damit zufrieden sein, was ich Ihnen als Gehalt anbieten kann – aber, leider, leider geht es nun mal nicht anders.«

Hier nimmt man Ihren Einwand schon vorweg, in der Hoffnung, daß Sie das Gefühl haben, es sei zwecklos, Argumente anzubringen. Lassen Sie sich nicht einschüchtern. Geben Sie Ihrem Gegenüber zunächst recht. »Ja, das stimmt, damit bin ich wirklich nicht zufrieden.« Und dann fügen Sie hinzu: »Trotz allem sollten wir versuchen, eine wirklich angemessene Lösung zu finden. Was gibt es da für Möglichkeiten?« Auf diese Art und Weise zeigen Sie, daß Sie so schnell nicht aufgeben. Sie könnten auch anfügen, daß Sie schon ein gewisses Verständnis mitbringen, aber dennoch sei es Ihnen wichtig, für Ihre Leistungen angemessen entlohnt zu werden.

»Wer sagt mir, daß Sie sich nicht einfach einen faulen Lenz machen, wenn Sie erst das höhere Gehalt haben?«

Eigentlich eine Frechheit, Ihnen so etwas zu unterstellen. Es spricht nicht gerade für Ihren Vorgesetzten, wenn Ihnen diese Frage stellt. Trotzdem – bleiben Sie freundlich gelassen und weisen Sie darauf hin, daß er Sie doch mittlerweile so gut kennengelernt haben sollte, um einzuschätzen, daß Sie nicht der Typ Mensch sind, der sich auf seinen Lorbeeren ausruht.

Wenn Sie in der Verhandlung von Ihrem Chef mit wirklich merkwürdigen und nicht für möglich gehaltenen Einwänden konfrontiert werden, dann hilft ein kleiner Trick, um etwas Zeit zu gewinnen: Fragen Sie noch einmal nach, wie etwas gemeint war, ob Sie richtig verstanden haben oder auch warum Ihr Gegenüber etwas Bestimmtes fragt.

Die Beispiele veranschaulichen sehr deutlich, wie wichtig es ist, nicht unvorbereitet in ein solches Gespräch zu gehen. Die wichtigsten Erfolgsfaktoren auf einen Blick:

- überzeugende Arbeitsergebnisse/Erfolge/besondere Leistungen
- gesundes Selbstbewußtsein
- positives Denken
- Gelassenheit
- genaue Zielvorstellung
- rhetorische Fähigkeiten

Extratip für Frauen

Gerade Frauen fällt es oft schwer, über ihr Gehalt und den Wert ihrer Arbeitskraft zu sprechen. Stärken Sie Ihr Selbstbewußtsein, indem Sie sich Ihrer Erfolge bewußt werden. Machen Sie sich vor der Verhandlung ganz klar, daß Sie nichts zu verschenken haben und sich mit zu großen finanziellen Zugeständnissen keinen Gefallen tun. Sehr häufig sind Frauen auch von dem Gedanken beherrscht, ihre Arbeitskraft sei weniger wert als die von Männern. Vermeintliche Begründung: Sie können weniger Energien in das Unternehmen einbringen, da sie eine Menge Kraft für ihre Familie aufwenden müssen. Befreien Sie sich von dieser Vorstellung! Erstens ist Ihre Familienarbeit von unschätzbarem Wert für die Gesellschaft, und zweitens gibt es keine Beweise dafür, daß Frauen mit Kindern in ihrem Beruf weniger leistungsfähig sind als Frauen ohne familiäre Verpflichtungen.

Und drittens: Bei etwas mehr Gehalt können Sie sich für zu Hause professionelle Unterstützung leisten.

Auf die Körpersprache achten

Ein gesundes Selbstbewußtsein ist ganz wesentlich für den Erfolg in der Verhandlung. Dabei kommt es nicht nur darauf an, die Argumente in eigener Sache so rüberzubringen, daß Ihrem Gegenüber klar wird: Dieser Mitarbeiter ist sein Geld wert. Es gilt auch, mit der eigenen Körpersprache Selbstbewußtsein zu signalisieren. Denn Ihre äußere Haltung gibt sehr viel über Ihre innere Haltung preis. Experten schätzen, daß 65 Prozent der menschlichen Kommunikation sich auf körpersprachlicher Ebene, also nonverbal, abspielen. Wie Körpersprache wirkt und was damit ausgedrückt wird, haben wir bereits im Kapitel Vorstellungsgespräch (S. 455) beschrieben. Deshalb hier nur noch in aller Kürze einige Hinweise.

Ihre Inhalte können noch so gut und wichtig sein – wenn Ihre Körpersprache, also Blickverhalten, Gestik, Mimik, Körperhaltung, Sprechweise, Geruch und auch Ihre Kleidung einen anderen Eindruck erwecken, wirken Sie weniger oder sogar überhaupt nicht überzeugend.

Wenn Sie argumentieren, nehmen Sie auch Ihre Hände zu Hilfe. Eine aktive Gestik mit offenen Handflächen zeigt, daß Sie mit offenen Karten spielen und nichts zu verbergen haben. Hüten Sie sich aber davor, ins Extrem zu verfallen und die Hände ständig in Bewegung zu halten. Sonst nimmt man möglicherweise statt selbstsicherer Aktivität nur noch nervöses Herumzappeln wahr. Engagement und Aufmerksamkeit demonstrieren Sie, indem Sie sich hin und wieder vorbeugen.

Versuchen Sie auch, sogenannte Übersprungshandlungen zu vermeiden. Also die liebgewordenen Angewohnheiten, die wir gerade in komplizierten Situationen immer wieder an den Tag legen: mit einer Haarsträhne spielen, am Ring drehen, das Ohrläppchen zupfen etc. All das verrät nur, wie nervös Sie sind, und steht im Widerspruch zu dem verbal zum Ausdruck gebrachten Selbstvertrauen.

Nicht übertreiben

Und noch ein Tip zum Schluß in Sachen Körpersprache: Selbstbewußtes, offenes Auftreten ist wichtig, das heißt aber natürlich nicht, daß Sie es übertreiben sollen und in eine zu lässige Haltung verfallen. Also besser kein Pokerface mit herablassendem Grinsen und kein demonstratives Zurücklehnen.

Vielleicht üben Sie das Verhandlungsgespräch mit einem Freund, einer Freundin oder ihrem Partner – wenn möglich mit Videokamera. Dann können Sie sich selbst einmal beim Argumentieren beobachten. Haben Sie keine Kamera zur Hand, bitten Sie Ihren Freund, Ihnen behilflich zu sein bei der Frage: Was kann ich an meinem »Auftritt« noch verbessern?

Protokoll eines Vorstellungsgesprächs

Hier das (geringfügig gekürzte) sehr akribisch angefertigte Gedächtnisprotokoll eines Vorstellungsgesprächs. Es ging um die Position als erster Assistent des Leiters im Bereich Werbung/Verkaufsförderung/PR in einem mittelständischen Industrieunternehmen in Norddeutschland mit rund 800 Mitarbeitern (Spezialmaschinenbau).

Das Gespräch dauerte etwa eine Stunde.

Der Kandidat, Herr K., ist 28 Jahre, unverheiratet und hat eine Ausbildung als Industriekaufmann sowie ein Sprachenstudium als Übersetzer absolviert (Französisch, Englisch). Zudem verfügt er über eine gerade abgeschlossene Zusatzausbildung im Bereich Industrie-PR. Er bewirbt sich aus ungekündigter Position heraus.

Die Gesprächsteilnehmer:
Der Firmeninhaber, Herr Dr. H.,
Herr D., Leiter der Werbeabteilung – mein eventueller zukünftiger Vorgesetzter,
Herr Sch., Leiter der Personalabteilung,
Herr V., Gruppenleiter Personalbeschaffung und Vertragswesen.

Hier der Bericht des Bewerbers:

Zunächst Händeschütteln, man stellt sich vor. Herrn H. habe ich sofort namentlich angesprochen, weil ich wußte, er ist der Chef. Auf sein Drängen hin erfolgt zunächst einmal die Reisekostenerstattung. Ich erhalte 100 DM in einem Briefumschlag und unterschreibe den Beleg, ohne das Geld im Briefumschlag geprüft zu haben. (Es ist eigentlich zu wenig, das Bahnticket war teurer, aber ich thematisiere das nicht.)

Herr Sch. (Personalchef): »Bei uns laufen Vorstellungsgespräche immer so ab: Sie erzählen zunächst etwas über sich, dann stellen wir Ihnen Fragen.«

»Zunächst einmal vielen Dank für Ihre Einladung. Gerne erzähle ich etwas über mich: Also ich bin am 30. Oktober 1972 in München geboren …

(Ich merke eine leichte Unruhe, man macht sich auf das Übliche gefaßt.)

…, das heißt, ich bin vom Sternzeichen her Skorpion, und die gelten bekanntlich als besonders leidenschaftliche Menschen. Meine Leidenschaften haben sich schon früh entwickelt. Angefangen hat es mit der Literatur. Ich habe schon immer gern gelesen, war ein richtiger Bücherwurm. Diese Leidenschaft für Bücher wurde bei uns zu Hause sehr gefördert, ich bekam laufend Bücher geschenkt. Daraus entstand meine zweite Leidenschaft: das Schreiben. Diese Liebe verdanke ich meiner Mutter, die sich die Mühe gemacht hat, jedes Buch, das wir in der Schule gelesen haben, auch zu lesen, um mit mir zusammen meine Aufsätze zu schreiben. In der Klasse habe ich auch immer gerne vorgelesen und konnte meine Klassenkameraden oft zum Lachen bringen durch Beiträge in Diskussionen, die hintergründig witzig waren. Und das ist meine dritte Leidenschaft: Ich bin kommunikationsfreudig und diskutiere gerne, weil ich die Erfahrung gemacht habe, daß Diskussionen, Gespräche überhaupt, einen bei Problemen wirklich weiterbringen können.«

Herr Sch.: »Darf ich Sie fragen: Was machen Ihre Eltern beruflich?«

»Meine Mutter war von Beruf Bibliothekarin, mein Vater war bis vor kurzem Entwicklungsleiter in einer Stahlbaufirma.«

Der Personalchef macht sich eifrigst Notizen.

»Zurück zu meinen Leidenschaften?«

Alle grinsen.

»Die beschriebenen Leidenschaften waren dann wohl auch dafür verantwortlich, daß ich meine Leistungskurse in der Schule entsprechend wählte, aber auch nach der Ausbildung das Sprachenstudium. Im Studium gesellte sich dann eine vierte Leidenschaft hinzu: die Technik – was mich selber zunächst überraschte. Auf dem Markt für ausgebildete Übersetzer sind Techniker ganz besonders gefragt. Aber daß Technik richtig spannend ist, habe ich meinen Dozenten zu verdanken, die den Funken überspringen lassen konnten.

Während meines Studiums kamen mir Zweifel. Denn übersetzen heißt, Texte von einer Sprache in die andere zu transformieren, ich aber wollte ja auch selber schreiben. Richtige Einblicke in den Alltag eines Übersetzers im Übersetzungsbüro bekam ich während meines Auslandssemesters. Die meiste Zeit saßen die Übersetzer wie hypnotisierte Kaninchen vor den Bildschirmen und hatten wenig Kontakt zu anderen Menschen. Übersetzen macht mir zwar Spaß – nach wie vor –, aber der Kontakt zu Menschen würde mir als kommunikativem Mensch doch sehr fehlen – dies wußte ich sehr schnell.«

Herr Sch.: »Warum haben Sie eigentlich ausgerechnet in Frankfurt studiert?«

»Nun, zu meiner Zeit – ich sage meine Zeit, weil ich ja nun auch nicht mehr so jung bin – mein Studium liegt also schon einige Jahre zurück.«

Der Chef und der Werbeleiter lachen.

»Also zu meiner Zeit konnte man Übersetzen nur an drei Universitäten in Deutschland studieren: in Heidelberg, Saarbrücken und Frankfurt. Und weil ich ja ausgebildeter Industriekaufmann bin und einen Bezug zur Wirtschaft habe, dachte ich, Frankfurt wäre nicht schlecht. Und später hat sich das auch bewahrheitet, denn in meiner PR-Arbeit für eine Industriebank spiegeln sich mein Hintergrundwissen zur Wirtschaft und mein Interessensgebiet Technik gut wider.«

Herr H. (der Firmeninhaber): »Machen Sie die ganze Pressearbeit allein?«

»Die englischen und französischen Texte schon, da wird mir lediglich der Rahmen vorgegeben, aber wie ich das sprachlich umsetze, bleibt mir überlassen; die deutschen Pressetexte nur zum Teil.«

Herr H.: »Richten Sie sich bei den englischen und französischen Texten nach dem deutschen Original?«

»Sicher, ich habe ja gesagt, der Rahmen ist mir vorgegeben, ich weiß also genau, welche Sachinformationen ich in den Pressetexten vermitteln muß.

Während meiner Berufstätigkeit für die Industriebank habe ich mir wiederholt die Frage gestellt, ob wir nicht im Verbund eine bessere Öffentlichkeits-, aber auch Pressearbeit betreiben könnten und welche Alternativen sich hier anbieten würden. Also habe ich angefangen, Fachliteratur zu lesen und bin auf Fortbildungsprogramme gestoßen.

Dann habe ich mich für die Fortbildung bei der Deutschen Akademie für Public Relations entschieden, weil mir dies am sinnvollsten erschien, auch aufgrund der Tatsache, daß ich diese Ausbildung berufsbegleitend machen konnte.«

Dr. H.: »Wie lief denn diese Fortbildung konkret ab?«

»Es gibt eine offene und eine geschlossene Ausbildung. Die geschlossene Ausbildung ist primär für Akademiker gedacht, die im angestrebten Beruf noch keine Anstellung gefunden haben. Die offene Ausbildung kann man berufsbegleitend machen. Man braucht aber Berufserfahrung, speziell um Sachverhalte auch beurteilen zu können. Zum Beispiel ging es um Fragen wie: Ein Unternehmen hat eine negative Presse erhalten. Wie kann man reagieren? Was ist möglich, was nicht? Warum sollte man sich unter bestimmten Rahmenbedingungen so und nicht anders verhalten?«

Herr Sch. (Personalchef): »Warum wollen Sie eigentlich die Stelle wechseln?«

»Weil meine jetzige Stelle für mich kein weiteres Entwicklungspotential mehr hat. Das Betriebsklima ist zwar gut, die Kollegen sind sehr nett, mit meinem Chef komme ich prima klar, die Arbeit macht auch noch Spaß, aber sie stellt schon eine gewisse Zeitlang für mich keine wirkliche Herausforderung mehr dar.«

Herr Sch.: »Was verstehen Sie unter Entwicklungspotential, und warum ist Ihre derzeitige Aufgabe für Sie keine Herausforderung mehr?«

»Entwicklungspotential bedeutet für mich, mehr Verantwortung übertragen zu bekommen. Und was die Herausforderung anbetrifft, kann ich sagen, daß die Position, die ich jetzt innehabe, mit mir mitgewachsen ist. Ich habe aktiv dazu beigetragen, daß dieser Bereich für wichtig gehalten wird. Aber ich weiß wohl auch, daß es da Grenzen gibt. Und wenn ich nach der Arbeit merke, ich habe noch so viel Kraft und Ideen und meine Leistungsgrenze gar nicht erreicht, dann finde ich das irgendwie schade.«

Herr V.: »Wo liegen denn die Grenzen Ihrer Belastbarkeit?«

»Nun, Sie könnten ja die Gelegenheit wahrnehmen, dies bald selbst auszuloten, wenn Sie sich für mich entscheiden!«

Herr Sch.: »Was versprechen Sie sich eigentlich von einem Wechsel zu uns?«

»Ich verbinde damit die Vorstellung und Hoffnung, mein sprachliches Repertoire voll ausschöpfen zu können. Ich verspreche mir weiter die Möglichkeit, mich technisch weiterzuqualifizieren – gerade durch die enge Zusammenarbeit mit den technischen Experten in Ihrem Haus. Und daß Sie wirkliche Experten sind auf Ihrem Gebiet, habe ich bereits bei der Vorbereitung auf dieses Vorstellungsgespräch in Erfahrung bringen können. Die Wirtschaftsredaktion der *Norddeutschen Nachrichten* hat mir freundlicherweise Archivmaterial zur Verfügung gestellt, und in einem persönlichen Telefonat mit dem Ressortleiter wurde Ihr Unternehmen als innovatives und technisch flexibles Spezialmaschinenbauunternehmen gelobt. Das ist für mich aus Sicht der Öffentlichkeitsarbeit natürlich ganz besonders interessant.«

Herr V.: »Wo sehen Sie sich beruflich, sagen wir in einem Jahr, in fünf und in 20 Jahren?«

»In 20 Jahren – das kann ich mir schwer vorstellen. Zunächst aber suche ich eine interessante Aufgabe, die mich weiterbringt, und in einem Jahr möchte ich noch eine zusätzliche Prüfung für den PR-Bereich absolvieren. Mein langfristiges Ziel ist es, Pressesprecher für ein Unternehmen zu sein, das technisch anspruchsvolle Produkte herstellt.«

Herr V.: »Was nun aber, wenn wir in fünf Jahren keinen Pressesprecher brauchen? Würden Sie dann die Stelle wechseln?«

»Lassen Sie mich klarstellen: Ich habe mir für mein Ziel, Firmenpressesprecher zu werden, keinen absolut konkreten Zeitrahmen gesteckt. Es gibt ja auch andere interessante Aufgaben im Bereich der Presse- und Öffentlichkeitsarbeit. Da bin ich schon flexibel.«

Herr Sch.: »Apropos flexibel: Wie lange haben Sie eigentlich studiert? Zwölf Semester?«

»Nein, acht Semester plus ein Semester für die Diplomarbeit. Und dann habe ich noch zwei zusätzliche Auslandssemester in Paris und London gemacht.«

Herr Sch.: »Technische Übersetzungen, da muß man sich auch sehr gut in die Materie einarbeiten. Wie gehen Sie da vor?«

»Die Basis bringe ich vom Studium mit, da gab es acht Stunden in der Woche technische Vorlesungen. Außerdem habe ich viel gelesen, um meine Kenntnisse zu vertiefen. Aber Sie haben ganz recht, technische Übersetzungen erfordern einen intensiven Umgang mit der Materie, um die es geht. Insofern ist der Unterschied zwischen Übersetzen und PR-Arbeit gar nicht so groß. In beiden Fällen muß man wissen, wovon man redet. Und in beiden Fällen ist auch die Recherche von ganz essentieller Bedeutung.«

Herr Sch.: »Nun, Herr K., erzählen Sie uns doch einmal etwas über Ihre Stärken.«

»Wissen Sie, die liegen immer auch im Auge des Betrachters. Ich persönlich würde meine Stärken so charakterisieren: Ich bin neugierig und aufgeschlossen und kann mich leicht in neue Themengebiete einarbeiten. Außerdem kann ich klar und logisch denken. Ich habe ein Interesse an Technik und verfüge über Sensibilität. Pressearbeit bedeutet für mich, daß man abstrahieren können muß vom eigenen Wissensstand und sich auf das Gegenüber richtig einstellt.«

Herr V.: »Das klingt ja interessant. Aber nun zu Ihren Schwächen.«

»Ich bin vielleicht etwas ungeduldig. Nicht immer, aber bisweilen. Ich glaube, das liegt daran, daß ich selbst sehr motiviert und einsatzstark bin und versuche, meine Arbeit so gut wie möglich zu machen. Mein größtes Problem ist dann Unprofessionalität, aber lassen Sie mich erklären: Ich habe ein Problem mit Menschen, die sich nicht richtig bemühen, ihr Bestes zu geben …« (Es folgt eine Anekdote von der Anreise.)

Herr V.: »Sie scheinen schon einen gewissen Hang zum Perfektionismus zu haben. Wie würden Sie reagieren, wenn Ihr Vorgesetzter einmal einen schlechten Tag hat?«

»Nein, perfektionistisch bin ich, glaube ich, nicht. Jeder von uns hat einmal einen schlechten Tag, keiner von uns ist perfekt, Fehler passieren uns allen, das ist zwar nicht schön, man bemüht sich, aber sie passieren eben doch. Wenn ich mit einer Entscheidung meines Chefs nicht einverstanden bin, gehe ich zu ihm, lege meinen Standpunkt klar, begründe ihn und zeige Konsequenzen auf, die sich aus meiner Sicht ergeben könnten. Die Entscheidungskompetenz ist klar geregelt, und das kann ich auch akzeptieren. Aber gute Argumente hat sich mein Chef schon immer angehört, und manchmal hat er sich auch überzeugen lassen. Oft ist es natürlich umgekehrt.«

Herr Sch.: »Haben Sie zur Zeit auch noch andere Bewerbungsverfahren laufen?«

»Zur Zeit nicht, aber vor einer Woche hatte ich ein Gespräch bei Kienbaum, die suchten aber ganz schnell jemanden, und da konnte ich nicht mithalten. Ich kann die Bank nicht Knall auf Fall verlassen. Das wäre nicht fair, so etwas mache ich nicht.«

Dr. H.: »Was war denn Ihr größter Erfolg bisher und was Ihr größter Mißerfolg?«

»Nun, fangen wir mal mit dem Mißerfolg an: Ich denke da zunächst an das Thema, das Sie schon angesprochen haben, das Studium hat etwas zu lange gedauert, und auch der Abschluß hätte besser sein können. Als einen meiner größten Erfolge betrachte ich – auch vor dem Hintergrund, daß ich genau da meine berufliche Zukunft sehe – die kürzlich absolvierte Prüfung zum PR-Assistenten. Das besondere an dem Erfolg ist auch: Meine Konkurrenz bestand aus Mitarbeitern von PR-Agenturen und großen PR-Abteilungen.«

Herr Sch.: »Wir möchten Sie auch von Ihrer privaten Seite kennenlernen. Was machen Sie in Ihrer Freizeit?«

»Wie ich vorhin schon kurz angedeutet habe: Ich bin ein Bücherwurm. Diese Leidenschaft ist mir geblieben. Ganz besonders gern lese ich Siegfried Lenz und Max Frisch. Und in letzter Zeit habe ich auch ein Faible für gute psychologische Krimis entdeckt, wie zum Beispiel von Ruth Rendell. Außerdem treibe ich Sport: Joggen und Radfahren. Ich wandere auch sehr gerne und bewege mich gern an frischer Luft.«

Herr Sch.: »Können Sie sich eigentlich vorstellen, hier nach … (Kleinstadt) zu ziehen? Glauben Sie, daß Sie hier leben könnten, oder ist dieser Job hier bei uns nur ein Einstieg für Sie?«

»Meinen Einstieg in den Beruf, auch in die Presse- und Öffentlichkeitsarbeit, habe ich doch eigentlich schon hinter mir. Ich arbeite ja schon knapp vier Jahre bei der XY-Industriebank. Und wenn ich mich hier so umschaue, dann glaube ich schon, daß ich mich hier in dieser Stadt wohl fühlen kann. Die Umgebung hat doch einiges zu bieten.«

Herr D. (der Werbeleiter und potentielle direkte Vorgesetzte): »Jetzt möchte ich Sie mal etwas fragen. Ihr Lebenslauf zeigt schon eine Menge unterschiedlicher Stationen. Sind Sie eigentlich wechselhaft?«

»Stimmt, mein Lebenslauf zeigt unterschiedliche Stationen, auch an unterschiedlichen Orten. Aber, wie gesagt, die Wechsel waren studienbedingt. Außerdem zeigt Ihnen mein Lebenslauf auch ein großes Stück Kontinuität, denn ich bin seit fünf Jahren bei der XY-Industriebank. Aber ich kann schon von mir sagen, daß ich flexibel bin.«

Jetzt kommen Informationen über das Unternehmen. Mein Eindruck: Die Rollenverteilung ist klar festgelegt, denn jetzt übernimmt Herr D., der Chef der Werbeabteilung, das Wort. Er philosophiert auch über das Problem der Abgrenzung zwischen Werbung und PR. Vielleicht hätte ich hierzu persönlich Stellung nehmen können, denn mit den feinen Unterschieden hatte ich mich in meiner Ausbildung sehr intensiv auseinandergesetzt. Die Arbeitsplatz- und Aufgabenbeschreibung fällt eher mager aus.

Herr D.: »Ist Ihnen klar, daß Sie bei uns den ganzen Bereich Text abdecken müssen, von der Pressemitteilung über den Expertenbericht bis hin zur Anzeige?«

»Ja sicher, aber das ist genau einer der Gründe, warum ich mich auf Ihre Anzeige hin beworben habe. Das macht ja die Sache für mich so spannend.«

Der Werbechef, der eher versucht, mich abzuschrecken, muß jetzt zustimmend lächeln. Aber er hat schon wieder einen neuen Einwand: »Sie müßten hier aber bei uns alle Stories selbst recherchieren. Da gibt es keinen, der Sie unterstützen kann.«

»Ja natürlich, mir ist schon klar, daß diese Aufgabe anspruchsvoll ist. Aber das traue ich mir zu. Und sicherlich stehen Sie mir doch auch hin und wieder für einen Rat zur Verfügung.«

Der Chef lacht und schnauft.

Herr D.: »Selbstverständlich. Eigentlich pflegen wir hier ein sehr offenes Klima. Die Türen stehen für Fragen immer weit offen. Auch über Hierarchiegrenzen hinweg.«

Der Werbechef guckt den Firmenchef verunsichert an. Dieser: »Jetzt können Sie uns etwas fragen.«

»Warum geben Sie als Unternehmen eine Hauszeitschrift heraus? Ich kenne das eigentlich nur aus der Versicherungsbranche, wo viele Mitarbeiter außerhalb des Unternehmens arbeiten.«

Herr D.: »Die eigentlichen Empfänger unserer Hauszeitschrift sind unsere Kunden. Wir finden das nicht so ungewöhnlich für ein Unternehmen wie das unsrige.«

Ich verkneife mir, ihn darauf hinzuweisen, daß es sich dann aber nicht um eine Hauszeitschrift, sondern um eine Kundenzeitschrift handelt und frage: »Wird diese Position, um die ich mich hier bewerbe, neu geschaffen?«

Herr D.: »Nein, gar nicht, diese Position hat in der einen oder anderen Weise schon immer existiert …«

Er erklärt weitschweifig. Ich frage noch nach den Fort- und Weiterbildungsmöglichkeiten und wie die Einarbeitungsphase geplant ist. Auf beide Fragen bekomme ich keine ausreichenden Informationen, gebe mich aber zufrieden. Dann werde ich gefragt, wann ich frühestens verfügbar bin und wie meine Kündigungsfristen aussehen.

Herr Sch.: »Nun kommen wir mal zur Gehaltsfrage. Was verdienen Sie denn jetzt?«

»Ich darf Ihnen auf diese Frage keine detaillierte Antwort geben, denn in unserer Bank ist vertraglich festgelegt, daß ich mich über das Gehalt ausschweigen muß. Es bewegt sich aber auf die 100 000 DM zu, und das ist auch die Vorstellung, die ich für den Einstieg bei Ihnen habe.«

Herr V.: »Auch bei uns gibt es solche Klauseln im Vertrag, aber etwas genauer würden wir es schon gerne wissen, wenn wir Sie einstellen sollen.«

»Sicher, das verstehe ich, aber bitte haben Sie auch Verständnis dafür, daß ich mich an Vertragsvereinbarungen halte. Wie glaubwürdig wäre ich, wenn wir hypothetisch davon ausgehen, daß ich bei Ihnen einen Arbeitsvertrag unterschreibe?«

Herr V.: »In Ordnung, Sie haben uns ja schon die grobe Richtung genannt. Also, ich habe Ihnen ja eingangs bereits gesagt: Dies ist nur eine erste Gesprächsrunde, um Sie kennenzulernen. Wenn Sie in die engere Wahl kommen, sehen wir uns wieder. Für heute vielen Dank …«

Im Anschluß an das Gespräch habe ich das Mittel des Nachfaßbriefs (vgl. S. 460) eingesetzt. Hier mein Text:

Sehr geehrter Herr Sch.,

auf diesem Wege möchte ich mich für das interessante Gespräch mit Herrn Dr. H., Herrn D., Herrn V. und Ihnen am vorigen Montag bedanken. Die entspannte, offene und besonders freundliche Gesprächsatmosphäre hat mir gut gefallen.

Ganz besonders die von Herrn D. so eindrucksvoll skizzierte Bandbreite, die es bei der Textgestaltung abzudecken gilt, und die Möglichkeit, ein unternehmenseigenes Medium – Ihre Kundenzeitschrift – journalistisch zu gestalten, reizen mich an der von Ihnen angebotenen Aufgabe.

Aus meiner Sicht spricht für mich als den richtigen Kandidaten, daß ich die notwendige Neugier mitbringe, um interessante Stories aufzuspüren, und daß ich bei der Informationsrecherche einen sicheren Blick für das Wesentliche habe. Ich kann mich beim Schreiben flexibel auf die Erwartungshaltung unterschiedlicher Leser einstellen. Komplexe technische Sachverhalte angemessen zu vermitteln sehe ich für mich als positive Herausforderung. Meine Kommunikationsstärke sowie meine Verbindlichkeit sind sicherlich ein großes Plus bei der Pflege von Kontakten zur Regional- und Fachpresse.

Die enge Zusammenarbeit mit der Werbeabteilung empfinde ich – speziell vor dem Hintergrund der unterschiedlichen Zielsetzung bei sich überschneidenden Zielgruppen – als sehr reizvoll. Sollten Sie aufgrund unseres Gespräches den Eindruck gewonnen haben, daß ich vielleicht als Großstädter eine längere Eingewöhnungsphase für Ihren Standort in ... brauche, dann seien Sie versichert, daß ich als naturverbundener Mensch die landschaftlich reizvolle Lage und den hohen Erholungswert sehr zu schätzen weiß.

Ich bin an der von Ihnen angebotenen Aufgabe wirklich sehr interessiert und freue mich über eine Fortsetzung unseres Gespräches.

Mit herzlichen Grüßen aus Frankfurt

(Unterschrift)

PS: Ihren Artikel im Handelsblatt zur Entwicklung des Maschinenspezialbaus habe ich gestern mit großem Interesse gelesen.

Zusammenfassung

Im Vorstellungsgespräch stehen – wie auch bei den zuvor beschriebenen Einstellungstests – drei entscheidende Aspekte im Vordergrund: an erster Stelle Ihre Persönlichkeit, gefolgt von Leistungsmotivation und Kompetenz. Diese Eigenschaften gilt es bei der Beantwortung der Fragen und auch nonverbal, also via Körpersprache, zu demonstrieren.

Hier auf einen Blick noch einmal die 11 wichtigsten Fragen im Vorstellungsgespräch:

1. Erzählen Sie uns etwas über sich.
2. Warum bewerben Sie sich für diese Position?
3. Warum sind Sie der/die richtige Kandidat/in?
4. Was erwarten Sie für sich/von uns/dem Job?
5. Was sind Ihre Stärken/Schwächen?
6. Worauf sind Sie stolz, was sind Ihre Erfolge/Mißerfolge?
7. Was möchten Sie in 3/5/10 Jahren erreicht haben?
8. Warum haben Sie diesen Beruf gewählt?
9. Wo liegen Ihre Arbeitsschwerpunkte?
10. Wie verbringen Sie Ihre Freizeit?
11. Welche Fragen haben Sie an uns?

Oft folgt ein zweites oder drittes Vorstellungsgespräch. Dann ist in der Regel auch der Zeitpunkt gekommen, an dem das Thema Gehalt ansteht. Versuchen Sie, sich nicht unter Preis zu verkaufen. Die richtige Bezahlung für Ihre Leistung zu bestimmen ist eine Aufgabe, die zu den wichtigen Vorüberlegungen gehört. Seien Sie sich darüber im klaren, was Sie zu bieten haben. Sie sollten sich eine Strategie zurechtlegen, um den Preis, den Sie wert sind, auch zu bekommen – das gilt selbstverständlich auch dann, wenn Sie schon seit vielen Jahren in einem Unternehmen tätig sind.

Arbeitseinstieg

Mit der Aufnahme Ihrer Tätigkeit fängt eine neue Phase in Ihrem (Berufs-)Leben an. Sie haben Erwartungen an den neuen Arbeitsplatz, die Kollegen, den Vorgesetzten und diese wiederum an Sie. Es ist oft gar nicht so leicht, sich gleich zurechtzufinden. Vieles ist neu und ungewohnt. Zudem will man als Neue/r alles besonders gut machen, um nicht schnell als unfähig abgestempelt zu werden. Wie Sie den Neuanfang gut überstehen und sich bei Konflikten am besten verhalten, lesen Sie jetzt.

Geschafft! Auf Arbeitgeberseite hat man sich unter den vielen Kandidaten für Sie entschieden. Und auch Sie haben eine Entscheidung getroffen: Der angebotene Arbeitsplatz, die Aufgaben und die Rahmenbedingungen sagen Ihnen zu. Sie sind bereit, Ihr jetziges Engagement aufzugeben, und haben den neuen Arbeitsvertrag unterschrieben.

Nicht untypisch ist der 1. Oktober oder April als Ihr Eintrittstermin. Dem ist auf Arbeitgeber- wie -nehmerseite einiges vorausgegangen. Auf beiden Seiten ging diesem Auswahl- und Entscheidungsprozeß ein nicht zu unterschätzender Kosten- und Zeitaufwand voran (vor Einstellung entstehen Kosten in Höhe von 50 bis 100 Prozent des Jahreseinkommens des zu besetzenden Arbeitsplatzes).

Bei diesem für den Arbeitgeber mit erheblichem finanziellen und personellen Aufwand verbundenen Suchen, Auswählen und Entscheiden ist es um so erstaunlicher, was dann in der Regel folgt. Der neue Mitarbeiter, für den soviel Zeit und Geld bereits investiert wurde, wird in den ersten Wochen und Monaten kaum oder nur mangelhaft betreut und eingearbeitet. Die meisten Unternehmen haben kein dafür speziell entwickeltes Programm. Während man auf Arbeitgeberseite bereit ist, Zeit, Mühe und damit auch verbunden hohe finanzielle Kosten für die Auswahl angeblich bestgeeigneter Mitarbeiter zu investieren, ist nach der Unterschriftenleistung im Arbeitsvertrag das Investitionsinteresse erlahmt.

Natürlich gibt es eine Probezeit, drei Monate bis ein halbes Jahr, aber durch den formalen Aspekt, daß man sich ja relativ leicht voneinander trennen kann, wird das Augenmerk auf die neue konstruktive Zusammenarbeit generell eher vernachlässigt.

In jedem Fall steht das, was nach der Unterschriftenleistung und mit Arbeitsbeginn für den neuen Mitarbeiter und dessen Integration in das Unternehmen getan wird, in keinem Verhältnis zu dem vorher betriebenen Aufwand.

Es liegt auf der Hand, daß gerade in dieser sensiblen Prägephase des Neubeginns, des Einstiegs in einen neuen Arbeitsplatz und dessen Aufgaben wichtige

Weichen gestellt werden. Da gibt es wechselseitige Erwartungen, aber auffallend wenig Struktur, Rahmen oder Rituale, sich offen darüber auszutauschen. Natürlich macht es einen Unterschied, ob es sich um ein sehr großes Unternehmen handelt, in dem Sie als neuer Mitarbeiter, Kollege, Auszubildender oder Vorgesetzter anfangen, oder eher um einen kleineren Betrieb. Ebenso spielt der Bereich, in den Sie einsteigen – ob Vertrieb, Produktion, Verwaltung oder Forschung – eine nicht zu unterschätzende Rolle.

In jedem Fall stehen Sie als Einsteiger vor der Aufgabe, herauszufinden, wie was an Ihrem neuen Arbeitsplatz funktioniert. Während man vielleicht bei größeren Unternehmen – auch im öffentlichen Dienst – mit etwas mehr Geduld gegenüber dem Neueinsteiger in der Einarbeitungszeit rechnen kann, sind gerade kleinere Unternehmen, die vielleicht in ihrer Personalplanung etwas kurzfristiger handeln, darauf bedacht, daß der Neue möglichst schnell profitabel arbeitet.

Ob als Berufseinsteiger oder Wechsler haben Sie bestimmt eine ganze Menge Hoffnungen im Zusammenhang mit der neuen Aufgabe und Position. Zudem kommt das schöne Gefühl, von vielen Bewerbern für diesen Arbeitsplatz derjenige zu sein, der es geschafft hat.

Praxisschock

Als Neueinsteiger droht Ihnen vielleicht der erste (Berufs-)Praxisschock, weil alles doch ein weniger anders ist, als Sie sich das so vorgestellt haben. Aber auch wenn Sie schon länger im Berufsleben stehen, kann der Wechsel von einem Arbeitsplatz zum anderen eine kritische Lebensereignis-Situation mit einer Reihe potentieller Fußangeln sein. Damit aus Ihrem neuen Traumjob kein Alptraum wird, müssen Sie eine Menge von Anpassungsleistungen erbringen. Ein Vorgeschmack darauf war bereits der Initiationsritus Bewerbung, den Sie ohne eine gute Begabung für Anpassungsübungen wohl nicht so erfolgreich überstanden hätten. Während Sie an Ihrem alten Arbeitsplatz wußten, nach welchen Gesetzen der Laden läuft, die offiziellen, aber auch inoffiziellen Wege, Möglichkeiten und Chancen kannten, befinden Sie sich nun bei Ihrem neuen Arbeitsplatz erneut in einer Anfängersituation.

Sie sind zunächst einmal ein Lernender. Vieles von dem, was Sie an Wissen mitbringen, erweist sich möglicherweise als hilfreich, aber längst nicht alles funktioniert so, wie Sie es gewohnt waren oder erfolgreich praktizieren konnten.

Was Ihnen jetzt weiterhilft, sind zunächst einmal die akribischen Beobachtungen von Arbeitsabläufen und interpersonellen Strukturen sowie die richtigen Schlußfolgerungen daraus. Suchen Sie sich Ansprechpartner, die Sie unterstützen und die Sie hemmungslos ausfragen können. Vermeiden Sie es, Kollegen, Mitarbeiter und Vorgesetzte dadurch schnell zu Gegnern werden zu lassen, daß Sie alles ganz anders und natürlich viel besser machen wollen.

Als neuer Mitarbeiter an Ihrem neuen Arbeitsplatz sind Sie in diesem Stadium auf Informationen aller Art dringend angewiesen. Ob es sich bei dem Versuch, die Eingliederungsphase so effizient wie möglich zu gestalten, und dem dafür notwendigen Know-how um Bring- oder Holschulden handelt, ist sekundär.

Natürlich hat die Unternehmensleitung die Aufgabe, dafür zu sorgen, daß Sie umfassend über alle für Ihre Eingliederung wichtigen Details informiert werden. Darüber hinaus sind aber auch andere Informationsquellen wie Kollegen oder Mitarbeiter wichtig für Sie und zudem als Kooperationspartner von nicht zu unterschätzendem Wert.

Aktiv sein

In jedem Fall ist es jetzt Ihre Aufgabe, auf andere zuzugehen, Fragen zu stellen und sich aktiv darum zu bemühen, alle wichtigen Informationen zu bekommen. Dies schließt natürlich auch ein, daß Sie bereit sind, Ihrerseits den anderen Informationen über sich und Ihre eigene Arbeit zur Verfügung zu stellen.

Übrigens: Wenn es mittags in die Kantine geht, fragen Sie einen netten Kollegen, ob Sie mitkommen können. Bleiben Sie aber bescheiden im Hintergrund, hören Sie den anderen aufmerksam zu und bekunden Sie freundliches Interesse. So sammeln Sie weiter Pluspunkte, weil die anderen sehen: Sie interessieren sich für das, was sie zu sagen haben. Ihr Verhalten auch bei Tisch wird fein säuberlich registriert und trägt zu dem Bild bei, das man sich von Ihnen macht.

Die beiden Unterschriften, die Ihres zukünftigen Arbeitgebers und die Ihrige, unter dem neuen Arbeitsvertrag sind also keinesfalls der krönende Abschluß Ihres Bewerbungsverfahrens. Das Sich-Bewerben geht weiter. Da müssen etwa langjährige Mitarbeiter umworben werden, hätten sie doch vielleicht lieber einen ihrer Kollegen aus dem Haus auf dem von Ihnen jetzt eingenommenen Platz gesehen. Oder, noch viel schwieriger – wären selbst gerne in diese Position aufgestiegen.

Extratip für Azubis/Berufseinsteiger

Nach all den Bewerbungsmühen, die Sie auf sich genommen haben, noch immer ein bißchen schwebend auf Wolke sieben, den Uni- oder Schulabschluß in der Tasche, und endlich ... haben Sie ihn nun, Ihren Traumjob. Aus der Traum? Die erste Woche oder der erste Monat an Ihrem neuen Arbeitsplatz kann sehr ernüchternd wirken. Der Berufseinstieg wird von Psychoexperten gern mit dem Terminus »Praxisschock« charakterisiert. Und in der Tat: Damit aus dem Traumjob kein Alptraum wird, muß weiter so manches an Anpassungsleistung von Ihnen erbracht werden. Wieder sind Sie Lernender, vieles an der Uni oder in der Schule Einstudierte erweist sich im Berufsalltag als wenig hilfreich. Jetzt müssen Sie,

→

und das fällt gerade Hochschulabsolventen nicht ganz leicht, mit der Zumutung fertigwerden, sich nach dem Uniabschluß quasi in den Niederungen des Anfängerstatus wieder zurecht finden. Aufkommende Frustrationsgefühle sind keine Seltenheit, aber es besteht kein Grund, ihnen nachzugeben. Viele Berufsanfänger sind speziell an den ersten Tagen am Arbeitsplatz verunsichert. Wie verhalte ich mich? Was ist peinlich, wenn ich nicht gleich kapiere, wie ich etwas machen soll?

Machen Sie als Neue/r nicht den Fehler, sich in einer Ecke zu verkriechen. Eine wesentliche Regel lautet: »Sie zuerst«. Wenn Sie neu in ein Team kommen, ist es an Ihnen, zuerst auf die anderen zuzugehen, Sie jene zuerst anzulächeln, usw. Es ist schon richtig, sich nicht um jeden Preis in den Vordergrund zu drängen. Aber Sie sind ja da, um etwas zu lernen. Und das gelingt Ihnen nicht, wenn Sie darauf warten, daß andere auf Sie zukommen. Bieten Sie Ihre Mitarbeit an, fragen Sie, ob Sie helfen können.

Haben Sie am Arbeitsplatz Verbesserungsvorschläge, müssen Sie damit nicht hinterm Berg halten Andererseits sollten Sie diese nicht gleich zu Beginn den anderen um die Ohren hauen. Sonst haben Sie schnell den Stempel »Besserwisser« weg. Und Sie wissen ja: Einen ersten Eindruck zu revidieren ist sehr schwierig.

Die Phasen des Neuanfangs

Die Eingliederung neuer Mitarbeiterinnen und Mitarbeiter in ein Unternehmen läßt sich in drei aufeinanderfolgende Phasen einteilen:

Nach der Phase der Vorbereitung (Bewerbung, Auswahlverfahren, Wünsche und Hoffnungen) folgt mit dem Eintritt in das Unternehmen die Phase der Orientierung. Hier geht es hauptsächlich um die wechselseitigen Erwartungen, also die des neuen Mitarbeiters an die Organisation und umgekehrt. Daß dies häufig als Realitätsschock oder milder als Überraschung erlebt wird, ist bedauerlicherweise nicht außergewöhnlich. Entsprechend sind Enttäuschungen und die Auseinandersetzung mit ersten Konflikten vorprogrammiert.

In der dritten Phase geht es um den Versuch der Bewältigung von Widersprüchen zwischen Erwartungen und der Realität, aber auch der bewußten Integration oder Anpassung an die vorhandene Organisation. Nun kommt es vor allem darauf an, sich Verhaltensweisen anzueignen und die zugedachte Rolle aufzunehmen, um nunmehr als vollwertiges Mitglied des Teams seinen Teil zu den Ergebnissen oder Zielen beitragen zu können.

Angstgefühle

Es liegt auf der Hand: Die erste Zeit an einem neuen Arbeitsplatz ist im wesentlichen durch Unsicherheit, teilweise sogar auch durch Angstgefühle und das Erleben von Streß gekennzeichnet. In dieser durch wechselseitige Unsicherheit geprägten Phase kommt es auf beiden Seiten zu Einstellungen und Verhaltensweisen, die sich im unglücklichen Falle für den Fortbestand des Arbeitsverhältnisses und ein entsprechendes Engagement von Arbeitnehmerseite negativ auswirken können.

Ungelöste Konflikte in der Einarbeitungszeit führen nicht selten zu Kündigungsphantasien oder auch zu vorzeitigem Ausscheiden aus dem Unternehmen. Daß dies mit erheblichen Kosten für beide Seiten verbunden ist, dürfte klar sein. Um so mehr ist die Forderung berechtigt, gerade die Einarbeitungszeit von seiten des Arbeitgebers aktiv erfolgreich mitzugestalten. Hier muß der nicht einfachen Sozialisation und Eingliederung des neuen Mitarbeiters viel mehr Aufmerksamkeit gewidmet werden, als dies bisher geschieht.

Sie als neuer Mitarbeiter können dazu beitragen, indem Sie über Ihre Schwierigkeiten offen kommunizieren.

Extratip für Führungskräfte

Als Neue/r werden Sie jetzt in der Anfangsphase von Ihren unmittelbaren Vorgesetzten und den für diese Personalentscheidung zuständigen Verantwortungsträgern beäugt, um zu sehen, ob die Wahl des Kandidaten die richtige gewesen ist. Dieser Prüfungsvorgang ist immer von zwei Aspekten gekennzeichnet: Die einen hoffen, daß sich ihre positive Prognose bewahrheitet, nur Sie seien der richtige Kandidat, die anderen suchen nach Bestätigung ihrer negativen Vorahnung, sie hätten doch gleich gewußt, daß man sich besser nicht für Sie, sondern für jemand anderes entschieden hätte.

Jetzt helfen Ihnen Gespräche und vor allem die Fähigkeit, sorgfältig zuzuhören. Versuchen Sie um Gottes Willen nicht, sich als der dynamische Erneuerer zu profilieren, bevor Sie Ihre Vorgesetzten, Kollegen und Mitarbeiter genauer kennengelernt und die Spielregeln des neuen Unternehmens begriffen haben.

Dieser Tip ist ganz wichtig, das kann auch der Hamburger Unternehmensberater Peter Fischer bestätigen: »Viele Führungswechsel scheitern, weil der neue Chef in der fremden Umgebung nicht klarkommt, die Chemie nicht stimmt und er dem Druck der – ihm oft unbekannten – Erwartungen nicht standhalten kann.« Fragen an die Umgebung bieten die beste Möglichkeit zur Orientierung: »Was sind die Probleme in der Abteilung, und wie sollte man sie Ihrer Meinung nach lösen? Gibt es bestimmte Er- →

wartungen, die Sie an mich haben?« Nehmen Sie sich also genügend Zeit für intensive Gespräche. Fragen Sie präzise nach dem, was man von Ihnen erwartet. Hören Sie heraus, was man Ihnen dabei auch an indirekten Botschaften vermittelt. Investieren Sie Zeit, um die Qualitäten, aber auch Fehler Ihres Vorgängers (sofern es einen gab) kennenzulernen.

Prüfen Sie die Vorschläge und Wünsche Ihrer Mitarbeiter genau. Diese kennen sich in dem für Sie neuen Unternehmen besser aus und können Ihnen wertvolle Informationen für eine erfolgreiche Einarbeitung geben. Besprechen Sie die zukünftige Kooperation mit den Kollegen anderer Abteilungen. Verhalten Sie sich dabei anfangs besonders bescheiden und zurückhaltend, denn nichts macht neue Kollegen unbeliebter als deren oft übertriebene Arbeitswut, kombiniert mit dem Drang, alles auf den Kopf zu stellen. Wichtigstes Verhalten ist und bleibt die Bereitschaft und die Fähigkeit des Zuhörens.

Denken Sie daran, die internen Mitbewerber einzubeziehen, die vielleicht auch gern auf Ihrem Stuhl gesessen hätten. Sonst haben Sie von Anfang an knallharte Konkurrenz im eigenen Haus, die Ihnen das Leben – nicht zuletzt wegen Ihres Wissensvorsprungs – sehr schwer machen kann.

Wenn's am Arbeitsplatz kracht

Das Arbeitsleben ist durch höchst unterschiedliche Interessen einzelner und ganzer Gruppen geprägt. Wo aber der eine – ob Mitarbeiter, Kunde oder Chef – sein Ziel nur auf Kosten des anderen glaubt erreichen zu können, wo Werthaltungen, Interessenschwerpunkte oder konkretes Verhalten in direktem Widerspruch zueinander stehen, entsteht der (Zünd-)Stoff, aus dem Konflikte sind.

Wer kennt sie nicht: Konflikte, Auseinandersetzungen, Machtmißbrauch, Streitereien, Rivalität, Neid, Mißgunst und Intrigen, Mobbing. Warum sollte das menschliche Grundthema Aggression ausgerechnet unser Arbeitsleben aussparen?

Konflikte sind normal

Wo immer Menschen zusammenarbeiten, treten Unterschiede und Widersprüche in ihren Zielvorstellungen, Werthaltungen, Interessen und in ihrem Verhalten auf. Banal, aber wahr: Menschen unterscheiden sich in ihrem Fühlen, Denken und Handeln und differieren in ihrer Persönlichkeitsstruktur – Hintergrund für jede Menge Konfliktpotential.

Was also tun, wenn etwa ein Kollege Gerüchte über Sie verbreitet? Sprechen Sie am besten den Urheber an und fragen Sie ihn, warum er das tut. Überlegen Sie vorher auch für sich selbst, ob Sie ihn irgendwie verärgert haben könnten, daß er so reagiert. Und fordern Sie ihn eindringlich auf, damit aufzuhören.

Konflikte werden häufig – vor allem im Anfangsstadium – nicht offen ausgetragen. Sie kündigen sich jedoch durch Symptome an. Dies ist vergleichbar mit einer Krankheit, deren Diagnose durch das Erkennen und das richtige Deuten der Symptome bereits im Frühstadium eine adäquate Behandlung und damit aussichtsreichere Behandlung ermöglicht. Die Chancen zur Klärung und Lösung sind beim rechtzeitigen Erkennen deutlich verbessert. Warten Sie also nicht, bis der Konflikt eskaliert. Wichtig ist, daß sie – auch wenn's schwerfällt – versuchen, möglichst nüchtern und ehrlich die Situation zu analysieren. Haben Sie wirklich nichts zu dem Konflikt beigetragen, sind Sie wirklich nur das Opfer?

Reflexion

Noch einmal grundsätzlich: Wenn der Konfliktfall da ist und Spannungen zu spüren sind, sollten Sie zunächst einmal reflektieren: Was bedrückt Sie? Sie spüren, daß sich die Beziehung zu einer oder mehreren Personen in Ihrem Arbeitsumfeld verschlechtert. Denken Sie noch einmal in Ruhe über dieses Gefühl nach – ehe es überhand nimmt. Sind Sie sich der Beurteilung dieser Situation sicher und können Sie die Quelle der Spannungen klar benennen? Liegt es wirklich an der anderen Person, oder sind möglicherweise Sie gestreßt? Erleben und werten Sie Äußerungen oder Handlungen einer anderen Person empfindlicher und bedeutungsvoller, als sie eigentlich gemeint sind? Wenn Sie sicher sind, daß es sich um ein echtes Problem handelt, kommen Sie mit folgenden Fragen weiter

- Wer hat ein Interesse, Sie anzugreifen?
- Worin könnten die Ursachen und Motive liegen?
- Worauf legt es der Kollege/legen es die Kollegen an?
- Wie ist seine/ihre Position?
- Wen könnten Sie zu Ihrem Verbündeten machen?
- Was können und wollen Sie zur Konfliktlösung beitragen?

Nach dieser ersten Überprüfung Ihres eigenen Standpunktes und der gesamten Situation sollten Sie sich überlegen, ob Sie das Problem zum jetzigen Zeitpunkt bereits ansprechen wollen oder ob es Ihnen günstiger erscheint, die Situation zunächst weiter zu beobachten. Vielleicht handelt es sich ja auf der Gegenseite nur um eine kurze, vorübergehende Schlechtwetterlage oder um ein persönliches Tief, das Sie nicht auf sich beziehen sollten.

Wenn Sie sich bezüglich der Einschätzung einer beginnenden Problemsituation unsicher sind, kann ein Gespräch mit gründlich ausgewählten Personen aus Ihrer (Arbeits-)Umgebung sinnvoll sein. Ziel dabei ist es, deren Beurteilung und Einschätzung kennenzulernen und mit der eigenen Sichtweise abwägend zu vergleichen.

Wenn Sie dann aktiv werden und mit dem betreffenden Kollegen, mit dem Sie den Konflikt haben, gesprochen und hoffentlich eine Vereinbarung getroffen haben, gilt es, deren Umsetzung abzuwarten.

Was tun Sie, wenn sich der Erfolg nicht einstellt?

Gespräch suchen

Auch wenn's schwerfällt und Sie eine große Wut im Bauch haben, sollten Sie dem Kollegen erneut das Gespräch anbieten. Wem ist damit gedient, den Konflikt eskalieren zu lassen? Sie sollten zudem über erste Konsequenzen nachdenken und diese ankündigen, falls auch nach diesem Gespräch keine Besserung einkehrt.

Wenn sich trotz aller Gesprächsversuche der Erfolg nicht einstellt, müssen Sie die Situation neu analysieren. Worum geht es wirklich? Was ist der wahre Hintergrund dieser Auseinandersetzung? Mit was für einem Gegenüber haben Sie es zu tun? Versuchen Sie einmal weitgehend vorbehaltlos, sich in dessen Rolle hineinzuversetzen. Was kann Motivation, was Ziel sein? Auf jeden Fall dürfen Sie nicht resignieren und sich zurückziehen. Sie brauchen jetzt Unterstützung. Überlegen Sie, wer Ihnen helfen könnte. Das kann ein älterer, erfahrener Kollege sein, dem Sie vertrauen. Sie können letztlich auch beim Personal- oder Betriebsrat um Hilfe bitten. Vor allem sollten Sie sich nicht verkriechen und aus lauter Frustration nur noch Dienst nach Vorschrift machen. Infolgedessen kann es dann zu wirklichen Problemen und zu einer Eskalation kommen, die nur noch schwer in den Griff zu bekommen ist. Stellen Sie sich den Auseinandersetzungen möglichst mit sachlichen Argumenten und der nötigen inneren Ruhe.

Zusammenfassung

Der Neubeginn ist eine sensible Prägephase, in der wichtige Weichen gestellt werden. Für Sie als Einsteiger gilt es jetzt, herauszufinden, was Ihr neuer Arbeitsplatz von Ihnen fordert. Zunächst ist es vor allem wichtig, akribisch die Arbeitsabläufe und interpersonellen Strukturen zu beobachten und sich darüber hinaus Unterstützer zu suchen. Gehen Sie auf andere zu, stellen Sie Fragen. Vermeiden Sie besserwisserisch wirkendes Verhalten. Treten Konflikte auf, ist es gut, sie möglichst früh anzusprechen. Wenn keine Besserung eintritt, können Sie sich bei einem erfahrenen Kollegen oder auch beim Betriebsrat Hilfe holen. Und: Auch wenn's schwerfällt, lassen Sie sich nicht aus der Ruhe bringen. Konflikte gehören leider zum Alltag.

Resümee

Um Ihnen die Erinnerung an die entscheidendsten Regeln zu vereinfachen, haben wir die 50 wichtigsten Merksätze zur Bewerbung für Sie zusammengestellt:

Die 50 wichtigsten Merksätze für die Bewerbung

1. Arbeitsplatzsuche und Sich-Bewerben ist Schwerstarbeit.
2. Lernen Sie, unternehmerisch zu denken, und betreiben Sie Marketing in eigener Sache.
3. Die innere Vorbereitung – die Einstellung zur Einstellung – ist ein entscheidender Faktor.
4. Nehmen Sie sich ausreichend Zeit für die Vorbereitung.
5. Es ist nicht leicht, aber sehr wichtig, vorab herauszufinden, wer man ist, was man kann, was man will und was möglich ist.
6. Nehmen Sie die Unterstützung durch andere an.
7. Bauen Sie systematisch ein Beziehungsnetz auf, pflegen und nutzen Sie diese Kontakte.
8. Sie müssen wissen, was Sie in Ihren Bewerbungsunterlagen über sich und Ihr Anliegen vermitteln wollen.
9. Recherchieren geht vor Probieren. Wer mehr über den Adressaten seiner Bewerbung weiß, ist eindeutig im Vorteil.
10. Form- und Inhaltsfehler in den schriftlichen Bewerbungsunterlagen sind meistens der Grund, weshalb Bewerber nicht zum Vorstellungsgespräch eingeladen werden, nicht etwa deren mangelnde Eignung. Ganz besonders in diesen Zeiten kommt es auf die Verpackung und auf die gelungene Präsentation an. In der Kürze liegt die Würze.
11. Verwenden Sie für Bewerbungsanschreiben und Lebenslauf gutes weißes oder dezent getöntes, nicht liniertes DIN-A4-Papier, das Sie nur einseitig beschreiben.
12. Benutzen Sie – wenn nicht ausdrücklich handschriftlich verlangt – einen PC mit gutem (Laser- oder Tintenstrahl-)Drucker.
13. Für Ihre Unterschrift (kein Autogramm und keine Rezeptblock-Arzt-Unterschrift) empfehlen wir konservatives Königsblau aus einem Füllfederhalter oder Tintenschreiber. Rot, Grün oder Schwarz kommen nicht gut an.
14. Für Ihre Schreiben gilt: nicht radieren, verbessern, durchstreichen oder mit Tipp-Ex korrigieren, sondern im Falle eines Fehlers neu schreiben.

15. Rechtschreibung und Zeichensetzung müssen korrekt sein – ob alt oder neu.
16. Achten Sie auf eine übersichtliche, klare Gliederung (Absätze).
17. Wichtig sind eine gute Platzeinteilung und angemessene Ränder (ca. 4 cm links, ca. 3 cm rechts).
18. Flecken, Eselsohren, zerknülltes Papier fallen extrem negativ auf, aber die Dokumente in einzelne Klarsichtfolien einzuschweißen ist auch keine Lösung. Niemals alle Unterlagen in eine Hülle zwängen, aus der sie der Personalchef dann wieder mühsam hervorzerren kann.
19. Das Anschreiben nur lose oben auf die Bewerbungsmappe legen. Für die Mappe gibt es schöne, moderne Präsentationssysteme. Thermoschnell- oder Spiralbindesysteme zusammen mit Klarsichtfolien- und Kartondeckel stellen eine solche Alternative dar. Ähnliche Effekte erzielt man mit preiswerten Klemmschienen.
20. Ein gutes Foto ist Ihr Sympathieträger. Es sagt mehr als tausend Worte.
21. Auch die Anlagen sind mit größter Sorgfalt auszuwählen.
22. Machen Sie unbedingt Fotokopien von allen Unterlagen, die Sie verschicken, damit Sie nach 6 oder gar 10 Wochen noch wissen, wer was von Ihnen weiß oder auf dem Tisch hat.
23. Verwenden Sie für die postalische Zusendung aller Unterlagen einen stabilen, rückenkartonierten DIN-A4-Umschlag.
24. Achten Sie auf die korrekte Umschlaggestaltung – keine innovativen Experimente bei Adresse, Absender, Briefmarkenpositionierung (bloß keine Aufkleber). Professionell wirken maschinengeschriebene Adressen- und Absenderetiketten (oder eigener Stempel).
25. Versandart: ganz normal, nur in Ausnahmefällen Expreß, auf keinen Fall jedoch per Einschreiben-Rückschein oder Wertbrief senden (= Zwangscharakter).
26. Wichtig: die richtige Frankierung
27. Der Einsatz des Telefons kann in der Bewerbungssituation sehr hilfreich sein.
28. Bereiten Sie das Telefonat gut vor, machen Sie sich Notizen.
29. Gerade für die telefonische Initiativbewerbung gilt: Kalkulieren Sie bei der Vorbereitung Ihrer Notizen ein, daß Gespräche mitunter anders als geplant laufen. Üben Sie schon vor Beginn Ihres Anrufs, auf schwierige Fragen schlagfertig zu antworten. Bereiten Sie einen ein- bis zweiminütigen Werbespot in eigener Sache vor, den Sie immer dann einsetzen können, wenn Sie nach Ihrem Lebenslauf gefragt werden. Wiederholen Sie diese kurze Geschichte so oft, bis Sie sie flüssig und natürlich erzählen können: wer Sie sind, was Sie machen und wo Sie gearbeitet haben. Nennen Sie ein oder zwei berufliche Erfolge, und bitten Sie um einen persönlichen Gesprächstermin.
30. Seien Sie am Telefon präzise, vermeiden Sie allzu leere Floskeln und kommen Sie schnell zur Sache.

31. Achten Sie auf den Klang Ihrer Stimme. Klingen Sie fröhlich, freundlich, selbstbewußt, pessimistisch, aggressiv oder unsicher?
32. Auch beim Telefonieren gilt: Übung macht den Meister. Learning by doing ist eine gute Methode. Starten Sie Ihre Telefonaktion also nicht gerade bei dem Unternehmen, für das Sie am liebsten arbeiten würden.
33. Nutzen Sie wenn möglich das Internet für Ihr Bewerbungsvorhaben, um
    - nach Informationen über den Arbeitgeber zu suchen
    - Stellenangebote von Zeitungen ausfindig zu machen
    - Stellenangebote auf den Homepages der Firmen unter die Lupe zu nehmen
    - virtuelle Stellenbörsen zu suchen
    - E-Mails zu schicken
    - eine eigene Homepage ins Netz zu stellen.
34. Betrachten Sie das Internet aber nicht als Alternative zur üblichen Bewerbung auf Papier, sondern vor allem als Ergänzung.
35. Auch das überzeugend formulierte Stellengesuch kann Ihnen zu einem Arbeitsplatz verhelfen.
36. Vergessen Sie nie: Es geht um Werbung in eigener Sache, um Ihr Produkt Arbeitskraft.
37. Selbstdarstellung will geübt sein. Auch ein Schauspieler muß seine Rolle gut einstudieren, muß sich vorbereiten und üben.
38. Die Fragen des Vorstellungsgesprächs stehen vorher bereits fest. Überlegen Sie sich vorab Ihre Antworten und die Tendenz Ihrer Präsentation.
39. Bereiten Sie sich gezielt auf Ihr Gegenüber vor (Person, Institution, Aufgabe).
40. Als Bewerber sollten Sie wissen, was und wie Sie etwas sagen wollen. Insbesondere aber muß Ihnen klar sein, was Sie nicht sagen wollen – und wie Sie mit Worten schweigen
41. Es geht im Vorstellungsgespräch primär um Ihre Persönlichkeit und damit um die Frage, wie sympathisch Sie wirken. Leistungsmotivation und Kompetenz sind auch wichtig, aber deutlich nachrangig.
42. Machen Sie sich bewußt: Sie bestimmen den Vorstellungsgesprächsverlauf weitestgehend mit.
43. Angemessene, selbstbewußte Gelassenheit und höfliche Konzentration kennzeichnen einen erfolgreichen Bewerber.
44. Das per Grundgesetz geschützte Persönlichkeitsrecht setzt dem Fragerecht des Arbeitgebers Grenzen. Wo er es überschreitet, dürfen Sie ungestraft lügen.
45. Was immer man gegen Sie einwendet, es kommt darauf an, wie Sie damit umgehen.
46. Sprechen Sie nie negativ über ehemalige Vorgesetzte, Kollegen oder Arbeitsplatzbedingungen.
47. Hier die wichtigsten zehn Bewerber-Verhaltensregeln für das »Frage-und-Antwort-Spiel« Vorstellungsgespräch:

- Hören Sie aufmerksam und konzentriert zu.
- Halten Sie angemessenen Blickkontakt.
- Beobachten Sie genau (ohne zu mustern).
- Überlegen Sie, bevor Sie antworten.
- Scheuen Sie sich nicht nachzufragen.
- Reden Sie lieber etwas weniger als zuviel.
- Lassen Sie Ihren Gesprächspartner (aus-)reden.
- Warten Sie ab, stehen Sie auch mal eine kleine Gesprächspause durch.
- Seien Sie lieber etwas zurückhaltend als zu forsch.
- Versuchen Sie, Ihre Mimik, Gestik und Körperhaltung zu beherrschen.
- Bleiben Sie immer sachlich, ruhig, geduldig und gelassen.

48. Versuchen Sie nicht, perfekt zu erscheinen. Räumen Sie auch ruhig mal ein, etwas nicht zu wissen, getan oder bedacht zu haben. Präsentieren Sie sich auf keinen Fall rechthaberisch oder kleinkariert.
49. Bereiten Sie sich gründlich auf die Gehaltsverhandlung vor. Sie sollten sich z.B. über die aktuellen Tarifgehälter und Sonderleistungen informieren.
50. Und bedenken Sie: Wir sind nicht auf der Welt, um so zu sein, wie andere uns haben wollen.

Anmerkungen

[1] Bolles, Richard Nelson: *What Color Is Your Parachute? A Practical Manual for Job-Hunters & Career-Changers*. Berkeley 1997, S. 109

[2] Bolles, Richard Nelson: *The Parachute Workbook & Resource Guide*. Berkeley 1997, S. 8ff., vgl. dt. Ausg. S. 283ff.

[3] nach Bolles, *The Parachute Workbook*, S. 23ff., vgl. dt. Ausg. S. 309f.

[4] nach Bolles, *The Parachute Workbook*, S. 23ff., vgl. dt. Ausgabe S. 310f.

[5] nach Bolles, *The Parachute Workbook*, S. 25ff.

[6] nach Bolles, *The Parachute* Workbook, S. 44ff.

[7] Bolles, *The Parachute Workbook*, S. 56ff.

[8] nach Bolles, *The Parachute Workbook*, S. 58ff.

[9] nach Bolles, *The Parachute Workbook*, S. 64ff.

[10] Unsere Darstellung des EKS-Konzeptes erfolgt in Anlehnung an: Friedrich, Kerstin / Seiwert, Lothar J.: *Das 1 x 1 der Erfolgsstrategie*. Bremen 1993.

[11] nach Sternberg, Robert J.: *Erfolgsintelligenz. Warum wir mehr brauchen als EQ und IQ*. München 1998, S. 275-294

[12] zit. nach Sternberg, S. 283

[13] Sternberg, S. 289

[14] Bartol, Eckehart Stevens: *Bewerbung, Einstellung, Vertragsschluß*. München 1990, S. 167

Literatur

Bolles, Richard Nelson: *What Color Is Your Parachute? A Practical Manual for Job-Hunters & Career-Changers.* Berkeley 1997, dt. Ausgabe: Richard Nelson Bolles: *Durchstarten zum Traumjob. Das Bewerbungshandbuch für Ein-, Um- und Aufsteiger.* Aus dem Englischen von Ines Bergfort. Deutschsprachige Bearbeitung von Madeleine Leitner. Frankfurt / New York 1999

Bolles, Richard Nelson: *The Parachute Workbook & Resource Guide.* Berkeley 1997

Fenichel, Otto: *Aufsätze, Band II.* Olten / Freiburg 1981

Friedrich, Kerstin / Seiwert, Lothar J.: *Das 1 x 1 der Erfolgsstrategie.* Bremen 1993

Jeserich, Wolfgang: *Mitarbeiter auswählen und fördern.* München / Wien 1981

Kernberg, Otto F.: *Innere Welt und äußere Realität.* München / Wien 1988

König, Karl: *Kleine psychoanalytische Charakterkunde.* Göttingen 1992

Schuler, Heinz: »Assessment Center als Auswahl- und Erfolgsinstrument: Einleitung und Überblick«. In: Heinz Schuler / Willi Stehle: *Assessment Center als Methode der Personalentwicklung.* Stuttgart 1987

Sternberg, Robert J.: *Erfolgsintelligenz. Warum wir mehr brauchen als EQ und IQ.* München 1998

Stevens-Bartol, Eckehart: *Bewerbung, Einstellung, Vertragsschluß.* München 1990

Weiterführende Literatur zu einzelnen Bewerbungsthemen von Hesse/Schrader:

Hesse/Schrader: *Das erfolgreiche Vorstellungsgespräch. Wie Sie beeindrucken, überzeugen, gewinnen.* Frankfurt a.M., Eichborn Verlag 1998

Hesse/Schrader: *Mehr Geld durch erfolgreiche Gehaltsverhandlungen.* Frankfurt a.M., Eichborn Verlag 1999

Hesse/Schrader: *Testtraining 2000plus. Einstellungs- und Eignungstests erfolgreich bestehen.* Frankfurt a.M., Eichborn Verlag 2001

Hesse/Schrader: *Praxismappe für das perfekte Arbeitszeugnis. Mit ausführlicher Anleitung sowie zahlreichen Textbausteinen und Formulierungshilfen.* Frankfurt a.M., Eichborn Verlag 2000

Hesse/Schrader: *Praxismappe für die Schriftliche Bewerbung.* Mit ausführlicher Anleitung sowie zahlreichen Formulierungshilfen und Beispielen für Bewerbungsfotos. Frankfurt a. M., Eichborn Verlag 2001